武宗正德十四年己卯起
穆宗隆慶四年庚午止

國榷

四

中華書局

國榷卷五十一

己卯正德十四年

正月輛朔。上在太原。羣臣遙賀。

戊戌。發太原。

辛丑。罷四川清軍御史任漢。以其地採木用兵也。

壬寅。嘉定常熟地震。聲如雷。

癸卯。駙馬都尉馬誠卒。誠尚宜興大長公主。

乙巳。遣工部管河郎中畢濟時疏南旺河。

壬子。上至宣府。自宣府至西陲。往返數千里。上卻輦乘馬。佩弓矢。衝風雪。歷險阻。寺人病憊。上不以爲勞也。

乙卯。監察御史虞守隨請百官迎駕仍常服。不報。

寧夏甘肅鎮番俱地震。

戊午。甌寧縣大雨雹。

己未。前南京禮部右侍郎馬廷用卒。廷用字良佐。西充人。成化戊戌進士。館選。授編修。歷侍讀侍讀學士至侍郎。勇于求退。敦朴樂易。衷實鯁介。在南京嘗攝戶部。江北流民大至。不俟奏廪之。善易學。詩文華贍。賜祭葬。贈南京禮部尚書。

二月乙丑朔。上留宣府。

丁卯。傳西官廳監督平虜伯朱彬同新寧伯譚祐等提督團營·左都督神周都督僉事李琮同安邊伯朱泰等西官廳監督。

己巳。哈密夷人拜言土骨思等逃自土魯番。入肅州。言哈密頭目哈卽哈辛通番。且速壇滿速兒已召忠順王于牙兒幹城。尋止之。仍欲報沙州之怨。火者他只丁牙木蘭等俱家于哈密。甘肅守臣議備之。

壬申。上還京。先閱首級器仗于教場。薄暮乃入。羣臣迎賀。分賞如初。

癸酉。先是命作鎭國公牙牌誥券。科道疏諫。不報。

前中府都督同知張俊卒。俊宣府前衞指揮使。歷大同游擊將軍。虜大入。俊據高阜拒卻之。伏斬數十級。再總宣大兵。有謀勇。能自守。家無餘貲。稱名將云。

甲戌。命太監李文馬俊権稅湖廣浙江。

乙亥。蜀王□□請借內江王□□來朝。不許。

丙子。上騎出大明門。法駕鹵簿皆先行。惟百餘騎從。

丁丑。南郊畢。幸獵南苑。辰刻地震風霾。

戊寅。夜上還。御奉天殿行慶成禮。

甘肅鎭番永昌莊浪俱地震。

己卯。中旨。鎭守浙江內官監太監王堂總鎭兩廣。鎭守江西御馬監太監畢眞鎭守浙江·南京御馬監太監王宏鎭守江西。王潤鎭守四川。南京守備內官監太監劉璟鎭守河南。罷守備朔州暖會隘口孫淸王保。

楊廷和等繳居守敕。上以不時巡狩。其勿繳。

朝鮮國王李懌請改正先國王李成桂世系本末。從之。

刑部主事汪金。以上將南幸。力言其不可者九。利害較然。陛下豈不知之。或悞于酒耳。酒過則亂性。令人善忘。甚則致疾伐生。陛下所宜戒也。不報。上嗜飲。左右利其醉不時進觴。遂日酣酗。不及親政。

庚辰。陝西左參政張綸爲左僉都御史。巡撫遼東。

辛巳。召清軍御史回京。惟浙江河南山東山西留任。歲代舊瓜期三年。

甲申。閣部科道各止南幸。不報。

丙戌。中旨。左都督劉暉同安邊伯朱泰等團營西官廳監督操練。又御馬監太監張欽陳祿佛保監督勇士四衞營提督團營。御馬監太監孫和把總神機營。御馬監太監蕭永福張玉提督勇士四衞。

巡撫宣府左副都御史劉達改整飭薊州兵備兼巡撫順天。

獲近郊盜趙祥等九十餘人。廕提督太監張忠都督朱泰侍郎王憲各世錦衣百戶。初上在宣府。聞越獄。曰朱寧居守。顧有此耶。朱彬因譖之。寧寵頓衰。

丁亥。漕舟阻凍。卽納天津倉。凡六萬石。

命王守仁勘處福建叛卒。其南贛事兵備副使楊璋暫攝之。

戊子。平陽府晝晦。

傳賜左都督劉暉神周都督僉事李琮姓朱氏。

上自加太師手敕吏部。又諭禮部曰。總督軍務威武大將軍總兵官太師鎭國公朱壽。令往兩畿山東泰安進香。又諭工部亟修黃船。于是閣部院寺大臣各疏止。不報。

庚寅。禮部尙書兼翰林院學士李遜學卒。遜學字希賢。上蔡人。成化丁未進士。館選授檢討。弘治丙辰。調浙江提學僉事。憂去。歷陝西山東提學副使。正德戊辰。進太常少卿。提督四夷館。明年。入翰林兼侍講。至今官。開爽頗不羈。詩文有藻思。贈太子太保。謚文簡。

初廣西龍州土知州趙源亡子。妻岑氏。以舍人子冒趙璋。而州人推源從子相嗣職。岑氏璋逃田州。至是璋結田州土官岑猛太平州土官李珖。賂鎮守太監傅倫等。詭錦衣舍人奉旨調猛等兵萬人送璋入。事下總督按之。

壬辰。中旨鎮守湖廣太監杜甫改福建。鎮守貴州太監李鎮改湖廣。分守四川建昌太監宋輔鎮守貴州。

保定巡撫右副都御史張嶺引疾去。

前巡撫寧夏右副都御史冒政卒。泰州人。成化乙未進士。居官廉正。家無餘貲。

三月甲午朔。中旨管家將指揮朱湧等四十七人俱塡錦衣衛帶俸舍餘。朱郭剛等千人充御馬監勇士。家將之名。前未有也。

丙申。太監趙亨爲故太監馬永成乞恩。兵科都給事中徐之鸞等言。永成廕授官至九十餘人。乞爲天下惜名器。不報。

丁酉。衢州孔承美襲五經博士。彥繩子。

中旨內官監太監李彬管神機營中軍二司幷練武營。

戊戌。南京太僕寺少卿曹倣被劾不問。倣先任御史。巡按江西。諂事宸濠。得狎歌伎。風紀大敗。成宸濠之惡。而楊一淸陸完厚之。得亡恙。後濠敗。幸不之及也。

己亥。中旨分守懷來太監劉寶鎮守陝西。守備萬全左衛太監侯欽分守懷來。倒馬關太監劉昇守備萬全左衛。

諭巡狩沿途毋驚擾官民。船仍通行勿阻。

邵武軍辱通判馮希哲知縣蕭泮。蓋推官高璉嗾使之事聞。調希哲。斥璉。戍其首悍者。

辛丑。長寧伯周塘卒。

起左僉都御史甯杲巡撫宣府。

柴義張瓚爲左右通政。

辛丑。女直侵鹺場等堡。

貴州苗掠都匀衞。

乙巳。修迎翠昭和崇智光霽諸殿。

丙午。給事中徐之鸞等御史楊秉中等各諫南巡。伏闕俟命。自辰至申。命中官諭退。明日望。當陞殿視朝。上託疾免。蓋借爲伏闕罪也。

丁未。詔蕭山楊時德惠祠增祀游酢羅從彥。

故漳浦縣丞紀鏞。贈知縣。廕子入監。攻象湖山賊死。

提督巡江右副都御史任鑑劾罷。

南京戶部尚書鄧庠致仕。

中旨。御馬監太監耿忠守備紫荊關。楊金守備倒馬關。左監丞李厚守備劉家口。

都御史臧鳳言治常鎮高郵等運河。勅總理河道右副都御史龔弘督之。

巡撫山東右副都御史沈林致仕。

太原地震。

中旨。御馬監太監田春監督勇士四衞營。

己酉。設福建平和縣。

辛亥。吏部左侍郎王鴻儒爲南京戶部尚書。河南左布政使王崇文爲右副都御史。巡撫保定兼提督紫荆等關。

命閣臣撰謁祖陵皇陵孝陵并各王墓祝文儀注。楊廷和等言。有各王朝陵禮。無天子親詣各王墓儀注。乞寢其行。不報。

增歲貢生兩京兆四年十二人。各府歲二人。州四年六人。縣歲一人。至十八年止。

壬子。湖廣按察使僉事孟洋疾去。

癸丑。兵部武選郎中莆田黃鞏。車駕員外郎蘭溪陸震。吏部員外郎□□夏良勝。禮部主事□□萬潮。太常博士□□陳九川。醫士嘉定徐鏊。俱下錦衣獄。兵部郎中孫鳳等百有七人。責跽午門五日。時南巡意決。廷臣憂甚。黃鞏陸震上圖治六事。曰崇聖學。通言路。正名號。（指威武大將軍鎭國公。）戒遊幸。去小人。（指江彬。）建儲貳。翰林修撰舒芬。編修崔桐。庶吉士江暉。王廷陳。汪應軫。馬汝驥。曹嘉上言。今日之事。痛哭泣血。有不忍爲陛下言者。江右有親藩之變。大臣懷馮道之心。以祿位爲故物。以朝署爲市廛。以陛下爲奕棋。以革除年間爲故事也。夏良勝萬潮陳九川亦上言。東南之禍。不獨江淮。西北之憂。近在輦轂。廟祀之鬯位。不可以久虛。聖母之孝養。不可以恒曠。宮闈之孕祥。尙可以早圖。機務之繁重。未可以盡委。鎭國之名。傳聞海內。恐生覬覦之階。家將之屬。納于禁近。詎忘戎虜之患。巡游不已。臣等將不知死所矣。徐鏊上言。古者百工執藝事以諫。臣猥以眇劣。待罪醫局。保養聖躬。實臣職業。夫養身猶寘燭也。窒閉之則堅。風暴之則淚。陛下遊幸大數。御容寖不如前。矧南方卑濕。尤易致疾。陛下之身。宗廟社稷所係。不宜聽信羣小。舍密室之調。甘暴風之對。上怒。已兵部郎中孫鳳等十六人。吏部郎中張衍瑞等十四人。禮部郎中姜龍等十六人。刑部郎中陸俸等五十五人。疏繼上。上怒。有旨謂出位妄言。多方謗訕。鞏等六人。付鎮撫司掠治。餘罰跪。每日自卯至酉。官校巡視。金吾衛都指揮僉事張英亦自跪端門外。衛士詰之。曰。至尊若出。則京城百萬生靈無主。且英當隨駕。自分值變必死。與其死野。孰若死于廷。遂自刃其胸。衛士奪刃。得不死。英又囊土入問之。曰。不欲汚內庭血耳。法司承朱彬指。坐英妄言論死。杖八十卒。聞者哀之。弘光初。贈英都指揮使。謚忠壯。

甲寅。南京右都御史洪遠改南京工部尚書。大理寺左少卿劉玉爲南京左僉都御史。提督操江。

乙卯。大理寺寺正周敍等十人下鎮撫司。敍等以職在平獄。請寬諸臣。且止南巡。上益怒。繫訊之。復同黃鞏陸震夏良勝萬潮陳九川徐鏊俱荷校闕前。罰跽至夕。仍繫。俟期五日。

丙辰。行人司副余廷瓚等二十人。工部主事林大輅等三人。各疏諫。俱下錦衣獄。已荷校罰跪如周敍等。

戊午。杖郎中孫鳳等百有七人于午門。各三十。鳳及陸俸張衍瑞姜龍舒芬謫外。罪其倡也。餘奪俸六月。刑部主事鄖城劉校照磨劉珏卒杖下。芬謫福建市舶司副提舉。

庚申。河南布政司右參政王翊爲右僉都御史。巡撫山東。

癸亥。寧夏地震。

前巡撫宣府左僉都御史王純卒。慈谿人。弘治癸丑進士。性敦朴。居官淸謹。

四月甲朔。災傷免廬鳳淮揚徐滁和田租有差。

丙寅。蒼梧縣山崩。

戊辰。兵部右侍郎陳玉爲南京左都御史。

己巳。南京監察御史范輅以淸戎江西。忤寧王宸濠及太監畢眞。至是輅乘輿過眞。被奪。且誣其罪。逮下錦衣獄。謫龍州宣撫司經歷。

吏部右侍郎廖紀爲左侍郎。南京吏部右侍郎羅欽順改吏部右侍郎。

月犯軒轅南星。

壬申。寧夏地震。

丁丑。戶部郎中陳維藩督糧薊州。私餉都督神周二百金。周以聞。遂下錦衣獄。謫之。

兵部右侍郎馮清爲左侍郎。

杖兵部郎中黃鞏等三十九人。黃鞏陸震吏部員外郎夏良勝。禮部主事萬潮。太常博士陳九川。大理寺寺正周敍。工部主事林大輅。行人司副余廷瓚。太醫院醫士徐鏊各五十。餘四十。鞏震良勝潮九川削籍。謫敍永嘉縣丞。大輅夷陵州判官。廷瓚□□□工部主事蔣山卿調南京前府都事。行人陶滋巴思明李錫顧可久鄧顯麒王翰熊榮楊泰王懋黃國用李儼潘鋭劉黼張岳調南京國子學正。寺正金罍調太常寺典簿。寺副孟廷柯張士鎬郝鳳升傅尙文評事姚汝臯蔡時調南京戶部刑部都察院照磨。寺副郭五常通政司知事而蘭谿陸震及工部主事吳江何遵。評事長樂林公黻。行人司副鄱陽余廷瓚。行人玉山詹軾。澤州孟陽。安陸劉槃。巢縣李紹賢。李惠創甚。卒。徐鏊嘉定人。戍烏撒衞。後鏊改姓高。官御醫。年八十三。隆慶二年卒。

羅洪先曰。武皇帝朝。瑾彬相繼用事。縉紳往往以諫死。議者以爲于事亡益。徒彰主過。非人臣所宜。至其斃死者。又以爲徒一時意氣鼓動。觸禍實非得已。于是縉紳假靜重以脫禍。人亦莫或非之。嗚呼。當是時。彬導上南巡。禱祠名山。取道魯衞淮徐。抵于江漢。卽中土殘矣。而逆濠方謀以侍子奸大位。倚彬爲內應。巡詔下。擬爲危言撼衆。相視莫敢誰何。賴諸公以死諫。而南巡議竟寢。嗚呼。若是者。果無益于事否耶。

袁袠曰。武皇帝之南巡也。外有宸濠之覬覦。內有江彬之惑亂。朝野危疑。社稷幾搖。而黃鞏獨奮其精忠。危言極論。明白痛切。可爲流涕。國朝諫書。祕在石室者。予不得而知矣。卽嘗所目見。未有如鞏者也。嗟乎。以斯人而使之無年。天其曷故哉。雖然。讀其書與日月爭光可也。

徐學謨曰。正德間奸孽鼓煽。八黨誅而邊將內柄。主上自棄萬幾。天下事岌岌矣。然竟不瀕于危者何哉。說者以孝皇養士十有八年。武皇迄享其成。內外夾輔。易危爲安。至于賤臣厠吏。咸能陳力効死。星官楊源者。初以占候諫。徐鏊繼之。復以醫諫。有回天之助焉。豈所謂蓬生麻中者耶。然源以忤瑾竟淪落戍死。而鏊際三朝。食祿五十年。沾被沒齒。光榮矣。然則天之報施善人。果有幸有不幸哉。

馮時可曰。方武廟南巡。諫者多死杖下。徐鏊獨不死。已諸杖者皆褫職。獨公戍瘴鄉。復不死。一旦奉恩。遭際明主。還列交戟。不爲不幸矣。乃骯髒一官幾四十年。世因忘其有先朝諫草。而公亦絕口不言諫事也。豈非樸茂愨至君子長者耶。彼自挾以求自遂。遂變前以求自容。二者淺之乎其爲丈夫。

談遷曰。南巡之轍。閣部交章。臺省伏闕。上略視之。猶蠛蠓之適前也。迨舉朝幷舌。甘觸忌諱。甲流血于前。乙抗聲于後。鱗鱗總總。至如張英囊土刲刄。卽史魚陳屍。安金藏剖腹。不烈於此矣。天聽雖高。奈之何不回也。然八駿欲息而叛王又促其駕。天方貽廟社之憂。政非頤煩所效之耳。

福州亂卒葉元保進貴等五十人伏誅。餘戍遣。

己卯。夜望月食。

辛巳。太子少保戶部尙書石玠致仕。

都督朱洪領團營西官廳左營。提督東路山海等關。都督朱暉領右營。提督西路居庸等關。俱充總兵官。

壬午。中旨內官監太監趙俊坐神機營右掖三司。仍坐揚威營。御馬監太監李祿分守四川建昌行都司幷川南道。

乙酉。謫監察御史劉士元廣東麟山驛丞。

丙戌。昏刻流星自東南徐行至西北。後三小星隨之。

丁亥。前刑部左侍郎張鸞卒。咸寧人。成化辛丑進士。本能自守。以劉瑾同鄉被染。

豐潤永平地震。

己丑。巡撫山東右副都御史伍符未赴任。以閹卒餉事。逮下錦衣衛獄。贖杖還職。

戶部主事劉田趙載孫聰鄒輗陸傑監兌兩畿浙江。皆私歸。徑期下獄。尋復官。

五月睽朔。己亥。存恤山東山西陝西河南湖廣流民。從巡按山東御史徐冠之議。其願歸者給道費。否則作草舍。人給糧三斗。戶給牛種。

辛丑。總督倉場戶部尚書楊潭回部視事。

壬寅。秦府保安王誠漖薨。謚靖和。

南京禮部尚書吳儼卒。儼宜興人。成化丁未進士。館選。授編修。歷侍講學士。以忤瑾中考功法。後起官。性方嚴。操履清慎。當官能自立。善詩文。予祭葬。贈太子少保。謚文肅。

癸卯。盜入岷王府。失大明譜系。求再給。切責之。不許。

甲辰。議還城武單縣城。時溺于水。

乙巳。淮安新城火。

丁未。雁門等關兵備副使秦偉爲鎮守太監吳經蒼頭所毆。不問。

江西義官翁亨四以擒大盜王浩。授饒州所正千戶。世襲。賞千金。

己酉。江西巡撫右副都御史孫燧巡按御史晉江林潮與鎮守太監畢眞上宸濠孝行。宜旌。禮科給事中邢寰駁其悖謬。禮部尚書毛澄覆眞等諂附。上頗聞濠逆謀。怒曰。宗藩善否。朝廷自知。何輒請也。各詰其實。初宸濠親喪善哭。聲動宮庭。徒步送葬。後變作。論者以林潮黨逆落職。

談遷曰。宸濠孝行。請下史館。在正德二年十月辛巳。則虛譽夙隆。越今一紀矣。而撫按猶沾沾焉。因其僞而飾之。冀彼蓋匿。或不遂爲逆。卽爲逆猶可少緩其發。徐爲之圖。亦撫按之曲計也。林潮在江西。抗法自嚴。濠數侵之。堅不爲動。御史范輅被逮。累以禮與爭。設孫忠烈或遷代。且與林潮同論罷矣。世以成敗律人如此。逆莽逆濠。俱以孝盜名。今昔一轍。使無末覆。幾與曾閔競節矣。

庚戌。限王府使人。不許久留京師。時寧府常數輩潛京師。謀頗泄。故禁之。

詔中外官舉將才。

錦衣衞指揮同知朱海。冒錦州功。進都指揮僉事。

中旨。御馬監太監趙欽分守四川建昌行都司。幷川南道。淮安倉太監許滿改太岳太和山奉香。兼分守湖廣行都司。

丙辰。遣太監賴義。駙馬都尉崔元。左副都御史顏頤壽。戒諭宸濠。先是。南昌謝儀。善東廠太監張銳。勸其卻濠賄。銳問故。因述其異圖。銳悟。且與朱寧方隙。欲發其交通狀。于是御史蕭淮奏宸濠招納亡命。西山牧馬殆萬匹。南康私船千艘。虐徧江西。毒及他省。旗校內使接踵京師。不知其故。且羣黨如致仕右都御史李士實。儀賓顧官祥。指揮葛江。王信。引禮丁璜。內使陳賢。壽山。熊壽。涂欽。梁偉。義官倪慶。盧孔章。徐紀。趙七。謝培。省祭官黃海。秦梁。舍人李顯忠。校尉查五。樂工秦鸞。皆晝夜密謀。又招建昌盜淩某閔某等爲翼。不早制之。後患何極。朱寧見疏。持還家數日。屢詆淮之妄。又約張銳同求旌濠孝行。銳託故不往。且先言濠不軌狀。故寧譖不行。曰。虛實久自見也。果誣淮。將焉往。遂乛淮奏于內閣。楊廷和以宣宗處趙王事。宜遣大臣宣諭。上然之。廷臣議左順門。皆如廷和言。遂敕義等齎書諭之曰。叔祖在宗室。屬望尊重。朝廷禮待有加。但道路流傳。不無可疑。往者典寶副閻順等奏諸不法。朕未遽信。近言官所奏亦同。廷臣謂宗社大計。宜存遠慮。朕念至親。且不深究。然隱忍不言。彼此懷疑。亦無兩全之道。昔我宣宗皇帝因趙府煩言。特遣駙馬袁容等書諭。卽幡然改悔。獻還護衞。至今永享富貴。今遣書奉告。可倣此意。以原革護衞幷屯田獻還。所奪官民田土皆復故主。賊黨散遣。朕亦俯從寬典。並不深究。此朕至情。叔祖其圖之。初。濠賂臧賢朱寧及張銳。陰許其世子入爲東宮。至是寧懼。執濠所遣盧孔章等二人下錦衣獄。又歸罪臧賢。擬戍邊。盜夜殺之。孔章等亦獄死。滅其口。廷臣多受賂。終不可諱。冀璽等寢其謀。不知濠惡已稔。非空言所制也。義等在道。變遂作。

己未。前南京右副都御史張鳳卒。宜春人。成化辛丑進士。才而貪。賄逆瑾得權。

六月燚朔。提督軍務兼巡撫甘肅右都御史鄧璋去提督。仍巡撫。諭延綏山西寧夏甘肅陝西遼東薊州各總兵巡撫官職任俱增入各鎭守太監敕中。大學士楊廷和等。以職任不同。且定制而紊之。孰執其咎。

甲子。初。巡撫四川右副都御史馬昊以松潘兵攻東路番寨。兵敗。殺游擊將軍張傑指揮龐昇千戶何英百戶李高喪三千餘人。昊被劾宥之。

乙丑。南京練沿江兵巡哨。時多江盜。

丙寅。太岳太和山太監許滿乞長蘆鹽三千引。特許之。

丁卯。傳加宣府巡撫左僉都御史甯杲贊理軍務。

戊辰。江南把總運糧署都指揮使王佐爲參將。協同漕運。

己巳。西安府大風拔木。

癸酉。戶部右侍郎鄭宗仁爲左侍郎。刑部右侍郎邊憲改戶部右侍郎。

丙子。寧王宸濠反。巡撫右副都御史餘姚孫燧按察副使固始許逵死之。宸濠久蓄異志。信術士李自然等誑訣。于城東作陽春書院。以當天子氣。招集亡命。縱掠商富。置偵騎。伺朝廷起居。所忤官吏輒中危法。勢張甚。及聞遣諭大懼。謀先發。適生日。燧等入賀。例宴。至是入謝。遂閉門擐甲。大言曰。今上非孝宗子。又失德。太后有密旨召我。衆相顧愕眙。燧前請旨。曰。毋多言。若能扈我入南京乎。燧叱曰。天無二日。民無二王。寧知他。濠令甲士縛燧。逵抗辨且憤罵。謂燧曰。我欲先發。今奈何。并縛逵。殺惠民門外。濠欲脅逵用之。刃久未下。逵罵曰。何不速殺我。逵不屈。立而受刃。布政使梁辰。胡濂。按察使楊璋。參政王綸。劉棐。程杲。副使唐錦。賀銳。參議楊學禮。許效廉。僉事師夔。潘鵬。賴鳳。王疇。都指揮馬驥。許清。白昂。王玘。郟文等。皆拜稱萬歲。各羈置之。遂縱囚。收帑。分奪諸郡縣印。起兵。宜春王拱樤。瑞昌王拱栟。鎮輔將軍覲鋋宸渢宸瀾宸溢覲瀛宸湑拱椷宸渢宸汲宸湯宸灊宸漣。皆聽命。是夕。左參議上元黃宏憂憤。手械蹙頸卒。戶部主事莆田馬思聰。絶粒三日卒。濠迎右都御史致仕官李士實。拜國師。貢士安福劉養正爲軍師。參政王綸爲兵部尚書。養正草僞檄。中有祖宗不血食者十有四年。語尤狂悖。檄去正德。惟書大明己卯。孫燧字德成。弘治癸丑進士。許逵字汝登。正德戊辰進士。宏□□進士。思聰字懋聞。弘治乙丑進士。河南人。後贈光祿寺卿。傳言宸濠反。殺一都御史一副使。逵父曰。嗟乎。吾兒也。爲位而哭。友人都給事中□□曰。寧邸必反。汝登其爲文山乎。司業郭價夫哭曰。許公死忠。其素定。非臨難倉卒。委之無奈何者。

袁袠曰。國家養士有禮。褒死忠。崇義烈。累遭變故。而奇節挺見。疾風勁草。挫而益奮。然皆未有如孫許之烈者也。方其露刃林列。戈鋋在頸。從逆者生。不從者死。而二公獨抗折其鋒。挺立受僇。首竿藁街。精貫白日。雖常山睢陽信國之烈。不足過也。彼懷二心以偷活旦夕者。亦獨何哉。

林大春曰。孫公之經略江西也。蓋四載。其所爲操心慮患者甚深。何嘗一日不爲宸濠地耶。變起倉卒。致畢義討逆之志未施。此亦有足悲者。然調兵四集。文成因之以擒王斬將。伊誰力也。嗟乎。汲黯在而淮南寢謀。張巡死而江淮保障。至如公者。其殆彙之不然。寘鐇之反。非不戕殺鎮臣也。卒之泯泯無稱焉。語云。死有重于泰山。有輕于鴻毛者。其此之謂也。

殷士儋曰。許公自筮仕官山東。且十載。戊寅抵江西。逾年難作。予早歲聞諸父老談。許公不獨禦寇一事。平居治行。敦大體。不愧古循吏。至用兵料敵。能以寡覆衆。噫。當濠未反也。設公得專行其志如山東時。必能先幾制變。常使勝算在我。濠中有憚不發。江西可幸無事矣。謀格幾失。令束手俟變。徒誓死報國。與倉皇無策窮蹙而死者等。公之初志。豈遽止此已耶。

何喬遠曰。范輅與胡世寧首折宸濠之奸。而孫許橫批之。星斗有政。天夜亦明。江西人言孫公就縛時。年頗高。箠者折其臂。瞶瞶耳。許方三十有六。罵不絕口。挺而受刃。斫不動也。朝命建祠。孫公尚左。乃始則尚許。夫孫公措注峻密。無須臾忘防。豈大聲色哉。王允寧傳孫。爲其語甚壯也。太過。乃或以孫保濠賢孝爲貶。舉王新建討賊時語。疑其觀望。蓋小人好議論。不樂成人之美。韓退之固云。

林之盛曰。馬公以部使至江右。非封疆臣比。寧藩誕節。雖不往可也。而議決先發制人之策。以及于難。時守臣孫許外。未見有張巡其人者。則馬公之慷慨。眞可維臣節矣。或謂黃馬二公不與孫許同奮睢陽之舌。而以後死。亦少懦矣。予曰。否否。死以明志。苟能捐七尺之軀。卽不負臣之義。可對先君地下。前後何論乎。獨怪事定之後。陽明不爲請卹。何也。唐文襄曰。大節同者不拘小異。至德合者不拘微跡。四公之死。孰得而瑕瑜之。

談遷曰。逆濠非有才武。恃其詭譎。輕財如擲。遂藉之以市天下。計不亦左哉。孫許死節。民到于今稱之。幸濠不旋踵而覆。否則張謝葛盧之後。寧無參夷五宗者乎。逆濠舉事。同靖難之歲月。卽非意合。亦足徵天巧矣。

總督兩廣軍務都御史改總制。尋改提督。時上稱總督軍務故。
丁丑。宸濠僞授閔廿四廿八淩十一吳十三萬賢一賢二熊十四十七楊淸楊鳳都指揮等官。同承奉涂欽等分攻九江南康。掠船吳城。令校尉趙智報浙江太監畢眞起兵。儀賓李蕃李世英如瑞州華林瑪瑙等寨貢士王春等如豐城奉新東鄕。妃弟婁伯如進賢廣信各募兵。王綸檄召姚源等峒賊。參政季斆檄諭王守仁敎諭達賓等分諭廣東及吉安南贛等。俱質其婦孺。濠欲卽大位。改元順德。李士實等以下南京行之。濠乃下令整師。
戊寅。僞兵陷南康。知府陳霖同知張祿先遁。祿汲縣貢士。後謫莊浪典史。
己卯。興王祐杬薨。年四十四。葬松林山。謚曰獻。王性莊默嗜書。居國。思母邵妃甚。長史張景明日賦國中景物一篇以解王思。王設藥餌以療疾。減租稅。粥饑民。張景明獻六箴于王。王敬受之。
僞兵陷九江。兵備副使曹雷知府江潁推官陳深指揮許鸞皆遁。按察司僉事師夔降。尋僞授兵備副使。
進賢知縣劉源淸勒兵禦賊。誅濠妃弟婁伯及通謀者。又龍津驛丞孫天祐餘干知縣馬津亦起兵。殺其募兵者數十人。餘皆潰歸。濠欲攻源淸。李士實曰。大事旣定。彼將焉往。乃止。右副都御史王守仁至豐城。聞變走吉安。
庚辰。提督南贛汀漳右副都御史王守仁。吉安知府伍文定。起兵討宸濠。文定說守仁曰。賊烏合。勢必敗。而一時猝變無抗者。公威望素重。宜卽吉安起義。集諸路兵擣其穴。必潰。身敢任麾下之役。守仁善之。卽召募故所部來集。鄕紳都御史王懋中。副使羅循。羅欽德。郎中曾直。御史張鰲山。周魯。評事羅倫。同知郭祥鵬。進士郭持平。謫官驛丞王思。李中。編修鄒守益等。皆至。傳檄聲罪。衆心始定。留兩廣淸軍御史謝源。刷卷御史伍希儒。紀功。又檄某省某省兵約數十萬至江西。促有司治餉以疑濠。

命大理寺少卿李鐸安撫土魯番。促貢使出關。幷按哈密寫亦虎仙等通虜事。初寫亦虎仙計留其主速壇拜牙郎于土魯番。又招土魯番攻肅州。下刑部獄。其子米兒馬黑麻囚甘州。至是逃入虜。令之脅和官軍追獲之。

辛巳。設福建平和縣。隸漳州。

逮四川巡撫右副都御史馬昊。以征松潘南北番寨連敗。匿不以聞。巡按御史黎龍上其罪。

康海曰。內江人駱松祥作亂。有衆至數萬。有司議兵討之。公曰。賊初近百人耳。餘皆良民脅從。未可盡僇也。乃勒兵坐境上。傳檄諭之。其衆果散去。遂寧奸民挾其三里之衆曠役四年矣。猶弄兵山中以脅其有司。公命縛渠魁十數人。餘民復役如初。膚淺者當何如也。茂州羌悉衆圍城。城水盡。圍急。公遣人諭羌以朝廷威德。且使入城授方略。鑿井以待。圍解。茂人因謂爲馬公井云。使他人當之。馳奏請軍矣。

癸未。故太監鄧敏廕授錦衣衛指揮。及僧道醫士八十人。兵科駁之。不聽。

宸濠釋御史王金主事金山布政使梁辰等各還署。惟知府鄭瓛不宥。僉事師夔潘鵬從軍。參政程杲參議許效廉賴鳳治餉。

乙酉。通政使李瓚爲左副都御史。督居庸山海關東西墩堡。撫治鄖陽右副都御史王縝爲南京刑部右侍郎。

鴻臚寺卿張昱爲禮部右侍郎。仍署寺事。

立廣東鐵稅廠。

前太子太保禮部尚書田景賢卒。景賢涿州人。成化乙未進士。授戶科給事中。守官四十餘年。廉謹如一日。沒無以殮。士甚稱之。

宸濠僞授承奉劉吉提督軍務。參政王綸贊理軍務。內官萬鋭鎭守江西。指揮佘雄總督巡守。貢士諸鳳劉養正門生劉子達等爲兵部主事。貢士甘桂及李士賓子汝祺等爲錦衣衛指揮。

潞城縣大雨雹。

戊子。太常寺丞張道榮爲少卿。樂舞生。

己丑。宸濠兵圍安慶。先焚彭澤湖口望江。突至城下。舟五十餘。守備都指揮楊銳知府張文錦同知林有祿通判何景暘知縣王誥指揮崔文等禦之。已兵漸集。遂固守。拒之甚力。

庚寅。上微行市中。或至四夷館菜園。夜不返。大學士楊廷和等疏諫。不報。

黔國公沐崑卒。崑頗知學。屢勦夷有功。後驕恣被劾。年三十八。贈太師。謚莊襄。

七月壬辰朔。起右都御史文貴提督。撫治鄖陽。

周天經嗣長寧伯。周塘子。

宸濠發南昌。留宜春王拱樤等及布政胡濂參政劉棐參議許效廉副使唐錦僉事賴鳳都指揮王玘等守城。自引兵東下。合羣盜。市少及護衛脅從之士。凡八九萬人。舟千餘艘。蔽江而下。瑞昌王拱栟等數人太監王宏御史王金主事金山按察使楊璋副使賀銳僉事潘鵬王疇參政程杲都指揮郟文馬驥許清白昂南昌知府鄭瓛等皆從。給城中軍民戶粟一石。錢五緡。方祭天。幾折牲覆。封將軍宸澅九江王。使前驅。雷震死。敗端見矣。

瑞州知府宋以方前忤宸濠。爲撫鎮劾。幽南昌。至是脅登舟。至鄱陽湖。望康郎山。曰吾得死所矣。投水死。年四十四。弘治乙未進士。黔陽人。以方字舜卿。

太白晝見。

前南京吏部右侍郎羅玘卒。玘字景鳴。南城人。成化丁未進士。館選授編修。歷今官。家居不入城府。宸濠嘗致餽。逃山中。博極羣書。文務奇崛。負才尚氣節。未竟其用。嘉靖初。贈禮部尚書。謚文肅。

甲午。巡撫甘肅右副都御史李崑與鎮守太監許宣總兵史鏞參將蔣存禮兵備副使陳九疇各以肅州失事逮至京。九疇以禁死失拜烟答論死。宜閒住。鏞崑存禮降級。崑降浙江按察副使。御史趙春降如皐知縣。給事中黃臣降革。尚書王瓊以私憤深其獄。

前刑部尚書王鑑之卒。鑑之浙江山陰人。成化戊戌進士。令元氏。拜御史。遷大理寺丞少卿。初仕或可稱。晚位愈高名愈損。無子。予祭葬。

乙未。賊悉兵至安慶。

工部右侍郎楊廷儀改兵部。

錦衣衛千戶李雄從征陝西寇。死之。事不見于史。嘉靖初。見其女玉英疏中。當不誣。

丙申。翰林侍讀學士朱希周爲南京吏部右侍郎。

謫御史張文明電白典史。綏德知府吳棟信宜典史。初。上將幸陝。文明上疏極諫。又裁權倖隨駕者。太監張忠譖其誤供應。且擅開官櫃。疑有私。併棟逮至京。駕還。復譖如初。一日執文明至豹房。將親鞫之。分必死。忽悟而釋之。

戊戌。陝西左布政使盛期爲右副都御史。巡撫四川。巡撫山東右副都御史伍符改保定兼提督紫荆等關。

南京戶部尚書王鴻儒卒。鴻儒字懋學。南陽人。成化丁未進士。授南京戶部主事。歷員外郎。山西提學僉事。副使。最有聲。正德初。拜祭酒。歷吏部侍郎。守正。人不敢干以私。進南京戶部。未任卒。性端謹。好學慕古。汪洋宏博。尤習典故。每論事援引曲當。居官馭下。務盡禮道。賜祭葬。謚文莊。

壬寅。光祿寺卿馮蘭爲工部右侍郎。管易州山廠。蘭屢被劾不去。

癸卯。贛榆縣地震。

甲辰。宸濠反聞。議親征。勅南和伯方壽祥右副都御史王守仁秦金李充嗣右都御史叢蘭各駐江西湖廣鎮江瓜洲儀眞防遏。守仁仍兼巡撫江西。閣臣請遣將。毋駕往。不聽。命安邊伯朱泰領兵先往南京。太監張忠左都督朱暉先往江西。王守仁暫領巡撫事。侍郎王憲督餉。于是忠提督軍務。拜泰威武副將軍。暉平賊將軍。俱總兵官。左都督朱洪都督僉事朱琮留西官廳練卒捕盜。洪仍兼東路關口。琮兼西路關口。平虜伯朱彬左都督朱周從征。

丙午。南京兵部尚書喬宇等上宸濠僞檄一。榜文二。吏部尚書陸完謂濠素賢。恐未確。

南京守備太監劉瑯素通宸濠。給事中孫懋請免瑯。不報。

宸濠自攻安慶不克。引還。賊衆稱十萬。掠西郭。濠泊黃石磯督戰。令僉事潘鵬至城下。諭呼都指揮楊銳知府張文錦。不應。遣吏黃洲責鵬以大義。慚而退。復持僞檄來。其家人見。遙呼之。銳斬以徇。將射鵬。走免。賊力攻。銳殊死戰。雲梯瞰城中。銳亦駕飛樓射之。夜縋人焚其樓。以天梯來攻。又油葦焚之。賊多傷。不敢近。銳又募敢死士夜刦其營。賊衆大驚。比曉稍定。濠問舟人地何名。曰黃石磯也。黃與王。石與失。聲相近。惡之。殺對者。圍城十八日而去。銳襲斬三十六級。俘二十餘人。蓋銳與文錦知濠不軌。修城浚隍。積粟繕械。備豫故也。賊鋒既挫。氣遂不振。

林之盛曰。宸濠變起。非楊銳以皖城兵難之。直走留都。天下分爲南北。否則趨兩淮。絕天津之道。則燕京困。天下事未可知。況羣小以文皇視濠。素有內應之謀。自公挫其氣。羣小始狠脅不振。於是陽明得伸其討賊之義。偉哉楊公。功與張許等。於乎。天所以開肅皇也。

遼東蓋州衞地震。聲如雷。

王守仁同伍文定率兵順流而下。至樟樹鎮。知府戴德儒自臨江。徐璉自袁州。邢珣自贛州。通判胡克元童琦自瑞州。皆引兵至。通判談儲推官王偉徐文英知縣李美李楫王冕王天與兵亦至。合八萬人。號三十萬。

丁未。中旨御馬監右少監李環分守遼陽。

己酉。王守仁次豐城。

辛亥。提督南贛等軍務右副都御史王守仁攻南昌。克之。先是守仁次豐城。議所向。衆請合安慶兵蹙之江中。守仁曰。不然。我起南昌。與相持于江。安慶之師。僅能自保。必不能援我江中。而南昌兵絕我後。南康九江兵犄角。我非計也。不若先攻南昌。賊解圍還救。蹙之易耳。庚戌薄暮。發市汊。凡七軍。伍文定爲先鋒。徑趨廣順門。夜過半砲擊門。守者駭散。遂入城。各兵繼至。擒宜春王拱樤及內官萬銳等千餘人。宮人多自焚。給布政胡濂等衣冠而出。御史謝源讓之。乃囚服泥首軍門謝罪。初宸濠盡選銳以行。城守皆羸弱。居民日望義師。焉濠聞南昌破。悵然曰。大事去矣。還師自救。李士實請順流擣南都。即大位。否則徑出蘄黃趨京師。江西自服。不聽。衆議賊盛。堅壁南昌待綏。王守仁曰。賊雖强。不過事成封爵富貴誘其下耳。今沮喪退歸。衆心已離。機可乘矣。遂逆擊之。

前工部主事林大輅御史洪異下詔獄。大輅居與漏刻博士朱裕鄰。不相接。至是裕誣大輅。異怒而辱之。裕遂誣奏大輅妻王氏呪詛上大不敬。蓋氏嘗焚香祈免大輅也。詔幷訊。黃氏方孕。酷掠至斷指。不承。五日皆釋。

癸丑。南京監察御史楊必進疏言時事。指尚書陸完通逆。完銜之。調必進廣西按察僉事。

起林俊南京禮部尚書。以屢無成効。寢之。

甲寅。南京右副都御史蕭翀總督兩廣軍務兼巡撫。

文華殿供奉工部右侍郎周惠疇爲工部尚書。光祿寺少卿朱天麟寺丞王杲爲太僕寺少卿寺丞。仝越李鳳爲鴻臚寺左少卿。鴻臚寺丞盧伯良袁讚何祚沈瀾胡楫爲右少卿。時江南巨室子弟多直文華殿。至是校正文獻通考錄畢。皆傳奉授官。惠疇等亦超進云。

鎮守浙江太監畢眞有罪。遣御馬監太監滽智鎮守浙江。眞欲應宸濠。一日。召諸司計事。期明日閱兵。巡按御史張縉戒勿往。卽是日出表。眞又伏甲府中。杭州知府晉江留志淑列兵府門。俟諸司出乃入。眞厲聲曰。太守圖我反乎。曰。否。公府中徒隸太多。爲此洶洶。因目左右。盡請諸司入。志淑前白事。執眞手不得脫。乃出其衆。其屬吏送宸濠抵樵舍。其衆雖潰。尙五六萬人。知府鄭瓛乘間逃入伍文定營言狀。文定乘夜先進。徐璉胡堯元等隨之。諸軍繼進。

乙卯。南京工部尙書洪遠卒。字克毅。歙人。成化戊戌進士。令莆田。置鼓廳事。客至則擊之。羣吏畢集。客不能私。改濬縣。拯其饑。改交河。決疑獄。拜南京御史。首劾太監李廣及大臣附廣者。擢浙江僉事。至今官。清謹始終如一。雖貴如寒士。室無姬侍。賜祭葬。嘉靖中。贈太子少保。謚恭靖。

東寧伯焦淓卒。淓苦貧。生母卒。度不能葬。以哀殞。亡子。

給事中汪玄錫監察御史吳闇等疏諫親征。上切責之。

伍文定戰王家渡。冒矢石。火燎鬚。幾墮水。賊乘亂來攻。勢銳甚。新民劉文禮素驍悍。執白旗指揮。賊緋衣而騎者欲射文禮。文禮矛刺之。賊驚潰趨舟。溺數百人。賊退保樵舍。聯舟爲方陣。風甚利。文定募四十艘。束油葦。遣滿總軍五百人。自下流潛渡伏賊後。滿總時與賊對江而軍。更以他軍屯其故地。

丙辰。應天府丞許廷光爲右僉都御史。巡視浙江兼徽寧池太。

許山東河南織幣折價。惟江南如故。

命安邊伯朱泰卽行亟徵諸路兵悉會。以科左給事中祝續徐之鸞監察御史孫孟和章綸紀功。

御馬監太監尙春鎮守福建。

四川鹽井衞大雷雨。西城樓災。福建泰寧縣火。

丁巳。詔親征削宸濠屬籍。詔曰宸濠悖逆天道。得罪祖宗。古今大惡。不敢赦免。親統六軍。正名討罪。其餘脅從之徒。盡行寬釋。占奪田地。悉還本主。先因奏罪謫降者起用。死者贈官。生者優恤。上慰列聖在天之靈。下救一方塗炭之苦。兵出有名。事非得已。內外大小之臣。遠近忠義之士。同心合志。協力効謀。旬日之間。罪人可得。尤念西夫作難。毒我忠良。惡聲傳聞。玷我宗室。重以師徒所過。閭井騷然。供饋之繁。衆庶勞止。疾苦在下。憂切朕心。俟大功之告成。將大賚于海宇。於戲。奉天討罪。大義不私于所親。和衆安民。至仁無敵於天下。故茲詔示。咸使聞知。是日。又諭江西官吏軍民。

官軍擊宸濠于樵舍。大破之。擒宸濠。是日。滿總昧爽發舟。乘風舉火。伍文定等兵從之。頃刻達濠營。濠舟膠淺。舳艫聯絡。倉卒不可發。又舟帆多竹茅易燃。烟焰漲天。焚溺亡算。賊登陸。伏兵邀擊之。大潰。濠方朝羣臣。責其不悉力。俄火及副舟。妃婁氏赴水死。濠挾宮女四人易小舟遁。知縣王冕兵追及之。濠赴水。水淺見執。至冕所。問冕何官。曰萬安知縣。濠曰賴汝活我。當厚爵汝。尚不自知被擒也。濠世子及郡王將軍及李士實劉養正劉吉涂欽王綸熊瓊盧珩等數百人皆繼獻于守仁。婁妃上饒人。素賢。時苦諫至涕泣。濠敗歎曰。紂用婦言亡。而我不用婦言亡。天哉。見守仁。乞葬婁氏。餘無言。濠陰謀十餘年。所共事多宿盜及市人子。故四月而敗。

徐階曰。濠之未叛也。先生奉命按事福州。乞歸省。乘單舸至豐城。聞變將走。還幕府。討賊而吉安太守伍公議適合。又有積穀。因委吉安徵諸郡兵。公與濠戰湖中。敗擒之。其事皆有日月可按覆。而忌者謂先生始赴濠之約。後持兩端遁歸。爲伍公所强。會濠攻安慶不克。乘其沮喪。幸成功。夫人苟有約。其敗徵未見。必不遁。凡攻討之事。勝則侯。不勝則族。苟持兩端。雖强之必不留。武皇帝之在御也。政由嬖幸。濠悉與結納。至或許爲內應。方其崛起。天下皆不敢意其遽亡。先生引兵而西。留其家吉安之公署。聚薪環之。戒守者曰。卽兵敗。卽縱火。毋爲賊奪。嗚呼。此其功豈可爲幸成。而其心事豈不皦然如日月哉。忌者不與其功足矣。又舉其心事誣之。甚矣小人之不樂成人之美也。

高岱曰。正德間事。予難言之。蓋岌乎殆哉。宸濠之亂。夫亦有所侮而動也。乃不旋踵而撲滅者。其天命之眷祐。祖宗之慶澤。將以啓中興之運乎。孰知帝星之明江漢。兆有在也。使守仁先期至。獲於宴。則不死即囚耳。江西大小諸臣。無一人得免者。獨守仁以碩果不食奏此膚功。謂非天意可乎。

王世貞曰。新建之功。不在難而在速。遲則建業下矣。又稍遲。六師接而江滸可瞬下矣。茲其所以偉也。

吳瑞登曰。宸濠之平。孫許厲其節。王伍大其勛。而中其機宜。奮其忠勇。則尤文定力也。昔雷萬春面中六矢而不動。文定火燎鬚眉而不驚。以故保全睢陽。而誅鋤寧賊者。曠世一例焉。

朱國楨曰。宸濠逆謀。憑其强梁。一以劫掠聚賄餌。購近幸爲主。此盜賊之行。萬無成者。武宗無嗣。浪游出入。遂起邪謀。奸人誑誘。衆皆滔滔。甘心沒入。彼人奴臭味所投。固自無怪。外臣讀書知禮義。亦當稍窺一二。乃才如陸完。不能自拔。反爲之用。豈盡知昏於利。牽舊交難割。亦畏禍姑首鼠。幾幸無事云爾。陽明玩之掌上。收入網中。大賢作用。奇而實正。然形迹嫌疑。惹出物議。又以殉購學之冀元亨。勢亦甚危。嗟呼。安陸親藩。然天敘帝星甚明。年已長矣。即一恒人。屈指必及。而貿貿如狂。釀此大變。豈非天哉。聞毛伯溫按楚。朝獻皇。得見世子。即致故致饋。出謂其子曰。吾今知江漢星明正在此。汝識之。勿泄。以天表合人倫大臣。識力固如此。獨江西人物甚盛。盜賊之禍。數十年不解。積漸至濠而極。濠既自殲。幷姚源華林遺種逃入者。一時並盡。荼毒中似臻廓清之効。乃若李士實劉養正。裹足就死。雖聖人不能化。而他又何誅焉。

談遷曰。平濠之功。王氏伍氏尙已。顧國史甚略。吉安起義。則曰守仁以宸濠生日道南昌賀之。會大風。舟不得前。至豐城駭變。取小艇潛還贛。文定已率三百迓於峽江。至吉安。說起兵。守仁初不許。既深然其言。于破南昌日。諸兵皆烏合貪功。縱殺居民。往往死于床簀。有闔門無噍類者。比曉。守仁始按轡整隊而入。死者已數萬人于戰樵舍日軍中爭攘濠積文定所獲以數十萬計徐璉邢珣及御史謝源伍希孺亦各數萬惟戴德儒一無所取讀之似守仁倖成其功僅可贖平時通逆之失至於發蹤指示後先方略概未之及也嗚呼燎原之勢遠近震動深文微詞沒其焦爛之苦輒以抱薪責之此必董文簡輩懟筆寧足信哉

辛酉李士實劉養正死繫所士實豐城人成化丙戌進士授刑部主事歷郎中遷浙江提學副使歷右都御史年七十二致仕予一子官談道理詩文書法名一世宸濠欲交士實先縱其下侵之士實往訴語合遂爲畫策從逆時八十餘龍鍾昏眊執見伍文定立不跪杖二十死傳首至京家遂滅養正正德初貢士棄繻講學不苟交接士夫至願見不可得嶺南張詡以伊呂薦于宸濠母死求守仁志墓徵說之不應就擒自盡傳首至京妻子沒爲奴

朱國禎曰自來從逆之人多由迫脅有卑官末秩苟全性命者爲之若二品大臣賢科名士如李士實劉養正千古僅見昔李太白有永安之染郭汾陽贖以官爵得流夜郎蘇眉山題碑陰稱其氣蓋天下云迫脅謂原不與謀也李劉入濠幕中爲太師國師觀其問孫許挑陽明直駴人驚死者而已吾友劉文簡曰天下有事大好人大不好人皆出江西信然有濠則有李劉物未嘗無對也

八月壬戌朔寧波知府寇天敍爲應天府丞

平虜伯朱彬提督東廠錦衣衛官校時張銳東廠朱寧錦衣彬兼其寵貴莫尙焉

故巡視四川右副都御史高崇熙贈右都御史子廕百戶陞世錦衣衛副千戶崇熙值盜廖惠等報至輒單騎遁惟事招撫營中江遇廖惠呼爲掌營沈笠于江誓之又畀賊臨江市貽患數年被劾逮繫道卒至是子廕奏辨兵部尙書王瓊私之

癸亥前太子少傅南京兵部尙書張澯卒澯字仲湜全州人成化戊戌進士館選授編修歷侍講侍讀學士長

禮吏兵部。俱南京。倡同官請擇儲。臨事明決。性剛褊寡合。

丙寅。廷議防邊居守事宜。司禮太監蕭敬等。大學士楊廷和等。內外坐營官府部六科東廠錦衣衛各賜敕。

致仕永順宣慰使彭世麒。以征郴桂盜功辭賞。命立坊曰表勞。

金星晝見。庚辰滅。

丁卯。傳單總督軍務威武大將軍總兵官鎮國公朱壽敕。

戊辰。遣新寧伯譚祐駙馬都尉蔡震祭告郊廟。啓行。

巡撫貴州右副都御史鄒文盛改南京右副都御史。

起侍養戶部右侍郎邵寶爲南京禮部尚書。巡撫蘇松右副都御史李充嗣爲戶部右侍郎。督理軍餉。仍兼巡撫。充嗣聞濠變。身將兵屯采石。遣諜順流而下。檄王師十萬四至以疑之。

瀋陽中屯衛都指揮使袁傑爲後府都督僉事。冒捕盜功。

己巳。命太監張永提督贊畫機密重務兼勘逆黨宮眷庫藏。

辛未。錄安慶功。守備署都指揮僉事楊銳進都指揮僉事。充參將。分守安慶太平池徽寧國九江饒黃蘄。安慶知府張文錦爲太僕寺卿。提督九府。餘俟後命。

壬申。諭大學士梁儲蔣冕扈從。

癸酉。乾清坤寧宮定址。太監張永張銳劉養孫和谷大用蕭敬魏彬溫祥賴義秦文張欽韋霦張淮李英●新寧伯譚祐。平虜伯朱彬。尚書兵部王瓊。工部李鐩。左都督朱寧各世錦衣正千戶。又加廕劉養姪千戶。欽孫和姪千戶。宣俱都指揮同知。朱彬子總旗。然指揮同知。譚祐子百戶綱都指揮僉事。朱寧子都指揮僉事永安爲右都督。餘指揮千戶等有差。

檄楊廷和梁儲蔣冕毛紀世錦衣正千戶。

甲戌。南京給事中王紀等御史吳彰德等各止親征。不報。

乙亥。右都御史鄧璋爲南京戶部尚書。

吉安知府伍文定爲江西按察使。

王世貞曰。文定。烈士也。孤城孑然。角强藩不爲動。衝堅陷深。至介冑之夫披爲。夫江西固制帥慫恿揮翟。提其領夾之不少矣夫。

大學士楊廷和請詔寬恤如討寘鐇故事。以朱彬阻之。

丙子。敕勞南京內外守備參贊官。初守備太監劉瑯以百餘人貯火藥棺中。出城爲濠應。事泄乃已。

御馬太監廖宣提督蘇杭織造。

己卯。南京刑部尚書戈瑄致仕。

庚辰。起前江西布政使鄭岳副使胡世寧。以先與宸濠忤也。

辛巳。翰林院庶吉士汪佃葉桂章葉式王三錫陳沂鄺灝爲編修。張星蕭與成林成季方湯惟學爲檢討。曹懷儲昱汪思史道劉穆楊士雲鄭自璧爲給事中。黎貫席春許宗魯爲御史。

謫江暉廣德知州。馬汝驥澤州知州。王廷陳裕州知州。汪應軫泗州知州。曹嘉大名推官。俱言事忤旨。

太常寺少卿潘辰致仕。

水災免蘇松常鎭夏稅有差。

壬午。提督撫治鄖陽右都御史文貴改巡撫甘肅。

袁州贛州知府徐璉邢珣爲江西布政司左右參政。

楊廷和推南京吏部尙書劉春專誥敕。上以廷和鄉人。不允。責陳狀。疏上不問。蓋廷和爭鎭國公敕。藉此譴之。

癸未。上發京師。命平虜伯朱彬提督贊畫機密軍務。仍軍門提督官校。左都督朱周協贊。錦衣衛都督朱寧隨征。

甲申。宣府右衞百戶劉昱。綏德衞指揮僉事趙傑。楡林衞百戶李虞。陽和衞舍人馬聰。俱賜姓朱氏。帶俸錦衣衞。

乙酉。諭南京守備參贊等官燬宸濠僞檄。違者罪之。

杖敎坊司樂官臧賢。施鉞司鑑于于門。戍馴象衞。籍其家。朱寧使盜夜殺之張家灣以滅口。

丁亥。上至涿州。留太監張忠私第。江西捷至。猶決南幸。奏不下。

戊子。上至保定。

庚寅。楊廷和請回蹕。專遣重臣往江西綏輯。不報。

辛卯。吏戶刑工部左侍郞廖紀鄭宗仁金獻民劉永。兵部右侍郞楊廷儀。右僉都御史李鉞。左右通政柴義張瓚。大理左少卿吳祺。同內外坐營官防守九門。

謫戶科給事中席象夷陵州判官。李長福寧州判官。以長按黔國公沐崑所劾按察使沈恩等事詞及象。併下獄調外。則上怒言官伏闕也。

九月壬朔。上宴保定之郡堂。以巡撫伍符善飲。爲藏鈎之戲。符偶勝。上不懌。酒之。符頹然。乃笑。保定府知事王棐代符飲三觥。扶符出。又禁民間畜猪。以國姓同。

命駙馬都尉蔡震守端門。崔元承天門。魏國公徐鵬舉北安門。鎭安伯魏英永淸伯谷大亮東西安門。安定伯張容鎭平伯陸永東西長安門。英國公張崙正陽門。遂安伯陳鏸崇文門。安鄉伯張坤宣武門。恭順侯吳世興朝陽門。都督僉事朱鏞東直門。李瑾安定門。都指揮僉事黃鎮德勝門。詹冕西直門。襄城伯李全禮阜城門。

癸巳。上發保定。

南京鴻臚寺卿夏昇服闋致仕。加南京太常寺卿。

甲午。前南京操江右僉都御史陳世良卒。臨海人。成化丁未進士。

丙申。總督漕運改提督。

戊戌。上至臨淸守臣進宴。上簡之而不怒。右僉都御史王翊稱觴緩。上目之。總兵神周怵以上意叵測。明日。復宴。總理河道右副都御史龔弘趨而言名氏。意別于翊。朱彬叱之。覬幷罪。上不爲動。太監黎鑑家人得罪。鑑傾貲獻。翊不可。忿而爭。鑑泣訴。上曰。若不遂所求耳。鑑語塞。

乙巳。科道以擒叛請回蹕。不報。

丙午。昌平開平等衞地震。

右副都御史王守仁械宸濠自獻捷。至杭州。值太監張永。即付之。蓋上遣永邀守仁也。守仁厚結永。力言江西困狀。不堪擾。復還江西。張忠朱泰朱暉兵先由大江趨南昌。蒐餘黨。民間騷然。聞守仁趨杭州。大沮。屢譖于上。幸永力爲解。忠等銜守仁不我待。縱所部淩守仁。或指詈之。守仁日撫慰。不能有所加。留數旬而還。

高岱曰。武宗惑于羣小。欲幸江西。守仁欲爲保境恤民計。宸濠誠不可不執赴闕下。然命一將入獻。無不可者。而奚必于親往耶。既有巡撫江西之命。則責守有在。況屢有詔止。何可違也。既不得行。遂稱病解官。此與岳武穆棄軍歸山之意同。郭子儀處唐肅宗。卽不如是已。豈所謂公遜碩膚之道也。雖然。此春秋責備之義也。孔子曰。微管仲。吾其被髮左衽矣。朝廷貂璫盈座。而守仁之後。至不得蒙麓川安化之賞。其何以安天下後世之心乎。

隆慶州地震。
戊申。月犯天街星。
癸丑。上自臨淸單舸疾趨而北。從官不知也。數人追及之。初。幸妓劉良女贈簪爲約。馳蘆溝失之。召劉不至。遂晨夜抵張家灣。偕而南。值湖廣參議林文纘舟入。奪其妾。
崇明海盜起。
甲寅。敕勞應天巡撫李充嗣。
京營都督僉事岑玉爲都督同知。太監岑章家人冒功。
乙卯。萬壽節。上舟過德州。京師百官遙賀。
丙辰。福泉興化地震。
庚申。前南京兵部尙書林瀚卒。瀚字亨大。閩人。成化丙戌進士。館選。授編修。遷修撰歷左諭德祭酒禮吏部侍郎。長南京吏兵部。逆瑾時。降浙江左參政。後復官致仕。性仁恕而所守不可奪。在兵部裁用事進獻內臣。贈太子太保。謚文安。瀚子庭㭿庭機孫燧俱尙書。甲第福壽之盛。當代無兩。
袁表曰。林公端厚邃醇。正色危言。卒犯大奸。籍名黨議。幾蹈不測。邦之司直。其誰人與。
十月辛酉朔。壬戌。流星自下台行至招搖。化白氣而散。
戊辰。楊廷和等以郊祀請駕。不報。
昏刻金星犯南斗。
辛未。上復至臨淸。
月犯壘壁陣左星。

癸酉。賑遼東。

旱災免蘭河隴西九縣田租有差。

甲戌。雅州地震。

乙亥。夜月食既。

寧夏地震有聲。

戊寅。前巡撫保定右副都御史張淳卒。淳合肥人。成化丁未進士。令劉陽。拜御史。疏救劉逐。出守吉安。治稱最。雖古循吏不能過。晚在鎮少防範。功名頗損。論者惜之。

壬午。上發臨清。

許州洧川等縣地震。

癸未昏刻。金星犯天狗。夜。木星犯氐宿。

甲申。撒馬兒罕番王可重速壇等入貢。

福建海寇平。

十一月辛卯朔。上過濟寧。

丙申。上至徐州。

戊戌。增福州捕盜通判。治古田杉洋。漳州捕盜通判。治南詔。

辛丑。上御龍舟發徐州。

癸卯。月犯天街星。

乙巳。至淮安清江浦。幸監倉太監張陽第。時巡幸。所捕魚鳥分賜左右。雖一臠一毛必金帛謝。上漁清江浦果日。南京河南山東文武官咸集。俱戎裝徒行。不辨貴賤。朱彬日傳旨徵索。緹騎四出。通判胡琮懼而自縊。南京守備成國公朱輔見彬長跽。總兵鎮遠侯顧仕隆稍不屈。彬數侵之。又矯旨索民間鷹犬珍寶古器。稍拂之。三木囊頭矣。緣淮三四百里。人甚苦之。

己酉。太常寺博士姚釬武昌推官衞道爲南京兵刑科給事中。

壬子。至日。上在清江浦。百官遙賀。

癸丑。范承鑾王果彭占祺俞集鄭氣簡霄周在鄭本公吉棠傅桂郭楠李孟旭楊銓張彥杲余翔王鈞胡松喻漢陳克恭周允中並爲試監察御史。

甲寅。上至淮安。屏侍衞步入城。幸鎮遠侯顧仕隆第。朱彬怒仕隆。嗾嬖倖言。總兵府有兩銅屈戍重大。卽大內不如也。上視無有。遂出。

丁巳。羈朱寧于臨清。收其家屬。上南征。已留寧居守。寧懼遠上見嫉。私求扈從。上時出正陽門。始得命。朱彬以爭寵。至臨清。進間止寧創皇店。遂白其通濠狀。上怒曰。朕固疑之。將渡淮。遣繫。

己未。上至寶應。漁于汜光湖。命右副都御史臧鳳舉網不克。曰。官許久。尙不解漁耶。

十二月辛酉朔。上至揚州。先是太監吳經奪民鉅宅。改督府。刷良家子嫠婦待幸。民間女婦爭嫁。匿或以賄免。知府蔣瑤力爲請。曰。備亦罪。不備亦罪。寧害于身。不及民也。經密覘嫠者及倡女家。夜半稱詔遍入其家。捽之去。匿必窮搜。無一脫者。分寄尼寺。俟其金贖。否則悉入督府。

壬戌。上數騎獵城西。入上方寺。自是數出獵。劉姬諫止。總兵神周奉命搜泰州鷹犬。括居民百餘人充獵師。獵草場三日。止得數麞兔。復欲獵海濱。道濘而止。索泗州美人。知州汪應軫言。泗女陋。有桑婦如千人。可裨王化。乃已。

丙寅。水災。免河南田租有差。

戊辰。大同山陰縣地震。

庚午。庶吉士閻閎服闋。爲吏科給事中。

辛未。諭明年暫南京郊祀。扈從大學士梁儲蔣冕力言其不可。南京郊仁祖配天。北京郊太祖太宗配天。若遂南京郊。配位不知所裁。楊廷和亦言之。議寢。

壬申。水災。免順天河間永平保定糧芻有差。

戊寅。上閱伎揚州。卻撫按官宴。以價進。

己卯。上至儀眞。

水災。免大名眞定順德田租有差。

前太常寺少卿潘辰卒。辰景寧人。僑居燕。弘治初。薦授翰林待詔。直內閣。刻苦問學。持身馴謹。歷典籍博士編修。所草誥敕。未嘗受贄。人皆賢之。特予祭葬。

庚辰。月犯上相星。

壬午。遵化地震。聲如雷。武昌地震。

癸未。上漁儀眞之新閘。觀于江。命朱彬攝祭。明日。入民黃昌本家。閱太監張雄守備馬昊所選伎。半入于舟。

乙酉。上渡江。

丙戌。上至南京。

丁亥。上祭太廟。明日。祭奉先殿。

是年。禮部員外郎鄭善夫請改曆元。言歲差之法。自晉虞喜始定五十年天運一變。何承天復定以百年。隋劉煇取二家中數定以七十五年。唐一行復定以八十三年。元許衡王恂郭守敬復定以六十六年有餘。凡經數十人歷驗千數年至元授時曆似精密矣。只今新法據許衡等六十六年有餘之數推演。仍又不合天道豈易言哉。且如定歲之法積四期餘一日。一日分加于四朞故二至之期在絲忽之間。月大難准要須酌量以定。如定日之法。一日百刻所以變爲九百四十晝者。以氣朔有不齊之數難分也。每月三十日二氣盈四百一十一晝二十五秒、朔虛四百四十一晝積盈虛之數以成閏故定朔必四百四十一晝前後爲朓朒在一晝之間。自古無眞知亦酌量以定者。如日月交食。惟日食最難測月食分數惟以距逆遠近別無四時加減蓋日爲月、體所掩而食日大而月小。日上而月下。日遠而月近。日行有四時之異月行有九道之異。故旁觀者遠近自不得而同矣。如北方食既南方纔半虧。南方食既北方纔半虧。故食之時刻分核。須據地定表因時求合而後準也。正德九年八月朔日食。曆官報食八分六十七秒。而閩廣之間遂至食既。其時刻分秒安得而同。今按交食以使曆元時分刻。刻分秒極精極細至於半秒難分處。亦酌量以定若差半秒。積以歲月則纏離朓朒皆不合原算矣。隨時考驗求合於天者。苟非其人。豈易言哉。漢唐以來皆設算學與敎習儒藝同科稱四門博士。如宋錢藻孫覺大儒皆爲算學博士之官。九章之法大明。故言差法。更曆元。每得其人。我朝曆法既廢而戶部考核數歲限取數人。又止於錢穀戶口。此在九章尚未得其一也。況占天之書。國法所禁而官生之徒明理實少乎。必須理明然後數精。方今儒術之中。有究心天文者。使得盡觀祕書。加以歲月。上按往古。下推未來。庶幾曆元可更也。

苑守己曰。我朝請改曆元者。元統鄭善夫華湘三人。大都皆勦舊說。而未窺授時曆法之深也。蓋授時曆雖起於至元辛巳。而不以辛巳爲曆元。其法以七千二百五十七萬六千爲一元之中。平分天地人三元。各得二千四百一十九萬二千。自太乙甲子至嘉靖四十三年甲子。曆過五千二百九十五萬八百四十。已逾天地二元矣。人當人元內四百五十六千八百四十。後推將來。每年增一。前考已往。每年減一。是以太乙甲子爲曆元而不以至元辛巳爲曆元也。所謂以辛巳爲元者。蓋曆家以世數遼遠。難於推算。故截去貞元而姑以辛巳爲始耳。遂使膚淺之士無所考據。紛紛異詞。不知曆元之所在矣。至于歲差之法。起于子半虛六度。約六十六年而退一度。自堯時迄洪武甲子。退過四十九度五十七分。故冬至日躔箕七度七十九分。正統甲子退過五十度四十一分。冬至日躔箕六度九十六分。弘治甲子退過六十一度二十四分。冬至日躔箕六度一十三分。嘉靖甲子退過五十二度七分。冬至日躔箕五度三十分。以後每歲約退一分三十八秒四十七微。步曆者隨年減去之矣。豈仍至元辛巳之舊哉。今攷至元辛巳冬至日躔箕九度三十七分一十八秒。至嘉靖初年日躔箕五度八十五分。蓋退過三度六十餘分矣。又將何所改耶。自嘉靖初至萬曆壬午六十一年。又退九十三分。故今曆冬至日躔箕四度九十二分。其與至元辛巳日躔箕九度三十七分者相去遠矣。而謂仍用至元之舊也。果何見哉。至於日食起復方位。多寡分數。稍有不同。則以南北地勢不一。里差之法未之講耳。故正德甲戌日食。日官推步八分六十七秒。而閩廣之間遂至食既。萬曆乙亥日食。京師未甚。而蘇杭亦至晝晦。則南北之地勢使然也。蓋日輪大而月魄小。故相掩之際。自下視之。南北不同。每千里而差一分。東西不同。每十里而異數刻矣。夫豈曆元不精。歲差未改使然哉。若以爲歲差未改所致。則自至元迄今已差四度五十九分。以法推之。則合朔之時。月已去日四度五十九分矣。若之何而能食耶。按法月行一日十三度有奇。則一時當行一度有奇。而四度五十九分。當行四十餘刻矣。如使歲差未改。則今之日食與日官所步者。當差四十餘刻。豈止起復方位多寡分數稍有不同而已哉。若因此而疑曆元之當改。則悞矣。

庚辰正德十五年

正月⿰貝庚朔。上在南京。謁孝陵。

浣衣局幼女甚衆。薪炭歲十六萬斤。命增給。時近倖多獻幼女。又累年巡幸所收。局至不能容。或餒死。不之問。

丁酉。立春。戲劇如宣府時。

戊戌。土魯番哈密貢使留二年未遣。告資匱。遂賞金織文綺綵繒有差。

甲辰。增平涼收糧通判。專寧夏西路。

逮臨淮知縣吳鼎。內臣楊秀誣其慢。

廣西副總兵張祐鎮守太監傅倫都指揮沈希儀等。擊叛猺于臨桂灌陽。斬五百餘級。

丁未。星隕于山西龍舟谷巡檢司。少頃火作司廳燬。

壬子。太原地震。

遼東饑。指揮唐斌千戶侯能逃三十餘人。命亟予俸。

甲寅。水災免鳳陽淮安揚徐滁和糧芻有差。

乙卯。周府麗水王安汾薨。謚靖恭。

戊午。水災免湖廣田租有差。

前應天府尹陳良器卒。仁和人。成化辛丑進士。嘗守池州。歲積粟十三萬石。號能吏。

執太監畢眞劉瑯劉璟都指揮廖鵬廖鐣齊佐王準都督同知王瓛下錦衣獄。皆濠黨。佐準皆朱寧壻。

己未。金星晝見。辛酉滅。

二月⿰車庚朔。夜。流星自軫宿行至近濁。

乙丑。秦州地震。聲如雷。昏刻。月犯天街星。

宸濠械至。泊于江上。

丙寅。禮部左侍郎兼翰林院學士石珤侍講學士李廷相主禮闈。

丁卯。夜。土星犯羅堰星。

戊辰。防守白羊口都督僉事張椿疾去。

昏刻。月犯五諸侯東星。

庚午。吏部以考察日久。先遣小吏回。餘俟駕回定奪。

辛未。夜。月犯軒轅星。

乙亥。巡撫保定右副都御史王崇文卒。崇文曹人。弘治癸丑進士。館選。授戶部主事。歷江西四川提學副使。才

明爽而粗。保定任未赴。

壬午。太原地震。

甲申。平陽洪洞趙城有流星如火。聲如雷。臨淄樂安亦如之。

戊子。夜。流星自太微垣行至西雲中。

前巡撫湖廣右副都御史湯全卒。華亭人。成化壬辰進士。

三月。朔。庚寅。水災。免陝西寧遠縣糧芻。

壬辰。昏刻。月犯□星。

甲午。許祭祀仍用豕。初。太常寺以禁豕。請例用牛羊豕止以牛羊。例用豕羊止以羊。下禮部議。如舊。

丙申。安寧姚安大理賓川蒙化鶴慶俱地震。蒙化震二日。壞城舍。

辛丑。楊廷和以郊祀考察廷試及孝貞純皇后大祥告祔諸大典。乞回蹕。梁儲蔣冕亦言之。不報。

甲辰。御馬監太監楊簡鎮守山東。

夜。月犯亢宿。

辛亥。雙流新津縣大雨雹。傷稼。

太保會昌侯孫銘卒。

四月牫朔。己未。淮揚大饑。賑之。

庚申。夜。流星自太微東垣行至近濁。

辛酉。修太廟殿廡及社稷壇殿。

癸亥。禁自宮者。

甲子。張祿李繼宗陳德鳴田美孫元陸翺董雲漢丘道隆劉源淸李美劉穎楊材王祿爲試監察御史。穎材雲漢祿繼宗俱南京。

丁卯。修築南陽白河。

己巳。琉球入貢。

壬申。四川長寧珙縣大風雨雹。拔木。傷牲稼。

癸酉。夜。月食。

戊寅。大同天城衞火。

庚辰。滎河縣大雨雹。傷稼。

丙戌。貴州兵協四川勦僰蠻。尋平之。

翬昌有星如赤日自東北流隕天鼓鳴。
丁亥前巡撫山東右副都御史朱欽卒欽邵武人成化壬辰進士授寧國推官拜御史有風采在山東禁釀忤
瑾奪官端重清直歷著聲績其學師吳與弼年七十七
五月戊朔辛卯山西靜樂縣火。
回賊劫汧陽殺知縣賈鉞。
丁酉國子司業穆孔暉爲翰林侍講。
辛丑水旱免寧國池州太平安慶糧芻有差。
癸卯應天府尹胡宗道卒扶風人成化辛丑進士值南狩數見侵辱如傳吏憂懼遂不起。
庚戌大理府地震。
甲寅咸寧侯仇鉞卒鉞世寧夏前衞指揮同知自平寘鐇討流盜後上在豹房召入侍固稱疾遂得全其智足
稱不獨從戎矣嘉靖中謚威襄。
六月丁朔上嘗幸牛首山宿寺中諸軍夜驚。
效勇營後府都督僉事李瑾卒。全寧人。
甲子土魯番入貢歸我所擄吏卒及哈密王速壇拜牙郎妻妾家人惟留王未遣兵部議許其和巡按陝西御
史潘倣言如此適見輕宜姑阻貢使敕責其犯順仍盡索歸人擇使往議然後納之報可。
丁卯雲南白鹽井大風雨壞廬舍。
己巳沂州孝感鄉立諸葛亮祠亮生處巡按御史熊相所請。
絲州威州保縣中江地震。

辛未。廣東程鄉縣地震聲如雷。

乙亥。虜牧近邊。飭諸將嚴備。

丁丑。補江西鄉試。

辛巳。大同府大雨雹。傷稼。

前署大理寺事工部尚書楊守隨卒。守隨字維貞。鄞人。成化丙戌進士。授御史。按贓吏李孜省罪。後見擠。調南寧。性剛直。遇事敢任。忤逆瑾。繫獄八月。罰粟千石。家至屢空。裕如也。少與從兄弟守陳守阯相砥礪。白首無負。贈太子少保。諡康簡。

壬午。始允考察。降斥二千四百七十八人。

令遼東延綏游擊將軍林睿劉玉周政兵還鎮。睿從征。玉政戍偏頭大同。

安慶府火。

癸未。右府都督同知安國卒。國世綏德衛指揮僉事。正德三年。武舉第一。授署指揮使。屢立功。端謹知兵。予祭葬。贈左都督。諡武敏。

前太常寺卿夏昇卒。海南衛人。弘治庚戌進士。

癸未。梧州封川各地震有聲。

夜。台州有火隕于空者三。大如盤。觸草木皆焦。良久滅。

甲申。科道請班師。不報。

丙戌。蓋州衛地三震。

七月

丁亥朔。盜刼滄州。

雲南彌勒州十八寨作亂。尋討平之。

廣東平陽江盜平。

丁酉。操江南和伯方壽祥劾罷。

棘蠻平。初四川芒部府土知府隴慰子隴政隴壽。爭襲仇殺。隴壽微弱。既襲被殺。隴勝稱壽養子。襲之。所部棘蠻阿又磉者唾者鳩等因流刼貴州。兵之。俘四十二人。斬百有十九級。巡撫王軏議隴勝非壽子。而興復土官。彼孺子何知。恐爲懷德長官阿濟之所脅。不濟爲笑。乃奏設流官知府。立四長官司。後試知府程洸迂暗。旋復報罷。

戊戌。少師大學士楊廷和滿九年考。賜敕宴禮部。

辛丑。時有物如豕首。墮上前。色綠。又所館婦人處四壁若人首。懸其上。大學士梁儲蔣冕因請回鑾。不報。

壬寅。晋定衞指揮使王雄爲署都指揮僉事。冒香爐山功。

甲辰。逮湖廣按察副使黃天爵都指揮僉事劉淳。以奉命往按永順保靖之爭。避不赴。被劾。

八月丙朔。廣東蘇峒十八山靑龍岡等盜平。斬萬一千二百五十級。俘四千一百四十八人。

庚申。夜。福建福泉地震。

辛酉。雲南景東衞地震。聲如雷。傾城庫公署民居。地多裂。

壬戌。前太子太保戶部尚書武英殿大學士靳貴卒。貴字充道。丹徒人。弘治庚戌進士及第。授編修。歷左中允諭德。累陞禮部右侍郎。逆瑾時。調光祿卿。尋復故。再進直閣。嘗主辛未丁丑禮闈。有遺議。其文本經術。在科場崇雅斥浮。第周旋權官。不失富貴。人得摘之。贈太傅。謚文僖。

乙丑。濟南東昌開封地震。

己巳。虜犯宣大。仍駐宣府西路牛心山。連營三四十里。命都督郤永軍居庸。參將楊玉軍昌平。都督朱洪軍黃花鎭。左副都御史李瓚守白羊口。

丁丑。雲南趙州大雨山崩。

庚辰。戶部右侍郎邊憲兼右僉都御史。督餉宣府。

癸未。水災免江西田租有差。

閏八月炳朔庚寅。占城國入貢。

壬辰。上辭孝陵。初上欲幸江浙湖湘。羣臣伏闕請還蹕。朱彬欲重譴。其黨阻之曰。一之爲甚。毋再也。大學士梁儲蔣冕伏宮門泣請。傳旨起退。以未得請。不敢起。乃傳旨許還。

癸巳。受江西俘。令王守仁重奏捷。敍及親征所遣張忠朱暉等功。

丁酉。上旋蹕。發龍江。初朱彬挾邊兵。跋扈無人臣禮。諸臣脅息。兵部尙書喬宇事事鎭靜。彬稍憚之。嘗索各城門鑰。宇曰。祖制以謹非常。誰取亦誰與者。雖尺一不可得也。彬矯上旨行事。宇必請面復之。應天府丞寇天敍署京兆。挺身協力。每事裁抑。日褻服坐堂皇曰。知當入詔獄。謹預待。彬少沮。留京藉此二人以安。

己亥。唐府承休王芝垠薨。諡榮和。

辛丑。上至儀眞。

壬寅。漁江上。

癸卯。如瓜洲。避雨民家。夜宿望江樓。

上閔採木之苦。令工部右侍郎陳雍優勞官民。仍祭神木山。

甲辰。上自瓜洲濟江。登金山。至鎭江。幸前大學士楊一淸第。明日。復幸。入書室。取冊府元龜文獻通考。又明日。

飲一淸第。樂作。製詩十章賜一淸。令和之。上覽訖。爲易數字。一淸厚有所獻。上大悅。及駕還。凡五幸焉。又臨故大學士靳貴之喪。不勝嗟悼。命所從胡僧梵唄而去。登北固山。見前禮部主事吳人楊循吉留題。因召見行在。不能對。罷歸。忌者謂伶人臧賢所薦。時循吉貧不能糊口。典衣赴召。安所市伶人爲寃哉。

庚戌。發鎭江。

壬子。再宿望江樓。

癸丑。至揚州。

九月乙卯朔。丁巳。撫按臣設宴慶功。金銀牌各二。軸一。旗幛一。綵幣若干匹。餘折價。

戊午。發揚州。

庚申。至寶應。復漁汜光湖。鎭守太監丘得苛索。上供。繫知府蔣瑤北去。至臨淸放歸。瑤値南巡。僅鳩上供具。無横斂。上偶得大鯉。責五百金。瑤手奩飾以進。曰。民貧甚。此臣婦簪珥也。上遂不問。

耿定向曰。維時乘輿至止。天威所臨。生死呼吸間耳。蔣公輕一身以翼蔽其民。難矣難矣。近世仕宦者。競飭廚傳華供張以取上官一時之媚。剝民膏脂而不惜。獨何心哉。

辛酉。至淮安。右都御史叢蘭。鎭遠侯顧仕隆等賀。金幣。上戎服簪花鼓騎入城。過山陽縣學。入視廊廡肖像。又入敎官舍。移資治通鑑等書。夜宿故尙書金濂第。

癸亥。九日。左右競進菊。材官以之賦民。大擾。

丙寅。至淸江浦。復幸太監張陽第。踰三日。上自棹小舟漁積水池。舟覆。溺焉。掖出。上始不豫。

丁卯。水災免順天永平保定河間夏稅有差。

辛未。嚴捕盜之禁。

丙子。上至東昌。

戊寅。萬壽節。上至臨淸。

旱災免鞏昌臨洮甘肅屯糧有差。

辛巳。前四川按察副使張鼏卒。鼏慈谿人。成化丁未進士。授鉛山令。治有異政。擢南京御史。劾太監蔣琳。降南通政司經歷。久之遷四川副使。執法不隨。分守建昌太監欲薦術士周慧。鼏下之獄。戍邊。尋乞骸。年七十八。

甲申。命戶部歲遣官于蘭州理甘肅餉。

核京衞放糧文冊。

前巡撫遼東右僉都御史張鸞卒。平谷人。弘治己未進士。自刑部郎中改御史。附瑾驟遷。士論鄙之。

十月乙巳朔。庚寅。上至天津。

雲南府地震。

丁酉。周府臨湍王安瀺薨。謚端簡。

壬寅。孟奇夏言顧濟徐景嵩底蘊胡汭陳江魯綸爲給事中。江綸南京。

己酉。蓋州衞地震。聲如雷。

庚戌。上至通州。兵部尙書王瓊來迎。瓊亦通宸濠。大懼。至是求朱彬得釋。時知州劉繹上供御用。下給百司。井井無失。村民若不知有乘輿也。且振頹革弊。剖決如流。雖當劇地。晏如也。繹邠州人。例貢。知靑縣。課最。遷通州。

辛亥。淮安地震。

甲寅。召戶部尙書楊潭赴行在。

前應天府尹王宸卒。郯縣人。弘治庚戌進士。授給事中。始終淸愼。

十一月軏朔。庚申。吏部尚書陸完有罪執赴行在。完先江西按察使。善宸濠。去後餽問不絕。在兵部。爲復護衞。在吏部。徇其黜陟。太監張永搜濠簿籍。奏其交通狀。至是收完。幷母妻子女錮其家。母年九十餘。獄死。獄具。謂受宸濠金臺盞一。綵幣四。後戍福建靖海衞。

太監商忠杜裕。少監盧明秦用趙秀。錦衣衞都指揮薛璽。指揮陳善。御史張鰲山。河南右布政使林正茂。俱下錦衣獄。以通宸濠受賄也。裕守宣武門。縱濠使出入。鰲山徽時濠悅之。因拜餽。正茂以江西按察使善濠。裕𢝊死。

辛酉。免司禮太監蕭敬李英。亦通宸濠。

乙丑。福州地震。越一日復震。

己巳。松潘副總兵張傑爲都督僉事。仍副總兵鎭守。

庚午。崇明沙千戶所隕火。大如斗。天鼓鳴。崑山亦如之。

辛未。夜有小閹二人。縋北安門皇牆而下。執付鎭撫司。

壬申。刑部左侍郎金獻民爲南京刑部尚書。右都御史叢蘭爲南京工部尚書。巡撫湖廣右副都御史秦金爲戶部右侍郎。

河南左布政使李承勛爲右副都御史。巡撫遼東兼贊理軍務。湖廣按察使胡世寧爲右僉都御史。巡撫四川。貴州左布政使趙文奎爲應天府尹。鄭岳復爲四川左布政使。

豐潤伯曹愷署南京前府操江。

癸酉。山東左布政使姚鏌爲右副都御史。巡撫延綏。提督操江右僉都御史劉玉改提督撫治鄖陽。南京太僕寺卿毛珵爲南京右副都御史。提督操江。

丁丑。盡召內閣府部勳戚大臣赴行在。每署止留佐貳官一人。時京師洶洶。傳朱彬欲爲變。聞是召。益懼。

己卯。大學士楊廷和毛紀朝行在。

始下江西捷奏議宸濠罪狀。

十二月乙酉朔。上在通州。

巡按直隸監察御史葉相上言。陛下以萬乘之重。下侵一將之事。固爲非策。乃經歲未返。道路苦于候迎。公私疲于供應。人心危疑。四夷窺伺。陛下豈誠昧于此哉。殆左右讒佞之人熒惑以售其奸。夫陛下之天下。誰與之。天地祖宗之所福也。今大祀未舉。廟祭或缺。陛下之心能安乎。皇太后子惟陛下。今視膳久曠。陛下之心能安乎。三年一考察。三年一策士。今過期七八月矣。幾務滯而勿行。社稷虛而失守。陛下之心能安乎。且師之所處。荆棘生焉。今六師久暴。饑者勿食。勞者勿息。萬一變生肘腋。何以禦之。昔人有言。白龍魚服。困于豫且。又曰。胡越起于轂下而羌夷接軫。可不懼哉。願速發明詔。即班師。上副宗社之託。而下順臣工之心。上不報。

遣太監金義陳浩封朝鮮國王李懌子皓爲世子。賜文綺四。

己丑。禮部上獻俘儀注。上疾。不果行。

海外佛郎機始遣必加丹末等三十人入貢。佛郎機已滅滿剌加國。求封。許入京。其從者留懷遠驛。略人口立寨。御史丘道隆請歸國滿剌加方許貢。御史何鰲以番舶限貢。必嚴奏抽分如例。自吳廷舉不限年至。即抽貨。致蠻夷雜沓。乞復舊制。悉驅在澳番舶。禁夷人潛住。議從之。時貢使火者亞三本漢人。竄役性黠慧。因江彬謁上南京。喜而留之。比入京。在館。詭滿剌加使臣欲位諸夷上。主事梁焯執問。杖之。

朱彬奏逆黨中宗遠等。乞正罪。加彬祿百石。廕錦衣正千戶。

設九江安慶副總兵。裁九江兵備副使。

賜宸濠死。及拱樤觀鑛宸渢宸瀾宸溢宸淯宸瀛宸汲宸湯宸滹。追僇拱栟觀鋌拱棫宸灃。上之北還也。每令濠舟次御舟後。意甚防之。羣臣請如高煦寘鐇例。祭告郊廟。仍敕諸藩議其罪。上不能待。卽正法。或以朱彬將復邀上北幸也。

談遷曰。千乘之貴。累葉相傳。一旦化令旨爲詔敕。化世子爲東宮。化護校爲列侯。化承運殿爲天闕。事未及一二幷頑骨而灰之。向使寂守洪都絕意外事。將孤寡不穀至今未絕稱也。

壬辰。彰德地震。

南京科道請召費宏。報聞。

甲午上還京整旅陳俘及家屬數十人陸完錢寧等皆裸縛。標白幟于首。彌亙數里。上戎服騎立正陽門下。閱視良久乃入。諸俘自東安門踰大內而出。望之皆白。識者知其非祥。旋遣定國公徐光祚駙馬都尉蔡震武定侯郭勛告郊廟。

丁酉上南郊初獻。上嘔血仆地。掖歸齋宮。禮不克終。踰宿入御奉天殿。行慶成禮。不宴。

庚子。罷京師防守大臣。

水旱。免保寧順慶田租。

占城國王沙古卜洛入貢。

壬寅。立春。上不朝。

丙午。災傷免西安田租有差。

己酉。太監尹輔往饒州治陶。部科止之。不聽。

太監于經狎寵。觸上怒。錮之內書館。受翰林官約束。自是疎外。

壬子。上力疾視朝。少師兼太子太師兵部尚書王瓊改吏部尚書。以朱彬力也。
是年德慶州猺糾叛獞劫封川。殺擄三千人。及指揮張鼎千戶王謙達官馬驥等。

辛巳正德十六年

正月丱朔。上視朝。如常儀。
寅刻。永平有星如火。變白長六七尺。復變勾屈之狀。久之散。
乙卯。旱災免淮鳳揚徐糧芻有差。
戊午。服闋翰林院庶吉士余承勛劉世盛俱爲編修。
己未。祔孝貞純皇后主于太廟。上疾甚。駙馬都尉蔡震攝事。
庚申。禮部左侍郞兼翰林學士石珤爲禮部尚書。署詹事府事。南京吏部尚書劉春改禮部尚書兼翰林學士。專誥敕。
旱災。免西寧洮州衛田租有差。
壬戌。兵部左侍郞王憲爲尚書。
癸亥。上不豫。改卜郊。擇二月庚寅。以疾。不果郊。
甲子。提督漕運右副都御史臧鳳改巡撫鳳陽。
己巳。吏部左侍郞廖紀爲南京吏部尚書。
南京禮部尚書邵寶母老終養。
庚午。進蔣冕少傅謹身殿大學士。毛紀少保戶部尚書兼武英殿大學士。

甲戌。兵部尚書王憲提督團營。

庚辰。兩廣上新會新寧等縣之捷。

始命指揮僉事張倫守備四川壩底。蓋番蠻咽喉特專任之。

壬午。揚州知府蔣瑤爲陜西右參議。

癸未。經理糧儲巡撫應天戶部右侍郎兼右僉都御史李充嗣爲工部尚書兼管水利。

二月。甲申朔。上疾不朝。

霸州王氏女滿堂以色選入內。罷歸。恥不欲嫁。俄夢趙萬輿爲貴匹。道士段鋹挾妖術。詭爲萬輿得婚。出妖書煽惑。尋攜滿堂逃嶧縣。謀逆。僞號改元大順。已捕誅。中旨入滿堂浣衣局。尋侍豹房及上晏駕始出。

丙戌。昏刻月犯金星。

丁亥。焦楝嗣東寧伯。焦洵從姪。

太常寺丞俞九疇爲少卿。樂舞生。

己丑。前戶部尚書石玠卒。玠字邦秀。藁城人。成化丁未進士。令汜水。拜御史。遷山西提學副使。歷今官。持守甚嚴。歷中外。淸謹如一日。

鎭守四川總兵官署都督同知吳坤改湖廣。

捕山東妖人劉天錫等。詭眞人惑衆。僞授韓通都指揮等官。

辛卯。虜入陜西波羅響水等堡。

癸巳。廣西古田縣蠻賊平。

甲午。沐紹勳嗣黔國公。崑之子。仍總兵鎭守雲南。

中旨。太監晁進分守蘭州。楊保分守肅州。兵部言非制。不聽。
戊戌。陝西通渭會寧秦隴間盜起。
己亥。雲南彌勒州十八寨叛夷平。擒斬七百餘人。
庚子。孫杲嗣會昌侯。孫銘子。
昏刻大星犯鬼宿。月犯氐宿。
辛丑。遣太監金義敕賜朝鮮國王妃及世子金幣蟒玉。
壬子。虜入威遠松山等堡焚掠。
三月癸卯朔日食。
乙卯。宸濠等妃妾幽鳳陽高牆。
丙辰。廣東清遠四會縣盜復起。
回賊流刦山陝河南。
庚申。西官廳改威武團練營。太監張忠。安邊伯朱泰。平虜伯朱彬。都督朱洪朱暉朱周朱琮。俱提督團營。仍更拓團營教場。
四川流盜謝文禮等平。
辛酉。興長子厚熜嗣興王。故事。親王薨。子未封。止給贍粟二百石。俟釋服襲封。至是世子母妃蔣氏乞預襲。特許之。
乙丑。併南昌前左二衞爲南昌衞。
丙寅。上崩于豹房。先一夕。上大漸。惟太監陳敬蘇進侍。上曰。朕疾頓矣。可白太后。天下事重。其與輔臣議。前事皆朕悞。非汝曹也。敬進奔告慈壽皇太后。移殯大內。大學士楊廷和等定議。白太后傳遺詔曰。朕疾彌留。儲嗣未建。朕皇考親弟興獻王長子厚熜年已長成。賢明仁孝。倫序當立。已遵祖訓兄終弟及之文。告宗廟。請于慈壽皇太后。即日遣官迎取來京。嗣皇帝位。又皇太后懿旨諭羣臣曰。皇帝寢疾彌留。已迎取興獻王長子厚熜來京。嗣皇帝位。一切事待嗣君至日處分。于是司禮太監谷大用韋霦張錦。大學士梁儲。定國公徐光祚。駙馬都尉崔元。禮部尚書毛澄。奉金符迎于安陸。初楊廷和等議定。候旨左順門。頃之吏部尚書王瓊排掖門入。厲聲曰。此豈小事。我九卿顧不預聞耶。衆不答。瓊意乃沮。

張邦奇曰。武皇睿智性生。臨朝或有糾奏。或罪或釋。酬應敏甚。作詩揮筆輒就。曾不搆思。惜近暱蠱惑。而忠直之士阻而不得進也。

鄭曉曰。帝英武剛斷。豁達。雖屢巡遊而臣民無恐。兵革時起而賦役不繁。狎弄佞幸而果于用法不相假借。大漸之際。爲天下得人。竟開太平之治也。

雷禮曰。臣輯我明大政至正德間事。未始不歎多難迭臻。固天所以開世宗之中興也。自閹宦谷大用等八人蠱上燕游。加以逆瑾乘隙竊柄。竄逐元老。桎梏臣工。杜塞言路。取祖宗紀綱法度一切變更。賄差閹黨于兩京各省。操利權威劫三司。剝削生靈。不可盈厭。而又置腹心于吏兵。聽其指授進退文武官。利門大開。民不聊生。故寘鐇以誅瑾反。而流賊徧及于兩畿山東河南四川江西。猝難撲滅。皆瑾輩胎禍之大也。及瑾伏誅。而閹宦又導上召邊將江彬等入衞。號義子。與上同臥起。賜國姓。屢導上出宮游戲。近郊宣大關陜。無不巡幸。中外皆切隱憂。以致宸濠妄規天意。舉兵指斥乘輿。豈無從中通之乎。及王守仁已平亂奏捷矣。而張忠江彬輩又導上南征。欲誣守仁併執爲功。使非張永申救。不將爲逆濠報仇乎。是正德十四年中。驕帥跋扈不恭。劇盜縱横。日熾强藩。稱亂相望。皆閹豎竊政致之也。幸天啓世宗。盡洗正德敝政。與天下更始。而又獨秉乾斷。革天下鎮守閹宦。使不得搖吻于民。蓋心太祖之心。自正統以來而一見者也。非萬世而下所當謹守不變者哉。

陳子陛曰。詩曰。顛沛之揭。枝葉未有害。本實先撥。武宗八駿四馳。强將在內。皆前代所以致亂。而能信任大臣。朝政不紊。故宗社晏然。

李維楨曰。帝多才藝。能自度曲。被歌聲。羣小伺其欲中之。遂不自制。寬然有八駿萬里之思焉。奄人邊帥羣盜叛王。四難遞作。佹得無敗耳。

何喬遠曰。帝在東宮。勤于學問。踐祚之後。猶未嘗輟。一時近倖蠱上沖年。冀幸竊政。然覺敗之後。即裁繩之。可謂天德之剛矣。我明傳序。于帝九世。英宗而上。皆嘗經武遏亂。至于憲孝二宗。文教熙洽。息馬投戈。惟帝留意戎事。慨然有肅清海宇鞭笞夷虜之志。郊畿之外。復見旄頭虎豹之闕。清塵馬跡。夫七萃之士。頻從三洲之詩已奏。而輔導謀議之臣。不懈于內。奔走禦侮之佐。僇力于外。良民則俛首供饟餉。無怨咨。節士則捐軀赴難。無顧悔。雖列聖功德之在天下。亦由委託得人。紀綱不紊。無急酷之政。以傷民心者矣。是以能保祖宗基業。以遺之後皇與。

談遷曰。武宗少卽警敏。好佚樂。孝皇彌留之命。諄諄諭輔臣。意至殷也。憑其爽德。慆淫是究。違玉几之先諭。耽左璫之近娛。朝講寢廢。刑賞無章。致禍溢朝野。狂飈四沸。鼎軸摧折。鉤黨之獄幾起。甘露之變將形。向非朔方睥睨之師。禍首逆瑾。行見廟社。然而陰翳解駁。叢借無已。盜權如張永張忠。煽逆如畢眞劉瑯。貪虐如廖堂廖鵬。天未厭禍。桓靈僖昭。其流非遠。矧益以跋扈之彬。寵幸之寧哉。帝闇沈沈。曾不及新豐之市。繡甲華旌。輕蹄彤矢。日不輟御。雲中上谷。河西金城。遠詘萬乘之尊。擊狐伐兔。馳峻阪。望窮漠。民至不得保其伉儷。享糟糠孤嫠之業。盜橫河北。宗抗江右。推其沴積。豈曰時之無良乎。雖然。積茲亡轍。釁孽萌生。厥祚克延。

亦有其繇焉。孝皇之德厚浹肌髓。而武宗又不罪一諫臣。元相呵護。羣吏奉法。天下之事。壞于劇寇而償于牧守。蠱于權幸而翼于閣部。其南巡時。哀斬貴而詠一淸。則鑑裁未始不明也。夜半出片紙縛瑾。不異孤雛。諸養子號肘腋之患。錢寧俛首受罪。況遺弓之際。成王之末命。不是過也。使稍假時日。將與輪臺同悔矣。嗚呼。孝皇一傳而躓。安所謂天定乎。

是日傳遺旨。令太監張永武定侯郭勛安邊伯朱泰尚書王憲選銳防守皇城門都門及草場蘆溝橋。又豹房隨侍官軍。勞苦可閔。令永勛泰憲提督優邺。罷威武團練營兵。還團營。邊兵還鎭。革皇店官校軍門辦事旗校等還衞。哈密土魯番佛郎機貢使俱給賞還國。豹房胡僧及各匠役敎坊司人南京快船等俱放遣。皆楊廷和啓皇太后行之。

戊辰。頒遺詔曰。朕以菲薄。紹承祖宗丕業。十有七年矣。圖治雖勤。化理未洽。深惟先帝付託。今忽遘疾彌留。殆勿能興。夫死生常理。古今人所不免。惟在繼統得人。宗社生民有賴。吾雖棄世。亦復奚憾焉。皇考孝宗敬皇帝親弟興獻王長子厚熜。聰明仁孝。德器夙成。倫序當立。已遵奉祖訓兄終弟及之文。告于宗廟。請于慈壽皇太后。與內外文武羣臣。合謀同詞。卽日遣官迎取來京。嗣皇帝位。內外文武羣臣。其協心輔理。凡一應事。悉遵舊制。用副予志。禮部左侍郎王瓚。署部事。右侍郎顧淸。請成服舉哀。設喪主。瓚曰。喪主誰爲之。淸曰。宋孝宗崩。光宗病。太皇太后代爲喪禮。今慈壽是也。閣議問所出。曰出癸辛雜志。遂據以定禮。

己巳。殯。

庚午。皇太后懿旨。執江彬神周李琮下獄。彬統邊兵。侍豹房。上晏駕。旣散遣。而家卒尙衆。慮其爲變。輔臣集文華殿書銘旌。楊廷和乘間言于司禮太監魏彬溫祥等。言彬罪難貰。彬雖與江彬有連。然亦懼害。同請于太后。得旨。以坤寧宮上獸吻。召彬與工部尚書李鐩行祭。祭畢。彬欲出。太監張永知其謀。留彬鐩飯宮外。俄頃有旨收彬等。彬微覺。疾趨北安門。追擒之。中外稱快。時百官哭臨思善門。吏部尙書王瓊忽不見。蓋瓊素附彬。懼而走。魏彬弟英所祈免也。周琮亦邊將得幸。賜國姓。至都督。與彬聲勢相倚。彬世蔚州衞指揮使。偉貌善騎射。嘗征流賊于淮揚中三矢不退。游擊許泰甚稱之。上召見。果强勇將也。立拜都指揮。充大同游擊。入衞見寵。聯鑣接席。無日不左右。導上巡遊天下。恨之。千戶常洪王銳俱稱彬旨。使外苛索。至是皆潛遁被獲。付法司。籍江彬等家。

高岱曰。彬非有他能。特倔强勇悍庸將耳。其能恃權寵作威福。至此極者。投武宗之間耳。非智略之過人也。使其少有奸雄之術。則挾天子令諸侯之禍可立見矣。夫挾震主之威。蒙赤族之罪。而于武宗崩日。乃晏然歸臥私第。又以一介之使召之。卽入。此與曹爽之釋兵謁天子而求歸老私第者同一愚也。若乃楊廷和粱儲輩當天崩地坼之日。儲位久虛。能不動聲色。除虎狼于腹心肘腋間。使帖然不譁。而卒斡乾坤于再造者。雖母后之賢。主之于上。而諸臣調停鎭靜之功。焉可誣哉。雖然。亦天將啓中興之運耳。近有爲之說者曰。逆瑾之亂政。漢十常侍唐甘露之黨也。河北山東江西四川之寇。漢黃巾唐黃巢之亂也。寘鐇宸濠之稱兵。漢七國晉八王之孽也。江彬之握兵。漢何進召董卓之釁也。前代有一于此。未或不亡。正德間備是數者。而國家猶磐石之安。謂非天命之有在耶。信哉。嗟乎。雖曰天命。蓋亦有幸焉耳。斯言不誣也。

詹濤曰。司馬光以天地生財止有此數。不在官則在民。自今日觀之。不在官不在民。皆在權貴貪黷之家也。如正德末籍江彬家。黃金七十櫃。每櫃千五百兩。銀二千二百櫃。每櫃二千兩。金銀雜首飾千五百箱。此一人已爾。况其他輩合計之哉。

上前以南京古今通集庫所貯宋朝鹵簿等圖幷符驗鐵劵及諸錢糧文册。令右少監宗璽北輸。至是太后仍令還南京。

壬申。司禮太監温祥內官太監劉養俞安禮部右侍郎顧清及欽天監官科道各一卜山陵。

甲戌。太后遣太監温祥孫和惠安伯張偉兵部右侍郎楊廷儀以三千人迎護嗣君。戶部左侍郎鄭宗仁兵部右侍郎趙璜督餉。

四月飪朔。暫停廟享。

辛卯。禮部奉遺詔是日當除服。以嗣君未至。且勿除。太后從之。

癸卯。嗣君至京師。

國榷卷五十二

世宗欽天履道英毅聖神宣文廣武洪仁大孝肅皇帝。諱厚熜。興王嫡長子。憲宗純皇帝孫也。弘治甲寅九月。興王之國安陸。正德丁卯八月辛巳。上生。母妃蔣氏。誕聖時。宮中紅光燭天。其月。黃河淸三日。慶雲見軫翼。楚分也。上幼敏。王口授經書。輒成誦。稍長。通孝經。進止有度。己卯。王薨。上攝國。辛巳三月丙寅。武宗崩。遺詔傳位。

丁卯。遣定國公徐光祚壽寧侯張鶴齡駙馬都尉崔元大學士梁儲禮部尙書毛澄太監谷大用齎金符往迎。

戊寅。定國公徐光祚等至安陸。上受符朝羣臣。谷大用先期至。欲私謁。不許。

四月壬午朔。辭園陵。伏地慟哭。左右感泣。

癸未。辭母妃。泣受敎。駕發安陸。命從官駱安等約束藩衞官校。所過務崇省儉。太監谷大用以湖廣按察副使開州王綖不加禮。褫其服。綖訴之行在。已改河南。

壬寅。至良鄉。

癸卯。至都門。禮部員外郎楊應奎上儀注于行殿。云自東安門入。宿文華殿。如皇太子卽位禮。郞中俞才定。上覽。謂右長史袁宗皐曰。遺詔以孤嗣皇帝位。非皇子也。此狀云何。對曰。殿下聰明仁孝。天實啓之。大學士楊廷和再請。不允。于是皇太后命。卽日上箋勸進。上受箋行殿。自大明門入。謁几筵。朝太后。見皇后。出御奉天殿。卽皇帝位。頒詔大赦。詔曰。朕承皇天之眷命。賴列聖之鴻庥。奉慈壽皇太后之懿旨。皇兄大行皇帝之遺詔。屬以倫序。入奉宗祧。內外文武羣臣及耆老軍民。合詞勸進。至于再三。辭拒弗獲。謹于四月二十二日。祗告天地宗廟社稷。卽皇帝位。深思付託之重。實切兢業之懷。惟我皇兄大行皇帝。運撫盈成。業承熙洽。勵精雖切。化理未孚。

中遭權奸。曲爲蒙蔽。潛弄政柄。大播凶威。朕昔在藩邸之時。已知非皇兄之意。茲欲興道致治。必當革故鼎新。事皆率由乎舊章。亦以敬承夫先志。自惟涼德。方在沖年。尙賴親賢。共圖新治。其以明年爲嘉靖元年。大赦天下。與民更始。所有合行事宜。條列于後。云云。於戲。君人之道。在昭德以塞違。繼世之規。惟更化而善治。特頒渙號。用慰輿情。弘施大賚之恩。永錫太平之福。四方臣庶。咸使聞知。初廷和草詔上之。報可。司禮諸大璫以切內政。求削數則。廷和曰。往者吾儕不得職。公等謂出上意。今亦出新天子意耶。不然。吾儕賀登極後。惟一去。且叩之上。誰削詔草。必有當之者。大璫語塞。迨詔下。而蠹政釐革且盡。中外稱快。

徐學謨曰。時禮部以典出曠舉。倉卒草創。不暇致詳。而上心已確有定見。所謂繼統不繼嗣之說。實權輿于此矣。

談遷曰。凡新主之詔。多旋行旋格。美意不終。惟世宗初所興除。靡不力也。革錦衣等諸衞內監局旗校工役至十四萬八千七百人。減粟百五十三萬二千餘石。是社稷之長利也。無論其他矣。新都于先帝爲補袞。于今上爲納牖。自三楊李文達後鮮見焉。

昏。刻金星犯鬼宿西北星。

甲辰。禮部尙書毛澄等上視朝儀注。

兵科給事中徐之鸞上言。請先定聖志。次廣言路。勿姑息。墮小人之計。有旨。大臣已許自陳。無功封拜者令自劾。其內外引誘蠱惑奸黨。令科道摘參。各弊政俱遵詔釐正。

夜。大星自天市垣流至房宿。色青白。隨小星二。

乙巳。作大行山陵。

北虜牧近塞。發宣府貯金二十萬給軍。收糴各半。

福建道監察御史王鈞。劾司禮太監魏彬。結姻江彬。御馬太監張忠于經蘇縉。或啓釁陷良。或首開皇店。或導引巡幸。宣府鎮守太監劉祥。總兵都督朱振。巡撫左僉都御史甯杲。夤緣盜餉。甘肅鎮守太監王欣。總兵都督柳湧。巡撫右都御史文貴假貢獻。引外國。並當重論。上以魏彬已有處分。張忠于經蘇縉戍孝陵。逮劉祥甯杲文貴除名。柳湧朱振下兵部議。安邊伯朱泰左府左都督朱暉前府左都督朱洪後府左都督朱安都督同知朱福各辭爵復姓。泰等俱義子濫封拜。安福則中官廝養尤猥賤也。

丙午。遣司禮太監秦文內官太監邵恩迎母妃于安陸。

召大學士費宏復其弟宷編修。

錄王守仁贛州功。廕子正憲錦衣副千戶。

巡撫順天右副都御史劉達劾免。

清江西軍功。先是許泰等攘冒。

廷臣會奏勸講。任賢。斥邪。上褒答之。

吏科右給事中閻閎上言。近賜太監谷大用等各千金。幣二十。從役各百金。少不下數十金。臣竊過之。從來藩王入繼天統序援立之功則主威弱。私扈從之人則侍衞驕弛戚倖之禁則請託行。此治亂之幾。辨之宜早也。上大是之。

出逆人錢寧江彬家資濟邊。代民賦。

釋都督郜永獄。

戊申。上御西角門視事。諭上大行皇帝尊謚及興獻王主祀封號。

戶兵部尚書楊潭王憲工部左侍郎劉永右副都御史毛珵巡撫保定右副都御史伍符各自陳免。

兵科給事中夏言請朝罷卽御文華殿召大臣裁議報聞。

後府新寧伯譚祐罷。

許泰下臺獄太監谷大用丘聚降奉御孝陵司香。張銳張雄張忠于經劉祥孫和劉養佛保趙林馬瑛蘇縉劉奉周昂吳經丘得顏大經許全馬錫張信都督錢安張洪馬昂周惠疇王杲皮海狄福臧賢劉實俱下獄魏彬張永免。其子弟蒼頭冒濫者並褫奪如詔。

贈故太監王岳范亨官世廕錦衣衛百戶。

談遷曰王岳范亨贈官足矣錦衣非軍功不世故閹安足當之唐人有言。譎者監何自有兒。要非戲語也。

後府右都督張舉免。太監張忠弟也。

己酉科道會劾大臣。下吏部尙書王瓊巡撫順天左副都御史劉達于獄。逮巡撫宣府左僉都御史甯杲至京。禮部右侍郞張昱刑部右侍郞胡韶。工部左右侍郞劉永馮蘭。兵部左侍郞馮淸署太常寺事禮部尙書劉愷巡撫四川兩廣楡林右副都御史馬昊蕭翀陳璘太常少卿俞九疇並免。王瓊疏訐楊廷和以摭拾妄奏切責之。

鎭平伯陸永奪爵。太監陸誾從子。

湖廣鎭守太監李鎭免。鎭扈駕至襄陽箠辱知府吳華。

復前左都御史彭澤官。錄用右副都御史范鏞。御史高公韶給事中石天柱王爌翟彬。皆王瓊所陷。

辛亥禮部左侍郞王瓚議禮被劾改南京。

立國初都督僉事馬雲葉旺祠于遼東。雲旺洪武中都督僉事固圉詰戎遼民思之。後祔總督尙書王翺。

四川金川等番僧入貢五百餘人。舊制百五十人。弘治來漸溢至是禮部請罪四川都指揮廉瑛違制起送上不問。

後府平涼伯馬山左府右都督馬釗俱辭免。太監馬永成斷養。

錦衣衛都指揮郭鰲。指揮王欽殷鏜周璳姚璳。千戶王錦王銓周保藍華章璉。皆錢寧江彬黨。下獄。

錄故寧府典寶閻順劉良陳宣前發濠逆謀。戍孝陵。

五月壬朔。日精門災。

遣工部營繕郎中張惠迎母妃。

增京城巡捕卒四千人。右都督桂勇提督。舊三千六百人。

武定侯郭勛惠安伯張偉提督團營。

故金吾衛都指揮僉事張英。贈都指揮使。賜祭。

左都督郤永總兵官。鎮守遼東。

御史周宣劾前江西提學副使李夢陽比宸濠。忌鄭岳江萬實致獄。前戶部侍郎韓福奸貪黨劉瑾。薦大學士謝遷劉忠等。夢陽逮下獄。

癸丑。南京禮部右侍郎章懋爲尚書。仍致仕。令有司時存問。

召王守仁入朝。

故兵部員外郎陸震贈太常寺少卿。工部主事何遵。刑部主事劉校。並贈尚寶司卿。刑部照磨劉珏。贈主事。大理評事林公黼。行人司副余廷瓚。並贈太常寺丞。行人詹軾劉槩孟陽李詔賢李惠王翰。並贈監察御史。賜祭。錄其子入太學。

故翰林修撰舒芬。郎中黃鞏孫鳳陸俸張衍瑞姜龍。員外郎夏良勝。主事萬潮林大輅蔣山卿。大理寺副周敍。

寺正金㬊許事郭孟常孟廷柯郝鳳昇張士鎬傅尙文蔡時姚汝皐。太常博士陳九川。行人陶滋。巴思明李錫顧可久鄧顯麒王國用熊榮楊泰王懋李儼潘銳劉黼張岳等。並復官。庶吉士江暉馬汝驥授編修汪應軫授給事中曹嘉監察御史王廷陳以他事謫不得預。

立宋將岳飛祠于武昌。

鳳陽密雲守備內臣各遵舊制除符幟。

甲寅。廣東左布政湯沐爲右副都御史巡撫貴州。

前遼東鎭守太監于喜有罪戍孝陵。

詔四衞勇士歸原營。

淄川流盜李琪平。

工科給事中吳巖請緩逋負召還各省趣徵主事茅貢馮洙王承恩。許之。

乙卯。趣吏部左侍郎兼翰林學士袁宗皐履任。時宗皐有疾。

錄從龍官審理正高嵩爲太僕寺少卿。紀善周詔爲詹事府少詹事兼翰林院侍讀。伴讀吳大田爲太常寺丞。典寶黎民安右軍都督府都事。典儀正王錦鴻臚寺左寺丞。餘各有差。

總理河道右副都御史龔弘爲工部右侍郎兼左僉都御史。

長蘆鹽運使劉思賢以廉勤加山東布政司右參政。

詔閉雲南大理府礦場。

廕故大學士邱濬子京中書舍人。習字出身。

禁岷王遼王別僉民校。

補築黃陵岡外隄。

丙辰。詹事府禮部尚書石珤改吏部尚書。仍署詹事府。翰林檢討吳惠爲國子司業。

裁應州冒濫軍功。

興府牧馬所正千戶駱安爲錦衣衞指揮同知。儀衞張鏜石寶。副千戶趙俊。並指揮僉事。餘有差。

敕存問大學士劉健。復其孫原膺禮部尚書傅珪贈太子少保。謚文毅。

再錄廢籍。右副都御史李昆。大理寺少卿吳堂。翰林編修謝丕王思。都給事中呂經潘塤王爌石天柱。給事中陳鼎王昂張原徐文溥黃臣席象。御史李熙王蕃薄彥徽劉寓生李翰臣余珊施儒高公韶周廣李穩徐文華林有年許完張士隆董相劉士元張文明范輅趙春。員外郞謝廸黃休行韓邦靖。主事李中劉希龍。大理評事沈光大。司務林華。按察副使胡文璧余祐陳九疇。僉事韓邦奇。知府翟堂毛思義。知州樊準吳棟。知縣周秀。

大學士梁儲致仕。

戊午。禮部尚書毛澄等上議。漢成帝立定陶王爲皇太子。以楚孝王孫景爲嗣定陶王。皇上宜如定陶王故事。以益府崇仁王厚炫嗣興獻王。又考宋英宗入繼仁宗後。立濮安懿王廟。程頤議稱皇伯父濮國大王。今興獻王孝宗之弟。于本生皇上與濮安懿王事等。皇上宜考孝宗。稱皇叔父興獻大王。母妃稱皇叔母興獻王妃。上
命復議。

都察院右副都御史顏頤壽爲刑部右侍郞。福建四川左布政席書鄭岳爲右副都御史。巡撫湖廣江西。

鳳陽饑。多盜。命右副都御史臧鳳專巡撫。以右僉都御史許庭光提督漕運。

復前南昌府知府鄭瓛官。

己未。上大行皇帝武宗尊謚爲承天達道英肅睿哲昭德顯功宏文思孝武宗毅皇帝。

庚申。大賚勳戚文武軍民。

詔島夷來貢。必徵符信貢期。其私泊非貢期者却之

翰林編修孫承恩上端本始十一箴。曰正始。修身。敬天。法祖。勤政。講學。愼微。持志。謹好尚。簡近習。溥仁恩。上優

答之。

復山海關主事。撤內臣。

咸寧侯仇鉞卒。

辛酉。起王懋中右副都御史。撫治鄖陽。

戶部主事劉瓘上言十四事。曰稽祖宗。親耆德。輯工僚。彰公道。嚴宿衛。則正朝廷之要。黜貪吏。開賑濟。貸邊租。

弭盜賊。則撫中國之要。斥僨帥。查邊儲。淸士伍。防邊患。復邊境。則固邊圉之要。上是之。

詔都下非營軍邏卒不得挾弓矢。

都督同知李隆總兵鎭守陝西。

昏刻流星自雲中南行至近濁滅。

壬戌。進袁宗皐禮部尙書兼文淵閣大學士。

故太子少保戶部尙書石玠贈太子少傅予祭葬。

魏國公徐鵬舉奉祀孝陵。

召還册使朝鮮太監金義陳浩。先是僭封世子。廣索珍異及童男女也。

監察御史胡松言故貢士冀元亨黨逆之寃。命恤其家。

燬錢寧私籍。

甲子。南京兵部尚書喬宇進太子太保滿九年考。

起彭澤兵部尚書林俊工部尚書復戶部尚書孫交官楊廷儀顏頤壽爲兵刑部左侍郎。右僉都御史李鉞爲兵部右侍郎。山東左布政使許銘大理左少卿李鐸爲右僉都御史巡撫甘肅宣府。

陞原任山東按察副使胡文璧爲四川按察使。

翰林院侍讀學士汪俊爲禮部右侍郎。

故黔國公沐崑謚莊襄。

興府扈從倪旻陸松並錦衣衛副千戶。

乙丑。前雲南按察使劉麟爲太僕寺卿。

陞湖廣左布政使周季鳳爲右副都御史巡撫保定。

起右副都御史李昆巡撫順天。

丙寅。策貢士張治等三百三十人。賜楊維聰等進士及第出身有差。

國子祭酒賈詠爲禮部右侍郎。

工部右侍郎趙璜爲左侍郎。右副都御史吳廷舉爲工部右侍郎。

南京太僕寺丞潘塤禮科給事中陳鼎爲陝西布政司右參議。江西按察僉事韓邦奇爲山東布政司參議。德安同知孫鳳爲湖廣按察副使沅州竹寨驛丞周廣爲江西僉事。五人正德間忤權貴得罪。擢用頗厭衆望。

採諸臣關係章疏重要者成帙備覽。從工科給事中鄭自壁之請。

遂安伯陳鏸提督三千營。鎮遠侯顧仕隆充總兵官鎮守湖廣。

戊辰。暑月。停各營軍操。惟奮武十二營每五日三千神機營每十日仍操。

己巳。進藩邸紀善易輝太僕寺少卿。審理蔡亨光祿寺少卿。伴讀趙銘太常寺丞。葉廷芳及教諭陳庠並光祿寺丞。

夏臣嗣慶陽伯。

起張嵿右都御史。總督兩廣。平陽同知張衍瑞爲太常寺少卿。

辛未。虜犯花馬池及小鹽池。

壬申。太監張永降南京奉御。

錢寧伏誅。寧子永安八歲即官後府右都督。養子錢傑等十一人俱官錦衣。駢斬于市。

癸酉。裁蘇松及通州漕運參將。

虜犯鎮戎所。指揮路瑞拒之。値中軍都指揮李佐都督鄭卿參將劉文副總兵趙英李義統正奇兵至。虜懼北奔。追及白溝。大破之。斬九十三級。復分部追至哲思溝。又擊斬三十六級。是夜。總督楊一清檄延綏都指揮卜雲策應。令寧夏總兵杭雄督部將魏錕沙金遏其歸路。卜雲領游兵伏靑羊嶺待虜。至。擊斬九十五級。値指揮李英千戶王縉徐賞各追至。虜懼。走佐。又同追至五羊坊。會杭雄等兵至。擊斬八十三級。

署都督僉事楊宏總兵。提督漕運。鎭守淮安。

監察御史盧瓊江淵請罷各鎭守內臣。報聞。

甲戌。命給事中及宦監察御史俞集嚴餉宣大。

工部左侍郎趙璜太監邵恩提督山陵。

乙亥。禮部尚書毛澄等復上興獻王祀號。謂禮爲人後者爲之子。錄程頤濮議以進。上仍命博考。

都督同知白玉。以傳陞詐引疾。降都指揮同知閒住。

丙子。前裕州知州削籍王廷陳復冠帶。
故欽天監五官監候楊源夏祚及諸諫臣俱下部酌錄。
祭故錦衣衛指揮僉事牟斌葬壟。
夜。月犯天陰星。遼東星隕。
丁丑。選庶吉士廖道南汪汝璧詹泮鄭一鵬童承敍黃佐趙廷瑞張逵杜桐王相葛鴻張治張袞王同祖李佶
倫以諒盧煥王用賓陳講李默李春芳吳文之董仲言丁汝夔。署詹事府禮部尚書劉龍敎習。
發豹房等積貲及籍産入太倉給官軍。
戊寅。起張順胡瓚右僉都御史。順巡撫寧夏。瓚提督操江。
浙江左布政何天衢爲右副都御史。巡撫河南。
前府右都督曹松奪官。
己卯。追奪內臣兄弟封伯誥券。
漕運都御史仍兼巡撫許庭光罷。
許近年投獻皇莊田地還民間徵租。
邊儲召商上納。
庚辰。故太子太保禮部尚書張昇諡文僖。
命外解器料于內府。毋苛索。初台州衛指揮同知陳良輸內庫軍器。八年不關收。至乞于市。上章。故戒之。
六月辟朔。大學士楊廷和請崇聖學開經筵。上褒答之。
飭各倉庫宂役宂費。

四川松潘衞熟番作亂。指揮同知□□討平之。

癸未。敕勞邊卒。

初。湖州田稅正米四石折一金。後復徵粟。知府劉天和奏其累。仍折如前。

太監陳貴牛廣降左監丞。浦智李鎭降右監丞。並閒住。趙隆張奎戍孝陵。江彬黨。都指揮馬昊參將石璽戍南丹衞。昊進妹。

署詹事府禮部尚書劉春卒。春巴縣人。成化丁未進士及第。授編修。歷今官。春專內閣誥敕。端潔重厚有古人風。贈太子太保。諡文簡。子彭年。進士。官右副都御史。

夜。火星犯右執法。

乙酉。釋南京中府經歷楊美璜獄。江彬索門鑰不與。坐罪。復秩。

丙戌。起陶琰右都御史。總督漕運兼巡撫鳳陽。

築汜光湖椿柵并修舊隄。從工部都水郎中楊昜之言。

丁亥。南京右副都御史鄒文盛爲戶部右侍郎。

復霸州兵備副使。

戊子。江彬伏誅。子勳杰鰲熙。其黨神周李琮。皆棄市。

嚴畿內御馬草場歸其國奪者。禁內監干預。

清黃冊歸併實數。

己丑。優給宣大二鎭。以先帝頻幸擾累也。

思州府天鼓鳴。

庚寅。兵部左侍郎楊廷儀劾罷。廷和弟。

辛卯。申明詐冒名目及包攬錢糧禁例。

壬辰。欽天監博士朱裕以曆法漸差。乞增損修改。章下禮部。

癸巳。遣英國公張崙祭輿獻王。

遼王寵淢薨。謚曰恭。

南京大理寺左評事林希元上君道急務六事。曰務正學。親正人。用舊臣。清言路。急交修。持久大。又朝廷大政二。曰黜内臣機務。罷内臣鎮守。進士周祚善其疏。請加詳覽。上納之。

義勇中衛改康陵衛。

甲午。光祿寺少卿賈啓降徽州推官。啓嘗任御史。紀錄應州功。至是以冒濫黜。

乙未。縱内苑所蓄禽獸。仍禁進獻。

錄四釋宸濠江彬詿誤者二百四十餘人。

治太監廖堂餘黨。

四川夭全叛夷平。

丁酉。汰錦衣衛冗校三萬一千八百二十人。

補江西鄉試。

發帑金三十萬。賑甘肅寧夏延綏。

戊戌。敕江西巡撫鄭岳賑災。

命司禮監簡汰鎮守内臣更代。監察御史楊銓極言其害。章下所司裁南京內府各監局官。

庶吉士史于光爲吏科給事中。王邦瑞爲廣德知州。邦瑞女適光陽王薨。亡子。故事。藩戚如物故亡子。仍京秩。至是不許。

己亥。誅宸濠逆黨劉吉何鏜等二十六人。

庚子。南京兵部左侍郎王瓚致仕。

詔遣土魯番撒馬兒漢哈密諸貢使。時貢使留京商販。至三四年不遣者。上聞之。嚴四夷館舊制。毋私出。勒期遣還。

辛丑。南京刑部尙書金獻民爲都察院左都御史。兵部右侍郎李鉞爲左侍郎。工部右侍郎吳廷舉爲兵部左侍郎。撫治鄖陽右副都御史王懋中還南京都察院。

壬寅。革先朝傳陞官百二十七人。

南京戶部尙書鄧璋致仕。

歸回回女八人于甘州正德末鎭守太監王欣奉旨所進。

甲辰。故巡撫江西右副都御史孫燧贈禮部尙書。謚忠烈。按察副使許逵贈副都御史。謚忠節。祠于南昌。各世廕錦衣百戶。尋加正千戶。

御史范永鑾稱陸完王瓊之獄涉曖昧。命再鞫。

江西按察使伍文定奏太監張忠宜畀章下所司。

丙午。禁廣東珠池內官預民事。

騰驤等四衞官舍三百二十人各歸原衞。

丁未。通州知州劉繹乞罷皇莊及外戚功臣田土。以戶部主事督收租稅。下所司議聞。
裁僧道敎坊傳陞官三百五十□人。
京東盜劫霸州永淸。命右都督桂勇捕之。
戊申。回夷于永獄死。上以入豹房導誘。仍梟市籍產。
己酉。停陝西織造。
裁眞定榷木內臣。
兩京福建山東西河南陝西大旱。
七月戊辰朔。享太廟。
辛亥。議寧府宗室黨逆罪。鎭國將軍覲鍾等十三人廢庶人錮鳳陽。餘革祿三之一。書諭諸王。又論磔左參政王綸誅僉事潘鵬師夔李斆戍太監王宏按察使楊璋副使曹雷知府汪陟江穎。
壬子。敕行人存問大學士謝遷。戶部尙書韓文。復故戶部侍郎王儼右副都御史范鏞官。令有司存問儼。賜鏞祭。尋諡恭惠。故監察御史胡節張欽張經王相員外郞宿進。並贈光祿寺少卿。賜祭。召用御史宋連成文副使楊璋戴書知府邢昭。
總督倉場戶部尙書侯觀致仕。
進士張璁上言。皇上以興世子入繼武宗皇帝統。非繼孝宗嗣也。今以後武宗則弟。以後孝宗則自有子。奈何舍獻王勿考而考孝宗。使獻王有子而無子。皇上有父而無父哉。上心是之而未能決。姑報聞。
癸丑。禁諸臣奪情。著爲令。初鴻臚寺序班海宗道奪情傳陞寺丞。太醫院使李宗周奪情獲廕。給事中邢寰論之。故有是禁。

遼陽大雨水壞民舍。

甲寅。順天府尹童瑞爲工部右侍郎。浙江右布政方良永爲右副都御史。提督撫治鄖陽。

南京戶部右侍郎蔣昇爲尙書。大理寺卿趙鑑爲南京刑部尙書。巡撫雲南右副都御史何孟春爲南京兵部右侍郎。

太子太保刑部尙書張子麟乞歸養。留之。命有司存問其母。

徐學謨曰。金壇于湛。陞陝西參議。乞改近地養母。吏部覆其違命擇官。欲置之法。上特憫其情。改江西。蓋上素篤于親。凡陳情亡論官大小。悉蒙殊典。其後來大禮之議。安可奪也。

乙卯。南京戶科給事中樂護。工部營繕主事華湘。以諳曆象。並進光祿寺少卿。署欽天監事。

丙辰。夜土星犯□星。

丁巳。兵部車駕司郎中查仲道治舟迎慈駕。

虜小王子二千餘騎犯莊浪。指揮劉爵戰卻之。

覆訊太監張銳等罪。

己未。吏部言故禮部主客員外郎馮經諫先帝杖卒。喪不能還。上憫之。賜粟十石。恤其家。

吏部右侍郎秦金調戶部。國子祭酒陳霽劾罷。

還靜海縣外戚占田。

增京營把總指揮二。捕盜。

庚申。祠故太保尙書黃福于昌邑。

辛酉。廣西左布政王啓爲右副都御史。巡撫雲南。

殿皇城門禁。

罷杭州抽分太監勿遣。俟俊下法司。

壬戌。長樂王顯榕改封楚世子。楚王榮滅無嫡子。

革太監總兵官傔從濫秩。

巡按山東監察御史胡松乞裁東廠官校。如不可裁。禁受民詞。參外事。從之。

監察御史方鳳乞定大禮。正大法。張欽等。急大務。經筵日講。報聞。

甲子。上御文華殿。召楊廷和等諭曰。至親莫若父母。其善體朕意。廷和等退。奏。禮爲人後者爲之子。不得顧其私。舜禹有天下。而天子之號不加于瞍鯀。舜禹豈忘親哉。蓋天下萬世之公。誠不可以私情廢也。宋英宗欲追崇濮王。竟阻衆議。皇上將上法舜禹。顧可使所行反出英宗下耶。上不報。

巡撫四川右僉都御史胡世寧爲吏部右侍郎。巡撫江西右副都御史鄭岳爲大理寺卿。

陝西提學副使何景明予告。

濬金水玉河及京城濠。

毀西市關鎮國府及宣府行殿。

乙丑。都察院右副都御史張綸致仕。

巡撫大同都御史楊志學言官軍買補亡馬之累。立罷之。

丁卯。鎮守河南貴州兩廣太監董文王閏分守開原太監劉岑並劾免。

御馬監丞何澤應詔陳言。忤近習。杖之謫孝陵。御史陳英訟其枉。不聽。

戊辰。諭禮部禳雨。

庚午。署都督僉事總兵鎮守延綏傅澤總兵鎮守宣府。

覆治宸濠逆黨太監畢眞參隨張浩論磔。錦衣衞都指揮廖鵬。指揮僉事齊佐。都督同知王瓛內臣盧明商忠秦用趙秀吏部尙書陸完。錦衣衞指揮陳善薛璽各論斬。餘戍邊。從之

辛未。召南京兵部尙書喬宇爲吏部尙書。仍太子太保。

遣給事中御史覈太倉庫。

御史熊相上十箴。勉學。聽諫。親賢。敬神。愛民。節用。弘度。勤政。保身。恆德。

壬申。京師久雨。粟貴。發倉糧五十萬石平糶。民賴以濟。

定國公徐光祚大學士楊廷和知經筵事。大學士蔣冕毛紀袁宗皐同知經筵事。尙書兼學士石珤。少詹事兼侍講周詔。國子祭酒趙永。翰林侍講學士劉隆。左諭德兼侍讀顧鼎臣溫仁和董玘。右春坊右諭德兼侍講李時洗馬兼編修滕霄侍讀徐縉翟鑾。侍講穆孔暉。修撰楊愼嚴嵩許成名劉棟。並直經筵。武定侯郭勛侍班

工部右侍郎童瑞督康陵工。

巡按江西監察御史唐龍請裁鎮守燒造太監下所司。

癸酉。降取佛太監劉允閒住。捕治其黨。

追恤保安千戶周麒。贈指揮僉事。麒正德中入衞。見江彬侍奕武宗不恭。面責之。尋爲彬誣死。妻馬氏。年僅二十。亡子。止女二人。親苦其難守。馬氏曰。姑在安適也。守之。生事死葬以禮。女亦有歸。以節終。徵卒王有家發江彬逆謀。陷沒。御史王彬訟寃。逮游擊李興等。

陝西回賊陳克己等平。

甲戌。松江知府張文明卒。文明。曲陽人。正德辛未進士。以行人拜御史。按遼陝。乞斬江彬。謫電白典史。方召補

而沒。巡按馬錄言其抱鬱。贈太常寺少卿。

乙亥。起王爌南京太僕寺少卿。

流剌麻禪師領占札巴等二十七人于遠方。

虜寇莊涼洮岷。守臣告急。

裁京衞各廠局新設旂校十四萬八千七百七十一人。

立孔氏家廟于衢州。裔孫博士孔承美奉祀。

行人鄧繼曾言。陛下修己親賢。漸不如始。天降淫雨。以示警戒。願令出惟行。斷獄以決。事必咨于輔臣。寵勿啓于近習。割恩正義以定禮。稽古準今以崇孝。言可行。行之不惑。弊可革。革之必盡。則轉移之間。可答天戒。上大是之。

丁丑。加贈前太傅馬文升左柱國太師。

提督南贛汀漳軍務右副都御史王守仁爲南京兵部尙書。

寧津盜起。德平知縣龔諒死之。贈濟南通判。

己卯。復曹嘉浙江道監察御史。

先是海夷佛郞機逐滿剌加國王蘇瑞媽末。據其國。遣使入貢。而滿剌加貢使亦至。求濟師復國。禮部議絕佛郞機貢使。至是廣東復奏貢使至。命禁之。凡海外貢船抽分如故。

誅妖僧齊瑞竹。籍沒。廢玄明等宮寺。

八月䏲朔。禮部上興獻王典禮。仍令再議。又請考孝廟。母慈壽皇太后。報聞。

辛巳。上御經筵。

太監金義陳浩使朝鮮。沿塗驛騷。監察御史楊百之議改用文臣。下所司。

癸未。巡按江西監察御史唐龍薦前給事中劉蒞忤瑾削籍。已守金華。又坐廢。宜錄其才。從之。

甲申。安邑地震有聲。

乙酉。巴思李錫鄧繼曾張潤身劉寂裴紹宗鄭慶雲陳光爲給事中。

封祐榕德王。厚煉江寧王。譽榛漢川王。勤炫京山王。厚烪嘉定王。厚烱東垣王。祐鏈德興王。鼎櫸眞寧王。安沅鄢陵王。宇溫交城王。顯𣓀通山王。譽櫛安昌王。勛灊淸源王。□㰕永年王。俊祿寧津王。

詔停刑。

丁亥。金星晝見。

戊子。禁山海廣寧遼陽內臣權稅。

己丑。萬壽節。以高皇后忌辰。先一日朝賀。

庚寅。曉刻金星犯軒轅右角星。

南京戶部尙書邵寶終養。仍命有司存問其母。

固原地震有聲。

辛卯。禮部上慈駕儀注。遣文武大臣迎于通州。入崇文東安門。上迎于東華門。不許。

乙未。戶部左侍郎秦金等奏皇莊之害。命額外給主。撤典莊者。

翰林編修孫承恩上修德應天賦。上留覽。

丙申。許王守仁歸省。

己亥。南京禮部右侍郎楊廉爲尙書。

定江西白糧輸內府。每石加耗一斗。毋溢收。

辛丑。裁金齒騰衝分守太監。

壬寅。駙馬都尉崔元大學士蔣冕迎慈駕。禮部請駕自正陽左門入大明。承天端門之左王門入宮。不許。

徐學謨曰。天子無臣母之禮。是時聖母雖未上尊號。要不得以藩妃相處。楊廷和等負擁立之功。持之太過。故激後來之禍。若于城外豫築行宮。令羣臣恭上尊號而後入。宜無不可。

癸卯。朝鮮國王李懌遣使賀即位。幷貢。

甲辰。蜀王讓栩請入朝賀。止之。

總理糧儲巡撫應天兼修水利工部尚書李充嗣兼右副都御史。仍舊任。增郎中二協理。

乙巳。翰林編修嚴嵩爲南京翰林侍讀。

命翰林修撰唐皐編修孫承恩使朝鮮。兵禮科給事中史道李錫使安南。頒詔。

丙午。李充嗣以歲荒乞免應天正德來加耗十三萬餘石。從之。

戊申。祧仁祖淳皇帝神主。

九月配朔。廣西猺獞平。

宋良臣嗣西寧侯。

逮守備延綏太監高奈。參將李英等侵害民卒。致延綏失事。

庚戌。疏直沽東北新河。

壬子。祭故大理寺左少卿周東。卹其家。

癸丑。山東流盜平。

乙卯。發官店銀山西鹽課補代府宗祿。

禮部尙書兼文淵閣大學士袁宗臯卒。宗臯字仲德。湖廣石首人。弘治庚戌進士。甲寅。授興府長史。事獻王。同官張景明進講純一殿。撰述含春恩紀諸集。最端慎。積勞加江西按察使。辛巳扈上入朝。拔入相。時年耄。于事漫無可否。苦疾不赴。上悼之。賜祭葬。贈太子太保。謚榮襄。

周聖楷曰。榮襄雖附日月之光華。際飛龍之景運。要其致身亦非無術。當其扈從至京師。獨正色厲聲。呼闕大明中門而入。與宋昌渭橋之叱太尉何異哉。若夫大禮議起。良鄉嗣位之對。已脗合宸衷。覺永嘉諸人爲多事也。

丙辰。太子太保兵部尙書彭澤。太監戴永。武定侯郭勛。惠安伯張偉。提督團營。

丁巳。上自定儀。聖母入正陽大明門中道。命錦衣衛治母后儀仗。

兵部尙書彭澤請錄各司建白政務幷馬政事宜。從之。

辛酉。巡撫山西右僉都御史張禬以駐代州非便。求如弘治時還鎭太原。命遞駐。晛常變。

工部請裁增派薪炭。視弘治例。從之。

壬戌。遼東巡撫都御史李承勳上言邊弊。閱視太煩。起解降夷。極邊騷擾。上是之。

逮高唐州判官金波。內官黃錦奏其欺凌株及五百人。刑科給事中許復禮請止逮波。從之。

癸亥。南京監察御史王佩請禁罰贖。慎刑獄。上是之。申諭諸司。

夜。月犯外屏西第三星。

甲子。召前太子太保戶部尙書武英殿大學士費宏。

修延綏三山堡定邊營等邊垣。

丁卯。免濟南田租。

江西閩廣流盜平。

戊辰。起戶部尙書孫交。巡撫鳳陽都御史陶倓。各辭。不允。

庚午。葬武宗皇帝于康陵。

徽王祐檯乞兩淮鹽引。不許。

吏科給事中史于光。監察御史盧瓊。各言興獻王典禮宜如禮臣議。不聽。

宥薊州總兵馬永罪。前江彬脅賄事發。御史田永言其才。責永任職自効。

辛未。免宣府田租。

壬申。貴州永寧衞地震。

癸酉。夜月犯靈臺上星。

甲戌。武宗毅皇帝主祔太廟。

乙亥。赦兩京山東河南江西湖廣福建四川陝西各守臣練卒勦盜。

曉刻金星犯太微垣右執法。

丙子。議大禮。上諭楊廷和曰。興獻王獨生朕。既不得承緒。又不得徽稱。如罔極何。煩卿等曲爲朕地。廷和等仍執如初。

孫承宗曰。昭聖皇太后手握乾符。簡茲秉德。而定策大臣豫相要說。謂新主當陽。僅僅執猶子之禮。其度能得之乎。迨乎擁戚以成。尊親義起。則臣有言矣。不可以二矣。令新都于此作合王明。預裁鴻典。知巷遇之可懷。忘白圭之已玷。反面食言。何辭以解。論者謂公壬癸之間。欲相調適。俟乎泰陵既祔而徐圖其後。亦未爲深知者。何則。臣有言矣。不可以二矣。

故興府左長史山陰張景明贈太子少保禮部尚書兼文淵閣大學士。予祭葬。弘治三年進士。授長史。事獻王。有輔導功。謚恭僖。子元恕廕光祿寺丞。

河南清軍監察御史喻漢上軍政六事。備冊籍。查調衞。稽批迴。處新軍。行存恤。申舊例。報可。

太監陳敬戍孝陵。御藥房供奉通政使鄭宏太醫院使吳錢戍邊。皆先帝末妄進藥餌者。

丁丑。禮部尚書毛澄等集議。曰先王制禮本乎人情。武宗亡子。援立陛下。是武宗以陛下爲親弟。昔考獻王。今考孝廟。人情之所安也。考孝廟。母慈壽。則不當復父母其所生。由旁支紹正統。則不當私帝后其所生。惟陛下採聽。

戊寅。監察御史黎貫乞復國初起居注之制。章下所司。

兵科給事中夏言監察御史鄭本公兵部主事汪文盛奉詔裁各衞旗校三千一百九十九人。論奪冒功。于是都督同知張容魏英錦衣指揮使張富褫秩。

廣東封川盜平。

十月躬朔享太廟。奉毅皇帝祔享。

諭禮部興獻王稱帝。母妃稱后。憲廟貴妃邵氏稱皇太后。

壬午。興獻后至京。上候于午門。入見奉先奉慈二殿。

張珣張鋭爲署都督僉事總兵官。鎭守貴州寧夏。

癸未。福建古田盜起。巡按監察御史曹珪勦平之。

宥張銳許泰死。戍廣東。閣臣言官諫。不聽。

甲申。榮王祐樞奏世子厚勳福寧王厚熹求歲遞出城祭母墓。不許。僅各一祭。

丁亥。夜金星犯進賢星。

己丑。增宣府中路參將二。

復廣西府江兵備副使。

監察御史樊繼祖覈皇莊田土。還其圉奪。

癸巳。署都督指揮僉事楊賢爲左副總兵。協守大同。指揮僉事种勛爲右副總兵。分守涼州。

乙未。翰林院檢討郭維藩爲南京國子監司業。

兵部右侍郎吳廷舉自劾求去。謂梁儲蔣冕在先朝不能格君心。不稱輔導。臣袖手旁觀。失於箴規。乞賜罷免。冕疏辨廷舉自布衣交好。迄今四十年。歲餽通問。前從南巡。廷舉書及臣。多奬借不一及時事。今乃追論臣失職。廷舉蓋有志于古人之道也。乞賜罷。皆不允。

徐學謨曰。武廟南巡時。冕與同官跪門諫止。後在南京。數請回鑾。冕固不負其職也。廷舉時爲都御史。實無一言及之。顧不先自劾而劾冕。幾于賣友沽直矣。末世士大夫好名之過。即兄弟有不相顧者。況朋友乎。

癸卯。免經筵日講。期明年二月舉行。

甲辰。改吳廷舉南京工部右侍郎。

乙巳。停寧獻王以下祭告登極例祭告各親王墓。以宸濠削屬籍。上特寢。

丙午。費宏入朝。仍直閣進少保。

免遼東屯租。

故進士太倉陸仲。贈大理寺右評事。劉瑾罰跪下獄卒。子之箕訴冤。

十一月配朔。敕修武宗實錄。監修太傅定國公徐光祚。總裁大學士楊廷和蔣冕毛紀費宏。副總裁。吏部尙書石珤。禮部尙書毛澄。吏部左侍郎羅欽順。纂修少詹事周詔侍講學士劉龍等。

辛亥。巡撫應天右副都御史李昆爲兵部右侍郎。

賑江西兵災。

四川邛州盜起。殺蒲江主簿齊敏。贈敏知縣。錄其子。

壬子。增芒部軍民府長官司一。巡檢司四。俱土官。白水江去芒部數百里。盜易嘯聚。故立司扼其要。

癸丑。先是沛縣知縣胡守約坐中官誣逮。言官薦用。得召。

大發金修遼東邊垣。

甲寅。山東道監察御史樊繼祖陳四漸。勤聖學。信大臣。廣聽納。明賞罰。俱漸不及始。上是之。

修直隸南和縣唐宰相宋璟祠。歲祭。從其裔孫長史宋佳請。

乙卯。應天府尹何孟春爲左副都御史。整飭薊州邊備兼巡撫順天。

錄四廖鵬王瓛齊佐廖鎧李琮神周得緩刑。刑科給事中許復禮言。是皆江彬錢寧黨。王法所必誅而不赦者。仍禁之。周竟獄死。

丁巳。敍平宸濠功。封王守仁新建伯。歲祿千石。誥券世襲。南京守備太監黃偉廕弟姪一人世錦衣衛百戶。進尙書喬宇少保。巡撫李充嗣太子少保。操江右僉都御史劉玉右副都御史。參將楊鋭都督僉事。江西按察使伍文定左副都御史。太僕少卿原安慶府張文錦爲本寺卿。各世廕正千戶。餘各進秩。

何棟如曰。王伯安自十五六時。即留心兵法。十九欲上書討流賊。龍山公斥爲狂。乃止。登第後。每宴會輒聚果核作陣圖行酒。嘗威寧伯葬地。即以束伍法督役更番。從事龍場三載。動忍增益。而良知悟矣。亡何開府南贛。出袖中兵符。舉而措之。戰不留行。虛實緩急之間。有妙用焉。律而且臧。在師中吉。王三錫命。有由來矣。乃世儒不察。猥云良知作用。韜鈐若素閑。彼徐布政樾。非伯安高弟乎。何一試于滇而身死賊手。爲天下笑也。

戊午。故翰林院修撰羅倫。贈左春坊左諭德。謚文毅。御史唐龍之請。

賑淮徐饑民。免田租。

前南京兵部右侍郎王倬卒。倬字用檢。太倉人。戊戌進士。自山陰餘干蘭谿令拜御史。以謇直明幹稱。進貴州兵備副使。改瓊崖兵備。平崖州千家村叛黎。尋進廣西按察使。廣東四川左右布政使。値鄢藍亂。辦治軍實。拜右副都御史。巡撫順天。常破馬蘭峪。進南部。致仕。年七十五。

夜。流星自左執法西行至下台沒。

己未。卜赤犯大同中路。總兵杭雄拒却之。

庚申。貴州香爐山叛苗平。

辛酉。甘肅黑風晝晦。

壬戌。至日。免朝賀。

南京都察院右副都御史王時中改北。

癸亥。兵科給事中賈一貫上十事。講學。修政。親賢。孝親。任相。遠奸。用諫。愼令。戒欲。恤民。上嘉納之。

甲子。夜。月犯五諸侯四星。

乙丑。四川巡撫右副都御史馬昊逮至京。下獄。以討白水江僰蠻既降而叛。都指揮程宗啓之。追咎于昊。

丙寅。賑大同。

夜。金星犯鍵閉星。

戊辰。署通政司事禮部左侍郎俞琳爲工部尚書。仍署通政司事。

下正德遺疏于史館。八百六十餘疏俱留中。

四川都指揮僉事何卿駐永寧備寇。

己巳。宥王瓊死。戍莊浪衞。後改綏德。以結納錢寧江彬也。

庚午。更定征蠻賞格。身擒斬三人授一秩。遞進。擒賊加賚不進秩。

辛未。立太公廟于青州。

癸酉。左僉都御史王翊爲右副都御史。巡撫陝西。左副都御史伍文定提督操江。南京太常寺卿劉瑞爲南京光祿寺卿。前河南按察副使邊貢爲南京太常少卿。

進士張璁上大禮或問。下所司。

徐學謨曰。永嘉所著或問亦有强爲之說者。禮爲人後者爲之子。不得復顧其私親。非薄私親也。蓋矯人情之所偏。恐其薄于所後而故爲之制也。以防亂也。如後母之恩視所生母遠矣。今制服必等之親母。亦以防亂也。此聖人之微意。永嘉遽非之。以爲漢儒之言。卽漢儒之言。亦未嘗少悖聖人之禮也。繼統不繼嗣之說。此官天下之事。如堯禪舜。舜未嘗嗣堯。舜禪禹。禹未嘗嗣舜也。安得比而同之于家天下者。凡家天下者。未有不繼嗣而繼統者也。今士庶人亡子。以兄弟子爲之子。未有不正父子之名而能傳其業者。況神明之祚。付受之際。尤不可不以正論。故以君視社稷。則社稷爲重。以本生視正統。則正統爲重。禮長子不爲人後。上于興獻帝爲長子。別無支庶。然必奉以繼統者。重神明之祚也。非士庶家比也。或問曰。天下外物。父子大倫。舜竊負而逃。知有父不知有天下。孟子設喻。無此事理。而永嘉顧引之爲重。不旣迂乎。若天下可輕。則興獻子惟上。肯惄然遠其陵廟而入繼大統哉。其入繼大統。爲天地民物不可一日無主。自不得顧其私親也。正天下爲重也。或問謂漢成帝亡子。立定陶共王之子爲嗣。宋仁宗亡子。立濮安懿王之子爲嗣。皆預養宮中。明爲人後者。故可稱考。今上生當孝廟崩後。無預養之恩。烏可考之。似矣。今士庶家于身後立嗣。其嗣子將何稱焉。豈亦以無預養之恩而獨不考之乎。新都謂不當考興獻帝。循漢宋之故事也。揆之于義。亦未盡合。今律文有三父八母之稱。異姓猶然。矧身爲人後而遂伯叔其父母。此世俗人所爲也。獨不可稱本生父母以別于所後之父母乎。立世廟以安興獻。世世無祧焉。亦何不可。此永嘉之所以一意迎合而議禮諸公不無過執。等興獻于定陶濮安。欲別立崇王子爲之後。廢父子之情。則人心之所大不安者也。

甲戌。乾清宮成。上自文華殿入居之。

祭故南京工部尚書陳清。賜葬。

罷廣西香貢。零陵香歲費二千金。

丙子。蠲大同田租。

逆番寫亦虎仙伏誅。

丁丑。採木工部右侍郎兼左僉都御史陳雍還部添註。

十二月虵朔壬午。鎮遠侯顧仕隆提督三千營。

裁南京錦衣乞陞官廖銳等三十七人。

癸未。河南道御史何棟請停南京貢梨入北。歲四千五百斤。

甲申。四川署都指揮僉事何卿爲左參將。協守松潘東路。

監察御史何棟侍班遲悞。下獄。謫常熟縣丞。

乙酉。召鎮守廣西太監傅倫廣東市舶太監牛榮。以御馬監右監丞鄭賛守備倒馬關太監楊金代之。右少監安川守備倒馬關。楊廷和等疏不便。得止。

丁亥。復淸軍御史。

雲南十八寨叛蠻伏誅。立千戶所。

戊子。敕行人存問大學士王鏊楊一淸。

故保安衞千戶周麒。贈指揮僉事。給母妻粟十石。江彬侍先帝奕不遜。麒叱之。陷死。

兩京武學如令甲六年會舉。送各邊鎮贊畫。

夜。月犯昴宿西第一星。

己丑。諭加興獻帝后皇稱。閣部科臣力爭。楊廷和封還御詔。上勉以順旨行之。

辛卯。復行人王懋官。諫幸謫國子學正。

伏羌伯毛銳總兵。鎮守湖廣。

誅錢寧奸黨王欽藍華姚瓚。

楊廷和上言愼始修德曰敬天戒。法祖訓。保聖躬。隆孝道。勤民事。勵學問。明賞罰。專委任。納諫諍。親善人。節財用。上是之。

甘肅大風。拔樹壞廬舍。

壬辰。戶部尙書孫交請讀祖訓。上嘉納之。

御馬監右監丞鄭斌鎮守廣西。守備倒馬關太監楊全調廣東市舶司。御馬監右少監安川守倒馬關。撤傅倫牛榮。兵部尙書彭澤言無故更代。則貪緣立見。上允之。

巡撫四川右副都御史胡世寧上言。松潘軍民指揮使司服役熟番。爲我藩籬。後撫御失宜。熟番多叛。東南二路僅通。景泰間設總兵御史。專治松潘。而省城巡撫。彼此牽制。致舊維州之失不能復。董卜韓胡之强不能制。其後分設三兵備副使。一松潘。一疊溪威州。一茂州。歲二八月。總兵兵備官會議。游擊率兵以從。軍威猶振。後革去。承平日久。巡撫惟事欺隱。軍殺一番。輒罪激變。番人日横。南路阻塞。今欲通之。在擇人才。添兵將。更賞罰。足財用而已。上從之。

乙未。有大星光如輪。墜甘州。至地復上而散。

前瑞州知府酈璠卒。璠高安人。弘治癸丑進士。其守瑞。有平華林賊功。明年。追贈江西左參政。

丙申。都察院左副都御史李贊爲工部右侍郎。兼左僉都御史。總督河道。

丙申。遣行人勅存問致仕南京禮部尚書章懋。

戊戌。命刑科給事中劉穆撫諭遼東屬衛。□□□□□史概劉祥。

贈國初東丘郡侯花雲婦郜氏貞烈夫人。侍女孫氏安人。立祠遼東。致祭。以雲五世孫世襲復州衛指揮僉事。

己亥。慈壽皇太后諭選淑女大婚。

太常寺卿兼翰林院侍讀周詔卒。詔長洲人。成化貢士。授教諭。補興府伴讀。上即位。拜少詹事。遷今官。

出光祿寺供器于宮。

甲辰。前巡按江西監察御史王金。從叛末減戍邊。

丙午。夜金木星相犯。

丁未。陝西道監察御史孫元改翰林院編修。尚書孫交子。

張璁爲南京刑部主事。

戊申。歷城堰頭巡檢司巡檢房濬請追尊興獻帝。下所司。

壬午嘉靖元年

正月配朔。上御奉天殿受朝賀。

鳳陽固始地震。

禮科右給事中熊浹言。陛下之繼武宗。有祖訓兄終弟及之文可據。不得曰爲人後者爲之子也。必曰爲後。則陛下繼武宗乎。抑追繼孝宗乎。武宗本無後。而陛下以弟後之。孝宗已有後。陛下又越武宗而後之。無一可也。今殊爵顯賞加于藩舊。至親獨蒙故號。虛皇儀。舛矣。宜尊興獻帝立廟徽號。如恭仁康定。示不敢上躋于列聖。加上慈壽皇太后及武宗皇后徽號。而尊母妃太后。如慈壽例。庶義恩並行不悖。章下所司。

談遷曰。定陶濮安之案。倡于新都。謂外此卽異議可斬也。宗伯持其說。舉朝同舌。蓋傷孝皇之德。矢報靡由。且漢宋之已事在非無據也。永嘉逆窺上指。開陳其端。寥寥寡和。久之歷城巡檢之書上。其風未波。自熊恭肅繼上。宸衷益搖。漸成聚訟。噫。象指而趨。又何難焉。

尙寶司卿喬宗請老。進光祿寺卿。致仕。

嚴宣府近關礦峒之禁。

廣西蠻寇掠臨桂永安荔浦修仁洛容等。敕責總兵朱麒。

定南京馬快船薦新。每進不過三艘。時守備太監戴義乞如正德例。兵部執登極詔持之。遂視弘治例。

丙辰。夜。金星犯斗。

丁巳。河南巡撫右副都御史李瓚爲工部右侍郎。兼左僉都御史。總理河南山東直隸河道。

戊午許元夕休沐十日，
巡撫遼東右副都御史李承勛。請定軍功宜存宜革宜奏請三則。從之。
夜。水星犯羅堰星。
己未。上南郊。
淸寧宮後三小室災。宮人稠密。諭遷武宗皇后于西城仁壽宮。賢妃德妃于武安等宮。憲廟諸妃亦遷西城。楊廷和言。西城仁壽宮。乃先朝幽閉廢斥之地。武宗皇后母儀天下十六年。皇上先嘗臣之。今康陵土尙未乾。遽忍忘之耶。憲廟諸皇妃逮事皇祖。同時邵太后親愛之情可知。顧寘之此地。非惟聖心不安。恐邵太后聞之亦不欲也。乃止。
夜。月犯五諸侯星。又金木星相犯。
庚申。免慶成宴。
壬戌。禮部請修省。又言。興獻帝后皇稱。于正統之親無別。恐不可告郊廟。播天下。科道交章論沮。給事中安磐言。興爲藩國。不可加于帝號之上。獻爲諡法。不可加于生存之母。御史李儼言。慈壽母妃分均體敵。恐生羣小之心。漸搆兩宮之隙。程啓充言。虞舜不後瞽瞍。光武不封南頓君。禮無二本。自古已然。俱報聞。
裁南京錦衣衛旗校二百六十人。
分守建昌太監趙欽貪暴不法。四川巡撫胡世寧劾之。降奉御。安置南京。
兵部左侍郎李鉞兼左僉都御史。總制陝西三邊軍務。
癸亥。套虜犯陝西。
夜。月犯太微垣上將星。

甲子。夜。月犯太微垣左執法。

乙丑。諭宣大管糧戶部郎中便宜糴穀實邊。

定軍餉本折間月給之。

丙寅。上林苑內臣有闕不補。時內臣虐菜戶。奸利不法。

丁卯。賑京師窮民。

京師大風霾。

己巳。兵部職方主事霍韜上三事。曰道問學。修政事。帝王先務。而居處恭則道問學之要。信任大臣則修政事之要。陛下試自省察。能無時豫怠否乎。自今章奏召大臣條議。科道侍毆。曰祖宗以來賦額之登耗。官簿之增減。尺伍之虛實。宗藩內官之衆寡。監局工匠之盈縮。經奏處決之重輕。當咨訪六卿。朝夕省記。曰天下諸司吏胥弊蠹賦役。課稅儲餉宂官。凡困民害政之事。一一嚴覈而整飭之。疏入報聞。

甘肅總兵李隆嗾悍卒殺巡撫右副都御史許銘。事聞。切責隆及鎮守太監董文忠。蓋未悉其實也。贈銘右都御史。予祭葬。銘事在去年十二月。

進陝西按察使陳九疇右僉都御史。巡撫甘肅。

辛未。增遼東寧海道參議。

夜。月犯箕宿。

癸酉。雲南道監察御史馬紀請設起居注。下所司。

寬遼東馬價。

丙子。減內府歲額鹽課。弘治時青白鹽共十七萬五千斤。正德後遞增至三十五萬一千八百四十四斤。

二月戊戌朔。南京左都御史陳玉致仕。
庚辰。起方良永右副都御史。撫治鄖陽。以母老乞養不起。
癸未。順天府尹徐蕃爲右副都御史。撫治鄖陽。
乙酉。南京工部右侍郎崔文奎爲南京右都御史。
大理寺左少卿萬鏜爲順天府尹。
馬平盜起。討平之。
丙戌。白虹亙天。
戊子。山西左布政使胡定爲右副都御史。提督雁門等關。巡撫山西。
己丑。遣廷臣分祭祖陵嶽鎭海瀆歷代帝王孔子徐揚等王太嶽之神。
免開封水災田租。
壬辰。夜月食。
虜犯遼東鐵嶺衞。
宥甯杲死。戍雷州。
甲午。陳圭嗣平江伯。陳熊從子。
宣大洊饑。卒噪下戶部量濟餉。
乙未。內官監少監侯俊料木眞定。監察御史朱鉞言貽患地方。上以非榷木也。許事畢卽回。
丙申。魯庶人當沍卒於鳳陽。子健杻乞嗣歸善王。不許。
夜。月犯房宿。

丁酉。召南京兵部右侍郎何孟春于吏部。

敕吏部人才難得加意考察各撫按明著貪酷實跡送部。

陝西大疫。

庚子。祭故應天府丞周璽。忤逆瑾杖卒。

停各巡撫官入京議事。惟漕運總兵參將仍舊。

宣大有警。刑部右侍郎臧鳳兼右僉都御史督軍。

虜犯延綏榆林衛。

壬寅。巡撫湖廣右副都御史席書爲南京兵部右侍郎。

甲辰。廣西左布政使張琮爲右副都御史。巡撫湖廣。

盧氏淅川盜起。流劫商南。右參議陳鼎平之。

三月帗朔。左春坊左諭德顧鼎臣省祭。

諭內閣。與獻帝冊文。朕宜稱孝子。楊廷和等難之。不報。

海西弗提衞女直都督罔加□等貢馬。赤把哈貢小豹。卻之。

癸丑。再錄先朝被害諸臣。南京□科給事中戴銑。福建按察僉事張輝。戶部主事曹琥。寧府長史王用才。淮府長史莊典。贈琥光祿寺卿。用才太常寺卿。銑光祿少卿。各予祭。輝進四品服致仕。

革巡江錦衣官校。

甲寅。上幸大學。國子祭酒趙永。司業吳惠講書易。

乙卯。女直通事王臣奏。海西陽順陰違。請切責速黑忒驗敕書實名催繳。及襲陞事例。嚴宴賞給事之弊。下部從之。
丙辰。嚴緞邊鎭糧芻。
上耕籍田。去敎坊雜戲。
丁巳。上昭聖慈壽皇太后尊號。詔天下。
戊午。上壽安皇太后興國太后尊號。詔天下。
庚申。嚴京營操卒。
壬戌。頒尊號詔。
癸亥。禁京城作酒。淮安作麯。
甲子。南京工部尙書叢蘭致仕。
廣西盜流掠桂林陽朔。殺臨桂主簿曹時古田典史陳祚。
卜赤四千餘騎犯陝西延綏。
乙丑。定大名兵備爲副使。
套虜四千餘騎犯延綏。
前南京刑部尙書戈瑄卒。贈太子太保。
丙寅。巡撫湖廣席書。薦致仕大學士楊一淸經略西北。
丁卯。復設雲南寧州流官。
禁倉場科分恆例。
戊辰。遣成國公朱輔禮部侍郎賈詠詣安陸上興獻帝號。

庚午。武學生朱大周。前結錢寧逐楊一清。至是被劾。論死。

武定侯郭勛提督團營。

壬申。論翊戴功進大學士楊廷和蔣冕毛紀伯爵。費宏廕錦衣指揮使。皆世襲。壽寧侯張鶴齡進太師。建昌侯張延齡進太傅。駙馬都尉崔元進侯。禮部尚書毛澄太子太傅。廕錦衣指揮同知。世襲。太監張錦扶安溫祥賴義秦文張欽張淮等各加祿廕弟姪錦衣指揮僉事同知等官有差。外戚邵喜蔣輪各封伯。廷和等力辭伯。改廕錦衣。又辭。改文廕不拜。

沈德符曰。世宗自興邸入紹。諸宰輔翼戴之功良不可沒。如楊新都蔣全州毛東萊。世封伯固其宜也。費鉛山時在林下。至上御極後召還。亦得世錦衣指揮使。而梁南海時爲次揆。位在蔣上。竟無寸賞。已爲可異。至如駙馬崔元。以親奉金符迎立進世侯。而梁以輔臣偕往。獨無涓滴及之。又何說耶。若云梁儲扈武宗南征。不能力諫。以是爲罪。則蔣冕固同侍六飛往還。何得獨求多于梁也。蓋是時新都受遺。爲物情皈嚮。而梁不爲楊所重。故世宗四月二十二日卽位。梁五月五日見逐。相新朝僅十餘日耳。其後議禮貴人方獻夫霍韜彭澤輩俱南海人也。蓄不平久矣。乘機而發。至指新都爲元惡。爲逆臣。必削其籍。戍其子。著之丹書而後快。亦新都有以取之。最後高岱著鴻猷錄。遂謂鎭國公朱壽之敕。梁以死扞詔。而薛氏憲章錄又以草敕屬之新都。皆方霍餘唾也。

復九江兵備副使。移守備駐安慶。

癸酉。禁額外貢獻。時鳳陽守備太監張陽進茶。各鎭守總兵進馬。

提督京營武定侯郭勛請敕書以軍興法從事。不許。

治馬昊等先朝獻女之罪。戍南丹衛。

禁渾河等處內臣榷稅。

西海虜併洮河諸夷。

四月丁丑朔。戊寅。故給事中席彖。贈光祿寺少卿。予祭。

夜。木星犯斗宿。

庚辰。召林俊改刑部尚書。起楊旦南京右副都御史。

寧夏地震有聲。

辛巳。立潁國公傅友德宣德侯金朝興汝南侯梅思祖廟于雲南。額曰報功。

江西寧州地震。

壬午。南京操江襄城伯李全有罪免。

禁珠池內臣涉民事。

命公侯伯始襲年三十以下入太學肄業。仍十日赴營操。

甲申。雲南左衞大雨雹。傷田舍。

乙酉。總督漕運戶部尚書陶琰改工部尚書。

廣西夷目黃鏐作亂。破上思州。蓋設流官後不靖。

丙戌。河南道監察御史席春避其兄書侍郎。改翰林院檢討。

丁亥。都督僉事楊銳左府僉書。

己丑。南京吏部尚書廖紀改南京兵部。

起右都御史俞諫總督漕運。

敕郭勛同工部右侍郎童瑞修金水玉河橋。浚城濠廣源閘水利。

辛卯。故山西布政司右僉政張敏。贈太僕寺少卿。正德時征藍鄢賊功。

定各邊兵械三年御史閱視。繪圖說以聞。著爲令。

癸巳。長壽郡主進封長公主。

乙未。吏部左侍郎羅欽順爲南京吏部尙書。

順天巡撫周季鳳相度東鹿肥鄉獻魏水利。

丙申。暑讞。寬輕囚。著爲令。

按李隆罪。右都督徐謙充總兵官。鎮甘肅。初隆私恨殺許銘。以激變聞。至是巡按監察御史喻茂堅上其罪。逮訊。

丁酉。□□提學副使潘府爲太僕寺少卿。尋改太常寺少卿。

錄平宸濠遺功。徽州知府張芹等。安慶教諭姚諒等。諸生徐邦直等。各勞賜如格。卹陣亡者。

戊戌。御經筵。値淳皇后忌辰。翰林院修撰呂柟講尙書夙夜惟寅。言乞存忌辰。光聖孝。上曰。已知。柟伏地。不及承旨。退引罪。不問。

前南京戸部尙書胡富卒。富徽州績溪人。成化戊戌進士。授南評事。歷大理卿。忤逆瑾。罷。後起家南侍郎。屢裁冗食。祛宿弊。事涉權奸。多格不行。歇歷中外四十餘年。始終一節。士論重之。贈太子少保。謚康惠。

禮部右侍郎汪俊爲吏部左侍郎。

辛丑。虜犯隆德。與國固原兵戰城下。循山而行。伏虜自谷突出橫擊。指揮楊洪戰死。虜遂掠安定會寧。

癸卯。翰林院侍講學士劉龍爲禮部右侍郎。

甲辰。刑部尚書林俊引疾。且爭大禮。凡爲人後。不得推尊所生。緝堯舜至宋理宗事凡十則上之。付所司。不允辭。

停南城西苑亭殿等役。

五月㮡朔。停浙江歲織生綾八百匹有奇。

諭各府宗室。有事代奏。毋私自詣闕。

改正上林苑占田量留內臣九人如舊額。

戊申。琉球國中山王尙眞遣使入賀。

立安陸祠祭署專外戚蔣氏奉祀。

己酉。駙馬都尉崔元封京山侯。祿千五百石。外戚邵喜昌化伯。蔣輪玉田伯。各祿千石。世襲。

辛亥。賑洮岷難民。

丙辰。召前工科右給事中陶諧忤瑾謫戍。前南京刑科給事中史俊爲光祿寺少卿。致仕。

丁巳。經筵值仁宗忌辰。暫免。先朝不免。止衣青綠。

戊午。敕琉球遵舊制三年一貢。

己未。合水驛丞王思還翰林院編修。泗州知州汪應軫還户科給事中。

蓬溪縣大雨雹。

庚申。復保定副總兵。都督僉事楊銳領之。

辛酉。京營馬耗。嚴牧養失宜之罪。

癸亥。户科左給事中劉夔以兄龍侍郞。改翰林檢討。

丙寅。改鎮國府仍爲太平倉。

罷魯王陽鑄鄒平王當沍翼城王當澪食鹽。戶部執非舊制也。

錄國初韓成嫡孫鳳翔冠帶舍人給月粟一石。

丁卯。進致仕戶部尚書韓文太子太保。遣行人存問。曰起文彥博於九袠之餘。人心攸屬。繼韓魏公於百代之後。家慶彌長。

己巳。江南北大風拔木。

壬申。嚴武選淸黃兵部主事霍韜言其弊。

監察御史盧瓊言英宗實錄附景皇帝於末。稱郕王。孝宗實錄於焦芳多曲筆。皆宜改正。報聞。

南京戶部尚書蔣昇致仕。

是月。先是安南莫登庸自稱興安王。登庸有勇力。陰懷叛志。諷羣臣推之典兵左右以所親防之。而退居海陽。黎譓起兵攻之。反爲所敗。逼納譓母。至是既得志。漸斥譓。謀鴆譓兄弟。卜者黃廷科密以告。登庸遽率兵入圖譓。殺廷科。悉屏其左右。置私人焉。惟經筵官黎汝厲年老不之疑也。至是回古齋。譓令汝厲密召外兵而事泄。登庸攻諸營。殺副都將覃舉阮登阮壽。增築宮牆。登庸荊門之宜陽人。世漁家。有力補力士校尉。歷都指揮。爲陳暠參督。暠作亂。自拔歸譓。爲宜陽參將。有功。封武川伯。鎮海陽。時鄭綏阮弘裕相攻。各退居淸華。國柄亡屬。登庸令范嘉謨賄文臣薦其典兵。加登庸太傅仁國公。節制諸軍。已議罷登庸。乃輦其國重器歸古齋。使弟莫檝以裴堵武護阮如桂等入僞都殺掠若他盜然。脅譓以兵。未可罷。

是月。南昌大水。民饑。

六月丙朔己卯。宜川王秉楀薨。謚思裕。

南京右都御史楊旦爲南京戶部尚書。

前南京吏部尚書王華卒。華餘姚人。成化辛丑進士第一。授修撰。陞學士。主兩京試。歷詹事。預修資治通鑑纂要。進禮部侍郎。歷今官。家居十餘年。有司請卹。子守仁平逆濠功。封新建伯。贈如子爵。華才識宏達。操持堅定。逆瑾用事時。諷使就見。不往。其大節如此。又柬禮部毛澄。澄摘其科場陰事。竟不許。

庚辰。前南京禮部尚書章懋卒。懋字德懋。蘭溪人。成化丙戌進士。選庶吉士。授編修。諫觀燈。謫臨武令。改南評事。遷福建僉事。秩滿。累遷至今官。能舉職。尤以德學顯。乞致仕。弘治初。起南祭酒。聽終制赴官。後進南京太常卿。禮部右侍郎。皆南京。不赴。志行峻潔。學務踐履。家居二十年。天下高之。年八十六。贈太子太保。謚文懿。

馮時可曰。章公篤信朱子。其于異說。如以正軍遇偏師。總千山立。屹不爲奪。其論難五經。誠李司徒所謂寸梃撞巨鐘。迎手而應。士皆讋服。又何必炫奇立異爲也。諫元宵燈火。楊仲修以爲非是。不及孟子告君。然孟子廣欲。公遏欲。其存天理寧有異乎。日孜孜任重道遠。黃髮不懈。異于一事標奇。終身自負者。闇齋自命稱矣。

甲申。禁晉府屯軍私占鹽場。

丁亥。免休寧祁門黟婺源績溪旱災田租。

甲午。睦杲嗣海陽王。

乙未。潞城王聰浪薨。謚宣惠。

致仕大學士劉健年九十。命巡撫都御史存問。

丙申。薊州煉金山礦盜屯聚。下巡撫周季鳳等勦捕。尋解散。

癸卯。太僕寺卿張文錦爲右副都御史。巡撫大同。贊理軍務。

禁內寺子弟授錦衣官。

甲辰。虜千餘騎自固原寇平涼涇陽。涇水纔深二尺。騎徜徉北岸。俄大雷雨。虜弓刀皆橐。官軍不敢出。夜渡涇。屠王村東掠禹山南至靈臺。復北渡涇。自章村登北原。固原兵邀擊卻之。總制李鉞始被責。後論功。鉞淸嚴有威望。

七月乙巳朔。丙午。災傷。免江西去年田租。

監察御史陳德鳴言。陛下德政不無稍怠。如傳奉多踵舊轍。腹心尙寄貂璫。召對不聞。進講日疎。言忤權貴。輒加沮抑。事涉聖躬。漫無可否。左右嬖倖。希圖恩澤。援引無據。夤緣冒濫。祿秩金帛。加賜亡極。有一于此。足以召災。況兼而有之哉。章下禮部。

丁未。詔京衛軍如成化八年例。每三年淸核。

嚴軍職冒籍異姓之禁。

戊申。監察御史汪珊上言十漸。陛下初卽位。天下忻然望治。邇乃漸不如初。初事獨斷。今戚里左右得潛移陰假。一漸也。初咨訪大臣。今貌隆情疎。二漸也。初罷諸淫祠。今稍稍議復。三漸也。初屏絕玩好。今敎坊諸司技巧雜進。四漸也。初日覽章奏。今或還左右可否。五漸也。初革宂食宂費。今騰驤勇士不得嚴。御馬實數不得稽。六漸也。初裁錦衣冒濫。今大臣近侍封爵世廕。藩邸旗校盡補親軍。七漸也。初罪閹正法。今貸死罰金。後將何懲。八漸也。中官有過。初皆不任。今鎭守守備營換啓倖。九漸也。初納諫如流。今于言事輒曰已知。論罪輒曰有旨。訑訑距人。十漸也。下所司。

己酉。詔南京國子監及各省提學修補經史殘闕。廣西副使劉節疏。

浙直江西湖廣四川俱旱。命各撫按講積穀備賑之法。

定上貢物盡輸本色。

濟寧管閘工部主事陳嘉言逮獄。太監溫祥賫寶冊往安陸。劾其侮慢。

甲寅。南京太僕寺卿吳一鵬爲禮部右侍郎。南京國子祭酒汪偉爲南京禮部右侍郎。

詔。御用監歲徵物料如弘治例。正德中事事增數倍。

乙卯。定武舉騎射四矢以上。步射二矢以上。

丙辰。開原邊垣竣。

故蘭州衛指揮張瀛。總旗施二。各贈官立祠。正德中殉虜。

丁巳。免安陸各莊佃戶租十之三。餘供享祀歲費。毋輸京師。

廣西海盜平。

己未。安南黎譓竄居清華。初。譓之在圍牆也。止小閹二。牆將合。缺一隅。譓就缺處見築人范由。密語以富貴許諾。是夕。范由與其徒同出至白虎門。密約杜溫潤。譓詭爲夜游。醉其宮人。夜分。引二閹自缺牆出。范由杜溫潤等二十餘人迎出白虎門。守卒皆從之。至端門。謀迎盧母子及幼男。會天雨。俄電。守者覺之。譓懼。夜踰城至慈廉縣。過丹鳳縣。至馮渡。始旦。百姓聞譓出。共追捕阮瑞。誅之。遂入莫登庸之僞都古齋。莫登庸以盧母子及幼男走海陽。據上洪下洪荊門南策太平諸軍。譓按誅向日舉登庸典兵者。督諸軍進圍海陽。登庸乃殺譓幼男。立黎盧。僭號統元。拒之。攻匝月。不拔。登庸潛兵徑襲古齋。譓走。盡棄其甲仗。登庸張旗蓋以示諸軍。聲言已得譓。諸軍望見。各驚散。譓退保寧山縣。鄭綏聞敗。乃以清華四郡迎譓居之。

壬戌。南京戶部右侍郎蔣恭省祭。

甲子。大同卒索餉而譟。誅倡禍五人。

乙丑。夜。南京大風雨。

許陵戶墳戶全復。

丙辰。錦衣衞副千戶于海傳陞錦衣指揮僉事。婦劉氏奉聖夫人。

丁卯。祭故監察御史馮顒。□部主事劉天麒。忤逆瑾死。

再議江西各官失節之罪。左布政梁宸都指揮馬驥論死。右布政胡濂右參政劉斐都指揮僉事王玘白昂都指揮同知許清右參政程杲右參議許效廉僉事賴鳳王疇謫戍。副使唐錦削籍。右參議楊學禮閒住。同知張祿知縣徐志道謫。

己巳。南京暴風雨。江水溢。壞田廬。鳳陽淮揚亦如之。災甚。

刑部尚書林俊請內臣有罪下法司。報聞。時多下司禮監。

廣西巡按監察御史張鉞劾前刑部尚書張子麟私通宸濠。命案其事。後王守仁謂子麟啓宸濠。臣誠見之。當卽焚燬。且奸黨爲濠地。或詐爲貴人書罔利。未可盡信。子麟遂閒住。

辛未。初。部曹逕奏。科臣俱褻服受之。兵部主事霍韜劾其肆。給事中安磐等論韜誣罔。並不問。第諭各官謹飭。

套虜數入寇。指揮楊洪等敗沒。議譴延綏寧夏失事者。仍趣陝西甘肅援兵。兵部尚書彭澤自請行邊。止之。初小王子死。有三子。長阿爾倫。次阿着。次滿官嗔。阿爾倫前死。二子。長卜赤。次乜明。皆幼。阿着稱小王子。未幾死。立卜赤。稱亦克罕。猶言可汗也。然亦稱小王子如故云。

八月甲戌朔。錦衣衞千戶邵蕙爲錦衣衞指揮僉事。邵太后族屬。

丙子。免江西漕粟二十萬石。仍賑卹。

初選婚。旨出昭聖皇太后。至是傳壽安皇太后。楊廷和言。去年宣諭而更之。何以示中外。遂仍前旨。

庚辰。左春坊左諭德兼翰林侍讀溫仁和侍讀穆孔暉主試順天。

夜。月犯房宿南第二星。土星逆犯壘壁陣西第五星。

癸未。立平和縣。隸廣西惠州。

戊子。敕各邊墾田議便以聞。

誅福州叛卒曹宗德唐清黃英及指揮陳傑。前導進貴等之亂。逸罰。

己丑。故山西布政司參議呂鏜。贈左參政。鏜任御史。劾逆瑾。遷參議。逮杖卒。

加廕孫燧許逵錦衣衛正千戶。

套虜犯邠州大掠。總兵劉淮奪職。

庚寅。存問大學士劉忠。

戒諭壽王祐楮。王怒箠知府韓重。重奪五級。

遼東馬雲葉旺祠祔前總督尙書王翺。

辛卯。日講官祭酒趙永講論語首章。未竟而退。命太監扶安慰諭。

壬辰。大名府元城諸生陳萬言授鴻臚寺卿。卽日改中府都督同知。以將册立其長女爲后故也。

甲午。鄭卿爲署都督僉事總兵。鎭守陝西。

太原地震。

乙未。免大同夏稅。

夜。火星在鬼宿。犯積屍氣。

戊戌。釋故江西提學副使李夢陽獄。夢陽交通宸濠無狀。第嘗作陽春堂記。削籍。

庚子。敕兩京文武諸臣修省。

是月。虜寇鎭原縣。殺掠甚衆。

九月䏗朔乙巳。巡按江西監察御史程啓充上逆濠私書。劾王守仁黨惡。宜奪爵。戶科給事中汪應軫主事陸澄皆奏辨。御史向信以應軫守仁同鄕。陸澄守仁門生。黨比欺罔。上皆不問。

戊申。修南北郊祭器。

辛亥。免馬邑廣靈田租。

甲寅。命定國公徐光祚大學士楊廷和爲正副使。持節行納采問名禮。

翰林修撰唐皐言。治河如嘉湖人壅桑法。運淤泥務去河遠。省歲濬。山東多泉源。乞分司主事親行疏浚。部覆從之。

戊午。命武定侯郭勛充正使。大學士蔣冕費宏充副使。持節行納吉納徵告期禮。

辛酉。月犯昴宿西第一星。

前命科道部曹覈御馬場草地。踰年盡得其私。奏上。戶部請罪內臣。上意宥之。是日。日講罷。諭輔臣草場事毋覓。楊廷和曰。此最爲先朝之累。侵官民田幾萬頃。毀人塚亡算。不罪之何以示後。明日降罰舊內臣有差。

癸亥。南京吏部尙書羅欽順歸養。

甲子。前南京刑部尙書陳壽卒。壽字本仁。寧遠衞籍。新淦人。成化壬辰進士。除給事中。以直著。歷中外。剛介一節。予祭葬。萬曆中謚簡肅。實錄二年四月戊子卒。悞。

鄭曉曰。予聞之貢禹云。居官而致富者爲雄桀。夫漢俗近古猶若此。又何責于後世之靡靡者乎。陳司寇立朝四十餘年。于權奸欻𣪔無所跛倚。屢起屢躓。家貧不能歸。流寓南都。敝屋頹垣。不避風雨。卒不能殮。豈不爲雄杰者所姍笑耶。然薦紳先生慕其風節。願爲執鞭。可以媿墨未矣。

楊一清曰。宋王素爲諫官。言人才難得。無事之時。當爲朝廷愛惜。程明道爲御史。告君曰。使臣拾遺補過則可。若搜索臣下短長以沽直名。臣不能也。本仁得之矣。

丙寅。工科右給事中安磐言。先朝亘奸如張忠劉養韋彬等。恃賂希用。上諭果貪縱。許偵校跡之毋隱。已給事中毛玉又指谷大用魏彬張永等。諭如前旨。

己巳。監生何淵請立世室。奉興獻帝如周祀文王遺意。下部議。

大風晝晦。

辛未。立皇后陳氏。陳萬言女。遣成國公朱輔充正使。大學士楊廷和毛紀充副使。持節奉冊寶。行奉迎禮。

十月癸酉朔。庚辰。南京大理寺卿任漢終養。

復設雲南永昌軍民府。

治故刑部尙書吳雲墓于德安。雲宜興人。

种勛爲署都督僉事總兵。鎭守寧夏。

癸未。裁蘭州驗糧主事。

錄廣西十八寨功。廕雲南巡撫何孟春百戶。

甲申。永平地屢震。

乙酉。傳制封充煜富川王。厚熵江華王。勤熑華亭王。勤炬寶坻王。厚照惠安王。勛洸福山王。厚熼新昌王。融炦崑山王。顯榕楚世子。

山東道監察御史劉廷簠乞復晚朝奏事。上是之。

戊子。冊恭妃文氏順妃張氏。

夜。金星犯南斗杓西第二星。

己丑。賑應天湖廣江西廣西。

壬辰。故大理寺右寺丞黃鞏贈南京大理寺卿。鞏字伯固。莆田人。弘治丙辰進士。天啓初謚忠裕。鞏與茂烈名行相次。惜未究其用。又皆無子。而鞏年尤夭。雖然。觀二人所樹立。亦可與天壤俱敝矣。

莆陽文獻志曰。鞏常言曰。人生仕宦至公卿大都不過三四十年。惟立身行道。爲千載不朽。世之人往往以彼易此。何耶。其素志如此。沈敏好學。雖疾病支離。手不釋卷。詩文淸粹和婉。幾自成家。莆田一時人物。

夜。月犯五諸侯星。

癸巳。刑科左給事中張翀乞罷鎭守內臣。報聞。

禮科左給事中章僑河南道監察御史梁世驃請正學訓士。一依程朱之言。文斥艱險。部覆從之。

丙申。故翼城典史欒朝贈檢校。知縣洪洞倉大使趙朔贈文水主簿。各給敕。勦賊死。

辛丑。左都御史金獻民言。王府承奉以下不職。聽撫按糾劾。從之。

壬寅。神木所仍曰神木廠。幷減其冗役。

王守仁辭爵。且言同事諸臣斥謫之枉。不允辭。

十一月蝬朔。甲辰。芒部軍民府土舍隴壽襲知府。故事。土官九品上皆入京。得襲。壽以庶弟爭兵。不敢離土。事聞。聽襲。

薊鎭總兵馬永平煉金山礦盜。命塞礦穴。

乙巳。兵科給事中陳時明劾太監蕭敬宜斥外。敬在先朝頗忠謹。昭聖嘗語上。此閹可任。故上不深譴。

戊申。禮部議土官朝貢五事。曰定賞例。視品高下貢輕重爲差。革宿弊。違例進貢。冒廪餼絹紗。處進馬。先朝進馬。布政司易銀貯庫。今進馬至京騷擾。明進收。進香先赴部驗進內府。防欺僞。詐稱賞賜。恐喝吏衆。上從之。

夜。月犯奎星。

己酉。更定山東四兵備道屬邑。

前通政司右通政張龍交通錢寧。論死。

庚戌。命順天尹禱雪。

辛亥。廣西思明盜黃鏐等伏誅。

甲寅。夜。月犯昴宿西第一星。

丁巳。免遼東屯租。

山西盜劫沁澤。流入河南。

戊午。翰林院修撰舒芬。編修江暉馬汝驥費宷王思。郎中夏良勝。給事中汪應軫石天柱黃臣張原。御史曹嘉。寺副郝鳳。行人顧可久劉顯麒王懋潘鋭。太常寺博士陳九川。各陞俸一級。

己未。萊蕪盜平。

虜亦不剌千餘騎犯岷州。百戶俞泰戰于冷地谷。敗之。

定順天保定河間養馬。正役官吏而下皆不得免。

庚申。壽安皇太后邵氏崩。禮部議十三日除服。上仍二十七日。

致仕大學士王鏊表謝存問。上講學勤政二篇。上褒答。廕子中書舍人。

郭瓚嗣武安伯。郭寧從子。

壬戌。南京禮部尚書楊廉奏大禮引程朱爲據。章下所司。
癸亥。南京兵部尚書廖紀劾罷。
翰林院庶吉士廖道南江如璧童承敍黄佐王相王同祖爲編修。
甲子。青洲盜王堂等自顏神鎭流掠東兗萊蕪臨城。閒都指揮楊紀等追及泰安之龜山。兵潰。殺臨清衞指揮僉事楊浩。上切責巡撫等官。盜突至流掠曹州考城。
復華州知州張錦官。廖堂誣陷削籍。
丙寅。翰林院庶吉士鄭一鵬趙廷瑞杜桐詹泮張逵葛洪爲給事中。張衮李佶倫以諒盧煥陳講爲監察御史。
李默李春芳董忠言丁汝夔爲主事。
詔各省守巡官巡歷郡縣。
故淮府長史莊瑛贈太常寺少卿。
前戶部尙書鄭宗仁卒。
夜。木星犯羅堰下星。
丁卯。至日。免朝賀。
監察御史唐鳳儀言分守分巡等官巡歷郡縣。每三月行部。十一月還司。報可。
戊辰。免鳳陽淮安揚廬滁和田租。
己巳。工部尙書陶琰改南京兵部尙書。進太子太保。
庚午。祭肥河衞都督僉事加罕察亦迷河衞都督僉事賽哈。
禮工部右侍郎吳一鵬童瑞等詣山陵。卜大行皇太后之葬。

逮訊李隆。

給事中劉最請上日誦大學衍義。勿令左右近習誘惑。報聞。

辛未。始御西角門視事。

致仕大學士劉忠謝存問。勸敬天法祖。抑邪進賢。上褒答。廕中書舍人。

大理寺卿鄭岳請正內臣賈全等侵盜罪。報聞。

十二月癸酉朔。湖州水災。再折漕六萬石。發鹽五千引賑之。

夜。金土星相犯。

乙亥。工部左侍郎趙璜爲工部尚書。

改督理易州山廠工部右侍郎沈冬魁爲戶部右侍郎。總督倉場。

湖廣饑。折漕賑卹。

丁丑。諭兵部許盜賊首免。

南京太僕寺卿潘希曾奏郡縣虧馬每匹徵十八金。報可。

戊寅。陝西流盜掠綏德米脂吳堡等處。殺指揮瞿相。

遣給事中御史按河套失事及山東礦盜。

己卯。濬潛江縣淤洲。

山西道監察御史楊百之言。錦衣衞正千戶張儀。勸兄太監銳。卻宸濠之餽。私語御史蕭淮。發其逆謀。今儀例革爲冤。工科右給事中安磐劾其游說百之。又訐磐干請挾私。俱不問。奪百之俸三月。磐一月。銳儀黨逆時。惜漏網。而百之飾說。公論鄙焉。

庚辰。巡撫延綏右副都御史姚鏌爲工部右侍郎。督理易州山廠。
癸未。前□□都御史鄭暘卒。
甲申。太僕寺少卿周金爲右僉都御史。巡撫延綏。
丁亥。故松江知府張文明。贈太常寺少卿。
戊子。兵科給事中史道例轉山西按察僉事。上言。臣欲劾元惡楊廷和。故外臣。因上其劾草云。先帝自稱威武大將軍。廷和未嘗力爭。而爭興獻帝曰皇。曰考。實爲欺罔。廷和自辨。乞休不允。吏部尚書喬宇兵部尚書彭澤交劾道。遂下獄。尋謫南陽通判。仍禁言官挾私報怨。

談遷曰。史道伺旨擠新都。上意已搖。其慰留新都。詞指懇篤。亦擬于亥輔。未必衷衷然也。

己丑。南京守備魏國公徐鵬舉言。江南北把總以下等官。俱聽內外守備節制。不關操江。而都御史胡瓚侵權。非故事。兵部覆協議。上竟歸本兵守備。
開原大饑。
甲午。裁各省冗官。
山東盜久不獲。逮兵備副使黃昭道僉事王浚下獄。
丙申。虜寇山西。掠偏頭關外。
丁酉。上始御奉天門受朝。
壬寅。刑部左侍郎兼右僉都御史臧鳳被召。聞警。仍至大同。
是年。設四川永寧參將。初。貴州迤西守備邵鑑奏。前敍瀘大壩地方。與烏川芒部等密邇。其芒夷出劫。必由永寧。乞增參將。遂移迤西兵備駐畢節。川貴參將駐永寧。

郭子章曰。事關兩省。雖天子使臣引嫌。鑑邊境小臣耳。而抗疏言地方大計。賢哉。一言而百世之利也。

癸未嘉靖二年

正月癸卯朔。兵部尙書彭澤。被劾求去。不允。

甲辰。工部左侍郎童瑞豐城侯李旻督治山陵。

兵科給事中夏言勘還外戚沈傅吳讓所占民田。別以沒入閑田給傅讓。

己酉。流盜至考城。副使李珏都指揮淩佾擊之。頗有斬獲。遽退。盜復振。中都留守顏愷會僉事郭震禦之。河南兵亦至。戰于郭村。敗績。指揮趙泰等三十餘人官軍八百人死之。

夜。月生連環暈。畢昴二宿五車等星俱在暈內。

庚戌。夜火星入太微垣。

辛亥。楊廷和求去。慰留之。

夜。月犯昴宿。

癸丑。許九江兵備副使節制黃蘄。

乙卯。上祀天地于南郊。

監察御史曹嘉劾吏部尙書喬宇。宇求去。不允。

戊午。楊廷和毛紀蔣冕各求去。閣虛跡數日。累遣內臣鴻臚寺諭留。

徐學謨曰。一時大臣黨同過激。殊非事幼君之體。自後邪臣伺隙離間。日生新進用事。老成削迹。未必非廷和輩自處太高。有以媒之也。

癸亥。立洛陽周公廟。巡撫何天衢言。觀星測景二臺。公遺跡也。

夜。月犯日星。

乙丑。起邊憲戶部右侍郎。總督倉場。

丁卯。虜小王子入沙河堡。總兵杭雄戰卻之。

庚午。右副都御史盛應期巡撫江西。

湖廣瀏陽盜流刼袁州。

二月軠朔。乙亥。革皇莊仍禁勳戚受獻。從兵科給事中夏言之議。

丙子。謫史道南陽府通判。

戊寅。大學士蔣冕吏部尚書石珤主禮闈。

增補巡捕營邏卒三千人。

己卯。改敕總督宣大侍郎臧鳳幷督山西三關及紫荆倒馬居庸等關。

庚辰。江西參政邢珣徐璉考察當罷。以軍功加布政使致仕。

癸未。賑遼東。

丙戌。夜月食。

丁亥。獎卓異布政使王藎孫祿張璉。按察副使王廷相袁檟周廣魏校徐文華汪玉。參政顧璘鄭毅林富。知府羅僑歐陽鐸朱裳翟鵬。俱遣賜酒幣。

戊子。前臨江知府戴德孺服闋。進雲南右布政使。德孺征宸濠有功。

己丑。劉泰嗣廣寧伯。劉佶孫。

定淮鹽每引七錢。

庚寅。許陝西引鹽。

以湖廣左布政使孫祿爲應天府尹。

壬辰。前戶部尚書侯觀卒。贈太子少保。

癸巳。前少傅兼太子太傅吏部尚書武英殿大學士劉忠卒。忠字司直。河南陳留人。成化戊戌進士。選庶常。授編修。弘治時。遷侍讀學士。直東宮。正德初進學士。日講。忤瑾。遷南京禮部右侍郎。尋進尚書。改吏部。克舉其職。內召專理制誥。瑾誅。始入相。又忤張永。摘程錄之舛。託省墓去。敦重寡交。志節不替。贈太傅。謚文肅。

吳瑞登曰。眞金之性。不畏烈火。松柏之茂。凌寒不衰。忠在講筵。知有啓沃朝廷而已。不知有近幸也。在南京。惟知操持法紀而已。不知其閒散也。其于劉瑾輩何有。而況于黨乎。當武宗之朝。所如不合宜也。而世宗初年。亦不肯翻然而起。爲中興柱石。惜哉。

河南山東盜平。

方面官經撫按論。毋奏辨。聽吏部徵實。

丙申。孝惠皇太后葬茂陵右。

易興獻帝陵廟黃瓦。

丁酉。禁請調寄養馬匹。

戊戌。廣東清軍御史兼鹽法。

庚子。上御奉天門。始鳴鐘鼓。

辛丑。禮部尚書毛澄致仕。

治京師北城垣河。

三月賃朔。監察御史曹嘉。倣范仲淹上百官圖。品第廷臣。曰。資望頗久。可備任用。林俊石珤孫交汪俊劉玉陶琰李時董玘。曰。斂束寡過。足供職守。毛澄金獻民周倫何孟春李鉞鄒文盛臧鳳張濬姚繼巖張雲張衍瑞劉麟張九敍溫仁和豐熙。曰。人品庸衆。尙堪策勵。趙璜。曰。行檢卑汚。速宜削奪。張子麟。給事中安磐毛玉。各言其輕肆。謫昌邑知縣。

總兵魯綱班師還京。

南京禮部尙書楊廉致仕。

甲辰。女直撒剌衛都督僉事都魯花乞大帽金帶。予之。

順天尹饑旱。

巡撫延綏右副都御史姚鏌請薛瑄從祀孔廟。下所司。

雲南府地震有聲。

庚戌。中府都督同知陳萬言賜第近教坊。辭不受。改賜于西安門。

辛亥。曲靖地震。

南京吏部尙書羅欽順爲禮部尙書。戶部左侍郞秦金爲南京禮部尙書。

癸丑。固安人多自宮求用。笞逐之。下都察院榜禁。

甲寅。寧夏地震。

乙卯。策貢士于奉天殿。賜姚淶王教徐階等進士及第出身有差。

壽光知縣劉峻擊鄰盜。平之。蓋時盜起樂安。峻卽練民兵。度其犯境。夜襲之。擢兵部職方主事。

丙辰。定餘鹽存留納價輸部濟邊。

戊午。巡撫延綏右副都御史姚鏌薦先廟直臣給事中劉茝。評事羅僑。布政使方良永。給事中張言。

辛酉。南京神樂觀火。

壬戌。佛郎機別都盧寇新會。指揮何榮擊擒之。

癸亥。上御經筵。明日日講。

以旱霾諭修省。停齋醮興造。

鄰城隕霜殺麥。

□科給事中章僑上言。奉天門奏事。徒爲觀聽之具。文華殿講讀。略無問難之言。乞舉宋故事。早朝退許百官上啓事。經筵日講。時賜淸問。密勿大臣。時勤召對。仍簡儒臣數人俟值便殿備咨訪。則壅蔽不生。災沴自消。上是之。

命臧鳳總制陝西。召李鉞還京。

命遣給事中刑部郎中會按高牆庶人。酌情罪輕重以聞。仍敕鳳陽守備太監加意優卹。

乙丑。南京戶部尚書楊旦爲南京吏部尚書。

翰林院編修孫承恩給事中俞敦使安南。以莫登庸亂。道梗不入。敦道卒。承恩還朝。

戊辰。國子監祭酒魯鐸予告。

己巳。四川巡撫許廷光議以參將何卿討芒部叛蠻隴政支祿。貴州巡撫湯沐言。治兵而先諭之。果款服。卽釋之。命兩鎮熟計毋觭見。

辛未。禁陝西湖廣四川私茶。

金木星俱晝見。

四月軒朔。敕羣臣修省。

南京刑部右侍郎王綖爲南京戶部尚書。南京太常寺卿王承裕爲戶部右侍郎。總督倉場。

癸酉。命有司月給右副都御史方良永粟三石。仍著令。凡致仕終養。節行可稱。例優之。

甲戌。遣官祭廟社山川。

丁丑。南京右副都御史胡瓚爲南京刑部右侍郎。南京光祿寺卿劉瑞爲南京太常寺卿。翰林侍讀崔銑爲南京國子祭酒。

浙江布政司左參政顧璘爲山西按察使。

辛巳。刑部主事陸澄以駙馬都尉崔元鬻獄上其書。有旨。刑官執法自其分。何必封奏名帖沽直。置之。

談遷曰。陸澄出王文成之門。好爲名高。方標一節以自見。而上不受其餌也。雖一時裁答。足規人臣。以媿彼矜異者。後之人猶不卽戒。往往類于澄。何耶。

壬午。巡撫保定右副都御史周季鳳佐南京都察院。起林玉南京右僉都御史。總督糧儲。

癸未。錄宋儒朱熹裔孫墅五經博士。于婺源奉祠。

祭故工部主事費瑄于呂梁洪。成化間。瑄築壩賑疫。

增青州兵備。起復僉事牛鸞爲之。鸞有幹略。歷平劇盜。

乙酉。戶部主事羅洪載下獄。錦衣百戶張瑾率校尉楊受等攴俸橫取。洪載按其罪。瑾迫伴求杖。洪載信而杖之。遂訴其擅笞。上怒。下鎮撫司。部科論救。謫湖州通判。

丁亥。罷獨流廠葦課軍官。

戊子。祀晉處士陶潛于彭澤。

己丑。致仕南京刑部尙書陳壽卒。壽江西臨江人。以剛正廉介稱。

庚寅。蠲宣府大同椿棚銀。

辛卯。□科給事中汪應軫請革京城舖戶。戶部言舊制不可改。惟先給價。從之。

癸巳。敕兩京三品以上及撫按官各舉可守令者以聞。

前太子少保南京兵部尙書劉機卒。機大興人。成化戊戌進士。選庶常。授檢討。歷今官。

乙未。興獻帝廟享。詔用八佾。

戊戌。遣刑部郎中錦衣衞千戶往山東按巡按監察御史李獻。獻杖鄒縣知縣沃潮死。潮母訴冤。後獄上。罷職。

己亥。鎭寧王見濙薨。

閏四月辛丑朔。右僉都御史周倫歸養。

壬寅。翰林院庶吉士應良服除。授編修。

甲辰。更作鹵簿大駕。

乙巳。大學士楊廷和等疏止齋醮。報聞。時太監崔文誘上齋醮。令內臣若千人習其學。廷和極言其不可。引梁武帝宋徽宗餓臺城囚金虜爲鑒。且近舉劉瑾錢寧張忠張雄廣造浮屠致殺身亡家詞極剴切。上雖勉答。自是益疎廷和。

丙午。命司禮太監張佐錄囚。

盜入宿松。

丁未。更定盜賣官馬之例。罰馬二匹。鄰僧罰一匹。否則永戍。

祭故□科給事中鄒夔。

庚戌。前太子太傅禮部尚書毛澄卒于興濟。澄字憲清。崑山人。弘治癸丑進士第一。授翰林修撰。進右諭德。侍東宮。歷今官。孝友天篤。性簡易不設城府。守職介然不可奪。贈少保。謚文簡。

馮時可曰。敬皇帝在宥。一時士大夫爭勤事。不喜事。爭正言。不偏持詭言。而毛先生爲之領袖。及當正德嘉靖間。嬖臣權臣相禪。公介其中。引大體。守正學。前鋩後繳。卒不能加。豈非淵塞博大。無矜節。無敢名。君子長者之行。有以潛消而默奪。譬之明堂重廠。峻垣百仞。魑魅狐鼠。能窺哉。得全全昌。誠哉是言矣。

辛亥。前太子太保刑部尚書劉璟卒。

己未。太監崔文蒼頭有罪。下刑部。已移鎮撫司。尚書林俊執奏。上怒。責對狀。俊引成憲爲言。受國恩厚。不敢愛死。上頗優容之。

庚申。陝西盜楊錦等伏誅。

雲貴廣西及廣東之雷廉高瓊首領雜職及土官衙門千戶所吏目。即用本省隣省人。兼選黃河以西甘涼肅如之。

壬戌。蠲眞定夏稅。

癸亥。故兵部侍郎李貢。贈南京工部尚書。

甲子。四川董卜韓胡宣慰司貢使千七百餘人。禮部言。弘治前僅千人。裁其賞三之一。命自後視弘治例。

西海亦不剌與套虜伺甘涼間。命李鉞仍陝西總制。

丙寅。火星犯太微垣右執法。

己巳。大旱。諭禮部禱雨。

五月甲戌朔。虜犯密雲入石塘嶺。殺指揮殷隆等。
署都督僉事武振充總兵官鎮守甘肅。
四川威茂陝西同州地震。
癸酉。山西蒲州地震。
孟子五十八代孫公肇襲五經博士。
丙子。榮王府火。
丁丑。山西大同前衞雨雹積四五尺。
戊寅。大雷雨。碎觀象臺候風杆石。
庚辰。前南京工部尙書黃珂卒。珂四川遂寧人。成化甲辰進士。爲副使。忤劉瑾罰俸。在兵部。郤宸濠饋遺。執不從護衞之請。風節如此。贈太子少保。謚簡肅。
翰林院編修湛若水言。輟講之後。燕居易雜。宜時時省覽講章。修撰呂柟言。陛下初政漸不克終。宜親賢遠奸。窮理講學。俱報聞。
辛巳。故工部右侍郎劉丙謚襄敏。
大理寺卿鄭岳錦衣衞都指揮使王佐往按李隆獄。後獄上。論死。
夜。月犯心宿。
壬午。鄧顯麒譚纘郭希愈楊瑞劉謙亨許中王文張曰韜陳逅浦鋐陳相杜民表張濂徐錦仲選王璜葉奇爲試監察御史。
壬午。量增鹽商中約之課。時鹽值甚高。

修延安宋臣韓琦范仲淹祠。立三原吏部尚書王恕祠。

四川道監察御史俞翺劾太監張佐典司章奏不取上裁假借綸音。疎隔內閣。上以張佐謹愼。御史安得此言。下所司知之。

癸未吏科給事中曹懷上六事。謹嗜欲。勤召對。明進退。杜請託。重綸音。禁僞行。報聞。

丙戌嚴皇城門禁。

夜。月犯奎星。明夜掩木星。

己丑。初甘肅巡撫陳九疇請合延寧二鎭兵各三千。春初集蘭州莊浪分道出攻。總制李鉞計其入犯擊之。卒如鉞言。

庚寅。祭故山東鹽運使連城。逆瑾竄死。

修復儀眞江都水塘。溉民田。

辛卯。贈故大理寺少卿黃鞏。賜葬卹其家。

故都督劉暉削籍。

乙未。西邊稍寧。許李鉞入朝。

戊戌。故監察御史蔣連。贈光祿寺少卿。予祭。宸濠之變勤事死。

六月被朔甲辰。議邊方巡撫久任。

己酉。監免官復命不必候代。

辛亥。先是楚王代鎭國將軍榮㵾等奏借䘏金賑乏。上諭祿糧補給。其例外之請毋輒上。

免廣平田租。

壬子。故太常寺少卿張衍瑞贈太僕寺少卿。予祭葬。直諫累貶。

癸丑。上憫災傷。除漕運各稅俱減十之五。

金星犯井宿。

甲寅。日本貢使宗設至寧波。尋瑞佐宋素卿等亦至。故事。宴貢使敍先後。素卿欲凌之。宗設殺瑞佐。素卿走慈谿。宗設縱掠殺指揮劉錦袁璡。蹂躪寧紹間。奪海舟出海去。

山西陵川盜起。

乙卯。增南京歷事監生。

丙辰。增順天府廩生二十。歲貢二。

盜劫萊蕪獄。轉掠淄川金鄉新泰泗水魚臺。

丁巳。吏部尙書喬宇在告。免朝謁。專理部務。

己未。祭故天津兵備副使胡文璧。正德間太監張忠陷戍陝西。死焉。

司設太監馬俊請增上供物料。工部執奏。仍視弘治例。

夜。月犯昴宿。

癸亥。沂莒郯城安丘日照大水。

乙丑。順天府尹張璉爲右副都御史。巡撫遼東。

虜入甘肅永昌。殺指揮孫仁百戶高經。

戊辰。禮部覆日本宋素卿符驗。乃弘治時。其正德所給。云宗設奪之。不可信。給事中張翀御史熊蘭言。罪且犯順。遂下素卿及宗設餘黨于獄。

是月。湖廣寶慶蝗。

七月巳朔。英㷦嗣通城王。

庚午。復除南京刑科給事中。

祠故大學士劉珝于鄉。

前所汰濫秩王邦奇等屢瀆辨科道以爲言。命禁之。

山東布政使王軏爲順天府尹。

壬申。翰林編修張璧爲侍講檢討張衍慶爲修撰。

富陽王安瀷薨。

浙江定海衛空中聲如雷。驟風雨地大震。城堞盡毀。

膠濰昌邑高密蓬萊萊陽福山黃縣大水。

癸酉。夜星入于月。興化府志。

丙子。夜金星犯鬼宿。

丁丑。南京大疫。

故興化知府岳正贈太常寺卿。

淮安揚徐大水。

壬午。工部郞中葉寬員外郞翟璘下獄。以治陳萬言賜第。欲裁其制。萬言謂原二臣規畫也。尋釋之。

乙酉。播州宣慰使楊相毋喪。乞如文臣守制。以無例不允。

戊子。吏部左侍郞汪俊爲禮部尙書。南京工部右侍郞吳廷擧改南京戶部。

庚寅。刑部尚書林俊致仕。進太子太保。有司月給粟三石。輿役四人。時加存問。

徐學謨曰。是旨爲新都所擬。卽閣臣去國優禮。何以加諸。祖宗朝相沿故事。不忍廢之也。永嘉以後。漸至陵蔑矣。

大同前衞大雨雹。殺禾稼。

甲午。永福長公主歸駙馬都尉鄔景和。初。給事中安磐請俟孝惠皇太后喪畢。又公主坐受兩拜禮當改。不聽。

禮科給事中劉最劾太監崔文左道蠱惑。靡費內帑。上怒。謫廣德州判官。

敕應天巡撫李充嗣賑饑。

八月戊戌朔。蘇松常鎭大水傷稼。

廣東盜申大總劫新寧縣。

己亥。左都御史金獻民改刑部尚書。南京禮部尚書秦金改南京兵部。禮部左侍郎賈詠改吏部。巡撫河南右副都御史何天衢爲南京工部右侍郎。

庚子。壽寧侯張鶴齡進封昌國公。慶陽伯夏臣進太子太保。都督同知陳萬言封泰和伯。

南京禮部尚書秦金等因災異歷數上政不能如初。上是之。

辛丑。應天滁和等大饑。截漕三十萬石賑之。

召提督宣大山西侍郎臧鳳入京。

開封大水。

壬寅。免大同田租。

夜。水星犯上將星。

癸卯。蠲順天保定永平河間田租。

甲辰。邵蕙嗣昌化伯。

乙巳。總督漕運右副都御史俞諫還院。刑部左侍郎顏頤壽爲南京禮部尚書。改南京吏部右侍郎朱希周于禮部。

廣寧衞天鼓鳴。

虜入界嶺口。總兵馬永擊卻之。

丁未。萬壽節。從吉受朝。以孝惠制未終。免宣表呼嵩。

戊申。太陰犯十二諸國秦星。

己酉。月犯壘壁陣西第五星。

癸丑。錄奉迎防守功。進太傅定國公徐光祚太保。武定侯郭勛並兼太子太傅。鎭遠侯顧仕隆。豐城侯李旻。惠安伯張偉並兼太子太傅。遂安伯陳鏸太子太保。

甲寅。刑部右侍郎孟鳳爲左侍郎。召南京刑部左侍郎胡瓚代之。南京禮部右侍郎汪偉改南京吏部。

乙卯。巡撫山西右副都御史胡錠總督漕運兼巡撫鳳陽。

免開封彰德衞輝田租。

戊午。南京太常寺卿劉瑞爲南京禮部右侍郎。南京右副都御史周季鳳爲南京刑部右侍郎。

庚申。拓吳公言偃祠。給祭田。

金復海蓋大雨水。壞城舍。溺人畜亡算。議賑卹。

辛酉。裁雲南五井鹽課司副提舉。

虜入遼東丁家堡。都指揮王綱敗沒。

夜。金星犯左執法。

壬戌。南京右通政聞淵爲應天府尹。

癸亥。巡撫山東右副都御史陳鳳梧佐南院。

丙寅。武定侯郭勛嘗私逮邊衞指揮。爲御史許宗魯所劾。不問。

丁卯。江西陝西左布政王藎畢昭爲右副都御史。順天府丞王堯封爲右僉都御史。巡撫河南山東山西。

禁勳戚結婚內寺。時太監李宣故逆瑾黨。締姻外戚。復提督京倉。戶科右給事中孟奇請禁。從之。

九月戊朔。南京大理寺右寺丞林希元以寺卿陳琳等劾其抗違。謫泗州判官。

秦王府火。

壬申。戶科給事中汪應軫請改南京便養。許之。

癸酉。南京戶部右侍郎吳廷舉兼右僉都御史。賑安慶徽池寧國太平。

夜。月犯南斗。

甲戌。大學士楊廷和一品四考。進太傅。宴禮部。力辭之。

山西隰州地震有聲。

乙亥。巡撫大同右副都御史張文錦。請增設水口宣寧黑河柳溝樺溝五堡。從之。蓋大同城北平衍。虜一鳴鞭即至。蕩無可禦。築堡各距城六十里。爲外捍。

丙子。下戶部覈官莊田額。以成弘間原數聞。

賑遼東。

署欽天監事光祿寺少卿華湘言。勝國至元辛巳。造授時曆。冬至歲差。迄今不同。故正德戊寅日食己卯庚辰月食。時刻分秒與本監所推不合。乞賜中祕曆書及國朝曆志。准臣親督中官正周濂等詣觀象臺推測。許之。

己卯。故贈江西按察使周憲配享孫燧許逵旌忠祠。舊祔贈太常寺少卿黃宋光祿寺少卿馬思聰。罷之。從巡按御史鄧顯麒議。

庚辰。遵化地震有聲。

壬午。吏部定雲貴土官應襲。內地奪謚。仍赴部襲職。免納穀。其邊遠或仇殺。撫按代奏聽襲。仍納穀備賑。如勘報遲一年外。罪之。

癸未。虜入遼東椴木山。指揮閻振等追敗之。分部入密雲白崖廠。略人畜。

甲申。封厚煜玉田王。勤烶湯溪王。睦杲海陽王。睦楁曲江王。彥櫝南渭王。厚燉東平王。厚櫛歷城王。厚輝光山王。彌鋠承休王。

戊子。上傳黑帖給安陸使臣馬匹。兵部尚書彭澤言。黑帖乃先朝弊政。難辨眞僞。乞用硃帖。遂傳紅如舊。

己丑。太子太傅成國公朱輔卒。贈太傅。謚恭僖。輔位上公。服食雅素。喜吟誦。不異儒者。

辛卯。淸出莊田。並給主。

甲午。故南京禮部尚書章懋遺孤貧甚。命月給粟二石。

乙未。南京禮部尚書顏頤壽改南京戶部。

十月酊朔。辛丑。工部右侍郎沈冬魁爲南京禮部尚書。

癸卯。太常寺卿楊一漢爲右副都御史巡撫貴州。

乙巳。夜月犯壘壁陣東第六星。

丙午。光祿寺卿商友璣爲南京刑部右侍郎。

逮臨洮知府郭九臯。九臯前守永平有魏國公賜田洪武末已辭免。至是徐光祚謂民間所占。九臯不爲理。因嗾灤州人趙紀誣告東廠。太監芮景賢云受賄。下鎮撫司。科道爭之不得。

戊申。免大名田租。

進士曾梧聞母疾私歸。詔原之。

盜掠長樂安溪仙游。

辛亥。戶部尚書孫交致仕。進太子太保。

何喬遠曰。世宗卽位。林俊孫交彭澤喬宇。並以耆德宿才。列長六卿。未幾皆去。海內皆惋惜之。四君子者。或鳳峙鸞騫。羽儀朝宁。或周鼎商彝。序列廟堂。則天下人所用跂迹而追風者與。

甲寅。南京太常少卿邊貢爲南京太僕寺卿。

丁巳。夜月犯軒轅左角星。

己未。太子太保兵部尚書彭澤致仕。進少保。

辛酉。故巡按山東監察御史朱節。贈光祿寺少卿。

壬戌。科道以貸何明王欽等死遣戍。免追贓。時謂廖鵬輩賂左右致之。并寬羣囚。乞仍正罪。不報。

乙丑。停文田。初御史王佩所請。至是人言其擾。

丙寅。朝鮮上倭俘二人。斬十三級。又歸我流民八人。

十一月虹朔。召南京兵部尚書秦金爲戶部尚書。

己巳。增雲南曲靖兵備副使。

庚午。免蘇松常鎮田租。
壬申。刑部尚書金獻民爲兵部尚書兼提督團營。
夜。月犯木星。
丙子。免保定河間田租。
戊寅。南京大理寺右寺副鍾瑞奏。右寺丞林希元歐獄異同參降。乞與同罪。速勘。從之。
乙卯。逮廣德判官劉最及御史黃國用下獄。最就貶郵符用禮科銜。國用巡鹽長蘆。送郵符東廠。芮景賢發之。最謫戍。國用降秩。
徐學謨曰。嘉靖末。宗伯吳山論罷。卽買一民舟至徐州。始易官舫。時已蟒玉。第靑衣角帶接客。人臣待罪之體無論大小。不當如是耶。
定巡撫久任有功四年以上。賜勅增秩。
壬午。召南京刑部尚書趙鑑爲刑部尚書。太子少保工部尚書兼左副都御史巡撫應天李充嗣爲南京兵部尚書。
癸未。前南京工部尚書柴昇卒。昇內鄉人。成化丁未進士。素履淸愼。贈太子少保。
乙酉。夜。月犯軒轅左角星。
戊子。南京戶部右侍郎兼左僉都御史吳廷舉爲右都御史兼巡撫應天。戶部左侍郎邊憲爲南京刑部尚書。
庚寅。江北水災。議賑救。
癸巳。遣給事中劉穆往沿海酌倭貢通絕。
甲午。戶部右侍郎鄒文盛爲左侍郎。總督倉場。右侍郎王承裕回部。撫治鄖陽右副都御史徐蕃爲南京戶部右侍郎。

南京兵部右侍郎席書兼右僉都御史賑濟江北。

丙申。設荆襄兵備副使。

十二月酊朔。辛丑。巡撫順天右副都御史孟春爲戶部右侍郎。總督倉場。廣西左布政使章拯爲右副都御史。提督撫治鄖陽。

壬寅。李隆論死。

丙午。陝西左布政使劉澤爲右副都御史。整飭薊州邊備兼巡撫順天。

己酉。寧夏地震。

庚戌。先是禮科給事中章僑請戒浙江鎮守太監梁瑤謀管織造。亡何。內織染局太監刁永求遣官織造江南。工部請下鎮巡官。毋煩內臣提督。楊廷和等言。浙直旱饑。江北水災。白骨成堆。幼稚計斤而鬻。願停遣。不敢挨敕。上趣之。九卿科道皆力言其不可。報聞。

夜。月犯五諸侯東第一星。

壬子。夜。月犯軒轅大星。

故寧武關守備陳經贈都指揮僉事。廕指揮使。立祠。

丁巳。吏部右侍郎何孟春以災傷引漢魏以來奏記八事。曰魏韓麒麟請禁止侈靡。曰唐陸贄請愼重賞罰。曰宋王禹偁減百官俸皂。曰范鎭請裁革冗費。曰蘇軾請交泰召和。曰范仲淹請遣使勞撫江淮百姓。曰廖剛禁遏糴。曰趙汝愚請災傷預免來歲稅糧。上曰。官俸勿減。餘如議。

庚申。戶部左侍郎鄒文盛爲南京右都御史。

癸亥。災傷免明年慶成宴。翰林院修撰唐皐言禮不可廢。從之。

前南京刑部尚書劉纓卒。纓字與淸。吳縣人。成化戊戌進士。令武陵滕縣。丙午。拜御史。歷按福建廣東。有能聲。庚戌入朝。言事下獄。尋復秩。進太僕少卿。秩滿。拜右僉都御史。巡撫四川。逾年予告。復薦撫四川。先後六載。平松茂疊溪諸叛番。正德丁卯。裁去。尋撫湖廣。洽荆夔之道。人大便之。逆瑾詰其擅逮獄。會救免。仍鎭湖廣。戊辰。進南大理卿。六月。拜兵部右侍郎。庚午。南京刑部尚書。秩滿引去。年八十三。予祭葬。所至有紀述。獨不能盡得鄉曲聲。

馮時可曰。嗟予士生叔季。當榛荆欹仄之區。衆咻旁睨。左掣右抑。難乎其爲遇合哉。有幸而得遂者。往往旋其面目。窺人肺腸。不先創。不獨肩。悠悠漠漠。以擁風塵而據華膴。予所覩記才術士大都如是。劉公諤諤先朝。耳目肺腸。能自爲用。絕不陰陽朝旨。乃至觸雷霆。犯虎豹。佔焦原而卒以自全。豈非十百中一二乎。易曰。履信思順。自天祐之。吉無不利。乃公活千人。奠社稷。九廟神靈。其格之矣。彼邪佞者。其能寢處哉。

國權卷五十三

甲申嘉靖三年

正月癸酉朔。應天大名西安開封固始新野地震。

癸酉。木金星相犯。

甲戌。秦王惟焯奏請國初所賜潼關以西鳳翔以東沿河灘地。上以侵民。不許。

丙子。曹州地震。洛陽偃師新安天鼓鳴。

丁丑。上南郊。

壬午。五星聚于營室。

乙酉。免嘉湖田租。

麻城妖民萬明福伏誅。

丙戌。南京刑部主事桂萼上言大禮。自張璁霍韜上議。時指爲干進。遂因循至今。然是失也。綱常所繫。誠非細故。慨興獻帝勿祀二年矣。而臣子肆然自以爲是。豈君臣一體之義哉。願陛下速發明詔。循名考實。稱孝宗曰皇伯考。武宗曰皇兄。興獻帝曰皇考。立廟大內。興國太后曰聖母。則天下之爲父子君臣者定矣。幷錄南京兵部右侍郎席書吏部員外郞方獻夫二疏上。命下廷議。萼正德□□進士。有文名。楊一淸一見喜甚。選丹徒令。後巡按論萼。改青田。棄歸。

署都督僉事魯綱總兵。練團營三千人聽征。時朶顏都督花當子把兒孫犯邊。

戊子。浚海口新河。

夜。月犯南斗東第一星。

辛卯。災傷暫停外解軍器。

癸巳。右副都御史劉玉爲刑部右侍郎。

甲午。推官李本戴金行人王時柯王懋博士馬明衡。知縣王泮沈教任佃曹弘蕭一中邵豳王舜耕陳裒藍田胡體乾方啓顏朱淛李文芝劉隅章衮段續潘壯白淸屠應坤趙德祐王獻李嵩朱佐喬祺司馬泰敎諭嚴燦並爲監察御史。

趣內閣草織造敕。

乙未。免南京各衞屯租。

興國太后壽節。命婦朝賀。

二月丙申朔。免江西吉安府田租。

丁酉。□科給事中鄧繼曾言頃傳中旨事不考經。文不會理。或左右竊寵。故不由閣議。上怒。下獄。謫金壇縣丞。

庚子。復王時中右副都御史。

翰林院侍讀湛若水請講磨聖學。引易屯否二卦。屯則陰陽始交而難生。陛下登極時也。否則陰陽隔而不通。陛下自視今日何如哉。願親賢臣。博求先王之道。報聞。

徐學謨曰。上登極之初。何謂始交而難生。登極財三年。何遽名爲否。非惟憂治危明之過。且于經義殊不相蒙。主上冲年。尤不宜進此疑駭無當之論。以啓其疏遠儒臣之端。其後若水雖至大僚。終不柄用。槩以僞學目之。未必非此疏爲先入也。

壬寅。免各邊巡撫入京議事。

丙午。少師兼太子太師吏部尙書華蓋殿大學士楊廷和致仕。以大禮織造積忤乞歸。禮部尙書汪俊曰。公去誰可主者。言官交章請留。不聽。

淩稚隆曰。公明達有謀。敢于任事。康陵巡幸。不草敕文。擒滅元凶。中興一詔。朝野肅淸。尊號之議。首尾數十疏。輕家族以博中興古社稷臣也。豈可易議哉。

溫純曰。公停威武敕不草。竟見信任。居守維謹。擒瑾紿彬。柙虎逐狼。外寧內安。人孰不服公有定傾之功。然後手扶日月。啓四十六年丕承之烈。又孰不歸公有定策之忠。比其力辭伯封。恥爲灞上之請。寧守硜硜。不從永嘉之議。又孰不亮公有信心之介。惟是肅皇帝知公。人人能言之。毅皇帝知公信任公。未有能言者。初公守制歸。有詔趣終制卽起。異數也。

孫鑛曰。公在正德末名汚。然功有可述。在嘉靖初名高。然功勿克終。先冢宰嘗曰。以楊石齋之宏達。際肅皇之明聖。使議禮時稍低回其間。則丕熙必邁于成弘。于社稷不亦康乎。嗟夫。英主方自外來。而敬皇之德入人深。擧朝不回。公如衆何。善乎趙文肅之論。俟泰陵掃宮後作而徐圖其後。夫豈盡晩新貴人力持之。蓋有胎于不殺于謙。今日事無名二語。際賴二公居多。文肅豈飾說焉。

丁未。內官監太監鄭潤鎭守兩廣。張準提督九門。初裁督門。潤遷去。不當補。竟以準代。兵部執奏。不聽。

戊申。禮部尙書汪俊等集議大禮。云前後章疏。惟張璁霍韜熊浹與桂萼議同。其兩京諸臣凡八十餘疏。二百五十餘人。皆如部議。桂萼等肆言無忌。宜罪。上召張璁桂萼于南京。下部再議。

己酉。召南京刑部尙書趙鑑于刑部。

庚戌。夜南京浙西地震。時粟貴。

辛亥。蘇常鎭江地震。

壬子。厚燔嗣襄邑王。

乙卯。建州右衞女直都指揮僉事佟野八等來降。徙寘廣寧。

丙辰。夜月犯南斗西第三星。

丁巳。太原地震。

己未。初御史何鰲劾都御史吳廷舉賑湖廣留餘銀。開布政周季麟僉事王子謨妄費之端。于是追治。季麟陞南京刑部右侍郎。子謨陞參議。皆罷。詰責廷舉。疏辯得釋。

庚申。以水旱地震。敕羣臣修省。

壽泗患寇。責鎭巡官卽勦。

辛酉。罷陝西按察僉事李獻。獻前按山東。枉杖死知縣沃潮。

壬戌。裁江西布政司右參政。

賑饑。鬻運米于江北平糴。截漕十四萬石。更輸金。

外官久不赴任。訊之。著爲令。

命各省右布政專清戎。

乙丑。昭聖慈壽皇太后壽節。免命婦朝賀。御史馬明衡朱淛言。興國太后致賀未踰月。昭聖輟而不行。非體。萬一因禮文末節。稍成嫌隙。此非細故。上怒。下鎭撫司。修撰舒芬又言之。奪祿三月。御史蕭一中季本陳逅戶部員外郎林應聰申救。皆下獄。謫應聰徐聞縣丞。本逅揭陽合浦主簿。

三月丙朔。諭禮部。加昭聖慈壽皇太后爲昭聖康惠慈壽。興獻帝爲本生皇考恭穆獻皇帝。興國太后爲章聖皇太后。皇考立廟奉先殿側。禮部尙書汪俊言。陛下入奉大宗。不得祭小宗。亦猶小宗之不得祭大宗也。今聖孝無窮。臣等竊效萬一。獻帝徽稱之上仍宜曰興獻。于本生不失尊崇。于正統無嫌匹嫡。上切責俊。宥之。司務范韶等奪月俸。

戊辰。吏部尙書喬宇等屢爭大禮。請于孝宗稱皇考。于興獻帝稱本生考。不聽。翰林修撰唐臯、編修鄒守益等。給事中張翀等。御史鄭本公等各疏止。奪俸三月。

郭子章曰。大禮之議。重嗣者議雖非而心則忠。重統者議雖正而意則媚。

壬申。祭故南京吏部尙書孫需。幷葬。

夜。月犯五諸侯第一星。

癸酉。夜。月犯鬼宿。

丙子。前少傅大學士王鏊卒。鏊字濟之。吳縣人。鄉會試皆第一。成化乙未進士第三人。授編修。遷侍講右諭德。杜門讀書。得簡貴聲。薦拜侍講學士。直日講。日侍孝廟講讀。東宮出閣。尙書馬文昇請簡正人以端國本。首薦鏊。進少詹事。歷吏部右侍郎。上籌邊八事。多見采用。以左侍郎直閣。進戶部尙書。轉武英殿。以德業著。匪獨文也。尙書韓文請誅逆瑾。上詰問。鏊言瑾不可不除。自度不能久于位。求去。居閒十餘年。海內想望丰采。立朝大節。卓有可觀。士大夫惜其用之未究云。年七十五。贈太傅。謚文恪。

袁袠曰。世以文學稱王公。豈知王公者耶。厄于權奸。竟不得一用所學。少攄其經綸。天耶人耶。昔敬輿沮于延齡。古今同惜。東陽絳灌。何代無之。奚獨王公哉。

丁丑。詔安陸松林山曰顯陵。

己卯。汪俊奉旨集議如前。不聽。

庚辰。署詹事府事吏部尙書石珤。國子祭酒趙永。各論大禮。報聞。以大禮旣定。止張璁桂蕚入朝。

辛巳。監察御史金符謫鄧州判官。符巡山海關。巡撫孟春劾其乖張。及入朝。都察院奏如春言。

徐學謨曰。金符不置辨。此亦創見事。後來惟巡按論巡撫。而巡撫唯唯聽命。此世變也。

壬午。大名府濬縣知縣焦昇上饑民圖。

丙戌。喬宇等再請止內殿另祀。不聽。

南京刑部主事張璁桂蕚道奏。本生對所後而言。實陽與而陰奪之也。世無兩考之禮。禮官正借此爲辭。明皇上爲孝宗之子云爾。不亟去本生。雖稱皇考。實與皇叔無異。謹條七事。上心動。仍促璁蕚入京。

禮部尙書汪俊罷。

吏部尙書喬宇推左右侍郎賈詠吳一鵬代俊。特旨召南京兵部右侍郎席書爲禮部尙書。宇奏。書不由廷推。由內降。非祖宗故事。乞收回成命。不聽。

丁亥。設保山縣。雲南。

甲午。前工部右侍郎李堂卒。

四月乙未朔。給事中張嵩曹懷章僑安磐等各駁張璁桂蕚等議禮之非。上切責之。

無極縣怪風起西北。先紅後黑。咫尺不辨。有頃暴雷雨。

廣東新寧恩平盜平。

戊戌。南京右僉都御史總督漕運林廷玉罷。

南京刑部主事黃宗明都察院經歷黃綰同張璁桂蕚上言大禮。大率如前指。報聞。

徐學謨曰。甲申三月。上已兩敕禮部。皆毋昭聖考孝宗。蓋屈于羣臣之爭而姑爲調停之說。及加興獻爲皇考。興國爲皇太后。聖意已愜。始召張聰桂萼于南京。旣而止其來。當是時。假令二臣喙息。而禮臣念獻皇帝止生上身。爲天子未有不隆其父。而終擯之于舊邸者。是則禮之可以義起。祭則必先正統而後本生。亦何有並大之嫌。然楊廷和尙爭執不已。羣臣復和之。安得不激上之怒乎。乃張桂復以羣臣寗忤天子不敢忤禮臣之說聳動朝廷。必伯孝宗而專考興獻。至云孔子鄙爲人後。而引矍相圃之射爲詞。夫爲人後者何干于大義而與僨軍之將亡國之大夫等。籍使天子嘗爲人後。亦鄙而不屑之乎。張桂旣云爲人後者爲之子非聖人之言。而此獨非漢儒附會之言乎。且彼所謂權臣者。蓋指廷和也。大臣執禮正所謂以道事君不可則止也。豈內悅其君之心。而外竊其威惠以予奪人者。此顧廷和不屈則張桂不伸。其亦騎虎之勢不得中下乎。二臣旣入。國是愈淆。至今紛紛未知適從也。

崇明沙盜殺巡江指揮樊邦勇千戶劉欽。

庚子。申明永樂初武臣戒諭。

辛丑。逮前陝西總督文貴御史論其盜餉。及兵備僉事劉經都指揮吳綸等。經沒。綸等戍邊。

災傷減內府月料十分之一。歲豐仍舊。

趣禮部議建室擇日具儀。

己酉。上昭聖尊號。

庚戌。上章聖尊號。

金星晝見。

總理糧儲都御史吳廷舉請崇典禮。除持兩端。被劾。

癸丑。申驛遞禁例。亡符驗者不得入傳舍濫給。

尊號禮成。詔天下。是日。傳免經筵日講。
丙辰。久雨。命順天尹禱之。
丁巳。南京倣造佛郎機銃。
戊午。禮部類奏災異。自二年六月至今。天鳴者三。地震三十八。雷雹十八。暴風白氣火地裂山崩產妖各一。上敕修省。
魯迷番王貢獅子西牛等物。禮科給事中鄭一鵬言。獅子西牛。非土性難養。不如卻之。報可。
庚申。翰林編修鄒守益議大禮。云望陛下屈己從善。不吝改過。上怒。下鎮撫司。謫廣德州判官。
甲子。上憫河南災重。停清軍御史。
五月乙丑朔。大學士蔣冕求去。上切責之。允致仕。仍賜月廩歲役。
翰林修撰呂柟以修省自劾不職。語涉大禮。下鎮撫司。謫解州判官。
戊辰。錄宋濂六世孫德芳入太學。
己巳。故南京工部尚書叢蘭贈太子少保。予祭葬。
辛未。故江西按察副使劉澁予祭葬。
壬申。定奉先殿西室名觀德殿。奉安獻皇帝神主。祭器如太廟。
乙亥。巡撫大同都御史張文錦言事稱旨。特敕獎之。
丁丑。南京大理寺卿陳琳爲南京兵部右侍郎。
遣京山侯崔元。禮部左侍郎吳一鵬。司禮太監賴義詣安陸。上恭穆獻皇帝冊寶。改題神主。迎入京。實錄首賴義。
一鵬等言。歷考前史。並無迎主入大內。乞奉于安陸。正百世不遷之祀。其觀德殿別立位。時慰孝思。不聽。

己卯。吏部尚書石珤兼文淵閣大學士。直閣。

裁易州兵備。

癸未。故南京右都御史王懋中。贈太子太保。

巡撫江西右副都御史王翊爲南京大理寺卿。

席書上大禮考議。

丙戌。復翰林編修謝丕職。前忤逆瑾除名。

丁亥。吏部左侍郎賈詠兼翰林學士。直內閣誥敕。

己丑。巡撫宣府右僉都御史李鐸爲右副都御史。巡撫陝西。

霍丘天鼓鳴。

辛卯。孝陵司香谷大用託疾求入京。禮科給事中章僑上章數其罪。

壬辰。吏部右侍郎何孟春爲左侍郎。召南京吏部右侍郎汪偉爲吏部右侍郎。

癸巳。應天府丞寇天敍爲右僉都御史。巡撫宣府。

六月钾朔乙未。南京刑部尚書邊憲改左都御史。

丙申。南京右副都御史陳鳳梧爲南京吏部右侍郎。

己亥。刑部左侍郎孟鳳爲南京刑部尚書。

辛丑。戶科都給事中張漢卿。劾席書賑濟湖廣。乖張累民。下南京科道按之。

用樂舞于觀德殿。太常寺卿汪舉言。奉先殿不用樂舞。今似有隆殺。上曰。奉先殿不用樂舞。蓋見于太廟也。皇考止祀內殿。則宜備。切責舉等。

壬寅。兵部左侍郎李鉞爲右都御史。總督漕運兼巡撫鳳陽。

張璁桂萼再陳大禮時入京廷臣欲捽之絕勿與通數日始朝。亟出東華門。走武定侯郭勛所。勛喜甚。約爲內助。給事中張翀等。御史鄭本公等。交章沮之。不聽勛卽奏其事上夜召見璁。曰。禍福與爾共之。如衆洶洶何。對曰。彼衆爲政耳天子至尊明如日威如霆。疇敢抗者。需錦衣衞數力士足矣上頷之

芒部賊隴政等作亂議征。

丙午。進張璁桂萼翰林院學士。方獻夫侍讀學士。于是學士豐熙修撰楊維聰舒芬編修王思羞與爲伍。各乞罷。不聽。

己酉。兵部右侍郎李昆爲左侍郎。大理寺卿鄭岳爲兵部右侍郎。

辛亥。張璁桂萼疏辭且求廷辨兩考之失。吏部尚書喬宇奏寢璁等新命。刑部尚書趙璜再論。皆被詰。

吏科都給事中李學曾等。河南道監察御史吉棠等。倡同官七十四人會劾璁萼。責對狀宥之。御史段續陳相特劾下獄。謫相鉅鹿縣丞續偃師縣丞。

河南左布政使劉文莊爲右副都御史。巡撫雲南。

吏部□□員外郎薛蕙上爲人後辨二篇駁璁萼。上怒下鎭撫司。璁萼又駁議十三事。

癸丑。巡撫四川右副都御史湯沐爲大理寺卿。

乙卯。翰林修撰楊愼張衍慶等三十六人奏。臣等所執程頤朱熹之說也。璁等所言冷褒段猷之餘也。不能與之同列乞罷。奪愼俸兩月。餘皆一月。

河南流盜平。

丙辰。命各巡撫候代。仍趣代者。

戊午。鴻臚寺右少卿胡侍疏辨大禮。張璁等越禮背經。反覆辨論。明其是非。凡千餘言。下獄。以言官救。謫潞州同知。

己未大學士毛紀請節省纂修實錄供費。以故事。不允。

辛酉順天保定河間及徐州蝗。戶部命捕之。上諭勘災。蠲田租。

壬戌。慶成王奇湞請敕約束宗人。許之。

七月甲朔乙丑。太醫院醫士劉蕙周序言。觀德殿名。不稱尊親之義。乞更之。上以手定。怒其妄言。下鎭撫司。

張儒襲錦衣衛指揮同知。故司禮太監朝鮮張欽有贊襄功。廕舍人李賢。賢歿。子儒求襲。兵部難之。不聽。

丁卯。太傅瑞安侯王源卒。贈太師。謚榮靖。

戊辰。應天巡撫吳廷舉薦晉江知縣梁景行。下吏部。

己巳。少保兼太子太保吏部尙書喬宇致仕。

減崇文朝陽東直門稅鈔。如弘治初。

壬申。免應天蘇松常鎭徽寧池太安慶廣德太倉旱災夏稅。

乙亥。諭禮部。改上本生聖母章聖皇太后曰聖母章聖皇太后。

丁丑。禮部右侍郎朱希周等言。詔令之頒。未及三月。忽奉諭更定。則明詔爲虛。不足取信于天下。不聽。

兵部尙書秦金右副都御史王時中吏部左侍郎何孟春等。詰敕吏部左侍郎賈詠翰林學士豐熙等。太常寺卿汪擧等。給事中張翀等。御史余翺等。吏部郎中余寬等。戶部郎中黃待顯等。兵部郎中陶滋等。刑部郎中相世芳等。工部郎中趙儒等。大理寺正毋德純等。行人司正高節等。各言尊號不當去本生字。疏入。留中。大學士毛紀石珤再疏。報聞。

沈丘王安浩薨。

戊寅。羣臣朝罷。以前疏未下。相率詣左順門伏候。或呼太祖高皇帝。或呼孝宗皇帝。聲泪內徹。上齋居文華殿。再諭退。不從。上怒。命錄諸臣名氏。其首事豐熙張翀余翺余寬黃待顯陶滋相世芳毋德純下獄。修撰楊愼檢討王元正。撼門大哭。羣臣皆哭。上怒逮五品以下員外郎馬理等百三十四人于獄。四品以上及司務等皆待罪。

己卯。上聖母尊號冊寶曰章聖慈仁皇太后。

吏部左侍郎何孟春等。劾張璁等欺妄十三條。上以璁疏留中。安從知之。責對狀。云璁等傳稿。且通政司副封在。上復責誰倡。云與尙書秦金等一心一口。奪孟春月俸。

庚辰。大學士毛紀乞宥逮繫諸臣。切責之。

癸未。錦衣衞以繫獄及待罪凡二百二十人。令再拷。學士豐熙。修撰楊愼。檢討王元正。給事中張翀劉濟。御史余翺。郎中余寬黃待顯陶滋相世芳。寺正毋德純。皆謫戍。四品以上奪俸。五品以下各杖。編修王相王思給事中毛玉裴紹宗張原。御史胡瓊張曰韜。郎中胡璉楊淮。戶部員外郎高平申良。主事兪禎仵瑜臧應奎張澯殷承叙安璽。司務李可登卒杖下。豐熙字原學。鄞人。弘治己未進士及第第二人。歷翰林學士。議大禮。戍福建鎭海衞。廟居云洞。講學著書。已過莆田。居會城。十有三載卒。博極羣籍。爲文古雅典則。張原字士元。三原人。正德甲戌進士。授吏科。遇事敢言。奏十二事。曰正守令。擇將帥。理刑獄。汰冗食。省征斂。愼工作。恤士卒。明賞罰。禮大臣。開言路。崇天道。進德學。忤旨。降貴州新源驛丞。嘉靖初。復召爲兵科。議大禮。杖卒。先是有倚司禮監請乞。中貴銜之。故杖特重。年五十一。隆慶初。贈官。錄其子。仵瑜蒲圻人。正德丁丑進士。授禮部主事。提督四夷館。上言勤聖學。篤親親。開言路。敬大臣。選諍臣。去浮屠。拯困窮。重守令。修武備。儲人才。未幾。爭大禮。杖卒。李可登字思善。輝縣人。弘治甲子貢士。正德十三年。任大理寺司務。轉兵部司務。嘉靖三年。議大禮杖卒。隆慶初。贈光祿寺少卿。

湯從吾曰。孔子有言。求仁而得仁。又何怨。公八年處困。一旦賜環。竟以諫死。所稱求仁得仁者非耶。憂國如家。視死若飴。龍逢氏之儔與。比干氏之儔與。張原。

支大綸曰。大禮之議。肇于永嘉。而席桂諸君子和之。倫序昭然。名義甚正。自無可疑。楊廷和上畏昭聖。下畏人言。力主濮議。諸卿佐復畏廷和之排擊。附和雷同。莫敢牴牾。其伏闕諸少年。尙氣好名。以附廷和者爲守正。以附永嘉者爲干進。互相標榜。毒盈縉紳。皆當國者不善通融耳。然以冲齡之主。而舉朝元老卿輔至二百餘人。皆喧呼慟哭。卒不少動。聖孝天植。神武獨斷。萬古一君而已。

吳道南曰。世廟大禮之議。至廷臣杖斃。言者當云。皇考聖后。誕育聖躬。以有今日。今若此。非所以慰皇考安聖母也。世廟仁孝。將必惻然。乃諸錄並未之見。何哉。

何喬遠曰。臣考大禮之議。斷斷乎。斐斐乎。羣臣之執爲人後也。及事孝宗者也。思孝宗之德也。張桂之徒之執繼統也。不及事孝宗者也。體世宗之孝也。古人成事。可以爲案。而不可泥以爲式。非宮中育也。繼孝宗而武宗終無繼也。天下有無父之國哉。善乎張桂之推言之也。以子帝父。古未有也。雖帝勿行也。不曰爲天子父。尊之至乎。不然。何若棄敝屣也。古事之是。一人執之。而異己者爲不肖。激而成過。則臣子難以抗君父。今言之中。諛者固以希功名。雖有石心。終同賈售。將順不已。益而爲阿諛。體以義起。一何甚焉。然而明天子之制作。大聖人之孝思。亹亹乎至矣。

談遷曰。人情莫不欲榮其親。張桂得其大。共以仰承上志。休哉。乘時之隆術也。新都初主濮議。天聽彌高。新都去而上之意旨。人人所喩。人人不之移。猶堅其故舌。愈沸愈忤。愈忤愈戇。抑獨何也。夫諸臣而效張桂。亦甚易耳。舍其所易羣抵于震霆之下。此時新都尙在乎哉。而謂以新都故和響望影亦冤矣。三復伏闕之事。不勝餘慨云。

甲申。恭穆獻皇帝神主至京。奉安觀德殿。上册寶。

丙戌。初登萊造舟浮海。輸遼東花布。至是南京工部右侍郎吳廷舉言其無益。遂罷。

丁亥。作鐵斛給塞上諸倉。從巡按直隸御史王官請。以爲出納之準。

己丑。少保兼太子太保吏部尙書謹身殿大學士毛紀罷。紀求去有旨切責。放歸。仍命有司給月粟歲役。

再杖翰林修撰楊愼檢討王元正給事中劉濟。永戍。給事中安磐張漢卿御史王時柯削籍。時有言朝罷羣臣復上章者。故加杖。

八月癸朔。外轉給事中于桂陳洸史道閻閎御史曹嘉。各復秩。洸嘗許潮陽知縣宋元翰。元翰爲錄以辨冤。而潮陽男子林鈺婺婦賴氏蜂起詣闕。吏部例轉湖廣僉事不卽赴。上疏用舊銜。力稱張璁等。攻費宏金獻民等。又吏部尙書喬宇文選郎中夏良勝用舍任意。擠于桂閻閎史道曹嘉。上是之。降宇南京太僕少卿。良勝茶陵知州。洸因擊大學士費宏尙書金獻民趙鑑侍郎吳一鵬朱希周郎中劉天民薛蕙佘才給事中鄭一鵬。皆目爲邪黨。

大同卒亂。殺參將賈鑑及巡撫右副都御史張文錦。時築五堡。各戍五百人。卒畏虜不樂赴。賈鑑苛趣之。被殺。走塞上之焦山。文錦檄副總兵時陳招入城。夜捕首禍者。諸卒恐。嘯聚焚府署。縱囚譟于臺。文錦避博野王所。脅王出之。殺文錦。發武庫仗耀甲閉城。出故總兵朱振于獄。推主軍事。振戒勿淩宗室。勿攘倉庫。勿殘僇。衆稍定。巡按王官以聞。上咎文錦撫馭失宜。賈鑑嚴刻致變。命兵部左侍郎李昆齎敕赦之。大同都指揮桂勇爲署都督僉事總兵。鎭守大同。巡撫宣府右僉都御史李鐸改撫大同。仍諭宣府保定山西鎭臣嚴爲備。鐸憂去。□

□按察使蔡天祐爲巡撫。

丙申。吏部左侍郎何孟春調南京工部。

故右都御史俞諫。贈太子太保。謚莊襄。

己亥。太監黄偉戶部右侍郎王承裕刑部左侍郎劉玉錦衣衛指揮使王藺往勘席書。

辛丑。前兵部主事霍韜家居。上言。正名弭釁。昭聖久稱聖母。一旦改稱。非人情所堪。願陛下委曲承懽。又昭聖禮秩雖崇。然其勢日輕。章聖尊稱雖或未至。然其勢日重。恐左右不達聖意。妄生疑間。或以彌文小節。遂搆兩宮之隙。莊肅皇后母儀天下十六年。接見之儀。不可輕忽。上善之。卽召入。

壬寅。上御奉天殿。受朝賀。賜宴。

大理寺左少卿張縉爲右僉都御史。巡撫宣府。

巡撫河南右副都御史王藎改陝西。

丙午。旌晉府西河王奇溯孝行。

免順天永平保定河間旱蝗夏稅。

丁未。選京營兵萬二千人。待西征。

兵部左侍郎李昆承詔曲赦大同叛卒。求歸。言文錦築堡守險良是。稍失之愎。暴骸家潰。乞加收䘏。

庚戌。先是禮部右侍郎吳一鵬駁陳洸疏非是。久不下。已得旨。以席書大禮考議方獻夫大禮論璁蕚前後三疏并南寧伯毛寬等疏下部集議。時書適至京。與璁蕚獻夫等集議闕左門。書等上言。伯父子姪。分不可易。世無二道。人無二本。孝宗皇帝本伯也。宜曰皇伯考。昭聖皇太后本伯母也。宜曰伯母。獻皇帝本父也。已去本生。宜曰皇考。章聖太后本母也。已去本生。宜曰聖母。武宗仍曰皇兄。莊肅皇后曰皇嫂。名義如此。大倫大統。兩有歸矣。奉神主而別爲禰室。於至親不廢隆尊號而不入太廟。于正統無嫌。上善之。
辛亥。巡撫雲南右副都御史劉文莊移河南。
南京國子祭酒崔銑以災異自劾幷及大禮。上不懌。罷歸。
癸丑。潁州地震。
甲寅。給事中陳洸徧劾爭大禮費宏毛紀吳一鵬汪俊金獻民朱希周汪偉趙鑑余才劉天民薛蕙鄭一鵬。於是宏等乞歸。不許。
乙卯。命禮部左侍郎兼翰林院學士賈詠爲禮部尙書兼文淵閣大學士。直閣。改召南京吏部尙書楊旦爲吏部尙書。
土魯番速檀滿剌兒二萬人入嘉峪關。掠肅州。
己未。汪偉孟春爲吏部左右侍郎。
雲南左布政使黃衷爲右副都御史。巡撫雲南。
庚申。翰林院侍讀湛若水爲南京國子祭酒。
土魯番攻高臺千戶所。
免前大同總兵朱振贓罪。敍用。
九月妊朔癸亥。禮部右侍郎吳一鵬兼翰林院學士。直內閣誥敕。
甲子。毛江嗣伏羌伯。
滿速兒圍甘州。至月終解。
許罪人輸粟備賑。

錦衣衛百戶隨全。光祿寺錄事錢子勳。皆被斥。希旨奏遷顯陵于天壽山。工部尚書趙璜言改葬不可者三。體魄所安毋輕犯。靈秀所萃毋輕泄。根本所在毋輕動。皇陵遠在鳳陽。孝陵遠在鍾山。皆不敢遷。今日猶是也。下廷議。

丙寅。定大禮。稱孝宗敬皇帝曰皇伯考。昭聖康惠慈壽皇太后曰皇伯母。恭穆獻皇帝曰皇考。章聖皇太后曰聖母。擇日祭告。頒詔天下。

廖鵬獄死。刑部請梟首河陝。不許。

盜壞徽王祐權封冊。

丁卯。四川參將何卿擊芒部賊。破之。隴政走烏撒。趣卿追捕。

江西泰和盜平。

庚午。南京都察院右都御史鄒文盛爲南京戶部尚書。

復設總河大臣。改撫治鄖陽。以右副都御史章拯總理河道。

大學士石珤言大禮由小人離間。乞如鄭岳徐文華及費宏與臣等原議。上切責珤。奪岳文華俸二月。

乙亥。總督兩廣右都御史張嵿署南院。

丙子。詔曰。朕本憲純皇帝之孫。恭穆獻皇帝之子。逮皇兄武宗毅皇帝上賓。仰遵祖訓。兄終弟及。遺詔命朕嗣皇帝位。昭聖康惠慈壽皇太后。遣官迎朕入繼。受天明命。位于臣民之上三年矣。尊稱大禮。屢命廷議。輒引漢定陶共王宋濮安懿王二事爲據。再三未決。朕心靡定。蓋伯姪父子。乃天經地義。豈人所能爲乎。況漢宋二帝。在衣裳垂御之日。常爲立子。而朕則宮車晏駕之後。入奉宗祧。與爲人後者不同。今以爲繼嗣。亦非我聖祖垂訓初意。是豈徒禮官之失。而亦朕冲年未能抉擇之咎也。朕祗敬九廟。尊養二宮。正統大義。未嘗有間。惕然此心。夙夜不忘惟恭穆獻皇帝章聖皇太后劬勞之恩。昊天罔極。雖位號已隆。而名稱未正。因心之孝。每用歉然。已告天地宗廟社稷。稱孝宗敬皇帝曰皇伯考。昭聖皇太后曰皇伯母。恭穆獻皇帝曰皇考。章聖皇太后曰聖母。各正厥名。天倫無悖。朕方同心以和典禮之衷。敬事以建臣民之極。期以得萬國之懽心。致天人之祐助。布告中外。咸使聞知。

戊寅。故右都御史俞一鵬。贈太子太保。謚莊襄。

憲廟榮妃唐氏薨。謚靖僖。

庚辰。總兵姜奭敗回賊于甘州。賊遁。

辛巳。禁漕運輕賫銀扣羨。

夜。月犯五諸侯東第一星。

甲申。江西布政使陳洪謨爲右副都御史。巡撫江西。

夜。月犯鬼宿。

丙戌。甘肅告急。命兵部尚書金獻民兼右都御史。總制軍務。杭雄總兵西征。發帑金二十萬。

卜赤寇龍門。守備馬驥以兵少不敢戰。度寇以舊路出。乃率兵斷路。在兩山間。浚濠深二丈許。寇聞之。大懼。以精甲拒後。繩牽蟻渡而去。之土人曰。時得官兵一營。至寇盡殲矣。

丁亥。廷議顯陵不可遷。命復之。

新野白晝天鳴。

十月飪朔。夜。火星犯上將星。

甲午。特給甘肅京庫硫黃。

丙申。嚴𠭞京營原額。

庚子。遣封聰蒗潞城王。安湲汝寧王。英熔通城王。龐淄益陽王。彌鍔蕩陰王。賓瀌德陽王。厚燔襄邑王。

壬寅。吏科給事中陳洸劾吏部尚書楊旦。侍郎汪偉。郎中劉勳。皆邪黨。旦偉皆致仕。洸得氣。叫囂無虛日已。

甲辰。科道劾陳洸之奸。又歷數其惡。上不問。

停遷陵議。

戊申。嶧縣鹽城盜平。

庚戌。設廣東惠來縣。

辛亥。夏言求豁戎籍。許之。

甲寅。起廖紀吏部尚書。右侍郎孟春爲左侍郎。翰林侍讀學士溫仁和爲右侍郎。

右都御史邊憲卒。

召總督漕運右都御史李鉞還院。

乙卯。禮部上獻陵祭儀。初。外戚蔣榮奉祀。主元旦淸明中元冬至忌辰。其四孟朔則州官祭家廟。榮奏廟祭分委非便。部覆。漢有南陽舂陵二園之祀。則郡縣。我朝鳳陽皇陵之祭。則留守司。今顯陵祭略同。因上其儀。從之。

命布政使主陵祭。廟享屬榮。

復雲南騰衝司爲州。

宇溫嗣唐王。成王彌鍗從子。

十一月辛酉朔。壬戌。裁革官校。求復。席書請捕一二示警。不允。

癸亥。巡按直隸監察御史朱實昌言浙江右布政使馬卿。杭州知府查仲道之冤。卿等忤織造太監吳勳張志聽。誣逮卿貶鶴慶知府。仲道貶福建運司同知。巡按御史歐珠貶商州判官。後仲道轉知汀州府。有惠政。卒。民爲立祠。

甲子。前吏部右侍郎胡世寧上言。宋司馬光言。人君大德有三。曰仁曰明曰武。陛下子惠黎元。洞燭萬幾。仁矣明矣。邇因議禮薄示威罰。聖武彌彰。然雷霆可一震而已。數震則天威褻矣。席書特擢。此知人善任之美。但恐後人非書之比。援書爲例。夤緣倖進。許選部言官奏奪之可也。其新進英達雖議禮有合。而後難保其事事之皆是。舊任老成雖議禮一事過當。而後難逆其事事之皆非。乞毋分新舊。不存適莫。天下之幸也。報聞。

姜南曰。公生平議論。不肯附和詭隨。獨議禮一事。偶同諸公。然非附人也。今或有以此議公爲求進者。恐不然乎。

吏部考功郎中薛蕙以吏科左給事中陳洸劾其結亳州知州顏木。陷參將石璽。事下都察院。頗有指。蕙免官。洸放歸。遣刑部郎中葉應驄錦衣衛千戶李經往同巡按御史熊蘭等訊其奸惡。蓋給事中趙漢等御史朱衣等交劾之。御史張日韜又特糾彈之。而御史藍田以辨冤錄進。左副都御史王時中請免洸聽訊。撫按不許。洸因訐時中朋黨。令撫按殺己。請遣緹騎往。

丙寅。裁大名廣平兵備副使。

禮部尚書席書上十二事。省京儲。重邊餉。爲躬行節儉之實。裁革傳陞冒濫。爲省京儲之實。禁奸商開中殘鹽。爲重邊餉之實。上責其紛刻。

南京禮部主事侯廷訓梓議禮書寄京師。下鎮撫司。子一元。年十三。上書訟冤。

己巳。命陝西四鎮各設總局。作兵器。

庚午。兵部右侍郎姚鏌兼右僉都御史。總督漕運兼巡撫鳳陽。

辛未。悍卒殺大同知縣王文昌。

甲戌。何天衢爲工部右侍郎。督易州山廠。

丁丑。王橋嗣瑞安侯。王源子。

虜入延綏。

大同卒復譁。時金獻民杭雄西征甘肅。悍卒疑甚。適戶部主事李枝賫部金至鎭。甲而圍之。枝出牒示之。乃解。然日夜持兵嘯聚。

修復廣西洛容縣。正德時古田盜殘廢。

戊寅。虜八千騎犯涼州。總兵姜奭以游擊周倫等襲于苦水堡。大敗之。斬百四十六人。都指揮張錦戰死。

己卯。代王俊杖避亂。卒走宣府。

命兵部左侍郎胡瓚兼左僉都御史。總制宣大軍務。都督魯綱充總兵官。往大同。索首禍。宥脅從。仍駐宣府。

壬午。改胡瓚提督軍務。

丙戌。巡撫湖廣右副都御史張璁爲南京工部右侍郎。

戊子。罪戍未卽遣。獄死。免勾補。著爲令。

逮監察御史任洛。易州兵備副使任忠奸民訐洛。忠白其冤。

四川提學副使張邦奇。念母老致仕。

十二月辛亥朔。大理寺右評事韋商臣條論降謫諸臣。上以沽直名。謫。

虜入遼東寧遠等堡。守備閻振敗之。斬三十七級。

夜。火星犯進賢星。

丙申。巡撫大同右僉都御史蔡天祐以總兵桂勇誅叛卒五十四人。乞止胡瓚兵。兵部議首惡郭鑑等尙在。不許。

巡撫雲南右副都御史黃衷巡撫湖廣。

翰林院侍讀學士方獻夫上所纂大禮書二卷。命梓之。

戊戌。免正旦宴。賜百官節錢。

妖賊陸雄等殺山海關兵部主事王冕。守備指揮田登擊斬數人。餘遁去。後贈冕光祿寺少卿。

己亥。署欽天監事光祿寺少卿樂護華湘。擅傳禁書。下獄。降護宿州知州。湘蒲州知州。

故太子太保刑部尙書兼左都御史洪鍾賜祭葬。謚襄惠。鍾字□□。浙江錢唐人。成化乙未進士。授刑部主事。歷江西四川按察使江西福建左右布政使。擢右副都御史巡撫順天。三衞屬夷爲患。增築邊牆。山海關抵黃花鎭。延袤千餘里。又覈收地民田。爲權貴所中。巡撫雲南貴州。督理漕運。進南京都察院。改刑部尙書。總督川陝湖河四省軍務。平沔陽洞庭隴蜀諸盜。進太子太保。引年乞休。廕子入監。嘉靖改元。詔賜存問。至是卒。年八十一。

庚子。光祿寺丞陳庠致仕。進太常寺少卿。廕子入太學。蓋潛邸之舊。

壬寅。內官監太監崔文左都督時源提督團營東官廳。等都指揮僉事劉暉都指揮劉淮充參將。

癸卯。太僕寺卿吳琪爲右副都御史。巡撫雲南。

乙巳。進桂勇都督同知。召還。勇家屬被叛卒所殺。朱振爲署都督僉事總兵官。鎭守大同。

丙午。公安盜流劫石首。擒滅。

夜。月犯鬼宿。

己酉。四川盜刦婺川。
故南京禮部左侍郎永嘉王瓚。贈禮部尙書。諡文定。
巡撫大同右僉都御史蔡天祐乞止師。敕責天祐擒賊自贖。
胡瓚俟事定入朝。
壬子。潁州地復震。
甲寅。夜月犯房宿。
丙辰。右副都御史王時中錦衣衛指揮僉事劉宣武往按慶王台浤。以都督總兵种勛右僉都御史張璿論王淫穢不法。
丁巳。巡按廣西監察御史汪淵上言。安南國王黎晭亡子。立兄灝子譓爲世子。正德十一年。陳暠弒晭。國人推立譓。其臣莫登庸討暠。暠走死。子昇猶據諒山。登庸恃功。娶灝妻。即譓母也。將篡。譓出避淸華。登庸脅譓弟𢡟出據海東長慶。
兵部尙書金獻民等班師。
復陝西總督。起楊一清兵部尙書兼左都御史。總督三邊軍務。

乙酉嘉靖四年

正月幭朔。辛酉。代王自宣府還大同。
乙丑。薊鎭總兵馬永言。大同餘逆不悛。據城拒命。若不亟誅。恐春和勾虜。患且滋甚。先宜優䘏宣府榆林吏卒。作其氣。備警。仍密徵遼東延綏勁兵各三千。約期幷攻。購賊自相擒斬。則事可定。部覆從之。

談遷曰。雲中肘腋之變。旣專鉞特遣。安有遙制于上谷之外者。或恐與志蠢搖。則明示利害。討貳舍服。而合諸路兵以臨之。悍卒必自相擒斬。翹足可竢也。胡瓚不卽進師。屢告殲渠。俱亡命之餘。何以懲後。其劾蔡天祐之怯。夫怯獨天祐乎哉。又上書幕府。斬獲不侔。邊臣類如是矣。

丙寅。虜萬餘騎寇甘肅。總兵姜奭戰于苦水墩。斬百有十級。殲其酋。

丁卯。南京刑部右侍郞高友璣爲右副都御史。總督漕運兼巡撫鳳陽。

庚午。始榷山海關商稅。

癸酉。工部都水主事郭波。先令長洲織造太監張志聰誣其抗違。至是波就逮。下鎭撫司。謫江西布政司照磨。

進甘肅巡撫陳九疇右副都御史。賜金幣。

乙亥。工部營繕員外郞翟璘坐緹校株累下獄。謫外任。蓋前嘗論陳萬言賜宅忤旨也。

戶部右侍郞王承裕刑部左侍郞劉玉等案席書賑饑非其咎。俱還朝。

盦寧夏邊儲。

丙子。故冀北道僉事田美。贈光祿寺少卿。初胡瓚令美往渾源應州。道値伏虜被殺。

辛巳。許州長谷地震。

壬午。撫治鄖陽右僉都御史寇天敍巡撫甘肅。

甲申。許魯迷入貢。禮部以會典不載。請卻之。不聽。

二月䭱朔。湖廣左布政使蔣曙爲右副都御史撫治鄖陽。

辛卯。安慶衞指揮方欽捕江盜見殺。

壬辰。慰諭慶王台浤。王見張璿上變。懼甚。奕出城。欲上奏。璿阻之幽王別館。吏部右侍郞溫仁和言。罪狀未明。

萬一恚死。有殺王之名。乞賜書以慰。從之。

胡瓚入京。列上諸臣功。科道劾其未允。上詰責瓚。

甲午。復鳳陽正陽鎮榷關。

乙未。免河間保定及大同瀋陽衛蝗災田租。

丙申。大學士費宏石珤賈詠。以修皇考實錄。臣等未詳其事。乞舊邸臣類述。從之。

庚子。逮濮州知州金輅。以貪故。戍邊境。

初。芒部土舍土知府隴慰子隴壽。隴政嫂支祿爭立。朝廷以壽嫡也。立之。政祿陰令土舍安寧殺壽。盜其印。命鎮巡官戒諭。安寧縛獻政祿。

乙巳。賜前兩淮運使李銳羊酒。以積羨也。

丙午。翰林院編修劉檏爲侍講。

丁未。修都城。

都督同知桂勇提督京城巡捕。

己酉。巡撫山西右都御史畢昭予告。

壬子。大名兵備副使劉秉鑑以太監賴儀爭館舍。逮獄。謫韶州通判。

光祿寺丞何淵。復請立世室。從祀獻皇帝于太廟。初。淵監生上書。除平涼主簿。見侮上官。訴改署丞。

癸丑。初。桂勇征西前將軍印失于亂卒。命更鑄。禮部尙書席書請索故印。上謂大同稍定。奈何令反側子自危也。詰之。故事。夷使朝而後賞。適上不豫。書請先賞。又被詰。

乙卯。詔內外理官。輕罪成獄卽放遣。贓甚則散糴。否則奏請裁奪。不得久禁。

戊午。夜火星犯平道東星。

三月[illegible]朔。辛酉。朱麟嗣成國公。朱輔子。

許南京守備太監黃錦等權蕪湖之木。備御器。

壬戌。山東道監察御史王懋。乞錄議禮杖卒諸臣。謫高要典史。

癸亥。廣東左布政江潮爲右副都御史。提督雁門等關。巡撫山西。

甲子。巡按雲南監察御史郭楠。乞復豐熙等官。恤死者家。逮下獄。

鎭守潼關太監黃玉以貪暴下獄。戍邊。

己巳。巡撫宣府右僉都御史張縉移延綏。起周金右副都御史。巡撫宣府。

行人司右司副柯維熊言伏闕諸臣多被死徙。王懋郭楠相繼遣。其罰過重。下獄削籍。

壬申。大同首亂悉伏誅。

癸酉。金獻民還兵部。辭左都御史。

甲戌。修獻皇帝實錄。

乙亥。復甘肅督儲戶部郎中。駐蘭州。

淮揚大饑。賑之。

己卯。大理寺少卿袁宗儒按襄府。初。襄王祐楯疾不任事。承奉邵亨輒稱命擅政索賄。宗室棗陽王祐楒故不法。謀攝國不果。誘亨抉其目。遂相訐不休。至是遣宗儒往。亨論死。廢祐楒庶人。長史袁仕削籍。

庚辰。保定巡撫右副都御史劉麟疾去。

辛巳。兵部及巡撫江西右副都御史陳洪謨。請恤張文錦。不許。文錦妻李氏請之。罪其上疏者。

談遷曰。張文錦嘗守安慶。抗悍王因之著聲。大効塞垣。亦干城之佐也。天未佑善。患生肘腋。帷蓋之私。時勤私指。而天子重流禍之罰。持之彌峻。豈非愼重遺恩。斤斤三尺者哉。嗚呼。帝之得爲肅也。邈乎不可及矣。

夜。仁壽宮災。

乙酉。蔡經常泰李鳳來楊言秦祐劉琦孫應奎余經王汝梅爲給事中。林士元陳田正柯相爲南京給事中。

丙戌。議內臣武職優免。

徐宿盜平。

四月鞕朔。癸巳。福建右布政使何詔爲右副都御史。巡撫保定兼提督紫荆關。

兵部左侍郎李昆疾去。

丙申。給京營巡捕印。

改顯陵司香署曰神宮監。安陸衞曰顯陵衞。

辛丑。南京工部尙書崔文奎致仕。

禮科給事中楊言言。仁壽宮災。特諭修省。臣以爲責在公卿有司而不在陛下。罪在諫官而不在聖躬。邇來賢否混淆。進退失當。張璁桂蕚始逢迎以竊淸秩。終怙勢以誣重臣。此吏科失職也。張崙請陽和之田。崔和亂鹽商之引。此戶科失職也。享祀未恪。廟祭無章。此禮科失職也。錦衣多濫。陞賞踰額。此兵科失職也。元惡藍華等寬籍沒之法。辭臣郭楠等施械杻之刑。此刑科失職也。興作不常。耗蠹無紀。此工科失職也。皆足上干天和。其復何追。上不懌。

癸卯。叛人宋素卿論死。

甲辰。夜。月犯心宿中星。

丙午。夜。月犯南斗魁第四星。

丁未。大同衞雨雹殺菽麥。

戊申。工部右侍郎陳雍爲南京工部尚書。

禮部駁何淵議。令再詳之。翰林學士張璁及廷臣力爭。不允。

己酉。山東左布政林琦爲右副都御史。巡撫寧夏。

乙卯。應天巡撫吳廷舉薦致仕南京禮部尚書邵寶。上其所著簡端錄學始等書。

禮部集議世室曰。別立禰王主祀。廷臣初議也。歲時遣官致祭安陸。廷臣改議也。祀于大內。張璁桂萼霍韜等議也。今何淵欲祔之太廟。自唐虞迄今。並無藩王躋祀。陛下何所祖而爲之乎。不聽。命更議。

五月朔。遼陽地震。

庚申。監察御史葉忠言十事。其二釋宮女。其三寬高牆罪宗等。上納之。並戒諭外戚鄔景和陳萬言。

署都指揮僉事王偉爲總兵官。鎮守廣西。

辛酉。順天永清縣雨雹殺麥。

甲子。總督兩廣兵部右侍郎兼右僉都御史盛應期爲工部右侍郎。督理易州山廠。

國子祭酒趙永爲南京禮部右侍郎。

丁卯。兩淮巡鹽監察御史張珩報課積銀至百萬。賜酒幣。舊七十萬。

己巳。南京翰林院侍讀嚴嵩爲國子監祭酒。

諭禮部定議立世室。

辛未。周煦段汝礪劉訒丘養浩聶豹鄭洛書高世魁沈松鄧宏楊彝爲監察御史。姚鳴鳳蔣詔爲南京監察御史。
兵部右侍郎姚鏌爲右都御史。提督兩廣軍務兼巡撫廣西。
乙亥。故藩府典膳李恭。贈紀善。武宗幸榆林。恭擬長至日疏請回鑾。江彬聞之。陷死。子謫戍。
戊寅。右副都御史王時中爲兵部右侍郎。
己卯。南京國子司業郭維藩爲南京翰林侍讀學士。
辛巳。太子太傅成山伯王鏞卒。
革職錦衣千戶李全等九十餘人。皆辨復。部科執奏。不聽。
尤溪山盜平。
甲申。南京操江左副都御史伍文定予告。
乙酉。禮部執奏。世室不當立。別立禰廟。上仍定曰世廟。卽環碧殿舊址。制如太廟。
故南京禮部尚書楊廉。贈太子少保。謚文恪。廉江西豐城人居官處鄉行誼修潔士論許之。
丙戌。右僉都御史王堯封進右副都御史。
戊子。永福長公主薨。
翰林檢討陳霦爲國子司業。
順天固安縣雨雹。
六月己丑朔。署都督僉事杭淮爲平羌將軍總兵官。鎭守寧夏。
守備鳳陽太監王德乞改敕兼轄廬鳳淮揚滁徐和。許之。兵部執爭而寢。
赦高牆罪宗家屬二百八十九人。

辛卯。提督南贛汀漳右副都御史聶賢改南京提督操江。
壬辰。江西左布政使蔣瑤爲右副都御史巡撫山東。
甲午。翰林編修張潮尹襄爲侍讀。
永定流盜曾鳳等伏誅。
逮廣東按察使張祐副使孫懋上密遣校尉偵事。祐等詰忤坐罪。巡按御史楊銓申救。
南京工部尙書陳雍勒罷。
丁酉。兵部尙書金獻民罷。寧夏總兵官种勛賂京貴。發于東廠。詞連獻民被劾。
戊戌。巡撫甘肅右副都御史陳九疇疾去。
己亥。兵部左侍郞鄭岳致仕。
琉球使者鄭純歸國。
敕諭日本縛送宗設等。歸所掠漢人。否則絕貢。
庚子。上武宗毅皇帝實錄。
癸卯。南京刑部郞中黃宗明奏都察院經歷何淵祔廟之謬。報聞。
甲辰。巡撫順天右副都御史吳廷舉爲南京工部尙書。
丙午。賜實錄監修總裁纂修等官金幣。
戊申。免山東災傷夏稅屯租。
庚戌。右副都御史李鉞爲兵部尙書。
慶王台浤廢爲庶人。王怨張瓚及鎭守太監李昕總兵种勛。謀殺之。事覺。遣太監扶安右副都御史王時中錦衣衞指揮僉事劉宣武往訊。奪爵。仍居本邸。俟悔罪。歲給粟三百石。

辛亥。實錄恩。進定國公徐光祚兼太子太師。大學士費宏少師兼太子太師。石珤賈詠俱太子太保武英殿大學士。副總裁吳一鵬禮部尚書。董玘詹事兼翰林學士。纂修官進侍讀學士翟鑾爲翰林學士。翰林侍讀穆孔暉左春坊左庶子兼侍讀。徐縉爲侍讀學士。修撰唐皐爲侍講學士。侍講學士張璧侍讀許成名爲左右諭德。侍講劉朴尹襄張潮爲司經局洗馬。修撰邊憲編修劉棟俱左中允。修撰楊維聰編修孫紹祖俱右中允。編修崔桐汪佃俱侍讀。葉桂章王三錫陳沂鄺灝俱侍講。謝丕費寀俱左贊善。林文俊蔡昂檢討金皐俱右贊善。編修余承勛陸釴費懋中汪暉馬汝驥葉式劉世盛倫以訓檢討蕭成李方湯惟學俱修撰。檢討張星林時俱編修。編修孫元檢討席春劉夔原改除。俱爲按察僉事。催纂謄錄餘陞秩有差。

靖江王經扶薨。

壬子。王洪嗣成山伯。

甲寅。許弋陽王拱樻祀寧獻王惠王。

丙辰。起胡世寧兵部左侍郎。南京吏部尚書顏頤壽改左都御史。巡撫河南右副都御史劉文莊還院。

七月牫朔。芒部隴政被獲于水西。追奪其印。

壬戌。禮部左侍郎朱希周爲南京吏部尚書。

癸亥。廣東按察副使孫懋謫藤縣典史。

乙丑。逮元城知縣張好古。泰和伯陳萬言劾其擅錄國戚也。

丙寅。故都督陳泰子濬求襲祖秩指揮使。兵部難之。議次子當補戍海南衞。上竟與濬仍祖秩。免補伍。

戊辰。南京禮部右侍郎李時爲左侍郎。劉龍服除。補禮部右侍郎。

庚午。初檢討席春劉夔以實錄恩進按察副使。上改僉事。春遂憾費宏。言自來實錄恩不外任。上特進春修撰。夔編修。已學士張璁桂蕚求去。語亦侵宏。宏疏辨。

辛未。增固原參將。

癸酉。予告兵部左侍郎李昆降湖廣左參政。右贊善金皐降荆州推官。以种勛賂之也。

思恩府叛賊平。

丁丑。追封故皇兄厚岳懷王。皇姊長寧善化長公主。

災傷免開封田租。

己卯。雷擊長安門左吻。

辛巳。山西按察副使韓邦奇致仕。

清源縣山崩。

丙戌。翰林院編修劉夔旣廷謝。仍辭。上怒。謫之。

錦衣衛正千戶孫堪許瑒俱受事。蓋廕敍官例不受事。上念其先臣。特優之。後著爲例。

八月戊朔。巡撫四川右副都御史王軏爲工部右侍郎。兼右僉都御史。採大木。時修太廟仁壽宮。營繕郎中范鏓往湖廣常德。李煌往四川馬湖敍州。牟泰往貴州石阡鎭遠。各採木。

己丑。四川按察副使余珊上言。時事漸不克終。紀綱漸頹。言路漸塞。風俗漸壞。國勢漸輕。夷狄漸强。邦本漸搖。人才漸凋。刑法漸淆。君臣漸暌。災異漸臻。俱由首相非人。願亟去之。報聞。

庚寅。鳳翔知府曹蘭以中官論其奉詔不敬。調兩淮鹽運司同知。

癸巳。逮寧夏總兵官种勛下鎭撫司。

談遷曰。邊將餽遺中朝。雖甚廉勇不能廢也。杜預所謂要使不吾害耳。特中朝受之則有簠簋之嫌。詰其賄籍。亦懲汚之藥石也。如种勛第鐫俸貶級。策勵圖功足矣。必下之詔獄。此以戒文吏則可。非御將之道也。

甲午。翰林學士翟鑾右春坊右贊善謝丕主試順天。

壬寅。雲南永昌騰衝河南開封懷慶直隸壽潁徐州地震。

乙巳。逮彰德知府張惠。以趙府輔國將軍祐椋誣奏也。獄上。奪祐椋祿三之一。切責趙王厚煜。降惠河東鹽運司同知。

丁未。上念民災。欲暫罷仁壽宮役。費宏言。昭聖皇太后居仁智殿未安。宜漸修復。上遂戒所遣各官科擾。

庚戌。免順天保定河間田租。

九月

庚申。監察御史王官貪甚。削籍奪其封敕。

壬戌。遼東蓋州衞地震有聲。

戊辰。太傅新寧伯譚祐卒。謚莊僖。

南京戶部右侍郎徐蕃改工部。督理易州山廠。

壬申。徐州長垣祥符陳留地震。

癸酉。祀吳與弼于崇仁。

甲戌。南京右副都御史胡錠爲南京戶部右侍郎。

乙亥。吏部尙書廖紀上三事。正士風。重守令。惜人才。上是之。自今託疾致仕。俱不准。京官年七十上。方面官六十上。方予致仕。外官毋引疾。京官果疾。方准其奏上。遽去者許糾劾。守令俱九年考滿。

免南昌新建進賢豐城餘干災傷田租。

蓋州寧遠衞地震。

戊寅。南京太僕寺卿楊果終養。

內府各監局請收工匠戶兵二部疏止報聞。

起李承勛南京右副都御史。

辛巳。致仕太子太保刑部尚書林俊乞收用議禮諸臣。幷寬廷杖。召用羅欽順王守仁呂柟魯鐸等。章下所司。

甲申。盜殺河陰前右副都御史許廷光。

十月丙戌朔。修遼東邊垣。

湖廣按察副使朱旒與總兵豐城侯李旻相訐。徵旻入。逮旒下獄。

丁亥。趙永淳爲南京戶科給事中。穆相陳大器張問行王朝用施山劉濂毛麟之爲監察御史。

工部尚書趙璜。請止玉德殿景福安善宮工。專作仁壽宮。不許。

乙丑。逮江西按察僉事郁浩。浩詈同官。毆郡守。見劾。獄上。謫。

庚寅。祭故大理寺右寺丞石天柱。正德中以給事刺血疏諫幸宣府。

壬辰。免大同田租。

傳制封宇溫唐王。祐楑淮王。聰漢廣陵王。安永魯陽王。其洵金壇王。膺燧江□王。觀熑安丘王。寵洌松滋王。祐櫝南樂王。厚燦慶雲王。

土魯番寇肅州參將雲冒告急。

乙未。上以災異。諭輔臣擬諭修省。費宏等言。應天以實不以文。乞暫停仁壽宮。工部尚書趙璜請停玉德殿等工。專事仁壽。上從之。并罷役。召還採木侍郎王軏。
禮部右侍郎劉龍爲左侍郎。翰林學士翟鑾爲禮部右侍郎。直日講。
戊戌徽王祐檯薨。
己亥。前縣丞歐陽欽乞覈其祖宋太師文忠公修墓田。從之。
庚子。清平伯吳傑爲平蠻將軍。鎮守湖廣。
總督楊一清上言。鹽引積滯。請自正德十三年前曰舊引。其後曰新引。每引輸二錢五分。舊引二。新引七。兼行。
召商慶陽貯銀。專市邊馬。先延綏而寧夏甘肅遞次之。報可。
乙巳。罷南京工部尚書吳廷舉。廷舉乞休。疏引白居易詩月俸百千官二品。朝廷顧我作閒人。張詠詩幸得太平無一事。江南閒殺老尚書。又云嗚呼。上怒其怨望。勒致仕。幸上初年。寬之若中歲。禍不知所底矣。
崔銑曰。銑平生頗識當世賢士大夫。如吳公眞才潔履。厚行定力。鮮儷也。銑嘗謂之曰。許友死。未知能否。此外公優爲之。嗟乎。吳公衣食人廣矣。妻子不能延朝夕。服政四十年。百瘁九死。皆歷之。不能一月安于朝。推下賢哲。不憚屈己。比卒。未聞報德者。孟子曰命也。
癸丑。議世廟神道。光祿署丞何淵以太廟後南折而東。達于世廟爲迂遠。宜與太廟街同門闢一徑。禮部謂須毀垣伐木。徹神宮監而後可。請會官相度。諸大臣俱言有礙。從初議便不聽。□科左給事中韓楷御史楊泰等。各言列聖之靈不安。上怒。詰責。御史葉忠復言之。責對狀。俱奪俸二月。工科給事中衛道禮部主事曾存仁又言之。上怒謫外。乃定與太廟同街。翰林學士張璁桂萼上廟街議云。與太廟同街。非同門也。議禮之初。爭稱帝而復爭皇。今爭立廟而復爭路矣。甚無謂也。惟陛下早決之。議遂定。
乾州妖盜樊仲等平。乾州樊仲。省掾也。有反相。藩伯悞禮之。民漸指目。仲詐術誘其衆。割布書約。謀不軌。知州犍爲趙時。以乞兒詗其事。預備及攻城。趙密用布賊拒之。賊聚保楊千村。轉縛之。擒斬千二百人。趙時。正德丁卯貢士。終陝西行太僕少卿。

十一月⿸厂丙朔。丁巳。南京右都御史張嵿爲南京工部尚書。

辛酉。命兩廣總督姚鏌相機勦田州土官岑猛。

癸亥。錦衣衞指揮使夏助爲都督同知。母葉氏乞襲慶陽伯。不許。

丙寅。免淮徐浙西隆慶等衞田租。

右僉都御史周倫服除。提督操江。

翰林學士張璁桂萼薦前大學士謝遷。刺及時宰。于是石瑤求去。不允。

乙亥。山西平陽府地震有聲。

許浙江市舶司太監賴恩巡海道。値警得徵吏卒。蓋成化末僅一林槐。非故事也。部科爭之。不得。

宥衞道僉存仁及御史丘養浩。復其官。養浩悞杖長隨謫。

辛巳。長至日。上不豫。免朝賀。

召楊一清直內閣。御史吉棠以費宏席書有隙。故薦一清。書亦薦之。□科右給事中章僑鄭一鵬言不可。兵部郎中楊儀言西陲方急。未宜動。上切責之。已。御史侯秩薦謝遷彭澤。謫富順縣丞。

□□上視朝。

十二月⿰酉乙朔。壬辰。萊州地震。

丁酉。起王憲兵部尚書。總督陝西三邊軍務。

吏部尚書廖紀以推總督不合乞休。不允。于是科道交論席書搆嫌箝制。上切責之。

徐學謨曰。議禮諸臣。既被寵幸。宜安心供職。即衆心未附。猶曰所見之偏也。奈何驕恣無忌。甚至侵職掌。不復知有國是。楊一清召相。廖紀以總督非一清不可。科道亦以爲言。非阻一清之進。實爲邊方計也。事不涉禮部。乃席書謂紀內則柔順于相臣。外則牽制于科道。不當展轉爲兩請之詞。其意實欲進一清而退費宏也。蓋張桂主之矣。

戊戌。荆州流盜平。

辛丑。刊大禮集議成。

壬寅。廣東惠潮兵備僉事施儒以士民保留。進副使。

戊申。高皇帝御序洪範及上註伊訓無逸二篇。並刊。名書經三要。

庚戌。總督兩廣兵部右侍郎盛應期劾罷。

刑部尙書葉應驄錦衣衛千戶李經往訊陳洸。罪死。特旨宥之。削籍。應驄經同御史熊蘭涂相參政李銳參議汪思副使胡璉僉事施儒知府唐昇等雜治。具得洸事。問知縣宋元翰冤狀。曰。洸。元翰父所錄士也。元翰始至。雅善洸。後驗其譎。疎之。又洸窩盜事泄。議捕。洸言撫。不聽。覓勦之。得洸手札。成隙。令子更訐元翰受盜金。當戍。副使汪鋐廉而釋之。去之日。民爲樹碑。應驄遂奏洸貪淫無厭。獵人婚姻。牟人田土。有鳥獸行。又擅殺人。污衊羣官。而横加以罪。陰蓄亡命。肆掠積案至一百七十二宗。除赦前及疑曖者。餘十三宗當論。連係三百餘人。凡二十年間。死徙數十餘人。洸當置重典。洸亡詣闕。誣問官皆議禮黨。首上方持洸獄。而巡按涂相奏適至。尙書趙鑑右副都御史張潤給事中解一貫御史鄭本公等爭執。奏而郎中黃綰當洸死。席書數居間不得。奏救之。末引桂萼與趙鑑詈于朝。鑑以聞。不問。張璁言洸議禮臣也。嘗劾費宏。而法官朋黨中于法。上宥洸死。削籍。大理卿湯沐及鑑等各爭之。不聽。亡何。大禮集議成。加恩洸。並宥其家。

壬子。免淮徐田租。

癸丑。遼東地震。

閏十二月甿朔。日食。

戊午。禮部尚書席書進太子太保。

己未。增南京守備太監卜春。

壬戌。黎良陳皐謨爲戶兵科給事中。丘九仞方紀達爲南京禮兵科給事中。

甲子。大禮書成。推恩上議諸臣陞廕有差。

乙丑。岷王彥汰南安王彥泥各有罪。廢爲庶人。彥泥錮鳳陽。彥汰在邸俟悔罪。初各相訐。遣司禮右少監李璜大理寺左少卿徐文華錦衣指揮使王佐往按之。以狀上。

庚午。恩平縣盜平。

辛未。署詹事府禮部尚書吳一鵬予告。

甲戌。譚綸嗣新寧伯。

庚辰。給事中俞經劾兵部左侍郎胡世寧心術奸回。開告密之門。蓋世寧先疏保身講學。有君不密則失臣之語。因乞休。不允。

安昌伯錢承宗卒。謚榮僖。

辛巳。兵部考選軍政。

猺賊殺守備指揮李松德慶州判官陳琚。

丙戌嘉靖五年

正月艸朔癸巳。免柴炭官解召納。

乙未。上南郊。大宴。

夜。月犯鬼宿。

丁酉。虜亦不刺駐寧夏賀蘭山後。欲窺邊。趣王憲赴鎭。

己亥。吏部大計。降斥千九百七十二人。

庚子。免丹陽丹徒蝗災田租。

辛丑。吉安知府黄宗明爲福建都轉運使。南京都察院經歷黄綰爲南京工部員外郎。隨州知州金述爲武昌同知。光祿署丞何淵爲上林苑監丞。連城訓導陳雲章爲建寧敎授。嘉祥敎諭王价爲東昌敎授。皆議大禮者。

命權關金輸承運庫。錢輸廣惠庫。復獨流廠葦課指揮等官。

丙午。正一眞人張彦頨府第災。求再建。遣內臣爲植。工科都給事中黄臣等言。日者趙秦榮三邸災。詔行閱視。而彦頨輒以煩有司。是出親王上也。昔漢欒巴噀酒殿廷。成都火滅。彦頨道術。曾不家是救。焉用之。不聽。

戊申。吏部上錄用大禮及建言諸臣張璁桂萼及科道。皆請之。報罷。

庚戌。大計拾遺河南廣東提學副使蕭鳴鳳魏校。山東兵備副使牛鸞。僉事顧璘。皆降調有差。

癸丑。玉田伯蔣輪卒。贈太保。謚榮僖。

二月艸朔。監察御史雷應龍言。光祿寺歲飼鷹犬肉萬六千五百餘斤。飼蟲鳥菽豆蜀秫五千二百餘石。費財損德。命覈其費。罷之。

龍虎山道士邵元節爲眞人。賜銀印。直顯靈宮。

乙卯。裁漢陽府同知。
戊午。盜起淮安之洪澤，掠泗州。
大學士費詠詹事董玘主禮闈。
先是土魯番求貢兵部以叵測下鎮巡官諭之果悔過方許否者拒絕嚴備禦。
乙丑。出岷庶人家屬于高牆。
庚午。靈丘礦盜千餘人拒傷吏卒。
定陝西召募陞賞格。
壬申。順天保定河間大饑，賑之。
己卯。罷永寧參將。
庚辰。免太原田租。
壬午。出京倉粟十萬石平糶賑饑民。
莫登庸賂欽州判官唐清爲黎賡求封。總督右都御史張嵿寘于獄，死之。
三月岬朔。廣東瓊山縣雨雹傷禾。
罷固原等鎮催糧郎中。
乙酉。趙王家廟火。
江西廣昌縣雨雹傷禾苗。
丁亥。復故南昌知府鄭瓛官。
癸巳。遼東總兵官郤永疾去，副總兵楊鎮爲都督僉事代之。

丙申。免甘肅降夷哈密遷徙。初。陳九疇以異類。議築城居之。楊一清言。彼不爲患。何猜焉。

戊戌。策貢士于奉天殿。賜龔用卿楊維傑歐陽衢等進士及第出身有差。

復遣內官織羢陝西。

許軍官犯徒輸粟以贖。不得視事。徒一年納米十石。

庚子。禮部主客郎中陳九川下獄。初。天方國使臣火者馬黑本等貢玉。九川斥其下者。又詈通事胡士紳。而提調主事陳邦偁以東溼賈怨。士紳托貢使訐奏。上怒。皆下詔獄。尙書席書等言。二臣不足惜。恐遠臣效尤。益肆桀驁。不聽。士紳又誣九川私玉餽費宏作帶。于是錦衣指揮駱宏等不敢詰。請廷訊。不從。免士紳給事中解一貫等請逮士紳同貢使面質。上切責之。宏辨臣帶故尙書鄧璋所遺璞。以答臣詩者。上不問。九川戍邊。邦偁削籍。蓋席書等嫉宏。士紳受指。欲擠去之。自是貢使日驕矣。

甲辰。前右都御史張綸卒。贈太子太保。

戊申。天台知縣潘淵服除。上嘉靖龍飛頌。效蘇蕙織錦圖。縱橫莫辨。命錄正文進。

階州地震。

庚戌。亦不剌等敗于小王子。走西海。逼脅屬番。諭總制王憲豫計之。

兗州盜劫樂淸王冊印。

辛亥。貶庶吉士袁袠。

壬子。誅宣城亂民何隆。初。高淳派馬于宣城等縣。旣得旨。各縣人大譁。知府及宦懼。白于巡撫陳鳳梧。巡按楊鏊諭散。事聞。還高淳馬。按隆罪。戍九人。

四月琰朔。吏部右侍郎溫仁和詹事董玘敎習庶吉士。

丙辰。階州地震累日。聲如雷。

四川芒部隴氏平。設鎭雄府。流官轄懷德歸化威信安靜四長官司。以順慶府通判程洸爲知府。

己未。詹事桂萼張璁訐奏大學士費宏私貢玉。蓋璁萼入玉堂。兩修實錄。經筵日講。主鄉試。敎習庶吉士。皆不得與。心憾宏。宏自辨。臣受攻。宜卽去。顧皇考實錄未成。所爲戀戀。上溫旨答之。

翰林侍讀學士唐臯卒。

故南京刑部尙書孟鳳。贈太子少保。

癸亥。南京右都御史聶賢爲南京刑部尙書。

貴州安南衞地震。聲如雷。

甲子。設峽江縣于臨江。臨江領縣三。而新金爲大。地遠叢盜。遂立縣于峽江鎭。

乙丑。前南京右副都御史陳玉卒。玉高郵人。弘治六年進士。自庶吉士授御史。歷今官。贈太子太保。

丙寅。先是總督陳九疇以回夷搆土魯番窺肅州。詭稱貢。宜拒其使。部議未決。總督楊一淸上言。禦戎之策。自治爲上。今士馬虛乏。欲立威强敵。臣竊危之。因彼求和。令鎭巡官馳書責送速檀滿速兒牙木蘭等。謂羣臣議討。天子好生。止令閉關絕貢。悔罪獻款。歸我漢人。仍通貢不絕。計無便于此者。現在番使其謀叛有跡。寫亦哈信等百六十七人。當訊實正法。寫亦虎仙等家屬五十一人。徙廣西。餘使暫留勿遣。待彼定向。以俟後命。天方撒馬兒罕雖眞僞難辨。以好來。不宜拒絕。上然之。

戊辰。上念梁儲定策迎扈功。世廕錦衣衞指揮同知。

庚午。卜赤二萬餘騎犯大同。總兵朱振拒却之。復分犯宣府開平。副總兵陳時禦之。指揮同知王本戰于瓦房溝。死之。

辛未。上林監右監丞何淵上世廟頌。

癸酉。遼東金州衞地震。

乙亥。廣西思恩府叛猺平。

丁丑。前吏部員外郎薛蕙削籍。河南撫按官以陳洸所劾案蕙。俱無驗。當復秩。不許。

辛巳。武舉賜宴兵部。大學士費宏主席。列武定侯郭勛于尚書下。勛上章爭之。卒如勛請。

五月楑朔。設三水縣于廣州。

總督陝西王憲議出塞勦虜。上難之。令隨宜戰守。勿倖功以啓邊釁。

四川建昌衞地震。

丁亥。南京右副都御史李承勛爲南京刑部右侍郎。

己丑。湖廣荆門州地震。陝西岷州衞大雨雹。

辛卯。嚴禁西山戒壇及天寧寺受戒僧人。通諭天下。

甲午。廣東肇慶府猺賊焚掠。殺守備李松。

前南京戶部尚書蔣昇卒。

乙未。夜。月犯天江南第一星。

丙申。錄金吾衞指揮同知張雄世指揮使。兄英。先朝諫南巡杖卒。

夜。月食。

戊戌。左都御史顏頤壽請正太監黃玉趙綱之罪。上切責之。黃玉守備潼關貪虐。趙綱管甲字庫苛索。俱得宥。

庚子。太子太傅提督陝西兵部尚書兼左都御史楊一淸復吏部尚書武英殿大學士進少師直閣。已席書言。

一清旣少師。則殿名當遞轉。指費宏欺靳。上以手定。不之改。

金星晝見。

辛丑。刑部尚書趙鑑致仕。上作詩寵其行。

四川流盜平。

壬寅。巡撫山東右僉都御史張九敍改南京。提督操江。

甲辰。楊一清上五事。聖學。聖政。聽言。宥過。和衷。上是之。

直隸滿城縣大雨雹。

少詹事霍韜上言。內外官遷轉。不當苟循資格。上自內閣卿貳翰林。下而部屬科道。皆必出而補外。外自監司守令及教官乙榜歲貢。皆必擢而補內。一以太祖時爲法。下廷議。

庚戌。左都御史顏頤壽爲刑部尚書。

六月壬子朔。禮部尚書席書目眚。賜酒饌。作詩慰之。

甲寅。程輅陳守愚爲兵刑科給事中。鄒檠爲南京工科給事中。端廷赦張祿蔣錫吳仲楊琰任淳爲御史。石瓘王璓爲南京御史。

山西蔚州廣靈雨雹。

乙卯。山東沂州大水。

丙辰。直隸河間大水。山西大同雨雹。

辛酉。刑科給事中沈漢言霍韜遷轉議非是。上切責之。

壬戌。吏部尚書廖紀等覆奏。翰林諸臣。或司典故。或侍經筵。或備顧問。或代王言。累朝優異。視他官爲重。況九年考滿。方陞二級。間遇編纂。乃一轉官。原不待以常調。修撰而下。非首甲卽庶常。儲養數年。若外調六品。則府通判州同知矣。二甲尙爲主事知州。以此相待。夫豈人情。吏部銓衡。原非他比。資望旣深。量處京堂。亦不爲過。然亦間有外補。旣入內閣。又遷外僚。豈隆重禁近之意。部堂遷參政。爲有罪者言。與有功者言與皆臣等所未解也。上命隨時斟酌以聞。

癸亥。楊一淸言。陝西織造。弘治間有之。旋行旋罷。正德間。太監廖鑾等剝民膏脂。痛苦入骨。今遣內臣。縱謹厚安靜。而官舍匠作。豈皆一一守法。奈何以不急之務。而重困夫奄奄垂盡之民乎。且織局雖在西安。而羊絨必取之臨洮蘭州。北地凋敝。民不聊生。乞早降德音。將太監梁玉取回。所織羊絨袍服等件。付鎭守太監晏宏巡撫都御史王藎督造。不聽。

甲子。上御平臺。召閣臣費宏楊一淸石珤賈詠。各賜詩一章。

南京刑部右侍郎李承勛爲南京刑部尙書。

丁卯。工部郎中陳毓賢請開寶應氾光湖月河。從之。

萬全都司及宣府雨雹。

戊辰。柴義爲通政使。宋滄陳經爲左右通政。

翰林院侍讀汪佃往福建建陽較訂刊籍。時坊刻多訛。巡按御史楊端提學副使邵銳請專官較訂。故以佃往。

禮科右給事中謝蕡請禁嚴刑。命都察院下各撫按戒諭。

壬申。兵部右侍郎胡世寧引疾。改南京吏部。

前太常寺少卿潘府卒。府浙江上虞人。由進士歷提學副使。終養。薦陞太常寺少卿。致仕。性至孝。生平篤行。好著述。上聞其孝。例予祭並特予葬。

甲戌。豐潤伯曹愷卒。

乙亥。詹事張璁省墓。

蠲應天諸稅。

宥長沙大盜李鑑。初席書巡撫湖廣。劾長沙知府宋卿貪酷。陷李鑑大辟。而鑑實行劫殺巡檢馮琳。上遣大臣往按之獄上。如故律上逮鑑入京。下獄。席書代鑑疏辨曰。臣議禮忤朝臣。故歸罪鑑。爲出宋卿地。乞敕法司覆讞。從之。刑部請下撫按再勘。不許。竟戍遼東。

談遷曰。議禮于他事何預。輒引之爲重。仇忌中傷。百相飾也。護前不已。轉而誣搆。席書桂萼殆甚之矣。今日釋李鑑。後日釋李福達。維辟作威。維臣行臆。三尺法安在哉。

丙子。恭穆獻皇帝實錄成。

翰林院侍讀王三錫爲四川布政司左參政。

丁丑。翰林院庶吉士張治授編修。

番賊二百餘騎寇甘溝。虜數犯洮河。多殺略。上責總兵鄭卿守備田登參將王璣等各戴罪逐虜。

刑科給事中管律言。今之言事。每借議禮爲詞。或乞休。或引疾。或稱罪。或代辨。于議禮不涉。而務援引牽附。其故何哉。蓋欲中傷人。非此無以激怒。欲固己寵。非此無以邀歡。乞嚴加戒諭。自今言事。宜據事直陳。毋假借飾詞。上是之。卽下都察院戒諭議禮諸臣。

戊寅。廣東新會盜起。

徐沛河溢。壞豐縣城。

庚辰。前太子太保戶部尙書韓文卒。文字貫道。洪洞人。成化丙戌進士。授工科給事中。數直言敢諫。出爲湖廣參議。累官都御史。歷南京兵部尚書。改戶部。至今官。正德初。議斥劉瑾。致削籍。罰粟三千石。上卽位。詔存問。進太子太保。文淸修耿介。識量宏遠。居常抑抑。臨事毅然不可屈。贈太傅。謚忠定。

袁袠曰。自古小人之窺伺神器者。必先誅僇以立威。而後其勢乃成。然必先去其素所畏憚之人。而後可以如志。是以石顯殺望之。王甫誅陳竇。何者。忠佞不兩立。其勢然也。華容洪洞。皆劉瑾之所畏忌者也。然其得禍最烈。而首先去之。是固知其必不附己。且不如是不足以逞其所欲也。噫。有天下者。其毋使小人去其所畏以成其勢哉。

大學士費宏等以獻皇帝實錄歸侍衛功。司禮太監張佐黃英戴永有原編實錄。司設太監楊保陳淸錦衣正千戶翟裕陸松各有纂助。于是佐等廕錦衣指揮僉事。英永俱正千戶。保百戶。淸總旂。俱世襲。裕松進指揮僉事。

金星犯井。

七月任朔。駙馬都尉京山侯崔元攝享太廟。禮科左給事中章僑以爲言。奪俸二月。

癸未。以實錄恩。進定國公徐光祚太師。席書少保。廖紀太子太保。費宏華蓋殿大學士。楊一淸兼太子太師謹身殿大學士。餘纂修官各進一級。

南豐雨雹。南城有虎如人手足。咥人。遂昌雨雹。積二尺。

甲申。武定侯郭勛欲得虎賁左衞拓其第。令衞指揮詣工部。云衞隘。以郭順宅易之。工部判可。而宅隘不如衞也。給事中張松鄭一鵬劾勛。命還其地。

夜。有火球三。大可五六尺。東墜。其光燭天。

丙戌。左都御史聶賢以妖人李福建之獄上。福達太原崞縣人。坐妖盜王良李鉞逆案。戍山丹衞。逃去。易名李伍。清戎御史勾調山海衞。又逃陝西洛川。稱彌勒佛教。蠱衆謀亂。吏卒跡捕。又逃五臺。易名張寅。嘗至徐溝同弋鎮後入京以丹竈使鬼之術干武定侯郭勛甚善之納貲得太原衞指揮使子大仁大義入太學還山西同弋鎮值鄉人薛良首之御史馬錄所獄具勛貽錄書求脫不從。竟抵其罪。上責勛對狀。勛引咎。宥之。

戊子。詹事張璁爲兵部右侍郎。璁省墓陛辭。仍留之。

庚寅。山西平虜衞隕霜殺禾稼。已大雨水。壞城舍人畜。

乙未。伊王訏淵薨。謚曰莊。亡子。弟訏淳以濟源王進封。

丙申。南陽牛生犢兩首。

戊戌。募商納芻直隸山東河南。聽自輸。餘計直輸戶部。給商輸之。

庚子。上陞觀德殿。命改建于奉先殿左。部科止之。不聽。

令廷臣四品翰林五品各舉守令有功超擢。從御史朱豹之請。

壬寅。上作世廟樂章。用文德之舞。張璁曰。必以武功定天下。得用武舞。禹固揖讓得天下。大禹謨舞干羽于兩階。則天子皆兼用矣。詩曰。簡兮簡兮。方將萬舞。記曰。壬午猶繹萬入去籥。萬爲舞之總名。則諸侯皆兼用矣。議者謬引漢景之詔。不知漢人文始昭德之舞。未嘗無武也。國制王廟亦未嘗去武舞。使八佾而用文去武。則西階之容。聽其左。闕其右。何以式四方垂萬世也。從之。增武舞。

甲辰。盜劫九江鈔關。主事陳儒尋追擒之。

乙巳。禁勳戚都督及朝臣四品下乘輿。軍職上馬毋杌。兵部尚書閱軍騎行。

眞人邵元節求免貴溪仙源觀徭役。許之。

是月。莫登庸將喬文崑。率兵降于黎譓。譓自清華進攻彰德縣。文崑以舟師攻木丸州三岐江。登庸間道襲譓。

譓走。執廬妻鄭淑寶。沈于江。譓自是不振。登庸鴆其主黎廬。幷殺其母。

虜入井坪。參將李瑾戰于荷葉山。卻之。

八月壬朔。乙卯。錢維嗣安昌伯。

河南布政司參議王億戍南海衞。通判李思仁削籍。以筆奸民張舉等死。被訐逮獄。刑部擬億削籍。思仁復官。

上特重之。

甲子。潞州同知胡侍削籍。知州邵經謫。輔國將軍新溫訐試諸生策目怨望譏切。幷及經。下獄。

壬申。進士應檟等待銓尚遠。乞如舊例放歸依親。不許。

乙亥。示輔臣手書法祖安民。奉天行道。福道禍淫十二字。

九月辟朔。癸未。火星犯上將星。

乙酉。魏有本王重賢張惟恕熊爵吳大本張藩陳貴廖自顯陳邦敷爲監察御史。南全田玉楊叔器爲南京監察御史。

戒諭法司。聽斷私枉致入愬者罪之。

丙戌。世廟成。問張璁章聖皇太后可一謁否。璁答。文獻通考載唐開元禮及會典。國初皇后廟見禮。內外命婦陪祀。後立奉先殿于大內。始止謁奉先殿。今禮因義起。一復古制。上從之。禮部左侍郎劉龍等言。璁等所引。則大婚禮也。于大祭不倫。不敢輒據。張璁桂萼復言。周禮宗廟之祭。王冕服立于東序。后副褘立于西序。九獻之禮。王與后遞舉焉。後世禮湮。僅存于開元。我太祖載在會典。奈何概廢也。尚書席書方在告。請如璁等言。從之。

辛卯。奉安獻皇帝主于世廟。

乙未。兵部尚書李鉞致仕。

免眞定河間水災田租。

戊戌。皇太后謁廟。

癸卯。科道數論武定侯郭勛掊克徇賄。不問。

丙午。張璁論費宏劫制府部。謂其囑兵部尚書李鉞。鉞不應也。上不問。

庚戌。山西宗祿始折支。每石夏稅六錢。秋糧八錢。放支折銀五錢。巡撫江潮議上。

廣西。布政司參政蒲圻胡堯元卒于横州。贈右布政使。

十月辛亥朔。壬子。免應天徽池蘇常鎮江太平安慶浙江山東旱災田租。

戊午。薊鎮總兵官馬永罷。永頌前總督陸完討流寇功。乞贈廕。幷宥學士豐熙等罪。上切責其妄言。

己未。巡撫陝西右副都御史王藎爲工部右侍郎兼右僉都御史督買大木修仁壽宮。尋疾辭。

辛酉。兵部右侍郎王時中爲兵部尚書。

壬戌。作獻皇帝恩紀詩序。

前南京戶部尚書蔣昇卒。昇全州人。成化丁未進士。與弟大學士冕敦睦友愛。家庭肅然。家居杜門不與州郡事。操履淸白。始終一致。贈太子少保。

蔚州星隕。天鼓鳴。

丁卯。曹愷嗣豐潤伯。

戊辰。以災變遣大臣祭告郊廟社稷山川。

費宏子翰林院編修懋良爲張璁桂蕚所陷。下獄。尋釋。

己巳。試監察御史魏有本請斥郭勛。用馬永。忤旨。謫之科道。申救。不聽。吏部尚書廖紀因南京營務薦永及楊銳可任。幷救有本。遂復有本御史楊銳南京坐營。
庚午。上作敬一箴。及註范浚心箴。程頤四箴。費宏請刻于天下學校。從之。
定國公徐光祚爭撫寧賜田。請勘。以戶部言止勘。仍歸民間。
癸酉。兵部尙書王時中提督團營。
甲戌。傳制封厚熠徽王。勤煥瑞金王。勤烒商城王。睦桴富陽王。□□胙城王。勤燭永寧王。融烇南平王。顯梧永安王。祐櫺鎭寧王。
丙子。巡撫甘肅右僉都御史寇天敍爲右副都御史。巡撫陝西。巡撫貴州右副都御史熊一漢爲南京大理寺卿。
丁丑。翰林編修孫承恩奉命輯尙書善惡事。編詩六十首。賜名鑑古韻語。
岑猛敗走歸順州。被殺。函首以獻。
十一月
朔。癸未。御道上有匿名書二。鴻臚寺以聞。費宏等請燬之。報可。仍嚴禁。
乙酉。大理寺右少卿袁宗儒爲右僉都御史。巡撫貴州。
兵部右侍郞張璁詹事桂萼屢劾費宏。宏乞休不允。璁等恐上未省覽。復醜詆宏。幷錄前三疏上之。有旨。俱睽親覽。安有蒙蔽。爾等其各修乃職。毋以公事修私郄。
戊子。江西按察僉事汪應軫引疾遽去。命逮訊。吏部爲請。特令致仕。
甲午。夜月食。
庚子。兵部尙書李鉞卒。鉞河南祥符人。弘治丙辰進士。授御史。累今官。長于軍旅。料敵奇中。嘗總督西陲。以數百騎覆虜衆五萬。時稱奇捷。贈太子太保。謚恭簡。

乙巳。前教授王价。光祿寺錄事錢子勳。俱察免。嘗議禮。求復秩。給事中解一貫等。以壞成制。啓僥倖。且將來人相援比。臣等無所復守。上從之。僅令致仕。

丙午。勞賜兩淮巡鹽御史戴金羊酒文綺。蓋積課六十餘萬。

十二月配朔。壬子。四川左布政使林茂遠致仕。加右副都御史。

己未。太子少保工部尚書署通政司事俞琳致仕。

張璁桂蕚及霍韜方獻夫再修議禮全書。

辛酉。陝西流盜平。

癸亥。大學士楊一清以災異極言。請罷。上嘉納之。特賜敕諭。仍戒羣臣修省。

甲子。禮部尚書席書等集議十六事。給長單。戶部給解戶完納內府。裁民運。山東河南直隸民運宣府糧草。定冊封。禁越奏。處造辦。俱指王府。久責成。嚴查勘。停冒濫。覈軍功。議弭盜。卹高牆。愼誣枉。議軍餉。禁奢侈。飭武備。懲嚴苛。上大是之。俱採行。四品以上自陳。

丙寅。戒諭羣臣。

辛未。左都督時源言邊務。實邊軍。息馬力。明賞罰。報可。

甲戌。山西巡撫右副都御史江潮。巡按御史馬錄。給事中鄭自璧。秦祐。常泰等。御史邵豳等。各劾武定侯郭勛。庇盜蔑法。當罪。上移李福達獄至京訊之。

乙亥。前應天通判祝允明卒。允明長洲人。弘治壬子貢士。以文翰著。

丁丑。張璁桂蕚等力攻費宏。宏乞休。不允。

戊寅。暹羅國坤思悅喇者來的利等入貢。

是年。孟養思倫法攻緬甸。破阿瓦城。執宣慰使莽紀歲。殺掠亡算。遂與木邦分其地。蓋報執思任發之怨也。命永昌知府嚴時泰諭之。不聽。

丁亥嘉靖六年

正月躬朔庚辰。雨木冰。壬午。亦如之。

辛巳。雲南左布政使傅習爲右副都御史。巡撫雲南。

癸未。令廷臣四品以上條救荒事宜。光祿少卿余才言限品則求言未廣。上卽令才條議。

甲申。署都督僉事張倪總兵鎭薊州。

丁亥。撫治鄖陽右副都御史蔣曙爲工部右侍郞兼右僉都御史。督採大木。

己丑。上南郊。免宴。

癸巳。論平岑猛功。提督兩廣右都御史姚鏌進太子少保左都御史。廕錦衣衞千戶。鎭守太監鄭潤總兵撫寧侯朱麒進太子太保。俱廕錦衣百戶。廣西鎭守太監傅倫副總兵王偉等俱賜金幣。

田汝成曰。岑猛之伏誅也。岑璋犄之。趙臣啓之。沈希儀主之。而功皆不錄。何以勸後來也。兩廣威令浸不行于土官。十九類此。書生無遠略。有司惜小費。急則倉皇浸許。已則避呪食言。瑣瑣戚戚。與讒參嫉。靦負不顧。彼其人寧惜軍國重輕哉。

甲午。上政暇輒作詩文。楊一清進元宵詩。愛看冰輪淸似鏡。上以類中秋。改愛看金蓮明似月。一淸疏謝。謂情景曲盡。初上與費宏等倡和。張璁桂萼言雕蟲小技。不足勞聖慮。蓋忌其知遇也。

命廷訊李福達。毋得酷治。

戊戌。河南左布政使夏從壽爲右副都御史。撫治鄖陽。

戊戌。吏部奉詔錄先年被譴諸臣。惟議禮者不與。

己亥。四川橫江叛卒平。

庚子。敕纂修大禮全書。大學士費宏楊一淸石珤賈詠禮部尙書席書總裁。兵部左侍郞張璁詹事桂萼副總裁。少詹事方獻夫霍韜。前河南右參議熊浹。福建鹽運使黃宗明。修撰席春。編修孫承恩廖道南王用賓張治。南京工部營繕員外郞黃綰。禮部儀制主事潘潢。祠祭主事曾存仁纂修。

癸卯。前山東提學副使趙鶴。杖訓導斃之。至是補霸州兵備。不許。

給齊庶人喪費。

乙巳。旌輔國將軍成鑼夫人李氏孝行。

二月帗朔。虜犯宣府水地莊。參將王經戰沒。

壬子。禮部尙書席書疾甚。許致仕。進武英殿大學士。賜第京師。

免福建廣西災傷田租。

鴻臚寺卿黃紳請經筵失儀科道官退疏上。免面糾。從之。

南京工部右侍郞何孟春疾去。

順天府丞張仲賢爲右僉都御史。整飭薊州兵備。兼巡撫順天。

丙辰。工部右侍郞何天衢卒。天衢字道亨。□□人。弘治丙辰進士。宰嘉興。拜御史。劾馬文升。見譏。巡撫河南。裁悍藩。平王堂。至是理易州廠。善皇極數學。見木介嘆曰。京房有言。湧泉出。道人死。今木稼。吾其已乎。

己未。錦衣衞帶俸署百戶王邦奇。嘗傳陞千戶。怨楊廷和。詔削級。及辨復。兵部尙書彭澤抑之。益次骨。至是言哈密失國。由彭澤督甘肅時賂番求和及廷和草詔論殺寫亦虎仙所致。誅此二人。更選大臣興復。則邊事尙可爲。下兵部。未覆。邦奇又言。大學士費宏石珤俱廷和黨。欲爲地夜過楊一淸所覰見而出。廷和子兵部主事惇匿舊牘。致無契驗。義子侍讀葉桂章壻修撰余成勛等交通請託。皆下獄廷訊。桂章使唐府命逮入。禮科給事中楊言奏先帝晏駕。江彬挾邊兵四萬圖爲不軌。國家岌岌殆矣。廷和不愛其死。以密謀誅之。頃刻遂定策立之計。此社稷勛也。卽使有罪。猶當十世宥之。今以奸人巧詆。旣褫其爵。又逮其子若壻。乃又聽邦奇之誣。盡逮其鄉里。此何爲者。至費宏石珤之陰私。尤無左證。惟陛下財察之。若以無籍曖昧之詞。成師保大臣之獄。能不爲聖德累哉。上怒。幷鞫于午門。至折指。終不易。謫宿州判官。惇削籍。成勛免官。邦奇希進。降總旗。仍下督撫詳議哈密。

　馮時可曰。楊言論大禮。救故相。侃侃危論。至折指而不易。忠矣哉。出爲循吏。處爲廉士。何一毫可指摘。而以察罷也。錢神所投。至賊俊傑而不顧。自古如此哉。

辛酉。起羅欽順仍禮部尙書。

癸亥。大學士費宏石珤致仕。珤疏稍戇。仍切責。不給驛。自貰車一輛以行。宏雖乘傳。而金幣廩役闕如也。蓋張璁桂萼攻宏甚。又新中王邦奇之間也。

　徐學謨曰。於乎。當夫小人交搆。國是傾搖。假令言官乏楊言鳳鳴之諍。大臣無費石狐悲之感。大禍終不解矣。嘉靖初年。朝廷有人哉。

乙丑。總督南京糧儲右副都御史韓荆爲南京工部右侍郎。

戊辰。免韶州南雄田租。

己巳。設田州府流官。

眞人邵元節還山。

庚午。楊一淸薦前大學士謝遷。詔內召。

辛未。太僕寺卿閔楷爲工部右侍郎。

命太子太傅惠安伯張偉總兵左府都督同知魯綱萬全都指揮僉事劉淮爲左右參將。練新兵聽征。

甲戌。上觀宋朱熹尤溪縣明倫堂銘。作自得有述一篇。末云。楊一淸爲喬宇之師。則師不從桂華爲桂萼之兄。則弟不親。湛若水爲方獻夫之友。則友日疎。吁。勢利奪人。可垂世戒。

丙子。遼東大饑。

丁丑。南京太僕寺卿沈淮爲右副都御史。總督南京糧儲。

三月戊朔。己卯。安南莫登庸簒位。稱大越皇帝。改元明德。先使范嘉謨假黎𢣚禪詔。于是立其孫福海爲太子。實名方瀛。頃弑𢣚幷其母殺之。僞謚𢣚恭皇帝。時黎譓尙據淸華乂安順化廣南。餘舊臣分據。聲援登庸。率兵拒譓。奪淸華據之。譓走乂安。又走葵州。入老撾宣慰司。

田汝成曰。黎氏失國而莫氏代之。其釁未之詳也。在黎氏必淫湎敗度。故衆叛親離。在莫氏必陰施市恩。故能潛移默奪。不然。豈以一國之主。累世之威。忽然易姓而更無倡義其間者哉。桓叔之入晉也。晉叔啓之也。於是乎有椒聊之詠。田恆之代齊也。齊人附之也。于是乎有採芑之歎。莫氏之于安南亦猶是也。其得民深矣。其自衞固矣。征之則失春秋詳內略外之體。因而與之。又非天王正名定分之心。故不若先之以責讓之詞。詰其簒殺之由。曉以君臣之義。以觀其臣民向背之機。而徐爲之所。如其冥然矯虔。不可諭曉也。爲之申固關隘。卻擯貢獻。絕不爲臣。則莫氏必皇皇然曰。天朝之棄我如是。我何以取重于臣民也。其臣民亦將曰。莫氏爲天朝所不赦。而吾父子兄弟。皆亂賊之黨也。庶或有倡義而圖之者。則吾中國禮義綱常。固凜然觀示于外域也。故征之不若棄絕之爲得策也。

庚辰。虜復入宣府大白楊堡。參將關山戰沒。部卒殲焉。逮總兵傅鐸。起郤永代之。

延綏虜警。

增開中鹽引。

壬午。前少師兼太子太師吏部尚書華蓋殿大學士劉健卒。健字希賢。河南洛陽人。天順庚辰進士。入館。授編修。弘治中直閣。正德丙寅乞骸。家居垂二十年。嘉靖改元。詔問加賜。年九十四。風節凝重。練習典故。有經濟才。受知孝廟。盡言匡正。多所采納。受顧命。惜武宗之不能用也。謝政歸。聞帝數巡邊。幸江南。輒泣不食。曰。吾死無以見先帝矣。人稱有古大臣之節。爲近世賢輔云。贈太師。謚文靖。

廖道南曰。弘治間。予從先大夫遊京邸。飫聞栂庵劉公當國正色。凡諸僚宷謁私宅者。不與交一言。及入朝。事關大義。累幾千言不輟。及予登甲科。到史館。公尙亡恙。卒無一言干求恩遇。蓋古人所謂大臣與。

甲申。給事中杜桐以疾求改南科。上曰。旣疾。何改。爲尋察罷。

命撫按考察王府官。

丙戌。起兵部左侍郎馮淸提督宣大山西軍務。同太監馬俊、總兵官惠安伯張偉等西征。

翰林院侍講葉桂章被逮。自殺于柏鄉傳舍。

丁亥。西庫火。

山西總兵官楊賢免。趙廉代。

戊子。前少保兼太子太保禮部尚書武英殿大學士席書卒。書字文同。四川遂寧人。弘治庚戌進士。除郯城令。奏最。授工部主事。造舟淮浦。作漕船志。改戶部。進河南按察僉事。濟饑。遷貴州提學副使。屢遷右副都御史。撫楚。遷南京兵部右侍郎。入宗伯目眚謝任。上自作文祭曰。學得眞傳。德惟一致。忠誠端愼。簡在朕心。欲共圖政化之淳。而遽奪忠良之速。後雖同事之臣日或接見。獨于謀議之善不復可聞。其悼念如此。書有才用。多讀書晩以桂萼薦。蒙知恃寵。負氣而忮。贈太傅。謚文襄。弟春吏部侍郎。

己丑。故工部左侍郎何天衢贈尚書。

辛卯。前翰林院修撰舒芬卒。芬江西進賢人。正德丁丑進士及第。諫南巡。杖謫福建副提擧。嘉靖初。復秩。諫大禮再被杖。以內艱歸卒。芬風神玉立。有志聖賢之道。兼知天文曉音律。世名忠孝狀元。萬曆中贈左諭德。謚文節。

甲午。禮部右侍郎翟鑾爲吏部左侍郎。兼翰林學士。直文淵閣。鑾爲講官久。上特拔之。

朝臣考課。

虜寇大同。

逮山西巡按御史馬錄及布按三司官。

岑猛餘黨盧蘇王受破田州。據之。

丙申。上問輔臣武弁之制。對詩韎韐有奭。以作六師。韎絳色。韐熟皮。六月篇曰。載是常服。韎可弁。亦可衣。而素裳白舃也。制同皮弁。古帝王武事則服韎韋之弁。我大明集禮。皇帝親征祭告服武弁。則韎韋也。結五采玉爲飾。其詳如此。

己亥。戶兵工部尚書秦金王時中趙璜俱罷。

永淳長公主選婚永淸陳釗。上自定爲駙馬都尉。方涓吉。忽聽選官余德敷言家世惡疾。下禮部。郎中李浙奏。德敷妄言宜罪。德敷詆浙黨惡。並逮浙。竟罷釗他選。

辛丑。吏部郎中彭澤。考察謫外。張璁言其勸贊大禮。乞留。從之。澤疏自白曰。即使臣以議禮當上心。亦不容借此敘復。況實無片語上達。廷箠殆斃。安敢欺也。不聽。給事中楊秉義御史儲良材等各言璁市私恩。搖國是。上怒。並奪俸二月。

壬寅。考察拾遺。命南京工部尚書張嵿都御史陳鳳梧林琦周金陳洪謨南京禮部右侍郎趙永□□□卿崔傑通政党承志致仕。留編修廖道南司業吳惠。

癸卯。再訊李福達于午門。薛良等三十人共指之。語塞。右副都御史畢昭引戚廣以證薛良之誣。廣曰。我未到官。安得此語。于是刑部尚書顏頤壽等奏上。上怒其偏護。且畢昭等先劾良誣。今又劾實。何也。俟齋祀畢親鞫之。楊一清言。治獄非天子事。仍下廷訊。

甲辰。詹事桂萼爲禮部右侍郎。提督四夷館。太常寺卿劉思賢爲工部右侍郎。督理易州山廠。

四月朾朔。己酉。洛容古田盜復起。

遣內臣南京織造。

辛亥。山西左布政使李璋爲右副都御史。巡撫寧夏。起方良永右副都御史。巡撫應天。

甲寅。禮部右侍郎桂萼兵部左侍郎張璁俱直日講。

乙卯。南京禮部右侍郎胡世寧爲南京工部尚書。起顧清爲南京吏部右侍郎。

丙辰。南京太常寺少卿何塘爲南京太常寺卿。吏部郎中馬禮爲南京右通政。

丁巳。召南京戶部尚書鄒文盛爲戶部尚書。工部左侍郎章瑞爲工部尚書。

己未。巡撫湖廣右副都御史黃衷爲工部右侍郎。秉右僉都御史。督採大木。南京右副都御史周倫爲南京工部右侍郎。

庚申。刑部主事唐樞削籍。樞論李福達大逆忤旨也。

辛酉。祠諸葛亮于南陽之臥龍岡。祠曰忠武。

甲子。戶部右侍郎王承裕爲南京戶部尚書。巡撫保定右副都御史何詔爲工部右侍郎。

乙丑。令順天尹禱雨。

丁卯。江西陝西左布政使孫修唐澤爲右副都御史。巡撫湖廣甘肅。大理寺左丞毛伯溫山東左參政常道爲右僉都御史。巡撫寧夏山西。

戊辰。崇先殿成。卽觀德殿更名。時以世廟配太廟。此殿配奉先。皆祀獻皇帝。

日講官顧鼎臣講洪範稽疑卜兆與蔡傳小異。上諭問輔臣楊一淸引五行以對。上是之。

壬申。湖廣左布政使林廷棉爲右副都御史。巡撫保定。

甲戌。太子太保吏部尙書廖紀致仕。進少保。

兵部請補黃花鎭守備官軍。

丙子。調延綏總兵官署都督僉事彭英鎭守大同。

御史陳察晉南京太僕寺少卿。疏辭。且薦前給事中劉世揚等。太僕例不薦代。且上以察在言路久。何至轉官而始薦也。謫海陽敎諭。

五月玎朔。日食。

庚辰。兵部左侍郎王翊卒。

辛巳。南京刑部右侍郎王軏改戶部右侍郎。

巡撫四川右副都御史鄭毅佐南院。

翰林編修廖道南疏洪範九事。上嘉納之。
壬午。起陳珣署都督僉事總兵官。鎭守延綏。
甲申。起禮部尚書羅欽順爲吏部尚書。遣官卽家促就道。
御史蕭一中言。暑甚恤囚。請下馬祿于有司。上怒其黨。下獄。
乙酉。令日講官纂經書通鑑所關君德政事修省者錄上。楊一淸請幷及大學衍義。許之。
命侍郎溫仁和桂萼張璁詹事董玘侍讀學士徐晉祭酒嚴嵩庶子穆孔暉諭德顧鼎臣張璧許成名洗馬張潮贊善謝丕儤直。
丁亥。起新建伯王守仁兵部尚書兼左都御史。總制兩廣江西湖廣軍務。討盧蘇王受。
戊子。前山東右布政使王廷相爲右副都御史。巡撫四川。
國子司業吳惠爲南京侍講學士。
庚寅。應天府尹王爌爲南京刑部右侍郎。
辛卯。問輔臣明堂靈臺辟雍之制。以奉天殿司天臺國子監對。
癸巳。詔大臣非奉旨起用不得廷推。時推吏部尚書。衆擧喬宇楊旦。張璁言其黨楊廷和。又溫仁和與劉龍爭禮部尚書。故有是詔。
丙申。署詹事府禮部尚書吳一鵬還禮部。
丁酉。罷宣大軍儲。
戊戌。免涿州良鄉固安永淸大城文安田租。
辛丑。裁易州山廠運薪官。

乙巳。吏部右侍郎溫仁和爲左侍郎。署詹事府。理誥敕。

署都督同知張鳳爲總兵官。鎭守陝西。

六月丙午朔。兩廣提督軍務左都御史姚鏌致仕。

丁未。故瑞州知府宋以方贈光祿寺卿。以方湖廣黔陽人。知宸濠有反狀。繕城塹集民兵以備。濠以他事繫之獄。明日反。械置舟中。罵不屈。赴水死。

總理河道侍郎章拯奏開寧陵縣北坌河。出宿遷小河。從之。

戊申。廢岷王彥汰爲庶人。以幽囚嫡母也。

己酉。翰林編修林時爲國子祭酒。

寧晉伯劉岳卒。

壬子。南京太常寺卿何瑭爲南京工部右侍郎。南京工部員外郎黃綰爲光祿寺少卿。直史館。

癸丑。通政司右參議葛檜復孫姓。外氏葛華妻具言育養狀。聽沒後歸宗。

廣東左布政使梁材爲右副都御史。巡撫江西。大理左寺丞劉源清爲左僉都御史。巡撫宣府。

兵部右侍郎王翊南京兵部右侍郎陳琳皆卒。

刊大學衍義上序之。又作詩。閣臣屬和。曰翊學詩。

瀋王詮鉦薨。謚曰恭。子勛𣸣先卒。孫胤禮亦夭。以再從弟胤栘嗣王。

夜。月犯心宿。

戊午。始命歲貢生授教官。三年有效。預鄉試。每省限五人。

己未。太常寺卿聞淵爲南京兵部右侍郎。

辛酉。詹事董玘爲吏部右侍郎。

壬戌。□□饑轉漕十五萬石濟之。

禮部右侍郎桂萼薦王守仁王瓊。

癸亥。上以尚書武成篇有引歐陽修語。欲從祀楊一淸言未敢輕議而止。

立沛縣河神祠。

京師雨錢。

乙丑。翰林學士徐晉爲少詹事署院。

免眞定順德廣平大名河間保定田租。

丁卯。金星犯靈臺上星。

戊辰。左都御史聶賢劾罷。

己巳。董玘桂萼張璁並兼翰林學士。

禮部左侍郎桂萼請科道考察後互糾劾。如成化初。吏部言憲廟無此詔。萼屢被劾。蓋欲報復。恐不足昭公論。壓衆心也。上切責吏部。趣行之。吏科給事中王俊民御史劉隅等言。臺諫自相批抵。非聖世事。無已請再聽察。上切責之。

辛未。賑畿內饑。免夏稅馬價物料。

芒部餘孽沙保等陷鎭雄。知府程洸走畢節。川貴官軍討之。沙保僞死。土官勿察。惧奏捷。蓋洸招流人占種夷田。沙保因以隴勝及隴壽故部阿得等稱兵。

套虜鎖合兒伯通入花馬池韋州。

癸酉。宣大總督馮淸被劾召還。尋自免。

九江兵備道仍轄興國黄梅廣濟。

王時中復兵部尚書。

虜抵鎭戎所指揮路瑞拒之。總督尚書王憲先以中軍都指揮李佐泊都督鄭卿參將劉文副總兵趙瑛李義各兵至。虜北走。追敗之細溝。斬百九十三級。諸將又追敗之哲思溝。復斬三十六級。是夜王憲檄延綏都指揮卜雲策應。令寧夏總兵杭雄督參將魏錕沙金遏其歸路。初慶陽衞指揮劉文以固原守備爲參將。公廉。養馬治兵皆有程。告總督王憲曰。官馬散牧固原之東西海。是餌虜也。虜必乘我不虞。憲大徵兵于固原。虜果日晡潛入花馬池。報至固原。憲命楡林副總兵趙瑛與劉文各兵三千先行七十餘里。已至五營岡。選鋒三百値虜戰。堡人乘高望之。謂二帥曰。選鋒戰矣。二帥爭馳。虜見塵高大。遂走越黑水河。據北岸。水盈尺。劉文馳涉水。射殪其雙刀將。譯曰。此鎖合兒伯通也。虜棄岸北走。據斷山。山後澗水深。官軍棄騎仰攻。虜騎爭趨山。山崩。擁虜騎入澗。陷泥淖。兩軍讙閧。二帥莫能制。各與其衆相失。夜方已。詰旦各劾首虜三四十級。而莫知虜所在。文居固原久。知其匿處。急上山跡其衆。虜岩穴陶復中。匿勿出者。燒殺之。殘虜北奔。及百里。皆裸身而騎。涼州都指揮卜雲至。邀斬二百餘級。時邊候惟見一乘騅者。初昏出邊。則千里馬也。

甲戌。涼州都指揮卜雲伏兵青羊嶺。邀斬九十五級。寧夏總兵官杭雄又斬八十三級。

是月。平涼大雷雨。晝晦。浚谷水暴漲。壞民居。漂士女萬計。

七月丙朔。科道互糾舉。更斥給事中鄭自璧孟奇余經御史任佃楊瑞張鵬漢。南京亦如之。

改胡世寧左都御史。許羅欽順致仕。召李承勛爲吏部尚書。

庚辰。前南京禮部尚書邵寶卒。寶字國賢。無錫人。成化甲辰進士。守陳州。愛民訓士。入戸部員外郎郎中。遷江西提學副使。累進副都御史。總漕。巡撫江北。不事改革。其下吏憚之。不敢苛黷。忤逆瑾。坐累罷。瑾誅。巡撫貴州。進戶部侍郎。已予告。起南京禮部尚書。辭。嘉靖初再辭。許終養。問學該洽。應務之才。細巨皆適。博雅敦行。士林重之。贈太子少保。謚文莊。所著學史簡端錄二書。巡撫吳廷舉上于朝。

丁亥。罷宣大提督官。

己丑。少詹事方獻夫霍韜俱直經筵日講。

前太子太保刑部尚書林俊卒。俊字待用。福建莆田人。成化戊戌進士。平生不戀爵附權。不畏强禦。有犯顏敢諫之節。高難進易退之風。穆宗改元。贈少保。謚貞肅。

庚寅。總督漕運右都御史高友璣爲南京工部尚書。

監察御史胡松言王瓊不可用。忤旨。謫御史周在復言。幷攻桂蕚妄舉。下在獄。蕚又薦瓊。命復其官。需召。

談遷曰。當時張桂之燄最熾。而蕚加銳焉。薦楊一淸則立相之。薦王瓊則立將之。言脫于吻。人不得角其片語。雖天子無所撓也。猶以此令終。非其幸與。

壬辰。左春坊左贊善謝丕爲太常寺少卿。提督四夷館。

山東旱。免田租有差。

乙未。王偉罷。李廣爲總兵官。鎭守廣西。

丁酉。南京右都御史鄭毅總督漕運兼巡撫鳳陽。

己亥。蠲順天永平田租有差。

庚子。復察處御史儲良材。良材辨。爲吏部左侍郎孟春右副都御史劉文莊所嫉。桂蕚言其任怨遭誣。復之。

談遷曰。考功之法。至嚴重也。不幸受玷。雖才賢泣刖。無能自明。故祖宗朝守此爲霜鉞。莫敢攖也。張璁之留彭澤桂萼之復良材。而功令弁髦矣。彼亞卿猶爾。矧持權秉政之日哉。

壬寅。起盛應期右都御史。總理河道。

癸卯。命祭顯陵祀鳳陽皇陵。

八月丙朔。免陝西延安府田租。

戊申。更核軍職冒濫被革者。釐爲六條。酌其去留。

庚戌。敕進王憲太子太保世廕錦衣百戶。鄭卿杭雄進都督同知。卜雲趙瑛俱署都督僉事。餘陞賞有差。又諸邊嚴功多數年不報。于是遣兵部官往同撫按卽以聞。

甲寅。進楊一清左柱國兼華蓋殿大學士。世錦衣衞百戶。錄其陝西功。

庚申。定大禮書曰明倫大典。

訊李福達。刑部尙書顏頤壽。侍郞劉玉王啓。左都御史聶賢。右副都御史劉文莊。江潮。大理寺卿湯沐。少卿顧佖汪淵俱下獄。時逮按察使李珏。巡撫江潮等至。歸罪于薛良言良仇張寅。以李五作李福達。李福達作張寅。其惑衆謀逆妄也。上怒其支詞。盡下獄。命禮部右侍郞桂萼署刑部。兵部左侍郞張璁署都察院。少詹事方獻夫署大理寺。鞫之。萼等窮治馬錄。搜其篋有大學士賈詠御史張英右僉都御史張仲賢大理寺丞江淵工部左侍郞閔楷尺牘。俱頗涉福達事。萼等因言給事中常泰劉琦員外郞劉仕挾私彈射。嗾馬錄殺人。給事中王科鄭一鵬秦祐沈漢鄭輅評事杜鸞。南京御史姚鳴鳳潘壯戚雄等黨同助奏。給事中張逵御史高世魁首名駕禍。郞中司馬相妄引事例。增減詔科。俱逮訊。下潘壯戚雄于南京司。以太僕卿汪玄錫少卿余才讀限並鞫。

談遷曰。張桂始議禮。輿志沸甚。郭勛獨右之。密聞于上。締結深矣。法司抵罪。又使張桂柄其三尺。無待聽于棘木之下。固知此案之反也。若其他委。卽李福達得生。不重爲諸君子羿矣。

癸亥。少保兼太子太保禮部尙書武英殿大學士賈詠致仕。給驛。詠嘗柬馬錄。引咎力求去。

吏部右侍郎孟春。以馬錄柬及不引咎下獄。

甲子。光祿寺少卿黃綰訟王守仁等平宸濠功。命給鐵券。故布政戴德孺廕子入太學。

乙丑。王受盧蘇破思恩。執知府吳朝英千戶魏瓊等。攻武緣。官軍間道入思恩。復之。

雲南土官坐事及承襲者。鎭撫會二司速結奏保。

戊辰。始命禮部儀制主事金克厚敎習駙馬。

監察御史楊彝請罪戍從宜編發。遠不過三千里。從之。

庚午。湖廣大水。漂沒田廬五府二十四州縣。

壬申。南京吏部尙書朱希周致仕。南察六科俱如故。禮部右侍郎桂萼引他事刺希周畏勢。希周言。給事中財七人。其人實無可去。且五府經歷都事亦無一人去。非獨給事中也。因引疾。

吏科給事中史于光上書。往歲先後言禮諸臣伏闕躁妄。陛下怒而罪之。凛秋肅物。天道也。一時玉成之意。非欲絕之。近御史張袞等疏乞聖宥。蒙敕該部看詳邸報。既吏部詳覆上請。命下報罷。夫天地之春有不動。動則必舒。聖人之仁有不行。行則必洽。況諸臣皆陛下所親拔擢。欲與共圖治理以茂中興者。而廢謫已兩閱歲。大臣未遂其先憂後樂之心。小臣未遂其幼學壯行之志。家居者或年垂晚暮。謫竄者皆身處嵐瘴。一旦有如劉安世之齎志以沒。如范祖禹之梅州不返。以陛下愛惜人才之心。必有宥過後時之悔。雖人才消息。代不終乏。然沮德明求粟之奸。寢淮南叛逆之謀。皆譽望素著之臣也。伏望早實春生之仁。即起諸臣。懲創之後。必有感恩圖報。大補聖治無疆之休者。不報。于光。晉江人。尋卒京師。居官淸厲。有求居間者。因其妻以請。于光佯諾。問金安在。妻出視之。于光面空踞呪。倘受此。子孫絕種矣。

初。廣信府同知葉朝陽坐事當逮。未至。吏部除南京員外郎。上詰右侍郎董玘。引罪。文選郎中鄭傑謫外任。主事劉序等奪俸三月。

按江北圮田江南漲田。

癸酉。駙馬都尉謝詔尙永淳長公主。

九月亥朔。禮部右侍郎桂萼爲吏部左侍郎。仍署刑部。

戊寅。署都察院事兵部左侍郎張璁課御史。斥謫十二人。

己卯。免江西河南山西田租有差。

庚辰。少詹事方獻夫爲禮部右侍郎。光祿寺少卿黃綰爲大理寺左少卿。仍纂修。

壬午。吉王見浚薨。謚曰簡。

釋妖人李福達。署刑部事吏部左侍郎桂萼等訊福達。云。張寅。五臺人。籍匠。僑居徐溝。嘗貸薛良錢。負之。故指爲洛川人李五。又云崞縣李福達也。先後情詞互異。前訐張寅名氏于巡撫右副都御史畢昭。安置口外。寅子大仁。抵勛求救。故柬馬錄。錄欲中勛。傅會薛良。指張爲李。指伍爲午。令寅怨家李景全韓良相石文舉等證成之。按成化十八年黃冊。云李福達時方七歲。弘治二年。王良李鉞謀叛。方十七歲。安有同黨遣戍山丹衞乎。總之馬錄借陷郭勛。而給事中常泰劉琦員外郎劉仕成之。薛良論死。韓良相等永戍。山西布政使李彰。按察使李鈺。僉事章綸。大理寺少卿徐文華。俱永戍邊。給事中劉琦。御史程啓充。盧瓊。亦戍邊。給事中王科秦祐沈漢程輅。及左都御史聶賢。削籍。刑部尙書顏頤壽。左右侍郎劉玉王啓。右副都御史江潮。劉文莊。大理寺卿湯沐。少卿顧佖。汪淵。太僕寺卿汪玄錫。光祿寺少卿余才。吏部右侍郎孟春。工部右侍郎閔楷。右僉都御史張仲賢。俱免官。馬錄永戍南丹衞。畢昭還任。時璁萼獻夫以議禮驟顯。朝臣嫉之如仇。璁等亦齗齗切齒。會大獄興。乃協比傾陷以攄積憤。部寺而下無不被楚毒者。實朝臣有以激之也。

徐學謨曰。是役也因大禮而成大獄。郭勛武夫。議禮受寵驕恣無忌。目無旁人。如爭文武雖所執爲是。士大夫側目矣。馬錄本非相知。何得輕囑。而錄又識事淺。欲摭拾張寅以傾勛。而內外雷同。羣然黨護。互相影射。無一指實。坐以謀反。忽改爲妖言。蔓之獄詞頗詳。然以報復濫及亡辜。一時竄跡。朝堂幾空。雖維辟作威。無乃將順之過乎。

談遷曰。事貴詳于始而敗于激。薛良訴巡撫畢昭。與直指小異。馬錄何不重剖之也。畢昭曰誣。錄曰非誣。始案未足以折其口。彼死不擇音。求援權貴。雖勛之驕恣安有通一請寄。律以黨逆之罪哉。在錄之劾勛不爲過。南北臺諫。白簡交及。將移赤族之罪。致討武定。不亦激乎。設當時息喙俟命。則福達直太原之死獄。何至疑宸聽而涉廷訊哉。天威震赫。縲累舉朝。竊爲諸君子甚之也。

郭子章曰。馬御史卽以成案付三司。不能平反。讁固宜。獨此獄至今尚疑。嘉靖四十五年。都御史龐尚鵬以四川妖寇蔡伯貫反鞫稱師李同。而同自稱爲李午。卽福達也。孫大仁大禮世習白蓮妖教。遂追劾郭勛乞卹馬錄。穆廟從之。不知世廟是乎。穆廟是乎。張文忠所反者當乎。龐中丞所反者當乎。俱未可知也。

癸未。劉祖壽嗣寧晉伯。

丙戌。巡按浙江御史楊彝言。日本例十年一貢。來僅百人。船三艘。不持兵。請檄彼貢如故事。否則拒之。報可。

丁亥。少詹事兼翰林學士霍韜爲詹事。韜疏辭云。內閣推官非祖宗制。自楊士奇楊榮楊溥及李東陽楊廷和植黨。以屬視翰林。門吏視中書。故翰林遷擢不關吏部。而中書至緣進六卿。支一品俸。臣嘗建議。以翰林遷除盡歸吏部。庶不陰倚內閣。而內閣亦不陰結翰林也。上不允辭。

禮部尚書吳一鵬爲南京吏部尚書。進太子少保。

己丑。左都御史胡世寧爲刑部尚書。

免鳳陽淮安旱災夏稅。

署都察院事兵部左侍郎張璁上發奸懲貪事宜。卽行之。

頒欽明大獄錄。

談遷曰。天子萬幾。何事不可作。則釋一李福達。卽平反允愜。祇一人一事耳。桂萼輩遽沾沾上請。猶夏蟲秋蛙之見也。隆慶中。都御史龐尚鵬上章追論福達之罪。果逋逆世妖。捕治其家。而大獄錄又空案矣。蓋桂萼輩好立異。否則無以自見也。嗚呼。墨墨之化。報報之反。事經宸斷。皃骨亦朽。而後人持其稿跡。尙起腐魄而誅之。則庶獄庶愼。毋操勝于羣情之外矣。

辛卯。右副都御史梁材光祿寺卿許讚爲刑部左右侍郎。右副都御史潘希曾爲工部右侍郎。巡撫四川右副都御史王廷相回院。

陝西布政司右參政孟洋爲右僉都御史。巡撫寧夏。

甲午。李鶴鳴史立模孟居仁爲給事中。劉泉王繼禮周易王化吳淮鄒元洪趙瑠施一德王道毛鳳詔劉謨爲監察御史。

乙未。起劉麟大理寺卿。熊浹右僉都御史。

丙申。吏部左侍郎桂萼爲禮部尚書。仍兼翰林學士。尙書兼學士自此始。

巡撫雲南右副都御史吳祺卒。

戊戌。兵部左侍郎兼翰林學士張璁上科目三事。正文體。明實錄。愼考官。上善之。各省始遣京考。

故剆籍吏科給事中陳洸。爲廣東按察使周宣潮陽知縣伍鎧所急。走京師。令人上書。誣前吉安知府葉應驄比部時囑獄掠殺人。而御史藍田按察使張祐周宣知府唐昇知縣宋元翰伍鎧朋黨陷臣下刑部。桂萼爲之請。盡逮諸臣詣京師。罷張懋孫懋官吏部侍郎方獻夫以詞連三四百人。請再按遣錦衣千戶陳紀往。

徐學謨曰。陳洸之獄起。鄉里與朝議無預。其後平反。則法司事也。亦何與于翰林職掌。而學士桂萼。以洸議禮之黨。務護其短。至與刑部趙鑑爭論。攘臂相加。其瀆法滅理。豈復知有朝廷紀綱耶。則往時議禮之心。亦不過私利其身耳。原不爲上計也。

庚子。封訏淳伊王。厚烷鄭王。顯槔保康王。安湜封丘王。睦栲沈丘王。睦舉義寧王。睦柯博平王。融煥寧遠王。胤移靈川王。勛涓吳江王。祐翰崇安王。秉棧保安王。邦寧靖江王。

壬寅。禮部右侍郎方獻夫爲吏部左侍郎。仍兼翰林學士。

湖廣左布政使丁沂爲右副都御史。巡撫四川。

癸卯。命王守仁專事田州。召太監鄭潤還。

甲辰。福建按察使周廣爲右僉都御史。巡撫江西。

十月己巳朔。天文生按季考課定去留。欽天臺奏木星逆行留井。主法令急。天下更改。張璁言。按乾象五星之行。皆距合于日。以爲遲留伏留。如木星與日合度而順行漸遲。追日不及則遲而留。遂逆行矣。逆行漸速。而遲而留。又順行。乃更與日合。木星每歲經一次。每退必十數度。具有成法。臺官可問也。嘉靖六年九月二十八日。木星二十四度。至十月二十二日。木星逆行。今年正月二十六日。留井十五度。二月二十一日順行矣。嘉靖五年八月十二日。木星留參一度。至九月七日。木星逆行。十二月十二日留畢七度。六年正月六日順行矣。其進而順行。退而逆行。皆天道之常。或謂井爲天子之府。故木逆行留守于井。其應云然。臣又按正德十年九月十二日。木星留井二十度。至十一月六日逆行。次年二月始順行。又弘治十六年十月。木星留井十五度。逆行。至次年二月始順行。此皆木星逆行留守于井。弘治四年冬。木星亦逆行留守于井。成化十五年冬。木星亦逆行留守于井。皆無他故也。臣又按象緯之書曰。木。歲星也。于人五常仁也。五事貌也。仁虧貌失。逆春令。傷木氣。則罰見歲星。又曰。木星與土合爲內亂。爲饑。與水合爲變謀而更事。今木星躔井水。星躔斗牛及女。相隔之遠凡六次。實未嘗合也。又曰。井爲天之南門。黃道所經。爲天子之亭候。主水衡事。法令之所取平也。王者用法平。則井明而瑞。夫井。水宿也。嘉靖六年五月至九月。木星又順躔焉。井明而瑞矣。此固欽明大獄之徵也。又曰。歲星進退如度。主奸邪息。若有變色亂行。主亡禍。又曰。井日月食。五星逆犯。主大臣謀亂兵起。又曰。凡五星見伏留行逆順遲速應曆度者爲德。其行政合于常。違曆錯度。而失路贏縮者爲亂行。有革政饑亂之禍。由是言之。則遲速順逆者。五星之常度也。惟合散犯守陵歷鬬食贏縮等變。斯應凶咎耳。皇上試以臣言詰問臺官。今日木星逆行。應曆度與。變色亂行與。果有所謂合散犯守等變之異否。想其說必窮矣。夫臺官占奏。固其職。如昨者之解。乃專歸咎更政。蓋實欲陰壞嘉靖維新之治。疑未必無所受也。

談遷曰。永嘉議禮。能以辨博濟其說。卽論星曆亦援據不窮。其見知于上。非偶然也。

丁未。署都察院事張璁申明憲綱。

戊申。兵部左侍郎兼翰林學士張璁爲禮部尚書兼文淵閣大學士。直閣。仍署都察院事。

刑部尚書胡世寧爲左都御史。進太子少保。張璁解院事。

己酉。諭內閣修定會典。上閱冠禮至成化十四年云。謁謝奉先奉慈殿。時未有奉慈殿。何誤也。

庚戌。吏部左侍郎溫仁和歸省。

停內閣典詔敕官。

辛亥。起魏校。韓邦奇河南四川提學副使。

初。哈密失國走入塞。僑苦峪赤斤肅州諸城。凡千餘人。並僦居墾荒。間從官軍逐寇受犒。歲給五百石。至是大亂吉李哈剌灰畏兀兒等求增給田屋。總督王憲言諸番散處塞上。一時權宜行且輿復未可許也。從之。

壬子。陝西提學副使劉天和爲南京太僕寺卿。浙江布政使汪浤爲右副都御史。提督南贛汀漳軍務。

裁浙江市舶提舉。

丙辰。前御史虞守隨上皇陵正議。上以守隨被察後言事。下御史按問。上密諭張璁云何。璁曰。太祖不遷皇陵。太宗不遷孝陵。皆廷臣正論。舜墓蒼梧之野。二妃不從。季武子曰。周公蓋附之。葬自周公以來未之改也。聖慈萬歲後。自宜附顯陵。上嘉納之。

戊午。左春坊左諭德顧鼎臣爲翰林學士。左右諭德張璧許成名俱侍讀學士。司經局洗馬張潮侍講學士。

巡倉監察御史吳仲請濬通州閘河。戶工部侍郎王軏何詔督役。

己未。起伍文定兵部左侍郎。順天府尹萬鏜爲南京右副都御史。

豐城侯李文爲征蠻將軍總兵官。鎮守兩廣。

上作顯陵碑。

祠故少保兵部尙書陳洽于常州。成化中征交趾戰死。具衣冠以葬。武進人。

辛酉。行人潘鋭免官。鋭有心疾。適上朝。持疏劾桂萼。會皇出。夾下錦衣衞按問。果狂易得輕論。

壬戌。提督總兵署都指揮僉事楊宏爲署都督同知。

選提學官。直隸御史張袞鄭洛書。浙江副使萬潮。江西趙淵。河南魏校。山東余本。四川韓邦奇。廣西李中。雲南唐冑。福建張邦奇。湖廣許宗魯。廣東蕭鳴鳳。貴州僉事高賁亨。

癸亥。吏部尙書李承勛未至。改刑部尙書。進太子少保。

右府署都督僉事劉暉卒。

甲子。上諭大學士張璁。朕有秘示。其慎之勿泄。璁請如先朝楊士奇例賜銀章。許之。各二章。曰忠良貞一。曰繩愆弼違。賜楊一清曰耆德忠正。曰繩愆糾謬。賜翟鑾曰清謹學士。曰繩愆輔德。賜桂萼曰忠誠靜慎。曰繩愆匡違。

乙丑。少輔大學士謝遷入朝。遷耆宿。于望實皆重。而楊一清銜峻。遂位一清下。不能如梁儲之讓楊廷和也。

給安陸守備太監蕭洪符幟。

丙寅。贛州征猺民兵至韶州潰歸。罪其首禍。餘下王守仁撫定。

翰林侍讀汪佃嘗講洪範九疇不稱旨。調寧國通判。楊一清張璁等導上選擇儒臣。于是左右中允劉棟楊維聰侍講陳沂鄺灝修撰蕭與成季方編修劉泉宜外補。上令再擇。于是侍讀崔桐修撰張衍慶陸釴江暉編修黃佐應良左中允邊憲任深俱外補。蓋張璁非詞林起家。初又被攻。因外之。遂改大理寺左少卿黃綰為少詹事南京通政司右參議許誥為侍讀學士。南京尚寶司卿盛端明福建按察副使張邦奇為左春坊左庶子。四川按察副使韓邦奇前山西按察副使方鵬為右春坊右庶子。吏部文選郎中彭澤為右諭德。刑部員外郎歐陽德吏部考功主事金璐御史張袞為編修。

國子祭酒嚴嵩請復舊制。嚴考貢。仍分給膳金。從之。

山西潞城青羊坡賊陳卿作亂。

壬申。光祿寺少卿黃綰言。運不藉河。其河源但山東諸泉耳。南旺馬場樊村安山諸湖。為諸水鍾聚之所。誠修築隄岸。挑去沙土。更引他泉別流者總注其中。漕河可不竭矣。湖外長溝馬房。南至鈞兒口。北至安山。卽古稱鉅野。宋所云梁山泊也。地窪下。較湖水低甚。改漕河經焉。可免濟寧高泉淺澀之艱。則漕亦何賴于河哉。且漢唐宋粟。皆仰給東南。其漕道各因自然之勢。非人力。惟元都燕。始因山東諸泉扠此會通河。河在高原之上。南北峻坂。水勢曲下。其間行舟。惟仗諸閘瀦蓄耳。萬一風塵梗塞。元爲殷鑒。願豫計而廣圖之。詔河臣經度以聞。總理河道侍郎章拯言。沛縣爲淤。運難遽達。金溝口遞北新衝一渠。與昭陽湖通。宜令運艘假此道入于河。由沙河板橋出先阻者。可令西歷雞塚寺出廟道北口通行。工科給事中張嵩言。湖地卑。河勢高。引河灌湖。必致瀰漫。使湖道復阻。將何以爲計。拯議亦如嵩言。上讓嵩。詔擇諳達大臣實心經國者往督之。一時獻議如詹事霍韜。左都御史胡世寧。兵部尚書李承勛。皆慮及漕阻。而昭陽湖東新河之說起矣。

十一月乙亥朔。濬天津海口新河。

丁丑。翰林院庶吉士陸粲爲工科給事中。王宣御史。王嘉賓鄺忭荆察林雲同俱戶部主事。張鰲山禮部主事。屠應埈袁袠趙時春俱刑部主事。郭秉聰張渠俱工部主事。佘棐大理寺評事。李元陽王格張鐸連鑛俱知縣。張璁謂庶吉士皆乳臭不堪教養。又不當科道。止就其榜第銓除。于是無一留。蓋初入相。庶吉士不往揖嗛之。

丙戌。提督四夷館太常寺少卿兼翰林侍讀謝丕回院。召前國子監司業陸深楊一清薦之也。

丁亥。總督糧儲右都御史方良永爲南京刑部尚書。

戊子。吏部左侍郎方獻夫爲禮部尚書。仍兼翰林學士。直史館。

庚寅。左都御史胡世寧言。陛下至明。屏除宿弊。臣獨念其間有事當言而過激。心無他而見短。若卽長棄。深可隱惜。又恐中人愓禍。遂怯正言。而後有大事大奸。莫之敢論。臣請與吏部考覈之。究其心之公私。原其罪之輕重。量其才之短長。次第疏進。庶無遺才。上善之。考覈不行。

署都督僉事大同總兵麻循移鎭遼東。

光祿寺廚役王福請還顯陵。下獄。

漳浦牛生犢三目三角。

甲午翰林侍講陳沂鄺灝爲浙江山東左參議。侍讀崔桐湖廣右參議。編修黃佐修撰陸銊江暉爲江西湖廣河南按察司僉事。

勘畿內占冒田地。

乙未免紹興湖州山東田租。

丙申命順天尹禱雪。

丁酉浙江按察使歐陽重爲右僉都御史。總理糧儲兼巡撫應天。

延綏總兵陳恂疾去。都督同知會經代。

己亥代王俊杖薨。謚曰懿。

庚子右都御史傅習改南京大理寺卿。

辛丑召總河工部右侍郎章拯。

癸卯吏部右侍郎董玘爲左侍郎。太僕寺卿余祜爲吏部右侍郎。

雲南尋甸土舍安銓作亂。官軍討之大敗。尋甸嵩明州皆陷。

十二月[illegible]朔。諭戶部酌錢鹽事宜。尙書鄒文盛條鹽法六事。禁私鹽。禁占窩。禁奏討。明限期。處餘鹽。添刷引。又錢法三事。遵制錢。嚴私鑄。順民情。報可。

丁未戶科給事中常泰刑部郎中劉仕戍邊。大理寺副杜鸞御史高世魁任淳姚鳳鳴刑部員外郎司馬相俱削籍。右僉都御史張潤御史陞南京太僕寺少卿張英南京御史潘壯戚雄俱免官。初李福達獄成。泰等外逮未至。至是譴斥。

戊申。詹事霍韜條舊章十二事。一洪武中傳諭百姓栽桑棗。一永樂初命寶源局鑄農器給山東被兵之民。一憲綱御史行部勸課農桑。一洪武中遣監生分詣天下督修水利。一諸司職掌載各處閘壩陂池可引水灌田。一職掌載內外軍職俱有定額。一洪武中軍職子弟襲職比試。一太宗陞南征首功餘皆班賞。一國初生員兼讀誥律教民榜文講大誥。一國初給僧道度牒造周知冊頒行天下寺觀。一永樂中私薙髮爲僧幷父兄發種田北京。一景泰中令各寺觀限田六十畝。餘給民田。上大是之。下所司。

太監張永提督團營。

談遷曰。張永討寘鐇未渡河而叛人先就縶矣。計除逆瑾。雖其腹畫。而永又一瑾也。特不覬覦神器耳。幸上廢斥。而楊一清盛稱其功。夫宻勿重臣。所吐握者何限。而亟亟于故閹之是薦。果以人事君之道耶。

太子少保刑部尚書李承勛上足食足兵八事。選京軍以壯根本。止操調以實內地。足衣糧以恤邊民。振紀綱以申軍令。謹收納以清宿弊。便輸納以甦民困。定經制以裕國用。致中和以感化育。下所司議聞。

壬子。禮部尚書方獻夫請禁度尼姑。變賣庵寺。從之。仍清覈僧道。戒私創寺觀庵院。江西提學副使徐一鳴先毀寺觀。逐僧道。被逮。獻夫等申救。尋釋。

甲寅。左春坊左贊善費寀爲南京尚寶司卿。左中允邊憲爲山東布政司左參政。右春坊右中允楊維聰爲山西按察副使。

丙辰。巡撫應天右僉都御史歐陽重改巡撫雲南。

丁巳。山西按察使唐龍爲太僕寺卿。

吏部尚書桂蕚上禹跡九州圖。

己未。大學士楊一清上營務六事。曰兵部尚書事煩。不宜兼掌營務。乞擇都御史專提督。曰擇將領。曰愼選鋒。

曰嚴訓練。曰禁私刻。曰查馬匹。命行之。
戒章奏煩詞。下都察院榜示中外。
庚申。靈寶黃河清五十里。
辛酉。起周季鳳右副都御史。總理糧儲兼巡撫應天。
癸亥。先是土魯番酋滿速兒數遣其屬牙木蘭求貢。願歸哈密地。部議。彼狡未可信。吏部尚書桂萼曰。彼既屢懇。不及今懷之。則哈密之地何時可歸。邊患何時息也。當留質牙木蘭。遣諭滿速兒。訪哈密之後。還其城印。方許貢。遂下禮兵二部議。亦如之。前巡撫陳九疇太監董文告捷云。滿速兒牙木蘭敗沒。而番文求貢。則滿速兒牙木蘭也。上疑之。會錦衣衛百戶王邦奇訐九疇等開釁冒功。上怒。逮金獻民陳九疇等下獄。令甘肅遣撫夷官諭滿速兒。
甲子。旌靈丘王府鎮國將軍成鐵孝行。廬墓。
丁卯。李承勛改兵部尚書兼右都御史。進太子太保。提督團營。胡世寧改刑部尚書。兵部左侍郎伍文定爲右都御史。
壬申。提督四夷館太常寺少卿劉天和爲右僉都御史。專督甘肅糧儲屯政。
諭輔臣。忌辰祭不用衮冕。
上不豫。輔臣候起居。尋體平。諭元旦視朝。

國榷卷五十四

戊子嘉靖七年

正月㸒朔。甘露降長泰龍溪等縣。

乙亥。日重暈。生珥。左右有戟。俱赤黃色。又白虹彌天。良久散。

戊寅。秦府鎮國將軍誠漂及其子秉楡秉枌有罪。降庶人。

己卯。授知縣王準商大節徐俊民爲禮兵工科給事中。

庚辰。監察御史吳仲。劾武定侯郭勛不法。藉口大禮大獄。益驕縱。請正其罪。上責仲假大禮大獄傾陷勳臣。貰勛勿問。

壬午。虜百餘騎掠開原靖安堡。參將閻振等追斬六十餘級。

夜。月犯六諸王東第一星。

癸未。進張璁桂萼彙太子太保。俱辭。進璁少保。

行巡撫久任法。考覈去留。罷河南巡撫蔣珤。

夜。月犯井宿。

甲申。授推官范安朱觀知縣周相張景陳世輔葉照王儀俞稷爲監察御史。兵部職方主事馬敭改御史。

發山西三關兵討青羊山盜。仍詔鄰境嚴兵。

乙酉。總督河道右副都御史盛應期言。沛縣以北河道。其形卑下。故沙淤易澱。澱不疏濬。終不能令運道無梗也。臣博訪便宜。咸稱昭陽湖東北接沙河。南接留城。延袤百四十里。誠穿一渠以通運。而又築閘壩水門。時其節宣。較之濬舊河勞佚遠甚。約役六萬五千人。費二十萬。度六月可罷。廷議許之。

周倫爲兵部左侍郎。王廷相爲兵部右侍郎。

丙戌。上南郊。

戊子。豐潤伯曹棟卒。亡子。庶兄松襲。

辛卯。上每辰拜天宮中。輔臣以勞。止之。

提督太監張永簡京營原額兵十七萬七千有奇。今五萬四千四百有奇。馬十五萬二百餘匹。今萬九千三百餘匹。下兵部議補。

壬辰。浙江福建湖廣江西左布政使潘塤朱廷聲潘珍葉相並爲右副都御史。巡撫河南湖廣遼東貴州。山東陝西按察使王應鵬翟鵬並爲右僉都御史。巡撫保定寧夏。湖廣巡撫孫修改右副都御史提督操江。

癸巳。免平涼田租。

甲午。南京太子太保兵部尚書李充嗣致仕。

夜。月犯氐宿東南星。

丙申。楊一清上甘肅召商屯田事宜。下督撫王憲劉天和區畫。

吳瑞登曰。按鹽自爲鹽。屯自爲屯。則邊計之費亦已久矣。惟若一清之議。鹽與屯相爲表裏。則實邊之計亡逾于此。召商開中誠善策也。然本土無所糴貿。而徒輸內地之粟。其爲力也勞。其爲費也廣。商人筭計多寡。誰願爲之。惟于商之上納。苟從其輕。而又于邊之屯種。稍有所積。則爲商者或運于內地。或糴于邊方。各有所利。則開中自廣。國初之法。便自可復。不然。如漢之贖罪拜爵。納粟入邊。亦一策也。然行之終未見有成效。

豈不得其人而然耶。
覈馬牛羊等芻料。
前甘肅巡撫都御史陳九疇下獄。
丁酉。錄舊將。
戊戌。旌慶成王奇湞孝行。
夜。月犯建星第二星。
己亥。順天府尹陳祥爲右副都御史。總理南京糧儲。
壬寅。禮科右給事中蔡經等。請罪人付中外法官。罷遣錦衣官校。從之。蔡經即張經復姓。
是月。餘杭知縣頴上王確奏冤獄。孫檠富于財而罪非所死。臣若生之。人且疑鬻獄。臣有子民之責。請身詣詔獄。廷辨其事。如妄言。甘伏故出之法。上從之。檠未減。尋確憂去。檠母餽百金。確曰。令知民冤。民顧不知令志耶。
固卻之。杭州府志。
二月。䏶朔。定廟祭類稱太廟。稱七廟。祫祭稱十廟。
永平旱蝗。
甲辰。鎮雄叛夷平。
丙午。免寧波田租。
補築延綏邊牆。初。楊一清欲築延綏寧夏邊牆三百里。會去官。止築四十里。至是工科給事中陸粲言其利。從之。
戊申。選各省兵備官及邊方知府。

甲寅。外戚邵杰嗣昌化伯。

山西官軍討潞城縣青羊山盜敗績。賊執知州王朝雍郭鑑。殺指揮秦洲等。

太僕寺卿唐龍爲右僉都御史。總督漕運兼巡撫鳳陽。

丙辰。陝西總督王憲改南京兵部尚書。起王瓊總督陝西。

丁巳。上作燕弁服忠靖冠。

庚申。翰林院立敬一亭。勒御製箴。仍行南雍天下儒學。

辛酉。處州知府潘潤請復劉基伯爵。

甲子。設鎮撫河間保定總兵官。都督同知魯綱以京營五百人往。

三月㸒朔。兵部右侍郎王廷相兼右僉都御史。提督延綏寧夏邊防築垣。

癸酉。河南盜平。

乙亥。太子太傅鎮遠侯顧仕隆卒。諡榮靖。

丙子。賜張璁姚溪書院曰貞義。堂曰抱忠。

丁丑。夜。月犯天關星。

戊寅。大學士謝遷致仕。遷應召年已八十。訥楊一淸下。默默不能展。遂求去。

馮時可曰。餘姚懸車杜軌二十有二年矣。乃再入當軸。豈不知永嘉遇主安仁竊鉉。卽巴陵再相。志亦難行。而欲殫我康猷可乎哉。及徘徊瑣闥。側目新貴。抗顏盧貝錦之虞。繞指懼不恆之羞。而後幡然長往。亦晚矣。是以君子貴愼始也。

己卯。各御史會薦致仕尙書羅欽順秦金趙璜左都御史姚鏌右副都御史林廷玉楊志學張璿南京國子祭酒魯驛右通政李先吉。上責其私。非可用才。郗元洪周在徐州。謫外。餘奪俸二月。

重校會典增訂之。

辛巳。貴州威清兵備副使改駐畢節。兼轄雲南霑益。四川烏蒙烏撒東川鎭雄。

壬午。黎城知縣王良臣入青羊山說陳卿等歸我官師。巡按御史穆相請撫。巡撫右僉都御史常道謂不可。請徵黔江兵上兩是之。更兩用之。

庚寅。刑部尚書胡世寧言。哈密忠順王速檀拜牙郎自歸土魯番。其裔族槩可立。回回久入于番。哈剌灰畏兀兒二族逃肅州久。卽驅之不可。然則哈密何所復也。縱得城印。助兵食。誰與爲守。土魯番狡甚。欲間我謀。臣則言內犯皆陳九疇所致。夫擁兵徑入。又潛內應。使非九疇應變。則肅州難保。惜其言奸回之詐報妄奏滿剌兒牙木蘭之死。稍可罪。臣愚以先朝和寧交阯故事。置哈密不問。毋再辱王命。究詰城印。中彼要索之計。如其不擾則許貢。否者絕之。庶不疲我中國。于是釋九疇獄。戍邊。彭澤楊廷和俱得免。

給事中商大節御史趙鏜往覆甘肅。

壬辰。戶部左侍郎胡瓚爲南京工部尚書。

癸巳。雲南武定府土舍鳳朝文作亂。殺同知官。奪印。與安銓合圍雲南。命伍文定爲兵部尚書兼右都御史。提督雲貴川廣軍務。徵兵討之。梁才爲戶部左侍郎兼右僉都御史。督理糧儲。發帑金三十萬。

楊南金曰。宣慰府州。職重地大。人衆無禮法。以亂爲常。惟勦乃言不叛者必職卑。多華人。有學校。而官不能倡。或上下相疑不合者也。往者征劍川嵩明南窩鐵索竹子箐十八寨普安州。皆不留其餘。故久靖。麓川之役。主將慈柔。失副將軍。最後王制府恕勦平之。令尋甸以叛逆。革武定以黨璀疑。因而除其子孫不復敍可也。而猶以爲巡捕。爲護印。霑益等處素與尋甸武定及川貴諸酋姻親相倚。可疑者也。疑之豈可復任陞賞不可以無勞得也。不分其祖父功與地方宜否。而概冠帶之。則虎狼之縱不解。忿鬱之氣不釋。相繼復振。蕃禍在茲。昔三原王恕分土司爲三。曰進貢。曰差發。曰里甲。木邦緬甸孟養車里之屬居潞江之外者爲進貢。不足爲我有無。仇殺不止則撫之。非內侵不征也。順寧大侯威遠鎮康麗江永寧居瀾滄金沙江邊者爲差發。宥其小過。羈縻之以爲藩籬者也。三江之內自鶴慶抵曲靖臨安澂江尋甸諸處。皆辦里甲。有學校。治如中州。梗則削土增流。亦以科目毋以他途。大抵流正土佐。不一年化爲流土正流佐。不一年化爲土。化爲土用。更增其焰。故設流擇其人尤急。此王公治滇之要也。安銓之亂。我能固城池。據險隘。潛兵邀其外。突陣摧其鋒。彼衆以脅來。無紀律。勢難久。必敗。計不出此。而復其久革之官以示弱。是何爲者。徒有嫡庶相害。延禍于民耳。夫西定可援東。東不能援西。地異險。兵異精也。今若此。則壞百年用夏變夷之法。而淪華爲夷。不幸有倡。四隅皆黨矣。謂宜修三原故事。令歲遠者毋復襲。革者停。誤給官帶者榮其身而止。有功則調陞沿江佐貳及補江外土官之缺。以三江爲界。而增其戍。使久而日純。犯卽分一府爲數縣。而統于流。且治且化。且築城以守。毋令內夷與外夷通。知我虛實。萬世之福也。

甲午。貴州芒部烏撒等苗刦畢節。

乙未。新建伯王守仁請宥盧蘇王受。思恩田州仍設土官。兵部議岑猛罪革。不宜復府。思恩自弘治末改流官。非田州比。盧蘇王受。兕渠也。奈何幸免。果能效順。俟執醜赴降。或聽解網。上然之。下守仁熟計。

丁酉。卜赤犯山西。入乾溝圍游擊邵定。殺之。令諸鎮互援。

戊戌。大學士楊一清言。今日急務。宜先收土官之心。破其從逆。令鎮巡官馳諭朝廷威德。鳳朝文安銓自作凶孽。爾等世職。各出兵協討。又土官土舍應襲。鎮巡官速上吏部嗣職。不必展轉駁勘。兵與糧阻。榜示各都司衞所。官輸百石。陞一級。襲一輩。定例。仍給札千餘。又諭雲南僑人復業。上是之。

己亥。試監察御史周相。諫河清祭告郊廟下獄。至是謫韶州府經歷。
禮部右侍郎徐縉改吏部。禮部左侍郎李時改戶部。大理寺卿劉麟爲刑部左侍郎。
庚子。工部主事胡明善改監察御史。朱孔陽朱廷立李宗樞傅鳳翔敖銊傅鶚楊東爲試監察御史。呂景蒙喬英朱紱奈勉學方日乾爲南京監察御史。
四月甲辰朔。乙巳。南京吏部右侍郎李廷相疾罷。
都督桂勇充總兵官。會河間保定總兵魯綱等協捕京東流盜。
庚戌。諭百官修省。求直言。
詹事霍韜爲禮部尙書。南京國子祭酒湛若水爲南京吏部右侍郎。右僉都御史熊浹爲大理寺卿。
始遣朝臣主試各省鄉試。浙江工科給事中陸粲。兵部郎中華鑰。江西兵部郎中盧襄。刑部主事屠應埈。福建兵部員外郎陸銓。刑部主事江以達。湖廣戶部郎中郭日休。禮部主事吳龍。河南吏部主事蕭璆。刑部主事袁襄。山東禮科給事中劉世揚。刑部主事陳篪。山西禮部郎中丘其仁。國子監博士王廷。陝西戶部主事王嘉賓。行人李仁。四川戶部主事鄺汴。大理寺左寺副王鴻漸。廣東吏部主事王激。大理寺評事徐棐。廣西刑部郎中祁敕。戶部主事林雲同。雲貴兵科給事中商大節。戶部主事陳良策。給驛以行。
庚申。左春坊左庶子兼翰林侍講張邦奇爲南京國子祭酒。
詹事霍韜辭新命。撰成書。許之。
壬戌。熊浹爲右副都御史。陳璋爲大理寺卿。
癸亥。巡撫四川右副都御史丁沂疾去。
乙丑。套虜近邊。太子太傅惠安伯張偉爲平虜將軍。揚威營都指揮同知劉玉仲威營都指揮僉事蕭澤爲左右參將勸兵待命。
丙寅。南京禮部尙書沈冬魁致仕。
己巳。順天府丞唐鳳儀爲右僉都御史。巡撫四川。
詔吏部詳近年謫降官所由以聞。
庚午。國子祭酒嚴嵩爲禮部右侍郎。
五月粹朔甲戌。總兵官桂勇報勦盜。賜金幣。仍還巡捕。
丙子。復鎭雄府土官。
丁丑。禮部左侍郎劉龍爲南京禮部尙書。
己卯。國子司業陸深服除。授祭酒。
宥陳洸死。仍予冠帶。錦衣千戶陳紀奉命上獄詞。前吉安知府葉應驄坐奏事不實。削籍。郎中黃綰謫潮陽知縣。伍鎧城旦。御史藍田削籍。韶州知府唐昇謫□□。凡經勘官各鐫俸。又出郎中劉勳御史熊蘭凃相。罷參政李鋭。僉事施儒。
壬午。提督兩廣軍務新建伯王守仁招降田州盜盧蘇王受。投南寧受杖。乞立功自贖。宜量授土官。上嘉其功。敕遣行人奬賜金幣。
田汝成曰。嗚呼。予涉廣西。聞父老言田州事。未嘗不三歎馭夷之失策也。國家以土官治南蠻。蓋用人彊以戎索之意。自韓襄毅之後。而軍門號令漸已不張。要皆自致。岑猛倚强跋扈。罪鍼有之。誅其君而弔其民。誰曰不可。盛應期始以私望當猛大逆。何以服其心也。盧蘇倡亂。抗敗王師。雖八議不宥。新建受鉞專征。總制四省。撲殺此獠。直拉朽耳。而顧以姑息訖事。何哉。副使翁萬達曰。新建之將薨也。予適侍側。言田州事非我本心。後世誰諒我者。而參將俞恩亦言。田州乃陽明未竟之功。然岑猛實伏誅而疏言病。死蘇受大憝漏網而盛稱其功。此何解也。迨乎盧蘇再叛弒主。犯諸酋之怒。當是時。陶諧肯以一札詰之正名其罪。可不遺隻鏃。費斗糧。而此獠釁粉矣。蔽奸罔上。失諸夷心。彼其人寧復顧國家大體哉。予又聞員外吳鼎曰。新建之起用思田也。蓋桂萼之力居多云。萼自以遭時際主。致位輔宰。非立奇功不足買重後世。會安南有亂。冀可傳檄取之。乃陰以意指授守仁。若專爲思田出者。使密探安南要領。而守仁竟忤萼指。直于奏尾稍稍及之。萼遂恚憾。會守仁物故。而以他事發怒詘其名。嗚呼。使其然。譎祕又何如也。

陝西按察使李如圭爲右僉都御史。

癸未。戶部左侍郎李時改禮部左侍郎。直講大學衍義。

前提督兩廣姚鏌與御史石金訐奏。奪鏌官閒住。

甲申。黔國公沐紹勛破土寇安銓等。賜敕優賚。

甲午。前兵部尙書金獻民下獄奪秩。

乙未。旌靈丘王府輔國將軍聰測孝行。

大學士楊一清言。今日之務。在省事不在多事。在守法不在變法。在安靜不在紛擾。在寬厚不在繁苛。臣謹就其急且要者。曰舉賢才以充任使。曰收人心以固邦本。曰求直言以防壅蔽。上是之。

丙申。巡按直隸監察御史張恂至保定。悍卒羣訴知府屠僑虧餉。副總兵陳謹諭解。

六月辛丑朔。明倫大典成。上序之。宣史館。頒天下。楊一清加正一品膳。尙寶司丞進。張璁少傅兼太子太傅吏部尙書謹身殿大學士。翟鑾禮部尙書兼文淵閣大學士。桂萼少保兼太子太傅。並廕中書舍人。方獻夫太子太保。熊浹左副都御史。霍韜禮部尙書。黃綰詹事。

壬寅。番夷牙木蘭帖木哥土巴率衆內附。牙木蘭爲滿速兒所疑。懼誅。而罕東番族帖木哥土巴者。土魯番歲徵其婦女牛羊。不勝侵暴。于是盡率其族帳求附。提督尚書王憲言。牙木蘭土番腹心。土巴羽翼也。內相猜忌。挈族來歸。中國之利也。

癸卯。敕定議禮諸臣之罪。前大學士楊廷和削籍。故禮部尚書毛澄奪官。前大學士蔣冕毛紀尚書喬宇汪俊各鐫秩閒住。林俊何孟春郎中夏良勝俱削籍。餘不問。而良勝輯銓司存稿。廣東參政張懷授知府湯朝煥刻之。張璁等劾爲妖言。遂逮良勝朝煥。謫戍。懷罷官。良勝卒于戍所。諫南巡。爭大禮。並被杖。人咸壯之。

林之盛曰。夏公再被杖。忠愛豈爲名高。及讀銓司存稿。不過議禮諸疏。非有鴻寶風角之左。白蓮推背之異也。何名爲妖言。而竟不免于戍。妖言王法所禁。豈永嘉亦借以誅不附己者。而不一思之乎。前乎此者。鄒汝愚以諫悟劉吉。吉欲甘心焉。坐之以妖言。後乎此者。郭中允以諫悟嚴嵩。嵩欲甘心焉。亦坐之以妖言。高皇禁妖之典。竟爲方正國事之牾。而此法滑用。貽害可勝道耶。古之忠臣愛君。必防其漸。試考當時若道士邵元節吳尙禮等。三淸符籙。紛紛于此。指其妖入告。我后則肅皇晚年。必不惑于玄文。不此之妖。顧摘異己者以爲妖。張桂相業所以未純與。

憲廟賢妃柏氏薨。謚端順。

乙巳。通惠河成。

丙午。王守仁奏田州改田寧府。設流官。別立田州。有岑猛幼子邦相。授吏目。署州事。盧蘇王受爲土巡檢。思恩流官仍舊。從之。

戊申。諭禮部加獻皇帝謚號。章聖太后尊號。

壬子。通政使羅欽忠爲左副都御史。總督南京糧儲。

宣府總兵官郤永疾歸。

癸丑。翰林院編修江汝璧爲南京國子司業。

詹事霍韜力辭禮部尚書。且云。弘治初天下武職不滿三萬。錦衣衛官僅逾二百。迄今寖增。何啻數倍。其他冗員。蓋可類推。賦額有限。耗費亡涯。更數十年。不知何策以善其後。今翰林修書而陞。日講而廕。御史紀功而賞巡撫。又廕武職。冒濫如此。臣可隨流而趨乎。上不允。

工部主事何棟駐通州。料理歲運。

乙卯。南京刑部主事陸澄以議禮上章追悔。上原之。

戊午。署都督僉事趙瑛爲總兵官。鎮守宣府。

己未。復陳洸官進一秩。桂萼霍韜俱訟其枉。

監生陳雲章授國子博士。霍韜薦之。

旌趙王厚煜孝行。

丁卯。免河間保定順德眞定廣平大名水災田租。

叛舍鳳朝文安銓兵敗走死。雲南平。

己巳。翰林侍讀學士許誥上所撰通鑑綱目前編。圖書管見。太極圖論。留覽。

虜犯大同中路。參將李泰擊斬十九級。

七月庚朔。大學士張璁請宣諭內閣。絕讒邪。淸政本。云。內閣自三楊之後。爲奸人鄙夫貪汚亡恥。習以爲常。又閒廢有年。仍求起用。去而復來。略不自懲前非。來而復去。猶且陰爲後計。蓋明斥楊一淸也。一淸起家由璁等。雖斂練見知。頗不自安。請賀河淸。獻甘露。迎合上心。又超進璁等而璁等輕一淸。不復持後進禮。氣凌之矣。

己卯。上詣奉慈殿。上孝惠康肅溫仁懿順協天祐聖太皇太后尊謚。詣世廟。上恭睿淵仁寬穆神聖獻皇帝尊謚。成國公朱麟禮部右侍郎嚴嵩有事獻陵。即賫冊寶往。

刑部左侍郎劉麟爲工部尚書。

辛巳。上章聖慈仁皇太后尊號。

壬午。行人何祉推官田秩知縣曾仲魁周仲魏良弼爲給事中。

罷昭陽湖新河之役。功且半。旱災修省。議者格之。

召盛應期還朝。

漳州推官黃直被降。道上疏早定儲儀。下錦衣獄。尋釋。

甲申。巡撫遼東右副都御史張雲疾去。

丙戌。刑部右侍郎許讚爲左侍郎。南京兵部右侍郎□□爲刑部右侍郎。

浙直織造太監張志聰有罪免。耿隆代。

戊子。錦衣指揮僉事莆田聶能遷初附錢寧冒功被汰。遂附崔文復秩。又議禮未陞。怨黃綰纂修削其草。誣綰爲王守仁賂席書見召。綰疏辨。下法司獄。上戍。

庚寅。刑部尚書胡世寧薦霍韜爲左都御史兼翰林學士。不入院。專論糾彈。上嘉之。

南京雨血雨黑水。

辛卯。兵部右侍郎王廷相刑科右給事中陳皐謨覈御馬監勇士。

工部右侍郎潘希曾兼右僉都御史。總理河道。

陝西盜平。

甲午。南京右副都御史萬鏜爲南京兵部右侍郎。

八月孩朔。巡撫□□右副都御史張縉疾去。

命誥敕務從簡實。

辛丑。召南京工部右侍郎何塘于工部。

諭肅朝儀。

甲辰。大學士張璁請編纂所賜御札。從之。

乙巳。光祿寺少卿蔡亨致仕。亨前興府伴讀。

丁未。右春坊右諭德兼翰林修撰韓邦奇方鵬主試順天。

戊申。三邊提督仍稱總制。

辛亥。王守仁討八寨等叛猺。

祭故四川按察使東陽胡文璧。文璧才猷練達。自戶部主事歷郎中。正德己巳。改御史。風裁凜凜。擢太常少卿。憂去。起守鳳陽。調保定。尋遷天津副使。以禁革皇莊下詔獄。謫延安檢校。上初。起蜀臬。未赴。著有文會錄。耒陽遺記。

壬子。免河南開封彰德衞輝懷慶旱災田租。

丁巳。湖廣容美宣撫司龍潭安撫司入貢。皆千餘人。命裁之。

辛酉。兵科給事中史立模謫通州判官。立模嘗疏朝覲禁約事宜。上是之。諭部院毋得偏聽。尋諭吏部。立模意在拒絕人言。調外。

禁鎮守內臣總兵受軍民詞訟。

癸亥。番夷帖木哥既降。所部日至。命安輯。其願還沙州者聽。

甲子。大學士楊一清數求去。不允。一清雖首揆老成。而上方重張璁。璁氣盛。下視六卿。桂萼同進。非故知也。萼所建白。往往得抑。用是俱憾璁。而一清又自與萼隙。三人鼎詆。而一清尤見齕矣。

己巳。盜伐景陵木。

九月辛未朔。罷總督河道右都御史盛應期及郎中柯維熊。初。維熊贊新河之議。後論者紛起。維熊又甚言不便。應期亦上疏自理。兩去之。

吳道南曰。新河之議。後歷三十年。卒循遺跡。運道蒙利。乃知不可慮始。非獨凡民云。

乙亥。提督南京糧儲都御史羅欽忠仍爲通政使。

己卯。刑部尙書胡世寧言。新河之役。首創自臣。而僉事江良材疏與臣合。盛應期遂爲國家興莫大之役。初期以六月。應期督急蒙罪。非不幸也。獨念同家僨事。必追論首議之臣。臣宜同罷。庶令天下後世知我皇上賞罰之公。亦以明臣子不敢欺之義。上慰留之。

庚辰。裁巡撫江西都御史。

辛巳。旌故汀州知府海鹽張寧妾高氏李氏貞節。寧爲先朝給事中。有名。無子。卒。令二氏改適。不從。斷髮毀容。紡織自給。伶仃苦楚。略無異言。鎭巡以聞。故有是命。

壬午。浙西災。折田租加賑。

癸未。命禮部尙書方獻夫大書各處災異進覽。

甲申。以災傷。諭戶部都察院酌議賑濟。

右春坊右庶子韓邦奇謫南京太僕寺丞。監察御史周易謫南京府軍右衞經歷。右庶子方鵬鐫俸四月。以進試錄錯誤也。引用經文錯亂二語。截除數字。提學周易劾之。而疏中亦誤以爲于。海隅爲海宇。光輝爲光暉。部覆周易欲舉他人之差謬而已亦錯謬。俱降一級。

乙酉。巡撫寧夏右僉都御史孟洋總督南京糧儲。

丙戌。官軍討青羊山盜久不克。召山西巡撫常道入朝。巡撫保定右僉都御史王應鵬改巡撫山西。

辛卯。皇后不豫。泰和伯陳萬言求妻入視。不許。

壬辰。前太子少保南京兵部尚書李充嗣卒。充嗣四川內江人。成化丁未進士。館選。授戶部主事。改刑部。忤逆瑾。謫判岳州。進僉事。累右副都御史南京戶部右侍郎。工部尚書兼撫江南治水利。進今官。有器度幹局。嚴辦。性儉素好學。祿食輒散之貧乏。贈太子太保。謚康和。

癸巳。南京太僕寺卿錢如京爲右副都御史。巡撫保定。

甲午。貴州兵討芒部沙保數年亡功。兵部尚書兼左都御史李承勛言。處置乖方。未服其心。提督尚書伍文定當爲遠筭。毋專用兵。隴壽子勝的裔推重。巡按四川御史漢陽戴金請量授一銜。以收夷心。威淸兵備韓仕英駐安莊衛。專制安南普安。仍于貴州添僉事。分巡畢節烏蒙烏撒鎭雄東川赤水永寧。從之。下黔國公沐紹勳等議之。召伍文定入朝。

郭子章曰。芒部之役。始議改流。繼議立土。伍文定主勦。戴金主撫。後事雖稍改。而改流主勦者未爲失策也。蜀之改流者馬湖龍安建武。黔之改流者。思石鎭遠銅仁。滇之改流者。武定順寧。今遵義平越又改流矣。何禍亂之足虞。而獨于芒部不爾耶。機會可惜。張皇不定。至今黔蜀人猶搤腕云。

乙未。逮巡鹽浙江監察御史王朝用。以枉道過其里。尋免逮。遣錦衣衛千戶會勘。坐罰金。

十月妃朔。庚子。皇后陳氏崩。禮部上喪祭儀注。上疑過隆。令更議。遂酌舊儀以請。上手自裁定。初喪三日。朕不視朝。如常朝兩宮服淺色衣玉帶。還盡事親之道。第四日始成服。朕黑翼善冠。素服犀帶。視朝十二日。盡杖期以日易月之義。百官如舊儀。閣臣擬上宜素冠服絰帶十二日。其後乃服黑翼善冠犀帶前後二十七日。俱御西角門視朝。百官皆素絰二十七日。以後皇上御奉天門。百官乃更素服角帶。上心許之。忽降制曰。朕當黑冠素服。降之九日而釋可矣。張璁等奏曰。記曰。天子之與后。猶父之與母也。故爲天子服斬衰。父之義也。爲后服齊衰。母之義也。又按昭公十五年六月乙丑。周景王太子壽卒。秋八月戊寅。王穆后崩。叔向曰。王一歲而有三年之喪二焉。蓋古禮父爲子。夫爲妻。皆服三年。觀此則周天子尙爲后服三年。後世夫爲妻始制爲齊衰杖期。父母在則不杖。夫喪服自朞以下。諸侯絕。然特爲旁期言。若妻之喪。本自三年報服。殺爲期年。則固未嘗絕也。皇上爲后服期。以日易月。僅十三日。臣子爲君母服三年。以日易月。僅二十七日。較諸古禮已至殺。殺而又殺。則亡矣。臣等何忍令後世史官書曰。天子不成后服。自皇上始乎。上不聽。禮部尙書方獻夫言。持服如初。詹事霍韜言。古禮父在爲母杖不上于堂。尊父也。爲衆人言之也。至于朝廷何獨不然。臣請陛下玄冠素服。御西角門十日。卽玄冠玄衣御奉天門。百官有司入左掖門。則烏帽玄衣侍班奏事。退出公署及居私室。仍白帽二十七日而除。若曰于禮猶有所未慊也。則山陵事畢而除。其入見陛下。玄服者。杖不上堂之義也。出卽素服者。子爲母之義也。上善之。

辛丑。虜五萬餘騎犯宣府。總兵趙瑛副總兵時陳等拒卻之。斬十一級。遁去。

辛亥。南京太常寺卿牛鳳因事爭禮部不相屬。返其札。南京禮部右侍郎顧淸以聞。奪鳳俸三月。

壬子。南京禮部右侍郎顧淸致仕。進尙書。

平定州盜平。

甲寅。定運官三年考選。

己未。西虜寇莊浪。入掠鎮原殺主簿張文明。
壬戌。詹事黃綰爲南京禮部右侍郎。
乙丑。大學士張璁尙書方獻夫劉麟少卿曾直晏淸□科都給事中王汝梅御史趙兗兵部員外郎駱用卿等擇陵天壽山。上定于燠兒谷。
丙寅。遷尋甸府于鳳梧山。
戊辰。封觀烇魯王。健杜陽信王。典欖萬安王。勤烷臨安王。睦榜汾西王。睦槿汝陽王。□櫂魯山王。厚烈永春王。厚熇隆平王。
貰木邦宣慰使罕烈孟養安撫司土舍思眞仇殺之罪。仍許貢。緬甸土舍莽啓歲隴川土舍多參孟定土舍罕忽各就撫。予冠帶。
閏十月己巳朔庚午。謚大行皇后曰悼靈。
壬申。青羊山盜平。陳卿出降。兵科都給事中夏言往覈功罪。
甲戌。巡捕及直宿吏卒衣鞵五年一給。
戊寅。南京刑部右侍郎王燫終養。
壬午。改定京城編審甲徭之令。
八寨等寇平。王守仁報捷。上疑其誇詐。第勞不可泯。仍敕獎。
己丑。兵部尙書王時中被劾罷。
庚寅。故太子太保工部尙書湯陰李鐩贈少保。謚恭敏。
丁酉。上作十六字箴。卓爾之見。一貫之唯。學聖君子。勗哉勿僞。出示輔臣。刑部尙書胡世寧推廣上意。爲疏辭以進。上嘉納焉。

總理河道工部右侍郎潘希曾言。運河廟道口以下。忽淤數十里。由洪河而東。並掣運河水東入昭陽湖。以故飛雲橋水從北漫而南流日壅。今可于徐沛間加築東隄以遏入湖路。更培西隄障黃河。令無衝潰。復濬趙皮寨孫家渡分殺水力。廟道口自可無淤。運道以利。從之。

戊戌。代府鎮國將軍仕墹先坐罪廢庶人。錮鳳陽高牆而沒。子輔國將軍成鍡。徽服奔喪。因上章自劾。乞負骸歸葬。上憫而許之。

十一月妃朔至日受朝賀。改明日頒曆。

乙巳。祭故國子祭酒魯鐸。謚文恪。上以鐸清節。特予祭葬。鐸字振之。景陵人。弘治壬戌南宮第一。成進士。選館授編修。正德初。使安南。卻金珠饋。還司業。轉南祭酒。及在告。絕跡公門。日集後進之士。講授經義。卒後貧不能葬。

丙午。許土魯番速檀滿速兒入貢。

免大名廣平順德眞定水災田租。

己酉。改胡世寧兵部尚書。進太子太保。

庚戌。初錦衣衛千戶沈鱗請訂刊歷代史。下兩京禮部工部國子監補刻。

壬子。內官監供用庫例收江南白糧。私斗倍索。納戶苦之。戶科都給事中蔡經告困。定每石加耗一斗。禁科擾。

准錦衣衛衣裘襖五年一給。

癸丑。套虜六七千騎自寧夏鎮遠關渡河。循賀蘭山而南。總兵杭雄副總兵趙鎭等夾鎭羌堡擊之。失利。事聞。命給事中李仁往勘。

丙辰。南京刑部尚書高友璣爲刑部尚書。

丁巳。頒明倫大典。

巡撫順天永平整飭薊州兵備右僉都御史汪玉卒。

庚申。兵部尚書胡世寧上兵務十事。定武略。崇憲職。增武備。重將權、更賞罰。駁士官。足邊儲。預收糴。絕弊源。正謬誤。上善之。

辛酉。土魯番入貢。表而不印。詹事霍韜言其悔罪未實。遽置哈密不問。彼愈得志。邊患益滋。牙木蘭擁帳二千來降。今稱不知所往。安知他日不曰我納叛報復也。若擁衆叩關。遣之不去。納之恐爲內應。臣竊慮之。或以甘肅孤危。哈密可去。臣則曰保哈密所以保甘肅也。若曰哈密難守則棄哈密。然則甘肅難守亦棄甘肅乎。今甘肅銀一銖易粟二升。軍士救死不贍。何有于哈密。臣則曰此戶部之罪也。欲裕邊儲。其復太宗鹽法乎。命下兵部戶部議之。

癸亥。兵部左侍郎周倫爲南京刑部尚書。

諭戶部。河南陝州饑。民相食。何不急賑。尚書鄒文盛等言河南皆饑。陝州尤甚。請截漕五萬石。報可。

甲子。巡城御史敖鉞言內使雷玉殺人之罪。進俸一級。

丙寅。册妃張氏爲皇后。

丁卯。新建伯總督兩廣兵部尚書兼右都御史王守仁卒于南安。守仁字伯安。餘姚人。弘治己未進士。授刑部主事。改兵部。正德初言事。謫龍場驛丞。居夷力學。學益進。生負異質。好學。專主良知。始疑信者半。晚爭趨之。自平八寨後。屢告疾。不允。疾甚。即解任。道卒。年五十八。上聞之不懌。隆慶初。贈新建侯。謚文成。

支大綸曰。王文成鞠躬盡瘁。病劇而歸。沒于道路。亦可已矣。而言者猶以擅離重鎮咎之。世之忌功如此。

何喬遠曰。王守仁以致知爲致本心之良知。有宋呂氏已有是說。而朱學闢之。其旨誠不知于大學何如。孟子曰。凡有四端于我。擴而充之。其近之與。若其俶儻權譎。以之蹈險出危。孔子所謂作易者其有憂患乎。至夫招朋講學。雖在兵間。倥偬不廢。臨成敗晏然無所懼。喜可謂加齊卿相。不以動心。所謂豪傑之士耶。談遷曰。昭代名公卿最盛。靖遠威寧新建。俱以王氏封。餘無望焉。彼雖韜鈐。顯于文學。瞠乎後之也。新建度越諸子。倡明絕學。結世儒之舌。寧不誨妬乎哉。功不能疵。因而疵其學曰近禪。噫。管大夫霸佐。仲尼仁之。郎禪乎何尤。

王世貞曰。吾時時見守仁鄉人及其行兵地。道守仁智不可測如神云。高鳥盡良弓藏。雖得保首領。乃勿克終有爵土逮子孫也。嗚呼悲哉。其爲說固未盡合朱氏。然亦洒然可喜。所自得深矣。學者又加甚焉。分門植黨。以爲勝朱氏。然此非守仁罪也。雄爽橫放。不鑿不蹈。能發所獨見。難矣。

十二月戊朔。宣府滴水崖堡卒郭春等多負進。擐甲不對簿。至焚劫。副總兵劉淵諭解之。尋伏法。

庚午。葬悼靈皇后。

套虜千餘騎自寧夏渡河寇史家溝。至青沙峴。總兵杭雄擊之。敗績。

癸酉。兵部右侍郎王廷相爲左侍郎。採木工部右侍郎黃衷改兵部右侍郎。

詔。邊民歸自虜中。量勞之。有馬則給其直。

丙子。虜入大同。掠陽和天城平虜三衞及雲朔。把總指揮趙源死之。官軍頗斬獲。引去。

定土官入貢遵禮部坐名道大江。時湖廣忠孝安撫司把事田春等稱貢騷擾。

戊寅。命御馬監及豹房鷹房上額費。以鷹犬虛費縱之。

己卯。四川左參政劉大謨爲右僉都御史。提督雁門等關兼巡撫山西。

庚辰。四川邊遠流官許選鄰省。

都督僉事楊銳爲總兵。鎭守遼東。署都指揮僉事李瑾爲總兵。鎭守山西。

辛巳。戶部尚書鄒文盛致仕。

河南饑。

定贖錢鈔則例。詔京官節錢勿用楮。

壬午。白氣亙天。

給事中劉世揚李仁。嘗劾詹事顧鼎臣。詰其狀。俱引罪。廷杖下獄。鼎臣自免。

廖道南上言四事。責任大臣以修政務。延訪儒臣以咨治道。愼擇守令以惜民隱。選用將帥以固邊防。下部議。

甲申。上覽明倫大典。見禮部儀制主事陸澄前疏。謫高州通判。

頒保和冠服圖册。酌定燕弁忠靖冠。分賜宗室。

夜。彗見西南。

戊子。戶部左侍郎梁材爲戶部尚書。

團營尚書李承勛。劾武定侯郭勛。並求退。不允。勛自辨。戒諭謙協。

己丑。土魯番虎力納咱兒以瓦剌三千騎犯肅州。至老鶴窩堡。時撒馬兒罕貢使留堡中。虜呼與語。游擊將軍彭信急擊。斬數級。虜言欲貢不聽。前敗之虜走赤斤。上書委咎瓦剌。總制尚書王瓊請宥其罪。仍通貢。兵部尚書胡世寧言。土魯番狡甚。宜閉關絕貢。霍韜疑番書不印。臣謂雖印不足據。牙木蘭我屬番。被虜執。其來歸爲反正。宜即厚之。攜其黨。若與復哈密。則非中國之急也。哈密三立三絕。其民散盡。使更立他種。彼强則入寇。弱則從役。非不侵不叛之臣。且哈密之復。其力豈能截北虜。俾不過河入套也。故立之亡益。徒令土魯番挾之爲奸利耳。誠下王瓊璽書曉諭夷使。許貢使毋過十五人。又諭速檀滿速兒責獻虎力納咱兒。或斬瓦刺百人以贖。否則留使留兵。庶威信並行今牙木蘭來歸土魯番漸弱哈密距關千五百里赤斤罕東諸衛皆已款塞。遠涉流沙較前爲難故甘肅之憂不在土魯番而南有亦不刺北有瓦刺。最曉勁近邊。此甚可憂也且瓦刺方怨土魯番如謀臣能利而誘之。自相攜貳。亦伐交之術也。上然之。

乙未。水西宣慰使司土舍安萬銓以兄子幼。借襲宣慰使。

丙申。戶部右侍郎王軏爲左侍郎。工部右侍郎何塘改戶部右侍郎。

丁酉。禮部右侍郎嚴嵩還自顯陵。言棗陽出白石羣鶴翔繞碑入漢江。河流驟漲。宜勒石以紀天眷。從之。

徐學謨曰此嵩得君之始。一時導諛後來專寵狠籍則貢符獻瑞爲之權輿矣世道汚隆之變。豈偶然哉。

是年。平涼大旱饑。人相食。斗米三四錢。民流亡十之八。

己丑嘉靖八年

正月戊戌朔。風霾晝晦。

己亥。許今歲襲武爵濟西陲。初兵部請開納。遂暫行。

賑陝西饑。

壬寅。南京提督機房太監李政乞淮鹽織造。切責之。

乙巳。撫治鄖陽右副都御史林富爲兵部左侍郎兼右僉都御史。巡撫兩廣。提督軍務。初王守仁疾甚。薦富自代。

丙午。兵部尚書胡世寧請薊遼宣大各增兵將。錄用故都御史馬昊陳九疇副使施儒楊必進。廣屯種。興鹽法。

預收糴。以足邊儲。上從之。惟不增兵。

丁未。翰林院侍講學士許誥上聖學四事。講河圖洛書。戒禪學。略註疏。屏小道。

庚戌。上南郊。

壬子。土魯番貢獅。

甲寅。大計覲官。旌卓異餘干縣丞周誼預焉。

丙辰。長星出。白氣亙天。

楊一清言弭災之實。卹民窮。修武備。惜人才。飭言官。從之。

丁巳。前少保兼太子太保吏部尚書武英殿大學士石珤卒。珤藁城人。成化丁未進士。入館。授檢討。歷禮部尚書。直閣。議世廟見忤。正直廉靜。爲時所重。贈太保。謚文隱。隆慶中。改文介。

戊午。諭修省。諸大臣各自陳。條議以上。

庚申。吏部尚書桂蕚言胡世寧薦馬昊非是。命罷之。蕚請錄建言緣事諸臣鄧繼曾李本陳相等。許酌用。

套虜萬餘騎駐楊柳堡塞上。戒嚴。

乙丑。復蘭州管糧郎中。

太子太保兵部尚書胡世寧致仕。

丙寅。雲南左布政使徐讚爲右副都御史。提督撫治鄖陽。

河南礦盜平。

總制陝西王瓊言。沙州番酉帖木哥土把等避土魯番入肅州。其部落內附。半居白城山。半居威虜城。仍簡銳四百人聽練。牙木蘭雖降。妻尙在番。宜徙之遼東。上命徙湖廣。

二月虰朔。考察拾遺參政胡纘宗副使何鰲屠應埈蕭鳴鳳等並降罷。

戊辰。吏部奏覆。原王守仁。上意未解。詔議其學術事功給事中周延稱其賢。謫太倉州判官。

庚午。詹事霍韜言。宗室日廣。祿費不給。會典云。親王子孫。才堪出仕。宗人令具以名聞。宣德初。漢庶人謀反。遂廢出仕之令。惟陛下令大臣熟計。賜璽書。俾知國初親藩幾何。今日增者幾何。善後之策。必宗藩不困。民賦不加。然後災變可弭也。洪武間軍職二萬八千有奇。成化五年幷軍職八萬二千有奇。今又不知幾倍矣。惟陛下命官詳議。官俸何給。冗員何增。邊餉何收。盡滌弊源。然後災變可弭也。上善之。

裁易州廠委官。定部曹領之。侍郎改提督。回京專領廠局修造。

壬申。大學士張璁詹事霍韜主禮闈。

陝西災。詔開靈州鹽池課。

癸酉。夜月犯井宿。

少保兼太子太保吏部尚書桂萼兼武英殿大學士。直閣。

提督團營兵部尚書李承勛回部。以伍文定提督團營。

監察御史王鼎劾南京戶部右侍郎胡錠。先撫淮揚。娶部民女。置田寶應。事下吏部。桂萼言。臣前同張璁道淮揚。恨臣將草奏人楊均戚屬瘐死。宜下吏併治。上不許。免錠官。令撫按廉其事。

虜犯寧夏。

甲戌。岷世子譽榮代父彥汰理國事。力辭。許之。

鷹房內臣以太廟獻新。乞留鷹犬。禮部言。奉先殿歲薦鹿雁雉兔猪鵝雞鴨等。載在會典。有定例。請悉縱鷹犬。命薦新視會典所定。

停王守仁世爵䘏典。并禁其學術。吏部尚書桂蕚等議。守仁事不師古。言不稱師。立異爲高。則非朱熹格物致知之論。衆論不與。則著朱熹晚年定論之書。召致門徒。互相唱和。傳襲轉訛。悖謬日甚。若功有足錄。罪不相掩。宜免奪伯爵。申禁邪說。上是之。

丁丑。襄陽大饑。賑之。監察御史張祿上饑民圖。

戊寅。熊浹爲右都御史。署院。

提督團營武定侯郭勛受罪戍金輅賂。擅縛指揮王臣。被劾。罷其典兵及保傅官階。

錄安慶士民李時憲等守禦功。

己卯。核在京錢糧出入之數。

癸未。上禱雨南郊。躬告太廟世廟。

山東巡按御史馬津請墾青登萊曠田。薦參政張宏可任。從之。官給直。免科三年。

甲申。上禱雨南郊及山川壇。

乙酉。禱社稷壇。

丙戌。籍鷹房田召民佃種。

洮岷屬番入犯。殺千戶馮綬馬應爵等。王瓊發兵至洮岷。遣撫夷指揮宋武等諭之。惟洮州東路若籠族西路板爾等不聽。

丁亥。河南陝西四川湖廣災。

戊子。大學士楊一淸請開王親京職之例及陞轉王府官。下吏禮部議。格之。

庚寅。夜金星犯天街上星。

辛卯。廷議。哈密降人願還者。聽。其都督以下等官免赴京承襲。

癸巳。諭戶兵工三部核錢糧積弊。

遣給事中御史巡視各倉場內庫監局。南京如之。

先是命覲官各陳所見上之二司其可用者。部院條議以聞。至是部院類上。布政鄭韶查約江曉胡忠。按察使胡璉劉士元錢宏。副使王俊民。參議周鎬。參事朱珮。知府孫存黃卿游連。汝陽知縣白綱徐聞縣丞林應聰。

甲午。豐城侯李旻提督團營。

虜入河套。寇寧夏。六七千騎。惧報三百騎。總兵杭雄副總兵趙鎮等以三千騎出平羌堡。寇伏精銳出羸騎當我佯敗。我逐之。中伏大敗。死傷二百人。亡馬七百匹。雄鎮匿敗狀。事聞。下給事中李仁併勘。

兵科都給事中夏言勘青羊山勦賊功罪還。請進潞州爲府。從之。

立潞安府平順縣。設兵備道。

改方獻夫吏部尚書。

丁未。諭都察院下各巡按錄囚。

三月輛朔。署都指揮同知沈希儀爲右參將。分守廣西柳慶。

戊戌。上御經筵。國子祭酒陸深講孟子。畢。奏講章爲內閣所改。乞容臣等各盡其愚。方鴻臚寺贊禮上不悉聞也。深退。疏引罪。桂蕚呈原稿。命經內閣如故。

□□部尚書吳一鵬胡瓚致仕。

庚子。廣東按察僉事林希元上荒政叢書。言救荒二難。得人難。審戶難。有三便。極貧便賑米。次貧便賑錢。稍貧便轉貸。有六急。饑甚急饘粥。疾急醫藥。病起急湯米。沒急殯葬。遺兒急收養。係囚急寬恤。有三權。貸官錢興工作。借牛種。有六禁。禁侵漁。禁攘盜。禁遏糴。禁抑價。禁宰牛。禁度僧。有三戒。戒遲緩。戒拘文。戒遣使。下戶部悉行之。
辛丑。兵部尙書李承勛請申會議會舉舊制。報可。
悼靈皇后祔太廟。
癸卯。國子祭酒陸深言。講章不宜內閣改定。又乞訓詁之外。凡政事得依經比義。條悉以聞。上以深險詐。下吏部。言深不敬。謫延平府同知。
甲辰。提督南京倉儲左副都御史羅欽忠再引疾。上怒。免其官。
立各鄉社義倉。從兵部左侍郎王廷相議。
上禱雨未應。作自咎詩。禮部刊布中外。
官軍攻洮州東路叛番。斬二百三十九人。
乙巳。禮部左侍郎李時爲禮部尙書。
寬廷試讀卷一日。
都督同知桂勇提督團營兼巡捕。
丙午。工部立庫曰節愼。
丁未。山西副使牛鸞得靑羊山盜名籍。命燬之以安反側。
戊申。御馬監太監麥福請復徵草場田租。不許。
庚戌。策貢士。賜羅洪先程文德楊名等進士及第出身有差。
辛亥。夜月食。

讀卷官免赴中府行禮。
乙未。兵部尚書伍文定都御史王軏勒罷。以御史戴金議其芒部失策。
提督南贛都御史汪鋐回院。
壬戌。巡撫山西右僉都御史常道免。都督同知魯綱鐫三級。青羊山之亂。
大理寺少卿魏校改國子監祭酒。
咸寧伯仇鸞總兵鎭守兩廣。都指揮僉事劉淵總兵鎭守宣府。罷河南巡撫右副都御史潘塤。時民饑。不即賑。
河南知府范鏓不待報立賑。塤疏咎之。奪塤官。
癸亥。定貪酷例。貪官追贓遣戍。酷斃者雖因公亦削籍。故入論死。
甲子。工部右侍郎章拯爲南京工部尚書。
太僕寺丞陳雲章上所著大學疑中庸疑及夜思錄。以悖經傳燬之。
禁京師佛會。
裁守備監槍市舶等內臣。併于鎭守太監。
乙丑。禮部右侍郎嚴嵩爲左侍郎。戶部右侍郎何瑭改禮部右侍郎。
海盜掠常熟。
四月賆朔。河南布政使周用爲右副都御史。提督南贛汀漳。
丁卯。御經筵。左春坊左庶子盛端明講孟子氣促。被劾。調南京尚寶司卿。
敕修會典。增近來條例。總裁大學士楊一清張璁桂萼翟鑾。副總裁尚書霍韜顧鼎臣。纂修太常寺少卿兼翰林侍讀謝丕。左春坊左庶子兼侍讀學士穆孔暉。右春坊右庶子兼修撰方鵬。侍讀學士許成名。侍講學士張潮許誥席春。南京侍講學士吳惠。右諭德彭澤。右中允廖道南。右贊善林文俊蔡昂。修撰倫以訓龔用卿王用賓。編修王教張星徐階楊維傑歐陽衢金璐張袞歐陽德。

己巳。選翰林院庶吉士唐順之陳束任瀚胡經盧淮諸邦憲汪大受郭宗皐蔡雲程楊祜汪文淵王表曹汴王穀祥熊遇安如山鄭大同李實孫光輝吳子孝。閣臣請官教習。上謂邇年每爲大臣私黨。又寢之。吏部尚書方獻夫奏增侍讀侍講修撰各三人。編修檢討各六人。著爲令。

嚴西番貢使出入之禁。

撫治鄖陽右副都御史徐瓚巡撫河南。

壬申。巡撫甘肅右副都御史唐澤爲戶部右侍郎。陝西布政司參政趙載爲右僉都御史。代澤。

兵部尚書李承勛仍兼團練。

甲戌。禁勳戚妄乞莊田。

乙亥。攝代府事泰順王充燿奏。臣考懿王當祔廟。而自簡王來。戾王隱王惠王思王已五廟。請定祧制。禮部尚書李時議。簡王始封。百世不祧。今祔懿王。則戾王親盡當祧。第諸侯無祧廟。宜祔簡王之室。櫝藏之。歲暮合祭。從之。

丙子。禮部右侍郎何塘予告。

始遣屯田御史。舊按察僉事。

福建同安儒士李如玉上周禮會註十五卷。賜冠帶。

大理寺卿陳璋疾歸。

丁丑。甘肅督餉右僉都御史劉天和兼總制三邊兵餉。

戊寅。浙江左布政使潘旦爲右副都御史撫治鄖陽。

己卯戶部尙書梁材等議天下歲用于宗祿曰嚴妾媵之限。曰收山場湖陂稅課河泊之利。曰裁旗校軍匠之食于軍職曰淸屯田曰嚴比試。曰定法令。上是之。

庚辰。右副都御史張璡爲戶部左侍郞。南京右副都御史蔣瑤爲工部右侍郞。改南京大理寺卿葛浩于大理寺。

壬午。楊一淸薦永嘉葉幼學爲翰林待詔。蓋張璁意也。

丁亥刑部尙書高友璣以訊庇郭勛劾免奪勛祿三之一。

戊子。總制陜西王瓊言右副都御史唐澤御史劉濂議處哈密。皆身歷磧見。會奏未允。故今日紛紛。迄無定論。澤等曰土魯番據哈密。有已然之跡。有當然之理有必然之勢。撫之以恩而彼志益驕。震之以武而我力先屈此已然之跡也。順則綏之而不爲之爲之犛備。逆則禦之而不爲之勞師。此當然之理也。處置得宜則遠服邇安。處置失宜則兵連禍結此必然之勢也。蓋師不可以輕舉。寇不可以橫挑。其大者有五焉。軍額空虛。屯田多荒。一也。我久戍而疲。彼長驅而銳二也。我失罕剌之援。彼合瓜州之力。三也。河東臨洮。傷夷未蘇。赤斤諸衞零落殆盡。四也。西南防海上之虜。東北梗山後之戎。五也。竊謂度今之勢。宜許土魯番之貢。索還城印存繼絕之名。開效順之路。選將蒐乘。募民墾塞下。然後招罕剌。屯苦峪。城瓜沙哈密。襟帶西域將無不可。若今日則非其時也。上從之。

辛卯。饒秀戴儒劉希簡爲戶刑工科給事中。

壬辰。戶部主事倪組方一桂沈奎許廷桂徐淮。刑部主事吳麟梁尙德傅烟。大理寺左評事孫錦。並監察御史。

五月乩朔丁酉。南京右都御史張琮光祿寺卿劉乾應天府丞楊燦俱罷。

戊戌。汰中外各衞旗校力士。

庚子。更定冕弁及羣臣朝祭服制。上問張璁以革帶。對。陳祥道禮書。古革帶大帶曰鞶帶。以繫佩韍。然加一大帶笏搢于二帶之間。上遂改祖制衣裳各六章。復古。蓋自來衣八章。裳四章。

丙午。陝西總兵都督同知魯綱疾還莊浪。

南京刑部尚書周倫改刑部尚書。

命廷臣四品以上各擧知府之選。翰林科道各擧州縣官一人。

核南京御馬監草料。

甲寅。禮部右侍郎何瑭爲南京右都御史。尋罷。

朱睦㮮曰。何公守身之潔。一介不取。蹈道之堅。百折不回。非聖門所謂狷者乎。使其鵠立臺端。多歷年所。上能明朝廷之法紀。下能起天下之頹習。然不幸一麾遠出。偃蹇白首。卒不能一信其志。悲夫。

劉文充總兵官。鎭守陝西。

乙卯。免順天河間眞定順德廣平旱蝗田租。

己未。南京守備太監卜春王鏜有罪免。賴義呂憲李瓚代。

辛酉。南京操江右副都御史孫修罷。

汰御馬監勇士三千四百三十八人。

賜楚府儀賓沈淵從一品服俸。淵前上大禮議。

六月甲子朔。命兩京文武堂官及方面官每季揭覽如弘治例。

乙丑。南京吏部右侍郎湛若水改禮部。

戊辰。大學士桂萼上輿地圖。

故右副都御史周南贈太子太保。

癸酉。詹事霍韜等言。臣等修會典。先閱册籍。見洪武初天下田土八百四十九萬六千頃有奇。弘治十五年。存額四百二十二萬八千頃有奇。失四百二十六萬八千頃有奇。是田存半失半也。國計何從足耶。臣備案天下田額。湖廣二百二十萬。今存二十三萬。失一百九十七萬。河南一百四十四萬。今存四十一萬。失百有三萬。此非撥于藩府。則隱于猾民。或册籍有悞。不然。何致此極也。廣東田二十三萬。今存七萬。失十六萬。非荒據于寇賊。則欺隱于猾民也。由洪武迄弘治百四十年耳。田額減半。再數百年。減失不知又何如也。總國計者可不究心乎。天下戶口。洪武初戶一千六十五萬有奇。口六千五十四萬有奇。甫脫戰爭。其寡宜也。弘治四年。戶僅九百十一萬。頓減百五十四萬。口僅五千三百三十八萬。頓減九百十六萬。國初戶口宜少而多。承平時戶口宜多而少。何也。乞再敕戶部覆實。送館稽纂。又天下藩府。洪武初年。山西惟晉府歲祿萬石。今郡王鎮國輔國將軍中尉而下。共二千八百五十一人。歲祿八十七萬有奇。山西田額初四十一萬頃。弘治十五年存三十八萬頃。祿則增。田則減。舉山西推之天下。可知也。乞敕禮部戶部覈實。送館稽纂。又天下武職。洪武初二萬八千餘員。成化五年。增至八萬一千七百餘員。錦衣衞官。洪武初二百十一員。今千七百餘員。乞敕兵部覈實。送館稽纂。又天下文職。洪武初官有定額。故數易稽。今宂員日多。職守日紊。臣攷漢光武裁州縣四百。止七千五百餘員。唐文武官一萬八千八百餘員。宋文武官二萬七千餘員。今成化五年。武職逾八萬。合文職逾十萬矣。是職員極宂。未有甚于此時也。乞敕吏部詳查。送館稽纂。又內臣祖訓甚詳。弘治間儒臣失攷。乞下司禮監備查洪武初各監局職掌員數。送館稽纂。若刑工部都察院。凡役匠之制。宮府之需。物料之準。律令異同之宜。弘治間庸臣舞智。陰壞成憲。乞敕廷臣酌定。亦萬世太平之幸也。上令各官詳核沿革。送史館。

南京禮部尚書劉龍改南京吏部尚書。
甲戌。起張璿爲南京右僉都御史提督操江。
丁丑。虜入尖山墩官軍失利。
庚辰。罷兵部右侍郎黄衷。
辛巳。旱蝗免山東夏稅。
癸未。裁內庫上供白粲二萬六百八十二石。
甲申。故少師吏部尚書兼華蓋殿大學士楊廷和卒。廷和字介夫。新都人。成化戊戌進士。除翰林檢討。進修撰。歷侍讀左中允。遷左春坊大學士兼侍讀學士。陞詹事直內閣誥敕進戶部侍郎。改南京吏部左侍郎。尋進南戶部尚書。改戶部尚書文淵閣大學士。有經濟才。武宗末。內誅奸彬外康庶政。宗社賴之。世宗初革弊宣猷。朝政一新。以力爭大禮削籍。卒以庶人禮葬。穆宗即位。贈太保。謚文忠。賜祭葬。

鄭曉曰。康陵時。劉公鞠躬盡瘁以匡其始。楊公撥亂反正以扶其終。或去或不去。均之爲大臣。或曰。公之議大禮也。可以見其忠而未敢以許其智。若夫康陵之朝。非但人不知其智而亦不能信其忠。是以當時知公者有李文正梁文康費文憲數人而已。文正必得公而後敢一去。梁費二公亦必得公而後敢即安。是公所繫何如哉。

何喬遠曰。大禮議起。楊公歎曰。衆尤交責。吾何逃乎。義之尤我。命也。人之尤我。遇也。事之尤我。時也。吾有去而已。乃被廢家居。言及受遺之際。汨未嘗不簌簌下也。彼亦有以自喜。跡其時。虛大位以四旬。迎嗣君于千里。梟獍在側。磨牙啖舌。楊公處之周勃韓琦未足專美也。吳中徐學謨曰。史道下獄。廷和乞罷。累旨慰諭。可謂優渥。乃請辭五六而不休。至毛紀蔣冕林俊孫交彭澤喬宇相繼求去。一時大臣未免高激成風。失事幼君之體。自後邪人伺隙離間。新進用而老成削迹矣。

巡撫山西都御史劉大謨免。

國子監復立進士題名記。著爲例。

庚寅。河南左布政使張瀚爲右副都御使。提督雁門等關兼巡撫山西。

辛卯。工部左侍郎何詔爲南京刑部尚書。南京太常寺卿顧珀爲南京戶部右侍郎。起陳洪謨兵部右侍郎。

九江兵譁。都指揮芮傑憾安慶知府羅英。縱卒索餉。英出走。事聞。下傑吏。

頒新定銅衡于天下。

七月甲午朔。福建都轉鹽運使黃宗明爲光祿寺卿。

右都御史熊浹罷。刑部郎中魏應召。工科給事中陸粲下獄。都人張福殺母。誣其鄰張柱。東廠庇之。法司執正。皆得罪。陸粲言人畏東廠錦衣衛威。心知其冤。不敢辨理。今敢與之爭者。恃聖明在上。容臣子守法也。陛下何詰責之深哉。工科給事中劉希簡亦言之。俱下錦衣衛。竟抵張柱罪。

談遷曰。李福達詞連郭勛。則張桂奮身而護之。張福弒母大惡也。事出東廠。噤不一發。將廷論易擾。闇忿難融與否。則寧容默默處此乎。

乙未。兵科給事中孫應奎論楊一清尙通難獨任。張璁學博性偏。桂萼桀驁。大負委任。上諭萼滌過。

楊一清求去。云與璁萼凡事齟齬。心知其非。力不能奪。包荒負國。實在于此。上慰留之。張璁桂萼各引疾。上諭璁資性剛速。宜思協恭。諭萼質任寬迂。因致物論。宜加修飭。

丙申。南京兵部右侍郎萬鏜爲南京右副都御史。

旱災。免臨洮鞏昌田租。

丁酉。工部尚書劉麟罷。初檄止浙直織造。誤及上供袍服。太監吳勳言之。切責。麟引罪。

馮時可曰。劉公體幹並長。當墳環交喪時。有若人振翼高飛。絳霄威鳳。抑何超卓。至於罷遣內臣。據職以爭。一號籲而即去。所謂介於石。其人矣。夫內臣給庭除于內可耳。何得外辱皇華。彼有司何爲。而令閹爲政也。履霜堅冰。先幾所慮。故識者有謂當請罷閹。不當請罷稅。征稅如漏澤。遣閹則決波矣。彼一時當事。各以職言。各以言去。如劉公何難回天哉。

己亥。楊一清請老。免其外班行禮。

庚子。右庶子方鵬爲南京太常寺卿。

壬寅。盤石衞卒作亂。縛主簿。攘帑三千餘金。逃于海上。江陰盜侯仲金殺百戶主簿。大掠。

癸卯。起林庭棟南京兵部右侍郎。

甲辰。命兩京大臣科道及撫按訪遺逸之士。

丁未。南京戶部右侍郎楊旻終養。

戊申。提督南苑太監孫瑞乞免南苑戶役。不許。

大眞人張彥頨遣其徒詣川廣雲南采取道經供品。騷擾。雲南巡撫歐陽重以聞。不問。

庚戌。南京戶部尚書王承裕北上至天津。有疾還里。被劾罷。

土魯番速檀滿速兒入貢。

癸丑。禮科給事中王準劾張璁桂蕚薦舉徇私。不問。

丁巳。巡按直隸監察御史魏有本言。頃停浙直織造。待豐歲。今又命織造。上違德意。下失民心。仍乞停止。不聽。

戊午。吏部覆南京科道所薦舊臣羅欽順秦金趙璜等報罷。

兵科都給事中夏言請設巡視海道都御史江淮總兵以捕盜。從之。

庚申。前少保兼太子太保左都御史陳金卒。金湖廣應城人。成化壬辰進士。婺源令。拜南京御史。歷今官。總制江西討羣盜平。仍總督兩廣。有幹局。居官四十餘年。家無餘貲。

辛酉。太師兼太子太師定國公徐光祚卒。謚榮僖。

兵部請錄故提督兩廣右都御史韓雍後。不允。

八月甲子朔。虜警。練京兵。聽征。

乙丑。太子太保南京兵部尚書王憲改左都御史。

提督兩廣兵部左侍郎林富請停廣東採珠。不聽。

丁卯。增遣南京給事中同御史監各項錢糧出入。歲終冊報。惟內承運庫不與。

庚午。召南京工部尚書章拯于工部。

復京省清戎御史。

辛未。國子祭酒魏校改太僕寺少卿。經筵進講不稱旨。改用。

壬申。起張雲戶部右侍郎。巡撫遼東右副都御史。

癸酉。都指揮使崔文爲都督僉事。總兵官。提督上下江防。捕盜。

丙子。工科給事中陸粲劾張璁桂萼罔上行私。專權納賄。擅作威福。報復恩仇。璁雖很愎自用。執拗多私。其術猶疎。爲害猶淺。桂萼外若寬迂。中實深刻。忮忍之毒。少犯必死。如受重賂。王瓊以謫戍起用。邵杰本邵氏養子。嗣昌化伯。鄉人文選郎中周時望。胡森。主事楊麟。王激。皆親故。鬻權。禮部左侍郎嚴嵩。右僉都御史李如圭。南京太僕少卿夏尚朴。禮部員外郎張敔。御史戴金。皆黨奸比周。怙惡益甚。將來必爲社稷之憂。有旨。璁負君忘義。勒回家省改。蕚革散官并學士。以尚書致仕。周時望胡森下獄。罷邵杰嚴嵩李如圭。粲不早言。并下獄。已給璁驛。

吳瑞登曰。璁蕚以議禮得幸。正當退自謙抑。從容自守以需首輔可也。乃相與協謀。務旦夕攬權以逞雄杰之才。連疏以攻費宏。宏既去矣再肆中傷以詬楊一清。一清亦將不安其位。然卒不能逃世廟之神鑒也。嘗言璁自伐其能。恃朕所寵。又言好剛使氣。則公輔之量何存也。粲疏一入卽命罷。未幾再去再還。世廟蓋欲挫其性而使之改也。然至死不改。謂之何哉。雖然苞苴不入中貴戢戢。亦以才稱矣。若蕚者兇憤恣暴內忌桂華之教。外攘趙鑑之臂。而中又與璁不相能也。可與璁同論乎。

林之盛曰。陸公之論黜張桂。其右張而左桂。是非千載能辨之。霍文敏實擁戴二公。爲攻文襄。而故以不蚤收淹棄爲永嘉罪。若言官之彈墨。特放臣之孤憤也。豈非門戶之見爲之深蔽。而工爲挑激者哉。乃當年帝紘丕振。張桂既去而來。文襄方留而去。大臣進退。朝白簡而夕避賢。雖予奪皆自君恩。而去就磊落。益足發閣員風采矣。噫。此肅皇所以厲世摩鈍。而赫然成中興之駿烈也與。

丁丑。南京通政司參議。太僕光祿少卿。吏部文選驗封稽勳司。戶部各司員外郎。禮部儀制祠祭司。兵部車駕武選司員外郎。刑部各司員外郎。雲南貴州司主事。翰林院檢討。武學訓導。都察院檢校。各道御史。大理寺左右寺副。國子監助教學錄。五府都事等。俱裁其一。裁壽州正陽榷關。

戊寅。敕諭文武羣臣。明張璁桂蕚等罪。

庚辰。翰林院侍講許誥爲太常寺卿。署國子祭酒。

壬午。上憂災異。特禱山川壇。

朝鮮使臣吏曹參判柳溥等。求改正傳國本末。許之。言李旦先名成桂。世金州人。至元辛丑。當高麗恭愍王之變亡子。權臣李任仁立孼臣辛旽子禑。先嘗養宮中。禑擢成桂爲門下侍郞。禑傳位子昌。高皇帝斥僞姓。以定昌君瑤主國事。瑤又不義。國人推立成桂。高皇帝命爲國王。改名旦。而祖訓會典云李仁任。故求改。

甲申。右春坊右諭德彭澤大理寺丞葉忠被劾調外。

丙戌。總制陝西尙書王瓊劾罷。

詹事霍韜言。張璁桂萼不善保全。自取罪斥。夫復何言。然事雖專主。心實可諒。若楊一淸奸贓難以枚舉。如納張永蕭敬之餽。私門生馮涼。鼓嗾言官攻擊璁萼。陸粲以文選郞中周時望主事楊倫皆萼親黨。胡森王激皆璁親黨。粲非蘇人乎。亦一淸親黨也。去年議禮。凡攻璁萼者得罪。今附璁萼者又罪。則百官何所適從也。臣與璁萼同進。豈宜獨留。乞賜罷斥。報聞。初議禮。惟璁萼霍韜席書方獻夫最信用。璁萼專恣。雖上亦不能堪。璁萼去。言官欲窮治其黨。紛呶百出。韜疑一淸嗾之。因力攻一淸。默救璁萼。上心頗動。

巡撫山西右副都御史王堯封巡視浙江福建海防。

丁亥。起胡世寧南京兵部尙書。

戊子。科道劾張桂餘黨。

己丑。太子太保吏部尙書方獻夫論黨事。如無顯過。宜令仍任。上是之。命公議。

庚寅。覈國子監糧額缺蝕。逮責典守官。

九月癸巳朔。敕召張璁直閣。璁時行及天津。初。璁陛辭。上密諭楊一淸可還相否。對以甫榜其罪。宜待其至家召之。上乃止。

甲午。楊一淸再求去。不允。

乙未。工科給事中劉希簡。劾霍韜黨護下獄。
丙申。工部左侍郎劉思賢。編修金璐。□科都給事中楊秉義。御史劉模。敖越。太僕寺丞姚奎。兵部郎中劉景寅。
戶部員外郎郭憲。禮部員外郎張敔。南京刑部郎中劉汝輗。御史儲良材。待詔葉幼學。並免。吏部議上。
復王瓊總制。上難其代也。
作武弁冠服。
辛丑。南京刑部右侍郎邊貢爲南京刑部尙書。
謫陸粲貴州都鎭驛丞。行人司副岳倫。齊東主簿。禮科給事中王準。富民典史。
浙江巡按御史張問行諫止織造。謫溧水知縣。
壬寅。朱鳳嗣成國公。麟之弟。
浙江左布政使劉節爲左副都御史。巡撫山東。
癸卯。霍韜乞假。力攻楊一淸贓罪。韜仍留。一淸事下法司。
甲辰。免鳳陽淮安揚徐海災傷田租。
乙巳。刑部尙書周倫。改南京。倫鞫陸粲所劾桂蕚私人。爲霍韜所劾。并郎中陳之良。員外郎王行可。坐免。
刑部左侍郎許讚爲刑部尙書。
丁未。復彭澤右春坊右諭德。
戶科都給事中蔡經上鹽法三弊。曰開中科罰多端。曰添引數非正額。曰遲掣商販壅積。章下所司。
戊申。復桂蕚少保兼太子太傅吏部尙書武英殿大學士。仍致仕。
辛亥。刑部等議上楊一淸罪。張璁解之。報聞。一淸引罪乞宥。許致仕。責科道不言。各奪祿三月。一淸功成名遂。

奸私其親故納賄亦不貲。晚節玷矣。

談遷曰。張桂薦楊文襄矣。傾之亦張桂也。元台耆舊。睨少年之色而進之。割棨濡沫。又不飭簠簋。上意早移。猶戀戀鳳池若兔裘然。其見侮霍韜。亦曰自我致之。不得以報復論也。

甲寅。宣城伯衞錞工部右侍郎蘇民修仁壽宮。

詔江南捕蝗。仍賑之。

丙辰。刑部右侍郎聞淵爲左侍郎。右副都御史汪鋐爲右侍郎。起周廣南京刑部右侍郎。

免應天田租。

己未。免河間州縣衞所田租。

庚申。行人高全陳侃推官王守胡堯時知縣董進第爲給事中。曾烶爲南京刑科給事中。南京刑工部主事李松劉安故御史。行人周禪推官謝蘭喻希禮傅漢臣李循義余鵴陳琳陰汝登並試監察御史。行人馮恩宋宜學錄鄭文憲並南京試監察御史。

歲貢生樊孟芳奏。縉紳議論不公。科道彈劾不當。懷私嫁禍。非國家之福。上是之。手勑戒諭。

故安昌伯錢承宗庶子維垣求嗣爵。吏部言。外戚爵止一輩。若傳世愈遠。勳爵愈盛。祿糧愈冗。國何由供。上深然之。下廷議。

起顧璘江西按察使。

十月燚朔。日食。

太監張讚言。饒州陶器。近遣內臣。擾甚。工部覆如之。上以不早聞。仍如故。

戊辰。封厚焆吉王。載盛永定王。安㔟新會王。睦格東會王。台潮豐林王。表樸寧化王。

刑部員外郎邵經邦言。議禮與臨政不同。議禮以明倫。排衆任獨而不爲偏。若用人行政。當分忠邪。酌才力。與天下之人公之。今陛下私議禮之臣。是不以所議者爲公也。莫若博選海內碩德重望之賢。講明勵翼。用建光明正大之論。萬世之後。廟號世宗。顧不偉與。下獄。謫戍邊衞。

己巳。太僕寺丞何淵屢奏禮書上厭之。謫永州衞經歷。

停外戚世封。惟彭城惠安以軍功居半。免。餘見封及身止。著爲令。

雲南巡撫歐陽重核餉兵大譁。尋諭解。免重官。巡按監察御史劉臬謫夔州推官。

許廣東仍通番船。漳州私市禁之。

庚午。總督漕運左僉都御史唐龍爲右副都御史。回院。

山西陝西江西災。傷。免田租。

甲戌。免蘇松水災田租。

丙子。提督兩廣兵部左侍郎林富奏罷思恩府流官。降爲州。岑猛子邦相授土判官。署事。又裁鳳化縣。立思龍縣于那久。屬南寧。從之。

丁丑。浙江布政使毛思義爲右副都御史。總督漕運兼巡撫鳳陽。

兵科右給事中陳守愚請錄被謫諸臣。以不指薦。奪俸五月。

虜寇楡林。王瓊禦卻之。

壬午。提督四夷館太常寺卿成文貴州左布政使胡訓並爲右副都御史。巡撫遼東雲南。

癸未。乾淸宮西旁室災。

甲申。免順天永平旱蝗夏稅。山東田租。

己丑。魏校爲太常寺卿。提督四夷館。

免臨洮鞏昌旱蝗田租。

庚寅。故國子祭酒蔡清子推官蔡存遠上清易經蒙引。命發建寧書坊梓之。

十一月癸巳朔。乙未。停山海關內臣征稅。

戊戌。監察御史劉安言。君道貴明不貴察。陛下治功。損于任察。躬親有司之事。指摘羣下之失。或旣出而復返。或方信而忽疑。孰爲陛下建長久之計。進治安之策哉。上怒。下錦衣獄。兵科給事中胡堯時上疏救之。幷下獄。謫安江西餘干典史。堯時湖廣攸縣主簿。

庚子。召桂萼復相。史館儒士蔡圻上章頌其功。

吏科都給事中劉世揚上八事。養和德。消嫌疑。久大任。廣起用。褒廉介。（石珤清苦。卒未得謚。李鐩盜臣。賁緣得謚。）戒競。重巡按。優言路。上以石珤已謚。李鐩之謚何不早止之。謫世揚江西布政司照磨。

巡撫四川右僉都御史唐鳳儀進樂至縣瑞麥一莖五穗。

辛丑。諭禮部禱雪。

癸卯。徐延德嗣定國公。（光祚子。）

戊申。上禱雪南郊。明日禱社稷壇。果雪。

壬子。奪故工部尚書李鐩贈謚。

刊大明集禮。

黔國公沐紹勳鎭守太監杜唐等採大理府和蒼山石。山崩。壓人亡算。事聞。切責。

丁巳。上躬謝郊壇。吏部尚書方獻夫等。翰林侍讀學士張潮等。左春坊左庶子穆孔暉等。各上靈雪詩賦。

談遷曰。靈雪應則賦詠。禱雨不應則置之。一時士風足徵矣。

辛酉。定湖廣宗祿概予金。

故江西按察司提學副使李夢陽卒。夢陽字獻吉。陝西慶陽人。弘治癸丑進士。授戶部主事。歷郎中。嘗劾張鶴齡兄弟及草奏劾逆瑾。再下獄。後官江西。又坐誣累。其詩文獨創。冠于一代年五十八。天啓初。追謚景文。

王世貞曰。空同先生兩疏。于弘治間擔荷世道不淺。雖再下詔獄。見以爲煅煉。而實益其剛果之氣。若廣信之訟。血氣與義氣各强半耳。才高而病疎脫。則易入。名高而尙激厲。則易染。同舟遇風。胡越相救。而不知其伏機之至此也。一遇康德涵。再遇林世用。而後得免虎口。噫嘻。亦危矣。

十二月癸亥朔。甲子。逮漢中知府藍瑞。瑞酷甚。輒細故斃人。

己巳。應天府尹王大用爲右副都御史。巡撫順天。

辛未。罷太子太保左都御史王憲。憲推宣大總督。固辭。被劾。

水災。免兩浙竈戶今年歲辦。

癸酉。施瑾嗣懷柔伯。瓚之弟。

甲戌。番夷入臨洮。鞏昌大掠。

丙子。福建左布政使查約爲應天府尹。

丁丑。上親定百官朝服圖式。仍會典之舊。以習久而訛也。

戊寅。南京右通政余本卒。本鄞人。弘治辛未進士及第。授編修。正德初。求便養。改廣東提學副使。忤罷。嘉靖丁亥。補山東。戊子四月南遷。年四十八。

己卯。大學士翟鑾予告。

庚辰。刑部左侍郎汪鋐爲右都御史。
裁工部添設右侍郎。
湖廣巡撫右副都御史朱廷聲請土司首領官即本省詮補。從之。
辛巳。定郊祀告廟。詣太廟行禮。初在奉先殿。
乙酉。賑眞定榆林饑。
丙戌。停宣大總制。令戶部左侍郎張璉兼右僉都御史。總督軍餉。
丁亥。核羣臣引疾三年以上俱免官。其親老重疾鄉望。非此論。
巡視浙江福建海防右副都御史王堯封引疾奪官。浙江左布政胡璉爲左副都御史代巡視。
監生錢潮蔡圻請遣召桂蕚。以狂擾下法司。
庚寅。減南京各關庫內臣。
山東流盜平。

庚寅嘉靖九年

正月氐朔丁酉。上南郊。
安南莫登庸自稱太上皇。禪位太子方瀛。改元大正。作大誥五十九章。
壬寅。頒敬一箴于岳麓書院。
右通政何棟專理通惠河道。
巡撫陝西右副都御史寇天敍爲刑部左侍郎。

復陝西督糧參政及屯田僉事。
丙午。吏科都給事中夏言。請皇后親蠶。云。向被命勘順天田土。曾疏改各宮莊田爲親蠶廠公桑園。未見舉行。夫農桑爲天下本。今人主既親耕行籍田禮。而后不親蠶。非所以昭陰敎示婦職也。上嘉納之。敕禮部具儀議于安定門外祀先蠶。幷立蠶室。詹事霍韜言。南郊五里。猶先日啓行。皇后出郊。難以越宿。且郊外別建蠶室。則宮嬪命婦未得親見蠶事。祇具文耳。乞擇近地便。上以古禮責之。已戶部言安定門外乏水浴蠶。初禮部議皇城內南城西苑中有太液瓊島之水。況唐制在苑中。宜如禮部初議。上陋唐人不足法。其更定以聞。
戊申。上復諭禮部親蠶。
巡撫保定右副都御史錢如京言。京畿重地。守令須進士。不宜歲貢。上以不拘資格。且科貢正途。何觭輕之有。
庚戌。巡按雲南監察御史劉臬請罷採辦土酋孟密地方寶井寶石。不聽。
淮王祐棨請進鈔代馬。以舊制。不許。
壬子。駙馬都尉謝詔請如外戚例列肆召商。不許。
甲寅。右僉都御史劉天和巡撫陝西。
太子太保南京兵部尚書胡世寧疾辭。許之。
寧夏旱。免田租。仍賑之。
虜犯宣府馬營。赤城守備劉傳聞警。砲率所部援之。被圍數重。令士皆下馬步鬬。引滿四射。矢無虛發。最後射殺其酋長。虜駭去。傳中矢如蝟。比圍解。甲裳俱赤。臥創月餘卒。
命團營右都督郤永總兵聽征。
丁巳。賑山西饑。

己未。兵部左侍郎王廷相爲南京兵部尚書。

故翰林修撰楊愼戍永昌。求終父喪。不許。

庚申。初上諭禮部。祭太社太稷奉我太祖太宗配。何義。宜太社配后土勾龍氏。太稷配后稷氏。至是張璁翟鑾等言。祖宗配社稷歷代祀典未載。我太祖稽古定制。初無配位。後禮官張籌之失。沿至今日。惟陛下獨裁。命卜日具儀注以聞。

侯官獄潰。先是侯官知縣黎文會酣縱。重囚林汝美等。餌獄卒。藏刃瓜中。率衆斬關而出。殺文會。趨南門。適監司候御史于公署。遂殺左布政使查約參議楊瑀都指揮使王翺經歷周煥。賊入海。後頗追獲。

談遷曰。查約盛德人也。所在見思。方兇豎猝發。戒勿犯查公。吏卒格鬬。倉皇同命。嗟乎。奔車之上無仲尼。覆舟之下無伯夷。亶其然乎。

虜酋俺荅吉囊始東西連兵。二酋亦元裔。于小王子卜赤爲從父行。其大父曰歹顏哈。有十一子。次曰賽那剌。有七子。長吉囊。次俺荅。皆雄黠善兵。吉囊壁河套。直關中。俺荅壁豐州灘。直雲代。各九子。子領萬騎。其弟老把都亦數萬騎。壁張家口。日益强。不受小王子約束。小王子徙壁東方。直薊遼。號土蠻。

二月甲午朔癸亥。工部上竃壇圖。上手改定。

甲子。定社稷配位。奉太祖太宗神牌于太廟寢殿。

丙寅。太僕寺卿余瓚致仕。

丁卯。巡撫大同右副都御史蔡天祐爲兵部左侍郎。

戊辰。上祭社稷畢。出郊祭先農。行耕籍田禮。

北虜阿爾禿廝五千餘人入紅城。參將彭濬拒卻之。

庚午。禮部上親蠶儀注。
辛未。江西道監察御史周䆁上五事。明史職。恤水災。清册籍。厚風俗。理驛傳。上善之。
免順天永平田租。
壬申。定百官謁文廟禮。凡不與陪祀。則常服從其後。
癸酉。初。上問張璁郊祀宗祀冬至圜丘夏至方澤及日月配報之說。璁引漢宋及國初分合異同以對。上未善也。璁密語吏科都給事中夏言。言因奏國家合祭天地于大祀殿太祖太宗並配。又祀不于至日而于孟春。俱不應古禮。宜令羣臣博考禮書及漢宋臣衡劉安世朱熹之定論。以太祖初卽位詔爲據。上大悅下廷議。禮科給事中王汝梅等詆言妄。上切責之。諭禮部集議。
乙亥。巡撫延綏右僉都御史蕭淮移大同。
李璋爲署都督僉事總兵官。鎭守貴州。
賑京師流民。令天下修舉養濟院實政。
丁丑。右都御史汪鋐請禁約官民服舍一依會典品級。報可。
辛巳。議親蠶樂舞。禮部以北郊陰方。其色黑。漢蠶東郊。魏西郊。俱色尙青。今樂女生冠服宜黑。制度同先農樂生。從之。
甲申。蘇州同知徐州不職。巡撫陳祥劾之。巡按魏有本則薦。吏部擬調吏科都給事中夏言以爲言。有本坐免。
乙酉。陝西左布政使胡忠爲右副都御史。巡撫延綏。
戊子。免福建逋租。
庚寅。黜前雲南巡撫右僉都御史歐陽重。削籍。重與桂萼同鄉。人謂萼黨。重疏侵璁萼方獻夫也。

免浙江田租。

三月𨉖朔。賜各科道大學衍義。

甲午。巡撫山東右副都御史劉節總督漕運。巡撫鳳陽。

丙申。張璁上郊祀考議。下禮部。命以皇祖存心錄祭祀儀注書。仍會議。詹事霍韜謂祖制不宜輕改。南北分祀。惟見周禮莽賊僞書不足據。夏言曰。宋儒葉時云。郊丘分合之說。當以周禮爲定。秦去古未遠。祀天山上。祀地澤中。漢之郊祀甘泉。祀地汾陰。則秦漢天地之祭猶分也。至元始間始合于南郊。實自王莽陰媚元后始。漢以後分祭亦間有之。魏文帝之泰和。周武帝之建德。隋高祖之開皇。唐睿宗之先天。皆分祭也。開元禮則專合祭矣。宋元豐元祐紹聖俱議合祭。以郊賚之費每傾府藏。從省約耳。亦未嘗以分祭爲非禮也。今議者以太祖定制不當改。不知分祭固太祖初制。爲可復也。大祀殿以之祀天。則不應經義。以之享帝。則脗合周禮。然太祖太宗並配。父子同列。稽之經旨。又不能無疑。周人郊祀后稷以配天。我太祖足當之。宗祀文王于明堂以配上帝。我太宗足當之。區區之意。有見于此。敢併陳之。下禮部。

己亥。召夏言便殿。賜璽書褒諭。予四品服。許凡事直陳。

庚子。詹事霍韜下都察院獄。韜貽夏言書切責之。言恚。上其書。因劾韜五罪。上怒甚。張璁力爲解。不聽。

辛丑。禮部集議。右都御史汪鋐等八十二人主分祭。大學士張璁等八十四人主分祭。第工鉅未易舉。尚書許瓚等二十六人主山川壇分丘。尚書方獻夫等二百六人主合祭。至朝日夕月。建東西壇則闕典當修。命再議。諭。二至南北二郊。分建員丘方澤。爲報本。奉太祖配。歲首祀上帝于大祀殿。爲祈穀。奉太宗配。朝日夕月。建壇于朝陽阜城二門。于是集議東閣。尚書李時言。宸斷毋容再議。但太祖太宗並配已久。若分之則子先父食。義有未當。宜仍之。夏言曰。聖諭太祖配天。太宗配上帝。是各全其尊。天與上帝一也。大祀殿並配。則兩失其尊矣。

于是方獻夫李承勛等議兩請。夏言奏。按孝經郊祀后稷以配天。宗祀文王于明堂以配上帝。春秋傳曰。自外至者無主不止則天地之祭必有所配者。皆侑神作主之意也。對越天地。神無二主。禮專一祀。兩漢之盛。莫之敢易。西漢以高祖配天。東漢以光武配上帝。義亦正矣。唐始兼配。垂拱中。禮官希旨。郊丘諸祀遂有三祖同配之禮。開元十年議罷。宋至道二年。詔親郊圓丘太祖太宗並配。至景祐二年定配太祖。嘉祐六年諫官楊畋論水災由郊廟未順。禮院亦言。三祖同配非禮。七年。詔南郊配太祖。司馬光曰。古之帝王。自非建邦啓土及造有區夏者。皆無配天之文。故雖周之成康。漢之文景明章。其德業非不美也。子孫不敢推以配天。避祖宗也。光之言可謂萬世訓矣。禮曰。父坐子立。太祖在御之日。我太宗敢並之乎。今連袵並席。豈可安太宗之心哉。天即帝也。郊而曰天。所以尊之也。以后稷配。遠矣。祭于郊。尊也。明堂而曰帝。所以親之也。以文王配。親也。陛下覽觀古昔。更定大禮。奉我太祖配天。則周之祭后稷于郊。奉我太宗于大祀殿。則周之祭文王于明堂。豈有輕重于其間哉。故並配則各失其尊。分配則各全其尊矣。

癸卯。大同巡撫右僉都御史蕭淮疾去。巡撫順天王大用移大同。

甲辰。勅琉球國王源義傳諭日本令擒獻宗設。

乙巳。應天府尹査約爲右副都御史。巡撫山東。約先駐福州。囚逸。遇害。事聞。山東左布政使邵錫爲右副都御史。代撫山東。

庚戌。陝西流盜平。

辛亥。宣府總兵郤永罷。

癸丑。賑眞定饑。

甲寅。延綏大饑。發金三萬市米賑之。

丙辰。薛翰嗣陽武侯。

丁巳。皇后行親蠶禮于北郊。祭先蠶。

湖廣按察使周期雍爲右僉都御史。整飭薊州邊備兼巡撫順天。

己未。張璁申分祀並配之議。云分祀從古。並配從今。下禮部。

是月。阿爾禿廝自莊浪北鎮羌堡入西海。結姻于亦不剌。（小王子丞相。）亦不剌女許小王子。至是阿爾禿廝（小王子弟。）奪爲子婦。懼仇殺。欲假道入套。令數十人詭爲僧丐。被獲。王瓊檄寧夏爲備。總兵官趙瑛與巡撫翟鵬不協。乞免。

四月

輴朔。禁邊衞軍改近衞。

故右都御史程宗之孫政乞補廕。上以太濫。自今已廕物故者不得復補。

乙丑。裁鎮雄府流官。復授芒部土酋隴勝爲通判。署府事。

丙寅。右都督杜勇總兵。聽征。

前大學士楊一清追免。一清嘗薦太監張永。受金器。永沒作墓志。其家復遺金器。事發。奪官閒住。追所受金。

長樂太常山鳴。

戊辰。禮臣上羣臣郊祀配典申議。有旨如所擬。大祀奉太祖太宗並侑。二至之祀奉太祖獨配。張璁議主並配。既牴牾。四三往復甚苦。璁卒不可上下。禮部徑行之。

庚午。諭部院議救災恤民之實。

癸酉。巡撫湖廣右副都御史朱廷聲爲刑部右侍郎。

都督僉事卜雲僉書左府。

乙亥。申定覆奏舊例。不得延緩。
己卯。少保兼太子太傅吏部尚書武英殿大學士桂萼入朝。
壬午。漕運總兵楊宏劾免。
癸未。大學士張璁等尚書方獻夫等視圜丘。
右僉都御史李如圭爲右副都御史。巡撫延綏兼理賑濟。
甲申。定土官襲職先報名核實。
時有上書祀高禖。禮部議擇地于宮之震方建壇。歲仲春祀。上難其行。
京師大風霾。
議延綏賑恤。
南京江西道監察御史鄧文憲言。親蠶之議。夏言未必是。霍韜未必非。且天地分祀。則父母異處。郊外親蠶。則內外失閑。上怒。謫。
丁亥。原霍韜罪。罰金還任。
戊子。修南京太廟。
五月甲午朔。錦衣衛指揮施傳再乞莊田。不許。
癸巳。逮太監韋霦。
丁酉。總督倉場戶部尚書李瓚致仕。
山西巡鹽監察御史王宣薦屬官五十二人。右副都御史汪鋐言其濫舉。免官。
戊戌。禮部以大同巡撫張文錦前守安慶功宜量卹。不許。

庚子。左都督桂勇解東官廳提督。先是羽林衞指揮使劉永昌言其權重。逮監察御史廖自顯擅箠指揮胡麟等非制也。

辛丑。武定侯郭勛僉書中府。

壬寅。巡按陝西監察御史朱觀論前巡撫延綏蕭淮奸利有跡。而總制王瓊上其功互異。命覈實。

四郊肇工。敕武定侯郭勛宣城伯衞錞大學士張璁知建造事。禮部尚書李時督視工部左侍郎蔣瑤提督。右都御史汪鋐吏科都給事中夏言監察。

癸卯。孫家渡河隄成。

丁未。迎翠殿南織堂成。

己酉。起戶部左侍郎王軏總督倉場。

左僉都御史李如圭以右副都御史賑濟榆林。吏科都給事中夏言超擢左僉都御史。御史熊爵謂言出如圭。以爲己地。言辭不拜。命食四品俸。

辛亥。都指揮僉事劉淮總兵鎭守遼東。

甲寅。廣西兵破猺賊平。

淸內府各監局匠役。

乙卯。內召巡撫四川右僉都御史唐鳳儀佐院。

阿爾禿廝衆二萬道寧夏。禦之失利。

懷柔伯施瓚卒。

臨漳王厚炣薨。諡康端。

戊午。前太子少保工部尚書俞琳卒。琳浙江臨安人。□□□□進士。

六月杞朔。立國子監敬一亭。

定牧放營馬之例。故事。春夏放牧。入秋回操給芻。嘉靖六年。郭勛改全給。至是夏言奏留六

三千四。

庚申。武定侯郭勛都督五營操練。

阿爾禿厮自鎭遠關渡河入套。

壬戌。通政司左通政宋滄爲右僉都御史。巡撫四川。

癸亥。立曲阜社塾。敎三氏子孫。

丙寅。河南巡撫右副都御史徐瓚獻瑞麥百本。一莖二穗。亡何。訓導范仲斌上巴縣瑞麥。一莖五穗。都人言瑞

禾郊生。稱賀。張璁上嘉禾頌。

庚午。刻大明集禮成。上自序之。

眞定大旱。遣禱北岳。果雨。

乙亥。陝西巡茶監察御史陳情。濫舉劾免。

吏科都給事中夏言奏。給事中額五十八人。舊進士選補。弘治間始及行人博士。正德間及推官知縣。今旋行

旋廢。乞復舊制通選。從之。

免核黔國公田土。

庚辰。總制王瓊遣總兵劉文破洮岷番夷若籠板爾等族。平之。獲甲首三百餘。平七十餘族。瓊規築楊一淸故

塞。屬之楡林。未成卽奏。行賞如余子俊櫇子例。然子俊無之也。

辛巳。先是豐林王台瀚上四事。崇輔導。建學校。定子女。均人役。下禮部。議上。不果行。

出內府金銅玉石鐘磬于神樂觀考正音律。仍徵諳律呂者。

河決曹縣。分三道出徐州。

七月孩朔。兵部武庫主事趙時春言。因災求言之詔未乾。而慶賀聖瑞之奏屢上。往年靈寶縣官言河清受賞。都御史汪鋐遂進甘露。今副都御史徐瓚訓導范仲斌又進瑞麥。指揮張楫進嘉禾。汪鋐楊東又進鹽花。禮部再請稱賀矣。仲斌輩猥賤不足責。汪鋐徐瓚楊東等風紀攸司。禮部尚書李時等官居八座。職典三禮。乃亦徼利罔上。臣所以拊膺流涕也。若不嚴禁此風漸長。大非國家之福。望申令百官有依託符瑞熒惑聖聽者。卽加誅譴。庶可化佞爲忠。上怒云。大臣科道旣無陳說。時春必有謬謬之論。其以聞。時春皇恐引咎。上趣之。時春言。今日大務有四。崇治本。信號令。廣延訪。勵廉恥。急務有三。惜人才。固邊圉。正治教。上責其掇拾賣直。下錦衣獄拷訊。削籍。

福建平和知縣王祿請立獻皇帝廟于安陸。封崇仁王主祀。如禮部初議。又預養宗藩子備儲貳。上怒。免其官。

庚寅。南京內臣高昇貢魚筍。腹索舟役。棄筍止進魚。兵部奏其違命。命按之。

辛卯。提督四夷館太常寺卿魏校致仕。

甲午。廣東左布政使劉士元爲右副都御史。巡撫貴州。

中飭提學官正文體。汰附學。

乙未。雒昂沈繼美張璽王楨秦鼇傅學禮王崇業葉洪曹汴祝詠王納言管懷理郭應槐王機薛甲潘大賓王紘張裕王希文戴經丁湛趙國良爲給事中。蔣貫李士文南京戶工科給事中。

詹事霍韜憂去。

敕獎隰川王俊柏。俊柏乞春秋省葬鳳陽。幷上文錄。

丙申。太常寺進御製祈穀樂章音譜。

戊戌。前征西將軍右都督杭雄卒。

庚子。右春坊右諭德彭澤爲提督四夷館太常寺卿。右贊善林文俊爲南京國子祭酒。

壬寅。停大臣子弟濫廕。

癸卯。初陳洸復奏葉應驄行勘殺人。下巡按御史邵豳覈除名。令人訐御史聽囑。詞連修撰蕭與成御史陳大器知府鄭漳顧遂。又下之巡按。于是御史李美言死者皆有狀。非勘官斃之。洸言妄。不聽。應驄戍鐵嶺衛。豳大器咸坐賄囑。漳坐規避。俱有罪。

沈一貫曰。昔王金陵行新法。而與舉朝士大夫爲仇。僉士遂踐其隙。流禍于黨碑。張永嘉之世亦然。有意乎勝天下。事發相激。去者皆仇怨。來者皆親戚豺虎。安得不多。嚙噬安得不博。予寧爲葉公痛。亦爲諸公痛。

甲辰。詹事顧鼎臣署府。翰林侍講學士穆孔暉署院。

乙巳。錦衣衛舍人樊名欲襲百戶。不許。戚畹後裔各以遠近隆殺。異塗傳乞者盡革。

丙午。工科都給事中趙漢言。大學士桂萼翟鑾稱疾三月。未免曠職。張璁預政久。不求賢共濟。未免專擅。乞諭萼鑾引退。仍簡耆舊分璁之責。上命中使召璁。璁請令漢疏名以進。上果詰漢。如璁指。漢言。陛下日應萬幾。故欲璁引賢共濟。初無私主。且輔臣簡命出自朝廷。即有疇咨。亦非小臣所預。遂奪月俸。

談遷曰。趙漢欲樹人佐治。非攻永嘉也。永嘉遽不能容。巧爲鉗勒。苟使漢怵于嚴威。指列二三。將坐鉤黨。一鳴輒斥矣。漢堅守不撓。永嘉亦無能中云。

丁未。吏科都給事中夏言奏。浙江右參政黃卿忤張璁調陝西。以溫州兵備副使党以平代。溫州知府丁瓚即擢副使。俱初任改補私鄉人黃芳授南京太常寺卿。又私太常卿彭澤。皆璁意而吏部尚書方獻夫引用憸邪。效力私家無大臣禮。上令黃卿等俱如故。璁獻夫各疏辨不問。

前兵部尚書兼左都御史伍文定卒。文定字時泰。湖廣松滋人。弘治己未進士。授常州推官。遷成都嘉興同知。平桃源賊。歷守河南吉安。討宸濠。立矢石間。嘗火燎其鬚。進按察使。累至今官。孤忠敢任。第不能徇時。雖著功竟齟齬。爲天啓初謚忠襄。

行預糴備賑之法。

法司會議律條。付史館采擇。

八月钺朔。□科給事中高金言沙汰附學生。力陳其不可不聽。

甲子。應天太平安慶水災。詔減田租有差。

乙丑。□科給事中薛甲上四事。擴茹納以來忠讜。正習俗以明體統。勤延訪以盡人才。養和平以凝天休。下吏部言其可採議行之。刑科都給事中饒秀劾甲阿附。甲正習俗以明體統云。劉永昌以武夫而劾冢宰。張瀾以軍餘而譏勳臣。夫股肱耳目之臣。人得指摘。媟孽下陵上。替不知所止。下吏部再議。甲疏辨。上怒其不俟覆遽上。謫湖廣布政司照磨。

乙亥。勞懷慶知府王得明。鄭王厚烷奏得明善政致瑞麥嘉禾。

建平縣妖賊伏誅。

丙子。處州知府吳仲上通惠河志。

丁丑。沔陽見星流西北。聲如雷。

庚辰。羽林衛指揮使劉永昌言。太祖罷丞相。分部院。今內閣無相名。有相權。乞存內閣。減事權。令九卿更直備顧問。下所司。

辛巳。大學士桂萼上授時考任人考。
壬午。水災。減江西田租。
甲申。罷姚廣孝侑廟。移大興隆寺。春秋太常寺致祭。翰林學士廖道南請革其祀。禮部郎議上。報可。
乙酉。顯靈宮設醮。是日。論囚法司三覆奏。以齋故免刑。
九月。灯朔辛卯。朝臣多臬月稱疾不朝。命核之。
右都御史汪鋐言各邊墩臺宜佛郎機銃。從之。
壬辰。兵科給事中高金請斥眞人邵元節。云姚廣孝旣不可配享太廟。則元節宜奪爵。上謂金何久不言。下錦衣獄。
裁雲南鎮守太監。巡按御史毛鳳詔言滇民苦之。
癸巳。革勳戚列廛。
甲午。寧夏總兵張瑛許奏巡撫翟鵬。
乙未。免蘇松旱災田租。
庚子。減免南京所貢果實器幣。省梅榴柿天鵝鶿雁鵪鶉。
壬寅。巡按保定右副都御史錢如京爲工部右侍郎。
裁廣西同知以下冗官。
乙巳。巡撫甘肅都御史唐澤疾去。督理糧儲都御史趙載代。
戊申。章聖皇太后著女訓。命閣臣合高皇后傳文皇后內訓並刊布。
修寧夏墩堡。時大虜西行。

庚戌。翰林編修張星爲國子司業。

四川按察使胡宗皐爲右僉都御史。

辛亥。大理寺右少卿林有孚爲右僉都御史。巡撫保定。

癸丑。都指揮同知周尙文爲署都督僉事總兵鎭守寧夏。

甲寅。前大學士楊一淸卒。一淸字應寧。雲南安寧人。徙丹陽。幼舉奇童。成化壬辰進士。授中書舍人。遷山西陝西提學僉事進副使。好談經濟。籠罩豪杰。有文武才。性闊大。不甚飭邊幅。當時目爲知囊。及再入朝。相扼張璁輩。卒被汚衊云死不瞑目。上聞之。復官。戊申贈太保。諡文襄。

　支大綸曰。楊文襄天閹也。終焉僑居丹陽。不爲子孫田地計。貪墨將焉用之。特其應機玩世。持祿苟安。晚年再出。遂罹新貴之毒。劉健出將之誚。庶幾先見其微云。

何喬遠曰。世言楊公以故相再行邊。道洛陽。謁故少師劉健。健出揖曰。君不甘淡泊。爲時所餌。令異日上輕吾輩自君始。咄咄入第。使其子弟延款之。此是劉洛陽前輩風。出將入相。裴晉公有之矣。宋家相臣恆出爲使相。顧國家亟才。士大夫能應國家之急否耳。夫內閣傾軋之地。不早引退。至以賄蒙其家。恐于智囊未也。

乙卯。浙江左布政使顧璘爲右副都御史。提督雁門等關兼巡撫山西。

太子太保吏部尙書兼翰林學士方獻夫疾去。

前甘肅行太僕寺丞張鶚以夏言薦至。言復古樂。必先定元聲。聲出于日。律起于辰。氣在聲前。聲在氣後。若拘于器以求氣。則氣不能制器。而反制于器。何以定黃鍾。起曆元。莫若用蔡元定截竹以擬黃鍾之律。長短每差一分。冬至日按律候先飛灰者。卽得元氣。驗其時刻。如在子初二刻。卽子初一刻移于初二刻矣。如在正二刻。卽子正一刻移于正二刻矣。又言編鐘十六。古人非徒觀美。蓋爲旋鐘而設。其下八鐘。黃鐘大呂太簇夾鐘姑洗仲呂蕤賓林鐘。其上八鐘。夷則南呂無射應鐘黃鐘大呂太簇夾鐘。近世止用黃鐘一均。而不變其六鐘。則古人立學之方已失。況太常正以五九工尺上一四六勻合字眼譜之。去古益遠。且兩律兼一字。如黃鐘爲黃合。似矣。大呂爲下四。大簇爲高四。夾鐘爲下一。姑洗爲高一。夷則爲下工。南呂爲高工之數。何以旋律取鐘。所以止于黃鐘一均而已。其黃鐘大呂太簇夾鐘爲上四淸聲。何也。蓋黃鐘爲君。最尊。黃鐘爲宮。十律皆受制焉。臣民事物。無敢淩越也。至夾鐘爲宮。則下生無射徵無射。上生仲呂爲商。下生黃鐘爲羽。然黃鐘正律之聲長。非仲呂爲商三分去之一次。所以用黃鐘爲羽也。子聲卽上黃六之淸聲。正謂不敢用黃鐘全聲而用其半。而姑洗以下均平。若此四淸聲之所由立也。編鐘十六。其理亦然。故以四淸聲皆小其圍徑以就之。黃鐘太簇二聲雖合。大呂夾鐘二聲又非。遂使十二律五音皆不可正。李照范鎭止用十二律。不用四淸聲。其合于三分損益者則和矣。至于夷則以降。其臣民事物。又何能尊卑有辨。不相淩犯耶。併進所著書二部。一大成樂舞圖。琴瑟等自作譜。一古雅心談。列十二圖象十二律。各爲圖說。以琴爲正聲樂之宗系。詔授太常寺丞。詣太和殿校定樂舞。鶚遂上言。周禮有宗祀之樂。尊親分殊。聲音自別。臣伏聽世廟樂章。律起林鐘。均殊太廟。臣竊異之。蓋世廟太廟同禮。而林鐘黃鐘異樂。林鐘主地祇。位寅坤方。星分井鬼。奏八變以報資生之恩。故用林鐘起調。林鐘畢調也。黃鐘主宗廟。位分子。分野星虛。樂奏九成。以振本源之德。故用黃鐘起調。黃鐘畢調。義各有歸。聲默相通。天地者。父母之象。大君者。宗子之稱。今以祀母之樂奏以祀子。恐世廟在天之靈不能安享矣。臣觀舊譜樂章。字用黃鐘。聲同太廟。但審聽七音。中少一律。今暫依奏格。祖孫相通。函黃二宮。不失均調。尊親之分兩得。人神之心胥洽。章下禮部。尙書李時覆奏。黃鐘爲宮。太簇爲商。姑洗爲角。蕤賓爲變徵。林鐘爲徵。南呂爲羽。應鐘爲變宮。舊樂章同合四用一用尺用上。去蕤賓之勾。而越次用再生黃鐘之六。此舊樂章之失也。若林鐘一調。則以林鐘爲宮。南呂爲商。應鐘爲角。大呂之半聲爲變徵。太簇之半聲爲徵。姑洗之半聲爲羽。蕤賓之半聲爲變宮。邇者沈君敬更協章樂。用盡用合四用一用工用六于合黃鐘也。四太簇之正聲也。一姑洗之正聲也。亦黃鐘之子聲也。以林鐘爲宮而所用爲角徵羽者。皆非其一均之聲。則謬甚矣。況林鐘一調。不宜用于宗廟。而太廟與世廟不宜異。自今用舊協音律。惟加以蕤賓勾聲去再生黃鐘之宮。改用應聲之凡。以成黃鐘一均。庶于皇上感格之誠有補。上是之。下沈君敬輩法司。

丙辰。前太子太保兵部尚書胡世寧卒。字永清。仁和人。弘治癸丑進士。授德安推官。遷南京刑部主事。守廣西之太平。懾服土蠻。歷江西按察副使。上書暴宸濠罪狀。逮戍瀋陽。濠敗起右僉都御史。巡撫四川。尋入吏部右侍郎。遷南京工部尚書。復薦入。歲中歷左都御史刑兵二部。乞休。少勵風節。閑熟世務。而規道不爲揣合陰解。故易退焉。贈少保。諡端敏。

陳善曰。人之言曰。千鈞之弩。一發必鵠。胡公以宸濠一疏。遂名無窮。謂當機而發耳。此其視公淺淺哉。夫公有忠義大節。當柄兵時。屢持正議。輒與諸朝貴忤。彼豈擇利而居者。予嘗讀公奏議。多明辨慷慨。不能盡概于用。乃有經濟幹略者耶。

雷禮曰。士以直道事人。顧不難哉。以胡公之忠鯁稽古展蘊。期而勵焉。將若何而極也。然自爲推官。挺挺特立。而擠之惡郡。則又蹶至逆濠。炰烋。于時在位者悚息避禍矣。而公獨犯之。豈其懵于保哲者哉。既天悔禍起躓蹈九死之餘。而危言蹇蹇。迄不能挫。向非聖明灼知倚任于上。而能顯其聲施若此。其卓卓難矣。傳曰。國有道。不變塞焉。强者矯。公眞其人哉。彼揚己取名。瞭然使人戶曉者。蓋胡公之細耶。

何喬遠曰。世寧自贊曰。信而未孚者。多言也。正而未諒者。多戲也。周而若比者。好稱人善也。恕而若刻者。多發人奸也。過有甚此者。粗疎輕淺也。然而無可取與。曰欺人之事勿爲。害人之心勿有。有利國家。雖死勿避。持是終身焉。而氣質之偏。庶乎有濟也。或爲世寧任數少容。夫濟變安能舍智哉。

前南京右都御史張瓚卒。仁和人。弘治庚戌進士。居官于常祿外。一介勿取。公退。閉門危坐。

馮時可曰。張公府設豸而門羅雀。清芬自遠。接人處物。鋒鋩若虛。伎倆若無。恂恂抑抑。若畏若媿。何醇厚長者。及當事變。雲雷鬱發。神龍騰奮。不可遏也。仁者必勇。其然哉。懸車暮年。知足知止。庶幾二疏操矣。

是月。黎譓沒于哀牢。子寧七歲。故臣黎峒鄭江黎畬鄭惟𢗉等共立之。稱元和元年。居清化府之木州漆馬江。兵三千人。又木州土酋車克讓兵五千人。莫登庸攻之不克。立四年。登庸攻之。竄占城。國人立其弟憲。僭號光照。黎氏傳十世。歷一百十年。或曰。譓走清華依鄭綏。

十月丁巳朔。辛酉。定海外諸國依期進貢。罷珠池少監。以鎮守兼攝。從給事中王希文之請。

壬戌。諭禮部選妃嬪備侍御。遣禮部員外郎李瑜主事屠應埈王汝孝吳龍往應天河南山東。不遣內臣。

丁卯。巡按山西監察御史趙鏜與巡撫張潮爭禮相訐。俱罷。

戊辰。右副都御史胡璉子御史效才。避嫌求改翰林。以近弊不許。著為令。

庚午。裁浦子口管稅內臣。

辛未。輯祀儀成典。以更定郊制也。以知建造事總督工程官郭勛同知建造事督視規制官李時監視巡察工程官汪鋐為監修官。知建造事總督工程官張璁為總裁。大學士桂萼翟鑾為副總裁。監視巡察工程官吏科都給事中夏言進翰林院侍讀學士。仍兼都給事中。中允廖道南編修張袞徐階程文德為纂修官。

翰林院學士顧鼎臣奏江南稅糧積弊。申飭清查。從之。

員丘祭器及龍床御案成。上召張璁閱于文華殿。求紅黃玉為爵。不可得。

癸酉。右副都御史汪鋐為兵部尚書。仍兼右都御史。提督團營。

甲戌。詔停刑。

乙亥。翰林院侍讀學士兼吏科都給事中夏言直經筵日講。

令王府將軍夫人而下儀仗俱本省支造。

十一月丁亥朔。定閣臣錦衣衞指揮侍御座左右。永樂間。閣臣首文班。錦衣官侍座右。便承旨捧敕。始命翰林。

戊子。上詣南郊視圜丘。

監察御史詹寬奏決囚日鼓狀訴冤。易稽緩。請前期三日。從之。著爲令。

癸巳。張璁議叔梁紇顏路曾晳孔鯉另祀侑食。從之。上作文廟祀典說示羣臣。璁遂議文廟像改木主。籩豆十。樂八佾。削封爵。稱先賢先儒。罷申黨公伯寮秦冉顏何荀況戴聖劉向賈逵馬融何休王肅杜預吳澄。祀林放蘧瑗盧植鄭玄服虔范甯于鄉。增后蒼王通歐陽修胡安國蔡元定。

翰林院編修徐階請文廟像如舊。謫延平推官。

乙未。監察御史黎貫等爭文廟像爵削籍。

戊戌。初歷城知縣朱鵬醉杖德府典儀。事聞。下獄。疏辨。屬通政司參議劉曰乾光祿少卿葉廷芳刪定其草。悞書日月。詰得實。鵬削籍。曰乾廷芳免。

起顧應祥右副都御史。巡撫雲南。

辛丑。更正孔廟祀典。易木主。題至聖先師孔子。四配曰復聖宗聖述聖亞聖。餘稱先賢左丘明以下稱先儒。進后蒼王通歐陽修胡瑗。退祀于鄉則林放蘧瑗盧植鄭玄服虔范甯。罷申黨公伯寮秦冉顏何荀況戴聖劉向賈逵馬融何休王肅杜預吳澄。

壬寅。工部尚書章拯罷。悞郊壇祭器。

甲辰。上省牲南郊還宮。

周鈇茂陵吳价郭圻劉希寵王杏周相鮑象賢汪以象方涯陳洙李祺張相李磐李朝綱李鏞邢第陳亶楊宜聞人銓徐汝奎鄭崑爲監察御史。

己酉。冬至上祀南郊。奉太祖配。還御殿。行慶成禮。詔天下肆赦。明日。大宴。

談遷曰。高皇帝功德至矣。太宗安能匹之。今輒擬周之文武。似矣。而實未盡然也。專配太祖。誠當。卽宗祀明堂。胡又易太宗哉。

丙辰。前南京禮部尚書沈冬魁卒。

封充燿代王。充炕寶豐王。充炌碭山王。厚熇衡世子。厚爘高唐王。貞潤會寧王。貞澆延長王。厚熠富城王。厚熻貴溪王。厚焗秀水王。譽栰黎山王。褒熇方城王。

甘露降顯陵。

十二月丁亥朔。諭太常寺禱雪。

免湖廣水災田租。

己未。工部左侍郎蔣瑤爲工部尚書。

壬戌。崇信伯費聚卒。

癸亥。吏部右侍郎徐縉爲左侍郎。右副都御史唐龍爲吏部右侍郎。

甲子。作蠟樂詩。賜張璁。

乙丑。刑科給事中張裕前力詆祭酒許誥。命指其實。不能對。遂下詔獄。

是日。失朝殆三百人。俱下法司。奪祿有差。

丙寅。捕四川永川縣妖賊。平之。

己巳。工部右侍郎劉尙賢卒。

庚午。淸各監局匠役。

壬申。順天府尹黎奭爲工部右侍郎。

癸酉。減御馬監象房內臣。

丁丑。始祀先聖先師于文華殿東室。初有釋像。幷周公。上以不經。撤之。專祀五帝三王。南向。周公孔子東西向。

己卯。設福建詔安縣。

庚辰。祀高禖祈嗣。

辛巳。復南京戶部員外郎六人。

恤刑官停陞遷。幷嚴過家延緩之禁。

桂萼上三才日曆志。

大報禮成。釋四千八百餘人。

乙酉。江西旌忠祠享位。初祀孫燧許逵。侑以左參議黃宏主事馬思聰御史邵顯麒。有言撤宏思聰奪贈官。宏子昭武申辨。御史穆相覈上其節著甚。復贈祀如初。

是年。衡州安仁縣北二十里靑絲樹生紅子如龍眼。味甘。

國榷卷五十五

辛卯嘉靖十年

正月丙戌朔。庚寅。吏部遵詔。如累朝例。科舉歲貢薦辟。三途並用。從之。

辛卯。祈穀于大祀殿。奉太祖高皇帝太宗文皇帝配。

故巡撫山西右副都御史江潮卒。

壬辰。上欲舉禘祭大雩秋報之禮。張璁對。丘濬云。高皇帝爲始祖。以德祖爲所自出之帝。歲一禘祀。蓋斷自可知耳。且大雩爲禱雨之祭。大享是明堂享帝之祭。但禘祫復古。則宗廟當復古。臣未敢輕議。上作欽定大禘圖。如丘濬議。仍諭璁孟春特享。奉太祖南向。太宗而下各一幄。其三時聚太祖室相向。行時祫禮。季冬大祫。德祖居尊。餘同享禮。節祭歸之奉先殿。世廟止享四時。歲暮亦歸之崇先殿。

巡按雲南御史陸夢韓薦尙書羅欽順秦金等三十四人。坐濫舉謫安慶推官。

甲午。祧德祖。尊太祖中殿。

乙未。御奉天殿。順天尹進春。

丁酉。特享太廟。

先是右春坊右中允廖道南。請改大慈恩寺。與辟雍養老。撤靈濟宮徐知證知諤祀。改歷代帝王。侑以名臣。禮部議。有國子監。不必立辟雍。惟寺供喜神。係元淫祀。宜毀。徐氏祭宜撤。但地湫隘。遂改神武衞作帝王廟。

庚子。從禮部議。歲貢生務選學行。毋衰庸充數。

巡撫大同兵部右侍郎蔡天祐劾罷。

孫允中曰嗟夫以孤危之跡寄于羣兇鼎沸之時。將欲明王法。示顯僇。下弭邊方之患。上紓西顧之憂。卒使恩威並著。善惡攸分。區區小費。恐不足惜者。竟以此媒孽其短。罷廢以沒。獨何心哉。獨何心哉。

壬寅。初例監停者四年。至是蘇州復以例上。仍禁之。

甲辰。巡撫山西右副都御史顧璘仍浙江左布政使致仕。初。璘以參議養親。起拜浙江右參政。山西按察使。俱未任。仍致仕起浙藩。方任擢晉撫。又乞養。上責吏部凡家居毋概遷。于是南京通政司參議楊谷以監察御史養親。南京太常卿方鵬以右春坊右庶子養疾。並不當遷。奪其新銜。

乙巳。少保兼太子太傅吏部尚書武英殿大學士桂萼疾去。

上受顯陵甘露。上兩宮。分賜大臣。

丙午。裁薊鎮鎮守太監。

吏部右侍郎董玘免。監察御史胡明善劾其排陷徐縉李時顧鼎臣及聞喪不即去也。

戊申。大理寺左少卿史道爲右僉都御史。

己酉。上不豫。羣臣問安。報天降寶露。二月行報謝禮。

選淑女四十八人。

辛亥。大內東偏火。上作火警。或問以明善惡別忠邪自勵。

定春秋開講告先師先聖。

乙卯。奉安仁祖主于祧廟。

二月丙朔。癸亥。祭太社太稷。

甲子。上南郊。
乙丑。河南左布政使陶諧爲右副都御史。提督南贛汀韶。
丁卯。祭歷代帝王于文華殿。
戊辰。上躬耕籍田。
前少傅兼太子太傅戶部尙書謹身殿大學士謝遷卒。遷字子喬。餘姚人。成化乙未進士第一。授修撰。歷少詹事。直閣。正德初忤逆瑾。里居十八年。再召入。引去。贈太傅。謚文正。
史臣曰。遷學術純正。有大臣風節。弘治間與劉健李東陽同心輔政。稱爲賢相。正德初。權奸擅政。以顧命大臣。不能艱貞以濟難。雖達權不足。而守正有餘。所謂以道事君。不可則止。遷蓋有焉。年表閏六月。
癸酉。議禘禮。翰林侍讀學士兼吏科都給事中夏言以禘者禘也。謂禘其所自出之帝也。德祖旣爲太祖之始祖。豈可復爲所自出之帝乎。請虛其位而加隆稱焉。仍以太祖配上。是之。右中允廖道南議朱氏出顓頊。宜禘顓頊。羣臣議于東閣。張璁曰。請虛位者失之無尊。顓頊者失之遠。宜仍禘德祖。便言復上書爭之。下廷議。如言所請。
甲戌。南京光祿寺卿黃鍾爲右副都御史。巡撫山西。
免鳳陽淮安揚廬水災秋租有差。
乙亥。購紅黃玉作爵。祀北郊。
戊寅。定祖陵曰基運山。皇陵曰翊聖山。孝陵曰神烈山。顯陵曰純德山。同天壽山從祀北郊。
浙江海道僉事姜儀破擒海盜。賜金幣。
庚辰。上祀朝日壇。

壬午。大學士張璁以嫌名。請賜名孚敬。字茂恭。俱御書。
癸未。議建太歲壇。
刑部尚書韓邦問卒。諡莊僖。
三月朔。諭大禘定孟夏祀始出之祖于太廟。以太祖配。辛丙歲一舉。
丁亥。册九嬪。德嬪方氏。賢嬪鄭氏。莊嬪王氏。麗嬪閻氏。惠嬪韋氏。安嬪盧氏。僖嬪沈氏。康嬪杜氏。
戊子。賜張孚敬獻皇帝榮恩堂御書。上識其端曰皇考手澤。
始立西苑耕種。
己丑。禮部言皇后出郊親蠶非便。命卜地內苑。召大學士張孚敬禮部尚書李時來西苑。渡太液池。入見仁壽宮。諭宮前立土穀壇。後立蠶室。同游出示西苑視穀祗先蠶壇位賦。孚敬求手書賜。明日各賡和。曰詠和錄。
太子太保兵部尚書李承勛卒。承勛字立卿。湖廣嘉魚人。弘治癸丑進士。授太湖令。守南昌。時瑞饒諸屬邑高安桃源東鄉各賊互起。官兵促縮。承勛獨前破之于山麓于邑門。斬首幾六百。平五寨。又攻華林賊巢。俘斬四千五百。平之。又敗桃源賊。見忌內臣黎安。誣下獄而雪。超拜浙江按察使。遷陝西河南左右布政使。進右副都御史。巡撫遼東。築邊牆。城中固鐵嶺。斷陰山遼河之交。城蒲河塞女直寇。城撫順道建州貢。諸要害悉復。拜南京右都御史。入刑部尚書。加太子太保兵部尚書左都御史。領院事。總督團營。革宿弊。練士伍。忤總兵郭勛。改理部事。因張孚敬革鎭守守備內臣二十七人。各衞兵監局冒役數千人。一時肅然。曉暢軍事。繼胡世寧本兵三歲。與齊名。上極任之。年五十九。訃聞。賜金幣蔬米。自爲文。遣禮部左侍郎嚴嵩祭之。贈少保。諡康惠。
王世貞曰。世寧承勛號齊名。其機力勇略等。而世寧稍則于道。不爲揣合陰解。故易退。承勛能抗郭勛固偉。然頗借閹人永力。何大相遠哉。孜孜奉國。知無不爲。亦庶乎近之矣。

庚寅。嚴遼東貢夷詐冒。

辛卯。初。應天推官陳廷璉疾乞免。吏部擬加太僕寺丞。上以疾甚自當免。非恬退也。問例所自始。部以弘治中對。命自今乞休止原官致仕。

各郊丘壇成。

賜禮部尚書李時銀章忠敬安愼。

癸巳。吏部言。京官考滿。稱職方封贈。間有違礙。卽不敢請。于是往往自陳蒙恩。因而紛效。或移封。或改封。自今宜裁。從之。已。巡撫宣府左僉都御史劉源清乞移封。不許。

乙未。定西苑土穀壇曰帝社帝稷。籩豆八。牲用犢羊豕。

吏部左侍郎徐縉。詹事顧鼎臣。左春坊左庶子兼翰林院侍讀學士穆孔暉。各失日講。宥之。孔暉調南京尚寶司卿。

丙申。翰林院侍讀學士兼吏科都給事中夏言爲少詹事兼翰林學士。

套虜犯莊浪。兵部議。魯氏世守其土。自都督魯經總兵他鎭。罷其子魯瞻。勢難約束。宜徵客兵。下總制王瓊議。

建州夷納牙、別都尚來降。徙兩廣。

停永平河間壩底安普金滄銅仁鎭筸郴桂施州各守備及巡視洞庭湖管理開原馬市敕書。餘兵備道撫治捕盜守備及太僕寺敕不坐名。許代任著爲令。

丁酉。虜入大同新莊墩。千戶張鉞敗沒。亡卒六十人。總兵彭英稱疾不出。虜掠懷仁山陰至于廣武。

戊戌。諭擇吏部尚書許文選郎中鄧尚義實授。仍久任。更愼選各司。

己亥。巡撫大同右副都御史王大用被劾免。

庚子。上幸西苑。祭帝社帝稷。

雲南左布政使陳軾爲右副都御史。巡撫應天。

武定侯郭勛提督團營。

辛丑。選擧貢監生爲科道。于是曾忭周崑薛宗鎧謝存儒爲給事中。王德溢楊行中周寵宋邦輔諸演爲試監察御史。

內承運庫奏乏金珠寶石。徵帑金七萬。下市御用監。

工部請遣科道監收。除內承運庫惜薪司軍器局外。御馬監司設監針工局巾帽局浣衣局司苑局供用庫甲字等十庫廣盈庫則原遣科道。內官監印綬監尙衣監尙膳監銀作局織染局兵仗局酒醋麪局寶鈔司盔甲廠則續遣科道。上以御用尙衣織染不必監收。餘如議。

甲辰。廣西提學僉事黃佐引疾遽去。下巡撫訊之。

初。建陽知縣薛宗鎧徵拜禮科給事中。戶部言其稅額未登。命回任聽覈。自今內召考績。俱送戶部詳對。

定勳戚享堂五楹。東西廡重門各三楹。碑亭一。著爲令。

賜女直左都督速黑忒金帶綵幣。速黑忒居松花江。距開原四百里。爲北夷孔道。殺賊猛克求蟒玉。不許。

戊申。裁四川分守少監。

己酉。監察御史傅漢臣請行一條鞭法。下所司。

壬子。故誠意伯劉基侑祀太廟。次六王下。

四月甲申朔。貢士孫𧋍爲工科給事中。貢士阮徽監生張澍爲廣東道試監察御史。

丁巳。皇后親蠶西苑。

戊午。給事中王訥言奏太常寺卿金贇仁。寺丞桑友蘭徐可成。俱道流濫秩。若陳道瀛尤宜斥。忤旨。下錦衣獄。謫湖廣布政司照磨。

壬戌。起王時中仍兵部尙書。

甲子。上大禘于太廟。牌書皇初祖。不主名。南向。太祖配。西向。各牛羊豕一。祭訖燎牌。

談遷曰。商周而上。世系甚明。推本所自始。良不誣也。末季家遠。譜牒失傳。卽系某氏後。亦沿而未確。必溯厥原初。遙祀數千載之上。果來格降歆乎哉。吾知其不屬也。永陵好儀縟。自議禮諸臣蔓之矣。

乙丑。復江西巡撫及兩京謄黃右通政四夷館少卿南京通政司參議太僕寺光祿寺少卿。

丁卯。修仁壽宮。

戊辰。罷山西提學副使劉儲秀。以檄建敬一亭語不謹。南京提學御史劉隅章衮以檄木刻。謫隅許州判官。巡按御史劉謙亨謫順德推官。

雲南蒙自縣蠻才古等平。

庚午。巡撫宣府左僉都御史劉源清進右副都御史。

巡視浙福右副都御史胡璉巡撫江西。

辛未。前工部右侍郞章拯削籍。致仕尙書劉麟閒住。郞中高仲嗣謫開州同知。以顯陵香殿暖閣微漏。

山東左布政使李綝爲右副都御史。總理河道。

癸酉。工部左侍郞黎奭太監崔文葺顯陵香殿。

丙子。南郊泰神殿成。專奉神版。

戊寅。兵科給事中張潤身等言。各鎭巡濫帶傔從。冒濫名器。命革之。惟邊上武舉贊畫不論。

張孚敬繼娶景寧潘氏。錦衣衛指揮僉事潘餘慶。以憲廟端妃族得官。同景寧譜。令甲藩戚不得官京師。孚敬辨其非族。

己卯。旌伊王訏淳孝行。

庚辰。兵部火。延及工部。逮兵部左侍郎陳洪謨武選郎中黃禎員外郎馬坤主事袁袠楊旦。下鎮撫司。他曹奪歲俸。巡城御史下法司。洪謨禎削籍。袠戍湖州。袠初館選。爲張孚敬首薦。不報謝。故改刑部主事。

五月艸朔。巡按浙江監察御史李佶苛察。下應天巡撫訊之。

南京戶部尙書邊貢。崇飲廢事。劾免。

庚寅。壩上東馬房草場火。

壬辰。四川眞州盜平。

癸巳。都察院請開贖軍之例。不許。

甲午。命鳳陽守備太監王德毋預軍民事。

乙未。南京太廟成。

河南左布政使王潮爲右副都御史。巡撫大同。

逮潯州知府廖雲龍。前署武選郎中。冊籍淆亂也。

丙申。浙江江西布政司右參政萬廷彩吳漳湖廣河南布政司左參政黃焯祁鶴山東□布政邊蕙山西貴州左參議車純姚如皐。陝西廣東雲南右參議孟昜翁磐華金。四川廣西左參政陸釘蔣山卿。各專敕淸理黃冊。徙環慶兵備副使于肅州。

遣給事中秦鰲監察御史李宗樞核兵工補冊。

乙巳。增黃州襄陽捕盜通判。
丙午。上禱雨于殿陛。
減昌平寄牧馬十之三。
戊申。遼東巡撫右副都御史成文引疾。罷之。
裁山西屯田按察僉事。
壬子。夏至。上祭北郊。
六月艸朔乙卯。戶部請開納助大工。報可。
丙辰。山西流盜平。
丁巳。起秦金南京戶部尙書。陝西左布政使周敍爲右副都御史。巡撫遼東。
戊午。召李廷相。仍南京吏部右侍郎。
巡撫延綏右副都御史李如圭劾免。
己未。光祿寺丞陸鰲請告。勒致仕。幷核在籍諸臣。
宣府右衞都指揮僉事任鳳爲京營總兵。
太子太傅豐城伯李旻卒。贈太保。謚武襄。
辛酉。壽王祐楮請靑衣纁裳。禮部求內織。不得私作。從之。
壬戌。徵山西鎭守太監周縉治罪。不補。
癸亥。山東按察使張宏爲右僉都御史。巡撫延綏。
雷震午門角樓。西華門樓角柱。

乙丑。罷太僕寺卿曾直。嘗失庫籍。委奸吏。非其實。

戊寅。戶部左侍郎張璡大理寺卿葛浩罷。災異自陳。

閏六月楑朔。免寧夏屯租。

甲申。裁湖廣屯田水利二按察副使。武昌漢陽荆岳衡永通判一。

丁亥。南京工部右侍郎葉相爲戶部左侍郎。巡撫順天右僉都御史周期雍爲大理寺卿。

初。行人薛侃上論孟古義。命頒天下。禮部言士習猝未能變。遂已之。

戊子。減山東災租。

命兩雍官仍屬吏部。各儒學屬巡按御史及提學官甄別。

己丑。裁杭湖嘉興通判各一。

錄國初劉基常遇春李文忠湯和鄧愈後。先是刑部主事李瑜訟劉基功宜配食襲爵。吏部右侍郎唐龍等言。高皇帝延攬豪俊。創造丕圖。一時佐命之臣。並軌宣猷。而幃幄奇計。往往屬基。故在軍有子房之稱。剖符發孔明之喻。孫廌襲爵。丹書鐵券。載在國史。廌沒世微。圭裳靡託。或謂胤祚孤孱。勿克負荷。或謂長陵嗣統。遂至疎嫌。一辱塗泥。傳聞多謬。而盟書載府。績效具存。昔武王興滅。天下歸心。成季無後。何以勸善。遂徵南京錦衣衛指揮使常玄振李性鄧繼坤湯紹宗處州衛指揮使劉瑜入朝。

裁浙江江西湖廣福建及獨石萬金永寧鎭守內臣。

庚寅。監生詹棨。憾吏部左侍郎徐縉。訐其賄遷知府喩茂堅。戚庇武庫郎中伍餘福。下都察院。當坐棨誣。棨復訐通政使陳經泄于縉。縉託兵部員外郎吳道南阱己。幷下都察院。張孚敬忽劾縉夜投刺餽黃白金。縉力辨。不聽。竟削籍。餘福道南謫外。棨勿問。蓋太常卿彭澤傾縉覬代之。

汰豹房勇士二百人。西苑文豹一役二百四十人。占地十頃。
壬辰。總督王瓊修榆林邊牆。
丙申。陝西大旱蝗。賑之。
命主試浙江兵科給事中潘大賓。刑部主事郭宗皐。江西戶科給事中王守。刑部主事朱子和。福建刑部郎中張臬。戶部員外郎張元孝。湖廣兵科給事中王禎。行人朱隆禧。廣東吏科給事中曾忭。禮部主事王愼中。廣西刑部郎中呂希周。戶部主事阮朝東。四川戶科給事中祝詠。行人司副李遂。河南禮部主事王汝孝。刑部主事潘恩。山東刑部員外郎施昱。兵部主事吳鵬。山西戶部主事莊一俊。刑部主事趙文華。陝西吏科給事中王崇古。兵部主事王學益。雲貴戶部主事焦維章。兵部主事胡維。
戊戌。旌湖廣永州歲貢生楊成章孝行。授國子學錄。成章父泰任浙江寧海長亭司巡檢。買錢塘妾丁氏。生成章。四歲而孤。婦何氏歸葬。留丁氏母家。訣剖銀錢爲識。成章稍長語之故。既娶。訪母錢塘。則適東陽郭氏。生子珉。各持半錢。會于逆旅。留養東陽。數歲母沒。廬墓。吏部以聞。
己亥。裁廣東按察副使高韶南雄通判各一。
庚子。嚴考歲貢生。回學十四人。
辛丑。起王大用右副都御史。整飭薊州邊備。兼巡撫順天。
裁太平寧國通判各一。
壬寅。大理寺卿張羽爲南京工部右侍郎。
癸卯。寧夏巡撫右僉都御史翟鵬免。總兵署都督僉事張瑛降級。初相隙。會虜入。遣游擊李勳禦之。勳語侵瑛。不欲行。鵬遂遣他將。劾瑛威令不行。瑛託疾。鵬舉副總兵江桓代。不許。虜大入。桓戰失利。瑛訐鵬專擅致僨閱科王崇會言其忿悁。皆得罪。

甲辰。甘露降固原鎭城樹。總制王瓊採以進。

乙巳。彗見東井。芒長尺餘。

裁陝西按察副使鳳翔同知平涼鞏昌通判各一。

丙午。時都人好告訐脅賄。故太監張永弟容擅永餘貲。軍匠童源嘗脅之。不應。乃訐永葬犯龍脈。已覓其案。又嗾容蒼頭王謙等發容奸利事。豪民張雄爲具帖。言汪鋐許讚等數十人皆受賂。源因疏右之。下法司。鞫其妄。皆遠戍。餘不問。

丁未。戶科左給事中孫應奎以頻年饑盜。請暫罷工作。工部言。神祇壇帝王廟西苑仁壽等宮蠶壇俱垂成。不宜輟。惟門垣各官署可停役。從之。

戊申。國子司業林時改南京通政司參議。時詔簡儒臣。吏部以進士外選度不稱。輒改監職。媒進。命禁之。斥學正房監等五人。助教嘉定金洲自永康知縣改任。吏部言其素協士論。宜留。不許。仍外調。

裁鳳陽揚廬通判各一。

庚戌。漕運總兵都指揮使楊銳被劾免。

夜。彗星掃軒轅北第一星。芒漸長。

辛亥。禮部尚書李時等乞修省。求直言。許之。

蘄水王恩鉅薨。

七月壬朔。巡按蘇松常鎭監察御史胡體乾言。蘇松最居下流。水無所瀦泄。而泛溢爲患。固其宜也。今宜按三江入海之故迹疏之。其策有六。曰開泄水之川。浚容水之湖。殺上流之勢。決下流之壅。排潮漲之沙。立治田之規。

委以專官。經理其事。如右通政何棟山東副使陳文沛。皆以治水吳中著。今擢任之。必有後效。下部議。許之。

癸丑。大賑陝西。命戶部左侍郎葉相兼右副都御史。賚帑金三十萬往。

甲寅。翰林侍講學士席春左春坊左中允孫承恩主試應天。

陝西妖賊張文流刼漢中。兵備副使劉一正平之。

乙卯。彗行翼宿芒七尺餘。

戊午。彗入太微垣。掃郎位星。

免順天水災田租有差。

撫治鄖陽右副都御史潘旦爲南京大理寺卿。

漕運參將張奎爲署都督僉事總兵。提督漕運。鎮守淮安。

行人司正揭陽薛侃嘗事王守仁。講學素狂易。言上春秋鼎盛。未有皇子。宜擇宗室之親賢者留京邸。俟皇子生而後就國。上怒甚。下法司廷訊。初張孚敬恨夏言數論事。欲去之。未有間。所善太常寺卿彭澤。故與言爭爲都御史有郄。而皆侃同年。侃嘗疏示澤。澤卽語孚敬。疏必觸諱。使侃引言。當併禍矣。孚敬然之。澤趣侃疏上。孚敬先錄稿進。謂出于言。俟之侃疏就鞫。受楚毒備苦。澤旁挑之。使引言。侃瞋目曰。趣我上者爾。謂張少傅許我于言何預。左都御史汪鋐攘臂云。言實使侃言。拍案詈鋐。幾拳之。時孚敬猶在列。給事中孫應奎曹忭前揖孚敬且退。孚敬趣入閣。卽言其狀。上併下夏言孫應奎曹忭獄。命武定侯郭勛大學士翟鑾同司禮內臣廷鞫。具得其狀以聞。上釋言。出孚敬二密疏示羣臣。斥其忮罔。御史譚纘端廷赦唐愈賢各劾孚敬鋐澤。明日。勅法司戍侃。免孚敬。釋言。應奎忭不問。已法司擬彭澤戍邊。侃削籍。

徐學謨曰。按此舉孚敬甚辱國體。一經敗露。非特不可以稱大臣。亦無復人理矣。乃夏言自是得君愈甚。孚敬雖擠之實引之也。

嚴捕江盜。

辛酉。許張孚敬乘傳。

丙寅。以南京內外守備占種牧地還民間。

己巳。起袁宗儒右僉都御史。撫治鄖陽。

南京尙寶司卿穆孔暉爲南京太僕寺少卿。

後軍都督府帶俸寧晉伯劉文求封誥。吏部以勛臣始封有之。餘不許。

辛未。裁睢陳兵事僉事。併于屯田。

甲戌。旌秦府輔國將軍秉榫孝行。

乙亥。進武定侯郭勛少傅。宣城伯衞錞太子太傅。禮部尙書李時。兵部尙書兼左都御史汪鋐並太子太保。工部尙書蔣瑤太子少保。少詹事夏言爲禮部左侍郞。仍兼學士。署院。右通政何棟添注太僕寺卿。餘陞賚有差。錄郊壇之功。

丙子。兵科給事中王璣言簡用閣臣。曰辨才。曰任職。分票。曰防微。愼銀章之賜。重揭帖之進。上是之。

戊寅。彗始滅。

己卯。增貴州按察副使。淸戎。

庚辰。刑科都給事中趙廷瑞爲通政司右通政。提督謄黃。

刑部尙書許讚覆南京刑部尙書周倫推明律例七事。酌估贓以適輕重。據鈔法估贓不便。宜如舊。去深文以釋連累。軍解連累鄰里概戍。明律意以便法守。誣人至死反坐未決。如律徒二年。覈隱蔽以均力役。義勇投勢隱役。許自首。處罰贖以卹官軍。軍犯納贖等罪。或貧苦。先還伍扣除月糧。議追贓以便發遣。寬雜犯以廣恩例。從之。

八月壬午朔。癸未。上祀西郊。夕月。

鄭王厚烷進白雀二。薦太廟。廷臣多賦頌。

吏部右侍郎唐龍轉左右副都御史。周用爲吏部右侍郎。

丙戌。翰林院侍講學士吳惠。右春坊右贊善蔡昂主試順天。

己丑。免臨洮鞏昌旱災田租。

上告白雀之瑞于太廟。

壬辰。滄州漕河淤阻。都御史李紼等奪俸。

甲午。起陳寰國子司業。

丁酉。陝西四川鎮守太監張紳蕭通有罪免。

初。吏部文選郎中夏良勝。彙銓司存稿。載議禮時執奏傳奉諸疏。屬鄉人江西參議張懷南城主簿甯鑰刊之。良勝削籍。怨家王榮訐其不法。株及建昌知府鄭源煥違例樹坊。新城知縣蕭一中餽產。俱下獄。良勝戍邊。懷時廣東參政免官。一中南京刑部郎中。及源煥俱謫。

己亥。光祿寺庖人王福。錦衣衛千戶陳昇。俱請顯陵還天壽山。禮部會議。具言其不可。從之。每淸明節。遣大臣祭。餘仍郡官。

庚子。戶科左給事中孫應奎。以郭勛汪鋐何棟甘爲霖皆奸諂冒恩。上謂其私忿。下獄。尋釋。

辛丑。進安陸州曰承天府。縣曰鍾祥。

給事中謝存儒。悞劾太常寺卿署國子祭酒許誥乾沒饌錢。謫。

壬寅。兵部右侍郎潘希曾爲左侍郎。工部右侍郎錢如京改兵部。巡撫山西右僉都御史王應鵬爲右副都御史。

甲辰。總督陝西王瓊都督劉文進固原甘露。仍請賑。許之。

前少保兼太子太傅吏部尙書武英殿大學士桂萼卒。萼江西安仁人。正德辛未進士。歷丹徒青田武康令。頗潔廉卹民。陵忤上官。嘗被笞。中白簡。幸得解。稍遷南京刑部主事。言禮同張孚敬。驟貴至直閣。規畫多迂滯。又擠孚敬。並罷。亡何召入。氣黯然不復振。乞歸。疾篤。遺表謝恩。上憫之。贈太傅。謚文襄。錄子與尙寶司丞。輻中書舍人。

支大綸曰。文襄遭際聖主。當日月之際。一言遇合。驟致通顯。偉才雄略。誠有足自樹者。旣與張文忠以意氣相激。交道不終。其豪傑之故態哉。

談遷曰。桂子實雖學術經濟自負以視永嘉。瞠乎不及也。永嘉學博才贍。有廊廟之用。裨益不淺。子實拾其緒餘。矜厲則過之。忮忍則一也。昔田千秋片言悟主。立取漢相。其後效亦著甚。子實不無媿之哉。

凌迪知曰。萼實學勵行。執古而傲上。一言悟主。遂至峻用。讀公奏議。皆經國大猷。切中時弊。至密疏四事。若放宮人。止織造。罷鎭守。卻祥瑞。尤時所難言者。況其講學論政。皆自稽古根本中來。又其于進退之際。懇懇不肯自恕。可謂名相也已。

乙巳。免太原旱災田租。

丁未。羽林衞指揮使劉永昌。請武職故絕姪孫等概得襲。兵部議許嫡弟姪。餘置之。

西苑無逸殿成。上往豳風亭觀穫。召大學士翟鑾尙書汪鋐李時侍郎夏言入賜宴。諭曰。聖祖嘗曰。衣帛當思織婦之勞。食粟當念農夫之苦。今觀之。果粒粒克艱也。復御無逸殿。諭此文皇帝所御也。近葺之。宜設位祭告。

用宴落成。進講七月詩無逸書各一篇。卿等其具儀注。

九月辛亥朔。復戶部浙江江西山東湖廣河南陝西司主事各一。

南京太廟成。

癸丑。戶部尚書梁材憂去。刑部尚書許讚改戶部。

巡撫河南右副都御史徐讚爲工部右侍郎。

翰林院修撰姚淶請帝王廟斥元世祖。禮部議。春秋夷狄而中國。則中國之自古帝王。嘗優崇勝國。太祖睿斷。載在祀典。宜如故。從之。

徐學謨曰。曆數之傳。雖有華夷之辨。要皆天命所屬。卽夷狄自不能廢之矣。乃宋人正閏之說。尤爲無謂。

甲寅。復南京吏部文選驗封司禮部儀制祠祭司主事各一。兵部車駕司刑部陝西江西河南浙江司員外郎貴州雲南司主事各一。

前巡撫甘肅右副都御史唐澤卒。錄其勞。贈戶部右侍郎。予祭葬。謚襄敏。

乙卯。上祀雲雨風雷岳鎭海瀆基運山等各山川之神。

右都督馬永僉書南京前府。

丙辰。詔罷南京郊祀。從南京太常寺卿黃芳等之言。

己未。巡按直隸監察御史張寅。追論張孚敬與汪鋐誣陷夏言罪狀。謫高唐州判官。

義烏縣火。

庚申。帝王廟成。

辛酉。南京給事中林士元監察御史馮恩等。請大計南京臺省。先糾劾。使部院有據。左都御史汪鋐言。令部院擬定去留。方許糾劾。毋先上。上詰吏部。云嘉靖七年。都御史李承勛論劾在考察之後。成化二十年。南京都御史李守恕等論劾在考察之前。臣竊謂第論公私。不宜論先後。遂定大計南京糾劾于十二月終具奏。

癸亥。署鴻臚寺太常寺卿魏璋卒。贈禮部右侍郎。

乙丑。祭文皇帝于西苑。幷行落成禮。

丙寅。太子太保禮部尚書李時兼文淵閣大學士。直閣。

江西左布政使吳山爲右副都御史。巡撫河南。

戊辰。禮部左侍郎兼翰林院學士夏言爲尚書。

己巳。上幸西苑仁壽宮。召大學士翟鑾李時左都御史汪鋐尚書夏言。入議人才。用王瓊于吏部。王時中刑部。王憲兵部。又以吏部左侍郎唐龍才。即進兵部尚書兼右都御史。總制陝西三邊。幷賑濟。又曰。朕念陝西饑。特遣葉相往賑。宜倍道。今相疾。得毋規避乎。

庚午。翰林院侍讀學士張潮爲學士。

壬申。又幸西苑御無逸殿。賜大學士翟鑾李時坐。時講無逸篇。鑾講豳風七月篇。賜宴。

癸酉。廣天下歲貢生。郡歲二人。州再歲三人。縣歲一人。入太學。

甲戌。兵部尚書王時中改刑部。

議修楡林東西路邊堡。

佃廣東新會新寧恩平等縣盜陷荒田。

丁丑。光祿寺卿黃宗明上光祿須知撮要五卷。

戊寅。廣平府曲周產嘉瓜並蔕。縣丞侯廷訓圖上。賜衣一襲。

己卯。上御文華殿東室。召翟鑾李時汪鋐夏言。欲更太廟同堂之制。時等曰。一日難徧祭九廟。夏言曰。古禮未易復。且廟皆東向。上欲即兩廡爲之。鑾曰兩廡短。安能容。上曰皇考世廟南向。太宗以下東西向。心竊未安。言請度地方議之。

還德王衡王衞王涇王初封時莊田。

庚辰。遣行人原宗㪉召總制陝西王瓊。

十月辟朔。禮部左侍郎嚴嵩改吏部。

罷祈穀壇。幷于圜丘。

有黃虎入無錫東門。

癸未。南內作欽天閣。追先閣。貯欽天記祖德詩碑。

甲申。止遷陵之議。禮部尚書夏言以玄宮久閉。體魄久安。請禁細人之說。上然之。行人趙昊言。海內旱蝗不謀賑救。而倡遷陵。非亟也。舜崩蒼梧。娥皇女英不聞祔零陵。九疑之塚。禹崩會稽。塗山氏未嘗祔也。天子以四海爲家。亡內外遠近之異。故皇陵在鳳陽不還。建業孝陵在南都不還。天壽豈非謂逝者各即其所安。而生者靡憾乎。上以語不諱。下獄。謫。

故南京吏部尚書餘姚黃珣。贈太子太保。謚文僖。

乙酉。虜六萬餘騎寇大同。應朔告急。

丁亥。禮部右侍郎湛若水爲左侍郎。詹事顧鼎臣爲禮部右侍郎。

己丑。失朝官二百四十六人。命三歷者下法司。再歷者奪俸兩月。餘宥之。

太常寺卿署國子祭酒許誥。請歸膳夫銀于太倉。錢鈔于戶部。戶科給事中葉洪等謂非制。寢之。

四川眞州盜平。

庚寅。翰林學士張潮爲少詹事。侍講學士席春爲學士。

定春秋仲月上巳祭帝社帝稷。

議立雩壇于員丘之左。

壬辰。通政司使張瓚爲戶部右侍郎。

復武淸縣御馬草場。

甲午。李頤嗣豐城伯。李旻從子。

裁南京宂濫軍匠。

命有司量恤寧府庶人覲鏈等祿三之一。初宸濠脅覲鏈等分守宮門。及義師入俱首原。已窮其黨。錮高牆。果訴辨。御史秦武明其枉。

乙未。禮部言旌表節孝苦于滯案。遂定季冬類上。

濬蘆溝良鄉琉璃胡良涿州。白溝新城雄縣。沙河河間。滹沱靑縣。六河。入于海。

丙申。許岷庶人彥汰冠帶視事。世子譽榮力請之。

丁酉。旌晉王知烊孝行。初王七歲而孤。即哀毀。母妃郝氏薨。嘔血三年。毀瘠執禮。有素芝白鶴之異。

戊戌。停刑。

己亥。改德州衞生儒試山東。遼東衞生儒試順天。

辛丑。前南京戶部尙書鄧璋卒。璋涿人。成化丁未進士。贈太子太保。

癸卯。定各庫折銀不得徵耗。

乙巳。奉主泰神殿。

巡撫江西右副都御史胡璉爲南京刑部右侍郎。

十一月辛朔甲寅冬至。大祀員丘。明日賜宴。

丙辰右春坊右中允廖道南上泰神殿禮成感雪賦。員丘慶成詩。

壬戌。光祿寺卿黃宗明言歲造器僅萬有二千。進供訖仍還給。今入而不出。上命尚膳監嚴覈各宮。還之。

癸亥。立盱眙雙貞祠。何雄二女市倡家不從。並投水死。

甲子。起王憲太子太保兵部尚書。

丙寅。雲南左布政使高公韶爲右副都御史。巡撫江西。

復大名兵備副使。

戊辰。免西安田租。

遣御史巡視蘆溝橋。

辛未。羽林前衛指揮使劉永昌。乞每歲經筵開講幸太學。詔明年行之。

壬申。旌靈丘王聰㵽孝行。

癸酉。上求嗣。設醮欽安殿。禮部尚書夏言爲監禮使。侍郎湛若水顧鼎臣導迎。春詞郭勛李時王憲汪鋐遞日薦香。

談遷曰。湛氏出新建之門。講學人也。匍匐芝幃鶴馭之間。獨不可奉身以退乎。又上章言。禱儲當修其在己。收斂精神。上曰。既欲朕收斂精神。卽不宜煩擾。蓋深窺其微也。近代士大夫信道蓋如此。

故南京工部尚書歙縣洪遠。贈太子少保。諡恭靖。

定軍功世襲例自永樂年降夷始。

乙亥。封胤栘瀋王。勛澄遼山王。厚炳齊東王。載培獲嘉王。厚焆汝源王。厚焌樊山王。健櫏鉅野王。勤燧柘城王。勤熑修武王。

丁丑。遣行人周文燭賚敕召致仕大學士張孚敬。章聖皇太后數問上。張少傅今安在。故馳敕曰。自卿去後。切軫朕思。人誰無過。朕勿纇心。必得卿終始以佐之。而後可慰我聖母之懷。副我思託之至。

撫治鄖陽右僉都御史袁宗儒改巡撫山東。

戊寅。翰林修撰馬如驥爲南京國子司業。

己卯。雲南普定衞地震。

十二月庚朔。免浙直河南陝西災傷田租。

癸未。改寧夏巡撫右僉都御史胡東皐撫治鄖陽。

乙酉。禮部右侍郎顧鼎臣上步虛詞七章。又言靑詞尤爲至要。恐道流或慢易。幸戒諭之。自此委詞臣撰焉。

戊子。監察御史喻希禮上言。祈天求嗣。不在祠醮。而在行仁政。請宥大禮大獄得罪諸臣。御史石金亦言。人才用舍。政事張弛。一切付之廷論。陛下恭默凝神。提挈綱領。使眞精內蘊。則螽斯之慶自集。上不懌。並下禮部尙書夏言。謂希禮金奏內稱宥罪可迓天休。是但尋常福利之說。養心不貴勤察。則啓人君怠逸之漸。迂疎可罪。意亦亡他。上益怒。并責言黨護。下希禮金鎭撫司。

己丑。南陽吏黃騰訴歲輸牛供祭京師苦遠瘠。禮部請徵直。及眞定保定永平河間亦如之。

廣東海盜復熾。

庚寅。吏部左侍郎嚴嵩爲南京禮部尙書。
辛卯。起楊志學右副都御史。巡撫寧夏。
停通考歲貢之令。
壬辰。虜大掠應州。時報斬二十餘級。命給事中王機御史楊宜閱實。
禮部主事田汝成以祈天建醮。乞釋囹圄罪人。奪俸兩月。
庚子。王瓊至改吏部尙書。
辛丑。監察御史楊宜言邇者沙汰諸生。學臣奉行過刻。略不愛惜。沮父兄教子弟之念。驅衣冠爲田野之傭。且史冊所載有增廣生員。增置學舍矣。有沙太僧尼矣。未聞沙汰諸生也。乞下明詔噓植。毋概斥爲功。從之。
壬寅。收養京師貧民。
南京監察御史喬英上七事。辨邪正。審用舍。開言路。廣仁恩。宥大禮大獄諸臣。謹災變。抑祥瑞。備盜賊。上是之。
上御平臺。召李時翟鑾議谷大用罪。盡籍其家。
雲南騰衝衞軍民指揮使司改騰衝衞。
乙巳。逮南京監察御史馬歇喬英陳洙李禊余勉學劉志仁李松何宏陳府宋宜下鎭撫司獄。並劾王瓊不宜召用也。吏科左給事中魏良弼疏救。亦下獄。復之。

壬辰嘉靖十一年

正月虩朔。辛亥。命戶部郎中翁萬達賑順天饑民。
癸丑。太子太保吏部尙書王瓊等言。考察令甲止據三年見任事跡。非通考生平素履。邇來多苛求。或遷外官。

追擿其京秩。或至尊官。遠糾其下僚。惡惡長而善善短。殊失惜才之意。上然之。
戊午。留入覲四品以上官陪祀祈穀。
辛酉。郭維藩服除。補翰林侍讀學士。
乙丑。吏部右侍郎周用爲左侍郎。太常寺卿署國子祭酒許誥爲吏部右侍郎。
丙寅。右中允廖道南右贊善蔡昂並爲翰林侍讀學士。
丁卯。吏部大計。
戊辰。南京織造太監李政役竣。仍留任。
己巳。巡撫延綏右僉都御史張宏褊刻失士心。奪其官。
免重慶保寧馬湖敍州田租。
庚午。前戶部尚書李瓚卒。瓚濮人。弘治丙辰進士。贈太子太保。
辛未。始祈穀于圜丘。奉太祖配。上不豫。命武定侯郭勛代。其朝日社稷俱如之。遣代自此始。刑部主事趙文熠。言勛武臣不宜代。罰俸五月。
壬申。禮部尚書夏言上科場三事。正文體。定程式。簡考官。從之。定程式。謂舉子文縱有可錄。考官重加裁正。以示模範。
南京國子祭酒林文俊改北。
陝西右參政李淮爲右僉都御史。巡撫延綏。
癸酉。蔣傳嗣定西侯。蔣叡子。
戶科左給事中孫應奎謫高平縣丞。初□科給事中王準論張孚敬桂萼。謫富民典史。至是中考功法。應奎不平。劾左都御史汪鋐陰爲孚敬報復。鋐疏辨。斥應奎準削籍。

甲戌。大學士李時所賜銀章盜失其一。補給。

命戶部郎中徐元祉賑保定河間。

戶部尚書許讚言遣官賑恤。轉徙如故。則有司未能仰體。或恣意科罰。或擅興工作。或濫受詞訟。或非時點閘。

乞下撫按嚴禁。從之。

乙亥。南京中府都督同知楊宏。乘肩輿被劾。奪俸三月。

命戶部右侍郎張雲等于西苑仁壽宮栽桑。

丙子。廣西提學僉事黃佐。以母疾輒去。上原之。令致仕。

戊寅。國子司業陳寰爲南京國子祭酒。

永淳長公主再求三河縣田七百三十五頃。許之。

諭瘞各邊暴骨。

二月。朔。上受朝。祀先聖先師于文華殿。

戶部左侍郎葉相疾免。

起王堯封右副都御史。巡撫陝西。堯封以守制貸二萬餘金賂薦得之。密諭有司償金。涇州知州石樓王永吉不從。劾其才不勝。左遷寧夏監糧通判。

壬午。夜有星見東南。蒼白色。戊戌滅。

癸未。改馬汝驥國子司業。

後府右都督桂勇卒。勇應天衞千戶。武舉起家。歷保定參將。平盜。擢江西副總兵。改京營總兵薊鎭宣大。歷功。充左參將。提督京城捕盜。從武宗南幸。降都指揮同知。甲申。總兵大同。誅叛卒。入總兵巡徼。歷著勞績。

署都督僉事郤永提督京城巡捕。

乙酉。蒲州地震。

少詹事兼翰林學士張潮侍讀學士郭維藩主禮闈。分房減翰林四人增部科。

蘄水產嘉禾一穗九歧命薦太廟。

己丑。土魯番天方撒馬兒罕哈密各入貢。凡四百餘人。禮部言。哈密同朵顏三衞。例歲一貢。哈密限十人赴京。餘留塞上。今邊臣概送。非制。自都督米兒馬黑水外。其額卽亂哈等乃四種舊未貢。今遣五十餘人。疑皆土魯番部落。請自後貢使邊臣給牛印左契。入京比對。從之。

庚寅。賑大同。發帑二萬五千金。

辛卯。命武定侯郭勛大學士李時翟鑾尚書王瓊汪鋐夏言祈嗣地祇壇。望祭天下山川。

壬辰。中府都督同知楊宏疾免。

丙申。河道都御史李綝溺職免。操江都御史張瓚苛暴削籍。

平陽地震。

始專官監餉愼庫。初按季僉直。至是從給事中秦鼇言。然利權所寖。專則易潤云。

戊戌。免湖廣旱災田租。

刑科給事中徐俊民請均糧限田。曰受地公家。曰官田江水湮沒。曰坍江逃絕糧存。曰事故官田佃租不等。坍江事故累里甲代賦。凋瘵日甚。今合官民田均派。蠲坍江事故之虛稅田分三則。膏腴上也。肥磽半者次之。界山海爲下。徵輸以是爲差。下各撫按計之。

庚子。故南京禮部尚書仁和江瀾贈太子少保。諡文昭。

癸卯。起潘珍右副都御史。提督操江。大理寺左少卿戴時宗爲右僉都御史。總理河道。
乙巳。饒州知府祁敕坐陶器稽悞逮獄謫。
丙午。南京大理寺卿潘旦爲南京吏部尙書。
廣東陽春西山盜陷高州。
丁未。操江廣寧侯劉泰以玩盜免。
三月戊辰朔。壬子。賑莊浪衞。
癸丑。武昌地震。
甲寅。少傅兼太子太傅吏部尙書謹身殿大學士張孚敬入朝。進兼太子太師華蓋殿大學士。
丙辰。南京後府署都督僉事陳璠提督操江。
丁巳。南京光祿寺卿冼光爲南京大理寺卿。
己未。提督南贛右副都御史陶諧爲兵部左侍郎兼左僉都御史。
總督兩廣時林富聽勘。
靖江王邦寧累請祿全支本色。不許。
辛酉。始御講筵。
壬戌。廣平府教授張時亨進表至京。請皇考定廟號稱宗。仍自皇上誕年紀元鍾祥。又刻皇考木像。聖母衮服位內。皇上聽政。其語悖。禮部論其罪。以心疾免。
談遷曰。時亨妄誕不經。時斥其說。後獻帝竟入廟。彼君子豈戀疾者耶。曲突徙薪無恩澤。彼君子何以踵時亨哉。

陝西左布政使汪珊爲右副都御史。巡撫湖廣。

癸亥。議北征。初吉囊款延綏塞求互市。不許。遂大寇邊。至是兵部尙書王憲等集議。仍諭總制唐龍厲志逐寇。

甲子。策貢士奉天殿。賜林大欽高節孔天胤等進士及第出身有差。

署都督僉事牛桓總兵。鎭守貴州。

乙丑。湖廣左布政使錢宏爲右副都御史。提督南贛汀漳。

唐龍求益兵餉。命戶部右侍郎張瓚督餉幷賑饑。

刑科左給事中王守往延綏紀功。

戊辰。京師旱饑。預給官軍餉一月。仍出粟十一萬石平糶。

己巳。皇后蠶于內苑。

庚午。諭禮部議宗廟昭穆世次。

南京工部右侍郎林庭㭿改工部左侍郎。

團營副總兵趙鎭以三千人援延綏。

江西巡撫右副都御史胡璉言淸虛糧立圖冊。如田地山塘。必注都圖主名。開除係某賣。新收係某買。庶絕奸弊。命頒其法天下。

丁丑。孔天胤以宗戚除陝西按察僉事。

戊寅。南京糧儲都御史毛思義巡撫貴州。都御史劉士元。太僕寺卿盛儀。俱劾免。

四月。軝湖光祿寺卿黃宗明爲兵部右侍郎。

辛巳。南京太常寺卿黃芳爲南京兵部右侍郎。

比歲滹沱等六河溢。上責巡撫保定右僉都御史林有孚對狀。遣太僕寺卿何棟治河。有孚引謝。改總督南京糧儲。

壬午。琉球國世子尙清入貢請封。

甲申。張孚敬等度地議廟制。當別立文皇帝廟于太祖之東。擬周世室。不在昭穆例。其昭穆六廟地隘。可每廟五楹。後卽藏主。亡寢殿。遂報罷。

丙戌。榮王祐樞乞沿江魚課。不許。

貢士李承箕卒。承箕字□□。嘉魚人。同兄承芳舉成化丙午鄉榜。慕陳獻章。不計偕。日端坐冥會。或勸之著述。曰。箋註繁蕪。又可推波助瀾耶。伯仲間自相磨厲。年五十四。學者稱大厓先生。

總制陝西唐龍言。北虜擁衆十一萬。脅貢市。不若姑與之。徐觀其變。上責龍戰守。

戊子。起馬卿光祿寺卿。

辛卯。翰林院侍講學士廖道南修撰王用賓主武闈。得六十人。

封常玄振懷遠侯。李性臨淮侯。鄧繼坤定遠侯。湯紹宗靈璧侯。各祿千石。給誥券。

談遷曰。永陵念開天之績。追錄元臣。甚盛舉也。當六王時。戮力並駕。傅友德馮勝。又李善長幃幄之寄。俱不容沒。似有遺憾焉。

廣東左布政使徐問爲右副都御史。巡撫貴州。

巡撫湖廣右副都御史凌相。以巡按雲南御史葉奇劾前任雲南左布政時奸利。因辨爲淸軍御史陸夢韓所嗾。（與奇同福州人。）御史王德溫又劾相。並免官。

壬辰。大理寺左少卿許宗魯爲右僉都御史。巡撫保定。

癸巳。金星晝見。

陝西按察使于桂爲右僉都御史。巡撫延綏。

甲午。吏部考功郎中王激爲南京通政司右通政。

暑讞釋輕囚

丙申。荆州知府孫存上集刊大明律讀法書。上以僭改。下巡按御史。并訊同知李章通判吳望推官朱黼等。燬其刻。

戊戌。河南按察副使韓邦奇爲大理寺左少卿。

閹者八千餘人守闕求進。詔罪其首。餘逐之。

庚子。韓府襄陵王徵釪五世同居。敕旌之。賜酒羚文幣。

工部右侍郎黎奭奉獻皇帝主于顯陵。祭訖。虹見。明日雨。

壬寅。定朝日壇間一歲甲丙戊庚壬年親祀。夕月及神祇壇間三歲丑辰未戌年親祀。餘遣祭。

前總督糧儲右僉都御史林廷玉卒。

癸卯。監察御史阮徽楊行中先論囚明日値經筵。復命踰期。被論。宥之。復命或當避忌。得更日。

總督漕運右副都御史劉節言。運河漫沙。直抵淮安西浮橋。宜改河口。築長隄。議擇便行之。

甲辰。起趙璜仍工部尙書。

乙巳。京師旱。命順天尹禱雨。

丙午。吏部上行取各官備科道。命擇端謹老成者。仍科貢並用。

西海夷卜兒孩乞入貢。卜兒孩者。亦小王子部。遁入西海。與亦不剌共盜邊。至是爲死刺所襲。收其部落。故乞貢。

五月[巾戊]朔。吏部驗封郎中李默。同考武舉宴兵部。與尚書王憲爭禮。被論調。

辛亥。兵部左侍郎潘希曾卒。希曾字仲魯。金華人。弘治壬戌進士。館選。除授兵科給事中。忤瑾削籍。後進南太常寺卿。六年亡滯色。開府南贛。平巨寇。入工部右侍郎。治河漕。歷著聲望。贈兵部尚書。祭葬如例。

癸丑。博士王員行人周汝員馮震蔡靉柯橋宋茂熙白賁曾守約李實楊爵李鳳張子立楊春芳知縣沈一定王橋鄒堯臣蔣瑜爲試監察御史。

乙卯。裁太原管糧通判。

己未。王朝用爲陝西道監察御史。

癸亥。吏科左給事中陳侃行人高澄封琉球中山國王尚清。

陝西同州地震。

甲子。雲南昆陽盜平。

己巳。趣羣臣薦舉。

淮安大風雷雨。拔木傷稼。

丙子。太子太保吏部尚書兼翰林學士方獻夫召至。進武英殿大學士。直閣。

六月[食戊]朔。壬午。免順天眞定保定河間順德水災田租。

賑上林苑戶。仍停徵十年以前逋稅。

甲申。封劉瑜誠意伯。給誥券。祿七百石。基九世孫。

戊子。贈陝西兵備副使魏綸從征。

庚寅。定廷試歲貢生被斥五人以上提學官鐫一級。時張孚敬等斥貢士五十九人。禮部儀制郎中田汝成請寬之。謂祖宗朝以食糧年深爲序。玆欲下及增附。則廩膳似爲虛器矣。

丁酉。左春坊左中允孫承恩歸養。

戊戌。監察御史徐汝圭言虜有三窟。一河套。直延綏。一威寧海子。北直大同。一青山。直宣府。備俱不可緩。在延綏。宜漕石州保德之粟自黃河而上。楚粟由鄖陽。汴粟由漢中。達陝西。宣大二麥將登。宜多糴山西山東河南三邊。則西運易州。南運天城。北運居庸。至西路萬全右衞懷來衞近天城陽和。宜駐宣府游兵。援大同東路。永寧等衞則護衞宣府。畿郡各練兵赴援邊關。議可。

壬寅。薊州總兵官楊鎮劾免。

癸卯。廣東巡撫林富削籍。以海盜薄廣州殺掠也。

河決魚臺。

七月朾朔。壬子。貴州都勻叛苗平。

癸丑。朶顏衞把班乞陞襲。許之。

丙辰。恭妃文氏薨。諡悼隱妃。嘗罪退。喪葬並殺禮。

戊午。李瑾爲署都督僉事總兵官、鎮守薊州。

己未。南京御史始理屯田。

辛酉。廣東按察僉事龔大稔劾吏部尚書方獻夫及守制詹事霍韜俱貪橫不法數事。逮大稔。削籍。

癸亥。南京刑科給事中王希文請作戰車。報可。

乙丑。前太子太保南京兵部尚書陶琰卒。琰絳人。成化辛丑進士。贈少保。諡恭介。
丙寅。太子太保吏部尚書王瓊卒。瓊字德章。山西太原人。成化甲辰進士。自戶部郎中歷藩臬二千石。皆第最。正德時。召拜戶部侍郎。進尚書。多計算。穎敏默識。改兵部。時事旁午。悉合機宜。以彭澤陸完平流寇。進少保太子太保。以陳金平兩廣蠻。進少傅。以王守仁平贛州盜。進少師太子太師。迨宸濠反。得守仁平之。改吏部。以貪忮大不稱。嘉靖初。戍邊。左借議禮釋爲氓。已總督陝西。有斬獲。修築邊牆。進太子太保。復改吏部。瓊與彭澤俱號一時儒將。其議哈密事相矛盾。論者謂瓊議得云贈少保。諡恭襄。世錦衣衞千戶。

王世貞曰。瓊有才而貪。治世能臣也。或問與楊一清孰優。曰其計也而牆塹亦等之。便可知矣。

李贄曰。弇州謂晉溪貪財。好賄賂中人。夫滿朝皆受宸濠賂。獨晉溪與梁公無有也。楊廷和首相受賂。擅與護衞。乃駕禍于梁公。梁不辨。卒被劾去。又駕禍晉溪。晉溪又不辨。卒被誣下獄論死。是孰爲貪財乎。孰爲好賄賂人乎。於乎。晉溪不貪宸濠之賂。而陰用守仁。使居上流以擒濠。明知守仁不以一錢與人。而故委心用之何也。彼不拒江彬者。欲以行彼志耳。是以能使守仁等諸豪傑得爲朝廷用也。當時若李充嗣之撫應天。喬宇之居南京。陳金之節制兩廣。卒令宸濠旋起而旋滅。是誰之功乎。

己巳。方獻夫署吏部。

辛未。戶部郎中徐元祉受命賑保定河間。言河患順天利害半之。眞定利多害少。保定利少害多。河間則全害。弘正間。嘗築長隄。排決口。旋即潰敗。今疏濬之策六。先濬本河。俾河身寬邃。九河自山西來。南與滹沱合而不浸眞定諸郡。北與白溝合而不浸保定諸郡。又濬支河。令九河流經大清河。從紫城口入經文都村。從涅盤口入經白洋淀。從藺家口入經章哥窪。從楊村河入庶。細流派納。水力以分。又濬決河。每衝處量留一口。復濬合成渠。殺其湍急。又濬淀河。令淀淀相通。虛則受。盈則泄。又濬淤河。令九河東逝。悉由故道。高者下。下者通。凡豪强占阻罪之。又濬下河九河。一出青縣。一出丁字沽。相亙于苑家口。濬則本支等河自直達于海。詔行之。
壬申。左都御史汪鋐劾御史王宣譚纘沈奎陳大器陸夢麟李美胡體乾陳世輔熊爵先後保薦官屬多掛察典宜連坐。下吏部議。罰部覆濫舉四人以上免官。二人以上鐫調。一人奪俸六月。于是宣纘免。大器夢麟世輔謫。餘奪俸。
是月。前工部尚書趙璜卒。

八月丙子朔。初。上不豫。各臣暫拜敕于左順門。至是仍故。
己卯。夜。彗見東井。芒尺餘。漸至丈。掃太微垣。至十二月甲戌始滅。
辛巳。諭修省。
薊鎮總兵李瑾移鎮大同。甘州左副總兵都督僉事卜雲鎮薊州。
總理河道右僉都御史戴時宗言。河決魚臺。議者皆欲復故道。不若委魚臺爲受水地。因而導之。使入昭陽湖。過新河出留城金溝爲便。廷議不可。謂疏支河入昭陽也。
丙戌。獻廟淑妃王氏薨。
戊子。勞保定巡按都御史林有孚戶部郎中徐元祉酒羜文幣。以賑濟功。
壬辰。福建右布政使吳昂予告。
甲午。上祭歷代帝王廟。
翰林侍講學士廖道南上景德崇聖頌。且請復史職。設起居注。儲史官。薦備館員。上是之。
辛丑。勒少傅大學士張孚敬致仕。初孚敬以星變求退。不允。禮科都給事中魏良弼引占書。彗見東方。君臣爭明。彗孛出井。奸臣在側。孚敬竊弄威福。驕恣專横。妖星示異。惟其所召。乞亟罷之以應天變。孚敬辨爲挾私報復。良弼濫舉京營武職。罰俸兩月。上不悅。兵科給事中秦鰲劾孚敬強辨飾非。娼嫉愈甚。頃上諭舉賢容衆。同寅協恭。今言官論列。輒文致其罪。又禍中同列。曰曲法。曰媚人。且票擬自歸。明示攬權。干和咈衆如此。不去不治。上嘉鰲忠讜。罷孚敬。同官李時爲請。與廩敕書。不報。僅予馳驛。

談遷曰。永嘉去位。上輒思之不置。旋卽召入。自再至而優禮稍怠。不前若也。漢時水旱災異。丞相引咎避位。或至見法。三歲三彗。往者不之問。獨永嘉塞其責。然乎哉。

山東巡撫右副都御史邵錫調外。錫核德府莊田相訐。儀衞司旗校額千七百餘人多逃絕。錫檄濟南知府楊撫裁其冒給。遂大譟。毆通判劉知之事聞。各論罪。

是月。前少保吏部尚書東光廖紀卒。贈少傅。謚僖靖。

九月丙午朔。丁未。簡戶部員外郎管太倉庫。

前霍州知州陳采下法司。采上言。祖訓兄終弟及。指同父而言。武宗遺詔。謂陛下孝宗親弟之子。當立。非與武宗爲兄弟也。楊廷和旣悞主濮議。而張孚敬又謂繼統武宗。遺漏天潢。那移祖訓。乞正罪如律。上怒。遠之。

己酉。太僕寺卿何棟爲左僉都御史。巡撫大同。

庚戌。太子太保兵部尚書兼左都御史汪鋐改吏部尚書。

朱國楨曰。諸臣因大禮驟進。而夏言議郊祀分合得首擢。汪鋐議及民間奢侈正喪葬服飾之制得冢宰。人之善遂好如此。

癸丑。大學士方獻夫薦吏部文選郎中王道。河南道監察御史張珩堪補宮僚。遂改左春坊左右諭德。珩辭之。

丁巳。講官侍讀學士吳惠郭維藩退。上諭李時等曰。吳惠言省妄費。停冗役。維藩言戒操切。更張務敦厚博大。其意云何。卿其問之。令具對。于是惠奏民窮財竭。而宮殿頻興。採木陶甓。大爲川廣蘇松之患。此謂停役各省歲辦物料。當准折色解京。從宜置辦。此謂節省。且請減價惠商。疏通餘鹽。維藩奏。士風漸漓。好張聲譽。請張爲通。安靜爲迂。嚴急爲才。寬厚爲愿。好惡任情。俗薄政龐。非細故也。宜飭臣工實修職業。諸凡條陳。擇其長慮久道。方賜施行。毋徇操切之論。求人過甚。立法太嚴。庶幾養成惇大之俗。且請復庶吉士。停選貢。報聞。

禮科都給事中魏良弼等劾汪鋐貪佞。不宜冢宰。各奪俸二月。

徐學謨曰。人臣之進諫有機。苟得其機。則一言而山岳可排。秦鰲是也。不數日。良弼又劾汪鋐。上怫之矣。蓋不欲進退大臣之權盡屬之臺諫也。

發帑八十萬金賑陝西。仍令人輸粟。

刑部尚書王時中上六事。重欽恤。戒嚴苛。宥狂愚。明發遣。緝盜賊。禁刁訟。上是之。獨宥狂愚不果行。

庚申。上御文華殿西室。諭輔臣修省語及人才。曰。過猶不及。于是李時等上三事。務安靜。惜人才。慎刑獄。從之。

壬戌。前左都御史聶賢爲工部尚書。巡撫順天右副都御史王大用爲左都御史。尋言官論大用望淺。仍巡撫。

癸亥。兵部尚書王憲提督團營。

甲子。巡按直隸監察御史李朝綱言。太監鎭守非令甲。陛下撤大同太監張申。邊人稱慶。請自後不復遣。從之。

乙丑。巡撫山西右副都御史黃鍾疾去。

丙寅。山東左布政使邵銳爲太僕寺卿。

丁卯。免廬鳳淮揚滁徐和旱蝗田租。

壬申。月犯進賢星。

十月乙亥朔。戊寅。翰林院編修楊名。以星變言上喜怒失中。責對狀。

刑部右侍郎朱廷聲予告。

辛巳。詔遮洋山東二總免運南糧于小灘交兌著爲令。

金星晝見。

甲申。選進士錢亮許樅閔如霖衛元確段承恩韓最扈永通呂光洵謝九儀劉光文黃獻可劉士達劉思唐閻樸胡守中錢籍王梅雷禮邊涔李大魁郭希顏上閱試牘見糊名。疑其私。報罷。編修程文德請親試文華殿。選呂懷范瑟錢亮黃應中秦鳴夏邊侁閔如霖王珩衛元確浦應期游居敬趙汝濂劉思唐閻樸胡守中李本趙維垣何城王梅李大魁郭希顏並庶吉士。禮部右侍郎顧鼎臣爲吏部左侍郎。仍兼翰林學士署詹事府。敎習。翰林院編修楊名言喜怒失中之實汪鋐心行反覆不當長吏部。郭勛邪回險詐不當典兵。陳道瀛金仁輩庸惡道流。不當司太常享祀。此聖心之偏于喜也。皇上踐祚以來。諸臣建言。觸威取罪。懲創已久。終未釋然。此聖心之偏于怒也。又眞人邵元節猥以末術。過蒙採聽。營內府建醮。自古禱祠無驗。乃不惜靡費。且命大臣供事。致不肖乞哀其門。市恩播威。夤緣僨事之漸也。上怒甚。下鎮撫司拷訊。汪鋐疏辨。謂名爲楊廷和里人。秉張孚敬去位。報復及臣。上益怒。命詰主者。名瀕死不承。嘗示草編修程文德。并下文德獄。兵部左侍郎黃宗明疏救云。連坐非美政。又下宗明獄。獄上。戍名于邊。謫文德信宜典史。調宗明福建布政司左參政。

談遷曰。上好道術。中外封書亡敢斥之。楊名獨倡侃論。殆與諫佛骨詆柳泌者比烈也。名不幸蜀產。汪氏借新都排之。事邈乎不相及。設蜀非其地。抑以議禮飾之耶。詩云。巧言如簧。汪氏之謂也。

林之盛曰。楊名誣服程公。必自有說。不然。豈慷慨直節之士所爲耶。鋐勛竟敗。公言良驗。忠不避難。言出禍隨。烈哉。

丙戌。免山東田租。

召賑濟陝西戶部右侍郎張瓚。留員外郎袁淮主事王維垣。

戊子。詔今歲停刑。

金星復晝見。

己丑。安置前慶王台浤于西安。立其子鼒櫍爲世子。攝國。初台浤罪廢。鼒櫍幼。鞏昌王寘鍘攝國。台浤淫虐如故。薄鼒櫍而寘鍘亦獸行。相訐。命司禮太監宋興按其事。俱有跡。廢寘鍘庶人。幽高牆。而台浤父子交搆。故異其居。

辛卯。總運右副都御史劉節爲刑部右侍郎。

免河南田租。

癸巳。眞人邵元節被劾乞休。不許。

甲午。故少保吏部尚書廖紀贈少傅。諡僖靖。

禮部尚書夏言。故隸府軍左衞。乞除伍。許之。

直隸提學監察御史胡明善。以禁塘石立碑。內臣晳文鑑訐之。下獄削籍。刑部尚書王時中不即訊。奪俸六月。郎中諸傑謫高明典史。

丙申。工部尚書聶賢改左都御史。

監察御史郭弘化言。天文志井居東方。其宿爲木。今彗出于井。必土木所致。又廣東珠池擾民。請停不急之工。罷採木採珠。則彗滅而前星耀矣。戶部尚書許讚等言。弘化宜聽。上謂採木故事也。何彗滅前星耀則朕未立嗣。專以採珠耶。削其籍。

南京監察御史馮恩疏時政得失。差等大臣。李時任重少力。太平宰相。翟鑾附勢倚權。伴食中書。方獻夫外愿內奸。播弄威福。所當亟黜。戶部尚書許讚。謙謹守成。禮部尚書夏言。多學持正。兵部尚書王憲。剛直習兵。刑部尙書王時中。委靡容私。工部尙書趙璜。不畏强禦。吏部左侍郎周用。通敏老成。右侍郎許誥。迂邪無恥。禮部左侍郎湛若水。無用道學。右侍郎顧鼎臣。器可任重。兵部左侍郎錢如京。安靜有守。右侍郎黃宗明。因人成事。刑部左侍郎聞淵。公明質直。右侍郎朱廷聲。篤實謙約。工部左侍郎黎奭。滑稽淺近。右侍郎林庭㭿。才器通達。右都御史汪鋐。鄙壬挾私。文奸飾險。此第一毒人也。但張孚敬之奸久露。汪鋐方獻夫之奸不測。去孚敬不去此二人。天下事未可知也。上怒其浮肆。逮入京。

己亥。免澤沁絳霍隰曲沃田租。

庚子。江西提學副使張徹。專沙汰諸生。劾免。

禮部尙書夏言。言古郊祀設大次小次。今止大次。宜作黻幄。備小次之制。從之。

榜肅朝儀。

工部郎中范廷儀。緩于城工。下獄。

辛丑。河南道監察御史張珩。爲南京太僕寺少卿。

免順天各衛屯租。

癸卯。祀先臣狄仁傑寇準劉安世于大名。

甲辰。馬卿爲右副都御史。總督漕運。

十一月乙巳朔。丙午。免吉安袁州田租。

丁未。選授行人眭燁沈謐田濡推官管見劉望之知縣常序王庶戴嘉猷李充濁朱潤爲給事中。南京戶科推官張鵬朱方陳大用沈應陽知縣董珊鄧直卿萬夔蘇祐陳縞曹煜王密爲試監察御史。

庚戌。故工部尙書安福趙璜。贈太子太保。謚莊靖。

壬子。前南京通政司右通政馬理爲光祿寺少卿。

免高淳溧陽江浦宣城水災田租。

海盜陳邦瑞等犯廣州。指揮李嶅等擒斬之餘就撫。

癸丑。前沔陽州判官黃直服闋入京。疏救楊名黃宗明下獄戍邊。直嘗授漳州推官。請建儲被謫。

甲寅。四川巡撫右僉都御史宋滄進白兎。受賀。汪鋐夏言少詹事張潮等各上詩頌賦。丙辰。獻太廟世廟。

戊午。召南京戶部尚書秦金爲工部尚書。

庚申。上祀南郊。

辛酉。清馥殿翠芳錦芬寶月亭成。進夏言太子太保。

乙丑。復荆州捕盜通判。

丁卯。朵顏三衞入寇。先巡撫王大用欲通朵顏。賂之城其霧靈山不果。至是大用劾免。

辛未。南京吏部右侍郎許誥爲南京戶部尚書。

羅洪先病痊補翰林院編修。

寧夏總兵官劉文以禦虜功進都督同知。

癸酉。南京右副都御史萬鏜上八事。公推薦。辨國是。審蠲除。通鹽法。裕邊儲。廣矜宥。正憲體。先實務。上不懌曰。鏜屢推未用。意在怨恨。故云。後推未必勝前也。下吏部參覆。

十二月甲戌朔。乙亥。免河間眞定保定順德田租。

辛巳。翰林院侍讀學士郭維藩免。以獻白兎賦忤旨。

壬午。封新塓義寧王厚㸌平鄉王。融焞長樂王。睦楫浦江王。致橧益陽王。定向建德王。俊梘廣陵王。

兵部武庫郎中苗汝霖侵官錢。下獄。戍邊。

癸未。御史拾御道匿名書。命焚之。毋陷人。

甲申。欽賞酒犒專供光祿寺。向責宛平大興。

乙酉。修孝陵東陵門殿。

戊子。詹事府少詹事張潮翰林院學士席春爲吏部右侍郎。

始遣內臣權木眞定。從內官監太監高忠之請。

己丑。戶部左侍郎王軏爲南京右都御史。

戊戌。河道右僉都御史戴時中整飭薊鎭邊備兼巡撫順天。起毛伯溫右僉都御史。

承天府鍾祥縣諸生額視京師。

賑蒲解饑民。

虜數犯密雲。總兵卜雲未至。命京營總兵張輗率千五百騎暫鎭之。

是歲。巡按山東監察御史方遠宜行部東萊。訪膠河遺跡。上其圖。淮河北岸隔里爲文家河。通新溝。至安東縣達沭陽之漣河。三百八十里入海。由海州贛榆歷安東衛石臼所夏河靈山衛膠州瞭頭營至麻灣海口。二百八十里。又馬家濠五里至平度州東南。有南北新河。源出高密。至膠州分北河。西流抵海倉入海。三百七十五里。大海至直沽四百里。通計千四百三十五里。按察副使王憲力主其說。倣元時海運。

周弘祖曰。國家都燕。海運之復。豈庸已哉。復海運必開新河。何者。蓋海運由安東循靈山。歷陳家島。緣岸而來。則觸浮勞之險。放舟大洋。入黑水夾延眞白蓬頭。經成山沙門島。萬里波濤。未易涉也。新河自麻灣至海倉。相距財三百餘里耳。非遠若漾海數千里之阻也。下接三沙之洋。上接三山之渤。水勢自然。非若引汶絕濟。强決細流以蓄注也。此固元人所經畫未成者。嘗詢萊守陽賓云。新河自膠州歷昌邑濰縣西北。出界河口八十里。內六十里海潮日至。共二十里淤塞。舊閘壩規制見存。至小直沽易易也。嗟乎。海運關燕都重輕。新河係海運通塞。此役當與天下共之。非淮海山東之私役也。且元人業以爲之前驅矣。奈何吝此二十里之費。而喪垂成之績哉。愚俗之未可與謀始也。

來斯行曰。膠州志載馬濠碑。略曰。王憲副欲鑿濠以抵麻灣。所以避淮子口之險。隨濬新河。以爲海運計。落成之日。淮舟適至。率文武將吏卓午登舟。帆檣載張。舟師鼓舵。旌旗飛揚。鼓吹振作。北至于膠州。又東至于麻灣。入于新河陳村而止。日尚未曛。業揚帆而至陳村矣。行一百五十餘里。碑撰于侍御藍田。去今未遠。乃云麻灣去潮一百二十里。與內口相隔懸絕者。何也。

安南莫登庸遣裴堵阮如桂攻黎譓。弑之。鄭綏走死。鄭惟㜕以子寧走保險裔。張岳交事紀聞。

癸巳嘉靖十二年

正月辟朔。撫治鄖陽右僉都御史胡東皋。劾提督太和山少監王敏貪婪。當斥。召敏還。

右副都御史王應鵬上章失僉名。下鎮撫司。禮科都給事中魏良弼以詿誤求寬。并下獄。應鵬落職。良弼奪俸六月。御史陳邦敷復申救。謫貴州新添驛丞。

衛輝星隕如斗。聲如雷。

乙巳。巡撫河南右副都御史吳山進白鹿。獻太廟。示兩宮。諸臣上詩賦頌。

戊申。太原地震。

太僕寺少卿許宗魯爲大理寺左少卿。

己酉。虜屯近塞。發帑金十四萬備餉大同。
甲寅。萬全都司懷來等衞地震如雷。
丙辰。遣鴻臚寺左少卿陳璋召還張孚敬。敕曰。朕所以去卿用卿。其意不待自述。自有公論。但卿何其自悞哉。今卿歸星芒未見速退。應與否與他不必費筆札矣。
戊午。前御醫李夢鶴上察其干進。卻之。
己未。工部左侍郎黎奭改兵部左侍郎兼右侍郎事。工部右侍郎林廷棉改左侍郎。太僕寺卿甘爲霖爲工部右侍郎。
浙江左布政使朱裳爲右副都御史。總理河道。
復大名馬政通判。
庚申。禮部尚書汪鋐薦文武大臣郭勛郤永馬永蔡天祐張瓚錢如京陳九疇。又自請行邊。幷創墩堡。作車銃。命行之。
辛酉。□州地震如風怒。
起沈希儀仍柳慶右參將。
壬戌。南京兵部右侍郎黃芳改戶部右侍郎。總督倉場。
癸亥。廣西副總兵都督同知張祐卒。
甲子。議恤故福建左布政使查約右參議楊瑀都指揮王翺。以給事中薛宗鎧言寢之。
談遷曰。人臣臨事。或倉卒禍殞。非其矢志然也。流俗不察。概云殉難。輒求恤異。推其所由。且未得與溝瀆比諒。矧煌煌乎烈日嚴霜哉。永陵于幽綸特重降夷。是以累請如擲。彼哉末之難矣。

蒲州諸生秦鏜請奉皇考于太廟。又分祀四郊。損文宣王爵像。俱非聖祖意。上以訕妄下鎮撫司。以妖言論死。

戊辰。巡按直隸御史聞人銓言密雲四鎮之患。將領無紀。戍守無人。建昌守備本屬燕河參將。自謂領勅不受制。已改游擊。曰我游兵止聽部檄。黃花鎮守備亦然。請東自山海諸關。西至黃花鎮。悉聽總兵節制。又密雲兵備從居薊城非宜。令回密雲。以便控禦。戍守非土著。不知險易。非恆業不固。今黃花鎮渤海所要害也。疲兵不過一二百人。建昌宦官鎮守。不服撫臣。請選陵軍千人戍黃花鎮渤海。豐其廩給田宅。建昌既復守備。則令軍踐更按伏。漸消悍習。上從之。

己巳。旌周府奉國將軍安河孝行。

以朵顏數寇薊鎮。自去冬零騎窺掠平昌懷柔密雲。詔逮密雲參將袁繼勳。

庚午。免杭溫台處及河南田租。

辛未。致一眞人邵元節加俸歲百石。給役四十人。掌道教。先是元節孫啓南道錄司右正一。改太常寺丞。曾孫時雍道錄司左至靈。改太常博士。

上不豫。

前太子太保左都御史王璟卒。璟沂州人。成化壬辰進士。歷光祿少卿。至右僉都御史。清理兩淮鹽法。改巡視浙江。巡撫保定。還臺乞休。瑾誅。起撫山西。歷兵吏部侍郎左都御史。告老。性和易。雖歷憲職。不以風裁自著。人稱長者。年八十七。贈少保。謚恭靖。

復寧夏游擊將軍一。

壬申。禁宗室越關赴奏。

二月丣朔。戊寅。巡撫宣府右副都御史劉源清爲兵部右侍郎。仍兼右副都御史。總制宣大偏關保定軍務。提督京城巡捕署都督僉事郤永爲署都督同知總兵官。鎮守宣大偏關保定。源清舉蔡天祐自代。不許。

己卯。南京右副都御史潘珍爲南京兵部右侍郎。南京太常寺卿盛端明爲右副都御史總督南京糧儲。

庚辰。暫免籍田。

辛巳。土魯番速檀滿速兒請罪。前都御史陳九疇求歸降人牙木蘭。求款和番。兵部議。馳戒之。

令軍機寇警即齋期可報。

甲申。前署都督僉事朱振傅鐸都指揮同知魯綱指揮使江桓入朝。

乙酉。賑雲南饑。

辛卯。工部增虞衡司主事。司節愼庫。改蕪湖権關于南京工部。

癸巳。貢夷故事。貢訖所賚貨歸之。如入官奏賞。正德末。使者罔利亡厭。俱挾重貲。關吏頗侵之。累訴禮部。不之問。至是甘肅太監陳洪令蒼頭王洪索土魯番名馬玉石等。夷使值洪京師。執詣部。命檻致甘肅按之。

禮部左侍郎湛若水上古文小學。

丁酉。增雲南永昌府撫夷同知。

己亥。下武昌知府仲選。楚府長史楊天茂孫立于巡按御史訊之。宗室顯棲欲脫人獄。賂選。發其事。反誣選。行長史司自解。

晉王知烊暴薨。王好文學。斥佛老。事母孝謹。居喪毀瘠。諡曰端。亡子。以靖王奕子表榛之孫新塽嗣王。

庚子。前太子太保戶部尚書孫交卒。交鍾祥人。成化辛丑進士。授南京兵部主事。歷文選郎中。至吏部右侍郎。忤瑾。改南京。瑾誅。進戶部尚書。致仕。上初起之。不赴。居官務舉其職。潔志宏識。再司邦計。裁宂食。立經制。正德時賴之。後贈少保。諡榮僖。

河南撫臣進瑞鹿。獻太廟世廟。實錄于辛丑。諸臣進詩賦。

辛丑。南京太僕寺少卿穆孔暉爲南京太常寺卿。

癸卯。虜酋吉囊渡河。襲破西海卜兒孩。下西邊嚴備。

馮恩前被拷無指授者。河東巡鹽監察御史宋邦輔嘗過語時事。命逮邦輔併訊。刑部尚書王時中擬戍。上怒。手駁恩所言專指張孚敬方獻夫汪鋐。本因大禮仇君。死有餘辜。爾乃黨護欺公。罷時中。郎中張國維員外郎孫雲皆謫官。恩論死。邦輔復官。

前湖廣按察副使田汝耔卒。

丙午。右僉都御史毛伯溫爲右副都御史。南京光祿寺卿張衍慶爲南京右副都御史。提督操江。

己酉。魯綱爲署都督僉事總兵官。提督西官廳。

壬子。禮部尚書夏言上四郊禮儀二十七卷。賜名郊禮通典。

兵部議上女直海西建州毛憐等衞夷人陞襲事例。

三月丙寅朔乙巳。開經筵。

甲寅。虜入宣府永寧大掠。

丙辰。上幸太學。釋奠先師。國子祭酒林文俊講益稷篇。司業馬汝驥講易頤卦。

撫治鄖陽右僉都御史胡東臯還臺。

御史傅漢臣劾前南京總督糧儲右僉都御史林有孚。託故吏買臨淸民間女爲妾。下有孚獄。

庚申。翰林院侍講學士廖道南上臨雍崇敎頌。

壬戌。內計降斥百有九人。

癸亥。前工部右侍郎徐讚卒。□□人。弘治乙丑進士。
丙寅。福建布政司左布政使宋冕爲右副都御史。撫治鄖陽。
丁卯。復湖廣總兵官專勳臣。
己巳。皇后親蠶內苑。
庚午。應天巡撫右副都御史陳軾進白兔。以獻瑞疊至。勿賀。仍行天下。非正瑞毋獻。尚書汪鋐作詩三章。美上謙德。

四月醆朔。兵部左侍郎黎奭南京刑部右侍郎胡璉國子祭酒陳寰總督糧儲右副都御史盛端明巡撫順天右僉都御史戴時宗巡撫應天右副都御史陳祥等並拾遺免。
給事中王綖督浙直織幣。
甲戌。左都御史聶賢改刑部尙書。
乙亥。少傅兼太子太師吏部尙書華蓋殿大學士張孚敬入朝。上致齋。諭先直閣。
丙子。始遣錦衣衛百戶巡視顯陵。三年代。
戊寅。復監察御史魏有本官。
己卯。仍令科道互糾汪鋐劾吏部考功郎中徐鼒緒。隱其旨。削籍。餘奪歲俸。
甲申。復賜張孚敬繩愆弼違忠良貞一銀章二。
乙酉。科道互相糾劾免給事中饒秀戴儒御史張相鄭洛書汪似。降給事中商大節黃汴。御史蘇信以遺奸未盡。仍再覈。
丙戌。柳珣嗣安遠侯。柳文子。

河南左布政使于湛爲右副都御史，整飭薊州邊備兼巡撫順天。遼東苑馬寺卿潘倣爲右僉都御史，巡撫大同。

丁亥，趙府輔國將軍祐椋廢爲庶人。祐椋貪虐殺人事聞，寘高牆。

戊子，南京兵部尚書王廷相改左都御史。

河南左布政使胡鐸爲順天府尹。

庚寅，求曾子嫡裔。

前戶部尚書劉璣卒。璣咸寧人，成化辛丑進士，令曲沃，遷戶部主事員外郎，守揚州，多盜，單騎諭降。逆瑾採望擢太僕少卿，不三歲至前官，自以爲瑾所引，居營邑邑，日飲酒。瑾欲與之言，輒醉不對。瑾誅，自免，敝居緼袍，耕讀自樂，出入僅一騾一僮，鄉人慕之，多繪其圖。

癸巳，都給事中魏良弼、李仁，給事中郭應奎、秦鰲、劉望之、葉洪、李鶴鳴、傅學禮，御史段汝礪、陳亶、唐愈賢、王重賢、余鍧、邵豳、吳麟、王朝用、劉漉、施山、張澍、許廷桂、周寵、王橋、徐淮、萬夔、詹寬、蔣瑜，並被察降斥。

伏羌伯毛江爲平蠻將軍總兵官，鎭守湖廣。

丙申，增廣西隆安縣。

丁酉，並清軍于巡按御史。

庚子，上憂旱，諭京尹禱雨，遣禮部左侍郎湛若水祭東嶽，右侍郎席春祭都城隍，太常寺卿陳道瀛祭漢壽亭侯。

五月朔，南京刑部尚書周倫、右副都御史高公韶，自陳致仕。

土魯番天方等國入貢，稱王至百餘人，張孚敬等言先是稱王亦三四十人，並答其號。禮部兵部言大體不可忽。謂彼本封。則非舊文。謂部落相稱。則非所聞于闕下。宜如成化弘治例。賜敕止一國王。餘據地名直書。庶幾正名防漸。從之。

丁未。處州知府吳仲爲浙江布政司右參政。錄其通惠河功。

大理寺卿史道會推不至。被詰。不引咎。降山西布政司右參議。尋罷。

祁縣天鼓鳴。星隕爲石。

己酉。南京察處九十二人。

庚戌。詹事霍韜服闋。召復任。

辛亥。張璧服闋。補翰林院學士。

癸丑。前左春坊左諭德王道爲南京國子祭酒。

督運戶部主事方鵬言南旺阻淺。由管泉工部主事徐存義溺職。俱奪官。

丙辰。禮部上大雩禮儀。

四川黑虎番賊作亂。攻長安堡。巡撫宋滄疾免。

己未。刑部左侍郎聞淵爲南京刑部尚書。南京吏部尚書劉龍改南京兵部尚書。刑部右侍郎寇天敍服闋。補兵部右侍郎。

癸亥。江西山東左布政使王綖楊守禮並爲右副都御史。巡撫江西四川。

丙寅。廣東提學副使王世芳及廣州番禺等縣儒學像未撤。俱逮下巡按御史。

己巳。應天巡撫都御史陳軾爲大理寺卿。前大理寺卿陳璋爲刑部右侍郎。

六月軒朔癸酉。禮部右侍郎署太常寺卿陳道瀛爲左侍郎。仍署事。

甲戌。貴州提學僉事始免兼屯田水利。歸之巡道。

丙子。主事李新芳胡經李鳳翔郭宗臯常時平趙元夫評事吳瑞王鎬並改監察御史。博士倪嵩行人周文燭郝維嶽陳表姜潤身戴璟盧瓚並試御史。行人喬祐知縣沈澧周冕趙彥之並南京試監察御史。又知縣高鳳鳴劉倫溫志敏王鍾靈等擬通判。上以舉監並用此爲輕也。責選司對狀。始改倫志敏主事。鳳鳴鍾靈府同知。命調文選郎中鄺汴。

戊寅。南京兵部尚書劉龍卒。龍襄垣人。弘治己未進士。年七十八。贈太子太保。謚文安。

己卯。南京光祿寺卿侯位爲右副都御史。

庚辰。湖廣巡撫右副都御史汪珊。巡按御史朱廷立。以四川巡撫宋滄引疾卒于荆州。請祭葬。滄引疾遽去。四川巡按御史朱廷立失糾。俱奪官。滄褫秩。

南京禮部尚書嚴嵩改南京吏部尚書。

辛巳。彗見五車。芒五尺餘。

壬午。諭修省。

乙酉。申積穀之令。

己丑。保定巡撫都御史許宗魯拾遺劾罷。

癸巳。南京吏部尚書劉龍奪俸四月。初龍請南京五品以下。免赴京考績。吏部以成化間奉命六年考績免赴。

今并三年廢之耶。上責龍市恩。

甲午。起胡訓右副都御史巡撫雲南。

丙申。隆德地震如雷。

丁酉。吏部右侍郎張瀚終養。

己亥。湖廣廣西左布政使林大輅唐冑並爲右副都御史。大輅巡撫湖廣。冑提督南贛汀漳。

順天府丞張嵩爲右僉都御史。整飭薊州邊備兼巡撫順天。

夜。彗掃大陵及大將軍。芒丈餘。

庚子。趙府庶人祐棕潛入京。訐前巡撫毛伯溫巡撫吳世秩巡按王儀彰德知府王天民等。命大理左寺丞張景華錦衣衛指揮僉事陳寅往訊。伯溫儀免官。

七月魟朔乙巳。上朝畢。御文華殿講大學衍義。翰林學士顧鼎臣疾不至。學士廖道南蔡昂當代而辭。奪鼎臣俸六月。謫道南徽州通判。昂湖州通判。

丙午。禮部左侍郎湛若水爲南京禮部尚書。詹事霍韜爲吏部右侍郎。巡撫寧夏右副都御史楊志學爲刑部右侍郎。巡撫遼東右副都御史周敍改提督操江。

丁未。起右副都御史周金巡撫保定兼提督紫荆等關。

巡撫山西右副都御史陳達議晉代瀋王歲祿一石折一金。瀋王胤栘言其紊制。命如故。達削籍。

壬子。免順天永平旱蝗夏稅。

鎭遠侯顧寰僉書中府。

甲寅。吏部擬在籍諸臣補方面。推前河南按察副使范時儆爲雲南布政司右參政。凡遷官例詳所歷。上疑時儆去秋被論。遽超之。責部具對。勸免時儆。汪鋐等引罪。復切責之。奪俸二月。左侍郎周用調南京刑部右侍郎。文選郎中張廷言謫外。呂希周奪俸三月。

貴州總兵官署都督同知牛桓引疾。兵部爲請。上責其私。尚書王憲侍郎錢如京奪俸三月。職方郎中熊汲謫外。桓免。以清浪參將楊仁爲署都督僉事代之。

彗掃閣道。行犯滕蛇。

己未。巡撫大同右副都御史王潮移遼東。山西右布政使張瀚爲右副都御史。巡撫寧夏。提督四夷館太常寺少卿王德明浙江按察使牛天麟並右僉都御史。巡撫山西甘肅。

免鳳陽淮安揚滁徐和夏稅。

庚申。南京禮部右侍郎黄綰爲禮部左侍郎。

壬戌。監察御史傅鳳翔清軍江西。濫薦二十六人。謫。

庚午。吏部考功主事唐順之。禮部儀制員外郎陳束。戶部山西司主事楊瀹。兵部車駕主事盧淮。武選主事陳節之。河南道御史胡經。試御史周文燭。並改翰林編修。

右副都御史劉節請城鳳陽。禮部右侍郎黄綰以泄靈氣。寢之。

八月朔日食。

壬申。右春坊右庶子費宷爲南京通政司右通政。

香河縣郭家莊有河自開。長百七十丈。衡五十餘丈。較舊河近十餘里。即命治之。遣祭。

癸酉。左都御史王廷相言御史回道考察。一除奸革弊。一申寃理枉。一激濁揚清。一符牒銷繳。一淸修簡靜。一撫按協和。上嘉納之。

盜夜入石州。

壬午。南京給事中王希文免。御史呂景蒙謫判潁州。蓋互糾也。

乙酉。寧夏地震。

南京錦衣指揮僉事李霑亡子。弟霽求襲。上以不由軍功。外戚無世襲之例。命停之。卽世襲僅許一輩。著爲令。

制勅房大理寺評事岳梁撰故南京兵部尚書陶琰贈誥溢美。張孚敬請懲之。下法司。

談遷曰。綸綍之體。嚴潔正大。其常也。世宗時漸趨于繁。幸永嘉裁之。隆慶末年又見之江陵。朝家重有光焉。嗣後不惟繁而巧矣。巧生鑿。鑿生漓。敍門第。褒市傭。褻我天。毫其壞彌極。運之季也。王鐸摹誥銘。倪元璐競雕蟲。累牘數百言。天子宰相。勢不得而問之。王風所以不古也。

丙戌。烏思藏朶甘思番僧也領箚失等千餘人來貢。數溢甚。減給茶絹。下四川巡撫御史訊驗入者。

戊子。驗封員外郎莊一俊下錦衣衞獄。以頒誥失設香案。將自劾。尚書汪鋐遽劾之。因求免。上怒。逮獄。調南京。

道錄司左玄義張振通上中興祥瑞等。請求賜序。下法司。

己丑。皇長子（載基）生。麗妃閻氏出。

吏部右侍郎霍韜爲左侍郎。禮部右侍郎席春改吏部右侍郎。

庚寅。上御奉天殿受賀。

乙未。詔赦天下大禮大獄被譴諸臣。馮恩不預。

丙申。翰林院修撰姚淶爲左春坊左諭德。

丁酉。夜京師地震。

戊戌。彗始滅。

九月庚子朔。辛丑。左都御史王廷相奉詔申飭憲綱十五事。命舉行。

壬寅。薦內殿新稻。

巡撫山東右僉都御史袁宗儒賑饑失實。勒免。按察僉事徐廷傑降福建市舶司提舉。張幾降四川鹽課司提舉。

甲辰。旌魯府輔國將軍健樂孝行。

乙巳。罷吏部右侍郎席春。春欲還楊維聰陳沂翰林。尚書汪鋐不聽。至是推禮部侍郎。不共春議而訴。鋐劾春議禮邪黨。其兄書與楊慎輩跽門抗疏。聖嗣生。廷臣吉服賀。春獨公服謝。臣羞與同列。遂閒住。

丙午。大理寺奉詔減囚。上以借恩縱奸。署寺左寺丞周鳴鳳落職。右寺丞盧問之署右寺丞戴鼎並謫。命右僉都御史胡東皐署大理寺。

戊申。諭禮部。皇子命名。類有敕諭。孩幼何知焉。其待他日。且命名當告廟。令夏言上儀注。

己酉。巡撫遼東右副都御史成文引疾。勒免。

庚戌。開經筵。

廣東兵破山盜趙林花等。提督侍郎陶諧總兵咸寧侯仇鸞等賜金幣。

辛亥。禁浙福兩廣大船販海。

癸丑。南京吏部右侍郎張邦奇服闋。補吏部。

四川巡撫右副都御史楊守禮布政司左參議張文奎各免官。前守禮謫判敍州。按察僉事文奎凌之。守禮棄官去。巡撫唐鳳儀追留之。文奎調山西。至是遷蜀。聞守禮開府。畏修郄。遂先訐其不法。命解任聽勘。

丁巳。召福建左參政黃宗明爲禮部右侍郎。

兩浙巡鹽監察御史李磐。瓜期後五日。謫。

庚申。提督南贛右副都御史唐冑改巡撫山東。雲南左布政使范嵩爲右副都御史。巡撫四川。

博士高擢推官俞朝妥潘九齡錢煥知縣戚賢邢如默蔡文魁崔三畏爲給事中。煥三畏南京。

辛酉。主事曾翀評事余光爲御史。推官李良知縣徐九皐王紳劉良卿張敕周道蘇叢並試監察御史。

定漕期登京倉直隸山東歲四月。江北歲六月。江浙湖廣歲七月。自明年著爲令。

癸亥。上手書秩宗賜禮部尚書夏言。

丙寅。均草場租額。除其瘠。

丁卯。南京光祿太僕寺卿陳察王崇獻並爲右僉都御史。察提督南贛。崇獻巡撫寧夏。察請老薦代人。以非例。降太僕寺卿。致仕。

廣東巡檢何儒前招降佛郎機番人。得製銃法。累功官上元主簿。以秩滿。進宛平縣丞。

直隸山東大旱饑。訛言盜至城門晝閉。流聞京師。詰其實。則德平知縣袁禎妄報兵備副使齊之鸞者。巡按御史王遠宜言其亡盜。上謂蔽匿。謫遠宜。

己巳。免延安田租。

十月⿰牜庚朔。壬申。禮部尚書夏言以上作世廟有感選求翰林秋日書懷詩箋和上。

浙東多海盜。免海道按察副使及宦。

癸酉。復故少師大學士楊一淸官。從其孫元援之請。

甲戌。岷庶人彥汰求復王爵。不許。

乙亥。楚王榮滅爲左長史楊天茂乞進秩致仕。吏部曰。左官以進士任官三年。舉監倍之。果賢勞始進秩。如其官毋濫。著爲令。

大同卒叛殺總兵李瑾。初傳虜警。議天城之左塹四十里遏其騎。期三日而竣。瑾大同右衞人。性孝友。勇而有謀。嘉靖初爲大同中路參將。虜迫西路。竟赴之。衆曰。非信地也。瑾曰。比肩事主。何彼此之有。累功總兵大同。與士卒同甘苦。斬級者新爲露布于門。弔死扶傷。而深懲緩追失候者。鎮兵私怨之。悍卒好亂。廢將朱振因煽禍。叛卒王福勝等數十人夜攻瑾。巡撫潘倣怖不救。瑾力鬬解胄抽刀自刎。脅巡撫右僉都御史潘倣奏瑾峻法激變。宜撫總督劉源清都督同知郤永以聞。請討。兵部尚書王憲曰。兵未必悉變。宥脅從。殲渠魁。責在督撫酌之。上以賊難遙度。令源清等相機務伸大法。毋姑息貽患。時兵備僉事孫允中等計擒禍首若干人。縛送源清于陽和。源清馳檄大同。云五堡之變未重懲。致有今日。今芟夷蘊崇之。毋使能殖。五堡遺孽見之不自安。謂且追獄。允中亟沮師。請徐之。逆黨可盡也。五堡事切勿言。源清曰。甲申之役。胡使君瓚。兵不臨城。致見刼。吾不可踵覆轍。遂屬囚于巡按御史蘇祐。令參將趙綱以三百騎往捕八十餘人。薄暮。鎮卒巷拒不納。允中入諭以旦釋甲迎王師。夜羣言屠城。大譟。允中分斬二十餘人。昧爽。源清兵薄城。大殺掠。五堡遺孽遂變。閉城。少頃。郤永兵至。迎擊。殺我參將游擊曹安等。倣計亂不可遏。列吏卒貪殺以聞。源清又疏倣等黨逆。

談遷曰。李瑾雖嚴馭。廉勇有謀。勞不偏安。貧不殖貨。時方推轂。竟罹兇刃。則雲中之蓄亂宿禍。非一日也。或云廢將朱振媒其釁。出己上。奸孽相煽。後脫然事外。三尺法安在哉。

丙子。建昌侯張延齡下獄。論死。昭聖皇太后弟昌國公鶴齡建昌侯延齡。早倖。橫行燕中。多不法。正德中。延齡奴日者曹祖子鼎。又善幻術。或訐延齡不軌。下東廠將廷訊。祖仰藥死。又奴指揮司聰負延齡金。謀訐曹祖前事。延齡陰死之。而厚其子昇。噤勿言。蓋延齡兄弟微知上指。雖戢惴而亡賴少年多齎持其金帛亡算。稍不快意。嗾昇上變。言其詛魘怨望大逆殺人事。頗有狀。刑部尚書聶賢以議親論上。怒曰。逆謀豈在成否耶。遂重坐延齡。而鶴齡以連邸坐。褫奪侯。降南京錦衣衛指揮同知閒住。奪賢歲俸。郎中□□□下錦衣衛杖譴。延齡疏辨。責通政司各奪俸。上欲坐延齡反族之。張孚敬言。財虜何能反。數被責不詘以言。昭聖皇太后春秋高。卒聞延齡死。能不內傷痛乎。萬一不食有他故。何以慰敬皇帝在天之靈。上恚。謂强臣令君非一。若今愛死囚。令我矣。當自悔不從廷和耶。孚敬力持之得長繫。

支大綸曰。君臣之際。豈不以勢哉。當昭聖之握金符而之興國也。予奪惟后。阿柄一握。而授阿之命且懸之我矣。昭聖固曰。帝我所立也。而日以疇昔之勢繩章聖。章聖勿堪。而帝心如芒刺矣。二張當議大禮時。曷不首仲永嘉之議以自固哉。而以既陳之芻狗。沾沾于貨利聲色之間。眞蘿峯所謂財虜耳。微蘿峯。昭聖金墉之後軌。而帝其有考叔之悔乎。

談遷曰。上懲延齡。或以漢薄昭事相類。夫昭殺漢使。罪無可逭。張氏俱宿案。屢經德音。今驟竟其獄。非法之平也。嗚呼。人主亦行其意耳。張氏早不自戒。稔禍以至今日。將誰冤乎。

夜。流星自中台至于濁而散。昧爽。星交流如雨。

戊寅。禮部尚書夏言言。京官主考。每爭巡按御史禮。且錄文浮詭不可訓。遂仍敎官主考。

己卯。皇長子薨。謚哀冲太子。

彰德知府王天民削籍。趙府庶人祐椋訐其訕上禱嗣也。逮獄斥之。

庚辰。罷大同巡撫右僉都御史潘倣。江西布政司右參政樊繼祖爲右僉都御史。巡撫大同。

曲沃知縣岳倫奏。大同軍士。往殺張文錦。繼執桂勇。今又殺李瑾。兵已三變。其進兵征討必矣。臣獨慮巡按鄉官。在利害中。爲生死所迫。鮮不爲彼陳乞。而在廷之臣。主利害者。計難易。較錢穀者。計勞費。保全宗社者。計俱焚。有一于此。誠足誤事。萬一復蹈往年故轍。殺無干乞丐以緩出師。將諸邊效尤。綱紀大壞矣。所願銳意進兵。務在必勦。夫處利害之內者。其謀論不足採。除蛟龍之害者。其網罟不足惜。制堅城之敵者。其攻取不可急。今時當隆寒。官兵不必頓之城下。只于聚落堡懷仁縣諸處。環而攻之。使錫臘溝之炭一月不入。四方之米二月不至。可以坐待其斃。或宥或誅。威福之柄在我矣。昔澶淵之盟。寇準謂以戰盟則盟在我而可堅。以賕盟則盟在彼而易叛。今切不可使朝廷之赦在彼。又曰。大同一隅。九邊觀望。今日以諸邊計大同爲力易。他日以大同計諸邊。則爲力難。又曰。近見邸報以魯綱鎭守大同。督其赴任。使綱一入大同。便爲彼所牽制。不若別給符印。令住陽和。使得便宜調遣。則各城之兵有所仰恃。係屬不敢攜貳觀望。仍另置管糧郎中一員共住陽和。以供軍餉。以明示置大同于度外。則進退伸縮在我矣。

辛巳。夜大星墜于固原城東。聲如雷。衆星隕如雨。

乙酉。禮部郎中屠應埈王汝孝兵部郎中華察改翰林院修撰。吏部員外郎李學詩改編修。

丁亥。駙馬都尉游泰卒。泰尙隆慶長公主。

戊子。湖廣道監察御史郭宗皐言。星變非細。故宜兢業祇畏。不以目前拂意之事爲足應而圖之于遠。不以前人附會之說爲足信而求之于己。上疑其欺隱。下詔獄責對狀。杖四十釋之。

光祿寺卿馬理予告。

辛卯。貴州獨山賊蒙鉞作亂。討平之。

丙申。江桓爲總兵提督西官廳。

十一月紀朔。發帑金三萬賑遼東。

癸卯。更鑄大同征西前將軍印。異其文。防僞。給總兵魯綱。度道士萬人。

大同悍卒推故總兵官朱振主軍事。振大同人。素機詐。敢大言。好市恩以動士卒。出參將黃鎭指揮馬昇楊麟于獄。嬰城叛。潘倣等諭之不聽。故參將王安郭全等故亡賴。遺北虜小王子金幣女伎。啗入寇。曰。中土饒。可帝滕沙漠也。指代邸奉之。劉源淸多設邏卒。遏城中官民章奏。請濟師五萬。命選京營萬二千人。趙卿任鳳傅鐸譚鋐充左右參將。都督僉事江桓總兵往。兵部左侍郎錢如京僉右副都御史督領。戶部右侍郎張瓚轉餉。十二萬石于懷來。給事中俞朝妥同御史蘇祐紀功。已。有言江桓不任。更推勳臣。上忽悟其煩。兵遂專責源清。永止如京等亡。何潘倣乞班師靖亂。源清左之。朝議皆右源清。禮部侍郎顧鼎臣黃綰皆言用兵非是。而虜果分掠渾應朔懷間。詔源清內討外禦勿忽。

丁未。停刑。

癸丑。大學士翟鑾憂去。納所賜銀章二。淸謹學士。緝愆輔德。

甲寅。金星晝見。明年閏二月庚申滅。

戊午。晉府靖安王表栿子知焟知燐封鎮國將軍。表栿母馬氏。倡家女。花生例不封。幸例前得不廢。又封其子。非制也。

甲子。兵部右侍郎寇天敍卒。榆次人。正德戊辰進士。正德末丞應天。賴其鎮定。

乙丑。始遣武定侯郭勛代祀南郊。罷慶成。冬至二宴。後代祀不書。

十二月己巳朔。乙亥。巡撫河南右副都御史吳山調外。

丁丑。封厚燉德世子。勤㷭安吉王。知燩旌德王。致榫枝江王。寵澍蘄水王。

己卯。虜二千餘騎犯寧夏。鎮遠關總兵官王效延綏副總兵梁震擊于柳門。逐出塞。又敗之。斬百四十餘級。

辛巳。四川烏都鵓鴿等番作亂。副總兵何卿攻破之。

戊子。撫寧侯朱麒總兵鎮湖廣。

癸巳。憲廟和妃梁氏薨。謚恭惠。

復衡州捕盜通判。

乙未。山東左布政使張文魁爲右副都御史。巡撫寧夏。大理左寺丞簡霄爲右僉都御史。巡撫河南。

推官李逢知縣楊僎翁溥張選石存德爲給事中。行人李遂龔湜博士曹逵朱獻知縣曾銑徐宗魯王文光顧堅。學正陳還爲試監察御史。

丙申。增兵部職方司員外郎一人。

國榷卷五十六

甲午嘉靖十三年

正月戊朔。壬寅。遼東都指揮使史俊。以三千人援大同。時虜薄大同城。官軍擊敗之。叛卒出應虜。又斬百三十七人。

癸卯。廢皇后張氏。諭禮部曰。昨侮肆不悛。令退閒。收其冊寶。

朱國楨曰。中宮之廢。非小事也。史不著一字。野史亦無及者。童子時。一老儒爲言。張后實爲延齡兄弟。延齡下獄。昭聖託張后爲言。后方有盛寵。乘夜宴。逃太后意。上大怒。卽褫冠服予杖。明日下令廢斥。延齡竟坐死。考史錄日月正相値。老儒之言。其亦齊東野人之類耶。

談遷曰。宣宗廢胡氏。憲宗廢王氏。俱元后就閒。身後追復。當日幽抑之悰。彤史失詳。大抵蛾眉見嫉。綠衣賈怨。至于張后其蹟益諱。如朱文懿所云。則修昭聖之嫌。遷其怒也。意此時永嘉分宜貴溪爲上所重。引義固爭。冀挽萬一。而終明之世。俱唯唯亡諤諤。柱石鮮遂良之强。臺諫少道輔之節。順父斥母。所繇來矣。

丙午。總督南京糧儲右副都御史張衍慶還臺。

壬子。立德妃方氏爲皇后。進封宸妃沈氏。麗妃閻氏。

漕運參將劉璽爲總兵。提督漕運。鎭淮安。

乙卯。南京戶部尙書許誥卒。贈太子太保。謚莊敏。

丙辰。諭輔臣。前見皇祖主櫝。其函內向。駙馬崔元慢忽如此。元引罪。

上御奉天殿受賀。命婦賀兩宮。

進張孚敬少師。李時方獻夫尚書夏言並少保。

丁巳。命婦朝皇后于未央宮。

戊午。暫輟朝。羣臣問安。

庚申。寧夏地震。

甲子。國子祭酒林文俊爲南京禮部右侍郎。南京大理寺卿冼光爲南京工部右侍郎。

乙丑。雲南巡撫右副都御史顧應祥憂去。以候代仍還。巡按御史楊東言其輕率。互訐。應祥閒住。

河道右副都御史朱裳等言。今之治河。與古不同。古除其害。今兼資其利。古導之北則就下。今導之南則避決。臣等計之。不過疏濬築三策。今疏梁靖趙皮寨。濬孫家渡渦河五十里。築睢州長隄至歸德可百里。泗州鳳陽迫陵。宜石隄。從之。時河決趙皮寨入于淮。穀亭流絕。而廟道口復淤。上命右副都御史劉天和治之。役十四萬三千九百人浚之。未幾。河忽自河南夏邑太丘等集轉流蕭縣。出徐州小浮橋下濟二洪。趙皮寨尋塞。若天助然。

二月戊朔。辛未。總兵官郤永圍大同。絕樵採。叛卒撤屋爲薪。稍困敗。兵部許其自新。漸投首。兇渠黃鎮等亦至。求開薪汲諸之明日出樵。三百餘人被執。因招之不聽。累戰互殺傷。誘虜犄角。我兵血戰相當。虜以悍卒負金帛反擊之而去。劉源清請增一總制。率兵禦虜。己專攻城。不許。源清攻城窮百道。穴地不入。築隄壅水灌之。不墮。

尹耕曰。宋史太祖灌太原。契丹使臣譏其不知俟涸。庚子。耕改官歸。父老曰。兵已退數日。水涸城乃隳。于是知古今事勢不遠。而人之知識才力有逮有不逮也。

工部員外郎李文芝兵部主事楚書往閱大同。

癸酉。諭內閣。叛卒謀殺主將。法不可赦。然非舉城所爲。郤永聽劉源淸貪功嗜殺。訛傳致逆卒刼囚勾虜。既脅從不問。何又引水灌城。大同北門要地。祖宗所遺。源淸必欲城破人誅。縱使成功。何由興復。若二人不用。豈有今日之患。今可去二臣。別遣大臣備虜。密擒賊魁。庶免老師傷財。御札出。始知用兵非上意。蓋張孚敬主之。薦源淸永。期盡賊而止。源淸知其難。下自劾免官。

戶部右侍郎張瓚改兵部左侍郎兼右副都御史。總制軍務。給事中韋序等分募勇敢。

通政司右通政王激改國子監祭酒。

召前右都督馬永。申飭諸將梁震史俊苗鑾分布援兵。

王廷相爲兵部尙書兼左都御史。提督團營。

乙亥。南京禮部主客郎中鄒守益奪官。前署部右侍郎黃綰調雲南參政。吏部尙書汪鋐。劾綰縱守益引疾先歸也。張孚敬惡綰大同異議。嗾汪鋐攻之。上念其贊禮。仍任。鋐再攻之。綰訴大同撫勦相左。鋐甘爲鷹犬逐臣。上竟留綰。明日。孚敬疏辨臣未嘗主勦。因乞休。上慰答之。

丁丑。南京光祿寺卿宋景爲右副都御史。總督南京糧儲。

更員丘曰天壇。方澤曰地壇。

丁亥。大理寺卿陳軾爲戶部右侍郎。巡撫貴州右副都御史徐問爲兵部右侍郎。

戊子。湖廣安仁縣雨黑水如墨。

己丑。大同圍久。叛卒屠掠。人人忿切。理餉戶部郎中詹榮有機略。與都指揮紀振游擊將軍戴濂鎮撫王寧歃血謀圖賊。以指揮馬昇權行于賊。義激之。聽命。王寧出告樊繼祖及劉源淸。許三千金付昇購士。副總兵梁震間入城。兵部主事楚書亦入榜示癸酉德音。人稱更生。其夕昇麟等斬黃鎮等九人。明日。繼祖入又斬二十六人。餘不問。發倉粟賑饑。衆猶夜驚。繼祖堅臥不起。乃安。又明日。張瓚與御史蘇祐鼓吹入南門。置酒高會。勞將休士。自是大定。

高岱曰。軍士戕殺主帥。國憲具存。付之一獄吏足矣。而何至釀大亂耶。潘倣始論置不問。非也。源淸請討之良是。然鎭靜而徐圖之。首惡不過百人耳。不可盡捕論耶。乃以攻蠻夷之策。而自毀其籓籬鎖鑰之地。謬甚矣。廟謨本兵。猶可諉之事難遙度也。源淸受國重託。乃憤其謀不自己。而甘爲亂階不恤焉。何心也。則其初破宸濠之功。豈亦因人成事者乎。郤永者固亡論矣。聖明九重。乃能獨排羣議。深燭邊情。御札數語。賢于百萬之師。眞可謂明見萬里哉。張瓚樊繼祖孫允中諸臣。亦可謂仰承德意而忠于謀國者矣。

副總兵梁震遼東參將史俊分鎭大同東西路。發帑金十萬賑大同。

辛卯。詔代王俊杖還國。先避亂走宣府。

壬辰。日生暈白虹亘天。

丙申。江西左布政使戴書爲右副都御史。巡撫貴州。

閏二月戊戌朔。癸卯。臨淮侯李性卒。亡子。叔沂嗣侯。

癸丑。定屯田私售各遠戍。產直入官。

丁巳。上體平。

起劉天和右副都御史。總理河道。

戊午。上受朝賀。

己未。天雨黴土。

庚申。金星耀日。

壬戌。南京右副都御史王軏爲南京戶部尙書。前南京光祿寺卿歐陽鐸爲南京右副都御史。提督操江。

癸亥。寧夏地震。

初。左都御史王廷相論南京守備魏國公徐鵬舉權重。鵬舉乞解兵柄。許之。

甲子。臨安府地震。

丙寅。陳連嗣泰寧侯。陳大策嗣武平伯。

三月朔庚午。南京尙寶司卿呂柟爲南京太常寺少卿。

撫寧侯朱麒守備南京。仍掌中府。

壬申。禮部左侍郎黃綰撫賑大同。并按功罪。時代王求遣大臣。禮部尙書夏言覆如之。大學士張孚敬持不下。

上諭毋私嫌。以綰往。許便宜從事。罷郤永。居庸關總兵都督張輗代鎭。

誅山海關妖賊沈淮。前殺主事王冕。

丙子。薊鎭偵卒出百里外。例支行餉。仍復之。

己卯。黃州同知徐階爲浙江提學僉事。

庚辰。套虜犯響水波羅堡。參將任傑設伏大破之。

癸巳。四川布政司失經歷印。先是司府經歷印貯正官。遂各改歸經歷。

丙申。上作祭祀記百九十八道。分貯閣府部院。

四月朔。刑部矜釋高牆庶人三十六人。

壬寅。夜大星隕于鳳陽。

彰德大雨雹。

丙午。旌神武左衞舍人許紳繼妻葉氏。紳沒通州。氏奔慟于屍旁。絶粒死。
戊申。南京織造太監傅政請增官。下法司。
己酉。大學士方獻夫致仕。
翰林院編修張袞爲侍讀。
甲寅。復壽州正陽關稅。
庚申。工部尙書秦金秩滿。進太子少保。
五月甲子朔。客星見于螣蛇。歷天廐。入閣道。至六月己酉滅。
己巳。鄖西大雨雹。傷稼。
丙子。朱隆禧爲兵科給事中。周洪範爲廣東道試監察御史。
庚辰朔。應天鼓鳴。
癸未。毛漢嗣伏羌伯。江之弟。
南京戶部尙書許誥卒。誥靈寶人。弘治己未進士。授戶科給事中。正德初。父進冢宰。改檢討。忤瑾。謫全州判官。瑾去。起尙寶司丞。嘉靖初以南京通政參議改侍讀學士。至今官。志氣豪邁。行誼潔修。著通鑑前編圖書管見。太極論道統源流錄。雖未臻理奧。而篤志好學。家聲益振。贈太子太保。謚莊敏。
韓王旭櫏薨。王雅嗜詩書。輯眞草有冰壺集。謚曰昭。
甲申。免漕運都御史馬卿入京議事。
乙酉。復山西按察屯田僉事。
丙戌。免衞輝彰德懷慶幷晉江惠安同安田租。

丁亥。同州華陰朝邑地震如雷。
己丑。上疾。不視朝。諭禮部勤恭勿怠事。
庚寅。賜大學士李時書院額曰珍謨。
巡撫保定右副都御史周金言。藺家圈決口。塞之則東溢。病河間。不塞則東流漸淤。病保定。可量濬深廣。使水東北平流。亡壅涸之患。于是詔止不塞。
壬辰。折湖廣崇陽縣南糧。以僻遠也。
癸巳。月金星並晝見。
上御文華殿。召輔臣張孚敬李時尚書汪鋐武定侯郭勛觀青爵。江西所進祭器。賜酒饌。復書宣宗閱輿地圖詩一章及和詩示之。
黃綰撫定大同。初。士民投牒訴叛卒。俱不問。有闞鉞薛源楊月俱勾虜。鉞北歸。誅之。反側不自安。綰集諭之。毋怙亂。令源月及餘卒至。則邊吏誅之。否則勿索。叛卒方挾虜重邀中國。聞綰令大沮。始投牒不問者。陰令授賑官計擒之。兇黨悉除。又柵市逵。立格伯長法。乃安。
六月輛朔。丁酉。土魯番回夷要貢。以非期。卻之。
戊戌。憲廟靜妃岳氏薨。謚和惠。
己亥。西苑河東亭榭成。
張孚敬乞休。上慰諭之。又疏上。令勿以大同一事固執。
肅州衛鉢和寺外閒田十六頃有奇。給僑寓哈密衛都督乩吉孛剌等部落耕食。
壬寅。以陝西左布政使黃臣爲右副都御史。巡撫陝西。

乙巳。萬全右衞陽門堡雨雹。積七寸。傷人畜。

南京太廟災。議修省。

田州土目盧蘇遣人刺判官岑邦相。不克。邦相以兵往。見敗。

漢中流賊平。

七月餠朔。祭先聖先師于文華殿。

丁卯。上告災于太廟。

戊辰。翰林修撰林欽予告。

己巳。戶部右侍郎鍾芳右僉都御史胡東皐。災異自陳罷。

刑部左侍郎陳璋錦衣指揮使李文兵科給事中朱隆禧往南京閱災。

丁丑。重書累朝及獻皇帝寶訓實錄。建神御閣南內上奉累朝御容下藏訓錄。以石匱署潤。改銅匣。吏部尙書汪鋐兼兵部尙書。總督神御閣暋祥宮延祺宮諸工。

己卯。虜吉囊自花馬池入定邊乾溝。總兵劉文拒走之。犯固原。

癸未。免慶陽臨洮鞏昌西安漢中平涼雹災田租。仍賑之。

丁亥。大理寺卿周敍爲戶部右侍郎。總督倉場。

巡撫宣府右僉都御史韓邦奇還臺。

戊子。吉囊自青沙峴寇安定會寧金縣。

己丑。南京戶部右侍郎顧珀。南京太常寺卿穆孔暉。應天府丞柴奇。各自陳罷。南京工部右侍郎冼光改南京太僕寺卿。

總兵劉文戰會寧柳家營及葛家山。斬數十人。虜將遁。文度其歸必靑沙峴也。伏俟之。
庚寅。前南京大理寺卿孟洋卒。
壬辰。山西左布政使任洛爲右僉都御史。提督雁門等關兼巡撫山西。
八月乙未朔。行墾田勸農之法。從直隸巡按御史李禩之請。
丙申。收大同陝西鎭守太監養廉田助餉。
減鳳陽入衞京操軍三分之一。
丁酉。徐勳嗣興安伯。良之子。
瓊山黎賊作亂。
戊戌。吉囊合衆出靑沙峴。劉文伏兵敗之。指揮王晉戰半個城。先後斬一百二十七級。都督僉事梁震値寇乾溝。斬一百八十五級。寧夏總兵王効又敗之興武。先後斬一百三十級。
庚子。申明大計降官推陞之例。初。修撰楊維聰降安慶推官。亡何推都水主事。詰吏部對狀。自今皆秩滿方選。
辛丑。侍讀學士廖道南侍讀張袞主試順天。
甲辰。巡撫江西右副都御史王綖爲大理寺卿。
丙午。浙江按察使路迎爲右僉都御史。巡撫宣府。
丁未。召禮部尙書夏言于平臺。勅諭南太廟可勿建。其集議之。於是議。古者國無二廟。廟無二主。故虞祭用桑。練祭用栗。栗主既立。乃毁桑主。君去其國。太宰奉廟主以從。明尊無二上也。周有三都三廟。禮以義起。岐周則太王諸侯之廟。鎬京則武王定都。洛邑則周公定鼎。然鎬京廟成。則岐周之主已遷。洛邑雖成。成王未嘗都洛。則鎬京之主尙在故國。有二廟自漢惠始也。神有二主自齊桓始也。周之三都三廟。乃遷國立廟。去國載主。非二廟二主也。我太祖都南。卽周公建洛。太宗都北。卽武王都鎬。太祖末年。嘗欲改都。太宗善成厥志。太祖之靈。豈不知歆。南太廟可勿建也。南京奉先殿日享如禮。其太廟址垣之謹司啓閉。從之。又以承天邸廟改曰隆慶殿。

戊申。以黜落歲貢生下福建提學副使潘潢于巡按御史訊。

陝西提學僉事孔天穎降邳州知州。

壬子。吉囊四萬騎寇寧夏。總兵王効率指揮成賢呂仲良劉勳王俊以八百騎戰秦壩。力戰移日。賢獨當一面。寇被傷者衆。因併力攻賢。及仲良等俱戰沒。

癸丑。閩浙奸民販海至拒傷官軍。論罪有差。

丁巳。右副都御史張衍慶。父湖廣左參政繼。同三品。例不得封。吏部以外官雖同品得封。上謂私之。驗封郎中王愼中謫常州通判。

起林琦右副都御史。巡撫浙江。

巡撫順天右僉都御史張嵩致仕。

己未。太僕寺卿邵銳引疾去。

辛酉。戶部尙書許讚終養。

九月甲辰朔。順天府尹胡鐸調南京府。丞張漢奪俸三月。考官廖道南張袞奪歲俸。以初場試目不卽上被詰。鐸歸咎考官。下監試御史錢學禮周禪獄。贖罪還秩。

丙寅。作九五齋恭默室于文華殿後。專齋宿。

通政司右通政張景華爲右僉都御史。整飭薊州邊備。兼巡撫順天。

巡撫湖廣右副都御史林大輅以水災自劾乞休。上意其避事。劾免。

己巳。梁材服闋。仍戶部尚書。巡撫山東右副都御史唐胄爲南京戶部右侍郎。巡撫遼東右副都御史王潮爲南京大理寺卿。巡撫四川右副都御史范嵩爲南京工部右侍郎。

庚午。裁宣大總制保定提督。召張瓚張紞還京。

左諭德姚淶予告。

辛未。定九廟之制。皆南向。增拓世廟。視羣廟崇四尺有奇。

丁丑。四川雲南左布政使潘鑑呂經爲右副都御史。巡撫四川遼東。

己卯。蕭陞爲署都指揮僉事總兵。鎮守永平山海關。

應天上試錄失裁山西上試錄誤雜片紙。各提調官下巡按御史。

庚辰。楚王榮滅薨。謚曰端。

辛巳。湖廣按察使翟瓚爲右僉都御史。巡撫湖廣。

癸未。禮部左侍郎黃綰按大同功罪。劾劉源清郤永貪功妄殺僨事。敍張瓚等功。給事中曾汴劾巡撫潘倣階亂。敍郎中詹榮主事楚書功。下源清永法司。餘班賞贖罪有差。又以汴欺誑下錦衣衛。已釋之。

禮部尚書夏言劾儀制郎中張元孝祠祭郎中李遂縱恣。並下鎮撫司。謫之。

前刑部尚書張子麟前主事平言陳能曹春俱坐張延齡曹祖事逮下法司。曹祖自仰藥死。亡他情讞上。俱削籍。

己丑。南京神宮監左監丞周源等下法司。守備太監李瓚。永康侯徐源。兵部尚書劉龍。各罰俸三月。以廟災。

浙直旱。

辛卯。命禮部侍郎顧鼎臣霍韜孟冬享廟宜奉主。會俱有期功之喪。例當避。以古期服諸侯絕大夫降爲辭。不當避。下禮部。夏言折之曰。古世侯伯叔兄弟皆其臣。故絕期。今公卿能臣其伯叔兄弟乎。則期功無絕降之說矣。上是之。改侍郎黃宗明林廷棉。

徐學謨曰。捧主。榮遣也。鼎臣韜固不當妄擬諸侯以冒君寵。乃言謂其伯叔兄弟而期服絕。似矣。若大夫亦豈臣其伯叔兄弟而服爲之降乎。非也。今三年之喪。必解官守制。期功僅銜哀于私室而服官如故。是絕降之義也。例令引避。則朝廷之所以恤其私耳。若在外僚。無可代請矣。

寧夏地震。

癸巳。前國子司業江汝璧爲翰林侍讀。

田州土目盧蘇殺其主岑邦相。賂總督陶諧。言夭絕。別立田氏子芝。還田州。

田汝成曰。岑猛之亂。始于盛應期之索賂而誣反。終于陶諧之獲功而廢法。上下相蒙。以墨爲政。遠人安所瞻仰乎。

十月卯朔乙未。劉源清削籍。郤永謫邊。潘倣孫允中許致仕。

己亥。賜張孚敬藏書樓額曰寶綸。

甲辰。上久不視朝。諭閣臣靜攝。

己酉。南京兵部主事劉世龍以太廟災。請杜諂諛以正風俗。廣容納以開言路。愼舉動以存大體。宥張延齡。安昭聖皇太后。止神御閣啓祥宮。以訕上庇逆。逮下錦衣衛。

庚戌。旌瑞昌王府奉國將軍拱柄孝行。

威茂松潘等寇平。進副總兵何卿都督。仍鎭守。

賜禮部尚書夏言書院額忠禮。名其堂瓊恩樓寶澤。

壬子。賜吏部尚書汪鋐樓額昭恩。

戊午。停刑。

辛酉。初眞人邵元節乘傳還山。道訴李員外舟辱之轂亭。因逮戶部員外郎李旼。蓋李時弟。元節佯不知而奏之。時引罪。

壬戌。賜夏言銀章博學優才。令識手奏。

十一月癸亥朔甲子。南京工部尚書何詔予告。

丙寅。命輔臣禮部尚書夏言侍郎黃綰黃宗明觀文華殿東室圖書。

己巳。初會同館貢夷許五日出遊。惟朝鮮琉球稍寬之。至是朝鮮國王李懌入貢。使臣蘇洗讓言恥與虜同列。命弛其禁。

庚午。上祀南郊。還御奉天殿。

辛未。以大報歌示輔臣。各和之。

甲戌。廢慶成王府鎭國將軍表杜爲庶人。貪戾刼奪。

己卯。易泗州祖陵殿黃瓦。先黑瓦。

辛巳。故太監張永弟容蒼頭郭祿訐永墓犯龍脈。容又葬妻。致哀沖太子不幸。上惡之。下郭祿及其子麟于法司。遠戍。告訐之風少衰。

壬午。張瓚添註兵部左侍郎。

甲申。吏科給事中戚賢核功寧夏延綏。

乙酉。定視朝中書舍人與翰林各四人分侍。初上大祀御殿。以中書舍人傅棨等不殿班。下獄。蓋故事中書舍人未侍班。

命有司官署考歲終及布按入賀者。密封上之。

兩廣總兵咸寧侯仇鸞疾免。

戊子。總制陝西唐龍薦延綏參將任傑補寧夏副總兵。兵部以令甲廷推。不許。

庚寅。總理河道右副都御史劉天和言先朝經理名臣。皆不敢引河。試以河水來則激射。至必衝決。退乃塡淤。無一可者也。然國計所係。當圖萬全而已。毋寧引沁之爲愈耳。蓋勞費正等而限以斗門。潦則縱之俾南入河。旱則約之俾東入運。其節制固易易也。從之。役十四萬人。

辛卯。起蔣瑤太子少保南京工部尙書。

十二月癸巳朔。己亥。分巡分守道始專城。先駐省會。春秋行部。不攜家。

辛丑。封承爚蜀世子。承熘華陽王。鼎櫍慶世子。鼎梠壽陽王。胤棵陵川王。睦棨臨漳王。

直隸巡按監察御史李新芳。大名兵備副使楊彝。下錦衣獄。新芳按廣平。驚于礮。謂知縣周謐典史田經謀害之。誣奏捕之。獄不服。知府李騰霄重違其意。僅坐以侵公費。並奏騰霄主謀。欲捕之。楊彝助以兵。騰霄遁。追係之唐山縣。又笞通判吳子孝推官侯珮經歷吳尙質。事聞。新芳彝削籍。騰霄免官。時謂未蔽新芳之罪。

壬寅。戶部以今年詔免田租之半。計減六百八十三萬九千金有奇。欲贖鍰徭役等補額。不許。

乙巳。行人何天啓孫應奎尤魯馮汝弼陳塏曹邁曾鈞爲給事中。

丙午。評事陶欽夔王祚陳玨戴銑金燦謝少南何其高孔化王廷沈鐸爲御史。推官陳蕙唐琦爲試監察御史。

乙卯。逮山西巡撫右僉都御史王德明。晉府中尉表桿等夜醉與惡少年誼訴德明。下按察使傅鑰且釋之。宗室蜂起。事聞。免德明。尋下獄。鑰鐫三秩。中尉奇瀸知爜首事。奪歲祿。

丙辰。安遠侯柳珣充總兵官。鎮守兩廣。
庚申。陽川王府輔國將軍戍鋇訐澤州知州鍾英等贓罪。且請察舉奸吏。左都御史王廷相言。漸不可長。上是之。
辛酉。憲廟恭妃楊氏薨。謚榮惠。
翰林院庶吉士錢亮呂懷邊銑爲兵刑工科給事中。王珩游居敬爲河南山東道御史。趙汝濂劉思唐胡守中趙維垣何城王梅李大魁爲主事。
壬戌。諭元日免朝賀。
廣東貢生斥五人。提學僉事田汝成貶滁州知州。

乙未嘉靖十四年

正月壬朔。召輔臣張孚敬李時尚書汪鋐夏言武定侯郭勛于文華殿。示以元旦詩。
癸亥。前工部郎中汪澄選尋甸知府。求便養。改順天治中。至是鴻臚主簿陳文選道州判官。以澄例請。不許。並免官。
甲子。雪。諭輔臣及禮官。蒙天賜時玉。思見卿等。夏言以時玉創語上天賜時玉賦。
丙寅。兵部左侍郎兼左僉都御史張瓚總督兩廣軍務兼巡撫廣西。
戊辰。提督京通倉塲少監王奉李順各犯贓。下法司。給事中管懷理請裁中外各倉塲內臣呂宣等七人。從之。
癸酉。御奉天殿。受天下朝賀。
大計。降斥有司九百八十二人。時大計。吏部阿輔臣意。修怨罷者甚多。參議王臣韋商臣等四人預焉。故事。拾遺郎不當罷而罷者不得復論。刑科給事中沈讜戚賢等上言。察典宜愼重。其當斥不當斥者。請令臣等得以詳論會四人報罷言其枉宜復不聽讜方轉右給事中。已轉山東按察僉事。衆論藉藉兵科左給事中薛宗鎧疏論尙書汪鋐。

崔銑曰大臣仇直言。排諫臣。懼奪其寵利也。然必肆欺獻佞得上之心。而後能行之未有甚于汪氏者。一時諫臣指擊極力而沈讜即其一事。摘奸之心足垂永鑒。嗟乎汪氏之權利今安在哉。

庚辰。賜輔臣張孚敬李時尙書汪鋐夏言春酒品物。

壬午召諸臣于文華殿西室以世室名同世廟李時請稱太宗廟。夏言甚善之。問各廟號。時請序昭穆。曰昭一廟昭二廟昭三廟。穆亦如之。免易主上然之。又欲改世廟于太廟左殺其制。

癸未科道拾遺。

淸丈南京蘆洲。

甲申。初吏科給事中戚賢請申考察之枉。許之。已兵科左給事中薛宗鎧列參議王臣韋商臣等枉狀。部覆寢之。

乙酉。陽江縣地震。聲如雷。

罷卓異之宴。

丙戌莊肅皇后夏氏崩。禮部具儀注。上素衣冠絰而舉哀。上以叔嫂無服。且兩宮在上。何素也。夏言執如初。至再始敕定。敕與遺詔異。朝臣襲故事。皆衰杖哭。禮官詞臣給事中皆素。張孚敬請章聖萬壽節仍吉服終日許之。

庚寅。駙馬都尉鄔景和受武淸獻田。劾奪之。

二月辰朔。癸巳。初。全州知州林元秩請立社倉。置田收租備賑。州民趙希尹輸穀五千石經始。求巡按御史鄭濂旌秩。上疑其私。下總督陶諧言亡他端。終以元秩擅行。謫之。

甲午。章聖慈仁皇太后壽日。免宴賀。

乙未。翰林編修楊惟傑歐陽衢爲侍讀。

戊戌。上祭太社太稷。御平臺。召張孚敬李時夏言議宗廟事。孚敬等以過勞。暫停籍田。從之。

翰林院侍讀學士張璧侍講學士蔡昂主禮闈。

己亥。上祭帝社帝稷。

始分作九廟。改立世廟。武定侯郭勛大學士張孚敬李時尚書汪鋐知建造事。夏言同知建造事。工部右侍郎甘爲霖提督工程。錦衣衛指揮使陸松指揮僉事陳寅兼督。是日。奉祧廟主于崇先殿。列聖主于奉先殿。

辛丑。上祭日東郊。

乙巳。兵部右侍郎徐文予告。

丙午。河道右副都御史劉天和築曹單長隄三百里。

丁未。禁冠服違制。

己酉。翰林編修唐順之引疾忤上。勒原官員外郎致仕。

集議莊肅皇后謚。張孚敬曰。莊肅與累朝事不同。謚止二字四字。禮部尚書夏言曰。列后謚俱十二字。何靳焉。李時曰。宜八字。左都御史王廷相吏部左侍郎霍韜議與言合。言上言。謚號祇以表行尊名。其于服制有無名分尊卑。本不相涉。謚宜十二字。上以莊肅壓于昭聖。而皇嫂之喪。無有事嫂如事母之理。于是復議。東閣吏部尚書汪鋐等順旨。竟謚六字。曰孝靜莊惠安肅毅皇后。

談遷曰。莊肅儷天母儀多年矣。武宗上諡。亦昭聖在。未嘗以母壓。獨以壓莊肅乎。將婦姑不得與母子並論矣。本朝宮嬪。或四諡。或六諡。奈何以莊肅等也。顯陵本藩邸。不隆稱不已。莊肅本元后不貶損不已。永嘉欲軒則軒。欲輕則輕。疇能違之。夏貴溪方得君。力能執議。終不敢逆貴臣之意。彼謂宰相無權。吾未之信也。

壬子。廣寧地震。聲如雷。

甲寅。上御文華殿。召尚書夏言。改定陵祭。初。上陵淸明中元冬至。言請罷中元節。移霜降日行之。冬至有事南郊。不必分祭。惟淸明如故。遂定上陵各官不陪祭。內殿忌祭不作樂。改吉服爲淺色。

吉囊寇楡林。殺參將魏祥。

三月辥朔壬戌。御經筵。

丁卯。日講訖。召輔臣于文華殿西室。以大喪。改廷試四月。因言選庶吉士止一人敎習足矣。張孚敬薦學士蔡昂。上俞之。問前顧鼎臣敎習何如。李時曰。甚善。上因商閣員。孚敬請自擇。上歷舉王廷相甚善。梁材極正。霽賢猶健。秦金憊矣。汪鋐事無定見。昨考察或見枉。孚敬曰。鋐近與霍韜爭辨。上曰。鋐猶爭之。若韜作太宰。且壞盡。時請復午朝。御左順門召對。孚敬請卽于文華殿宣召。上曰。俟廷試行之。

上大行莊肅皇后諡。勅禮部黃遣使頒天下。

辛未。修祖陵皇陵。

甲戌。毓德景仁二宮成。

乙亥。太子太保兵部尚書王憲致仕。給月粟五石。歲役五人。

丙子。福建左布政使王浚爲右副都御史。提督南贛。大理寺卿蔡經爲左僉都御史。巡撫山東。

工部員外郎胡思忠好捶役人。夏言劾之。下鎭撫司。

丁丑。召輔臣于重華殿。觀祀天祭器。各爲賦紀之。命曰奉制紀樂賦。又作紀樂同逃詩。
武定侯郭勛。吏部尚書汪鋐。在工相左。各訐上不悅。鋐李時力爲解上意。釋曰。昨鋐與夏言爭莊肅事。此內閣禮部事。于鋐何與而悻悻如此。且科道何不彈之。時曰。不敢。上曰。此謂寧忤天子不敢忤貴臣也。其以朕意戒勛鋐。

談遷曰。汪鋐論謚曰。大行皇后宜上同列后。若倫理難加全典。且據謚法。二字以表懿行。俟他日再加徽號。其巧於逢君如此。而上顧洞見其情矣。故大臣持正。毋詭隨爲也。

己卯。前南京吏部右侍郎王廷相爲兵部右侍郎。
暫發太和山香稅賑湖廣。
辛巳。漢中雨雹隕霜。殺麥。
壬午。國子祭酒王激致仕。
癸未。遼東鎮靜堡地震。
甲申。張瓚爲兵部尚書。
乙酉。夏言奉命議。宗廟厥明行禮。子路爲宰。與祭。厥明行事。晏朝而退。孔子曰。誰謂由也而不知禮。是厥明行禮。致敬也。古人席地而坐。侍長者入則脫履。出則納履。今脫舄上殿。雖致恪。近于褻。遂免脫舄廷燎。
江西右布政使秦鉞爲右副都御史。巡撫江西。
戊子。葬莊肅皇后于康陵。
己丑。巡撫遼東右副都御史呂經。苛虐失士心。舊每馬牧田五十畝。盡收其租。又築城牆迫甚。卒大譁。毆中軍都指揮劉尚德。經走苑馬寺。卒搜辱之。總兵官劉淮以聞。

四月觪朔。享太廟世廟。暫于奉先崇先殿。

張孚敬有疾。賜藥餌手敕。

壬辰。策貢士三百二十五人于奉天殿。上親制策品第甲乙。賜韓應龍孫陞吳山等進士及第出身有差。初豐城李璣對策切直。雖進呈末之。上以讜言首二甲。

乙未。薦新麥內殿。賜百官麥餅。舊名不落莢。革之。

己亥。巡按遼東御史曾銑按部金復。聞變入遼陽。盡罷前政之不便者。悍卒稍就約。

左僉都御史韓邦奇爲右副都御史。巡撫遼東。

庚子。開封彰德雨雹殺麥。

壬寅。罷修南京宮闕。

甲辰。更定宗廟雅樂。

乙巳。上御文華殿。躬試庶吉士。

丙午。呂經走廣寧。傚裝中軍都指揮袁璘斂月餉饋之。衆大譁。執經。璘四示五門。仍獄之。詔逮經璘。悍卒又疑官校捶辱焉。改韓邦奇巡撫山西。移山西巡撫任洛于遼東。

戊申。選庶吉士趙貞吉李璣敖銑郭朴任瀛駱文盛尹臺康太和沈翰歐陽㬇王道立嵇世臣彭鳳鄭一統胡汝霖林庭機高時黃廷用奚良輔汪集郭盤沈良材陳東光王時楨張緒李蓁何維柏虞宗哲全元立趙繼本禮部左侍郎顧鼎臣爲禮部尚書兼翰林學士。署詹事府教習。

庚戌。還功臣姚廣孝祀于大隆善寺。時大興隆寺火。

辛亥。太常寺少卿兼翰林院侍讀謝丕兼侍讀學士。署院。

乙卯。南京光祿寺卿王學夔爲右副都御史。撫治鄖陽。山東按察使劉夔爲右僉都御史。巡撫保定兼提督紫荆關。

增設七廟樂官樂舞生。

五月辛朔癸亥。前右都御史鄒昊卒。昊初姓馬。寧夏人。弘治己未進士。除行人。拜御史。歷四川按察僉事。尋坐御史時罪。謫眞定推官。平盜。又謫判開州。吏士伏闕訟其功。遂留眞定。亡何。蜀盜大起。進僉事。佐治兵。簡銳千人敗賊。斬四千級。爲捌捷。乘勝擣其伏。又大破之。斬其魁方四。降萬人。遷副使兵備川東道。時議欵賊臨江市。昊獨益飭兵。賊果叛。以五千人敗賊于中江。窮追大破。散其黨。進右副都御史。踰歲虜亦不剌自西海犯松潘。夜襲走之。又平叛夷普法惡。遷右都御史。廕錦衣百戶。然好功。後討松潘夷不勝。逮下獄。罪死。尋釋。累進巡撫。討平棘蠻松潘。至今官。正德末坐廢。時惜其才。

乙丑。河南右布政使邊惠爲南京光祿寺卿。

右副都御史曹祥卒。

工部主事潘瑞。杖指揮李成。郭勛劾之。下獄。郎中陸時雍劾勛。謫。

辛未。工部左侍郎林庭㭿兼左僉都御史。往按遼東。

癸酉。上祭北郊。

前兵部左侍郎蔡天祐卒。天祐河南睢州人。弘治十八年進士。庶吉士。授吏科給事中。歷撫大同。當五堡之變。有勘定功。

丁亥。巡撫江西右副都御史林琦卒。

戊子。江西按察司火。

六月皷朔。甲午。工科給事中邊侁改禮部主客主事。南京光祿卿憲之子。

戊戌。工部主事俞振强被劾。降大理右寺副。仍視工。振强請專建九廟。罷餘工。上怒。謫雲南蒙化衛經歷。

己亥。張星補南京國子司業。

大理寺右寺丞林希元請討遼東叛卒。直言官校被囚。上詰錦衣衛對狀。指揮王佐諱之。謫希元欽州知州。

宥前御史馮恩死。戍雷州。恩先坐上言大臣德政。律重論。會廷讞。汪鋐欲死之。張孚敬曰。殺豎子。遂成其名。姑縱之。名當自敗。恩見鋐。起立抗辨。卽校卒挾轉之。不改面。時稱四鐵御史。謂口膝膽骨俱鐵也。子行可年十四。刺臂血疏救。末減。後旌孝子。選授光祿寺署丞。進應天通判。終揚州同知。年八十。

王世貞曰。嗟乎夫孰非天哉。今夫高文二祖。至神聖也。從法語如轉員。然胡至斬王權。磔蕭儀。而腐曾秉正也。始約法而天下有觸羅者。皆以子請代得免。旣而不勝請。乃許之。如陸安鄭士利輩不可指屈。蓋人子之志伸而于太和不無漓哉。夫馮公伸爲臣而其子伸爲子。然而卒以全者。蓋馮公之後十八年。而楊忠愍繼盛不免矣。其婦呼天而請代而若勿聞矣。故曰天也。

支大綸曰。極言直諫。爲臣死忠。誠善矣。然或激于意氣。或迫于利害。或有所倚藉。未有久而不敗者。南江恩號。上百官圖及朝審唾罵汪太宰。豈不毅然大丈夫哉。倘邀一死。其與龍逢等烈矣。貸死而歸。溺志田宅宮室妻妾之奉。耆然喪其平生。竟中蘿峯之所料。孟軻死生噓蹴之喻。元晦浮海黎渦之詠。豈謂是與。

林之盛曰。元微之自放逐來歸。婞阿骫骳。如兩人然。其氣不盛。其養不充。故久之衰也。今山胡先生錄云。謫臣以其雄心耗之于魚肉小民。把持當道。寧耗之于逐十一。愼廢居。如康對山在淮揚。亦亡異也。馮公勁氣生死如一。廢謫以來。稍混跡于貨殖。豈其磊落跅弛之氣無所發舒。而聊寄于是耶。抑恐奸兇之孽短而姑爲是儉德避難耶。公之深心不可測矣。

庚子。故太子太傅惠安伯張偉卒。贈太傅。謚靖襄。

湖廣盜流刼寶慶。發永順土兵討之。

癸卯。太常寺卿張鶚請設特鐘特磬及宮懸之制。取山西長子縣羊頭山黍候氣定律。

甲辰。望夜月食。

戊申。兩廣總兵咸寧侯仇鸞不候代遽去。被劾下法司。乞貸上原之。奪俸三月。

癸丑。故江西左布政使梁宸坐徇宸濠論死。宥戍邊。

啓祥宮成。翰林侍讀學士廖道南上頌。

甲寅。京官改授俸得通理。

前太僕寺卿邵銳卒。銳字思抑。仁和人。正德戊辰進士。選館。授編修。調寧國推官。遷南京吏部主事禮部員外郎。庚辰。江西提學僉事福建副使。至廣東山東左右布政。轉今官。質任自然。不爲矯飾。而言動必依于理。時稱端士。贈右副都御史。謚康僖。

丁巳。英國公張崙卒。贈太保。謚莊和。

虜數入宣府。指揮趙鏜死之。是時小王子最富强。多畜金幣。稍厭兵。其連歲深入西北邊。皆吉囊俺答二部。日盜邊益强。

七月輭朔。甲子。吏科左給事中陳侃爲光祿寺少卿。行人高澄爲尚寶司丞。侃等還自琉球。上使琉球錄言一統志載落漈王居壁下聚髑髏非實。杜氏通典集事淵海嬴蟲錄星槎勝覽所述亦妄也。命付史館。

乙丑。泰和伯陳萬言卒。贈太子太保。謚榮僖。

成國公朱鳳卒。贈太保。謚榮康。

辛未。湯祐賢嗣靈璧侯。紹宗子。梁繼藩嗣保定侯。永福子。

起袁宗儒右僉都御史。

國子監司業馬汝驥爲南京通政司右通政。

前南京戶部尙書李瀚卒。瀚沁水人。成化辛丑進士。自樂亭令拜御史。歷今官。里居三十餘年。素持風裁。不畏强禦。雖嚴正見憚。以平恕人亦不之怨。贈太子太保。

免吉安田租。仍賑之。

乙亥。監察御史曾翀戴銑。劾南京兵部尙書劉龍。刑部尙書聶賢。戶部左侍郎張雲。刑部右侍郎陳璋。工部右侍郎甘爲霖。大理寺卿署國子監吳惠。南京太常寺卿冼光。巡撫甘肅右僉都御史趙載。各庸劣宜罷。下吏部議。尙書汪鋐俱擬留。上不懌。語李時有私。且劉龍何如人也。時曰。誠篤。上曰。彼遲鈍。非參贊任。可召還教習詞館。問聶賢何如。曰。亡過。上老之。同陳璋冼光致仕。問大理卿王綖何如。曰。淸介。第過執。曰。過執則鮮成事。朕自藩邸知之。亦何塘趙永流也。時請外調。上又論張雲誠慤。甘爲霖有才。趙載無過。吳惠雖少文。亦不忝厥職。調南京翰林。明日詔聶賢陳璋冼光致仕。召劉龍。改惠南京。責鋐等負任。奪月俸。考功郎中李邦直奪俸四月。降綖山東布政司左參議。

河工成。總理河道右副都御史劉天和進工部右侍郎兼左僉都御史。餘陞賚有差。

辛巳。賜致仕大學士費宏手敕。宏疏謝。末云。臣居家日久。其于朝廷民物。知之必悉。欲有所陳。朝政莫先于用人。而進退爲最重。民物必在于寬恤。而守令爲至急。上善之。

癸未。起李元吉太僕寺卿。

甲申。巡按遼東監察御史曾銑。擒斬遼陽廣寧亂卒二十八人。蓋二城聞林庭棉且至。懼不免。復謀亂也。

乙酉。吏科都給事中楊僎。請卹革除諸臣。若尚書鐵鉉張紞陳迪齊泰侍郎卓敬胡子昭都御史景清練子寧太常寺卿黃子澄侍講方孝孺等宜贈謚錄蔭。禮部尚書夏言言。齊黃悞國之罪。太宗名爲君側之惡。具載實錄。僎徒見野語流傳。未知國史且表勵之典在太宗時則可。今日則不可。上責僎輕率。宥之。

丁亥。山西交城天鼓鳴。

戊子。總制陝西兵部尚書唐龍改刑部尚書。太子太保工部尚書秦金改南京兵部尚書。起周期雍仍大理寺卿。

費宏應詔入朝。

南京太常寺少卿呂柟爲國子祭酒。初調南祭酒費寀。宏引嫌。故改柟。

八月己丑朔。庚寅。召大學士費宏于文華殿右室。賜銀章一。

辛卯。撫順城備禦指揮劉雄。朘削致變。御史曾銑捕悍卒誅之。雄戍邊。

甲午。吳惠改南京太常寺卿。

丙申。諭夏言定宮內左小殿曰端凝。右曰懋勤。賚賜之。

南京後府右都督馬永爲總兵鎮守遼東。

丁酉。命各總制撫按疏薦將才。

庚子。許貴州自鄉試。初附雲南。道遠。禮科給事中田欽請分之。解額雲南四十人。貴州二十五人。

癸卯。復太倉兵備副使。

甲辰。上夕月西郊。

乙巳。上御無逸殿左室。召大學士費宏李時。諭君臣同游之意。歷觀殿廡農家詩豳風圖。俱上所題跋。宏因及巡撫內地吏部止會戶部。邊上會兵部。不如會九卿尤公。上善之。又舉姚謨總制陝西。上然之。

丁未。起姚謨兵部尚書兼右都御史總制陝西三邊軍務。

戊申。復河南督糧參議。

林廷榻爲工部尚書。

癸丑。夜衡州天鳴。

甲寅。駙馬都尉蔡震卒。贈太保。諡康僖。

丁巳。大同叛卒楊鉞投卜赤。至是伏誅。

九月己未朔。吏部尚書汪鋐免。給事中薛宗鎧御史曹汴曾翀方一桂下詔獄。謫給事中孫應奎華亭丞。翁溥龍泉丞。何天啓淳安丞。沈繼美海鹽丞。馮汝弼潛山丞。潘子正西平丞。御史曹逵隨州判官。王廷敍亳州判官。蓋宗鎧等交章劾鋐。鋐詆其報復。上諭輔臣諷鋐乞休。許之。薛宗鎧海陽人。以進士令將樂。廉介不苛。移知建陽。民甚德之。擢給事中。論汪鋐憸佞。鋐伺間激聖怒。下獄。杖八十。賦詩矢志。五日而亡。隆慶初。贈光祿寺卿。

辛未。前總督河道右都御史盛應期卒。

庚辰。建內西海神祠。西海子卽積水潭。源出西山。

甲申。免大同水災田租。

始遣序班護送朝鮮使臣。防其私賣。

夜。安仁縣忽雷雹。

乙酉。工部右侍郎甘爲霖爲左侍郎。總理河道。工部右侍郎劉天和還部。

丙戌。開封天鼓鳴。

十月己丑朔。辛卯。南京禮部尚書湛若水祭告祖陵。上頌十二章。

壬辰。巡按遼東監察御史曾銑以定亂功進大理寺右寺丞。賜金幣。

癸巳。起李如圭右副都御史。總理河道。

甲午。各科都給事中董進第王紐潘大斌曾汴周崑戴繼。各道署印御史王祚張敕戴銑曾孔化蔡夒方淮。俱削籍。時推吏部尚書羅欽順夏言梁材唐龍王廷相皆不用。令科道各薦舉。辭以簡在帝心。臣無敢妄議。上怒褫其首。餘留任。

乙未。江西提學僉事李舜臣爲南京國子司業。

安南叛人武嚴威等伏雲南界。誘執八寨長官司副長官瓏徹。詔嚴兵備之。還瓏徹。

庚子。南京兵部尚書劉龍致仕。

甲辰。賜故吏部尚書楊旦祭葬。

乙巳。停刑。

丙午。啓祥宮成。獻皇帝誕所。

許成名服闋。補翰林侍讀學士。

戊申。少師兼太子太師吏部尚書華蓋殿大學士費宏卒。宏鉛山人。成化丁未進士第一。授修撰。正德辛未。自禮部尚書直閣。宸濠計去之。上即位。召入。丁亥引疾。至是再召入。方二月。勞瘁疾驟作。年六十八。恭愼謙抑。明習典故。持大體。竟以功名終。贈太保。謚文憲。

何喬遠曰。張永嘉横身而批羣臣之議。氣蓋舉朝。何有一相。而費公抑之。奚怪遭其毒手。嗣後永嘉爲相。盡出翰林諸公。別選六曹郎以入。事固不可激也。

己酉。選補九嬪。

辛亥。割川南道邛雅眉建昌等六衛爲上川南道。

壬子。應天巡撫右副都御史侯位母百歲求終養不許。詔有司存問賜絹二粟三石。

應天蘇松常鎭旱災。賑之蠲折有差。

甲寅。夜大星隕衡州。聲如雷。

乙卯。錄陝西禦虜功。總兵張鳳進右都督。王効梁震等各進級。

十一月

甲戌朔。癸亥。南京國子祭酒費寀爲南京禮部右侍郎。

乙丑。册端嬪曹氏。

丙寅。國子監司業張星爲南京太常寺少卿。

免延安寧夏田租。

延綏副總兵都督同知梁震總兵鎭守陝西。

己巳。御奉天殿受賀。册端嬪。

延津李拱臣自進其女。受之。許慶成宴日入東華門。

談遷曰。國初金華人進女。高皇帝立遣之。在世宗則受。創守固不可概論也。

庚午。巡撫甘肅趙載改南京右副都御史。提督操江。

右諭德倫以訓爲南京國子祭酒。

主事桑喬胡守中李元陽連鑛邢祉毛復何偁金清王汝楫許事馮天馭俱改御史。劉士賢石永史褒善周南

甲周休高懋王獻芝黄綬卞偉郭本王應李復初方克荀汝安俱試監察御史。

壬申。望。夜月食。

乙亥。上祀南郊。明日。宴奉天殿。

庚辰。詔孔子六十代孫儀封孔承寅爲國子學正。世襲。初。孔德諭。唐封褒聖侯。家寧陵。子崇基嗣侯。其裔端友。從高宗南渡。家衢州。崇基弟子歎後裔。元末徙儀封。至是承寅應詔以請。

壬午。遣禮部主事張鏊。邊洗兵部主事高進。賈士元選兩京河南山東淑女。

甲申。張溶嗣英國公。崙之子。

丙戌。提督南贛汀漳都御史陳察。薦前右都御史萬鏜大理寺卿董天錫等。吏部皆覆用。上以鏜前旨永不錄。奪部司俸。察時予告。追削其籍。

十二月奵朔。戊子，廣東按察僉事吳玭平連州盜。

乙未。命順天尹禱雪。

壬寅。封新塽晉王。顯榕楚王。知烜河中王。知熿滎澤王。憲㸅句容王。原爊臨朐王。勤然汝寧王。來□潁川王。廷埼泰興王。俊相宣寧王。讓樨南川王。

戊申。總制姚鏌疏辭有恐難善後語。忤旨。罷之。

湖廣九溪灣峒賊平。

庚戌。免濟南田租。

辛亥。總理河道工部右侍郎劉天和言。泗州祖陵。東西築隄障淮。陵前湖水過而北侵。不可不熟計。乞遣靈臺官往度之。又壽春王園宜環築土隄。黃河南徙。水不入運。且併全淮勢大。可爲陵園慮。今宜塞孫家渡。不令與趙皮寨併入渦河。俾二洪不涸。陵園永奠。餘如祥符蘭陽考城舊議。增築月隄。臣惟河防北岸爲重。畝于去河稍遠稍加葺治。令七八百里緜亙不絕。則諸所應築舉在其中矣。從之。
癸丑。免肇慶梧州田租。

丙申嘉靖十五年

正月叮朔己未。上不豫。
壬戌。定湖廣上下江防道。各給敕。上江防道沔陽岳州常德長沙。下江防道漢陽蘄黃德安。
甲子。行時享禮于內殿。武定侯郭勛攝之。
劉天和爲兵部左侍郎兼右副都御史。總制陝西三邊軍務。
丙寅。郭維藩補翰林侍讀學士。
丁卯。始給䘏刑官條印。
戊辰。故石州判官陶璽殉盜。贈知州。廕國子生。
甲戌。鎮守遼東太監王純還京。劾罷。停勿遣。
丙子。總制陝西唐龍乞甘肅治兵備。虜從之。
丁丑。光祿寺卿吳大山爲工部右侍郎。右僉都御史袁宗儒爲南京戶部右侍郎。通政司左通政鄭紳爲通政使。
戊寅。唐龍薦故太子太保兵部尚書彭澤。復官優䘏。下所司。
壬午。故南京工部尚書何詔卒。贈太子少保。詔山陰人。弘治丙辰進士。授南京工部主事。歷右副都御史。巡撫保定。遷工部左侍郎。南工部尚書。淳謹耿介。居官無赫赫聲。所至見績。

二月炳朔丁亥。福建左布政使屠僑爲光祿寺卿。
己亥。翰林院庶吉士范瑟爲編修。
庚子。上疾。輟親耕。并停皇后親蠶。
辛丑。增湖廣督糧參政。
丁未。夜。衡州安仁縣大雨雹。大饑。
辛亥。冊昭嬪王氏。敬嬪李氏。拱臣女。靜嬪王氏。
總督漕運右副都御史馬卿卒。卿林縣人。弘治末進士。館選。授給事中。歷雲南按察使。值鳳朝文之亂。屢效機應。蓋吏幹甚優。雖難劇必效。
建昌寧番越嶲鎮西邛雅等地屢震。傷人畜。
三月炳朔丁巳。河患。徙豐縣于故城。
戊午。免各巡撫入朝議事。以災傷也。
夜。客星見紫微垣。四月壬辰滅。
己未。賢嬪鄭氏薨。贈賢妃。諡懷榮。
丙寅。始御經筵。
前南京工部尚書崔文魁卒。文魁新泰人。成化甲辰進士。授刑部主事。歷今官。清約善吏事。而性和厚。不失爲長者。贈太子少保。諡康簡。
免延安慶陽漢中存額。
辛未。兵部右侍郎周金爲右都御史。總督漕運。巡撫鳳陽。起牛天麟右僉都御史。巡撫甘肅。

乙亥。設大田縣。福建延平府。

高平王融烇廢爲庶人。以私鎭國中尉旭桸婦。旭桸掠婦死。

丙子。上同皇后奉章聖皇太后發京師。

丁丑。自沙河抵天壽山行殿。召大學士李時尚書夏言武定侯郭勛。問沙河人少之故。時請設昌平總兵。南衞京師。北衞陵寢。吏卒既增。居民漸集。上是之。

己卯。謁長陵獻陵景陵。至十八道嶺。自擇壽宮。復閱橡子嶺。以十八道嶺勝之。

庚辰。謁裕陵茂陵泰陵康陵。

壬午。還沙河行殿。諭免昌平田租三分之一。賜高年粟帛。幸西山。

癸未。祭恭讓章皇后景皇帝陵。自西湖舟行還京。

四月乙朔。遣成國公朱鳳祭祖陵皇陵孝陵。英國公張溶祭顯陵。

丁亥。茂州夷攻長寧。指揮龔鋭拒卻之。

己丑。國子祭酒呂枏上恭和聖製謁陵詩賦各一曲十首。

庚寅。內殿薦苑田新麥。

辛卯。巡撫貴州右副都御史陳克宅改總理南京糧儲兼巡撫應天。

癸巳。治長陵神道。幷繕七陵。作壽宮。

甲午。起許讚吏部尚書。

吉囊自賀蘭山入寇。邊將數破走之。總兵王效副總兵任傑游擊鄭時參將史經合擊之。斬九百餘級。虜始遠遁。

改武學于大興隆寺舊址。用文武重臣教習。

丙申。禘太廟。

召南京兵部右侍郎潘珍于兵部。

己亥。召郭勛李時夏言。賜所作詞歌詩各一。

兵部尙書秉右都御史王廷相秩滿。進太子少保。

庚子。巡撫四川右副都御史潘鑑應天府尹江曉俱爲工部右侍郎。曉佐部督工。鑑採木川廣。

順天儒士潘謙。錦衣衞匠金柱。請遷顯陵。下詔獄。

辛丑。上欲祭告山陵。減鹵簿。僅吏卒萬二千人。

起汪珊右副都御史。巡撫貴州。

癸卯。上發京師。次沙河。

四川按察僉事朱紈。合總兵何卿參將周繼勳勦茂州叛夷。平之。

蜀王讓栩劾四川都指揮劉永昌至邸索賄。逮獄。

甲辰。上至天壽山。

乙巳。太常寺卿張鶚乘輿下鎭撫司。謫戍。

丙午。上祭告長陵。餘陵分遣官往。

丁未。上遊九龍池。郭勛夏言騎從。

戊申。上名十八道嶺曰陽翠。所駐蹕小山曰平臺。

辛亥。親閱長陵獻陵景陵。以景陵庳小。拓之。

壬子。駕次沙河。

癸丑。還宮。

吉囊分騎犯涼州。副總兵王輔以八百騎逐之。戰孤山墩。斬五十七級。已犯莊浪。總兵姜奭逆戰分水嶺。佯北。誘入伏。大敗之。斬七十一級。

五月乙卯朔。改嚴嵩禮部尚書。時錄列聖文集九經二十一史性理大全聖學心法刊之。重修宋史。嵩總理之。

丁巳。免順天永平田租。

戊午。起蘇民南京兵部右侍郎。巡撫寧夏右副都御史張瀚移四川。

購紅黃玉于西域。

己未。午日。宴羣臣於奉天殿。上幸西苑。召郭勛李時夏言于崇智殿。舟登澄碧亭。宴無逸殿。

庚申。定山西冀北道兵備移駐大同。聽巡撫節制。

壬戌。典繕員外郎楊儀主客郎中陳箎俱遷外官。尚書夏言以博練奏留。許之。

上自作武陳及大武龍威冠服。

癸亥。吉囊青台吉以十餘萬騎駐大同近塞。

甲子。遣給事中呂應祥等覈餉中外。

乙丑。毀大內大善殿佛骨萬三千餘斤。銷金銀佛像百六十九軀。

談遷曰。世宗祛累朝之惑。雖見之卓。而于佛左之。專精于道。太平眞君何異焉。

戊辰。李徵韓威謝廷蒞吳希孟周琉顧存仁錢薇馮亮馬汝章王繼宗爲給事中。李乘雲何贊傅鎭王瑛胡文舉胡鰲閻璘党承賜謝九儀洪垣殷學楊時泰陳修彭時濟韓岳譚學爲試監察御史。學□南京。

辛未。定壽陵玄宮及妃嬪從葬之制。命視長陵殺之。

甲戌。選遠近淑女八十八人。自東華門入宮。

貴州都勻盜阿向平。向世據凱口囤險絕。官軍攻三月不克。水西宣撫使安萬銓。募壯士二十人猱附垂絙引我兵俱登。陳克宅令禁濫殺。及黎明後殺者功不錄。吏卒解體。阿向以二百餘人遁。留戍三百人被陷。以參將李宗祐往。敗績。執宗祐。贖免。

田汝成曰。軍旅之交。破敵乘勝。將無紀律。貪功以逞。縱其逸德。則玉石俱焚。然第以戒攻城邑勦村堡者言耳。猾賊結巢據險以抗王師。此其中寧復有良民哉。首惡未擒而禁殺。逸賊自貽伊戚。驕憤駢集。愎諫興師。損威辱國。書生不諳軍法。往往如此。嗟乎。將者民之司命。存亡判于呼吸。每一發兵頭鬚爲白。安得斯人而與之談哉。

乙亥。前大學士張孚敬疏問安。上遣錦衣衛副千戶劉昂視疾。手勅答之。略曰。朕躬平安。聖母康泰。原選淑女曹王二氏。喜期將近。卿疾未愈。不煩以見。如稍可。即星夜以行。

丙子。施燾嗣懷柔伯。瓆之子。

六月甲申朔。雷震南京西上門。

丙戌。南京禮部尚書湛若水改南京吏部尚書。

葺武功后稷姜嫄廟。致祭。

戊子。西苑清虛殿鑒戒亭成。

乙未。增築平涼慶陽臨洮邊堡。

丙申。四川威茂渾水番夷掠茂州長寧。

禮部左侍郎黃綰憂去。釋劉源淸削籍。郤永鐫二級。

壬寅。吏部左侍郎霍韜言考選行人博士中書舍人。優游閒局。坐致華要。是不種而穫也。進士宜臨選糊名校試。擇其優長。授博士等官。餘授有司。報可。禮部觀政進士盧楩上書曰。博士等官選且過半。韜始議上。蓋寮寀譏其曲庇鄉里。飾私文過也。因言其三不可。遂寢其議。

應天巡撫都御史侯位憂去。薦舉非例。奪其官。

丙午。前右都御史盛應期卒。應期字□徵。吳江人。弘治癸丑進士。授工部主事。歷總督兩廣。改工部右侍郎。臨決河轉今官。有膽智敢任。而剛褊忤物。雖所至有効。殊不理于口。留城新河之濬。實漕道永利。應期創議。撓于浮言。不克成。蓋成事之難如此。

壬子。吏部左侍郎霍韜爲南京禮部尚書。

七月甲寅朔。戊午。肅王貢鍅薨。諡曰恭。

己未。成國公朱鳳卒。贈太保。諡榮康。

禮部觀政進士盧楩復請除吏量闕預疏。又臺諫糾劾。惡聲醜語。毋瀆天聽。以瀆陳下鎮撫司獄。贖杖。仍觀政。

徐學謨曰。傳云吉人之辭寡。其後楩之居官居鄉。終不齒于士類。孔子所以不以言取人也。

庚申。郭勛請許漕舟載貨。歸餘鹽塞下。採礦課助工。遂改陝西巡撫右副都御史黃臣淸理淮浙山東長蘆鹽法。

壬戌。下順天府尹劉淑相詔獄。淑相停廊長銀未發。其姻周禎私囑。事連淑相。蒼頭治中費完爲夏言姻。忮淑相。淑相疑見傾。上章攻完及言。而淑相故善霍韜。前屬陵遊銀山寺。共論時政。言訐其事。逮淑相。自是韜論言爲故少師費宏諡文憲。犯廟號。及他事。言亦訐韜數罪。殆訟師巷口。俱不問。淑相削籍。鐫韜俸一級。

丙寅。吏部右侍郎張邦奇爲左侍郎。起張朝吏部右侍郎。
建寧銀治黄柏上坪各設指揮守護。仍下溫處兵備嚴什伍法。毋入閩盜礦。
丁卯。詔天下衞所官永戍者子孫不得嗣。
庚午。議陵殿並祀三后。
癸酉。戶部開粟監俱輸大同。
甲戌。起于湛右副都御史。巡撫陝西。
丙子。梧州地震。
戊寅。皇史宬成。即神御閣。進武定侯郭勛太師。大學士李時尙書夏言兼太子太傅。
己卯。免大同旱蝗田租。
庚辰。禮部以監察御史徐九臯言。購遺書。
壬午。議備倭寇浯澳等五寨。分地徼巡。禁販海通夷。
前太子太保吏部尙書汪鋐卒。鋐婺源人。弘治壬戌進士。授南京戶部主事。歷僉事副使。至兵部尙書。初以才略稱。折節取聲譽。善窺時好。自僉事至布政使。悉在廣東。因方霍納交張桂。撫南贛。首進甘露。明倫大典因標之卷末。亡何。擢中臺典銓。大被寵任。多所建論。然性傾狡。外示强直。內輒媚取悦。每見彈輒指爲報復。上後亦厭之。贈少保。謚榮和。
八月甲申朔。乙酉。錄列聖寶訓實錄成。
錦衣衞都督僉事陸松卒。松平湖人。隸興府儀衞。從龍恩。自千戶歷都指揮使。賜祭葬。贈都督同知。子炳。千戶。進指揮僉事。

丁亥。禮部尚書顧鼎臣祭先師。學士張璧祭啓聖公。時祭酒呂柟司業童承敍皆有期喪。

戊戌。翰林侍讀學士廖道南憂去。

辛丑。總制陝西劉天和請修雙輪戰車神臂强弩藥矢及延綏寧夏邊牆。從之。

壬寅。南京禮部右侍郎費寀改南京吏部。起歐陽鐸右副都御史提督操江。

乙巳。署太常寺事工部尚書陳道瀛致仕。給月粟二石。歲役二人。道瀛羽流。

陽曲王府宗室知烒知燋怨父叔糾盜劫之。因大掠屯中條山下。命督捕。尋敗滅。

丙午。敍西陲功。進劉天和左都御史。總兵姜奭都督同知。賜金幣。餘各有差。

庚戌。宴監錄寶訓等官于謹身殿。各賜金幣。

國子祭酒呂柟爲南京戶部右侍郎。

九月癸丑朔。甲寅。進武定侯郭勛左柱國。大學士李時少傅兼謹身殿大學士。尚書夏言少保。顧鼎臣太子太保。謝丕張璧爲吏禮部右侍郎。丕署翰林院。蔡昂爲翰林學士。姚淶爲侍讀學士。張袞張汝璧俱左諭德。張治王用賓俱右諭德。童承敍楊惟傑歐陽衢俱洗馬。屠應埈華察俱侍讀。胡經侍講。楊淪陳節之周文燭俱修撰。餘陞秩有差。

己未。皇陵明樓火。

諸邊立武塾。教將士子弟。

庚申。翰林侍讀學士許成名爲太常寺卿。署國子祭酒。

戶科給事中田秩等請罷順天採礦。得不償費。不聽。

辛酉。進封貴妃沈氏閻氏。端妃曹氏。安妃沈氏。康妃杜氏。靖嬪盧氏。肅嬪江氏。順嬪任氏。榮嬪趙氏。

甲子。朱希忠嗣成國公。
命行制錢舊錢。制錢國朝鑄。舊錢歷代鑄。嚴僞鑄。
己巳。巡撫延綏右僉都御史于桂爲右副都御史。撫治鄖陽。
悼靈皇后改謚孝潔。
庚午。上祭陵。發京師。晚。次沙河。
辛未至天壽山。
壬申。上在行宮。宣府報警。命東西官廳總兵官李鳳鳴江桓各三千人防居庸關。
癸酉。上祭長陵。餘六陵遣攝。
丙子。還駐沙河。
丁丑。還宮。
太子太保南京兵部尙書秦金致仕。
己卯。九廟成。
浙江道監察御史余光上二京賦。
庚辰。大理寺左少卿張珩爲右僉都御史。巡撫延綏。時延綏凶饑。珩茹蔬糲。一老妾供炊。斂公私所有以飽士。一軍遂安。
辛巳。議改題孝肅皇太后主曰孝肅貞順康懿光烈輔天成聖皇后。不稱睿。孝穆皇太后曰孝穆慈惠恭恪莊僖崇天承聖皇后。孝惠太皇太后曰孝惠康肅溫仁懿順協天祐聖皇后。不稱純。遷孝潔皇后主于奉先殿西室。

十月柍朔。罷大同總兵官魯綱。移陝西總兵官右都督梁震鎭守大同。

甲申。加毅皇后全謚孝靜莊惠安肅溫誠順天偕聖毅皇后。初上謁陵。諭夏言以皇嫂謚未備。卿典禮。其疏請。

乙酉。免濟南旱蝗田租。

丁亥。南京戶部尙書王軏改南京兵部尙書。

戊子。皇次子載壡生。出昭嬪王氏。

庚寅夜。京畿及萬全都司地震有聲。

辛卯。上祭南郊。

通政司右通政趙廷瑞爲太僕寺卿。

甲午。遣翰林院侍讀屠應埈華察等報書諸王。以皇子生。

乙未。上御奉天殿受賀。

增江西督糧右參政。

戊戌。始張延齡在獄。主事沈椿寬之。自後皆然。延齡嘗題聖學心法曰。君道不明。賞罰奸人。劉東山適繫獄。不受拘。主事羅虞臣掠之。遂誣奏虞臣黨逆。延齡賂邊將王祿等爲外援。其妻崔氏動引宮闈爲言。毒魘呪詛上。盜內帑金寶。通慈慶侍人。至相與爲巫蠱。所株連定國公徐□□京山侯崔元等數十百人。俱坐繫下鎭撫司。獄上。責法司縱囚。先後主事沈椿林允宗陳越周大禮王梅侯寧吳孟祺施雨胡永成劉畧沈宏葉宰朱懷幹朱冕賀思趙瀛舒纓蔡克廉林華高世彥何其高何成葉泰羅虞臣並下鎭撫司。又奸人劉琦恫喝鶴齡。復誣延齡兄弟賂閹通大內。賄眞人邵元節。陰結邊將王祿等。釀患叵測。併拷治。殆千餘人。錦衣都指揮使王佐謬覈東山等。次第得其情。論誣罔法。反坐戍邊。械東山闕門外。尋死。延齡前罪不即誅。又怨望誹謗。仍論辟。

談遷曰。張延齡身在貫索再被重誣。所謂奴虜利吾財耳。設永嘉在。或有以全之。如其不幸何。

己亥。遷孝肅皇后主于裕陵。孝穆孝惠二皇后主于茂陵。

改世廟曰獻皇帝廟。

庚子。免遼東屯租。

壬寅。免吉安田租。

癸卯。諭禮部夏言。遷三后主遣祭非禮。擇日自祭慰。

丙午。南京吏部尙書湛若水上所著二禮經傳測。曲禮儀禮爲經。禮記爲傳。以戾孔氏。罷不省。

四川威茂等蠻數入犯。副總兵何卿按察副使朱紈屢敗之。

戊申。上發京師。宿沙河。大同報虜六萬薄塞下。

追論凱口囤之敗。前巡撫貴州右副都御史陳克宅落職。

郭子章曰。凱口之亂。失之陳。餘姚。定于汪貴池。然阿向竟不得正法。汪猶陳也。而安驕矣。凱口之安危。阿向之生死。公家不得與。而制于一安。則無奈黔何。令黔能自養兵三萬。奚藉于安哉。

己酉。上至天壽山。

提督西苑戶部右侍郞張雲爲戶部尙書。佐部郞中張完爲太僕寺少卿。專理西苑。

庚戌。上告長陵。

辛亥。祭慰裕陵茂陵。

壬子。以皇子生。頒詔朝鮮安南。遣翰林修撰龔用卿戶科給事中吳希孟使朝鮮。

十一月癸丑朔。甲寅。宣大延寧皆有警。復設總制官。改總督戶部左侍郞周叙爲兵部左侍郞兼右僉都御史。總督宣大偏關軍務。召巡撫樊繼祖路迎。起史道右僉都御史。巡撫大同。順天府丞郭登庸爲右僉都御史。巡撫宣府。

溫仁和添註吏部左侍郎。李廷相改禮部左侍郎。

虜自大同井坪堡入掠山西薄靜樂。

禮部言。安南不貢二十年。道阻。宜罷使問罪。下兵部議之。

丁巳。太湖縣地震。

促召吏部尚書許瓚。服且闋。俟入京服終赴部。

戊午。上御奉天殿。詔赦天下。

甲子。提督兩廣軍務兵部左侍郎錢如京爲南京戶部尚書。戶部右侍郎唐珇爲左侍郎。南京工部右侍郎王堯封改戶部右侍郎。

免河南山西屯租。

乙丑。議封安南。

丙寅。兵部右侍郎潘珍爲兵部左侍郎。總理河道右副都御史李如圭爲兵部右侍郎。提督操江右副都御史歐陽鐸巡撫應天。

壬申。起毛伯溫右副都御史。巡撫河南。右副都御史簡霄爲南京右副都御史。提督操江。刑部右侍郎潘旦爲兵部左侍郎兼右副都御史。提督兩廣軍務。巡撫雲南右副都御史胡訓爲南京工部右侍郎。巡撫陝西右副都御史□□總理河道。

甲戌。錦衣千戶陶鳳儀百戶姚景祥往廣西。千戶鄭璽百戶胡思往雲南。詰問安南篡奪之罪。

諭停刑。
乙亥。雲南總兵太子太傅黔國公沐紹勛卒。贈太師。謚敏靖。
己卯。敘廟功武定侯郭勛少傅兼太子太傅。李時夏言少傅並兼太子太師。廕錦衣正千戶。兵部尚書張瓚工部尚書林廷榻並兼太子太保。左侍郎甘為霖進尚書。各賜金幣。
大理寺卿周期雍為刑部右侍郎。
浙江湖廣布政使任忠易瓚為右副都御史。巡撫陝西河南。雲南按察使汪文盛為右僉都御史。巡撫雲南。
遣山西督糧主事。
是月。禮部左侍郎黃宗明卒。宗明鄞人。正德甲戌進士。授南兵部主事。歷南京刑部郎中。同張桂疏議禮。守吉安。轉福建鹽運使。丁亥。召修明倫大典。不至。起光祿卿兵部右侍郎。救編修楊名。謫福建參政。尋召還。為禮部右侍郎。轉左。始張桂議禮得幸。同人咸驅駕氣勢。更相牽引。宗明無比迹。故張桂既去。人亦無訾之者。蓋矜名自好人也。
辛巳。上祭南郊。免賀。
十二月壬朔丙戌。河南左布政使胡纘宗為右副都御史。巡撫山東。光祿寺卿屠僑為大理寺卿。
前右副都御史王應鵬卒。應鵬鄞人。正德戊辰進士。令嘉定。拜御史。至前官。在言路。嘗諫武宗微行及中官迎佛。頗著風裁。晚任內臺。欲浮沈固位而卒不能保也。
□科給事中錢亮□部主事韓昜核邊山西。
免保定田租。
戊子。初。上御文華殿西室。語郭勛李時夏言以人才不足。請科道撫按薦辟。吏部覆實以聞。

辛卯。奉安德懿僖仁四祖于祧廟。太祖于太廟。

禁兩京四品以下乘輿。南科道值大臣仍避馬。

壬辰。奉安太宗于世室。列聖于昭穆廟。又明日。奉安獻皇帝廟。

丙申。李庭竹嗣臨淮侯。

交城地震。

增淮安治農水利通判。

趣各邊巡撫總兵赴鎭。

丁酉。復命監察御史查刷案牘。

己亥。沐朝輔嗣黔國公。

復蘭州管糧郎中。

庚子。建金籙大醮于玄極殿。欽安殿更名。

四川左布政使陸深爲光祿寺卿。

乙巳。議修奉先崇先殿奉各主于景神殿。

丙午。名皇子載壡。

丁未。雜谷安撫司貢夷至千二百六十四人。裁其賞。仍禁後濫。

吏部右侍郞兼翰林學士席春卒。

閏十二月孖朔。戶部左侍郞唐胄諫伐安南。言帝王之馭夷狄。當以不治治之。自安南內難。兩廣遂少邊警。夷狄相攻。中國之利也。不必罷敝中國爲黎氏復仇。命俟之。

大同失事。逮副總兵李懋以下治罪。
癸丑。改路迎撫治鄖陽。
甲寅。上皇伯母徽號昭聖恭安康惠慈壽皇太后。
廢后張氏薨。喪禮視廢后胡氏。
戊午。上聖母徽號章聖慈仁康靜貞壽皇太后。
庚申。四川威茂地震。
癸亥。御奉天殿。詔天下。
禮部尙書夏言兼武英殿大學士。直閣。
庚午。封融燧韓王。賓沾慶符王。載墩武城王。載埨輔城王。健概樂陵王。祐楞繁昌王。載均光化王。厚墳泰安王。
敕武定侯郭勛大學士李時夏言錄囚。
錄西邊將士禦虜功。
辛未。吏部尙書許讚入朝。
甲戌。致一眞人邵元節改禮部尙書。以禱嗣幸。
乙亥。史館禮部尙書嚴嵩視部事。
丁丑。免延安長沙田租。
男子朱學至霍丘。自言宸濠第三子。母鍾氏。生四歲國滅。有趙賢挈之走民間。至是求高牆見母事聞。按之不安。下高牆。
虜犯大同。梁震擊敗之。

丁酉嘉靖十六年

正月辟朔。河南宗祿虧至二百四十餘萬。屢索而譁。至是巡撫右僉都御史簡霄巡按御史王鎬上六事。補給。

定太僕寺馬價。南寺三分徵金。每四十八金。京師盡徵馬。

戊子。福建巡按監察御史白賁請廢寺田佃貧民備賑。從之。

徽王厚爝獻白兔。

己丑。詔侍養官親終起用。

發太倉米平糶。收養京師貧民。

庚寅。署都督僉事周尙文爲總兵。鎮守山西。

壬辰。裁晉府中尉知烇知爈隰川王府輔國將軍成鐮祿三之一。時約束宗室。烇等不受。成鐮抗言李斯行督責之術。臣等死不敢奉詔。故有是命。

癸巳。許承天貢生如京學二歲三人。

收武驤等四衞壯丁四千人。卽前所革也。

乙未。閉永平山礦。專採薊州瀑水谷。

戊戌。給陝西三邊銃砲。

庚子。武定軍民府土知府瞿氏仍署印。先是歸流官同知二十年。

裁永平邊糧通判。

禮部請立太子。命俟之。

辛丑。禮部左侍郎李廷相爲戶部尚書。總督倉場。起顧璘右副都御史。巡撫湖廣。

癸卯。皇子載𡍼生。康妃杜氏出。

甲辰。逮前應天巡撫右副都御史侯位。以大工銀數萬擅賑。

乙巳。翰林院庶吉士李璣趙貞吉敖銑郭朴駱文盛尹臺康太和歐陽㬢王立道嵇世臣彭鳳鄭一統爲編修。林廷璣黃廷用郭盤陳東光王繼禎盧宗哲全元立爲檢討。沈潮胡汝霖高時奚良輔沈良材李蓁爲給事中。何維柏趙繼本爲監察御史。汪集衞光確爲禮部主事。

許岑芝襲田州判官。宥盧蘇立功自贖。兩江土官聞之。皆曰。殺人不抵死。弒主不加刑。吾輩俱懸命于僕隸矣。

高岱曰。夷酋雖不可繩以中國之法。然是非公心。則亦有之。合諸夷之兵以討共憤之賊。何憚一盧蘇耶。無亦厭兵革而無任事之臣耳。又曰。諸夷之敢于稱亂者。多以中國檄之從征。欲藉其力。不免過于驕縱。令窺見官兵之脆弱。非彼不能成功。則亦何憚而不爲亂乎。故用夷兵如用毒藥然。雖暫已病。不免餘毒之積。非甚不得已。不可輕用也。今東南多事。動卽徵土夷兵用之。聞其桀驁又甚往時矣。他日必有受其禍者。

御史胡鰲請禁僧娶。逐雜倡。左都御史王廷相等覆如之。上褻其言。奪廷相等俸兩月。謫鰲鹽城縣丞。

談遷曰。臺諫論事。關國家大體。昭德塞違。故直觸頭。儼柱下。荃宰動色相顧。莫敢輕一喙。供其白簡。一二失職之徒。毛舉瑣拾。有辱臺端。如胡鰲者不乏也。非世宗英斷。疇爲振其綱而略其細哉。

丁未。復岳州管糧通判。

二月㫻朔。禮部右侍郎張璧爲左侍郎。翰林學士蔡昂爲禮部右侍郎。並兼翰林侍講學士。

前南京大理寺評事夏鏜卒。鏜天台人。成化丁未進士。疏救李文祥鄒智等下獄。釋歸十年。又言事。除廷評。乞終養不起。年八十三。貧不克葬。

田藝衡曰。犯顔極諫者。臣子之大忠。難進易退者。士人之高節。吾聞其語矣。未見其人也。若赤城先生。其殆庶幾乎。策名仕途垂二十年。而食祿不滿三載。裁沾七品之命而養告踰三十年。遇事敢言。旣不激抗以蹈黨錮之禍。以身殉道。又不詭隨以冒浮沈之譏。老成典刑。于此具在。謂之忠孝廉節古君子非與。

禮部覆文武官章服花樣會典未分。因互用非制。乞循品秩。從之。

辛亥。刑部錄上文武戍臣應赦御史馬錄盧瓊等百四十二人。得旨。馬錄呂經馮恩楊愼王元正劉濟豐熙邵經邦不宥。餘釋之。不得推用。

壬子。上祭朝日壇。

安南國世孫黎寧間道使鄭惟憭來告變。乞師討莫登庸。譯問惟憭。言往者馮祥州關隘梗阻。海東高平安平歸化安西沿邊土官。以非安南故道。不爲借徑。臣挾宗圖奏章入商船。飄至占城。二年始得入朝。時恐其詐。請遣人到邊牒驗之。幽惟憭于錦衣衞密室。惟憭奏去國久。不知存亡。牒問恐泄事生賊計。是絕世孫之望也。昔臣率師攻諒山。使黃公顯迎朱垃。朱垃者。故國王所遣告急者也。可問馮祥人某年月。果有諒山衞官黃公顯將兵會土官李珠攻上琴行廬祉。以水牛黃牛謝李珠可驗。于是上再下廷議。禮部言其難信。留惟憭。遣官往勘。從之。

乙卯。罷刑部主事番禺王漸逵。漸逵里居十餘年。入朝。嘗言陛下聰明睿智。高出前代三事。閹人不與政。大臣不擅權。戚黨不撓法。然而治効未臻。其故可知也。寬恤有典。興革有詔。有司格不以行。此外臣負陛下也。擅權結黨。私親私故。不爲公道主持。此內臣負陛下也。陛下有眞誠之志。而臣下飾以欺。有躬行之實。而臣下應以文。有銳進之功。而臣下持以慢。有廣大之體。而臣下視以迂。欲聖化遂成。能乎哉。因上五事。不報。至是乞歸養。夏言雖同年。嗛其不謁。擬旨托疾欺君。閒住。隆慶初。贈光祿寺少卿。

馮時可曰。士進言亦難矣。犯主難。犯相尤難。蓋攀危壁者十或一全。墮惡溪者百無一濟。若王公之諤諤見惡于夏。不啻若夜投之壁矣。不以言事罪。而以他事罪。其險毒可勝道哉。

丁巳。南京工科給事中汪宗元。避父御史文盛。改武選主事。

癸亥。雨。罷耕藉親蠶。

癸酉。上如天壽山致祭。奉皇太后率后妃行。諸臣朝行在。兵部尚書張瓚蟒服。上怒。詰夏言等。以前賜飛魚服也。上以飛魚何組兩角。今後非特賜毋僭。

談遷曰。上兩奉母后謁陵。獨不可及昭聖乎。兩宮無異事。卽昭聖不欲枉駕。亦可請也。非聖心所懌。諸臣誰爲言之哉。

丁丑。上祭長陵。餘遣祭。

大同總兵梁振出塞。戰于宣寧灣。斬九十六級。

戊寅。皇子載圳生。上作嘉善歌。大臣和焉。

三月⿰月庚朔。辛巳。諸臣賀于行宮。并謁賀皇太后。

癸未。上奉母后幸金山。

甲申。還宮。

丁亥。梁震又敗虜于紅崖。

壬辰。塞天壽山東西通黃花鎭之徑。

癸巳。故武定侯郭英從祀太廟。從裔孫勛之請。禮部議配位敘爵。誠意伯劉基列六王之次。羣公之上。非等。命仍敘爵。

乙未。翰林侍讀學士郭維藩爲太常寺少卿兼侍讀學士署院。

壬寅。虜入甘州大掠。

立故臨淸知州夏鼎祠。大學士言之父。父老頌德。

劉文爲都督同知總兵官。鎭守延綏。

丙午。上發京師。視金山行宮。宿沙河。

丁未。上蹕沙河。命修復太宗行宮。築城設守備。

四月配朔。癸丑。上還宮。

寧夏總兵官左都督王効。副總兵魏時。游擊將軍鄭時。各鐫級自效。巡撫右副都御史張文魁降山東布政司左參政。致仕。左少監劉玉免。虜入我兵大敗。

庚申。禮兵部集議安南莫登庸之罪。上決討之。議兵餉。起胡璉高公韶戶部右侍郎兼右副都御史。總督糧餉。璉雲貴。公韶兩廣。左右副總兵江桓牛桓。左右參將楊鼎田茂孫繼武高誼。游擊將軍樊泰蕭𨻰湯慶陳偉從征。

兵科給事中李鶴鳴福建道監察御史傅鳳翔往兩廣。刑科給事中馬汝彰廣東道監察御史胡時濟往雲貴。各從軍紀功。

辛酉。增雲南廣東右參政副使各一。廣西貴州副使一。補首領佐貳官。

兵部左侍郎潘珍言。安南國初陳氏首附。永樂間黎氏篡立。今莫登庸又逼之。據其國。黎寧不請封入貢二十年。揆以春秋之法。皆不免于六師之移。又何必興兵爲之左右乎。今虜警屢報。各邊匱弱。乃釋門庭之防。忽眉睫之害。殫竭中國。遠事瘴島。非計之得也。上以異議。落職。

癸亥。增修內閣。

夜。月食。

乙丑雲南按察副使吳鎧為右僉都御史。巡撫寧夏。

丁卯。提督兩廣軍務兵部左侍郎潘旦為莫登庸請貢。不許。

己巳。進總督宣大周敘右都御史。廕梁震本衛百戶。

辛未。進封貴妃王氏靖妃王氏。宜嬪王氏。淑嬪劉氏。徽嬪王氏。雍嬪陳氏。

起葉相右僉都御史。巡撫順天。

壬申監察御史游居敬。劾南京吏部尚書湛若水偽學。并乞禁王守仁及若水所著書。毀其書院。于是戒書院私創。

乙亥。行人陳儲秀推官陳讓李完楊勉學賈準包節姚虞知縣董玠冉崇禮劉士達沈鉞吳悌張光祖蘇木周亮楊瞻宋大本王惟孝鍾程張悌謝瑜錢籍並試監察御史。

五月躬朔。庚辰。復陝西潼關兵備副使。

壬午南京左春坊左諭德王教為國子監祭酒。

丁亥。右都御史毛伯溫起復入朝。命即之任。上南征六事。正名。用兵。用人。理財。明賞。協事。其用兵曰。廣西田州思恩泗城左江右江湖廣永順保靖四川酉陽等土兵。驍銳可用。宜各守巡官戢領之。雲南土兵。必黔國公檄調。他省兵毋泛調。宜聽臣選練貴州總兵李瑾廣西副總兵參將沈希儀。皆謀勇。聽委廣西自憑祥州入經卜鄰站。濮上站。過富良江。即東都。廣東自欽州一日至永平。雲南自蒙自二日至蓮花灘。分道並進。上大是之。

召兩廣總督潘旦還南京兵部。

敕提督兩廣侍郎巡撫雲南都御史及總兵官。偵莫氏。

淮王祐棨薨。

己丑。右副都御史樊繼祖爲兵部左侍郎。

庚寅。遼王致格薨。謚莊王。王病不視事。委政毛妃。妃通書史。沈毅有斷。府中嚴肅。賢聞于天下。

乙未。西河王府奉國將軍表褰以招亡命行劫。廢爲庶人。

戊戌。雷震謹身殿鴟吻。求直言。

右僉都御史蔡經爲右副都御史。

乙巳。左春坊左諭德張袞爲南京翰林侍讀學士。

應天府丞吳山爲右僉都御史。巡撫四川。

右副都御史蔡經爲兵部右侍郎。兼右僉都御史。提督兩廣軍務。兼巡撫廣西。

六月轅朔庚戌。監察御史桑喬等上二事。禁奸弊以節工役。重邊防以銷隱憂。未劾禮部尚書嚴嵩。工部尚書林庭棉。兵部尚書張瓚。提督西苑戶部尚書張雲。

壬子。崇王厚燿薨。

甲寅。戶工部張雲林庭棉致仕。

壬戌。戶科給事中胡汝霖劾嚴嵩强辨。有旨。今後大臣被劾。宜靜候。

甲子。南京吏部右侍郎林文俊卒。贈南京吏部尚書。謚文修。文俊莆田人。正德辛未進士。館選。授編修。歷今官。以講幄編摩。特優卹之。

乙丑。起秦鉞右副都御史。

大同儒學改試冀北分巡道。

丁卯。貴州凱口苗復叛。九月平。

固原州冰雹大如斗。小如雞卵。毀屋傷稼。

戊辰。還安南使臣鄭惟憭。

癸酉。虜入宣府。指揮趙鎰敗没。

甲戌。江西右布政使胡岳爲右副都御史。巡撫江西。

吏部左侍郎兼翰林學士溫仁和爲工部尚書。仍兼官。

乙亥。通政司左通政杜楠爲右僉都御史。

丙子。養心殿成。

是月。思州天鼓鳴。

七月戊戌朔。壬午。故南京禮部左侍郎內江劉瑞。贈南京禮部尚書。隆慶中。諡文肅。

李默曰。公僦屋溧陽。嘗遣門人候之。公引至臥內。見四壁惟掛書數束。他無長物。又二十年。觴予峴山逸老堂。了無宿具。旋以乳羊博市沽。風雨瀟瀟。欣然達夜。其風尚如此。嘗以爲公掞文似公幹。治才似士安。剛介不撓似器之。至于廉約質素。家無全貲。位列三事。以功名終。此與東牟劉祖榮何異。世稱二劉。不其然乎。

甲申。左春坊左諭德江汝璧。司經局洗馬歐陽衢。主試應天。

乙酉。涇王祐橓薨。諡簡王。亡子。繼妃魏氏求還葬西山。許之。妃亦還京。

丙戌。免隨州沔陽漢陽水災田租。仍賑之。

戊子。南京禮部尚書霍韜。與給事中尹相等爭坐。相劾其怨望。嘗飲郊壇松下。戶部右侍郎袁宗儒期喪。强之進表後以期喪失賀奪相等俸二月。韜褻飲奪俸四月。

壬辰。暫停沙河行宮。

甲午。吏科給事中李瀚言。文華殿成。請時御經筵。上以有言何待經筵。謫浙江布政司照磨。

戊戌。免淮安鳳陽承天武昌黃衡荆岳水災田租。

壬寅。召諭閣臣。增立各陵功德碑。

癸卯。免寧國太平安慶田租。

遷夏邑縣城避水。

乙巳。雲南道監察御史韓岳言事掇拾。謫滁州判官。四川道監察御史蘇木請武官終制。謫灤州判官。

前戶部尚書鄒文盛卒。文盛公安人。弘治癸丑進士。授吏科給事中。嘗出守保定。累進撫貴州。平香爐山叛苗。入南臺。至尚書。廉愼古朴。雖持丰節。而貌悛悛若庸人。贈太子少保。諡莊簡。

辛亥。皇子載墒生。卽殤。進封潁殤王。

八月朾朔。壬子。設員丘油幕。上帝用玄。配位用青。

南京禮部尚書霍韜言。吏部文選郎中楊育秀私用承差寫疏。得賂。坐選美官。謫育秀。

癸丑。翰林院侍讀學士姚淶。左春坊左中允孫承恩。主試順天。

甲寅。雲南巡撫右僉都御史汪文盛言。安南莫氏遣僞知州阮景裴行儉等入覘。被擒。幷大誥上之。

庚申。總督陝西右都御史劉天和上總兵任傑議。築新邊于徐斌水至鳴沙州百二十里。內還紅寺堡。退守以棄地奪俸六月。蓋自唐龍以來。歲築王瓊所規塞。至是又築乾溝乾澗凡三百里。以扞東城鐵柱梁家泉。以備西。造兵車獨輪輓之以施火器。

辛酉。禮部祠祭主事許論上九邊圖論。

壬戌。優恤兩京山東河南陝西浙江災傷。敕撫按蠲賑。

甲子。免順天永平保定河間水災田租。

乙丑。聖母不豫。輟視事。

太常寺少卿兼翰林侍讀學士郭維藩卒。維藩儀封人。正德辛未進士。

承天水災。遣成國公朱希忠告顯陵。

庚午。吏部左侍郎張邦奇兼翰林學士。署院。

辛未。免兗州福泉韶肇慶田租。

甲戌。皇子載塹生。

虜四萬餘騎自野狐嶺犯大同。東路副總兵郝鐺中路參將張世臣等合拒之。□插夷至。呼城下曰。爾梁太師何在。蓋覘震之東也。巡撫史道以都指揮徐珏等陣城下。虜南掠懷仁而退。寇宣府伏右衛城東柳溝。以數騎薄城。參將張輔國邀逐之。伏發大敗。失千餘人。輔國亦沒。總兵張鎮出兵水關。懼而不前。輒報虜退。巡按御史閻璘以聞。詔逮鎮入京。

九月盯朔。己卯。增南京工部虞衡司主事一。

吏部右侍郎張潮爲左侍郎。兼學士。仍直經筵。兵部右侍郎李如圭改吏部。

壬午。安南武文淵遣使上進兵地圖。云文淵世黎氏臣。近據宣化。有兵萬人。其他舊臣阮仁運黎景瑁等數輩。皆割地角莫氏。賜文淵等冠帶金幣。

甲申。左春坊左中允孫承恩爲南京翰林侍讀學士。

奪魯王觀烇祿三之二。以淫戲無度。男女裸浴。戕亡辜若干人。

戊子。左副都御史張衍慶爲兵部右侍郎。

己丑。南京禮部尚書霍韜。訐內閣吏部之短。吏部選給事中劉文光等。忽報罷。給事中李鳴鶴考察降調。尋復原官。乞陛下明示中外黜陟之故。如出閣臣密奏。宜宣布在廷。仍諭吏部毋受指使。鳴鶴疏辨。命不得互排傷國體。

翰林修撰龔用卿戶科給事中吳希孟使朝鮮。

甲午。申諭諸王表格。鄭王厚烷上章。弟而不臣。稱皇兄不帝號。奪長史俸三月。

丁酉。停刑。

庚子。郭勛李時夏言請立太子。未許。

癸卯。應天程錄評語失注名。又策問戎祀涉譏訕。考官左諭德江汝璧洗馬歐陽衢逮下獄。提調府尹孫懋府丞楊麒監試御史何宏沈應陽下南京法司。已謫汝璧福建市舶司提舉。衢南雄通判。同考官學正許文魁等下各巡按就理。貢士王諷等罷公車。

十月朾朔。庚戌。旌代王充燿孝行。

總督糧儲右副都御史宋景還臺。

壬子。巡按廣東監察御史余光。請遣使安南。宣諭語引五季六朝。奪歲俸。

免昌平歲派三分之一。念其衝困也。

前刑部尚書趙鑑卒。鑑壽光人。成化丁未進士。令蕭山。拜御史。守安慶順德。歷撫甘肅。改南京右副都御史。理浙福鹽法。入內臺。轉大理卿。上卽位。拜尚書。乞休。作五言古詩一章賜之。鑑謹厚無他材能。而首被恩禮。其後渥典豢豢。大臣以禮進退者鮮矣。贈太子太保。謚康敏。

乙卯。南京兵部右侍郎潘旦引疾。語侵毛伯溫。勒致仕。

己巳。作七陵祭器。

壬申。山東左布政使楊惟聰爲南京光祿寺卿。

癸酉。故南京禮部尚書顧淸。謚文僖。故太子太保兵部尚書王憲。贈少保。謚康毅。淸華亭人。弘治癸丑進士。館選。授翰林編修。進侍讀。累至尚書。好學敦行。士論重之。憲東平人。弘治庚戌進士。令東丘滑縣。授御史。進大理寺丞。歷右都御史。提督陝西三邊。破虜功。進太子少保。廕錦衣百戶。改南兵部尚書。未行。改左都御史。去官。已起太子太保總督團營。有才略。閑于軍旅。其勞績著于西陲。上之初。以先朝宿望。總內臺司本兵。亦能臣之選。

十一月丙朔。初。南京禮部尚書霍韜與御史龔湜郭本訐奏。俱貸不問。

丁丑。吏部尚書許讚進太子少保。

癸未。禮部尚書嚴嵩。摘廣東試錄。如聖謨帝咨四郊上帝等失崇上。稱陳白沙倫于岡。非君前臣名之義。逮巡按御史余光于法司。考官學正王本等。布政使陸杰等。按察使蔣淦等。並下巡按御史。

山西大同總兵官魯綱傅鐸。俱失事落職。

庚寅。修築海鹽海塘。

癸卯。張延齡詞連張孚敬。詔勿問。

甲辰。前撫治鄖陽右副都御史夏從壽卒。從壽江陰人。弘治癸丑進士。賜祭葬。

十二月丙朔。工部尚書甘爲霖。內官監太監溫璽。稽緩陵工。並奪職。郎中李仁下獄。

癸丑。鑿野雞等口上流。初。總河右副都御史于湛言。河水入亳州。經渦河。漸迫壽春王園。今鑿野雞等口上流。

既可截渦河水。又不至迫陵。甚利便。從之。
乙卯。故會昌侯孫杲謚榮僖。
己未。故右副都御史寧州周季麟。贈右都御史。謚僖敏。
封英燿楚世子。顯槐武岡王。融焴建寧王。融焯長泰王。譽樺遂安王。譽橲長壽王。勤烎汝陽王。載墩臨漳王。恬
烇永年王。聰樹山陰王。
右都御史毛伯溫爲工部尚書。
癸酉。戶部右侍郎王堯封爲右副都御史。
甲戌。皇子載壡生。尋殤。追封蔚王。謚曰哀。

戊戌嘉靖十七年

正月丙朔辛巳。婦訴知縣王室暴害。夏言請室除名。坐婦越訴。上不許。仍逮問。
壬午。江西陶器違期。巡按御史陳袞謫韶州推官。
癸未。延綏總兵官劉文移甘肅。
丁亥。大計。降斥有差。
己丑。山西副總兵署都督僉事周尚文總兵。鎮守延綏。
庚寅。天方國貢使求遊覽中國。卻之。
壬辰。巡撫陝西右副都御史任忠卒。
房山人請採銀礦。許之。

乙未。山西游擊將軍署都指揮僉事祝雄爲副總兵，鎮守山西。

眞人張彥頨言：常山知縣吳襄等不給驛乞給敕護行。從之。下襄等于理。

廣西道監察御史吳悌請容應天貢士會試，不許。下悌鎮撫司尋釋。

丙申。再訊張延齡獄，籍其家。延齡以門客劉東山有機警，任爲腹心，百計養虎，自爲患也。東山以此盡得延齡不法狀。因睚眦隙盡發奏之。上方鑒漢書外戚患，法無宥，遂賜東山第，彰其能發奸也。一時威震京師，爪牙遍都市，流毒里巷。出乘大馬，旗尉前擁，從騎數十，馳道不避公卿。公卿恥遇，托徑他往。泉州陳讓爲御史，巡視東城，素忿東山。會東山與父劉孜爭淫，挽弓射父，父避匿母舅沈云所，鄰里訟至，讓攝之。都人駭愕，謂御史何妄也。東山自知犯重，避去。讓索急，獲之，獄具，送法司。東山伺讓短無所得，因其娶妾杜氏，假此誣奏，乃延齡戚屬，故讓素厚延齡。又測上意，知陳讓名，其奏不名，第云陳御史。上不知爲讓，下錦衣獄。又計讓冤必白，欲禍獄殺之，以病中可也。東山突入讓所，駡曰：爾亦來此耶？直前擊讓，讓推仆之，得免。上一日問李時：幾日何不見御史陳讓言事也？時對方知之，而讓疏辨，上命復官。崔元等如故，沒東山產，廷杖荷校死。陳讓，嘉靖辛卯泉州解元。

壬辰。進士。

己亥。召南京戶部右侍郎袁宗儒于戶部。

庚子。潮州地震。

壬寅。禮部請釐正文體。從之。

江西漕運指揮陳欽等毆監兌戶部主事鄭賓夫。

二月乙朔丙午。南京尙寶司卿歐陽德爲太僕寺少卿。

丁未。成都地震。

吏部主事史際及禮科都給事中李充濁等請簡東宫官僚。部議上。命俟之。
己酉。賜郭勛李時夏言玉帶。
南京大理寺卿王潮爲戶部右侍郎。
署詹事府禮部尚書顧鼎臣吏部左侍郎張邦奇主禮闈。
壬子。彭城伯張欽卒。
宣府總兵右都督王効卒。謚武襄。
癸丑。免順天水災田租。
甲寅。錦衣衞都指揮使王佑卒。佐平流盜。歷漕運參將。入緹衞。治告訐之獄多平反。
乙卯。巡撫山東右副都御史胡纘宗言。元時海運。靑登萊舊有河。南北距海約三百餘里。舟楫甚便。聞迹猶存。惟馬家濠多石。元人鑿之而未竟。已募人治之。乞發帑充費。報可。
壬戌。吏部左侍郎張邦奇太常寺卿兼侍讀學士陸深纂修玉牒。
甲子。前大學士張孚敬請立東宫。優答之。
丁卯。四川左布政使張鉞爲右副都御史。巡撫貴州。
濬薊州運河。
戊辰。上祭山陵。發京師。次沙河。
己巳。至天壽山。
辛未。上祭長陵。餘遣祭。還。蹕沙河。
壬申。還宮。

三月炠朔。戊寅。薊州地震。
己卯。固原州晝晦。雨沙土寸餘。
庚辰。裁兗州同知一。
辛巳。巡按福建監察御史李元陽進尤溪縣甘露九甕。薦太廟。
乙酉。署都督僉事郝鏜為總兵官。鎮守宣府。
戊子。廷策貢士。賜茅瓚等進士及第出身有差。
免各巡撫官入朝議事。
癸巳。琉球入貢。
巡撫雲南右僉都御史汪文盛傳諭安南。屯兵蒙自之蓮花灘。蓋要地也。莫登庸子方瀛代位。求貰罪。廷議不可。請正其罪。議毛伯溫仍視師。咸寧侯仇鸞總兵。
己亥。戶部尚書梁材致仕。以總督倉場提督西苑農事戶部尚書李廷相代之。仍兼翰林學士。
雲南左布政使劉漳為右副都御史。巡撫遼東。
陝西總督劉天和以被劾乞休。奪俸三月。
辛丑。咸寧侯仇鸞為征夷副將軍總兵南征。提督工部尚書毛伯溫改兵部尚書兼右都御史。參贊軍事。
四月炠朔。乙巳。代府遣祿。山西巡撫都御史韓邦奇奪月俸。
丙午。張鑭嗣惠安伯。張偉子。
丁未。右副都御史王堯封為戶部尚書。總督倉場。提督西苑農事。
己酉。刑部左侍郎楊志學為工部尚書。提督工程。

朱岳嗣撫寧侯。朱麒子。

庚戌。上詣天壽山閱聖蹟亭于平臺山。蓋文皇帝所駐蹕也。遂發京師。

辛亥。起張鎮署都督僉事總兵官。鎮守陝西。

癸丑。祭文皇帝于聖蹟亭。還次沙河。夏言行帳火。燬章奏。引罪。宥之。

丙辰。右副都御史秦鉞劾罷。

提督兩廣軍務兵部右侍郎蔡經言安南用兵。須兵三十萬。歲餉百餘萬石。器犒等七十餘萬金。今我力不給。宜酌黎寧足戡亂否。如其不然。勞逸之勢當審也。欽州知州林希元請速進師。上以廷論不協。止仇鸞毛伯溫。

初。郭勛議復鎮守內臣。并採礦課。兵部執議不可。都給事中朱隆禧等亦言之。乃寢。

鎮遠侯顧寰總兵。提督漕運。鎮淮安。

巡撫鳳陽右副都御史周金爲左都御史。

庚申。京師旱。發賑。

辛酉。巡撫保定右僉都御史劉夔劾罷。

魏國公徐鵬舉守備南京。

甲子。上雩于南郊。戊辰。雨。

翰林修撰趙貞吉請求眞儒。云。徵聘之典。祖宗舊章。英宗朝嘗舉江西儒士吳與弼。憲宗朝嘗徵廣東貢士陳獻章。世豈無斯人哉。

丁卯。南京兵部右侍郎蘇民改刑部右侍郎。

兵部尚書毛伯溫巡撫順天右副都御史党以平俱佐院。

戊辰。太原地震。

辛未。虜犯大同丁家村。參將張世忠等禦之。斬二十六級。

壬申。太子少保刑部尚書唐龍終養。

錦衣衞千戶范鏞等分勘山礦。

五月䤈朔甲戌。吏部尚書許讚。條入覲官宜裁革者八。淸里甲。淸田糧。淸驛傳。革總理。稽庫積。議宗祿。禁興造。議均役。命行之。

作沙河行宮。

乙亥。貴州布政司左參政戴金爲右僉都御史。整飭薊州邊備。巡撫順天。提督四夷館太常寺卿劉棟爲南京兵部右侍郎。

福建左布政使陸珂爲右副都御史。巡撫保定兼提督紫荆等關。

定武舉試牘分邊腹南方。

丙子。楊志學改刑部尚書。

丁丑午日。宴百官午門。

辛巳。前兵部尚書兼右都御史姚鏌卒。鏌慈谿人。弘治乙丑進士。授禮部主事。歷撫延綏工部右侍郎。督易州山廠右副都御史。提督兩廣。平岑猛。進右都御史太子少保。未幾討盧蘇未克落職。久之起總制陝西未赴。端嚴寬大。任職以公廉稱。

前南京戶部尚書王承裕卒。三元人。恕之子。弘治癸丑進士。廉潔好學。孝友端愼。卓有風裁。士論重之。贈太子太保。謚康僖。

癸未。周叙爲工部尚書。提督工程。

南京御史張悌沈應陽私事訐奏。謫悌秦州判官。應陽邳州判官。

乙酉。南京司業李舜臣爲尚寶司卿。太僕少卿王暐爲南京太常寺卿。

應天府尹孫懋致仕。

癸巳。東鹿地震五日。

甲午。徽王賜田在鹿邑。以莊人虐佃戶。前戶部尚書梁材議有司代征。至是王奏復莊人。部執之。上怒其抑勒。

追降材右侍郎。下司官詔獄。

乙未。翰林簡討李本爲南京國子司業。

丙申。南京地震。

倭僧石鼎來貢。求還前二年所遺貨。法司不可。遂申十年一貢之例。

六月甲辰朔。乙巳。山西遼州同知李文利上樂書四聖圖解二卷。樂記補說二卷。律呂新書補註一卷。興樂要論三篇。授太常寺典簿。文利成化庚子貢士。授思南府教授。著律呂元聲六卷。嘉靖三年。御史范永鑾薦于朝。不報。

甲寅。總理河道右副都御史于湛以母年九十歸養。

丙辰。禮部尚書嚴嵩等以前通州同知豐坊請復明堂。尊皇考獻皇帝稱宗。入廟配天。因議明堂秋享之禮。宜即大祀殿行之。至明堂配侑。漢孝武以景帝。孝章以光武。唐中宗以高祖。玄宗以睿宗。宋眞宗以太宗。仁宗以眞宗。英宗以仁宗。皆主于親也。皇考功德甚盛。當配天。至于稱宗。須天位相承。未敢妄議。上命再議。戶部左侍郎唐冑上書爭之。曰。孝經曰。郊祀后稷以配天。宗祀文王于明堂以配上帝。又曰。嚴父莫大于配天。說者謂周公制禮。未聞成王以嚴父之故。廢文王配天之祭而移于武王也。今禮部不舉周初。乃濫引漢唐宋不足法之事。上怒。下胄錦衣衛掠治削籍。再議獻皇帝配秋祭上著明堂或問宗輔臣定議稱宗。

談遷曰。豐學士熙議禮杖戍。白首荷戈坊其子也。曾不少顧。謬說干進終不見錄。徒自敗耳。

辛酉。裁諸庫局巡視科道官。從武定侯郭勛奏。

壬戌。工部虞衡司署員外郎皇甫汸運陵石稽緩。謫黃州推官。

丙寅。改巡撫山東右副都御史胡纘宗總理河道。

戊辰。巡撫山西右僉都御史韓邦奇致仕。

虜寇宣府。總兵官郄鏜故債帥。僅令指揮周冕禦之。姚莊敗沒。逮鏜下法司。

七月軖朔。甲戌。撫治鄖陽右僉都御史于桂巡撫山西。順天府尹曹蘭為右副都御史。巡撫山東。

丁丑。免濟南東昌兗州夏稅。

庚辰。復河南睢陳兵備道。

壬午。皇子載壐薨。追封戚王。謚曰懷。

己丑。戶部右侍郎袁宗儒為左侍郎。光祿寺卿王以旂為右副都御史。撫治鄖陽。

辛卯。採大理宜陽等銀礦。

壬辰。慈寧宮成。奉章聖皇太后居之。

甲午。大理寺左少卿周煦為右僉都御史。

戊戌。彰武伯楊質卒。

貴州宣慰使安萬銓辭凱口之賞。求進參政。不許。

八月辟朔。甲辰。虜吉囊犯河西。總督劉天和部署吏卒禦之。斬百八十三級。進天和兵部尚書兼左都御史朵顏潛師寇隆慶州。入郭。參將丁璋素敢戰。倉卒以家丁敗之。身被數創。虜遂解去。

乙巳。蜀王邸火。命治之。

丁未。衡王祐楎薨。諡曰恭。

丙辰。張勳嗣彭城伯。張欽子。

故太子少保南京戶部尚書李充嗣。贈太子太保。諡康和。

署詹事府太子太保禮部尚書顧鼎臣兼文淵閣大學士。直閣。

許外戚指揮等官陪祀郊廟。

庚申。憲廟端妃潘氏薨。諡康順。子榮王。

乙丑。工部尚書兼翰林學士溫仁和改禮部尚書。署詹事府。

丁卯。行人吳從義席大賓佘爌任道充張福知縣朱廷臣爲給事中。行人高封何允魁蕭祥曜張祐鄭寅中書舍人包孝國子學錄彭世潮助教周論知縣馮彬楊逢春爲試監察御史。福逢春論俱南京。

九月辛未朔。癸酉。雲南地震。

召太子少保南京工部尚書蔣瑤爲工部尚書。

乙亥。南和伯方壽祥卒。諡康順。

戊寅。免遼東屯租及畿郡田租。

辛巳。改諡太宗文皇帝啓天弘道高明肇運聖武神功純仁至孝文皇帝。廟號成祖。皇考獻皇帝上諡欽天守道洪德淵仁寬穆純聖恭儉敬文獻皇帝。廟號睿宗。是日。祔孝宗廟。禮畢。仍歸主于原寢。

王世貞曰。宗雖少讓于祖。而成則有殺于文。案三代而後。一統之盛。莫過于漢唐宋。其功德之盛者。莫過于三太宗。然未聞以祖稱也。禮祖有功宗有德。太祖之前。不得不稱祖。太祖之後。不得不稱宗。惟晉武帝身開大統。追宣王高祖。伯父景王世宗。父太祖而身爲世祖。齊文宣亦然。父神武爲太祖。兄文襄爲世宗。而身爲顯祖。至武成後因之。蓋未定之制也。然則我文皇宜復故號。斯于尊親之典更協矣。

盧璘曰。太宗之得天下。蓋以兄終弟及之義自謂。初非有所恢復別一事業也。若以開創目之。是與太祖爲仇敵也。豈太宗之心乎。前代皇帝父子連以祖稱者。止宋劉裕與其子耳。

于愼行曰。宋高宗山陵。朝議以世祖爲號。尤袤駁之。謂光武以長沙後布衣崛起。不與哀平相繼。稱祖亡嫌。太上中興。實繼徽宗正統。以子代父。非光武比。仍稱高宗。以子繼父。不當稱祖。誠萬世之斷案。而加上成祖廟號。無以是告者。豈未深考與。抑知而不敢也。

王世貞曰。大禮之議。考之于古。北魏莊帝建義二年。尊父彭城王勰爲文穆皇帝。廟號肅祖。母李氏爲文穆皇后。將遷主于太廟。以高宗爲伯考。大司馬錄尚書臨淮王彧表諫。以爲漢高祖立太上皇廟于香街。光武祀南頓君于舂陵。元帝之于光武。以疎絕服。猶身奉子道。入繼大宗。高祖德洽寰中。道超無外。肅祖雖勳格宇宙。猶北面爲臣。又二后皆將配享。乃是君臣並筵。嫂叔同室。竊謂不可。吏部尚書李神軌諫。不聽。彧又請去帝着皇。亦不聽。愚謂獻帝與濮安懿王不同。蓋英宗本爲仁宗皇子。而孝廟自有毅皇爲嗣故也。若光武已絕疏服。急于繼正統而忘其親南頓君。至不得比于叔父趙王兄齊王。尤不可訓。惜當時之臣。未有能考臨淮神軌表以對者。

乙酉。奉大享神位于玄極寶殿。成祖睿宗位于景神殿。大享增日月星辰雲雨風雷太社帝社太稷帝稷司土司穀八壇。

丁亥。南京右都御史周用爲南京工部尚書。

戊子。日旁五色雲見。

前總督南京糧儲右副都御史杭淮卒。年七十七。宜興人。弘治己未進士。

辛卯。大享上帝于玄極寶殿。奉睿宗配。詔示天下。

壬辰。金星晝見。

癸巳。定顯陵祭儀。一如長陵。歷朝諸妃別葬者。皆從陵祭。各墳祭俱罷。止立碣石。

乙未。上詣山陵。行秋祭禮。次沙河。又明日。祭長陵。餘遣祭。

丁酉。還宮。更題長陵碑。

十月辛朔癸卯。刑部右侍郎蘇民卒。

甲辰。南京刑部右侍郎王爌爲南京右都御史。

丙午。蒲縣地震。

己酉。諭停刑。

辛亥。宣府總兵官張鎮失事免。

癸丑。巡撫都御史王浚爲南京刑部右侍郎。

乙卯。夜月食。

大同聚落高山二堡成。

戊午。右僉都御史吳山廣東左布政使陸杰並爲右副都御史。山巡撫南贛汀漳。杰巡撫湖廣。

辛酉。定至日上南郊。明日祭內殿。行慶成禮。

十一月辛朔。上詣南郊。上皇天上帝尊號。還詣太廟。改上太祖高皇帝后尊號。太祖開天行道肇紀立極大聖至神仁文義武俊德成功高皇帝。孝慈貞化哲順仁徽承天育聖至德高皇后。

甲戌。周王睦橎薨。謚曰恭。

乙亥。令僉事久任在按察司陞轉。

丙子。禁游民斥生潛居京師。

昌平古佛寺僧田園。造妖言入京師。僞授千戶陳贇安國公。事泄幷誅。

戊寅。太僕寺卿李欽爲右副都御史巡撫四川。

庚辰。示廷臣思親歌。

癸未。免甘肅田租。仍出二萬金賑之。

禮科給事中顧存仁上五事。廣曠蕩之恩。（釋謫戍諸臣。）崇安靜之吏。重撫按之責。精考察之政。抑邪佞之風。（指吳

瑋葉廷秀道士。）上怒。杖六十。安置塞上。

甲申。南京光祿寺卿楊維聰改太僕寺卿。

乙酉。賑武昌。

丙戌。上詣太廟。改題太祖高皇帝后主。

總督倉場戶部尚書王堯封以收支失嚴劾罷。

巡撫山西都御史何贊乞復河套。報寢。

辛卯。上南郊。還御奉天殿受賀。詔赦天下。

壬辰。宴百官于奉天殿。

乙未。免江西旱災田租。

崇信伯費柡卒。

丙申。月掩房宿。

丁酉。吏部右侍郎李如圭爲戶部左侍郎。總督倉場督理西苑農事。

十二月庚子朔。癸卯。章聖慈仁康靜貞壽皇太后崩。

甲辰。刑部右侍郎顧璘改吏部右侍郎。

乙巳。議遷顯陵梓宮于天壽山之大峪合葬。仍詣親視。

丁未。駙馬都尉京山侯崔元爲奉迎禮使。兵部尚書張瓚爲知禮儀護行使。太監鮑忠爲奉侍往祭顯陵。

己酉。太僕寺少卿蔣應奎往儀眞督木。

辛亥。上御西角門。羣臣奉慰。

敕太師武定侯郭勛知山陵建造事。大學士夏言顧鼎臣同知山陵建造事。

壬子。上發京師。詣大峪山。

巡按直隸監察御史陳讓上言。日者上天降割。聖母不延。臣伏見陛下仁孝悽惻。遂議合葬睿皇帝于大峪。夫大峪必建睿陵以葬聖母。論分則以配祖母七陵之尊。論情則以申慈闈同穴之義。前事則可共祖宗以爲敬。後事則後依壽陵以爲安。至矣盡矣。臣特不忍遂虛獻廟之宅。敢奏芻蕘。陛下御極十有七年。民謳宇謐。雖上帝歆佑之錫。然臣謂獻廟幽宮。龍穴極美。臣意其中生氣含結。必有紫茜點血玉液垂珠之祥。故佑陛下以協在宥也。禮曰。葬者藏也。今出聖考于母孕之地。如取之于其胎也。雖梓槨重封。能無疑哉。古人事死之禮。先廟後墳。是以黃帝登仙。羣臣葬其衣冠于橋陵。舜崩蒼梧之野。葬九疑之山。蓋二妃未從也。宜睿皇帝衣冠合葬大峪山。章聖冠帔合葬顯陵。此臣之一見也。上斥其不經。削籍。隆慶初。贈光祿寺少卿。

甲寅。還宮。
乙卯。少傅兼太子太師吏部尙書華蓋殿大學士李時卒。時任丘人。弘治壬戌進士。館選。授編修。至入相數年。雖無大匡弼而持論寬平時稱長者。贈太傅。諡文康。
戊午免寧夏旱災田租。仍賑。
己未伊王訏淳進白兔。
諭輔臣免還顯陵。自往承天相視。
夜。月犯土星。
庚申封厚燾淮王。載境崇王。載埴瑞安王。弼桃肅王。鼒枋桐鄉王。鼒櫝延川王。載垙太康王。載埅陽夏王。勤烒奉新王。勤覸義寧王。充㹠饒陽王。
乙丑。議月晦除服。上以子刻初用祭服告祀玄極寶殿。猶在服內也。尋改玄色吉衣朝元旦。
丙寅上慈孝貞順仁敬誠一安天誕聖獻皇后尊諡。詔天下。工部左侍郎吳大田服貂行禮奪俸六月。
丁卯大理寺卿屠僑爲刑部右侍郎。
虜犯深井堡。大殺掠。至淸水河。官軍列九營。欲半渡擊之。總兵江桓怯虜。縱之出。俘婦哭聲聞數里。議者謂自來乘虜無便于此。桓罪深矣。

國榷卷五十七

己亥嘉靖十八年

正月庚午朔。上御奉天殿受朝。朱文肅史概上以喪不視朝。實錄云御殿。

停南京後湖清冊御史主事。其管冊給事中主事復命如舊。

安南莫福海嗣。以方瀛死。

辛未。諭輔臣考訂禮記檀弓等篇禮儀制度。仍圖注。並緝祭葬全儀備覽。

定梓宮南祔顯陵。

乙亥。錄延綏寧夏斬獲功。各賚金幣。

丙子。工部郎中張鏜太監張綱督治南祔行殿。

巡撫湖廣右副都御史顧璘遷吏部右侍郎。仍留任督顯陵工。改工部右侍郎兼右副都御史。

辛巳。改作隆慶殿于舊邸。

丁亥。南京工部右侍郎韓荆卒。

己丑。旌蜀王讓栩賢行。

乙未。南京太常寺卿王暐爲右副都御史。巡撫江西。

丙申。勅諭南巡視山陵。工部郎中岳倫上疏請止。倫時監翟華城工。不即成。上惡其徐也。下詔斥爲民。倫宣府懷安人。丙戌進士。授行人。使河南。見塗殍。請出粟賑之。庚寅劾時相被謫。轉令曲沃。有惠政。常論大同兵變事。

爲時所稱。丁酉。遷工部主事。進郎中。癸卯卒。所著有雲石集。然倫不直文士也。惜不究其用云。

丁酉。命太監袁亨工部主事袁越自涿州至承天豐樂縣治行宮。

楊儒嗣彰武伯。楊質子。

戊戌。進武定侯郭勛翊國公。大學士夏言上柱國少師文淵閣大學士。顧鼎臣少保兼太子少傅武英殿大學士。成國公朱希忠駙馬都尉崔元俱太子太傅。英國公張溶禮部尚書嚴嵩俱太子太保。宣城伯衛錞太保。遂安伯陳鏸兼太子太保。去歲上册號。

己亥。工部右侍郎江曉治南巡馳道。巡按監察御史胡守中劾其慢。下獄削籍。

戶部右侍郎高公韶賫帑金二十萬分給畿郡河南湖廣備餉。定錦衣衞官百二十人。旗校八千人。

榮王祐樞薨。謚曰莊。王至孝。尤肅宮禁。

徐學謨曰。榮莊王與獻皇帝爲親兄弟。又同日封楚。暨肅皇帝嗣位。國體張甚。亦親屬之勢宜爾也。隆慶間。遼庶人坐法。諸藩亦稍稍貶損。獨其國執禮如故。庶幾能率祖云。

二月殯朔。立皇太子載壡。封裕王載垕。景王載圳。午刻五色雲見。

辛丑。詔赦天下。

工部右侍郎宋景爲左侍郎。

壬寅。封代府鎮國將軍仕坯襄垣王。初襄垣王仕壥以淫暴弘治間罪除。不得繼。蓋仕坯子成鍨營之也。仕坯卒。未拜命。子成鍨坐冒封除。

起前大學士翟鑾改兵部尚書兼右都御史。充行邊使。兵部尚書毛伯溫總督宣大山西三關軍務。左侍郎樊繼祖提督薊州山海關邊備。

甲辰。作御寶十一。奉天承運大明天子寶。天子信寶。天子行寶。皇帝行寶。大明信寶。皇帝受命之寶。巡狩天下之寶。垂訓之寶。命德之寶。討罪安民之寶。敕正萬邦之寶。

乙巳。前少師兼太子太師吏部尚書華蓋殿大學士張孚敬卒。孚敬字茂恭。永嘉人。正德辛巳進士。年四十七。議大禮稱旨。自南京刑部主事內召。拜翰林學士。後進廟議。進詹事兼學士。明年進兵部右侍郎。轉左。又兼學士。訊大獄。進禮部尚書直閣。起孤生。發憤抗朝議。受知主上。得柄用。攬才俊。謝苞苴。歷相所創革典制。非妄。敢任事。頗驕忮。遑喜怒不復反。年六十五。贈太師。諡文忠。

王世貞曰。公相而中涓之勢絀。至于今垂五十年。士大夫得信其志于朝。而黔首得安寢于里者。誰力也。夫禮失而求之心而已矣。後主所是爲令。未有悖也。考而不已則宗。宗則入太廟。入太廟則有祧。公在難乎其免矣。王子曰。凡言禮而貴者。其人才皆磊磊。卽不言禮。亦有以自見者哉。

李維楨曰。繼公而興。閣臣有江陵。與公姓同。諡同。元輔相少主同。銳意任事同。公得君誠專。爲衆所側目。楻杌不安。身後七十餘年。名乃愈彰。其以危身奉上稱忠。與江陵又同。江陵沒而遘禍。近漸有訟言其功者。人情薄公論晦。較嘉靖時懸殊。要之兩張文忠易地則皆然也。

何喬遠曰。張孚敬一言悟主。至貴幸矣。自非奮其褊心。借其怒勢。尚不能得乎天子而爲相臣也。雖然。其辨給以肆其才。果以厲其守。潔以卓。知臣莫若君。使其三揖以進。一辭而退。開誠布公。集思廣益。豈不赫然名臣哉。

孫承宗曰。永嘉新進書生。持執禮正名之論。申眉高談。無愧天下。載觀太廟之議。排濫觴之諛。脫侯氏之獄。抗雷霆之疾威。諒非乘時蹈釁自結主知。夫緣性制禮。因心則孝。虞夏創禘郊祖宗之典。周公廣追王上祀之儀。是皆天懷發中。不由仍襲。曷爲今日獨異于此。大臣知父子之倫不可解于心而已矣。既統嗣之辨。其猶爲衆人言之也。
兵部右侍郎張衍慶督理扈從。
鑄嘉靖通寶錢。
丙午。起張潤左副都御史。
丁未。起張漢右僉都御史。整理薊州邊備兼巡撫順天。
咸寧侯仇鸞東寧伯焦棟爲左右副將軍。扈行。翊國公郭勛攝中軍。佩都護將軍印。成國公朱希忠副之。參將任鳳趙卿爲左右先鋒。出舊時行在諸司印給從官。
吏部尚書許讚諫南巡。左都御史王廷相復疏上。並不聽。監察御史劉士賢戶科都給事中曾烶等各疏上。罰俸二月。工部郎中岳倫請還陵。歲貢生陳良鼎言不在遷葬。下詔獄宥之。
祈穀于玄極寶殿。
授永豐曾質粹五經博士。世襲。曾子六十代孫。初尚書顧鼎臣求訪曾氏後。有十四代孫。據避新莽。自武城徙廬陵。
戊申。起劉淵都督僉事總兵。鎮守薊州。
翰林院侍讀華察工科左給事中薛廷寵使朝鮮頒詔。
刑科左給事中沈伯咸爲寧國知府。不欲行。訐文選郎中黃禎失實。降南京國子監丞。
庚戌。玉田伯蔣榮坐奸利奪歲祿。
諭葬昌化伯邵林夫人楊氏。給地八頃。孝惠皇后母。
壬子。召大學士夏言顧鼎臣尚書嚴嵩于文華殿。賜皇考御書。

遼東饑。賑之。

癸丑。選東宮官僚署詹事府禮部尚書溫仁和進太子少保。戶部尚書李廷相吏部左侍郎張潮張邦奇並太子賓客。禮部左右侍郎張璧蔡昂兵部右侍郎張衍慶並兼少詹事。南京禮部左侍郎費寀太常寺卿兼侍讀學士陸深爲詹事。並兼學士。起崔銑及南京翰林侍讀學士孫承恩並少詹事。國子祭酒王教洗馬童承敍爲左春坊左庶子。楊維傑爲右春坊右諭德。並兼翰林侍讀。左春坊左諭德龔用卿爲翰林侍讀。屠應埈爲右春坊右諭德兼翰林侍讀。編修李學詩修撰陳節之爲左中允兼修撰。編修秦鳴夏閔如霖爲右中允兼修撰。編修浦應麒修撰羅洪先爲左贊善兼修撰。檢討郭希顏閻朴爲右贊善兼檢討。兵科給事中呂懷禮部儀制郎中白悅並改左司直。主客郎中皇甫涍兵部車駕郎中薛僑。改右司直。並兼檢討。監察御史胡守忠改左清紀郎。吏部文選主事史際右清紀郎。並兼侍書。侍讀華察侍講胡經爲司經局洗馬兼侍讀。王易王同祖黃佐唐順之並復編修。易同祖兼校書。佐順之兼左右司諫。太常寺周令兼正字。

安南莫方瀛遣阮文泰詣鎮南關乞降。籍田土戶口以獻。表曰。向者國王黎晭遇害。國人推晭從子譓攝國。譓卒。弟懬攝國。幼疾亡。子臣父登庸係舊勞委政。又及于臣。累使陳情。經年未達。然改過者聖門所與。首罪者王法所寬。望天朝處分。獲釋丘山之罪。事下廷議。

甲寅。命皇太子監國。宣城伯衛錞遂安伯陳鏸留守。使大學士顧鼎臣同留守使。賜勅兵部尚書張瓚參贊機務。太監麥福內提督團營。刑部右侍郎屠僑等分守九門。

乙卯。上發京師。后妃從。有卒孫堂夜入御座前。言沿途治行幄。勞苦吏民。非便。下獄。京山侯崔元大學士夏言尚書吏部許讚禮部嚴嵩戶部李廷相兵部王廷相刑部楊志學工部蔣瑤等扈行。致一眞人邵元節疾不能從。薦方士黃岡陶典眞。授神霄保國宣教高士。給誥印。典眞卽仲文。以縣吏除海州庫大使。革秩。依元節所。

丙辰。順天治中潘璐失候。下錦衣獄。

丁巳。平涼之崇信縣地微震。

辛酉。次眞定。望祭北岳。

癸亥。至岳州。有聲冤于行宮外。執之。

南京御史胡賓等疏止南巡。不聽。

乙丑。駕行而趙州臨洺鎭二行宮火。知州范昕罰俸六月。逮守吏。

趙王厚煜朝磁州。王善爲容。悅之。明日。命英國公張溶尚書嚴嵩送歸。復書勞之。

彰德知府王旒失朝。下獄。

靖遠伯王瑾如湯陰。以太牢祀周文王。少牢祀岳飛廟。

丁卯。汝王祐梈朝于衛輝。以屬尊。上避坐受之。王退。復入東幄。從官以次謁。遣勞如趙王。

夜。行宮火。宮人所遺燭也。閹婢多死。法物寶玉爲盡。上幾殆。或曰。錦衣陸炳負出之。命左都御史王廷相簡閱餘燼。

戊辰。鄭王厚烷朝于新鄉。

逮督理兵部右侍郎張衍慶河南巡撫右副都御史易瓚巡按監察御史馮震左布政使姚文淸按察使龐浩左參政樂濩僉事王格下詔獄。削籍衛輝知府王聘署汲縣事侯郡縛駕前至承天杖戍。

初。戶科左給事中李逢言。民饑盜熾。陛下離深宮遠出。設有不測。誰執其咎。上怒下之獄。至是思逢言。釋之。謫永福典史。

談遷曰。中原饑甚。一時供億之苦。有鄭俠所不忍繪者。乘輿甫駕。勞擾半天下。然孝思所迫。雖疲民勿恤也。

或曰。上有晝錦之意。非所敢出矣。

提督兩廣兵部右侍郎蔡經討斷藤峽各巢賊。會師五萬有奇。分十道並進。賊大奔。繞逐之。斬千三百五十餘級。俘四百五十人。時右軍迷失道。愆期三日。土目盧蘇以賊賂縱之走羅運山。最深阻。古所未至。遂不窮追。初副總兵張經請兵萬人。蔡少之。竟大征。

高岱曰。諸猺雖奸桀驁悍。難靖易亂。然方其亡事時。亦皆刀耕火種。非若迤北之不可羈邇者。但諸衞所之臣。貪縱者多。卹慮者少。而官府豪猾。又多倚法爲奸利。得其賄則漏機誘掠。而啓其侮。不遂所求。則訐發陰私以激其怒。守臣瓜代無常。率無久任。一信其言。或畏事而容奸。或貪功而啓釁。中止則損威。遂事則黷武。而兵連禍結。至無寧時。況諸猺之性。如禽獸然。非能量重輕于死生利害之間也。豢養有方。彼未嘗不馴伏。一違其性。則羣死不悔。其勢不至于草薙而禽獮之不已也。然豈所謂王者之師。天子好生之德哉。故平居無事。則當撫之以仁。而必不可爽其恩信。禍亂卽作。則當懲之以威。而必不可狃于姑息。制馭蠻方之策。豈復有過于此哉。今觀嘉靖中二役。在王守仁則因湖兵歸來。而乘不備以襲之。在蔡經則因首惡就擒。而集大衆以征之。皆可謂有功于嶺表矣。然國家用兵。能保其勦之必勝。而不能保繼者之不擾。能保其征之必克。而不能保撫者之不乖。此所以暴師旅。竭府庫。不足以貽數十年之安也。然則選將帥于亂作之後。孰若愼守臣于亡事之日哉。至田汝成曰。藤峽府江爲寇雖同。治之則異。治藤峽宜速。治府江宜緩。蓋以藤峽可夾攻。而賊無所奔潰。府江遐邈。而人難得其要領也。汝成親涉其地。故其說爲有據。此又用兵者之所當知云。

尹耕曰。蓋嘗讀漢忠武傳。至其南征。未嘗不反覆致意也。夫漢中朞年所喪突將屯長才數千人。孔明形之表奏。痛惜無已。而孟獲黠虜。乃七縱擒之。夫環甲厲兵。與之從事。七縱豈不遺鏃。孔明不之恤者。馬謖所謂服其心也。藤峽之役。如張君言。以少兵進。又一孫繼武矣。夫諸猺敢于寇堡。殘殺戍兵。略不少忌者。承永通豢養之後。以我軍不能度險輕留。故事亦鮮大舉耳。老嫗有驕子。小啼索杖。大啼薦菓。欲其無玩難矣。而張君守之不亦悞哉。蔡公濟經以權。成謀于斷。原野簡書。好合符節。諸軍並進。首尾自焚。捕斬既多。撫集尤衆。威震而刑不濫矣。

三月己巳朔。祭河而渡。過滎澤。遣祭紀信祠。

以右副都御史胡纘宗巡撫河南。起朱裳右副都御史。總理河道。

庚午。周世孫朝堈朝于鄭州。伊王訏淳至而失朝。不問。

巡撫保定右副都御史陸釴。巡按直隸監察御史王應。以供具不備削籍。命御史江都桑喬巡按順天。辭疾。左都御史王廷相劾其規避。下詔獄。戍九江。卒于戍所。隆慶初。贈光祿寺少卿。

辛未。徽王厚爝朝于鈞州。前少保大學士臨潁賈詠至而失朝。褫散官。

癸酉。勅留守衞錞顧鼎臣。諭以火警亡恙。

命奉御王濛錦衣衞千戶魏鐘閱浙江開化礦脈。

甲戌。免順天永平保定河間災租。

乙亥。唐王宇溫來朝。

丙子。吏部尚書許讚推調不稱旨。罰俸二月。郎中以下六月。

諭留守各官趣大峪陵工。

戊寅。至承天豐樂縣。

庚辰。宿舊邸慶雲宮。謁皇考于隆慶殿。

辛巳。御龍飛殿受朝。誓戒致齋三日。詣顯陵。改營玄宮。

戶部尙書李廷相。禮部左侍郎張璧。詹事陸深。俱失送親王。降俸二級。科道罰俸二月。

壬午。拓顯陵周垣。

甲申。上作樂章。享上帝于龍飛殿。奉皇考配秩于國社國稷。徧于郊祀。

守制學士廖道南上南巡賦。瑞應頌。衣緋入朝。褫秩。

丙戌。楚王顯榕來朝。

太子少保兵部尙書兼都察院左都御史王廷相秩滿。進太子太保。

丁亥。書示皇太子回鑾。

荆州知府李士翔改承天。進俸一級。

戊子。上受朝于龍飛殿。詔天下。宣諭父老子弟。賜饌。免承天田租三年。

河南按察使劉隅爲右僉都御史。巡撫保定。

庚寅。回鑾。辭皇考于龍飛殿。

學士張治扈從後期。鐫俸二級。禮部郎中白悅皇甫涍俱遷官不扈從。謫悅永平通判。涍大名通判。

壬辰。上發承天。作思恩賦。

癸巳。護行御史胡守中爲右僉都御史兼詹事府丞。

甲午。湖廣左布政使徐乾按察使吳允祿私饋御史胡守中被劾。下行在鎭撫司訊之。

乙未。賜致一眞人禮部尙書邵元節祭葬。贈少師。謚文康榮靖。命夏言志墓。許讚作神道碑。元節龍虎山道士。

嘉靖初。符籙見幸。

王世貞曰。方士之有謚也。自世宗始也。謚而四字。溢矣。而使方士得之。則益淫也。

談遷曰。長生之說幻之爲沖舉。永之爲延年。邵元節餂上久矣。其死之不免。又何稱焉。世宗猶無悛于心。尊陶仲文而甚之。兼公孤。裂茅土。將海上怪誕之流。自有攝人處。卽生死了不足異耶。

丁酉。榮王載境請朝于裕州。以遄反。止之。徧諭諸王。

逮河南參政張思聰。副使胡廷祿陳逅。南陽知府王維垣。削籍。

四月戊戌朔。至鄭州。伊王訏淳來朝。

己亥。次滎澤。發帑金二萬賑饑民。時道上啼號相續。

辛丑。署詹事府事禮部尚書溫仁和迎駕。

癸卯。諭行在禮部。純德山聖靈安悅。道上行宮勿復治。時上意顯陵毋動。而葬先后大峪山也。

戊申。至宜城。監察御史謝少南請慶都縣修堯母祠致祭。從之。曰。帝堯父母異陵。可徵合葬非古也。改少南左春坊左司直兼翰林檢討。唐縣東城外有丹朱塚。或堯葬母在慶都地相近。撫按相度。疑未決。

沈懋學曰。堯母墓自史記地志及水經諸書。皆無紀述。惟羅泌謂葬雷澤。亦不著所出。據所經見者。後漢堯母碑合歐陽氏金石錄。其記其文則慶都乃在咸陽。所云欲人莫知名曰靈臺。上立黃屋。堯所奉祠處也。雷澤者。漢志注中本在城陽。今曹州。孟子注。舜封丹朱于唐。白鎭西三里有丹朱陵。今注疏無之。疑趙岐所傳也。元和志。丹朱墓唐縣東一里。寰宇志。塚在永庭東二里。水經注。咸陽有丹朱塚。其水南經蒼梧之山。丹朱葬于陰。則丹朱之墓古亦未明。要之。朱初封丹。繼改封唐。其卒而葬唐。或有之。皆難考信。乃欲以證堯母之墓。甚不相蒙矣。考堯之初則在陶。爾雅云。載成爲陶。是濟陰也。亦今曹州。繼封于唐。在絳州翼城西二里。括地志。定州唐縣。乃堯後所封。在夏后氏之日。此何與乎。杜佑通典。不深考堯之始封本今雷澤。繼封本今蒲州。其實非慶都。且慶都本名望都山。一名堯山。史記稱堯游望都今地里通釋詳之。因山得名。當時名縣。未必因于堯母烏得妄比而同之乎。

增花馬池治餉戶部郎中。

己酉。聞喜安邑平陸猗氏夏縣地震。

庚戌。都護副將軍成國公朱希忠以都護將軍郭勛例。請肩輿。許之。

夜。彗見三尺許。掃軒轅。旬日滅。

辛亥。葉縣知縣李浦分迎各扈從官。以勞民削籍。

壬子。上還京。入宣武門。羣臣失迎者千一百四十二人。罰俸有差。

甲寅。禮科給事中戴嘉猷疏請回鑾。上道得之。忤旨。並前南京都給事中曾埏右給事中周珫給事中謝廷蒞並下鎮撫獄謫之。

丙辰。復議葬大峪。

河南道監察御史呂光洵劾留守大學士顧鼎臣納賄。下令補教官。尚書張瓚納邊將賄。上責實。

丁巳。雲南道監察御史蕭祥曜劾吏部左侍郎張潮徇顧鼎臣。私鄉人吳峴。補吏部主事。以瑣摘下祥曜獄。奪潮月俸。鼎臣乞休。不許。

庚申。旌唐王宇溫賢孝。

辛酉。御奉天殿受賀。

壬戌。湖廣災。免田租有差。

癸亥。金星晝見。

甲子。上發京師。至沙河。抵天壽山。

乙丑。上祭長陵。餘遣祭。

丙寅。諭禮部尚書嚴嵩曰。大峪地勢空淒。不如純德山完美也。定母后南祔。即日還京。

五月戊戌朔。閣擬宮僚屠應埈華察胡經薛僑胡守中史際張衍慶溫仁和李廷相費寀黃易白悅皇甫涍俱被劾。衍慶坐行宮災削籍。悅涍謫。李廷相黃易致仕。吏部擬南京禮部尚書霍韜改禮部。進太子少保。署詹事府。兵部尚書毛伯溫爲太子賓客。工部右侍郎兼右副都御史顧璘爲詹事府丞。南京禮部右侍郎呂柟改禮部兼詹事府少詹事。南京吏部考功郎中鄒守益江西提學副使徐階並改司經局洗馬兼翰林院侍讀。吏部考功員外郎任瀚爲左春坊左司直。南京吏部文選郎中張寅前考功郎中薛蕙爲右春坊右司直兼翰林檢討。兵科給事中楊士雲御史周鈇爲左右淸紀郎兼侍書。前兵部武庫主事趙時春改編修兼校書。從之。罷璘柟士雲蕙令再推。

己巳。大學士夏言進居守敕稿緩。切責之。奪所賜手敕先後四百五道。銀章一。革勳階。勒致仕。

前禮部左侍郎黃綰邊召。請關防節制雲貴兩廣。許之。並考訂安南沿革與加兵勝敗。又請科道部屬偕往。下所司。

辛未。應天府尹袁濱爲右副都御史。

固原州隕霜殺禾。

逮浙江布政司右參議曾存仁指揮孫榮下法司。時中官崔成等開礦觀海衞應之緩。

壬申。浙江按察使趙錦爲右僉都御史巡撫延綏。

慶都安肅河間大雨雹積五寸。傷人畜。

癸酉。增寧夏治餉郎中。

甲戌。遂安伯陳鏸奉天妃經奠獻駙馬都尉崔元護梓宮。

復襄府棗陽王祐櫍爵。

南京兵部尚書王軏年七十四。乞休疏稱享年若干。非告君語。削籍。旋復冠帶家居。

總理河道右副都御史朱裳卒。裳字公垂。沙河人。正德甲戌進士。授御史。出守東昌。歷今官。性淸峻。服官三十年。攻苦食淡如一日。隆慶初。贈戶部右侍郎。諡端簡。

內官監左監丞閻綬錦衣衛指揮使趙俊整治梓宮馳道。瀆貨怙侈。巡按監察御史劉士逵劾之。上逮綬訊治。

乙亥。定列聖忌祭。初行禮奉先殿。上非之。定高皇帝后如舊。列聖奉主永孝殿。祭訖還主。

免大名廣平牧地銀。

丙子。起戶部尚書梁材禮部左侍郎。署通政司陳經原秩。

兵科給事中張守約削籍。守約劾扈駕參將任鳳趙卿。上廉得守約銜任鳳不避道。又每程取逸先行。故斥。

荆州左衛改顯陵衛。立興都留守司。

丁丑。巡撫陝西右副都御史任瓚爲戶部左侍郎。

致仕少保禮部尚書夏言復少傅兼太子太傅禮部尚書武英殿大學士。還任。

戊寅。巡撫延綏右僉都御史張珩爲右副都御史。提督操江。

己卯。以星變修省。盡撤鎭守內臣。

虜寇遼東開原。

辛巳。起趙時春翰林院編修兼司經局校書。

壬午。大理寺卿胡岳卒。岳華亭人。甲戌進士。以巡撫江西左副都御史內遷。方還家未赴。

甲申。慈孝獻皇后梓宮南祔。翊國公郭勛大學士夏言護行。御史王行連鑛監視。

乙酉。諭禮部。暫免早朝。

己丑。立聖諭碑于承天。名其城樓題親達孝之城。

溫縣產麟。鄭王厚烷以聞。賜綺錦。

思州府大水。有二龍戰於洒溪。

六月酊朔。雷震奉先殿左吻。燬皇城北鼓樓。召夏言入視。殊綏。切責之。

壬寅。金華各縣大雨水。

癸卯。命東宮啓事如永樂初。

前通州同知豐坊上雅言一章。紀卿雲也。

刑部尚書楊志學。戶刑工部侍郎高公韶屠僑周敍。右副都御史党以平。大理寺少卿錢學禮。俱雷變自陳。許致仕。

丁未。永城知縣劉珫上瑞麥一莖七穗。

湯陰大雨雹。

庚戌。南京吏部尚書湛若水改南京兵部尚書。

山西左布政使陳講爲右副都御史。提督雁門等關兼巡撫山西。

辛亥。賚南巡供事效勞諸臣河南湖廣巡撫胡纘宗陸杰等金幣。

乙卯。協律贊禮郎師宗記黃婧玄等爲太常寺丞。道士。

丙辰。右都御史周期雍爲刑部尙書。
丁巳。增宣府口北道參議。
右副都御史王杲爲戶部右侍郎。
戊午。給邊軍耕地。
己未。覈蘇松常鎭杭嘉湖隱田。改正豁除蓋里胥移糧作荒。而荒更代糧也。顧鼎臣先諭德時。痛陳之。
罷南京誠意伯劉瑜操江。右副都御史簡霄時閱兵。與提督魏國公徐鵬舉爭坐見劾。
癸亥。代府吉陽王聰注請庶長子俊橝改封長子。不許。
費瑋嗣崇信伯。費材子。
七月甑朔庚午。頒龍飛大狩錄。
癸酉。復給德王祐榕白雲景陽廣平三湖。
乙亥。東宮恩賚養濟院貧民五千八百五十餘人。人米四斗。
丙子。南京戶禮部右侍郎王潮呂柟自陳致仕。
水火土金星聚東井。
辛巳。吏部文選郎中黃禎貪婪見劾下獄。並前郎中楊育秀落職。尙書許讚待罪。宥之。御史劉士逵復劾讚。被譴。
逮山東按察僉事于廷寅。初梓宮南行。臨淸主事侯珮閉閘蓄水。于廷寅舟阻。怒決之。捕掠官吏。撫按交劾。並及珮。宥之。廷寅削籍。
壬午。免濱德災傷田租。

癸未。逮宣府總兵官署都督僉事郤鏜獄。戍邊。前歲戊戌失事。反詐功。

庚寅。巡撫南贛汀漳右副都御史吳山爲刑部右侍郎。巡撫甘肅右副都御史牛天林爲大理寺卿。

刑部主事王維賢引疾去。不許。命朝臣注籍。三月外住俸。

起熊浹南京禮部尙書河南左布政使郭持平爲右副都御史。總理河道。

楚雄臨安廣西地震。臨安至隕人。

甲午。武廟德妃吳氏薨。謚淑惠。

南京禮部尙書霍韜吏部郎中鄒守益。共上聖功圖。引古十三事。如文王問安視膳等。上以語涉謗訕。宥韜罪。

閏七月輛朔。應天府尹袁櫰失覲梓宮落職。

丁酉。遼東廣寧衞胡卒佟伏等作亂。夜鼓噪城樓。總兵右都督馬永擊斬四十人。俘二人。乃定。永家卒百餘最効。

刑部囚逸。即格殺之。下主事曹亨鎭撫司。

戊戌。蘇松常鎭淮揚大風潮溢。溺人畜亡算。揚州溺二萬九千餘人。上海縣溺數百人。

癸卯。南京刑部尙書聞淵改南京吏部尙書。起甘爲霖仍工部尙書。督工。

日本國王源義復來貢。自嘉靖二年宗設等後不至。

乙巳。皇子載墭生。明年三月壬寅殤。追封均王。謚曰思。

丙午。諭內閣。常朝俟春和。郊廟重典。親舉亡敢怠。

免杭嚴紹興金華衢處水災田租。

丁未。故襄城伯李全禮。贈太子少保。謚恭敏。

戊申。周府鄢陵王安沅薨。

己酉。詹事府少詹事兼翰林院侍讀學士崔銑爲南京禮部右侍郎。

庚戌。火星犯積屍氣。

大理寺卿汪珊巡撫應天右副都御史歐陽鐸爲南京戶兵部右侍郎。撫治鄖陽右副都御史王以旂還院。

處州貢士盧綱。訐知府吳仲孫存張一原同知車露通判寧鎬等贓罪。上盡逮諸臣訊其實。則綱武斷累經御史周汝賢傅鳳翔按治者也。械綱三月。舉家戍。

壬子。夔州廣安大昌災。

總督糧儲右副都御史邊憲劾免。

甲寅。敍廣西斷藤峽諸賊巢功。總兵安遠侯柳珣進太子太保。提督兵部右侍郎蔡經進兵部左侍郎。太監馬廣蔭錦衣衞鎮撫。餘陞賚有差。

戊午。南京工部尙書周用改南京刑部尙書。

庚申。獻皇后祔顯陵。

辛酉。禮部尙書兼翰林學士黃綰使安南未行。乞贈誥。落職。上問安南事云何。廷議。莫氏狡難信其降。宜耀師。于是敕咸寧侯仇鸞兵部尙書毛伯溫南征。

甲子。宣府總兵官張鎭以虜入萬全右衞怯敵論大辟。

八月乙丑朔。丙寅。會昌侯孫杲子應乾求襲爵不許。

庚午。夜月犯心宿。

辛未。慈孝獻皇后祔太廟。

丁丑。賜文武大臣命婦金幣有差。

壬午。大享于玄極寶殿。

戊子。益王祐檳薨。謚端王。

壬辰。作皇穹宇卽南郊大神殿藏神版者。

癸巳。京察本二月。因南巡緩之。

免河南陝西田租。

虜入花馬池。僨帥魏時不能軍。走保硝河城。虜東出乾溝。任傑諸將襲其後行。捕斬二百餘級。

九月乙未朔。日食。昧爽食三分。免救護。

免眞定順德廣平大名田租。

戊戌。方東嗣南和伯。方壽祥子。

巡撫宣府右僉都御史郭登庸疾免。

壬寅。止漕運都御史周金入京議事。總兵官仍入議。

嘉善西塘鎭人生子才二月。忽作言索食。尋死。

癸卯。巡撫江西右副都御史王暐言。臣家句容朱家巷。聖祖肇跡。今龍爪樹尙存。宜加表識。上命南京禮部右侍郎崔銑等訪之。無據而寢。

談遷曰。予嘗道句容。過所謂朱家巷。平坡荒楚。安所問王跡哉。漆沮有郃。竟不得等于周氏。卽龍爪樹無復存矣。興王之基。失實爲妄。誠不可不愼也。

乙巳。吏科都給事中薛廷寵監察御史戴景拾遺。劾禮部尙書嚴嵩兵部尙書張瓚等不職。命戶工部侍郎胡璉吳大田巡撫山東都御史曹蘭致仕。提督南贛都御史鄭坤侍讀學士廖道南右司直張寅通政使郭秉聰順天府尹王道中戶部主事曹儒閒住。凊黃通政呂希周太僕寺卿李邦直削籍。餘皆留吏部。希嵩意欲外遷廷寵亡何卒。

林烴曰。予叨梧掖時。見世廟初年六垣章奏。得讀薛都諫効分宜兩疏。斥其奸回。不遺餘力。天子方簡任嵩。置不問。然嵩踐揆席未溫。亦不敢遽中其私憾也。迨柄政日久。其子世蕃虎而翼之。嵩導天子日夕玄修。始恣意作威福。少有言涉其身者。不令之碎首不止矣。嵩既敗。華亭徐文貞佐天子養和平之福。苞苴稍絕。朝野相安。延及新鄭江陵。互相傾陷。至省署之臣。藹不附己者。言出而杖斥隨之。視嵩之肆僇辱。尚有間焉。長洲太倉相繼四五公。懲于前之相戕。轉爲後之相結。其智益深。其術益巧。彼直而攻。我曲而忍。徐而逐之。以他事。使不能知陰而錮之以上意。使不能測。舉三十年卒未有逃其罟阱者矣。

免太倉崇明嘉定上海華亭鹽城海門興化如皋通州水災田租。

虜再犯宣府南路深井。□□參將賈英以虜少乘之。中伏大敗。並總兵江桓落職。

曉刻日出丈許。黑日食之既。

己酉。進陶典眞神霄保國弘烈宣教振法通眞忠孝秉一眞人。總領道教。

南京工部右侍郎胡訓爲南京右副都御史。右副都御史王學夔提督操江。

庚戌。光祿寺卿趙廷瑞爲右副都御史巡撫陝西。

夜木犯鬼宿。

癸丑。免甘肅屯租及湖廣田租。

乙卯。咸寧侯仇鸞奏帶省祭官十八人。有旨劾治。

丙辰。免應天安慶蘇寧國廣德水災田租。
增湖州通判。駐烏鎮捕盜。兼水利。
己未免順天河間保定田租。
辛酉。上發京師。次沙河。
戶部右侍郎王杲兼右僉都御史。賑河南。
壬戌至天壽山。
十月乙丑朔。上祭長陵。立成祖文皇帝陵碑。
丙寅巡撫貴州右副都御史張鉞爲南京工部右侍郎。貴州左布政使李顯爲右僉都御史。巡撫山東。
諭停刑。
前國子監祭酒陳霽卒。霽吳人。弘治丙辰進士。館選。授編修。年七十五。賜祭葬。
壬申。進戶部尙書梁材太子少保。
甲戌。起白爵都督僉事總兵官。鎭守宣府。
戊寅。故贈光祿寺少卿常熟蔣欽補賜祭葬。
壬午。大同弘賜鎭邊鎭川鎭虜鎭河五堡成。毛伯溫以前張文錦任非其人。非建議謬也。卽故鎭川堡之左。築堡曰鎭邊。卽弘賜之右。築堡曰鎭虜曰鎭河。相去各二十五里。分戍三千人。參將一。指揮五領之。三月功成。號曰北路。進毛伯溫太子太保。史道兵部右侍郎。仍巡撫。故總兵梁震。贈太子太保。
庚寅。祝雄爲署都督僉事總兵官。鎭守大同。
辛卯。湖廣提學副使江以達削籍。初楚王迎祭梓宮。欲先出。以達居守。不聽。遂訐奏下獄。

十一月钾朔。丙申。至日。上祀南郊。

己亥。戶部左侍郎李如圭爲南京工部尙書。雲南左布政使韓士英爲右副都御史。巡撫貴州。

免南昌臨江吉安南康九江瑞撫饒水災田租。

南京兵部尙書湛若水條留守十事。平物價。急無告。勸耕桑。申禮制。宣聖訓。躬騎操。修武敎。編保甲。勵兵馬。定四民。允行之。

癸卯。免山西田租。

丙午。初南京監察御史錢籍。論考功郎中章袞不職。以不先劾。待中察上之。置不問。

巡按直隸監察御史黃正色戍邊。護行梓宮騎過其舟。太監鮑忠反劾之。

戊申。兵部右侍郎張潤改戶部左侍郎。總督倉場。督理西苑農事。

南京兵部尙書湛若水上治權論。欲激安南吏民共討莫氏分地。可不煩兵而下。部覆迂之。

辛亥。詹榮服闋。補尙寶司卿。

壬子。起右副都御史王大用劉士元等。

夜。火星犯上相。

丙辰。孫瑁嗣懷寧侯。孫瑛弟。

旱。禱雪。

丁巳。周采林廷學楊應奇龍遂陳邦彥張堯年王嘉元許貫之王夢弼爲給事中。

戊午。饒天民章傑郭廷冕胡直行人陳與晉舒鵬錢應揚桂榮葉經趙應祥王九齡李仁龍翕五倫陳時胡汝輔汪旦張棐陸瑚唐臣徐鶴齡魏謙吉張煥符驗馮璋黃河爲試監察御史。

起陶諧兵部右侍郎。
十二月朔癸酉。逮前宣府總兵官江桓參將賈英指揮周才李璽何圖。追其再失罪也。
乙亥。河南巡撫右副都御史胡纘宗以公署燬及符敕免官。
戊寅。大慶賜書諸王賚金幣。
庚辰。河南左布政使傅鑰爲右副都御史巡撫河南。
壬午。日生暈及左右珥。尋白虹亙天。
甲申。荆門地震。
乙酉。復慶府豐林王台瀚爵。
存問前南京工部尚書餘姚陳雍年九十。
丙戌。河南道監察御史聞人銓請正文體。命禮部詳閱鄉試錄及試牘。如離經畔道。罪考官監臨官。
戊子。封厚燆衡王。載榷榮王。朝堈周王。睦桄棗陽王。憲㰖遼王。致樜蘄水王。致棖宜城王。厚煨高安王。厚熗上饒王。載坃成皋王。謨墭高淳王。謨堪休寧王。載琛德平王。載階崇陽王。厚炬太和王。
己丑。周府鎮國將軍安湔越門上修煉丹書。下禮部。治輔導官罪。
庚寅。切責慶成王表欒以將軍奇湋等劫汾州祿糧代奏也。奪奇湋等祿三之一。
癸巳。時傳上明春欲南巡。太子太保禮部尚書霍韜以聞。且請治南巡從官道賄之罪。上責實。韜委之郭勛。上又責實。竟不置對而罷。
諸大臣應制無逸殿賜直廬。上齋居西內。諸臣不時召。或至夜分。所應制俱元壇青詞。太師翊國公郭勛。成國公朱希忠。京山侯崔元。駙馬都尉鄔景和。大學士夏言翟鑾。尚書嚴嵩。

庚子嘉靖十九年

正月钾朔上疾不視朝。

乙未貴妃閻氏薨。追封皇貴妃。謚榮安惠順端僖。

壬寅上始朝。

癸卯進封皇貴妃王氏沈氏。肅妃王氏雍氏陳氏。貞妃王氏。懿妃趙氏。冊宸妃王氏。榮嬪余氏。昭嬪徐氏。寧嬪王氏。

封左都督方銳安平伯。祿千石。皇后父。

丙午。行邊使兵部尚書兼都察院右副都御史翟鑾入朝。仍太子太保禮部尚書兼武英殿大學士。直閣。

增七廟樂舞生千二百二十九人。

辛亥。俺答入大同。伏五百騎於太廟灣。以四十騎分掠。參將張守忠守備林椿追之。中伏。殺指揮周奇等二十九人。

乙卯。增顯陵守戶二十人。

庚申。巡按雲貴監察御史謝瑜。劾禮部尚書嚴嵩貪汚强辨。動引明堂大禮南巡事爲解。請斥之。不聽。

平陽地震。

顯陵太監傅霖乞定諸司相見禮。命如皇陵天壽山。

安南莫方瀛死。登庸立其子福海嗣位。

二月𤖎朔。朝天宮祈年醮三日。

乙丑。左春坊左司直兼翰林院檢討任瀚引疾遽去。不見報。又還。被劾。疏辨。刺霍韜抑之。削籍。

丁卯。浙江布政使右參政翁萬達改廣西。萬達才武。以討安南添設湖廣按察副使。至遷浙江。提督蔡經奏留之。

大學士翟鑾請原海西諸衞。其屋舍田宅。頗同中國。遂成藩屏。今貢期不至。蓋爲兀允住所阻。而允住不靖。則驛傳苦之。宜嚴諸驛。毋得留阻。且原過期之罪。而購允住之首。以杜後釁。從之

辛未。湖廣清軍監察御史姚虞上流民圖。皆河南饑民鬧顯陵工就食者。命賑之。俾復業。

甲戌。鄭王厚烷請祀濟瀆。不許。

翰林院編修兼司經局校書王同祖爲國子監司業。

丁丑。夜。月食。

戊寅。南京兵部右侍郎歐陽鐸爲吏部右侍郎。

裁餘杭等山縣商稅多私鹽故。

己卯。罷武舉。

辛巳。夜。月犯房宿。

癸未。旌周府遂平王安洛賢行。

乙酉。廣西道監察御史舒鵬翼劾湖廣提學僉事劉汝楠文尙險怪。宜斥。部覆汝南漸就平正。遂仍留。

丙戌。俺答寇宣府。初三騎指揮僉事王勳易之。追逐被圍。參將許國往援而敗。逮國勳獄。

丁亥。直隸新城知縣吳瑗戍邊。部民唐剛訴其子不孝。遽斃之也。

己丑。楚府儀賓沈寶私怨。訐楚王顯榕不軌。按治無狀。寶削籍。

辛卯。初上擬清明節謁陵。至是以日食輟行。

三月癸巳朔。日食。欽天監以食不及三分例免救護。禮部奏不食。上悅。

旌秦王惟焯賢行。王事祖母至孝。每旦焚香望闕爲天子祝壽。

遼東總兵左都督馬永卒。字天賜。遷安人。世金吾左衞指揮使。有謀勇。正德六年。討流盜知名。進都指揮同知。隸江彬。引疾避之。後爲參將。守馬蘭峪。戰有功。進總兵。治三屯營。汰羸卒。以聽其農市。厚健士一軍稱雄。歷鎮薊遼。及卒。邊人爲之罷市。櫬歸漁陽。人皆洒泣。兩鎮並祠祀之。

乙未。巡撫河南都察院右副都御史傅鑰卒。鑰遼東蓋州人。僑江都。正德辛未進士。時乞賑饑。上特貸粟三之一。餘出銀代粟。賜祭葬。

戊戌。修西苑仁壽宮。

議故禮部左侍郎薛瑄從祀孔廟。尙書霍韜等俱右之。左庶子童承敍贊善浦應麟謂宜緩。贊善兼檢討郭希顏少其著述。遂俟後命。

永淳長公主薨。

癸卯。巡鹽右副都御史黃臣勒免。

乙巳。黃霧四塞。俄暴風起西北。壞石坊。諭飭邊防。

湖廣江華苗羅田竹溪盜作亂。殺主簿張文莫。尋平之。

己酉。太常寺少卿提督四夷館崔桐爲太常卿。署國子祭酒。

辛亥。許罪弁贖粟賑都勻思南銅仁旱災。

乙卯。改承天德安爲荆西道。設守巡官。

丁巳。戶部右侍郎鄭伸爲左侍郎。巡撫四川右副都御史李□爲工部右侍郎。

戊午。前翰林侍讀學士廖道南上文華大訓箴。

設遼東金復海蓋兵備僉事。繫銜山東。

庚申司經局洗馬鄒守益爲南京太常寺少卿兼翰林院侍講學士。署翰林院。監察御史毛愷言宿儒不宜遠。謫愷寧國推官。

四月妊朔甲子。起劉大謨都察院右僉都御史。巡撫四川。

丁卯。欽州知州林希元請伐安南。圖上方略曰。莫方瀛恃都齋之固。其地淤塗十餘里。舟不得泊。若以東莞瓊海之師。助占城擊其南。以閩師航海出枝封。楚師出欽州。與之合攻都齋。無巢穴矣。廣西之師出憑祥。雲貴之師出蒙自。與之合攻龍編。則根本拔矣。如此莫氏可舉而定也。又條上方略。御史錢應揚言其道聽不足採。

徐學謨曰。希元自大理丞左遷。炎方不勝其忿懣。故誤襲道路傳聞之語。冀一當上。不知兵難遙度。將欲勞百萬之師。以勤蠻徼。卽幸而勝之。得其地不足以耕。得其民不足以使。況未必萬全。是以書生不可與謀國也。

己巳。大理寺右少卿魏有本爲右僉都御史。巡撫河南。

庚午。洮涼甘肅地震。

辛未。刑部尚書周期雍。鐫俸一級。初錦衣指揮樊瑤以長子綱常有罪。不當嗣。請立庶子緯。綱疏辨。刑部謂子訐父私。其罪均。命再訊。於是坐瑤奏事不實。上以瑤事與他奏不同。責對狀。引伏。

甲戌。定五品以下有司官不職。許撫按立訊。毋奏瀆。

旌南城烈婦胡氏。適李華。賈外姑淫縱。脅氏。八年不少辱。竟殺之。事聞。立祠賜祭。

己卯。湖廣道監察御史包節。劾兵部尚書張瓚鬻爵。瓚疑左都御史王廷相嗾之。遂訐廷相私事。俱不問。

庚辰。諭禱雨上禱宮中。

癸未。雨。

翊國公郭勛請宥海州副總兵時陳死罪。不許。

秉一眞人陶典眞立雷壇于黃岡之團風鎮。

督工工部尚書甘爲霖言。諸工垂成。請罷採木第覈其未竣者。從之。

丁亥。延綏總兵官周尚文劾罷。

太子太保禮部尚書嚴嵩以員外郎衞元確行人孟廷相使藩邸不卽報。乃吏科都給事中丁湛寬其限市恩。

俱下鎭撫司。謫元確湛於外。廷相贖還職。嵩蓋忿臺諫前摘借修其怨也。

己丑。京師雨雹。

五月甲午朔。錦衣千戶李拱辰言。顯陵合葬。災異屢作。乞返葬天壽山。命下鎭撫司論贖。

甲午。鄜州大雨雹。傷人畜。

前太子少保禮部尚書李浩卒。浩曲沃人。成化甲辰進士。有才幹。議論英挺不受挫。年八十五。贈太子太保。謚莊簡。

丙申。復命勳臣子弟肄太學。從司業王同祖之言。

四川遂寧訓導蕭時芳言。郭勛夏言霍韜並中興功臣。而心跡未一。宜賜酒和解。命下鎭撫司。削籍。

己亥。固原等衞地震。

選京師淑女百人。

辛丑。棗强天鼓鳴。夜隕星化爲石。四之。

壬寅。定巡撫官限郡縣輸賦京邊。杜其侵緩。

乙巳。應天府尹陳卿爲右副都御史。巡撫甘肅。

乙卯。作雷殿。

設河南驛傳僉事。

丁巳。南京戶部右侍郎王潮卒。

戊午。太子太保工部尙書蔣瑤南京兵部尙書湛若水並六年考滿。以踰耆。並令致仕。

六月醉朔。丁卯。戶部左侍郎張潤爲工部尙書。

太子少保戶部尙書梁材罷。初諸宮殿繁興。役外衞班軍四萬六千人。不足。郭勛以失期者人輸金顧役。秋期四千人。春加其一。月粟四斗。材不許。勛劾其擅。

陳善曰。梁公爲司徒時。人問其爲杭守狀。曰。吾無他長。但事無宂劇。必于一日決之耳。其語蓋祖劉晏。晏管鹽鐵。亦嘗爲浙吏。當二公時。浙無廢事矣。然使決之未盡。當可謂賢乎。劉穆之一日百函。朱齡石七十函。亦係其才耳。可相效耶。

戊辰。增瓊州參將。

浙直蝗。大饑。

庚午。還夏言所追御札銀章。

復設江淮總兵。大盜常熟黃艮。通州秦璠。並自崇明出入海上。肆劫。漕舟出孟瀆。掠其七。遂逮鎭江知府張瑤。丹陽知縣周寧。起湯慶左府都督僉事總兵官。捕盜。

壬申。皇穹宇祭器成。

甲戌。南京工部尚書李如圭改戶部尚書。巡撫順天左僉都御史張漢爲戶部左侍郎。總督倉場兼理西苑農事。

乙亥。南京禮部尚書熊浹改南京兵部尚書。

辛巳。南京太常寺少卿徐錦爲右僉都御史。整飭薊州邊備。巡撫順天。

初。兀剌自相仇殺。至是兀剌卜陸王桶孛刁忽還來款塞。總督尚書劉天和言。土魯番入寇。必藉其力。今及其困而撫之。感恩自倍。如不受。必入于土魯番。爲後日憂。下廷議。

丙戌。禮部右侍郎張璧刑部左侍郎宋景爲南京禮工部尚書。

戶兵工部會議役費。詔仁壽宮欽安殿速爲之。餘暫止。

戊子。修寧武偏頭等邊垣。

咸寧侯仇鸞。尚書毛伯溫言。莫登庸未服罪。因籍廣東水卒三萬六千人。廣西土兵七萬五千人。粟三十八萬石。金八十八萬。別徵兵若干。命南中奏至部覆毋越三日。仍留廣東歲賦鹽課備餉。

總督蔡經言。按鄭惟憭之書。稱元年七月立舊光紹次子黎寧。號爲光照。今則號元和。且四年矣。昔謂據淸華。而今云在木州。親信如惟憭。亦不知黎寧之所生年月。或惟憭等以鼓動衆心。亦未可知。夫使黎寧果出于諶。則正派猶在。人心尙屬。不然則名義未正。豈惟彼國人心渙不可收。卽我動調大衆。雖雷霆之威。罔不摧折。而勞逸亦宜審處也。時上意銳。廷議多難之。勿悅也。惟憭給長樂縣宅一區。田五十畝。從者三十畝。

七月甲申朔。癸巳。翰林學士張治左諭德兼侍讀龔用卿主考應天。

甲午。夜。月掩角南星。

乙未，禮部右侍郎蔡昂爲左侍郎。少詹事孫承恩爲禮部右侍郎。

丙申，宣府總兵官白爵言：鎮兵八萬，馬四萬，而兵不振者，其弊有五。蓋緣將不知兵，兵不顧將，逗留者亡罪，失報者免誅，法令姑息，一也。人無鬬志，器甲不備，二也。尖夜縱虜，笞罰不加，三也。寇至如風雨，臣等遙制，累日方聞，副參游守舉劾誅賞，主將不涉，權輕令沮，四也。通判經歷吏目勘虜所入，守備郊迎，總副游參入候，官吏失職，五也。欲振其弊，惟命大臣總兵，庶其有濟。上是之。

寧夏總兵官都督僉事任傑移鎮延綏。傑謀勇兼備，賞罰明信，爲虜所憚。濱行，鎮人如失父母。

丁酉，土魯番以奸夷火者皮列誘之，違例入貢，不納。舊五年一貢。

陝西右布政使尹嗣忠爲右僉都御史，巡撫延綏。刑部右侍郎吳山爲左侍郎。南京刑部右侍郎王浚還部。

戊戌，設郡縣置倉積穀，御史舒遷言之。

邊報多不實，遣給事中張良貴覈宣大山西功罪。

總督陝西劉天和言平虜城伏兵邀虜，斬二十八級。賜金幣有差。

廕郭勛、朱希忠錦衣百戶。進禮部尚書嚴嵩少保兼太子太保，工部尚書甘爲霖太子少保，餘陞賞有差。皇穹宇成。

癸卯，虜犯宣府右衞，總兵白爵戰于宣平，敗之。副總兵雲冒又敗之。爵追戰于北莊。

甲辰，南京太常寺卿衞道爲南京刑部右侍郎。

己酉，榮王載境求父恭王墓表，以非制不許。其先簡王、靖王墓表，悞恩也。

壬子，虜涉桑乾河，半渡值雨，官軍急擊之，斬百有六級，獲馬六十四。

癸丑，增翊國公郭勛歲祿百石。方士合肥段朝用假丹術結勛，進銀器。上悅，又進萬金助雷壇，授紫府宣忠高士。後術不驗其丹銀卽勛矜幻攝之。

甲寅。增湖廣解額五人。共九十人。

前刑部尚書聶賢卒。賢長壽人。弘治庚戌進士。持守清苦。始終不渝。贈太子少保。謚榮襄。

己未。吏科給事中劉大直言。禁科斂止餽遺處公廨審斥陟公採訪戒科求。從之。

虜由萬全右衛入寇。總兵白爵出戰敗績。掠蔚朔懷仁渾源靈丘馬邑。參將章鎭計伏蔚東山。又參將徐珏扼美峪口。虜不得東。鎭邀擊于大比莊。斬七十餘級。虜引去。

嚴從簡曰。時梁震死。祝雄代鎭。失良將扞禦隳績。自是山西之禍成矣。近年邊將負才名者三人。李瑾梁震祝雄也。稱瑾者曰性孝友勇而有智料敵多中治軍。人不敢干以私。稱震者曰巧于襲營。善用人下樂爲死。稱雄者曰循循如書生。與人信。士卒同甘苦。瑾以行法遇害。可深惜也。震數立功境外。其時鮮失事。而雄則敗衄偏師。戕艾生齒。且弘賜之外捍不嚴。而全鎭創痍。西路之中堅失據。而山西蹂踐。將所値之異耶。胡名實之不副乃爾。噫。震雄同事者史道也。道之疏曰。震剛愎驕橫。雖稱難處。而壯勇多機。閑習戎務。臣與矢心力荅恩眷。今之將帥。未可倚恃。臣誠旁觀。亡以自寧。則又安可委之所値耶。

八月[illegible]朔。壬戌。禮科給事中曾鈞言。謹士習。士習之敝。廉汚之介勿嚴。靜躁之分不明也。至于大臣自處。尤有可議。古大臣慮在四方。今則守局循常矣。古大臣恭儉率物。今則强奢競靡矣。古大臣被論引罪。今則强辨傷體矣。古大臣同寅協恭。今則交惡相傾矣。故忠佞之辨。在陛下加之意耳。上褒諭之。

癸亥。湖廣清軍御史姚虞言。軍屯不當兩分。始命清軍御史兼管屯田。

甲子。令南京鑄嘉靖錢。

乙丑。夜。月犯心星。

丙寅。左春坊左庶子兼侍講童承敍左中允兼修撰李學詩主考順天。
己巳萬壽節先醮朝天宮三日。
甲戌。虜萬騎入平涼。副總兵魏慶戰敗。流劫崮嵐石州靜樂。
丙子。署太常寺事禮部左侍郎金贇仁上所輯各年增定儀注。名曰太常總記。
虜自寧武關南犯崮嵐靜樂等縣。殺掠萬計。山西副總兵魏慶不敢戰。僅尾虜後。有二虜直貫其營。慶懼不敢出。
丁丑。翊國公郭勛以風霾請大臣自陳。聽科道拾遺。于是刑部尚書周期雍獨休去。
戊寅。羽林前衞指揮同知劉永昌下鎮撫司。時上欲靜攝。命東宮監國。大臣固爭。永昌獨言其便。上惡之。
己卯。右春坊右庶子兼侍讀楊維聰予告。
裁南京五府都事光祿署丞各一。
庚辰。夜。月犯五車東南星。
壬午。前遼東巡撫右僉都御史成文卒。
癸未。夜。木星犯軒轅。
前巡撫遼東右副都御史劉滰卒。
戊子。設浮梁景德鎮陶窰通判。
虜吉囊二萬騎犯定邊營。阨于牆不進。詭襲黃毛虜。我師懈。以三騎坎而登。指揮郭卿等擲弓走。衆驚潰。虜入固原。總督劉天和斬指揮使牛斗郭卿等以徇。會久雨濘沒馬足。虜狼狽反。天和嚴兵以待。實錄云九月十二日始出。

太僕寺卿楊最言。皇上靜攝東宮監國之命。揆厥所由。不過惑信方士耳。皇宮內院。豈有白日升天者哉。黃白金丹之術。皆可斷元氣。惟端拱清穆。恭默思道。不邇聲色。保復元神。仙藥不求而至矣。至于監國。尤不敢議。上怒。杖之百杖。半最死。錦衣校杖畢其數。時百官班朝震懼。最射洪人。登進士。歷工部郎中。督逋山西。歸無所賂。尚書李燧銜之。嘉靖初知寧波。擕一僕詣官舍。旦暮二炊蔬菽而已。人謂震畏四知。秉去三惑。不足多也。性淳樸。方果。不能媚人。當道深嫉之。其爲政抑豪憫惸。訊決無滯。覓調黃州。去之日。老幼遮慟。留其履襪祠之。皆敝。僅掇而已。隆慶初贈右副都御史。謚忠節。

九月己丑朔。虜營哨河。我軍夾攻大敗之。斬四百五十級。殺吉囊次子小十王。餘遁去。分營東勝賀蘭山。我大同兵邀東勝。虜斬九十級。莊浪寧夏兵邀賀蘭山。虜斬百八十一級。虜大詘。庚子。遁出塞。

王世貞曰。關中自王瓊後。赫赫名者稱三總帥。云王憲唐龍。後俱本兵。稍不稱天和之殺二裨。人或尤之。然知有伍政矣。

禮部奏進大報等祀日冊。

郭勛請營馬萬八千四百二十匹。命發四十萬金。市于河南山西。

辛卯。夏言乞休。上諭之。勿負朕心。

甲午。大享上帝于玄極寶殿。奉睿宗配。

辛丑。廣西道監察御史舒鵬翼言。近來大臣報怨攻擊。上詰實。鵬翼指霍韜夏言郭勛。而不著其事。上怒。謫山西布政司檢校。

壬寅。運糧千戶李顯言。運河南自瓜儀。北至淮安。袤三千餘里。皆藉諸湖水。寶應氾光湖。廣且百二十餘里。風濤爲患。今宜從湖隄東開月湖。令運艘循之以達。報可。

癸卯。召南京戶部尚書錢如荊爲刑部尚書。

旌弋陽王拱樻賢孝。

乙巳。固原地震。

己酉。徵咸寧侯仇鸞。鸞至廣東。責安遠侯柳珣以屬禮。不受。遂互劾。命改珣征南副將軍。

辛亥。賜故工科給事中許天錫祭葬。

乙卯。順天府丞蔣淦爲工部右侍郎。

夜。火星犯南斗杓第二星。金水土聚于角。

丁巳。裕嬪王氏薨。葬金山。

十月紀朔庚申。中書舍人汪雲程。自言精諸葛亮八陣兵法。求教習團營。上誕之。謫。

南京禮科給事中曾鈞等言各路採礦得不償費。乞盡罷。報可。

辛酉。弛私鹽擔負之禁。

討銅仁平頭二司及鎮溪篁子坪叛苗。

前太子太保戶部尚書梁材卒。材字大用。上元籍。大城人。弘治己未進士。授令。歷刑曹。改御史。歷戶部尚書。致仕。及再召。途人丐子相慶曰。天有眼。又忤郭勛去。歷中外。清節著聞。司國計先後十年。謹守管鑰。雖工作繁興。不加賦而用亦足。時尚流通。材屹然自守。靡媿古人。隆慶初。贈少保。謚端肅。

馮時可曰。語有之。善仕不如遇合。誠哉斯言。當嘉靖初。英主斤斤明察。政府訑訑自智。一時士大夫俱以阿比取寵。而公獨屹如中流砥柱。而名實孚于上下。卒獲伸其志以去。遇合有數哉。自公去後。來者益齦齦救過不給。安所顧繩墨。公亦遭矣。易名端肅。稱其人哉。

甲子。少保兼太子太傅禮部尚書武英殿大學士顧鼎臣卒。鼎臣字九和。崐山人。弘治乙丑進士第一。授修撰。遷侍講。歷左諭德。兼侍讀。進學士詹事。歷禮部尚書入相。上南巡。獨命留守。取充位無以自見。贈太保。諡文康。

劉鳳曰。君臣之遇合誠難矣。苟誠遇。豈爲徼一時榮寵哉。當世宗中興。慨然欲舉三代禮樂。虛己疇咨。審則法令。動以經義。從親禮儒臣。晝日三接。信任無加焉。鼎臣晚乃獲遇。其所對揚僅僅若此。非有所畏不盡。則其術固疎與。獨始終一節。不爲飾。臣高自錯而無當于名實。猶賢矣乎。

乙丑。署詹事府太子少保禮部尚書霍韜卒。韜南海人。正德甲戌進士。授兵部主事。由議禮進少詹事。歷今官。性剛褊不能容物。好論事。時齟齬。始善張璁桂萼。後更戾。并仇夏言。才有餘而器不足。贈太子太保。諡文敏。

丁卯。皇太子疾。上禱于上玄。諭停刑。

戊辰。作南郊圻享殿。

兵部左侍郎楊廷儀卒。

癸酉。劉會馮良知胡賓李文進安宅張思王燁章允賢聶靜粱格張永明爲給事中。車邦祐李秀春侯度陳策伊敏生郝明俞則全趙弘鄭芸曹邦輔趙炳然邵基吳瓊李璧李丕顯周諒爲試監察御史。燁格永明諒並南京。

庚辰。太原地震。

前巡撫應天右副都御史陳克宅卒。餘姚人。正德甲戌進士。

辛巳。南京國子祭酒馬汝驥爲禮部右侍郎。

壬午。孫永嗣應城伯。孫越孫。

甲申。都指揮僉事王升總兵官。鎮守大同。四川都指揮同知沈希儀署都督僉事總兵官。鎮守貴州。

丁亥。右春坊右諭德龔侍讀屠應埈予告。

十一月珹朔己丑。上不豫。百官候起居。

庚寅。安南莫登庸入鎮南關來降。初毛伯溫合兵三十萬會境上。先以聲恫喝檄討。罪止登庸父子。能擒斬者爵賞。登庸如歸順。亦聽之。料兵分道。正兵三。參政翁萬達副總兵張經自憑祥入。曰中哨。兵四萬人。副使鄭宗右參將李榮自龍州入。曰左哨。副使許路都指揮白法自思明入。曰右哨。各萬四千人。奇兵二。參政張岳都指揮張輗自歸順入。副使張嘉謀參將高誼自欽州入。又海哨副使涂楗都指揮武鸞自烏雷山各萬四千人。雲南黔國公沐朝輔巡撫汪文盛會兵蓮花灘。中哨則副使鮑象賢都指揮王銘等。左哨副使鄭騮都指揮方策右哨副使張絅都指揮馮立等。計二萬人。餘軍不與焉。伯溫身駐南寧節制。而安南預毒上流。瘞竹陷馬足爲備。時奸民輸我情。翁萬達偵其狀。令出關通賊者磔之。莫登庸大懼。子方瀛已死。留孫福海守國。身入關投款。兩軍相拒。伯溫承制立幕府。築昭德臺。奉御座于壇。覆黃幄。諸臣以禮服侍。開關。登庸及從子文明陪臣阮如桂等四十八人。銜組徒跣。跽上表曰。大兵壓境。臣猶圈豕。何足以當。幸見軍門檄問。備奉天言。慈渥無涯。拊膺流涕。竊念縲臣有罪。黔首亡辜。陛下不忍以縲臣之故而駢僇羣黎。縲臣何幸以羣黎之故而概存殘喘。雖先國臣丁氏陳氏黎氏遞相沿襲。稱號紀元。臣悔悟之餘。固知其不可。已戒革除候命。豈敢仍蹈往謬。自速天誅。欽州守臣奏。如昔貼浪二都。澌凜金勒古森丫葛等四峒。原欽故地。果爾則先黎氏冒而有之。臣願歸之欽州。至鄭惟僚所稱黎寧。國人以爲阮金之子。今雲南以寧爲黎氏後。見在老撾。已達聖聽。臣何敢辨。願以廣陵七州紅衣等寨某某附近地。割屬雲南。惟聖恩特遣使臣至國。訪有黎氏後。臣當迎歸。全以土地奉還。豈直割與前地而已。若果如國人所云。乞憫念生靈。俾有統攝。其先年失貢。宜補。及以後方物。臣不敢遽以爲言。方在罪中。求免一死。尚恐不得耳。又先朝故事。備代身金人。即欲獻上。亦慮唐突。惟聖明垂察。阮如桂士民阮經濟黎烇等奏。登庸受國。未及請命。罪復何言。臣等亦私相推戴。實與登庸同科。頃陛下曲賜恩貸。得緩須臾毋死。幸甚。諸生謝天縱爲解組。翁萬達稱詔赦登庸。歸俟命。拜謝去。文明賫降表入朝。伯溫等以其事聞。請與登庸都護總管。如漢唐故事。歲以廣西布政使頒曆。令趨鎭南關祗領。至澌澟古森丫葛金勒四峒。令入欽州版圖。有如說者以黎氏爲疑。則當黎利發難時。殺我大將柳升及大臣陳洽。宣宗猶思貸之。今登庸獨不可請比乎。且鄭惟憭所居在上下朗石林州。近西粤。西粤皆不識黎寧何如人。或稱黎寧。或稱黎憲。或稱光照。或稱元和。或以爲阮金子。或又以爲鄭氏詐稱常安人鄭烜言。曰漆馬江卽有黎寧。然宗支皆不可知。今誠念黎氏苗裔。請量予寧職事。得食漆馬江。屬黔南掌之。而登庸表章下兵部彙議。

田汝成曰。莫氏不道。弒其主而奪之位。罪誠有之。然國之臣民。帖然比輔。感其惠而忘其仇。議者必欲征之。過矣。雖然議征者誠過。而諫止者又徒以不能取勝爲憂。亦非也。以四海全盛之力。而謂不能殲一隅。其見爲不宏。然以一隅之地。而必勤四海全盛之力以克之。其勝也爲不武。昔者主父偃之諫伐南粤也。曰夷狄相攻。此其常性。而賈捐之之議棄朱崖也。揚子雲頌曰。不以鱗介易我冠裳。庶幾近矣。吾故曰安南之不可征者。非憂吾之不能征也。謂彼之不足征也。

王世貞曰。安南地眂中國得十一。戶口得十二。漢九郡供賦稅。出力比于中土。至宋始棄。以畀其酋。然猶授王官。質子貢物。饒富。宋弱。彼益驕。不復覩中國大矣。元得志。發兵三四入國都。終靡要領。迨明文皇帝大發兵討之。擒僞王。伏斧鑕闕下。畫經界。置吏受約束。夷樂夷俗畏明法峻。旋叛。雖得屬圖版之末二十餘年。大司農量得喪。乃百不當一耳。宣皇帝難用兵。採楊士奇楊榮議。棄之。南土息肩。往年莫氏之役興。獨主上銳而羣尼之。此豈愉佚忘大哉。善理疾者。必先究吭領要害。而餘功達于肢節。虜勢方跳梁。歲殺掠吏士。孤不得壯。壯不得老。而供餉坐疲矣。舍吭領要害之究。而事肢節。非有大益。且有異害。昔吳王北破齊盟晉。而越入吳。王且未慮吳也。而欲伐宋。其臣諫曰。王得宋小不能居。而失吳。王乃歸。此征安南之說也。伐宋非失策也。吳固而後宋可伐也。

甲午。免蓬溪南充旱災田租。

戊戌。奉安皇穹宇神位。上屬疾。遣郭勛嚴嵩。

振威營南和伯毛良卒。

改陝西總督劉天和爲南京戶部尚書。

己亥。太常寺少卿兼翰林院侍讀學士鄒守益爲國子祭酒。

壬寅。金星晝見。

丙午。巡撫寧夏右副都御史楊守禮爲右都御史。總督陝西三邊軍務。

壬子。秉一眞人陶典眞進少保禮部尚書。署太醫院事。禮部左侍郎許紳進工部尚書。

癸丑。寧夏巡撫楊守禮請築鎮遠關黑山營。從之。

甲寅。河間盜平。

錄敗虜功。進劉天和太子太保。世錦衣正千戶。總兵周尚文任傑魏時並都督同知。巡撫陝西趙廷瑞延綏尹嗣忠並兵部右侍郎。楊守禮兵部尚書並如故。巡按御史張光祖擢京堂。呂光洵進一級。御史與戰功自此始。

以幃幄進夏言少師。翟鑾張瓚少保。世錦衣衞副千戶。

乙卯。宣大遼東選布政司官理餉。

巡視山海關御史黃鐘行部至振武營。參將張文懿郊迎。會虜入失援。謫鐘浙江按察司知事。

丙辰。初海盜王艮等敗副使王儀。勢張甚。陰榜南京城中。語多悖。上怒。罪當事者。亡何總兵湯慶破斬之。

十二月戊午朔。辛酉。命湖廣總兵官新寧伯譚綸祭顯陵。著爲令。

順天府尹劉勳爲右副都御史。巡撫寧夏。

復設益都顏神鎮捕盜通判。

乙丑。處士王艮卒。艮泰州人。初識論語孝經章句。著格物論。求正于王守仁。不答。曰。待他日自明之。晚益朗徹。稱師門高第。兩救海濱之荒。活萬餘人。御史洪垣搆舍授徒。吳悌疏薦于朝。不報。趙貞吉銘其墓曰。越中良知。淮北格物。如車兩輪。實貫一轂。後有作者。來登此車。無以未覺而空著書。

戊辰。禱雪。

己巳。峨眉縣山鳴。震裂。涌水八日乃止。

辛未。故翰林修撰康海卒。海武功人。弘治壬戌進士第一。嘗救李夢陽。因謁劉瑾爲解。遂黨坐。士論冤之。其詩文最知名。

甲戌。增寧武偏頭鴈門三關戍守。

乙亥。沙河行宮成。侍郎樊繼祖添註工部尚書。餘各陞賞有差。

壬午。封厚煒益王。載均吉王。載墱德王。怙棪瀋世子。勛渥宜山王。厚熿邵陵王。厚烶建德王。朝塡順慶王。朝堵保寧王。朝墉崇善王。朝堛永寧王。健柵歸善王。廷埣富川王。

翰林編修兼右春坊右司諫唐順之。左贊善羅洪先。司經局校書趙時春。各請來歲元旦朝賀禮成。皇太子出御文華殿。受中外官朝賀。上札問閣臣云何。閣臣詘其奏。留中。二十六日有旨。朕疾未平。遂欲儲貳臨朝。是謂君父必不能起也。皆奪官。

吉囊駐牧賀蘭山。

癸未。許鳳陽守備太監張信如黃準例統攝廬淮揚徐滁和毋預民事。

甲申。翰林院編修兼左春坊左司諫黃佐爲南京侍讀署院。

乙酉。吏部尙書許讚上嬰童百問下禮部梓之。

辛丑嘉靖二十年

正月戊子朔。上疾不朝。是日雪。夏言嚴嵩溫仁和張邦奇張潮孫承恩各上靈雪頌。

乙未。南京戶部右侍郎汪珊卒。

丙申。上朝羣臣。

前吏部考功郎中薛蕙卒。蕙字君采。亳人。正德甲戌進士。自刑部主事改銓。以議禮去官。年五十九。所著老子解西原集行世。

唐順之曰。先生少嘗刻鏤于詩。世絕喜其工。今所傳西原集者。其少作也。既志于道。則棄不復爲。雖爲之亦絕不較工與否。然西原集世爭慕效之。而約言老子解好者希矣。

戊戌。吏部大計。

壬寅。免廬鳳淮揚徐滁和災傷田租。

丙午。西海虜卜兒孩款塞。

己酉。吏部文選郎中林春主事許穀被劾不聽。

辛亥。留入覲官陪祀祈穀。著爲令。

壬子。前刑部尙書楊志學卒。志學長沙人。弘治癸丑進士。授戶部主事。至今官。嘗撫寧夏。有柳門卻虜功。贈太子太保。謚康惠。

前刑部左侍郎陳璋卒。

丁巳。大同巡撫史道被劾乞歸。不許。

二月牫朔。湖廣巡撫陸杰以顯陵軍校侵民田。與太監傅霖交奏。奪俸三月。

癸亥。兵部右侍郎陶諧爲左侍郎。右副都御史王以旂爲兵部右侍郎。河南左布政使范鏓爲右副都御史。巡撫寧夏。

甲子。署詹事府事禮部尙書溫仁和翰林院侍讀學士張衮主禮闈。

乙丑。李應臣嗣襄城伯。全禮子。

顯陵寶城及舊宮殿成。頒賞。免承天田租三年。

丙寅。河南道監察御史楊爵言。今天下因仍苟且。兵戎廢弛。奢侈僭踰。公私困竭。奔競成風。賄賂通行。遇災變而不憂。非祥瑞而輒賀。士習民風。于此大壞。在陛下轉移率勵之何如耳。去年自夏入秋。恆暘不雨。歷冬無雪。此誠撤樂減膳之時。而大學士夏言等稱頌靈瑞。欺天罔人。不已甚乎。翊國公郭勛中外皆知其大惡大蠹。乃使其稔毒潛干政柄。令羣兇趨附。善類退處。此任用匪人之過也。邇來四方饑饉相仍。小民委命溝壑。此誠節用惜財與民休息之期。而土木之興。十年不止。朘民膏血而不知恤。昔隋以盛修宮室。至于亡國。此興作太多之過也。陛下初年。嘗以敬一箴頒示天下。頃來朝儀間闕。經筵不御。臣恐人心怠惰。中外渙散。此朝講不親之過也。方士執左道以惑衆。聖王所必誅者。今乃金紫赤紱。徧于羽流。以妖誕邪妄之術。列淸禁森嚴之地。而藉以爲聖躬之福。何哉。貽四方之笑。取百世之譏。于聖德國體所損不小。此信用方術之過也。陛下臨御之初。延訪忠謀。虛心納諫。人人得盡所言。往年太僕卿楊最言出而身亡。近日左贊善羅洪先等皆以言罷斥。臣恐忠臣結舌。讒諛盈廷。而上下之情不相通矣。此阻抑言路之過也。上怒。逮之。爵方以使還里。緹校至時。麥飯盂蔬饗按臣食畢卽行。校請治裝。曰貧不任裝。請內別。曰君命也。寧自便其私乎。妻子牽衣哭。爵麾之。校皆吐舌云。楊君慷慨乃爾。逮至。下詔獄杖之。居數日。視無恙。復杖之。備受酷訊。晝夜困桎鎖。莫敢寬。坐臥處血可抔也。京師暴風揚塵二日。人呼楊爵風云。

庚午。方士段朝用。其徒王子巖以丹術不驗。訐之。下朝用鎭撫司。

壬申。大風霾。

乙亥。上喜邊儆息。敕獎大學士夏言。

丙子。築陝西三邊墩堡。

戊寅。承天知府吳惺乞修府志。遂下巡撫工部尚書顧璘任之。璘聘故壽州同知王廷陳亳州知州顏木纂修。

宗室多越關奏瀆。命以後犯之。俱幽鳳陽。

己卯。右副都御史胡守中爲左副都御史。仍兼詹事府丞。

甲申。封德妃張氏。

虜入甘肅。總兵官楊信敗卻之。

虜寇蘭州。參將鄭東敗沒。

三月奵朔。庚子。定勳臣歿後畢葬。子孫方得嗣爵。

辛丑。策貢士。賜沈坤等進士及第出身有差。

追賜故南京刑部尚書崇德潘蕃祭葬。

壬寅。科道巡視光祿寺歲額年終冊報。

癸卯。福州地震。

己酉。督工工部尚書甘爲霖署部事。仍督工。

庚戌。太僕寺卿汪玄錫爲右副都御史巡撫江西。

壬子。上憂旱。禱雨西宮。

鎮溪叛苗平。

四月丁巳朔。前總理應天糧儲右都御史陳鳳梧卒。

己未。宥安南莫登庸罪。詔曰。安南自昔本屬中國。至宋受王封。始淪于夷。若陳氏傳世久遠。又知慕義納款。爲我太祖嘉奬。著訓後人毋伐其國。止因賊臣黎季犛弑主日焜。又殺其孫天平。上干我文祖震怒。始命將討平。郡縣其地。是出交人于水火。不謂黎利復肆。鼓衆作叛。又詭詞請封。我宣宗皇帝念息兵未久。推聖祖爲陳氏意以恤交人。姑置不問。累朝因之。朕卽位以來。黎氏久不來庭。將奉詞伐罪。節據勘奏。乃知莫登庸竊據。其罪狀未明。恐僇及無辜。暫遣文武大臣。從宜撫勦。今登庸旣面縛軍門。納土請罪。是與二黎兇悖有間。察其降表與國人代陳。情有可原。姑從赦宥。茲爲交人永圖。革去王號。不許稱國。庶免亂賊接跡相叛。登庸久爲交人附屬。准授職印。奉正朔。朝貢仍許。其地置官屬。以便統轄。其人民土地。朝廷無所利之。上進莫文明等午門外。賜金錢有差。兵部尚書張瓚等言。安南故有海陽山南山西交州交北安邦諒山太原宣化興化清華乂安順化十三路。請比土吏令甲。每路各設安撫司安撫使一。同知一。莫氏得自黜陟。歲附貢使以聞。正朔儀部比朝鮮例頒曆。歲終令先期赴鎮南關祗領。故事。安南國王三歲一貢。貢御前皇太后中宮東宮方物。有常。今旣除吏。祗貢御前。他一切勿許。上從之。授登庸安南都統使司從二品。給銀印。敕曰。朕奉天命居中國。爲華夷主。惟欲輿圖之外。四裔俱安。守其土疆。輯寧民人。庶稱朕一視同仁之意。爾安南古蠻夷地。自秦漢以來。立爲嶺南大郡。入我中國久矣。高官大爵受命中朝。歷世相因。至宋始封王稱國。遂使茲土復淪于夷。我太祖高皇帝汛掃虜羶。中原甫定。陳日焜首先納款。因而封之。且著之聖訓。令後人毋伐其國。嗣因黎季犛簒滅陳氏。我成祖文皇帝始命將討平。再勞王師。求陳氏後不得。乃郡縣其地。我成祖用夏變夷之心。爾南岷豈可忘哉。未幾黎利作逆。幾動天討。我宣宗章皇帝念南岷屢遭兵燹。亦不欲久煩中國以事遠夷。乃因利表請。始聽之以活南岷耳。利不足誅也。利子孫克修職貢。朝請不廢。累朝亦禮遇有加。比自先朝迨朕即位以來。朝貢不至。方議興師。適鄭惟僚奏黎氏失國。爾登庸簒奪。則不庭之罪在爾。咋命文武大臣往勘。爾係頸伏辜。恭上降表。言黎宗已絕。聽朝廷處分。朕惟法原自首。人貴改過。既自縛投降。納土請命。是能畏天道服中國也。爾畏大罪數十。故一切赦之。今革王封。特授都統使。世守其土。前黎氏僭擬中國制度。宜悉改正。爾能感恩慕義。賤夷貴華。知今日革除封國之典。實杜他日亂臣賊子之禍。爲爾類永利。如或乍服乍叛。譎誑不悛。仍踵前人故轍。則天討必加。罪在無赦。爾與閩岷。其共深思而仰副之。

高岱曰。四夷不庭。固王法所當誅。然成祖竭天下之力。三犂其庭。而竟不能貽數十年之安。則其難可知矣。今罷數十萬之衆。損數百萬之費。而博取侏儒之使一稽顙于闕廷。亡論不克。即克何利焉。所謂慕虛名而受實禍也。況炎荒萬里之遠。勝負兵家之常。兵連禍結。變起釁生。唐玄宗南詔之役。豈不明鑒哉。故夏言首議之功。不如唐胄弭兵之益也。夷考當時吉囊河套之擾。尚未息肩。不旋踵而虜蹂山西之境。使安南之役不解。其何能支耶。倘移其力以備西北。孰輕重緩急耶。雖然。當時爭先而處强。猶足以見國勢之可振。乃頃者倭寇內侵。數年奔命。竭東南之力。而驅之出境且不可得矣。尚暇問其來貢否耶。此又觀時變者不能不深有慨于斯也。

田汝成曰。桓叔之入晉也。晉人啓之也。于是乎有椒聊之咏。田恆之代齊也。齊人附之也。于是乎有採芑之歌。莫氏之于安南亦猶是也。其得民深矣。其自衞固矣。征之則失春秋詳內略外之體。因而與之。又非天王正名定分之心。故不若先之以責讓之詞。詰其簒弒之繇。曉以君臣之義。以觀其臣民向背而徐爲之所。如其冥然嬌虔不可喻曉也。爲之申固關隘。卻擯貢獻。絕不爲臣。則莫氏必皇皇然曰天朝之棄我如是。我何以取重于臣民也。其臣民亦將曰莫氏爲天朝所不赦。而吾父子兄弟皆亂賊之黨也。庶或有倡義而圖之者。即不有以圖之。則吾中國禮義綱常固凜然觀示于外域也。吾故曰征之不若棄絕之爲得策也。

談遷曰。黎氏之先非我不侵不叛之臣。前殲陳氏而奸其國。緜緜涓涓。今莫氏簒之。政天道之還也。假登庸必討。彼前之爲黎氏何所起腐骨而誅之。上春秋方富。銳意興師。亦貴溪左右焉。噫。今兵食非能加我成祖時也。不欵而深入勝則可。萬一負當壞散不支。爲中國恥。其憂大矣。幸登庸亡他志。予我以體。亦懾于成祖之威靈。又老不任戰。子夭孫孤。懼爲人所襲也。否則飲馬富良之江。麾旗雞陵之隘。度目前諸君。非所任耳。天威恫喝。虛弦而下之。南無尉佗之虞。不厚幸乎哉。

進毛伯溫太子太保。蔡經右都御史兼兵部右侍郎。仍提督。安遠侯柳珣太子太傅。黔國公沐朝輔太子太保。餘陞賞有差。

辛酉。夜太廟災。是日晡。東草場火。都人訛言火在太廟。薄暮。大雨雹風霆。自仁廟火延爇各廟俱盡燬。仁廟主惟睿廟存。明日。上祭告內廟。祭上帝謝譴。避殿撤樂。御西角門召見羣臣。共修省。求直言。

壬戌。給事中胡汝霖巡城御史聶靜李乘雲劾大學士翟鑾救火之緩。上責其私忿。俱下鎮撫司。謫汝霖太平府經歷。靜建平縣丞。乘雲太倉州判官。

甲子。暫罷大禘禮。

乙丑。上身謝南郊。停內外工作。

丙寅。謝北郊。暫止蘆溝橋役。

丁卯。上祭告景神殿及太社太稷。

己巳。上祭告帝社帝稷。

庚午。始御西角門視事。

給寧夏總兵田三頃六十畝。副總兵百五十畝。游擊將軍百二十畝。蓋養廉舊有田。

甲戌。刑科給事中戚賢等。劾郭勛張瓚樊繼祖李廷相胡守中等。薦聞淵熊浹劉天和及兵部郎中王畿主事程文德等。上以王畿僞學。責對賢引罪。謫。

議浚黃河孫家口等濟漕。

丙子。上青袍御奉天殿。詔寬恤天下。

戊寅。奉安成祖仁宗帝后神主。自二陵迎入京。

己卯。禮部祠祭郎中熊過。繳詔書不至。謫。

戶部廣東司主事晉江周天佐言。示人以言。未若示人以政。求言之切。乃示人以言耳。而御史楊爵之獄未釋。是未示人以政也。爵在獄已經數月。聖怒之下。一則曰小人。一則曰囚犯。以盡言極諫爲小人。則爲緘默逢迎之君子不難也。以奉職納忠爲囚犯。又孰不爲容悅寡過之臣哉。願陛下察爵之心。特賜釋放。由此而天意不回。未之有也。上怒。杖六十。下鎮撫司獄。創甚。兩夕卒。年三十一。妻□氏撫屍哭幾死。亡子。嘉靖乙未進士

楊爵曰。嗚呼。遭際之不易。蓋自古皆然也。士當總丱藏而修之于家塾焉。及名登仕版。君恩所同。造次顛沛而罔敢易也。顧以脂韋依阿之風勝。而三極大中之矩浪然于流靡波蕩之洶湧。而承以孑然獨立之身。斯時也。必欲上不負吾身。下不負所學。其不殺身而成仁之恨者鮮矣。天佐之死。天地爲之震動。路人爲之流

涕。嗚呼。天也命也。不肖爵之罪也。復何尤。

江西進賢人熊思榮上敬一箴註解。欲頒行之。且請布衣與科目並用。以妄言下法司論死。

辛巳。洮州衞地震。

乙酉。漢中流盜平。

五月丙戌朔。賑保定饑。

丁亥。漕河淤。河道右副都御史郭持平鐫三級。餘一級。戴罪修理。兵部右侍郎王以旂兼右僉都御史。督理河道。以旂言。黃河南徙。徐呂二洪運涸。今遽議海運固難。而山東平度州新河。元時建閘通舟。南達安東。北抵直沽。悉行內洋。路徑且亡險。此皆今日當與引沁通衞之說並議。又景泰弘治間大臣如徐有貞白昂劉大夏。俱有事于河。其時極力排河。不資以濟運。以黃河勢猛而流濁。來則衝決。去則爲淤。不可藉。且遷徙靡常。害多利少。今幸南徙。惟疏山東諸泉入之。洪沛以南。仍築長隄障水。如閘河制。務在漕道濬利。從之。罷議海湖廣布政司右參議方遠宜乞開海運。報寢。

戊子。議廟工。起潘鑑工部右侍郎兼左副都御史。往湖廣。應天府尹戴金爲左副都御史。往四川。工部郎中應鳴鳳方民悅分佐之。督採大木。

吳家彥嗣清平伯。吳傑子。

己丑。南京禮部右侍郎崔銑致仕。

罷鑄錢。息不償費也。

辛卯。夜。月犯木星。

壬辰。虜犯開原。參將孫繼祖擊斬二十三級。備禦指揮金潮死之。

戊戌。遣文武大臣禱雨。
己亥。敍卻虜功。甘肅巡撫都御史陳卿進兵部右侍郎。總兵官楊信署都督同知。
甲辰。停陝西遣官市馬。
戊申。巡撫順天右僉都御史徐錦自引去。
前南京禮部右侍郎崔銑卒。銑字子鍾。安陽人。弘治乙丑進士。選館。授編修。忤逆瑾。調南吏部主事。瑾誅。還翰林。秩滿。進侍讀。嘉靖初。進南祭酒。改少詹事兼侍讀學士。未幾。擢南部。博學好古。行履修潔。不妄取。海內稱焉。中廢居洹上十六年。折衷羣言。廣授徒。以師道自任。學者稱後渠先生。贈尚書。諡文敏。
庚戌。徐夢暘嗣興安伯。
壬子。司禮太監鮑忠錄囚。
癸丑。山東濟寧盜起。
甲寅。發帑金五萬賑遼東。
固始孕婦產龍于淮水涯。
六月丙辰朔。陝西右布政使喻茂堅爲右副都御史。撫治鄖陽。
豁畿內營屯增課。
丁巳。定各路水利官毋他委。
戊午。琉球國中山王尚清來貢。
欽天追光閣成。
己未。朶顏衞都督革蘭台。自以捕虜功。求增六百人入貢。不許。敕諸邊戒嚴。

免順天永平災傷田租。仍賑之。
壬戌。陝西行都司地震有聲。
閉浙東礦場。
甲子。肅州衞地震。
戊辰。遼東參將趙國忠擊虜于太康堡。敗之。斬百十二級。
己巳。錦衣衞右都督陳寅都督僉事張奇上皇考聖母御製事跡。
壬申。大賑山西饑。
癸酉。南京刑部尙書周用。右侍郎衞道張越。大理寺卿董天錫。鴻臚寺卿胡森。太僕寺卿李舜臣。俱自陳致仕。
國子祭酒鄒守益疏觸諱。落職。
甲戌。河南右布政使龍大有爲右副都御史。巡撫大同。
壬午。總督漕運右副都御史周金爲南京刑部尙書。
大同天鼓鳴。

七月乙酉朔丙戌。火毬如斗。隕左軍都督府中門。久之滅。
丁亥。華州同州地震如雷。
南京前府食祿誠意伯劉瑜卒。
丙申。免濟南災傷田租。仍賑之。
丁酉。治宣大失事諸臣。總兵官白爵免。
俺答款大同塞求貢。時俺答阿不孩强盛。屢入掠。至是遣所掠漢人石天爵言。許市易。漢達兩利。近以貢道不通。每歲入掠。邇因人畜多災。卜之神。言入貢吉。若許卽歸報彼。約束其下。令邊民墾田塞中。夷衆收塞外。永不相犯。否則徙帳北鄙。而縱精騎南掠。撫臣史道以聞。時待命邊外屢向哨卒詷進止。一日邀守墩百戶李寶下墩。席地飲酒。載以馬。擁入俺答營。予宴。常有執戍卒掠其衣糧者。俺答痛懲之。遣夷使送哨卒衣糧還。巡按御史譚學復以聞。請速定大計。准貢則後虞當防。不准則近害立至。且請多發兵糧。遣知兵大臣調度。廷議以虜狡不許。命添注兵部尚書樊繼祖兼右都御史。總督宣大發帑金九十萬。遣科部官贊理。時邊備大疎。而史道遣石天爵還。賂其無犯所部。遂大擧內犯。邊患始棘。

兵部右侍郎任洛。左副都御史張珩前推總督山西。珩以鄉鎭辭。或譖之怯。不受。並劾免。

癸卯。免西安鳳翔鞏昌田租。

丁未。免開封田租。

台州山中犴與龍鬪。水大作。壞臨海太平天台田廬。亡算。

八月甲寅朔。江西道監察御史葉經劾嚴嵩污首通賄宗室。下所司。初。交城王諸孫輔國將軍表柚謀嗣封永壽王秉欓庶子惟熜與嫡長孫懷墡爭國。嵩俱納賄。爲請勘。夏言擬旨多右經語。嵩急歸誠于上。不問。

辛酉。昭聖恭安康惠慈壽皇太后張氏崩。卽日發喪。諭禮部曰。昭聖雖伯母。朕母事之。自十七年秋事。不得不自愛以愛宗社。朕故不敢躬詣問安。遇事必遣內侍詣問。今喪禮有定式。奠祭內官代行。朕生辰免賀。

談遷曰。昭聖手授金符。致躋九五之上。恩莫厚焉。稍隔一膜。終涉阻搆。觀上所札諭。雖賓天之痛。猶有夙隙。大隧之咏。誰爲潁考叔以動之哉。

壬戌。頒遺詔。

翰林院學士兼右春坊右諭德張治爲南京吏部右侍郎。

甲子。俺答阿不孩犯石嶺關。嚮太原吉囊入平虜衞。各數萬騎。命保定副總兵周徹守紫荆倒馬等關。參將任鳳領京兵三千人。上聞虜深入平定盂縣令東官廳總兵趙卿以二千人赴眞保山西酌禦。

起翟鵬右僉都御史。總督直隸山西河南兼理糧餉。左副都御史胡守中爲兵部右侍郎。仍兼左副都御史。總督薊遼。

增密雲參將一。

起總兵官周尙文等。

戊辰。署太常寺事禮部左侍郎金贇仁秩滿。廕其徒協律郎陳自暹。不爲例。

己巳。虜二千騎入大同長安嶺。

甲戌。虜移營太原北道。游擊將軍周宇戰于侯城村。敗沒。虜越而南。殺掠亡筭。

乙亥。安南莫登庸死。或曰義子阮敬煽之。後莫文明告變亦然。孫福海主國事。

丁丑。上孝康靖肅莊慈哲懿翊天贊聖敬皇后尊謚。

己卯。廣西副總兵署都指揮使張經爲都督僉事。仍故任。以平猺功。

庚辰。少師大學士夏言以疏對謬悞。切責。因乞休。上怒。落職。以少保武英殿致仕。言復條上備虜事宜。下所司。

辛巳。太子太保兵部尙書兼右都御史毛伯溫署院。趣之。

癸未。逮山西總兵官魏慶及游擊周宇守備雷澤高宗泰邢勳李承祖劉珮。去年秋失事追劾。

虜驟至寧武關石湖嶺。山西副總兵丁璋戰沒。

六科都給事中邢如默等會推邊才。舉及御史段汝勵等。翟鑾姻黨被劾。謫徽州推官。

九月艸朔丙戌。署通政司事禮部左侍郎陳經爲戶部尙書。提督倉場督理西苑農事。刑部左侍郎吳山爲尙書。

四川左布政使柴經爲右副都御史。提督操江。
戊子。朶顏衞都督革蘭台以不得請。當萬壽節不入貢。禮部讓之。仍悔謝。
出西虜自大同左衞出塞。
庚寅。工科給事中張思改翰林檢討。避其兄通政忠。
俺答入平虜衞。至朔州。欲復犯山西。命樊繼祖遏之。趙卿扼寧武關。
辛卯。右僉都御史劉訒爲左僉都御史。大理寺右少卿梁尙德爲右僉都御史。
壬辰。工部左侍郎鄭紳爲工部尙書。
甲午。行大享禮于玄極寶殿。
乙未。南京工部右侍郎葉相爲刑部左侍郎。右副都御史周煦爲左副都御史。起張景華右副都御史。
大同壯士劉文明等糾衆斬虜六十四級。擒十人。獲諜二十二人。功出官軍上。授所鎭撫山西。雖慓悍善射。以未習虜。多走山谷間。値虜卽授命。亡敢抗。至是怒久。合村落爲鬭。至平遙。居民搘白梃格虜。虜稍卻。
總督樊繼祖累上捷。科道劾其妄。命給事中龍遂御史傅鎭按之。
翊國公郭勛有罪下獄。勛怙寵驕恣。初給事中李鳳來等劾其私廛科斂。事下左都御史王廷相等按之。巡城御史車邦祐覈勳戚私廛。惟勛甚。餘則英國公張溶惠安伯張鑭外戚指揮錢維垣夏勳方士段朝用等。因參勛怙勢斂怨。命收其私人孫濹等下鎭撫司。勛疏辨。先是淸役卒釐奸弊。給勛敕非所便。久不受。至是被劾疏辨臣奸何事。黨何人。何煩賜敕。上怒其抗。責陳鑣王廷相不卽對。各引罪。鑣奪俸。廷相削籍。于是刑科都給事中高時盡暴其短。云代張延齡治家。上怒。下勛鎭撫司。各御史童漢臣等攻之。下所司。密諭指揮孫綱去刑具。上意不欲死之也。已都察院逮勛戚貂璫四百人。諸司莫敢問。員外郎錢德洪按以違敕等罪。法當死。上抵奏于地。不報。明日又奏。又不報。高時飒給事中周亮劾德洪律法不明。併下詔獄。已。論勛者日數上。勛論死。而法司請錄妻子。籍財產。奪誥券。上竟不報。

談遷曰。諺云。小兒常病傷于飽。貴臣常禍傷于寵。郭勛因議禮稱旨。私伺上之怒喜而竊之。旣威福自己出。屢借條對飾其短而樹其權。以貴溪之重相。猶無當于心。不敗何待。然敗而人主猶思之。何以服四凶于天下哉。

己亥。太子太保南京戶部尚書劉天和改兵部尚書。提督團營軍務。成國公朱希忠提督團營並五軍營。

庚子。署詹事府禮部尚書溫仁和致仕。

癸卯。作秋報大齋于朝天宮。

免台州災傷田租。

甲辰。陝西淳化縣有大星流東南。聲如雷。

辛亥。虜深入至石州。

集議防邊。

井陘關城設備兵副使。

壬子。山西提學副使胡松上禦虜十二策。懲苟玩。修障塞。懷攜貳。愼選授。廣間諜。嚴備禦。核屯戍。兵部尚書張瓚嫉其言。請加松官。卽行之。尋遷左參政。備三關。老奸之巧中人如此。

工部右侍郎楊麒爲左侍郎。巡撫貴州右副都御史韓士英爲工部右侍郎。南京太常寺卿屠楷爲南京工部右侍郎。

十月瓅朔。紀功給事中張翼翔。監察御史張光祖。劾總督樊繼祖等失事。責戴罪力戰。

上念山西連被虜。詔復徭役二年。發六萬金。以戶部侍郎張漢賑之。
隆慶州妖人張雄等作亂。巡撫都御史楚書擊斬之。
己未。南京給事中高節御史陸湖等劾兵部尚書張瓚附郭勛通賄。不聽。
辛酉。祫享列聖于景神殿。太常寺誤作樂。奪俸四月。
復宣大遼薊蘭州永平花馬池治餉戶部郎中。
乙丑。寧夏地震。
丁卯。復夏言少傅太子太師禮部尚書武英殿大學士。
起許讚仍太子太保吏部尚書。
戊辰。巡按陝西監察御史浦鋐言楊爵下獄日久。懲創必深。乞宥之寘諸朝列。上怒。命緹騎逮下詔獄。曰。今日之舉。吾巡按陝西之責也。于子無預。命日笞二百。七日卒。鋐文登人。正德丁丑進士。除洪洞令。拜御史。爲政寬大。所至民懷。被逮日。秦人泣送。鋐詩慰之。有滄溟釣石聞相待收拾絲綸坐水邊句。
楊爵曰。古人有言。求忠臣于孝子之門。蓋爲人子而不能孝。則爲人臣而能以忠自樹者。未之有也。鋐以親老即不仕。言者已死。而又敢言者。此又可以見其操履之大節矣。
諭停刑。
丁丑。巡撫延綏兵部右侍郎兼右僉都御史尹嗣忠卒。
壬午。以虜遁。召翟鵬趙卿入京。械參將徐珏治罪。
巡撫山西都御史陳講免。
癸未。吏部文選郎中林春卒。春泰州人。父漕卒。獨與母妻織屨讀書。壬辰南省第一。登進士。授戶部主事。調禮吏部。主選。故事。矜崖岸。鎖門謝客。春長厚淸苦。日講學不輟。年四十四。遺橐四金。不能棺。

馮時可曰。公嘗有言。天然之門。盎然出之。不作好醜。不爲我偶。不爲人觭。何醇而粹乃爾。考其爲人居官。抑何實其言不爽也。唐應德先生稱公行必愜乎人之所安。故不爲嵬崖嶄巀之行。言必衡乎力之所抵。故不爲要眇浮瀾之言。知言哉。予又以公雖不嵬崖嶄巀。而宮廷且峻。不要眇浮瀾。而津瀾自遠。庶幾可得公

十一月楑朔。南京兵部右侍郎王敎卒。

戊子。閉薊州銀礦。

己丑。總督薊遼胡守中科罰横斂。作來遠樓。並伐塞上木。撤藩蔽。令御史段承恩翁正倫勘之。守中復繪城濠樓櫓作屛三。進上及東宮。請樓名。切責之。

癸巳。南郊用烟火不合禮。除之。

免潼川廣安蓬劍遂寧蓬溪樂至安樂安岳中江鹽亭富順內江西充儀隴渠威遠南充大竹災傷田租。

穵運宣府十萬石。大同十五萬石。俱輸懷來倉。發帑二十萬金。修築三關。

增西安州游擊將軍。領三千人。備援蘭靖莊浪。

丁酉。巡按河南監察御史陳蕙。劾開封知府賈應春。以蕙先後考核互異。俱免官。

停淸理鹽法都御史。並議餘鹽。鹽筴開中。有常股存積。法皆輸邊。而掣運于運司。其餘鹽則輸運司以鬻。餘鹽行而存積廢。上遂罷餘鹽。

庚子。選翰林院庶吉士高儀董份陳陞林樹聲潘仲驂嚴訥徐養正高拱葉鏜吳三樂呂時中何雲雁曹忭夏子開萬士和王言徐南金王顯忠蕭端蒙楊宗氣王三聘晁瑮何光裕陳以勤林茂和王應鍾梁紹儒裴宇王材王文熊彥臣彭世爵張鐸。上手製題。文曰原政。詩曰讀大明律。

癸卯。南京吏科給事中王燁。劾尚書張瓚嚴嵩侍郎胡守中。俱結納大奸郭勛。瓚則分賄。嵩則代營邸第。守中則縱妻赴飲。近又劾勛賣直乞斥之。章下所司。

乙巳。金星晝見三日。

紀功給事中張翼翔。監察御史張光祖。以修邊報綏削籍。

戊申。罷冬至朝賀。免慶成宴節錢。

前南京中府都督同知楊宏卒。宏西安左衞指揮使。廉勇博覽。初守備固原。虜入掠。撫臣欲飾奏。宏曰。失事罪小。欺君罪大。累功至大將。

改紫荆關守備爲參將。

十二月壬子朔。增陝西關南道參議于金州。與漢中按察副使分治。

乙卯。免山西田租有差。災傷虜患

進士齊準等九十二人依親。許之。

丁巳。定巡按官不得奏捷與職方官不得以邊功並敍。

巡撫大同右副都御史龍大有敍功及于閣部。上以邊功歸閣部非制。後敍及者參劾。

丁卯。禱雪。

戊辰。臨清獲虜諜一人。下詔獄。

輸粟二十五萬石於宣大平糴。

乙亥。增遼陽游擊將軍。領三千人。專援開原遼陽。

丙子。前翰林院侍講學士廖道南上顯親達考頌淸北八箴平南九歌。報聞。

戊寅。封縉炯肅世子。融堿褒城王。宸濡建安王。勤權曲江王。睦桴邵陵王。勤熮胙城王。睦柯鄢陵王。成鍨襄垣王。觀爐鄒平王。

庚辰。御史陳時爲通政司右通政。

禮科給事中章允賢劾總督薊遼兵部右侍郎胡守中奸利亡恥等事。下守中獄。論死。

辛巳。監察御史伊敏生鄭芸陳策劾嚴嵩京邸乃郭勛代治宜籍沒。各降一級。

壬寅嘉靖二十一年

正月任朔。上御殿受朝。

鳳陽晝晦。星見。飛鳥歸巢。

丙戌。御馬監太監麥福奏勇士營多脫伍。請補五千人。兵部言額故五千三十人。安得脫逃至此。不許。

戊子。吏部尚書許瓚以邊匱請發帑借俸括財鬻爵。上以借俸括財非盛事也不允

裁餘鹽置印薄。

己丑。始許元夕奏事。向元旦至元夕不奏事。至是毛伯溫朝見。

庚寅。巡撫雲南都御史汪文盛甫聞命疾。許以免。

辛卯。雪。羣臣請賀。優答之。

丙申。增戶部山東浙江陝西河南江西山西司主事各一。

丁酉。前刑部尚書王時中卒。時中黃縣人。弘治庚戌進士。

庚子。元夕。上幸豳風亭。召朱希忠崔元夏言翟鑾嚴嵩觀燈。

巡撫順天右副都御史徐嵩以胡守中同事削籍。

下各巡按御史覈邊功。

壬寅。吏部尚書許讚條選法諸弊。團營兵部尚書劉天和條營務上。是之。

乙巳。吏部左侍郎兼翰林學士張潮教習庶吉士。

丁未。夜木星犯左執法。

庚戌。召南京戶部右侍郎王暐于戶部。山東左布政使侯綸爲右副都御史。整飭薊州邊備兼巡撫順天。

二月壬子朔。前太子少保南京吏部尚書吳一鵬卒。一鵬字南夫。長洲人。弘治癸丑進士。選館授編修。以侍讀忤瑾。調外。已復官南刑部員外郎。轉禮部郎中。瑾誅。仍侍講。遷侍講學士。出爲南祭酒。轉太常寺卿。仍南京。嘉靖初拜禮右。轉左。尋掌詹事府。進尚書。予告。器量寬然長者。年八十三。當時祭葬稍失。載贈太子太保。諡文端。

劉鳳曰。皇始作制。禮由是興。折衷羣儒。顯定義經。將非秩宗是賴。飾私闡弘者乎。中興之始。業由茲抗。而諸臣折折。 音提 咸未允所稱。終斷自睿明。以克承神靈。執己者澄。後先惟鵬。豈張桂作議。不能依和傅會。藉以寵榮。而顧拂違矯正。有所自矜哉。適有所合。持不敢變。雖折而從之。曾莫之懲。進退必由其道。以亡虧股肱大臣之義。其斯以爲有恆乎。

庚申。太子賓客吏部左侍郎兼翰林學士張邦奇署詹事府。

辛酉。總督漕運右都御史王杲總理河道。右副都御史郭持平奏。睢州野雞岡原有支河。通徐呂二洪。比黃河衝截渦河南徙。今可捍塞野雞岡。通孫繼屆運李景運三口。令水勢東行入于運河。從之。

丙寅。太子賓客吏部左侍郎兼翰林學士張潮署院。

丁卯。諭夏言疾愈免廷謝。

己巳。罷大同修邊。初，兵部員外郎傅頤上議，竟絀于力。

庚午，山西三關失事，總督樊繼祖免，巡撫陳講削籍，總兵王陞白爵戴罪立功，餘分別治罪。

虜寇蘭州。

辛未，兵科給事中胡賓以通州倉積粟六百餘萬，宜發糶。上謂輸京轉糶非計，不許。

乙亥，巡撫應天右副都御史夏邦謨爲南京戶部右侍郎。

丙子，召南京吏部右侍郎張治于吏部。

丁丑，南京刑部尙書周金改南京戶部尙書。

戊寅，靈丘王聰潙以絳州卑隘，求徙平陽避警，不許，命拓之，作臨淸外城。

己卯，冊淑妃張氏、貞妃馬氏。

定京軍脫班之罰。

庚辰，停邊將養廉田，其塞下遏虜自闢者聽。

三月辟朔壬午，整飭直隸山西河南軍餉右僉都御史翟鵬爲兵部右侍郎兼右僉都御史，總督山西軍務。

東官廳總兵官周尙文老營堡參將段堂協守大同。

丁亥，承天督工尙書顧璘上所輯興都志，賜金幣，仍下禮部删定。

還莫氏士目裴行儉等六人。

乙未，南京大理寺卿王學夔爲吏部左侍郎，太常寺卿署國子監事許成名爲南京吏部右侍郎。

丙申，大學士夏言一品九載，復少師，宴禮部。

顧璘改南京刑部尙書。撫治鄖陽右副都御史喻茂堅改總理糧儲兼巡撫應天。

辛丑。武昌地震。

廣南知府趙□爲陝西行太僕寺少卿。初。廣南鄰交趾。宋狄青殺儂智高處。儂遠孽至今爲土酋。未靖。趙至。諭儂仕獼下之立署教子弟束髮讀書如內地。凡四年。得編戶四十八里。七年還國初舊境。得召用。癸卯三月卒官。

四月辛亥朔。總督採木右副都御史戴金爲大理寺卿。翰林院侍讀學士張袞爲太常寺卿。署國子監。

壬子。起閔楷南京兵部右侍郎。浙江左布政使詹瀚爲右副都御史。撫治鄖陽。

甲寅。夜月犯金星。

丙辰。作南郊泰享殿。撤大祀殿爲之。謂數歲來大享玄極寶殿非禮也。

戊午。秦王惟焯周王朝堈及諸宗多捐助太廟上勞之。已周府南陵王睦樸捐祿三之一。以常祿。止之。

己未。巡按直隸監察御史黎循典請墾山東郯城費沂滕嶧閒田。招流移。給牛種。從之。

庚申。西苑大高玄殿成。

巡撫南贛右副都御史李顯爲南京大理寺卿。

辛酉。增松江青浦縣。

山東魚臺盜平。

癸亥。廣西道監察御史閔煦改翰林院編修。兵部右侍郎楷從子。

癸酉。大理寺少卿虞守愚爲右副都御史。巡撫南贛汀漳。署詹事府事吏部左侍郎張邦奇爲禮部尚書。仍署府事。

丙子。賑順天永平。

丁丑。戶部尚書李如圭。以翟鵬請鹽引百萬濟餉。上切責之。

署都察院毛伯溫。申明憲綱八事。禁酷刑。慎舉劾。革騷擾。懲勢豪。省繁文。明職守。正士風。備兩造。上嘉納之。

提督兩廣兵部右侍郎蔡經等討思恩九司叛苗。悉平之。

五月辟朔。敍瓊州平賊功。

乙酉。午日宴百官午門外。

太原地震有聲。

給純德山守備都督僉事蔣華敕。諭護營田土。

壬辰。賑延綏楡林。

丁酉。令太醫院藥貧民。

武廟賢妃沈氏薨。謚榮淑。

戊戌。上先禱雨太素殿。至是雨。羣臣表賀。

庚子。戒諭琉球國王尙清。初。漳州陳貴等販海。與國爭利。有殺傷。長史蔡廷美遂幽貴等沒其貲。尙清械貴等七人赴京也。

丙午。張元沖陳傑許天倫葛廷章齊文譽劉三畏劉養直李綸周怡伍尙綸爲給事中。張汝棟王國楨爲南京給事中。陳宗夔戴維師李天寵金城楊以誠鄭光溥裴紳賈大亨孫文錫劉惟論昝如思齊宗道朱徵項廷吉供爲試監察御史。韓一鳴孫喬任良彭危行爲南京試監察御史。

戊申。存問前少保大學士毛紀。時年八十。

己酉。上手檢方藥濟疫。

閏五月庚戌朔。辛亥。甘肅巡撫兵部右侍郎陳卿失援蘭州落職。
督木侍郎潘鑑爲右都御史督採大木。
定撫按舉劾初以毛伯溫言許六品以下徑問黜。已吏科都給事中沈良才奏府佐縣令不得擅。
甲寅。順天巡撫右副都御史侯綸請百里內按伏防虜兵行餉以竊冒不許。
乙卯。湖廣邵陽盜平。
辛酉。濟南地再震如雷。
壬戌。尙寶司卿詹榮爲南京太僕寺少卿。陝西左布政使底蘊爲右副都御史。巡撫甘肅。
丁卯。固原隆德地震。米脂大冰雹。商州鎭安大水。
戊辰。虜復使石天爵款大同。巡撫右副都御史龍大有誘執之。並殺滿受禿滿客漢。報功進兵部右侍郎兼右副都御史。餘各陞賞。磔天爵傳首九塞。天爵語虜情詳甚。云小王子九部駐青山。好中國紵綺而入掠有得失。不如貢也。持符矢請貢市不妨再三。否則大舉循黃河東下。自大原向東南亡堡寨屯勍兵大同三關待戰。而當事畏上威不以聞。

楊守謙曰。兵交使在其間。況求貢乎。殺一天爵何武。借曰不許。亦當善其詞。乃購斬之。此何理也。橫挑强胡。塗炭百萬。至今無一人知其非者。今之以貢爲疑。必曰宋以和議悞國。不知此貢也。非和也。九夷八蠻皆許其貢。何獨北虜而絕之。

宣大總督翟鵬言虜必入寇。右春坊右淸紀郎周鈇言督臣傳入寇之期。內而眞保。外而邊關。皆當預畫。近郊何輯。遠村何收。倒馬雁門等關何備。宣大薊遼何出。屯何兵。伏何地。使戰守兵餉有餘。乃爲勝策。上以浮辭謫廬州知事。

庚午。總督宣大侍郎翟鵬。言虜三十萬且入寇。急調陝西薊遼兵赴大同。請鹽課。上以瀆奏負託。奪鵬官。罷總督不設。

郭勛黨方士唐珠珊捕至。戍邊。子貢士輔。編管塞上。

清理兩淮淮安盧揚徐滁驛傳徵金。

六月庚辰朔。辛巳。上手諭都察院。列夏言罪狀布中外。蓋欲科道糾之也。而尙疑言之復用。相顧莫敢發。上罪夏言擅署慈慶宮爲東宮府。羅織郭勛獄。私輿苑中。違所賜香巾不服。軍國重事徑自裁之。

丙戌。前應天尹柴奇卒。

丁亥。安南都統使莫登庸卒。訃聞。

辛卯。聞警。調游兵防守三關。進楊時都督僉事。節制主客兵。仍敕薊州嚴備。並京城戰守。

虜騎十萬餘自大同左衞入寇。至朔州。

庚子。虜至馬邑。

癸卯。免西安鳳翔臨洮鞏昌田租。

總理河道王以旂進兵部右侍郎。

增東西官廳前後左右哨參將徐府祁勳劉振蔡瑢。

丙午。虜陷沙溝墩。

丁未。虜犯太原。大殺掠。移營南犯平陽澤潞。

贈羅田布衣萬福敦爲清微神霄演法眞人。陶仲文師也。善符水。能白晝招鶴。年九十三。子朴。薦授太常官。不受。

七月配朔日食。

勒大學士夏言閒住。切責之。

御史喬佑等給事中沈良才等始各劾夏言。上以前日緘默。下部院考課。于是喬佑錢應揚楊僎高時鎸一級調用。何允魁章檗白賁朱箎黎修典焦璉李臻佘爌龍遂改外。

前南京禮部右侍郎呂柟卒。柟字仲木。高陵人。正德戊辰進士第一。授翰林修撰。嘗言事忤逆瑾。予告。壬申補官。上章勸學。復引疾去。築東林書屋講學。名聞朝鮮。謂狀元呂柟主事馬理爲中國人才第一。嘉靖初入朝。屢言事。謫判解州。丁亥轉南吏部考功郎中。歷尙寶卿太常少卿國子祭酒。至今官。俱南京。孝友儉朴。學先立志重躬行。不爲玄論。年六十四。贈禮部尙書。謚文簡。

何喬遠曰。懷慶（何塘）安陽（崔銑）崐山（魏校）高陵進賢（舒芬）武城（王道）嘉靖間稱篤行君子。而高陵粹然矣。溪田馬理曰。呂先生之學。醇如許文正而著述惟盛。貞如薛文清而知新則多。

前南京刑部尙書周倫卒。倫字伯明。崐山人。弘治己未進士。授新安令。拜御史。忤瑾。罰粟。已復官。歷南北刑部。遷南大理寺丞。久之。爲大理寺少卿。尋擢右僉都御史。憂去。補南院。提督浙江。尋轉右副都御史。改南工部右侍郎。俄改兵部。轉左。尋進南刑部尙書。未上。改北。又移南。致仕。所至少官謗。年八十。贈太子少保。謚康僖。

庚戌。官軍擊零虜于孝義之師同橋。斬十三級。始移營而北。徵宣薊兵防蘆溝橋密雲。總兵官祝雄分戍黃花等鎭。

甲寅。豐城侯李頤總兵鎭湖廣。

乙卯。仍命翟鵬總督宣大。

胡守謙曰。虜入大同。趨雁門寧武。至平定澤潞。往返已二三千里。若又越井陘太行。寇眞定河南。往返又千餘里。兵法未有越重險往返三四千里趨利者。即有之。亦游騎耳。若由大同趨紫荆。直五百里。雖抵神京。亦不過七百里。以此較彼。其利害豈不相萬萬哉。

丁巳。復井陘兵備副使。

戊午。議築京師外城。

己未。俺答至潞安。大掠沁汾襄垣長子。

命河南進兵山西。山東進兵河南。聲援翟鵬。兼督。

丙寅。毛重器嗣南和伯。毛良子。

俺答復回太原。自忻崞代出雁門關白草溝北去。殘縣道四十。掠殺男女二十萬。雜畜二百萬。衣襆金錢稱是。焚公私廬舍八萬區。踰月乃出。京師戒嚴。

丁卯。都察院右副都御史張文魁卒。

故山西西路參將張世忠贈右都督。謚忠愍。虜南掠還祁縣。世忠同諸將段堂張文懿等值之陸支村。力戰殺傷相當。矢盡見殺。百戶張忠張宣並死之。諸將不救。

詔逮大同總兵李蓁於鎮撫司。

戊辰。陝西靖虜衛地震。

敕翟鵬督兵候虜。懸賞格。嚴軍令。遣科道官紀功。

己巳。周府臨汝王同街薨。

壬申。設沙河城守備。

八月戊戌朔。設延壽大齋于朝天宮三日。

大同巡撫龍大有山西巡撫劉臬失事。及參政胡松並免。宣府巡撫楚書保定巡撫劉隅延綏巡撫萬潮督餉李瀚並調任。

庚辰。起趙錦巡撫大同。李珏巡撫山西。並右僉都御史。山西右參政王儀陝西右布政使任維賢並爲右僉都御史巡撫宣府延綏。而維賢見劾。以河南左布政使張𧪂爲右副都御史巡撫延綏。

辛巳。禮部尚書嚴嵩條邊事。上嘉歎得人之論。令廷臣亟察文武才名者以聞。已疏入。命再酌議錄用。

徵各路忠勇之士。復開餘鹽。

壬午。發十萬金賑山西殘于虜者。仍免租三年。罷催糧主事。

淮府崇安王祐𣏌薨。

乙酉。敬皇后小祥。上始御西角門視事。

丁亥。萬壽節。御殿受賀。

戊子。虜四萬餘騎復寇朔州。尋遁。

癸巳。進成國公朱希忠駙馬都尉崔元太保。輔臣翟鑾少傅兼謹身殿大學士。禮部尚書嚴嵩兼武英殿大學士。入閣。仍署禮部。免奏事承旨。

乙未。吏科都給事中沈良才劾嵩貪汚奸諂。不宜玷命。不聽。

己亥。團營兵部尚書劉天和戶部尚書李如圭並被劾。天和致仕。如圭落職。

廣西馬平諸獞作亂。

壬寅。孝康敬皇后主祔太廟。

丙午。周尙文爲總兵官鎭守山西。

九月帎朔。大享玄極寶殿。

己酉。許翟鵬分兵便宜行事。改巡撫陝西兵部右侍郎趙廷瑞爲戶部右侍郎兼右僉都御史。總督糧餉。

辛亥。陽和衞百戶李錦通虜伏誅。

甲寅。修顯陵稜恩殿。舊邸龍飛殿。命內官監太監黃錦同湖廣巡撫右侍郎陸杰督工。

兵部尙書張瓚兼督團營。

丙辰。右副都御史丁汝夔巡撫保定兼提督紫荆關。

南京戶部尙書周金秩滿。進太子少保。

增山西參將。孫仁鍾繼楊崇高暘分守太原潞安平陽石隰岢嵐。

癸亥。作祐國康民雷殿于太液池西。命工部郎中趙愈和員外郎朱文質爲植虞衡司員外郎劉魁言。泰享殿大高玄等殿未竣。又事雷殿。無以寬民力。請止之。專事廟工。上怒。下鎭撫。獄杖而錮之。魁泰和人。貢士。歷仕二十年。所至植風節。斥邪異。時年五十餘矣。

乙丑。延綏總兵官任傑疾免。

戊辰。福建右布政使車純爲右副都御史。巡撫湖廣。廣東左參政張岳爲右僉都御史。撫治鄖陽。

己巳。總督漕運右都御史王杲爲戶部尙書。

庚午。總河右副都御史王以旂言。運河仰藉山東諸泉。今濬舊泉百七十有六。新泉三十有一。各隨入濟運。第疏瀹不繼。尋就堙塞。卽設有泉官。恐源多獨力難徧。宜分責守臣兼其事。從之。

甲戌。平陽固原寧夏洮州地震。

十月玎朔。頒曆。監生喧爭。太常寺卿署國子祭酒張衮降南京太僕寺少卿。

免泉州水災田租。

南贛巡撫李顯福建巡按李宗魯。請覈寺觀田地還官召買報可。

己卯。舉崇報歲成大典於大高玄殿停刑禁屠。

逮山西失事總兵白爵黃陞張達。

癸未。羣臣表賀雪。

前都察院右副都御史陸釴卒。

甲申。都察院右副都御史張景華總督漕運兼巡撫鳳陽。

乙酉。郭勛獄死。

法司以錄囚上上怒其淹期市恩。刑部尚書吳山削籍。侍郎葉相屠僑鐫二級。刑科給事中劉三畏劉養直廖天明謫外。戒明年毋踵緩。宥郭勛妻子財產。幷郭憲減死戍邊。

己丑。起路迎右副都御史巡撫陝西。

庚寅。南京給事中張永明監察御史周諒等劾張瓚。給事中王熠監察御史陳詔劾嚴嵩及其子世蕃貪虐。俱不聽。

辛卯。復設延綏游擊將軍。

癸巳。嚴嵩求去不允。

頒曆安南都統使司。

丁酉。宮婢楊金英等謀大逆。乘上寐組其頸。悞不可轉。有張金蓮知事不濟。走告皇后。后救解。命太監張佐高忠捕訊金英等。云金英與蘇川英張玉香邢翠蓮姚淑翠楊翠英關梅秀劉妙蓮陳菊花王秀蘭行逆。寧嬪王氏預焉。端妃曹氏當夕。遂不免。事且泄。方告。徐菊花鄧金香張春景王玉蓮皆磔于市。幷誅金蓮。時上噤心知端妃冤不能救也。仍收斬各族屬十八人。罪隸二十人。籍財產。古者婦人無刑。不在朝市。而卒變。法司孰能執之。

談遷曰。壬寅西宮之變。古未有也。東晉孝武。一見于貴妃張氏。而世宗何如主也。勢岌岌無及矣。賴天之靈。逆而不克濟。史謂諸婢爲謀巳久。嗟乎。深閨燕閒。不過銜昭陽日影之怨。遽危社稷。言之不勝心悸。人主舉動。刑于寡妻。良有繇哉。

戊戌。上移御西苑。自是不復還大內。

免平陽田租。

庚子。南京吏部尚書聞淵改刑部尚書。南京刑部右侍郎文明爲工部右侍郎。起王道國子監祭酒。

壬寅。四川建昌衞有大星如輪。自北流南而沒。有聲。地如震。

乙巳。少保兼太子太保兵部尚書張瓚卒。瓚滄州人。弘治己丑進士。授吏科給事中。歷本兵十年。貪庸。專結中貴。纖悉必知。得預備。彈章亡慮數十。終慰留。又加卹焉。嘗賜飛魚服。而瓚他衣尤奇麗。上意其蟒。中貴卽傳瓚自白。乃解。酬中貴八千金。餘多類此。贈太傅。謚恭襄。

威州地震。

國子司業王同祖請改元延壽。削籍。

十一月朾朔。遣成國公朱希忠等告謝天地宗廟社稷。嚴嵩請詔告天下。夫宮闈祕密。而悉揚之。非盛世事也。

辛亥。工科給事中林廷壆覈功遼東。巡撫孫襘報斬虜二百餘級。巡按御史胡良輔言建夷入鳳凰城。殺守備李漢指揮佟恩等。部覆建夷非三衞比。自討平董山以來。五六十年晏如也。何猖獗至此。故遣廷壆往。

甲寅。交城縣天鼓鳴。

乙卯。總理南京糧儲右副都御史李中卒。中吉水人。正德甲戌進士。性好學。居官亦有稱。天啓初。謚莊介。

丙辰。命安南夷目莫福海襲都統使。敕曰。朕惟帝王以天下爲家。一視同仁。亡間遐邇。爾安南遠處南服。世修職貢。近年朝貢不至。實惟爾祖登庸之罪。已命官往討。乃能悔罪改過。恭上降表。備陳私相授受之非。願獻土地人民。聽朝廷處分。朕仰體上帝好生之德。俯順下民欲逸之情。一切赦之。實爲爾類永利也。爾係嫡孫。能備陳爾祖納款之誠。屬纊之言。善承祖志。特命襲職。稱朝廷懷柔之意。命禮部主事吳應奎中書舍人李傳往使。福海隨遣宣撫同知阮敬典僉事阮公儀等入謝。貢金爐瓶四。金花一。銀鶴銀臺各一。銀爐瓶二。銀盤十二。沉香六十斤。速香百四十斤。降眞香三十枚。犀角二十。象牙三十。表曰。臣祖莫登庸早由世廕。偶值時艱。撫藩民流離乖亂之餘。保全有幸。狃蠻俗傳襲因循之舊。專擅是虞。曠年久阻于比從。一旦俄聞于震怒。南關待罪。恐無地之可容。北闕馳忱。賴有天之能白。雷霆爲霽。雨露旋施。霑沐湛恩。冀遂由衷之願。諄勤遺囑。不忘事主之誠云云。初。澌凜等四峒民久不忘漢。歲時舉正朔告先人。服漢衣冠。出峒始易之。屢結邊民訴督府求復。輒杖死。至是得歸。

丁巳。西安鳳翔固原地震。

癸亥。署太醫院工部尚書許紳進太子太保禮部尚書。以藥餌保聖功。

乙丑。鮑道明厲汝進胡叔廉李念爲給事中。洪廷貴楊九澤林應箕艾朴喩時項問劉廷儀李和芳高節爲試監察御史。

前兵部左侍郎黎奭卒。

壬申。改毛伯溫兵部尚書。仍兼團營。

十二月丙子朔。丁丑。前南京工部尚書陳雍卒。雍餘姚人。成化庚辰進士。授工部主事。累進今官。致仕。年九十□。贈□□。

己卯。南京兵部尚書熊浹改兵部尚書兼右都御史。署院。

廣賊蔡子顯流劫贛縣。

戊子。增河南武陟縣守備。

己丑。甘肅鎭夷所天鼓鳴。

辛卯。巡撫河南右僉都御史魏有本改提督南京糧儲。

司經局洗馬兼翰林侍讀徐階爲國子祭酒。

吏科給事中周怡言。邊報方殷。近日相臣之意氣何如。各邊總督戶兵二部之作用何如。督撫更易經數月。迄不聞建一議。畫一策。爲久遠計。恐機會日失。年復一年。深爲可憂。上嘉納之。

沙河城守備署都督僉事欒蘗劾免。命豐潤伯曹松守備。

壬辰。留考察調用官赴部候補。

癸巳。太子賓客吏部左侍郎張潮爲禮部尚書。署詹事府。仍教習庶吉士。

丙申。修太醫院三皇廟。祀伏羲神農黃帝及配食三十四人。太牢籩豆簠簋。專仲春仲冬上甲日。著爲令。

丁酉。兵部左侍郎費寀改禮部左侍郎兼翰林學士。署院。

起王堯封南京兵部尚書。徐問南京禮部右侍郎。張珩爲右副都御史。巡撫寧夏。河南按察使李宗樞爲右僉都御史。巡撫河南。趙時春載張珩巡撫延綏。軍新亂。復凶饑。躬茹蔬糲。一老妾衣布供炊。斂公私所有以餉士。士視公癯。咸勸加餐。至相對流涕。軍遂安。

敕塞上墾田。
庚子。封融燒通渭王。祐𢇁盧江王。俊榭懷仁王。厚爓高唐王。厚燔吉安王。厚煤廣信王。英炊通山王。觀煒滋陽王。勤焞彰德王。勤煌富陽王。彥瀾□年王。厚熘南樂王。
兵部職方主事劉鳳池劉燾往宣大贊畫總督翟鵬。
癸卯。發三十三萬金備宣大芻粟。命戶部條餽餉屯田鹽法幷計歲用以聞。
貴州銅仁苗叛。陷石阡府。執推官鄧本中。

國榷卷五十八

癸卯嘉靖二十二年

正月辆朔。日食。上御殿免賀。

己酉。右副都御史萬潮卒。潮進賢人。正德辛未進士。授寧國推官。擢禮部主事。諫南巡。廷杖削籍。上召用。歷今官。以文學政事名。

辛亥。戶部左侍郎張漢改兵部左侍郎。總理河道。工部右侍郎郭持平改南京刑部右侍郎。

改給山西三關參將敕。

癸丑。市馬山西。分給太原石隰平陽潞安四營。

甲寅。詔各撫按以屬吏考課殿最送吏部。備大計。永爲令。

錦衣衞都指揮僉事孫堪爲前府僉書署都督僉事。

丁巳。起周用工部尚書。總理河道。戶部右侍郎王暐爲左侍郎。巡撫江西。右副都御史汪玄錫爲戶部右侍郎。

戊午。夜月犯鬼宿積屍氣。

己未。郎中林廷棌等。主事周卿等。御史蔡孌等。俱元旦失朝。謫外。

辛酉。貴州銅仁苗作亂。流劫湖廣麻陽。時苗首就撫。麻陽知縣朱崇方道辰溪。縛苗人致變。

陳士元曰。麻陽之役。大臣開府于沅。歲久而後事寧。蓋亦勤矣。聞羣蠻初起。慮戍卒譙呵啖以利。或以所掠爲謝。久之益狎。乃結諸奸豪令先事爲鄉道。稍蠹食民之藏積。當事者慮激變。因幸一切。與之撫以苟安目前。于是羣蠻有所恃。益驕恣不逞。此其釁實華人階之。非盡蠻奸悍也。今蠻徼雖安。永言往事。非後來炯鑒哉。

密雲參將改副總兵。

甲子。改派淮鹽課三十四萬餘金給宣大。鹽引九十萬有奇。

丙寅。議防邊。

丁卯。嚴敕山東西眞保等路兵備兵巡及有司治狀。蓋虜患備內。

戊辰。祈穀玄極寶殿。光祿寺少卿陳叔頤等十四人不陪祭。謫外。糾儀御史來聘鄭光溥失糾。廷杖。謫聘丹稜知縣。溥澄城知縣。

撫治鄖陽右僉都御史張岳改巡撫江西。

己巳。操江右副都御史柴奇劾免。

庚午。立山西二忠祠。祀贈都指揮周宇丁璋。

辛未。御馬監太監麥福求免科道官巡視。部科不許。

尙寶司丞桂輿免。太廟災。私擬增建廟制圖上之。幷進所撰頌。聲俗辨。其言夸。禮部謂當罪贖。上以蕚之子。予閒住。

壬申。禮科給事中陳棐請行大閱大射禮。報寢。

起右都督張鳳總督宣大偏寶山東河南軍務。

甲戌。增延綏西路安寧安定二堡。

二月乙亥朔。召南京禮部尙書張璧爲禮部尙書。

預派各邊鹽引百四十餘萬備軍興。

論山西失事諸臣罪。總兵李蓁張達黄陞白爵副總兵段堂游擊張文懿成梁參將何堂李朝陽俱大辟。巡撫龍大有劉臬俱逮獄戍邊。

丙子。南京兵部署郎中江如璧爲國子司業。

戊寅。南京光祿寺少卿王守爲都察院右僉都御史。撫治鄖陽。大理寺少卿楊守中爲南京都察院右僉都御史。提督操江。

工部請加總河尚書周用憲職。以非故事。不允。

辛巳。宣府總兵雲瑁劾免。

壬午。山西交城縣地震。

癸未。改沙河城曰鞏華。

甲申。免耕籍田。

起馬理南京光祿寺卿。

辛卯。設諸陵祔享妃位紙牌。祭訖焚之。

狼入平涼。

壬辰。遼東總兵官李鳴鳳劾免。

黔國公沐朝輔訴有司更制侵職。甚及莊田家事。上申舊制毋軼。

丙申。七陵工竣。遣祭。

賜故寧夏總兵官姜漢祠曰愍忠。

署都督僉事郤永總兵官。鎮守宣府。趙忠總兵官。鎮守遼東。

己亥。妖人段朝用論死。朝用假丹術干郭勛見上。授紫府宣忠高士。已改羽林衛千戶。改紫府宣忠散人。乘勛獄。脅其奴十萬金行賄。不應。掠繫之死。懼敗。奏奴行刺而致斃。仍署衛羽林衛千戶。上怒。下鎮撫司議。沒其妻子財產。竟瘐死。

庚子。巡撫甘肅右副都御史底蘊卒。

壬寅。賜嚴嵩銀章曰忠勤敏達。以識密奏。

改保定分守總兵爲鎮守。增龍泉故關參將。

潞安星隕。聲如雷。

三月乙巳朔。太原地震有聲。經旬。

庚戌。起樊繼祖工部尚書兼右副都御史。採木湖廣。其四川專于潘鑑。

癸丑。兵部舉堪大將咸寧侯仇鸞。前署都督同知何卿。前署都督僉事沈希儀鄭卿霍璽。提督操江伏羌伯毛漢。前署都指揮僉事尤聚。請徵之。報可。毛漢仍操江。

乙卯。起萬鏜右副都御史。勘湖貴夷情。開府辰州。

辛酉。南京兵部尚書王堯封勒免。

癸亥。咸寧侯仇鸞僉書左府。

甲子。定御史試職一年實授。時右副都御史周煦等。以試御史喻時等請。蓋僅四月。非制也。切責之。

戶部奏宣大三關自去秋九月至今。已輸客兵銀百七十四萬金有奇。主兵粟二十五萬石。乞邊臣挫敵。毋藉口餉匱。上然之。

乙丑。南京吏部尚書張邦奇改南京兵部尚書。

戊辰。諭兵部召莊浪前都督魯綱兵赴總督所。

辛未。延綏督糧僉事王訥言以苛嚴游兵芻餉致譁事聞。削籍。

癸酉。毀禁城北大慈恩寺。驅番僧。

先是內官監太監高忠嘗譴繫掖庭獄。雖釋。俄宮變。上疑甚。及忠以大享殿定磉聞。改定頂上以欺罔。即定磉何諱也。命法司論斬。數日。刑部請下之獄。宥之。自是文牒仍定磉。

徐學謨曰。自古臨文不諱。嘉靖末。凡奏上冊牘。即點畫間尤多避忌。此或羣臣諂事之過。而上未必屑屑計較也。

甲戌。召巡撫遼東右僉都御史孫禬治餉郎中張天麟。以相忤妨邊計也。

鎮守兩廣少保兼太子太傅安遠侯柳珣卒。贈太保。謚武襄。

宣府總兵郤永出塞襲李家莊虜。雖數百。屬朶顏部。不通諸大營。狡而善射。不爲大營困。至是斬四十餘級。

四月玄乚朔。戊寅。寧夏副總兵陶希高以報工失實。戍原衞。

己卯。南京工部尚書宋景改南京吏部。湖廣左布政使顧遂爲右副都御史。巡撫遼東。兼贊理軍務。

命總督陝西楊守禮調游兵赴大同。

庚辰。山東道監察御史戴維師擅笞兵馬指揮鄭思賢金夏。損其牙牌。被訐。謫維師江西布政司都事。亡何。吏部調思賢夏州同知。蓋畏上嚴明。莫敢魚肉之也。

福興泉漳地震。

禮部尚書張璧至自南京。大學士嚴嵩解部事。

癸未。給事中林廷壆報命。罷建州用兵。止懸賞購叛酋那礎。
甲申。山西按察副使陳燿僉事趙瀛。前坐失事降燿萊州同知。瀛鄖陽通判。
乙酉。南京太僕寺少卿詹榮爲右僉都御史。巡撫甘肅。
嚴撫按薦舉及境內人才之禁。吏科給事中周怡言湖廣巡撫陸杰濫薦官吏。又考察閒住廖道南預焉。宜重其事。從之。置杰不問。
丙戌。雷霆洪應殿成。
丁亥。遼東鐵嶺衛火。
乙未。安南入貢。減其宴賜。以降都統司。不得列陪臣也。
己亥。固原隕霜殺麥。
庚子。前戶部右侍郎兼左僉都御史張璉卒。璉燿州人。弘治壬戌進士。授行人。拜御史。不畏强禦。居官果有聲。
辛丑。錄九經性理大全藏皇史宬。
五月辟朔。丙午。上禱雨內殿。至是大雨。廷臣表賀。
定湖廣所部清浪鎮遠五開平溪偏橋五衛軍生寄學貴州者。鄉試貴州。
署太常事禮部左侍郎金贇仁。其徒太常寺丞陳自暹婪剝侵官帑。又娶婦私壙地下。獄贇仁削籍。自暹永戍。
壬子。南京右副都御史胡訓爲南京工部尚書。
丁巳。陝西鄜燿大冰雹如鷄卵。
壬戌。兵部右侍郎王以旂爲南京右都御史。
癸亥。巡按湖廣監察御史史褒善以承天太監傅霦訐其笳吹震陵寢。謫滁州判官。

甲子。土星逆入氐宿三十七日。

丙寅。增三關墩臺。

戊辰。巡撫順天右副都御史侯綸爲兵部右侍郎。

前大理寺卿汪文盛卒。文盛棗陽人。正德辛未進士。自饒州推官歷任兵部員外郎。阻南巡。杖。譎。才具敏贍。功名自喜。其撫雲南招撫莫氏。方略亦足稱也。

千戶火力赤襲虜至豐州灘北。值牧虜。斬虜二十三級。奪械馬若干。將入塞。追及。頗失去。上嘉其功。勞金幣。

六月甲戌朔。乙亥。初。江西宗室朝賀。俱弋陽王邸中。至是建安王宸濂請歲時自邸行禮。不許。戒諭宗室務遵祖訓。

丙子。南京大理寺右寺丞許論爲右僉都御史。整飭薊州邊備。兼巡撫順天。

南京翰林院侍讀黃佐爲右春坊右諭德。兼修撰。同禮部左侍郎費寀纂修玉牒。

辛巳。署太醫院事太子太保禮部尙書許紳卒。贈少保。謚恭僖。

平江伯陳圭爲總兵官。鎭守廣西。署都督僉事王緒爲總兵官。鎭守陝西。

壬午。免鳳陽水災田租。

癸未。裁冗官以添注者塡補。

甲申。分巡濟南道兼兵備□□□□□□。

存問大學士賈詠年八十。復少保。

乙酉。大虜駐牧河套。初歲四月出套東渡。

戊子。命兵科給事中楊上林河南道御史沈越覈京衛京營官匠冗濫。奏革外戚指揮使等七十一人。諸衛指揮使等三千六百五十人。冗軍五千人。

己丑。肅府金壇王眞洵奪歲祿。以外戚張瑞論死。劫出之。
庚寅。顯陵工竣。召工部右侍郎陸杰還京。
甲午。占城國王沙日底齎來貢。
丁酉。安南莫福海遣宣撫同知阮敬典上表謝賜文綺。
辛丑。禁士民冠服詭異。
壬寅。吏部尚書許讚。以翟鑾私禮部主事張惟一。求銓部。嚴嵩私監生錢可教。求東陽令。并所託文選郎中王與齡書上之。乞省戒二輔。鑾等各引罪自理。嵩直諉書非臣出。上乃責讚。果清絕。亦不必訐奏。王與齡脅持之耳。與齡削籍。謫員外郎吳伯亨主事李大魁周鈇。下可教鎭撫司。吏科給事中周怡疏大臣互爭。不能率下。責對狀。杖之下獄。與齡辭朝還邸舍。遺鄰人瓶盎。徑上馬去。當事不能中也。

　談遷曰。靈寶處統均之地。旣能持正。勢可自繇。一切干預可絕也。必撟指閣臣以爲名。如國體何。不可則止。古大臣之道。其後濡忍于朝。獨不欲留面耶。

七月[illegible]朔。分遣樂舞生祭帝王先聖陵墓。
禁尼僧。
寧夏地震。
丙午。金星晝見。
己酉。翰林院侍讀華察右春坊右中允兼修撰閔如霖主試應天。
癸丑。久旱。上禱雩壇。是日大雨。遂示羣臣感雨詩。
甲寅。武靖伯趙世爵卒。

辛酉。海西夷人都指揮僉事王中爲都督僉事。

壬戌。調南京國子祭酒龔用卿。

免鞏昌蘭靖伏羌會寧旱災田租。

戊辰。萬壽節。建醮朝天宮七日。白鶴四十舞于空。英國公張溶以聞。

前禮部尚書溫仁和卒。仁和華陽人。弘治壬戌進士。館選授編修。忤瑾改戶部主事。後復官。擢侍讀。至今官。素醇謹。上欲大用之。忤時宰去。進退不失軌。贈太子太保。謚文恪。

壬申。許實授中書舍人陸煒應鄉試。錦衣都督炳之弟。

八月癸酉朔。乙亥。臨清新城成。巡撫右僉都御史曾銑進右副都御史。

丙子。泰安知州馬逢伯獻瑞麥。佳禾。西苑獻瑞穀。

丁丑。復孫禬巡撫遼東。

己卯。左春坊左中允兼修撰秦鳴夏。左贊善兼修撰浦應麒主試順天。

壬午。萬壽節。上拜天玄極寶殿。不賀。

己丑。初顧遂巡撫遼東。代孫禬。不卽任。降山東布政司左參政。

辛卯。右春坊右諭德兼翰林院修撰黃佐爲南京國子祭酒。

甲午。薦瑞麥嘉禾于玄極寶殿。

丁酉。福建按察僉事侯廷訓婁苛削籍。

戊戌。審決刑部主事戴梗。吳元璧。呂顒。審決兩畿江南北。以牒往。失對外號。蓋故事。刑部編決四外。號印給各郡。至遣官領牒。對內號簿而行。至是梗等失驗內設。遂與外籍異同。被劾。謫梗順德。元璧揚州。顒河南。俱通判。

虜犯延綏。深入至綏德。游擊張鵬拒走之。總兵吳英等追至塞外。適東路參將周文夾擊。敗之。斬百餘級。
建州那礚入犯。敗之。
辛丑。夜不見北斗。昧爽。四星見北方子位。餘三星漸地出。見玄枵。
九月飪朔庚戌。免安吉烏程水災田租。
辛亥。南京大理寺卿李顯曠歲不至。削籍。
戊午。免應天廣德建陽水災田租。
御馬監太監孫銘。以故太監周紳從子千戶天祿蒼頭周太乙求指揮等官。不許。詔武職非軍功乞陞者重罪之。
上覽山東程錄第五策。北虜內侵。禦應失策。爵賞冗濫。征求四出。財竭民困爲言。下禮部參議。尚書張璧等言。今歲虜懾于天威。乃不歸上功。而以飽虜爲詞。宜罪。嚴嵩調旨。以首義繼體之君德非令主。尤謗訕。于是監臨巡按御史上虞葉經提調布政使陳儒參政張臬監試副使談愷潘恩等考官教授周鑛李弘教諭劉燁陶悅胡希言程南吳紹曾葉震亨胡僑俱逮獄。經廷杖八十。削籍。遂卒。經嘗劾嚴嵩也。陳儒謫宜君典史。
徐學謨曰。葉經嘗論嵩奸貪。至是乘機下石。不然。各省試刻文俱屬御史考官。不與上何從而知之也。又論語義原倩江南一名士爲之。欲以釣奇。而卒以買禍。亦可悲矣。
林之盛曰。葉經于試錄中刺論時事。人謂其無補于用。適以殺身。不知諫有五術。譎居其一。日者上閱順天錄。有感于權不下移語。嘉納之。則此亦納約自牖之說也。
庚申。總理應天糧儲右副都御史喻茂堅爲南京大理寺卿。
移遼東金州兵備僉事于開原。

壬戌。楡林衛降人白世拳。斬虜一級來歸。授百戶。

戊辰。巡撫保定右副都御史丁汝夔改總理糧儲。巡撫應天。

諭停刑。

辛未。前南京右都御史何瑭卒。瑭懷慶人。弘治壬戌進士。選館授編修。歷修撰。忤瑾去。後復官。出開州同知。遷東昌。嘉靖初拜山西提學副使。至今官。孝友峻潔。志慕古人。澹泊自守。隆慶初贈禮部尚書。諡文定

十月壬申朔。議廟制。一奉睿廟統于都宮。拓舊之門街。一奉睿廟近內廟。與都宮統一。命再議。請孝睿二宗並一廟爲昭。上問題額。稱昭第一第二第三。穆亦如之。上以牽泥舊文。世序未見。考析寢之。

泰安縣地震。

乙亥。應天府尹吳瀚爲右副都御史。巡撫保定。兼提督紫荊等關。

戊寅。撤宣大防秋兵。

己卯。作大享神御殿。

甘肅天鼓鳴。

工部增營繕司員外郎中二人。治琉璃窰。

進總督陝西楊守禮太子少保。巡撫延綏張[illegible]兵部右侍郎。總兵官吳瑛都督同知。守禮好武任氣。每防秋。親陞塞垣。夜間覘虜。不得盜塞。益募降胡梟騎。襲取近塞帳。遣死士任勇等數人。以舟渡套。絕河濳行胡中。至偏關而還。獲甲首三。亡一人。薦勇于朝。然亦好飲。或方之季布。

庚辰。免眞定水災田租。

辛巳。覈京榜竄籍貢士。餘姚錢仲實。慈谿張和爲禮科給事中陳棐所劾。又陸光祚。毛廷魁。陳策。隨任得免。其

鄭夢綱陶大壯沈諧丁子載陸可承翟鍾玉。俱奪貢士還籍。
癸巳。釋安南偵者杜文莊。嘉靖十六年下廣東按察司獄。
甲午。上偶疾。廷臣上起居。
免開封水災田租。
丙申。吏部考功郎中胡鯨稽勳郎中李愷劾免。命于各部訪舉調補。
前南京右副都御史趙載卒。載垣曲人。正德辛未進士。嘗撫甘肅。易荒裔爲雄鎮。人甚賴之。
丁酉。庶吉士董份潘仲驂高拱陳陞嚴訥高儀爲編修。王才熊彥臣裴宇陳以勤梁紹儒晁瑮爲檢討。
己亥。左春坊左庶子兼翰林院侍讀童承敘卒。承敘字古嶠。沔陽人。弘治己未進士。授戶部主事。歷郎中。出守兗州。忤魯藩。逮下獄。調桂林。嘉靖初進士選館。壬午授編修。壬辰謫司業。已進今官。壬辰予告。
朵顏三衞夷寇墓田谷。殺守備陳舜。副總兵王繼祖擊斬三十餘級。

十一月辛卯朔。壬寅。翰林院庶吉士呂時中徐養正葉堂王交何光裕何雲雁楊宗氣爲給事中。王三聘王言蕭端蒙張鐸徐南金王應鍾曹汴爲監察御史。
癸卯。監察御史王德溫舉劾泛濫。謫松江推官。
丙午。禮部右侍郎兼翰林院侍講學士馬汝驥卒。汝驥字仲房。綏德人。正德乙丑進士。館選授編修。阻南巡。廷杖謫澤州。上初復官。歷南京祭酒。工文詞。明習典故。沈毅有大節。贈尙書。謚文簡。
丁未。宣大事寧。召總兵官張鳳督餉侍郎趙廷瑞等入朝。翟鵬解督山東河南軍務。
庚戌。召南京吏部右侍郎許成名于禮部。
癸丑。同州地震。

甲寅。兵部職方郎中楊博爲山東提學副使。

壬戌。復太廟舊制。前爲太廟。後爲寢。又後爲祧。時祫祭享。奉太祖南向。各廟同堂而序。睿廟與焉。禮畢。奉主各歸寢。

貴州監臨官巡按御史魏洪冕削籍。蓋試錄舛刺也。布政使侯緘降雲南副使。布政司參議翁學淵降眞定通判。按察副使王積降兩浙運副。僉事施昱降茶陵州同知。教授楊伯元等降鹽課司大使。

甲子。太監高忠工部尙書甘爲霖提督太廟工。

十二月辛未朔。壬申。增北樓口游擊。應州南路參將。

甲戌。祈雪于雷霆洪應殿。

採木事竣。進工部尙書樊繼祖太子少保。右都御史潘鑑工部尙書。還里需次。戴金爲右副都御史。仍署大理寺。餘賜金幣有差。

乙亥。勘處湖貴夷情右副都御史萬鏜言。苗酋龍求兒等雖就撫。其黨龍朗七等流劫如故。宜兵之。上命酌機勦撫。

丙子。國子司業江汝璧爲左春坊左庶子兼翰林院修撰。纂修玉牒。

庚辰。吏部推河間通判周鈇爲南京吏部主事。上以鈇謫任未四月。何驟也。責尙書許讚對狀。引罪。奪俸二月。文選郎中鄭曉謫和州同知。其已遷官陳叔頤周卿吳會期陳冠林廷琛費完李大楫王一言李天然楊祐劉昭文蔡璽皆如思洪廷桂李大魁高佐皆速進削籍。

辛巳。永順保靖土兵進攻蜡爾山苗。明年三月。斬獲七百七十有奇。俘賊三百有奇。

乙酉。免蘇松常鎭水災田租。

陝西獲虜諜張尙仁等五人。詔斬以徇。
丙戌。毛憐衞降夷十三人安置兩廣。
丁亥。夜木星犯房北第一星。
湖廣總兵新寧伯譚綸坐贓罪下法司。
己丑。復去輔夏言舊銜致仕。
巡撫寧夏右副都御史張珩爲兵部右侍郎。兼右僉都御史。總督陝西三邊軍務。西陲債帥冒進。士熸。珩至。敎民自爲戰。
庚寅。順天治中嚴世蕃改尙寶司少卿。嵩之子。
辛卯。雪。百官表賀。
禁朝覲官徧謁大臣。以河南道御史吳悌言之。
壬辰。劉恂李槃甄成德孟廷相羅崇奎游震得查秉彝劉學易王堯日張秉壺萬虞愷爲給事中。藍濟卿劉存德黃如桂張坪黃洪毗盛唐金志袁鳳鳴張雨谷嶠繆文龍張詔毛孔剛爲試監察御史。成德震得虞愷文龍志詔孔剛並南京。
黜武學冒籍者。
甲午。封典楧伊王。載圭東昌王。致栟肅寧王。寵游長陽王。厚墝洛川王。
乙未。陝西右布政李士翺爲右副都御史。巡撫寧夏。
丙申。旌石州孝子貢士張鈞。辛丑虜難。鈞馳騎求父。中流矢至則父死。哀毀三日卒。同時烈婦白氏等十三人。

甲辰嘉靖二十三年

正月祼朔。上不視朝。

壬寅。火星犯房宿北第一星。

癸卯。韓府通惠王融洸薨。

夜。火土星聚房宿。

丁未。總督宣大侍郎翟鵬欲盡徵延綏薊遼之兵防宣大。兵部謂各鎭有警。計安出。遂止調延綏二游兵。

庚戌。置錢糧簿籍。朝覲官領還。聽巡按御史稽考。

癸丑。仁和大長公主薨。

吏部大計。降斥有差。

甲寅。發十六萬餘金于宣大山西備犒。

辛酉。作嘉靖通寶錢。如洪武。

癸亥。虜寇甘州。土官百戶馬能說總兵楊信以魯迷等國留使九十一人禦之。寫亦阿力等九人死。事聞。信免。下馬能于理。歸死者之喪。

乙丑。總督宣大侍郎翟鵬請大臣督餉。上從部議。令鵬兼理軍餉。

丙寅。宣府旱饑。發京粟十萬石于懷來。給吏卒。

故刑部右侍郎林鶚。贈尙書。諡恭肅。

虜白通千餘騎寇黃崖關。我軍敗之。

前太子太保南京兵部尙書秦金卒。金無錫人。弘治癸丑進士。授戶部主事。歷撫湖廣。有平猺功。老識練事。有大臣風節。贈少保。諡端敏。

丁卯。大理寺左少卿丘養浩爲右僉都御史。巡撫四川。

翰林院修撰周文炳爲國子監司業。

戊辰。翰林院侍讀華察爲侍讀學士。署院。

發六十萬金于宣大山西備餉。

涼州衞火。

咸寧侯仇鸞總兵。鎮守甘肅。

二月庚午朔。辛未。提督雁門等關兼巡撫山西右僉都御史李珏疾歸。

調兵部右侍郎侯綸南京。免貴州巡撫都御史彭年。

南京河南道監察御史包節。追劾辛丑主試官尚書溫仁和分試官編修嵇世臣賄私貢士徐履祥陳志潘仲驂。及左庶子童承敍右贊善郭希顏編修袁煒並不堪典試。上不問。

大同巡撫趙錦甘肅巡撫詹榮各易鎮。時錦與總兵周尚文不協。故移之。

壬申。薊鎮總兵署都督僉事祝雄卒。雄遼東前屯衞人。善撫吏卒。又廉愼。亦良將也。嘗禦敵子少卻。立斬以徇。在鎮三年。虜馬不敢南牧。薊人立祠祀之。

丙子。巡撫山東右副都御史曾銑改提督雁門等關兼巡撫山西。

署詹事府事禮部尚書兼翰林學士張潮左春坊左庶子兼翰林院修撰江汝璧主禮闈。

戊寅。虜白通復寇大水峪。被射死。

辛巳。金星晝見。

壬午。巡撫陝西右僉都御史路迎爲兵部右侍郎。巡撫雲南右僉都御史劉渠移貴州。進右副都御史。
甲申。署詹事府事禮部尚書張潮卒于禮闈。潮內江人。正德辛未進士。館選授編修。歷今官。
順天府丞端廷赦爲右僉都御史。巡撫山東。
戊子。陝西左布政使翁萬達爲右副都御史。巡撫陝西。
癸巳。祈穀大高玄殿。禁屠停刑七日。
丙申。工部尚書潘鑑改兵部尚書兼右副都御史。提督兩廣軍務。
三月。癸卯朔。禮部左侍郎兼翰林學士費寀爲禮部尚書署詹事府。
甲辰。施藥朝天宮。禮部左侍郎孫承恩錦衣衞指揮使陸炳提督。
褫隆平侯張瑋爵。瑋娶失行婦丘氏。又奪蒼頭婦。并死之。狀聞。丘氏論死。
乙巳。左春坊左庶子兼翰林院修撰江汝璧爲少詹事兼學士。署院。
癸丑。策貢士瞿景淳等三百十七人。賜秦鳴雷瞿景淳吳情等進士及第出身有差。
復郭希顏右春坊右贊善兼檢討。
宣府修邊卒值虜五百餘騎寇龍門所。總兵官郤永自滴水崖會參將劉璞等夾擊于盤道墩。斬五十餘級。又追斬三十六級。進翟鵬兵部尚書兼右副都御史。郤永都督同知。
甲寅。上以安靜設醮謝上帝。停刑十二日。
丁巳。夜。火星入斗。
戊午。右副都御史周煦卒。
左贊善浦應麒免。以北闈私貢士馬鑾等。給事中呂時中劾之。鑾等削籍。

訪絕力之士。

四月己朔辰州知府許僎改禮部主客員外郎。吏部尚書讚之子。任中府經歷陞。讚以年衰便省親。

承運庫太監任舉派浙直織幣值三十萬金。部議三年遞完。報可。

丙子。泰安縣大雨雹傷稼。

丁丑。巡撫保定右副都御史吳瀚劾免。

南京太僕寺少卿張袞爲南京光祿寺卿。

戊寅。孫秉元嗣懷寧侯。趙國斌嗣武靖伯。劉良璽嗣寧晉伯。

前戶部尚書張雲卒。雲信陽人。弘治壬戌進士。贈太子少保。

夜。木犯房北第一星。

壬午。刑部左侍郎葉相致仕。

癸未。海盜蕭顯王直合攻太倉四十餘日。又自梅里福山攻常熟。別部攻崑山。崑山知縣祝乾壽拒卻之。五月。

各解去。出劉家河。州同知張魁千戶田應山追斬四百四十餘人。

丙戌。山西右布政使鄭重爲右僉都御史。巡撫保定。

己丑。陽城典史王標逐盜死。命復其家。

辛卯。宋末永新義士張履翁顏司理同文天祥婿彭震龍殉難。命從祀天祥祠。

癸巳。總督漕運右副都御史張景華劾免。

議太廟規制。廷臣議同堂異室。尚書張璧奏昭穆之序。宜奉成祖世室。不當列于昭。其次仁宣爲一穆一昭。英憲爲二穆二昭。孝睿爲三穆。武宗爲三昭。古者宗廟惟以左右爲昭穆。不以昭穆爲尊卑也。左庶子江汝璧引朱熹廟議。右贊善郭希顏請立四親廟祀皇高祖皇曾祖皇祖皇考。上如部議。

丙申。詔京官四五月俸米二石折銀七錢。

捌卜你求貢遼東巡撫孫禬不善應之。遂寇清和堡。指揮佟杲楊錦佟奇敗績。

五月戊戌朔。刑部右侍郎屠僑爲左侍郎。南京大理寺卿喻茂堅爲刑部右侍郎。

壬寅。提督操江伏羌伯毛漢總督漕運。鎮淮安。

癸卯。提督南京糧儲右僉都御史魏有本爲南京大理寺卿。

甲辰。南京禮科給事中游震得陳東宮出閣就講事宜。上然之。

丙午。遼東總兵官趙國忠落職都督同知。巡撫孫禬鐫二級。初建州李撒赤哈等犯邊。入鴉鶻關。誘官軍入伏。都指揮康雲敗沒。都指揮趙奇佟勳把總王鎮援之。皆死。

丁未。安南都統使莫福海入貢。

己酉。再嚴戚畹冒濫及宂官。

庚戌。撫治鄖陽右僉都御史王守改提督南京糧儲。

辛亥。夷李哈哈尙桑朝貢偵報虜情。副總兵李景良乘其入市。囚之。巡按御史賈大亨懼激變。以聞。

勘處湖貴夷情右副都御史萬鏜初討銅仁鎮筸叛苗不克。知鎮溪土指揮田應朝苗所信也。令任巡捕。應朝少辰州諸生。巧黠多詐。至是益橫。征則殺良。撫則脅賄。故久無功。一日召苗渠帥。必索質。以千戶某往。渠帥龍求兒來見。誅之。苗亦殺千戶。復遣監司招賊。給魚鹽口糧。渠帥龍許保予冠帶。鏜遂上善後事宜。班師召鏜入朝。被劾。

郭子章曰。萬尙書班師後。貴苗復叛。則功誠難言矣。永昭編年錄云。萬倚分宜。故功賞遷敍有差。予讀楊蒲坂太宰獻納稿萬尙書與江中丞贈官議曰。尙書萬鏜。爲趙文華事見惡于嚴嵩。都御史江潮。爲張寅之獄見誣于郭勛。輿論相同。誠爲寃横。故萬鏜得贈太子太保。江贈兵部左侍郎。國史野論其不同如此。

丙辰。浙江左布政使歐陽必進爲右副都御史撫治鄖陽。定分守分巡官徧歷郡縣。

辛酉。大理寺左少卿董珊爲右僉都御史。巡撫遼東。

壬戌。劾免漕運總督伏羌伯毛漢。

乙丑。前府都督僉事劉璽提督漕運。鎭守淮安。

林之盛曰。吾人晚節。當愈細愈嚴。不然。將爲人口實。劉公淸苦。未變于初也。徒以祿入既豐。而輿服稍踰。民遂謠曰。昔爲靑菜劉。今爲黃金璽。吁。可畏如此哉。

丙寅。召前松潘副總兵何卿。疾辭。奪都督銜。勒赴部。

六月戊戌朔。故南京禮部左侍郎王瓚謚文懿。

徵延綏奇兵三千人。戍宣大。

甲戌。前少保兼太子太保吏部尙書武英殿大學士方獻夫卒。獻夫南海人。弘治乙丑進士。授禮部主事。議禮至大拜。其視桂萼輩稍和平。然亦不肯降下。持易退之操。居家數與郡國競。毁譽半焉。贈太保。謚文襄。

乙亥。夜火星入箕逆行。

丙子。巡撫順天右副都御史許綸疾歸。

戊寅。免鳳陽旱災田租。

汰團營兵。成國公朱希忠請留。許之。

己卯，安南莫福海遣宣撫同知段師直上表謝。
壬午，望，月食。
癸未，光祿寺卿王禎爲右副都御史，整飭薊州邊備兼巡撫順天。御史舒汀劾免。
己丑，岷王彥汰薨，謚曰靖。
丙申，霪雨不止，命順天尹禳之。
七月戊戌朔，前戶部尚書兼翰林學士李廷相卒。廷相濮州人，弘治壬戌進士及第，授編修，後忤瑾，調兵部主事。瑾敗，復官，至大用。贈太子少保，謚文敏。
庚子，大理寺右寺丞朱方爲右僉都御史，整飭薊州邊備兼巡撫順天。
辛丑，河南右布政使雒昂爲右副都御史，巡撫河南。
刑部尚書聞淵滿九年考，進太子少保。
陝西總兵官都督同知魏時卒，贈左都督。
丙午，改周用兼右副都御史，總督漕運兼巡撫鳳陽。
己酉，提督兩廣軍務兵部尚書潘鑑疾歸。
免甘蘭秦金靖虜諸衞旱災田租。
增大同破虜滅虜寧虜殺胡拒胡威虜迎恩各堡守備官。
翟鵬言，虜嘗避實擊虛，今知大同有備，必移犯宣府，或由以窺京師，宜豫計之。兵部覆議徵兵將。
進萬鏜兵部右侍郎，入朝。
壬子，平涼地震。

癸丑。久霖雨。設醮祈上帝。

庚申。徵太倉太僕寺各十萬金入內。

辛酉。虜諜劉天柱入京。捕誅之。

壬戌。前詹事兼翰林學士陸深卒。深上海人。弘治乙丑進士。館選。授編修。歷祭酒。經筵抗奏。謫延平同知。後累進詹事。辨博宏偉。多所著述。而氣高性忌。贈禮部右侍郎。謚文裕。

癸亥。設鳳陽治農通判。

罷南京刑部尚書顧璘。

定各邊勘功期限。量地遠近爲差。凡山西宣大薊遼期一二月。陝西湖廣期三四月。甘肅川廣雲貴期六七月。踰者罪。

甲子。免福興泉漳旱災田租。

丙寅。起韓邦奇右副都御史。總督河道。巡撫江西右僉都御史張岳爲右副都御史。提督兩廣軍務兼理巡撫。

虜數萬騎入大同。前衛總兵官周尙文擊敗之于黑山。斬五十餘級。

八月丁卯朔。秉一眞人少保禮部尙書陶仲文進少傅兼少保支正一品祿。壻吳濬孫陶良輔並太常寺丞。

戊辰。日本貢期十一年。先是己亥來貢。今又至。非期。卻之。

己巳。進嚴嵩太子太傅。

辛未。天下多災傷。太倉積四百萬石。遂折漕十之三。仍賑饑。

壬申。內苑嘉禾雩壇靈黍生。禾雙穗六十四本黍五出

巡撫四川右僉都御史丘養浩移江西。

癸酉。免順天永平保定河間順德大名田租。

癸未。增潞安通判一。

起唐龍南京刑部尚書。應天府尹戴儒爲右僉都御史。巡撫四川。即劾免。

乙酉。免承天田租。

丙戌。安平侯方銳乞張家莊二十頃。不許。別給二十頃。

甲午。秦王惟焯薨。謚曰定王。性孝敬。前太廟災。上萬金助工。亡子。以再從姪鎭國中衞懷埢嗣。

刑科給事中王交劾試官少詹事江汝璧修撰沈坤編修彭鳳歐陽喚朋賄鬻科。大學士翟鑾子汝儉汝孝兄弟聯捷。崔奇勳係汝儉師。焦清以婚禮闈同號。皆出彭鳳門。沈坤取陸煒彭謙汪一中。皆賄也。及順天主考秦鳴夏浦應麒附鑾之罪。鑾疏辨。請覆試。語引西苑入直。上怒鑾不候旨而辨。卽二子軾轍才。詎並進奪寒士路。鑾及汝儉汝孝奇勳清鳳喚俱削籍。廷璧等下詔獄。廷鞫俱非賄。獨彭謙通賄五百金。遂杖汝璧鳴夏應麒六十。褫秩。監臨御史王行沈越失糾譎外。謙編氓。坤一中煒如故。鑾當國頗以溫厚忤上意。而嚴嵩陰擠之。

徐學謨曰。嚴嵩嫉鑾位出己上。故嗾言官論劾。陸煒爲受職中書舍人。非試職也。冒進科場。卒以炳之弟復陰庇之。主雖至聖。必不能出權奸之手。可歎也。

九月丁酉朔。己亥。廣西士舍黃球黃寧等奏事用印。以未嗣職。命釐正。

起王大用右副都御史。巡撫四川。

右春坊右諭德王用賓爲南京國子祭酒。

辛丑。萬全都司地震有聲。夜。月犯星宿。

壬寅。給事中徐養正上馬政六事。禁馱載。革占用。練軍實。擇統領。嚴賞罰。重操練。議行之。

免杭湖嘉興紹興金華台衢田租。

癸卯。前太子太保兵部尙書王廷相卒。廷相儀封人。弘治壬戌進士。邃于經術。隆慶初。贈太保。謚肅敏。

乙巳。寧夏地震有聲。

召貴州總兵官沈希儀不至。奪都督銜。勒赴部。

丁未。吏部尙書許讚兼文淵閣大學士。禮部尙書張璧兼東閣大學士。並直閣。然不入西苑應制。嚴嵩事取獨斷。不復相關白。讚等默默歎曰。何必奪我吏部。使我旁睨人。

提督兩廣軍務兵部尙書兼右副都御史潘鑑卒。鑑婺源人。□□□進士。有節操。精勤職業。撫蜀平番寇。採木再起家。盡瘁。士論稱之。贈太子太保。謚襄敏。王毅謚紀作襄毅。

己酉。周府堵陽王同鉉薨。

壬子。免臨洮雹災田租。

賑湖廣時饑甚。岳州知府嘉善陸垹不待報。發帑金易粟。活者亡算。巡按御史伊敏生始疑其擅。而巡他郡。饑民哀籲入岳州。寂如。乃更薦之。

丙辰。兵部尙書右都御史熊浹改吏部。禮部尙書費寀回部。

魯府信陽王健杜薨。

丁巳。署都督同知張經總兵官。提督江淮巡捕。

戊午。進嚴嵩兼吏部尙書。謹身殿大學士。

額武舉四十人。

己未。前刑部尙書錢如京卒。

庚申。榮府惠安王厚煦薨。

十月癸亥朔。戊辰。召周用爲左都御史。還院。

免開封衞輝懷慶彰德汝寧南陽田租。

庚午。追罪宣府參將賈英。論死。

壬申。虜將犯宣府。命備之。

甲戌。戶部左侍郎王暐爲右都御史。總督漕運兼巡撫鳳陽。

王良輔爲署都督僉事總兵官。鎭守貴州。

俺答寇膳房堡。總兵郤永禦之。不克。入自萬全右衞潰牆入。大掠蔚州。至廣昌。攻破村堡。殺掠三千餘人。將逼

紫荆。入蔚州南山。山峻隘。欲斬導者。遂尋路出。而郤永合五戰鋒之師值之。都指揮使李彬戰死。餘四營登山

以避。不之救。後贈彬都督同知。謚忠愍。

乙亥。俺答至順聖川。詔佘勛守居庸白羊各關。責翟鵬王儀自効。

庚辰。戶部右侍郎汪元錫爲左侍郎。改南京兵部右侍郎閔楷于戶部。

辛巳。裁漢陽府同知通判各一。

發粟二萬石餉居庸關。

俺答攻浮圖峪。副總兵周徹遇之。不敢戰。虜夜分兵散掠。至完縣。列營自土王溝至廣長川。長四十餘里。命參

將羅文豸劉震西援京師。戒嚴。

嚴嵩督視太廟工。

壬子。刊皇考醫方選要外科經驗方。

甲申。以趙卿爲署都督僉事。
乙酉。都督僉事尤聚屯通州。都指揮何卿屯蘆溝橋。
兵科給事中戴夢桂言。薊州巡撫朱方早掣兵。故虜乘間入。命逮朱方及總督翟鵬下獄。以兵部左侍郎兼右僉都御史張漢總督宣大山西。
兵部尙書毛伯溫被劾削籍。職方郎中韓勗杖八十戍邊。
丁亥。蜀府內江王賓延薨。
何卿復總兵。分守松潘。
己丑。郭宗皐爲右僉都御史。巡撫四川。
刑部左侍郎屠僑同都督尤聚通州防守。
叛人王三伏誅。三故大同左衞指揮王鐸子。殺母妻走迤北。爲嚮導。至是從虜至水地莊。向舍餘劉伏玘求飲。計擒之。幷其黨三人。俘告廟。磔之。授伏玘百戶。北路參將張鳳欲攘其功。詐稱以兵往。被劾戍邊。
庚寅。起劉棟爲南京兵部右侍郎。提督南贛。右僉都御史虞守愚爲右副都御史。巡撫江西。
壬辰。俺答自天城出塞。
東官廳總兵官許國往守天壽山。懼虜窺陵。
甲午。右副都御史署大理寺事戴金爲兵部尙書。
十一月
戊戌。禮部左侍郎孫承恩改吏部左侍郎。署詹事府。
晒朔。廣東右布政使顧遂爲右副都御史。巡撫南贛汀漳。提督軍務。
庚子。諭禮部。擒叛銷氛。俱朕禱玄之功。卽設醮謝上帝。秉一眞人禮部尙書陶仲文加少師。其少保少傅如故。

自後南北告捷俱謝玄。

談遷曰。文成五利。不分衞霍之績。靈素三清。未預平遼之賞。今虜氛日惡。羽報旁午。神如有靈。何不逆止之也。何物鼠輩。二十年祝釐借酬幃幄。並列三孤。人主溺于所好。一至是耶。

壬寅。前南京兵部尚書張邦奇卒。邦奇鄞人。弘治乙丑進士。館選。授簡討。嘗出補湖廣四川副使。還左庶子兼侍讀。歷尚書。好學篤志。端潔養恬。贈太子太保。諡文定。

癸卯。前吏部左侍郎歐陽鐸卒。鐸泰和人。正德戊辰進士。授行人。歷工曹南光祿卿。以文學操履名。贈工部尚書。諡恭簡。

甲辰。禮部右侍郎許成名爲左侍郎。國子祭酒徐階爲兵部右侍郎。右僉都御史劉訒爲大理寺卿。

丙午。以擒叛人王三。遣官告謝南北郊太廟社稷及景神殿。罷賀。

戶部右侍郎汪玄錫卒。

己酉。戶部左侍郎鍾芳卒。

乙卯。總督翟鵬巡撫朱方下詔獄。永戍。方廷杖八十卒。鵬至河至務。假宿民舍。不留。訴于鈔關主事。杖其居民。居民告廠衞。復逮獄卒。

丙辰。戶部右侍郎閔楷爲左侍郎。改南京戶部右侍郎夏邦謨于戶部。提督操江右僉都御史楊行中佐院。

召南京國子祭酒王用賓于國子監。

十二月乙丑朔。丙寅。裁南京宂官。

工科給事中何雲雁按宣府功罪。

己巳。巡撫延綏兵部右侍郎張璁改南京戶部右侍郎。大理寺左少卿傅炯爲右僉都御史。提督操江。

進嚴嵩少傳。

錦衣衞指揮使陸炳閱視廟工兼提督官軍。

甲戌。申定卹典事例。

壬午。右副都御史翁萬達爲兵部右侍郎兼右僉都御史。總督宣大偏保軍務兼理糧餉。

乙酉。寧夏後衞燬芻二十萬束有奇。詰吏卒奪郎中侯珮俸。

庚寅。封恬焯鎭康王。胤柯稷山王。謨埶慶陽王。勤灰魯陽王。賓凊石泉王。宇淵承休王。充烀和川王。載溶都昌王。

壬辰。南京刑部尙書唐龍改南京吏部尙書。廣東提學副使程文德爲南京國子祭酒。

河南左布政使柯相爲右副都御史。巡撫陝西。

甲午。禮部請元旦受賀。不許。諭各竭職務。則天下自安。仍如今年例行。

乙巳嘉靖二十四年

正月壬申朔。上不視朝。

丙申。禮部上諸司賀表字有訛。奪儀制郎中汪集俸二月。

戊戌。初巡關御史李秀春。劾靈壽知縣羅章。調簡。邑人伏闕留。吏部言。保留或未盡公。但巡關視巡按。專察不同。容風聞失實。于是定總督淸軍巡關等。止論列所屬。毋混及。

乙巳。錄二祖列聖御集聖學心法九經性理大全二十一史成。賜輔臣金幣。校錄官右春坊右庶子兼侍講楊維傑爲左庶子兼翰林侍讀。右中允兼修撰閔如霖爲左諭德。右贊善兼檢討郭希顏爲左中允。翰林編修孫陞爲右中允。吳山爲左贊善。國子監司業周文燭爲右春坊右中允。膳錄官太常寺卿張電進通政使。尙寶司少卿談相進光祿寺少卿。餘陞轉有差。

城鎮羌四堡巡撫詹崇又于弘賜諸堡之北添設。以相犄角。共築鎮羌拒牆拒門助馬云塞外四堡。

丁未。黃岡諸生劉文煜進瑞兔。賜幣一雙鈔五百貫。

靈丘地震。

仍施藥朝天宮。孫承恩陸炳如前。命遣錦衣千戶百戶同道錄司官賫藥赴療宣大山西。

己酉。楚世子英燿弑楚王顯榕。英燿狎羣小。王娶于吳。生英燿。收宮人王氏。生英㷷。英燿淫縱。見王宮人方兒。悅之。私烝于外舍。王知之。禁方兒北園。笞其狎人陶元死之。居亡何。王與諸王泛湖。登湖臺。娼么兒侍。英燿又悅之。通之于湖亭。明日。英燿具篋通中使其卒金與卒良輔篋么兒致之館。王怒甚。發聲死二卒。懼。告英燿曰。王怒。世子之位不可保矣。英燿曰。然。不如我先。會元夕。謀置酒享王。王從之。以力士。王至。世子匿力士緝熙堂後。曰。砲可舉也。酒數進。犒從人饌。英燿命力士舉砲。力士謝京首以銅爪撾王。王瞿然曰。燿燿。腦出死。武岡王顯槐逃出而傷。英燿以銅鞭鞭王屍。迎么兒爲新妃。處王宮。翊日殯。長史孫立承奉張慶王憲等以暴風疾聞于監司。幽武岡王別館。脅崇陽王顯休江夏王榮漠永安王顯梧東安王榮淑保奏通山王英炊不從而王從者朱貴抉門告變。事泄。巡撫右副都御史車純巡按御史伊敏生以狀上。

談遷曰。春秋弑父以三見。蓋梟獍之性。非人類所有也。英燿大逆。始于婦人。夫子繫易家人曰。父父子子。兄兄弟弟夫夫婦婦而家道正。正家而國定矣。緝熙堂不足瀦者。抑愍王之正家非耶。

庚戌。册敬妃文氏。不御殿。

癸丑。雲南蒙自縣地震有聲。

兵部右侍郎路迎兼右僉都御史。督修宣大偏關山險。
甲寅。輸大同粟十萬石于宣府。
戊午。刑部左侍郎屠僑爲南京刑部尙書。
庚申。陳瑺嗣泰寧侯。陳璉弟。
浦之浩鄢懋卿王忬路可由劉瑤陳九德張治曾佩胡彥周冕張椿徐祚並爲試監察御史。
辛酉。朝鮮攝國事李峼。以國王李⿱岐女喪來訃。賜謚恭僖。峼⿱岐女之弟。
閏正月甲子朔。刑部右侍郎喻茂堅爲左侍郎。右副都御史韓邦奇爲刑部右侍郎。
戊辰。大學士嚴嵩言。臣每獨蒙宣召。于心未安。思往歲夏言惡與郭勛同列。以致生隙。夫臣子比肩事主。豈宜嫌異。今臣希忠臣元臣讚臣璧乞同宣召。如祖宗蹇夏三楊故事。報聞。嵩蓋欲示厚希忠等。且見言妬也。
吏部右侍郎張治爲左侍郎。兼翰林學士。署院。
壬申。錦衣衛都指揮同知陸炳署衛事。
巡按直隸監察御史呂光洵言。三吳之地。古稱澤國。西南受太湖諸水。其勢卑。東北際海岡隴地。其勢高。昔人以水下流。疏爲塘浦。導湖水入之江海。又引江潮行岡隴外。故瀦泄有法。亡憂旱潦。邇者俱堙塞。惟黃浦劉家港僅存。今欲治之宜。如先臣徐貫。令諸湖相承接。然後濬臧村等港瀆。金壇湨港等河瀆。武進艾祁通波瀆。靑浦。顧浦吳塘瀆。嘉定大瓦等浦瀆。崑山許浦等塘瀆。常熟而上下之流俱治。又蘇松諸郡所在最下。雖濬塘浦。猶不能保諸湖無橫溢。如有秋霖。値風濤相薄。勢必逆行田間。衝嚙爲害。宜可令農隙各出力以修圩岸。此非獨防潦也。且以制諸水不漫行江海。浪涌勢易淤澱。昔人于去江十里餘。夾流爲閘。隨潮啓閉。遏浮沙。大可省歲修繁費。似宜倣行之。誠于諸役度急緩爲先後。更借緡錢資贖鍰以資費。又如宋范仲淹召饑民募役。復專任大臣。寬以歲月。若巡撫周忱在吳中。功何患不成。詔悉如議。

癸酉。遣戶部郎中李愈覈眞定軍儲。

甲戌。兵部尚書戴金劾罷。留路迎署部事。

乙亥。賑廬滁和饑。

丙子。禮部右侍郎徐階改吏部。起于湛右副都御史。總理河道。

丁丑。太子太保南京吏部尚書唐龍改兵部尚書。

戊寅。金星晝見。

己卯。命朱希忠嚴嵩覲東宮。同許讚張璧熊浹。

癸未。詔徵兗州馬價三年。興濟一年。閔水災也。

甲申。敍功。進總督陝西張珩右都御史。咸寧侯仇鸞太子太保。僉錦衣衛鎭撫。

都御史戴時宗以子罪劾免。

乙酉。起服闋工部尚書張潤于南京吏部。召南京禮部右侍郎崔桐于禮部。

廣東布政使應大猷爲右僉都御史巡撫雲南。

丁亥。柳震龍嗣安遠侯。

戊子。岢嵐州右參將高暘永戍邊衞。暘與知州馮友有隙。嗾中軍指揮僉事王尙武縱卒辱之。分帑。

己丑。詔中外嚴禁奢靡。從禮科給事中查秉彝之言。

敍黑山功。進大同總兵官周尙文右都督。巡撫詹榮右副都御史。

復前雲南巡撫右□都御史顧應祥官。

辛卯。禮部右侍郎盛端明予告。

壬辰。桂林雨雹。

癸巳。續纂大明會典。自嘉靖八年始。總裁大學士嚴嵩許讚張璧。副總裁吏部左侍郎孫承恩。纂修官左春坊左諭德閔如霖左中允郭希顏右贊善吳山司直郎呂懷謝少南翰林修撰茅瓚檢討林庭機編修李璣趙貞吉敖銑郭朴康太和嵇世臣袁煒黃廷用陳東光王維楨盧宗哲。

二月甲朔戊戌。遼東東□新安淸河靉陽鹻城五堡比歲値虜患。至是參將武鏜守備韓成式除名。指揮常鵬等七人下臺訊。降巡撫董珊總兵趙國忠副總兵郝承恩俸二級。

總督直隸河南山東軍務兵部左侍郎張漢。請選將練兵。信賞必罰。得專斬大將。上不悅。令再議。兵部覆上。凡罪將下法司。

庚子。初禮科右給事中陳棐請帝王廟罷祀元世祖。禮部議如之。遂撤兩京廟像幷墓祭。改廟祀碑。

談遷曰。聖祖毆滌羶俗。顧于世祖則祀之。列于三五歷代。獨不明春秋之義乎哉。華夷雖嚴。旣入我之土。亦安能外之。且其都幽燕。定中原。非世祖始也。平宋而遺安天下者殆百年。故聖祖念其先德以祀之。大哉聖祖之爲君也。必以春秋繩之。舍目前之俺答吉囊而問勝國土木之像。雖三尺之豎能之。何論嚴主哉。

癸卯。巡撫四川右僉都御史丘養浩改巡撫江西。劾免。

甲辰。議皇太子冠禮。方十歲。太廟將成。欲上謁。

丙午。命江西巡按存問前吏部尚書羅欽順。八十。賜羜醴。

戊申。詔有司招撫流移復業。給牛種墾田。

丙辰。禮部尙書費宷等上冠禮儀注。至是又言。文王年十二而冠。成王年十五而冠。大明集禮酌十二十五。今東宮似早。上切責之。宗等以儀繁。宜稍減。報可。
廣西古田盜韋公珦等作亂。
丁巳。大同東路右參將紀振。殺降冒功。論死。
庚申。裁工部都水司管南旺閘主事。虞衡司管節順庫主事。
三月癸朔。丁卯。翰林檢討張緒爲湖廣布政司右參議。
己巳。歙縣大雨雹。
辛未。吏部內計奏上。降黜如議。惟戶部主事桑志道。工部主事周玉。御史謝瑜。如貪酷例削籍。刑部主事朱執中落職。出考功上。
壬申。祈年朝天醮五日。
丙子。秦州地震。
丁丑。和川王府奉國將軍充灼。潞城王府鎮國中尉俊振等。行劫奪歲祿。
戊寅。吏部擬京堂自陳當罷者。上特留右通政顧可學。以藥餌也。
壬午。內計拾遺。工部尚書署通政司事鄭紳。南京戶部尚書周金。工部右侍郎陸杰。南京戶部右侍郎張瓚。太常寺卿劉臯。南京光祿寺卿張袞。並罷。右僉都御史王儀。光祿寺卿陳煥。南京翰林侍讀學士華察。左司直郎兼檢討謝少南。並調外。逮兵部左侍郎張漢。漢少以諸生侍上藩邸。故寵賜甚厚。恃恩不法。數通苞苴。前請總督。靳將立威。上銜之。至是吏科都給事中盧勳等數其罪。下獄。戍鎮西衞。
癸未。左副都御史周煦卒。煦吉水人。登進士。痛母許氏抱節以沒。既貴。衣食少甘美。流涕卻之。曰。吾母未嘗享此也。著三窮圖。備述先世孤苦。贈刑部右侍郎。

賑應天□□□□□□饑。

都御史萬鏜勘□□□□□還朝。

戊子。南京禮部右侍郎徐問爲南京戶部尚書。南京太常寺少卿蔡子舉爲通政使。河南按察使孫錦爲右僉都御史。巡撫宣府大理寺少卿蘇祐爲右僉都御史。巡撫保定。

辛卯。諭東宮冠禮秋行之。

南京刑部郎中唐侃卒。侃丹徒人。正德癸酉貢士。令永豐以治理稱。遷守武定。值章聖梓宮南祔。從閹橫甚。侃先置空櫬于旁舍。及諸人索賄。佯許之。引指其櫬曰。吾已待死矣。錢不可得也。以是著節。少師丁璣嘗曰。須使此心無愧神明。

壬辰。江西左布政使盧蕙山東左參政傅鳳翔並爲右僉都御史。蕙巡撫遼東。鳳翔巡撫甘肅。

謫兵部武選司先後清黃主事項喬鄔閱熊過何中行顧翀賀府牟朝宗葛縉以司吏畢文舉等盜冊妄增功。并鈐僞璽冒襲千戶侯泰等三十八人。至是奸敗。故喬等陞任皆調外。餘罪有差。

四月癸巳朔。福建左布政使姜儀爲右副都御史。巡撫湖廣。

保定副總兵都督同知周徹爲總兵官。鎭守薊州。

乙未。上閔歲嚴。諭戶工二部加惠賑卹。并治貪殘。

丙申。尙寶司少卿嚴世蕃爲太常寺少卿。署尙寶事。

丁酉。前工部右侍郎韓士英爲南京戶部右侍郎。

戊戌。兵部尙書唐龍提督團營。

壬寅。命司禮太監溫祥駙馬都尉□□刑部左侍郎喻茂堅錦衣衛指揮使袁大章按楚獄。蓋巡撫都御史車純巡按御史伊敏生以英燿弒逆聞。
癸卯。巡撫應天右副都御史丁汝夔爲左副都御史。
乙巳。雨。羣臣表賀。
丙午。戶部左侍郎閔楷爲南京禮部尚書。
增陝西岷州隸鞏昌。
戊申。定去冬宣府失事罪。總兵郤永降俸。薊州巡撫王儀降調。
己酉。停工部鬻爵事例。
裁大同副總兵。幷免姜奭。
丙辰。刑部署郎中趙文華爲通政司左參議。
戊午。戶部右侍郎夏邦謨爲左侍郎。撫治鄖陽右副都御史歐陽必進改總督糧儲。巡撫應天。
己未。起趙卿署都督僉事。提督西官廳。
庚申。命內使行人往賻朝鮮。
停浙江江西刷卷。歲災故。

五月壬戌朔。日食。
甲子。南京吏部考功郎中薛應旂調外。初嚴嵩銜南京□科給事中王燁之首劾也。令尙寶司丞諸傑柬應旂斥之。應旂以白尙書張潤。止之。而傑故南京兵部主事。有貪跡。至是斥。又常州知府符驗。前南御史也。被調于是福建道御史桂榮劾應旂私怨。斥其鄉郡守。上以考察不欲變。第謫應旂。
乙丑。逮巡按福建監察御史何維柏。維柏論大學士嚴嵩姦邪宜罷。嵩疏辨。以禮部右侍郎盛端明諳藥石。陞下自問其姓名。而謂臣薦之。右參議顧可學進秋石方書。寓臣所。嘗請別館居住。而謂臣豢之。上慰留嵩。逮維柏。

己巳。工部尙書樊繼祖光祿寺卿陳煥南京刑部右侍郎郭持平並免。太僕寺卿毛渠調南京。左春坊左庶子郭希顏調外。南科拾遺。

辛未。吏科給事中李文進御史趙炳然往宣大山西。覈嘉靖十五年後邊費。

右副都御史任維賢撫治鄖陽。

甲戌。遣內官封朝鮮國王世弟李峼爲王。

丁丑。夜月食。

庚辰。罷宣府總兵官郤永。趙卿代鎭。

癸未。誅楚世子英燿。磔護軍徐景榮等三十六人。斬長史孫立承奉王憲張慶。

乙酉。災傷停順天今年刷卷。

戊子。成都地震。

免東昌濟南登兗旱災夏租屯租。

己丑。吏部尙書熊浹母年九十。求歸養。不許。令所司存問。

辛卯。復開納事例。

故太子太保兵部尙書毛伯溫卒。吉水人。正德戊辰進士。天啓初。謚襄懋。

六月癸巳朔。癸巳。太廟成。禮部欲秋享暫于景仁殿。上不可。促令秋享一如先朝之舊。後增儀節悉除之。

丙申。宥纍將張達白爵李朝陽立功。

丁酉。禮部覆禮科給事中胡叔陽以兩京主考避本鄉。各省主考改京官會試內簾置御史監試。杜散卷徇私之弊。得旨不盡行也

前大學士毛紀卒。字維之。掖縣人。成化丁未進士。館選。授檢討。歷左諭德。忤瑾降侍讀。尋進侍講學士。至直閣。武宗大漸受命。同楊廷和定策。晚致仕。家居二十年。贈太保。謚文簡。

修薊州邊牆。

逮四川巡按御史石永冉崇禮按察副使朱憲章。以論囚不候旨也。

戊戌。故總督兵部尚書兼右副都御史翟鵬卒于獄。鵬撫寧人。正德戊辰進士。

談遷曰。翟鵬習兵事。其在宣大。卽未能逐虜。亦無豐敗。投荒徒布可也。老塡獄戶。又非其本罪。從廠衛致之。條侯歎獄吏之貴。有餘涕矣。

免太原平陽潞安旱災夏稅。

己亥。加大同歲餉十五萬四千二百五十三金。

庚子。進河南歸德州爲府。增商丘。割睢州考城柘城隸之。其寧陵鹿邑虞城永城如故。

免保定河間眞定順德廣平大名旱災田租。

辛丑。上御無逸殿。諭禮部尚書費寀。太廟禮儀旣從舊。諸樂章器物四祭歲祫亦如之。罷大禘之禮。

壬寅。湖廣道試監察御史鄢懋卿言太廟初成。不可遣祭。上以遣代係舊制。再言者罪之。

乙巳。貴州道試監察御史周冕言太廟告成。乞秋期親享。上怒其抗旨。下詔獄。謫。

談遷曰。太廟及仁壽宮先後俱災。太廟以五載成。仁壽宮近不過百日。則臣工趨事之意可見也。上深宮靜攝。時親舉玉趾于雷壇玄極間。而祖宗陟降。未歌穆穆之章。將天人異觀乎。

壬子。總督宣大總兵官右都督張鳳。仍提督西官廳軍務。

乙卯。免延安鞏昌平涼鳳翔慶陽西安旱災田租。

丙辰。吏部尙書熊浹諫止仙箕上以章示嚴嵩。嵩代爲解。乃釋。

己未。定太廟位。太祖中焉。左四序成宣憲睿。右四序仁英孝武。

大享殿且成。名皇乾殿。藏神版。

發太僕寺十四萬四千金。市馬于直隸河南山東。

七月辛酉朔。奉安皇祖列聖帝后神位于太廟。遣代。

吏部尙書熊浹滿六年考。進太子太保。

壬戌。廷臣表賀詔赦天下。

甲子。廕太監高忠錦衣指揮僉事。陳準馬廣王朝張陽並百戶。成國公朱希忠百戶。進嚴嵩太子太師。許讚少傅。張璧太子太保。工部尙書甘爲霖少保兼太子太保。禮部尙書費寀太子少保。兵部尙書唐龍太子太保。錦衣衛都指揮同知陸炳都督僉事。餘各陞賞有差。

制敕房通政司通政使張電進工部右侍郎。

辛未。應天府丞王學益浙江右布政使。蕭一中並爲右僉都御史。學益巡撫貴州。一中巡撫四川。

丁丑。工部右侍郎文英子廕文思院副使。至是乞加廕。改鴻臚寺序班。工科給事中張元沖以梓人難之。不聽。

戊寅。前刑部左侍郎葉相卒。

庚辰。聞虜聚東勝州。敕各邊嚴備。

辛巳。嚴嵩請寬何維柏獄。維柏在道久。嵩不測上意。以嘗上。竟廷杖。

癸未。成國公朱希忠以廕錦衣百戶移其弟錦衣指揮同知希孝。許之。進希孝都指揮使視事。

乙酉。提督兩廣右副都御史張岳以廣東封川叛獞廣西馬平來賓叛獞請討。從之。

丙戌。西海虜酋整克款甘肅。乞徙內地。下督撫酌之。

令宣大總督駐陽和城。便節制。

丁亥。朝鮮人金砧等十一人。航海失風。流上海。命歸之。

虜入延綏犯安塞保安。副總兵李琦戰不利。

戊子。祀漢太守廉范宋□□崔與之于成都四賢祠。

庚寅。南京右僉都御史傅炯還院。河南左布政使張時徹爲右副都御史。巡撫四川。

八月辛卯朔。進朱希忠崔元嚴嵩俱少師。

壬辰。加秉一眞人陶仲文伯爵。辭之。請贈廕。報可。

右通政顧可學爲工部尚書。食祿。專煉秋石。

南京國子司業□□爲南京右中允。署院。

癸巳。臺基廠草場火。

甲午。減海州里數。原百十六里。知州奏荒罷不任職。併爲六十里。

徙海門縣于金沙場。避水患。

戊戌。永和王知煥進白兔。擇日告廟。免賀。

己亥。京山縣產嘉禾六十餘本。

壬寅。有神降于箕。乞宥楊爵周怡劉魁。遂釋。

乙巳。瑞兔告太廟。
丙午。瘞暴骨。
丁未。琉球王尙清安南都統使莫福海各來貢。
戊申。裁揚州通判。
己酉。大學士張璧卒。字崇象。石首人。正德辛未進士。館選。授編修。預修武宗實錄。進侍講。嘉靖初。起太常寺卿兼學士。署院。進禮部侍郎。南禮部尙書。改北。性篤愼。久在講幄。多啓沃。其輔政無聞焉。贈少保。謚文簡。
癸丑。廣寧衞地震。聲如雷。
乙卯。故國子祭酒陳敬宗謚文定。
丙辰。左春坊左司直郎兼檢討呂懷爲南京國子司業。
虜入遼東長勝堡。殺守備張文瀚。
戊午。直隸龍門衞地震有聲。
建州右衞酋李撒赤哈屢患邊。至是被擒。梟塞上。
馬房草場火。
虜犯大同中路。總督翁萬達以故總兵張達將右。戰鐵裹門。虜卻。故參將張鳳將左。戰鵓鴿峪。殺傷大當。虜忿曰。南軍不數百。我以數萬返。何以復軍。乃圍鳳。戰死。磁人王邦直。興化成諧。俱諸生。驍武從軍。提大刀獨殺數十人。鬭沒。虜氣奪。南下陽和。萬達身禦虜。伏兵白登村。總兵官周尙文來援。未及六十里。鼓噪。虜宵遁。邦直有絕力。能舉千斤。兼通韜略。事母極孝。慷慨赴義。有國士風。給事中□□薦于兵部。檄送總督翁萬達。客遇之。虜入大同。萬達計其必犯陽和。而鵓鴿峪要區也。以參將張鳳往。邦直副之。果攻峪。亟鳳等以強弩射卻之。攻益衆。邦直躍馬直前。分衆結方陣拒之。射皆命中。斃七騎。胡騎益合圍。鳳見殺。或勸邦直潰圍出。邦直曰。寧有奔北王邦直哉。夜突十餘陣。殺傷過當。比曙俱憊。多死創邦直遶營歎曰。至午得援兵。雖傾國來不足禦矣。因奮擊。而屍擁其前。不克展。乃棄大刀。提鐵簡四擊。漸困。知不免。大呼曰天也。拔佩刀自刎。邦直雖死。所殺傷幾五六百人。虜懼退。事聞。贈指揮僉事。廕子化熙世襲安衞千戶。諸贈指揮僉事。子世百戶。立祠于陽和。

嚴嵩言玉牒事宜。第一冊例有總圖。備載天潢世系。所以表帝王之統。合同氣之親。今宗派蕃衍。仍用前制。不惟紙狹難備。而字跡微眇。不無遺漏混淆。臣等竊倣古史年表之法。以橫格分代。列名氏其上。各派子孫。遞書于下。庶世次不紊。一覽可見。又當以帝系爲宗統。如懿文太子秦晉二王。不敢以加成祖之前。又雖係長出但旣殤追封。如悼恭太子岳懷王哀冲太子。不列于圖前。所以尊帝統也。又壽春王仁祖之兄。南昌諸王太祖之兄。舊列于帝系之前。今移置于本支之後。謹上帝王世系總表。

九月辛酉朔。甲子。禁陵祭官託故代行。御史黃如桂言之。

乙丑。光祿寺卿及官爲南京右副都御史。提督操江。

丙寅。吏部文選郎中劉塾爲通政司右通政。令于各部司遞用。毋循資調補。

戊辰。遼東長勝堡指揮王勳孟儒。嘗匿逃夷。及虜入寇。紿殺逃夷冒功。事泄。奪總兵趙國忠職。立功。

己巳。陶仲文往太和山祝醮。

庚午。復太廟時享四孟朔。

旱災。留浙直江西湖廣河南田租折徵。

辛未。復逮楊爵周怡劉魁于獄。

壬申。禮部尚書費寀。請留用儀制郎中周琉祠祭郎中高簡。臣方賴之。又大理寺評事孫學思。假嚴嵩之名求出使。臣執不與。學思嵩私人也。多機警。好以萋菲中臣。臣以孤危而失此二臣助。愈難自立矣。因乞休。上以託指攻訐。切責之。時上微覺嵩橫張。璧死。思用夏言。采故善言而不能得嵩意。故偵之。

丙子。發帑四十萬金。分各鎮防秋。

丁丑。敕召大學士夏言。行人張鍊往促之。

吏部尚書熊浹擬刑部郎中翁大立補文選郎中。吏科都給事中楊上林言大立傾險。上責吏部。奪浹等俸三月。

己卯。朝天宮秋報大醮六日。

甲申。前遼東巡撫右副都御史孫禬調光祿寺卿。

丙戌。復故總兵張鳳原官。

己丑。何卿爲署都督僉事總兵官。提督東官廳。

十月朔壬辰。先是大同平虜威遠玉林渾源陽和山陰各草場火。總督翁萬達疑其奸。適科臣覈邊。邏卒于胡峪口獲闌穴者王儀。云虜酋青台吉俾入山陰縱火。旣代府和川王被盜訐連襄垣王輔國中尉充𤇍等所司拷其家僮。不承。第云分人縱火草場。于是捕治其客李錦等。云奉國將軍充灼及充𤇍等八人勾虜不軌。先焚積聚也。會充𤇍等所勾虜者衞者衞俸等四人闌出塞。獲之。事聞。誅儀。逮充灼等下詔獄。翁萬達言大同瘠隘。祿食不給。且地邊胡。易生反側。請量遷和川昌化等于山陝就食。而襄垣初自蒲州徙。宜還本封。禮部議止徙和川昌化等。報可。

癸巳。作琉璃河橋。發帑五萬金。

甲午。諭停刑。

禮科給事中查秉彝上言。宗藩議封祿。河南山東山西王府擇地散處。毋專聚一方。重恩典。按會典斟酌刊定。肅閫教。各藩設有樂院。宜申私婚狎倡之禁。杜交結。禁土豪投獻莊田。飭藩度。擇王官。上從之。

戊戌。巡撫湖廣右副都御史車純免。初藩變求去不許。至是薦各司二十餘人。謂避難市恩也。

己亥。勞山西宣大三關吏卒十萬金。

庚子。免大同旱災田租。

壬寅。成山伯王洪卒。

丁未。吏部尙書熊浹奪俸六月。初南京戶部員外郎焦希程。坐草場火降調。南京吏部題實授官。悞列希程。浹等覆如之。致詰責。

戊申。貴州龍里衞長坡山箐苗作亂。

壬子。增綏德守備米脂把總各一。

乙卯。陝西左布政使龔亨爲右副都御史。巡撫河南。

丁巳。夜。火星犯氐宿。

許代府輔國將軍表栢嗣交城王。初表栢祖交城王鍾鐪薨。再傳至表杋。亡子。從弟表栢求襲。屢駁奏不決。後以孽除。

戊午。進錦衣衞千戶許瑒一秩。故江西副使許逵子。至是錄許逵守樂陵功。

十一月

幀朔。奉皇穹于大高玄殿設醮。

戊辰。至日南郊。遣成國公朱希忠代。羣臣奉拜奉天門。命嚴之。玉田伯蔣榮等俱不至。凡百三十八人。俱罰俸六月。御史路可由劉瑺糾俱武臣。亦罰俸六月。

逮鈞州知州陳吉及巡撫雒昂巡按御史王三聘。初徽王厚爝徽國賦。吉不爲理。又訾笞軍校。長史李應時率衆訴吉。吉忿與應時相訐。且發徽王陰事。王疏辨。故械吉。以昂等不早聞。併逮。

辛未。勅應天巡撫右副都御史歐陽必進開三吳水利。

壬申。遼東總兵趙國忠劾免。

癸酉。左副都御史丁汝夔調外。以巡撫應天奏報舉劾不速確。

南京戶部尚書徐問致仕。

巡按直隸御史賈大亨言河從南徙。已議遷五河蒙城縣治。獨臨淮關祖陵形勢。難以遠遷。又近地亡可據。其遷否宜相度于總河諸臣。命熟計以聞。

甲戌。纂修玉牒成。

戊寅。故浙江按察副使陶成及子湖廣左布政使魯。祠于廣州。復其家。從錦衣衛指揮僉事陶鳳儀之請。

己卯。山西保德人崔鑑。年十四。忿父之私鄰女逐其母也。殺鄰女。論死。上原之。減城旦。

辛巳。大學士許讚屢乞休。忤旨。

吏部尚書熊浹削籍。以諫仙箕屢督過之。再罰俸。因乞休。上大怒。除名。仍官校攝之還里。時嚴嵩擅柄。諸曹受請囑如外府。獨浹持不肯行。莫能難也。

壬午。夜。客星出天棓入箕宿。越三日。移東北。踰月滅。

癸未。免宣府保安雹災田租。

前太常寺卿魏校卒。崑山人。字子才。弘治乙未進士。樸納簡重。學專主敬。天下盛行王氏學。校不之合。其召用出桂萼。而張孚敬排之。上亦迂校。不復用。嘗憂上無子。語桂萼欲進方事。載家乘中。校老無子。贈禮部右侍郎。

謚恭簡。

丙戌。西官廳右都督張鳳總兵。鎮遼東。前都指揮同知沈希儀爲署都督僉事總兵。提督江淮巡捕。

己丑。山東右布政使於敖爲右僉都御史。巡撫遼東。

翰林院編修郭朴爲侍讀。檢討黃廷用爲修撰。

十二月鯕朔壬辰。翰林院庶吉士林樹聲服闋。授編修。

癸巳。太子太保兵部尚書唐龍改吏部尚書。

濬南京後湖。

甲午。祈雪。

乙未。巡撫四川右副都御史張時徹總兵官都督僉事何卿攻白草□番。都指揮丁勇以六千人進石泉。游擊龔銳以四千人進壩底。曹克新以三千人進龍州。

錦衣衛署都督僉事陸炳爲都督同知。巡捕都指揮使袁大章爲都督僉事。俱緝捕功。

丙申。覈虛銜及雜流牙牌。

戊戌。大霧。川兵銜枚先發。奪走馬嶺。連敗之。擒叛番李保等。斬一千有奇。俘五百餘人。

庚子。裁永州撫民通判。

壬寅。給事中李文進御史趙炳然報宣大邊費。奪巡撫詹榮曾銑等俸三月。前巡撫史道樊繼祖等閒住削籍有差。

浙江昌國衞指揮僉事馬光等失守遣戍。署都指揮僉事李釜詐報降秩。海門衞指揮使朱恩貪縱下獄。俱巡按御史高懋劾奏。

甲辰。給太傅兼太子太傅成國公朱希忠駙馬都尉崔元三代贈誥。吏部言。勳臣爵高公孤。止流階尊而兼卑。非舊典。不聽。

兵部左侍郎路迎爲兵部尚書兼提督團營右僉都御史端廷赦爲左副都御史。

給宣大牧馬二萬八千金。每匹一金。採草不出塞外。

乙巳。南京禮部尚書閔楷改南京戶部尚書。

戊申。少師兼太子太師吏部尚書華蓋殿大學士夏言入朝。進嚴嵩少師。言復據嵩上。愈驕。凡有所擬旨。行其意。不復顧問嵩。嵩唯唯不能吐一語。心恨甚。故事。堂饌言與嵩對案。不食大官供。而自攜庖甚豐。亦不以及嵩也。

己酉。封載坮淮世子。載堅建昌王。厚爖嘉興王。厚燉紹興王。厚烋永豐王。祐樅順昌王。載堉鄭世子。頤坦保慶王。賓沙汝川王。載封武定王。載埗平度王。睦樸儀陽王。睦杉會稽王。融焚襄陵王。厚壙陽山王。恬焯沁陽王。恬桁沁水王。

辛亥。吏部右侍郎王學夔爲南京禮部尚書。南京大理寺卿婁志德爲右副都御史。巡撫山東。

甲寅。臧珊徐自德李珊劉起宗諸葛覞雷賀徐良傅宋伊楊思忠鈕緯黃宗概張思誠並爲給事中。蕭世延陳軏盛汝謙謝應徵張英吳相李廷松宋治陳松劉陽王士翹邢尚簡魏希相馮薦楊順莫如爵並爲試監察御史。賀思誠順治廷松如爵並南京。

前太子太保兵部尚書劉天和卒。天和麻城人。正德戊辰進士。授南京禮部主事。拜御史。按秦忤鎮閹廖堂。逮獄。謫金壇丞。屢遷守湖州。歷山西副使太常少卿。進撫甘肅陝西。總河。歷總督三邊。有軍功入本兵。有文武略。閒任必見稱。其治水防邊尤著。所作輕車强弩乘沙量水諸器。皆永利也。贈少保。謚莊襄。

徐栻曰。予觀武侯卒于渭南。能使廖立李平垂泣自隕。君子以爲難。公按陝被搆。以檻車徵。秦郭二人痛其冤。以死殉車下。夫痛武侯者泣絕于身後而痛莊襄者泣絕于生前。此豈可以智術襲取哉。楚士周元孚曾云。公勒兵花馬池。爲告囊所圍。不食三日矣。部將周尚文僞爲公。潰重圍出。瀝血戰出公于數十萬衆中。大致克捷人之效死力于公。率類是哉。又云。古亭土神靈異。每遇公戰。神現軍士上。士驚喜益奮。迅敵望見駭散。公又得神助。其感格神明者。惟忠誠一念忘身而殉國者也。公抱靈異。佐明盛。天實篤之也。

贈義民賈得山西平主簿。正德中。盜劉宸等攻西平。得山從知縣王佐力戰三日夜。殺數百人。城陷死。擧家沒三十七人。

丙辰。寬南京鋪戶。

丁巳。□□□□□爲吏部右侍郎。

罷湖貴總制。以事屬貴州。

朱國楨曰。川廣湖接境。無之非苗。川則酉陽爲蔽。勢不相及。雖屬湖廣。道里甚遙。難于節制。去貴甚近。兼攝頗便。然貴土瘠民貧。方仰給外省。其勢甚弱。自保不暇。安能制苗。乃廢十五年已設之總督而歸併于貴。皮林之役。又以四衞屬之。窮山獨坐之人。責之伸手百里外。撲久聚之盜窟。可不可乎。自武昌而上抵貴州名山大川。限隔數千里。苗猶自戀其穴。豈無追者。游奕上下。輒起悲中。間無一重臣作鎭。氣勢何由聯絡。號令安得流通。若開總府于沅。以貴之銅。越川之歸夔。楚之衡永辰常隸之。兵自足用。與以楚稅十三。川稅十二。就中即以三之一濟貴。裁川貴雲之下際。□楚江吳之上游。前犄漢中。後引兩廣。百貨流通。節宣有法。不但諸苗俯首聽命。而湖山大盜亦資彈壓。奈何聽其日虛日敝。視若甌脫。置之度外。貴日取給于楚。楚亦益憊。無救于貴。至今相仗。則謀國者之誤。一失而萬有餘喪也。

平涼人賈某自號大王。流劫涇邠。指揮吳嵩誘擒其兄弟五人。移獄鳳翔。盜邠去。久之獲誅。

丙午嘉靖二十五年

正月紀朔。上拜天玄極寶殿。出御奉天殿。受朝賀。是日雪。

丙寅。松滋王寵洌薨。

戊辰。兵部右侍郎萬鏜爲左侍郎。

庚午。大理寺卿劉訒爲吏部右侍郎。

撫寧侯朱岳。命提督西官廳總兵官。聽征。

癸酉。元夕宴羣臣午門外。

丙子。慶元王祐椐薨。

己卯。沅江土舍那鑑殺叔土知府那憲。奪其印。詔討之。

庚辰。通倉粟匱。改京衞軍給于京倉。不爲例。

分遣刑部郎中等官卹刑京省。

南京龍江右衞指揮僉事蕭勇。以祖籍永平。乞調原衞。不許。命自今求外者勿聽。

甲申。工部請遣官徵外省逋課。上憫災第檄往。

丙戌。貴州道監察御史周冕請東宮講學。上怒其擅議。謫雲南通海典史。

吏部覆薦遺佚工部尚書章拯兵部侍郎劉源清等三十人。上以拯等黜當其罪。餘又年老非才。俱寢。

土魯番馬黑麻速檀據哈密求入貢。許之。其求地內遷。不許。

二月戊子朔。止江西陶器一年。

己丑。築大同長城。總督翁萬達與巡撫詹榮議曰。今堡塞雖備。而外拒必得長城。長城必有臺。利于旁擊。臺必置屋以處戍卒。近城必築堡以休伏兵。城下數留暗門以便出哨。自陽和至宣府李信屯舊無城。自丫角山至陽和舊有塹。或城而不固。于是議通築補故創新。凡三百餘里。敵臺暗門如制。東路邊墻鐵裹門鵓鴿峪瓦窰口。

壬辰。益陽王睦楮薨。

癸巳。巡撫山東右副都御史婁志德卒。

乙未。集宣大援兵。

停各處募丁。惟河南山東民兵訓練候調。設大同鎮羌助馬二堡守備官。拒牆拒門二堡操守官。

戊戌。衍聖公孔聞韶卒。子貞幹嗣。

朝鮮攝國事李峘送通夷者六百十三人上義之。其人俱漳泉下。巡按福建御史訊治。

癸卯。春祈大典。行于雷霆洪應殿。

封代世子廷琦。

壬子。南京戶部尚書閔楷總督糧儲都御史劉渠劾免。

封川縣猺賊平。進總兵泰寧侯陳圭太子太保。提督右副都御史張岳兵部右侍郎。賜金幣。

癸丑。戶部尚書陳經改禮部尚書署通政司。巡撫江西右副都御史虞守愚爲大理寺卿。

三月戊午朔。增甘肅高臺千戶所。

虜入甘州中衛。都指揮僉事周廣等失事。罪戍。

庚申。逮巡按湖廣監察御史包節。戍肅州。時承天守備太監廖斌橫甚。節欲繩之。語泄。斌因候節謁陵。遽撤膳。誣節壓出之。莊民訟斌庇奸豪周章等。以指揮黃恩邵勛收章。下同知范昕訊。治章死。斌遂訐節元旦不謁陵。又壓膳。大不敬。而節奏後至。謂飾罪。遂逮節昕恩勛等。節永戍。昕恩勛各戍邊。

徐學謨曰。承天爲龍潛之地。其守璫故驕恣。部使雅欲抑之。爲朝廷存三尺也。然體亦吾敵耳。不可先有成心。且包節以元旦次日謁陵。而又刑斃其私人廖斌之罪。雖在不赦。而節之自處。毋乃太踈乎。

甲子。永禧仙宮成。醮謝九日。停刑禁封。

總督陝西兵部右侍郎張珩爲戶部尚書。提督倉場兼理西苑農事。戶部左侍郎夏邦謨爲南京戶部尚書。巡撫甘肅左僉都御史傅鳳翔移江西。

乙丑。前撫治鄖陽右副都御史詹瀚總理河道。順天府尹高擢江西□布政使何鰲並爲右副都御史。擢提督南京糧儲。鰲巡撫山東。

太倉州海盜平。

戊辰。四川白草番作亂。攻陷平番堡□□關。執把總丘仁。殺百戶耿爵。巡撫都御史王大用副總兵高崗劾免。署都督僉事何卿領副總兵官。分守松潘。

丙子。起張經兵部尚書。總督陝西三邊軍務。巡撫陝西右僉都御史柯相改河南。進右副都御史。山東布政司左參政楊博爲右僉都御史。巡撫甘肅。

前刑部尚書高友璣卒。友璣龍游人。弘治庚戌進士。授南京刑部主事。歷撫大同。安重有操。不避權幸。家居布蔬終其身。年八十六。贈太子少保。謚恭簡。

己卯。左都御史周用滿九年考。進太子少保。

癸未。賑兩淮竈民。

乙酉。起任惟賢南京刑部右侍郎。河南左布政使謝蘭爲右副都御史。巡撫陝西。

四月丁亥朔。戊子。廣陵王陵梘薨。

庚寅。總督陝西張珩言臣先備虜。十二月虜踏冰不能入。上責其無事言功。仍徧諭各邊督撫。

辛卯。王維熊嗣成山伯。

乙未。巡撫山西兵部右侍郎曾銑總督陝西三邊軍務。

丙申。山東左布政使葉照爲右副都御史。撫治鄖陽。

戊戌。河清王安涸薨。

兵部定招降賞格。

庚子。前廣西署都指揮僉事萬表爲署都督僉事總兵官。提督漕運。鎭守淮安。

辛丑。陝西布政司左參政楊守謙爲右僉都御史。提督雁門等關。巡撫山西。

甲辰。前署都督僉事張達充副總兵官。協守宣府。

丙午。潁州大雨雹。損麥禾。

庚戌。羣臣表賀靈雨。

五月丙辰朔。丁巳。洮州地震。

癸亥。安南都統使莫福海卒。

乙丑。安平侯方銳卒。贈太保。謚榮靖。子承裕嗣。以皇后濟難功。不爲例。

授磁州王化獨守禦千戶所正千戶。邦直子。

逮鎮江知府林華。以擅徵赦後贖鍰。掠死多人。已削籍。

丙寅。南京右春坊右中允李本改左中允。

戊辰。南京刑部右侍郎任惟賢。前撫治鄖陽。疏留鄖陽知府柯實卿。蓋貪酷見劾者。至是吏科都給事中楊上林幷劾惟賢免官。

延綏隱敗。兵科給事中鮑道明御史曹邦輔核上。逮總督張珩巡撫張子立總兵吳瑛參將楊鋭。各治罪。珩子立戍邊。瑛鋭立功。

虜俺答阿不孩遣使保兒寨款大同左衞。求貢九白駝九白牛白馬及金銀鍋各一。講好。申前約。邊卒狃石天爵事。仍殺使者三人。報首功。總督翁萬達上言虜情雖秘。第當謹備。王者待夷狄。來則勿拒。今歸我漢人玉林衞百戶楊威遣彼族類。懇求通款。借曰不許。猶當善其詞說。乃誘而殺之。此何時也。曲旣在我。且彎弓報怨。請亟正法。榜之塞上。明非朝廷之意。兵部覆議貸罪。第嚴兵待之。報可。

辛未。少保工部尚書甘爲霖劾免。

壬申。盔甲廠火。

癸酉。河南右布政使張問行爲右副都御史。巡撫延綏。

發六萬金賑延綏。

甲戌。右僉都御史傅炯爲左副都御史。

岳州知府陸坶爲太僕寺少卿。

壬午。起前南京太僕寺少卿朱廷立爲右僉都御史。

甲申。南京右都御史王以旂爲工部尚書。太常寺卿潘璜爲戶部右侍郎。

六月炳朔，土魯番馬黑麻速壇貢馬。

宥大同游擊戴昇、張文懿、山西都指揮僉事潘棟、守備寧武關雷澤、神池堡高宗泰、寧武參將賈英死，戍邊立功。

丁亥，巡按廣西監察御史馮彬請大征獞猺。兵部以廣西獞人半之，猺人三之，居民二之，事難卒舉，下撫按集議。上是之。

戊子，張經高擢劾免。

庚寅，廣昌縣大雨雹。

前太子太保刑部尚書張子麟卒。藁城人。成化甲辰進士。

壬辰，服闋國子祭酒王道爲南京太常寺卿。

癸巳，兵部尚書路迎被劾免。

甲午，總督右都御史王暐爲戶部尚書，總督倉場，兼理西苑農事。大理右寺卿楊宜爲右僉都御史，提督南京糧儲。

辛丑，增陽和兵備副使。

辛亥，前吏部左侍郎兼學士董玘卒。玘字文玉，會稽人。弘治乙丑進士，授編修。忤瑾，謫成安令，補刑部主事，改吏部。瑾誅，復官，進侍讀，歷諭德、侍講學士、詹事。博學能文，性峭直，佐銓絕請託，多賈怨。坐聞喪落職。已事白，隆慶初贈禮部尚書，謚文簡。

署通政司事禮部尚書陳經改兵部尚書，提督團營。

壬子，刑部左侍郎喩茂堅爲右都御史，總督漕運，兼巡撫鳳陽。

七月䠶朔。遣祭先聖歷代帝王陵墓。

戊午。霪雨。諭吏部革弊政。戶部賜銀米賑卹。

增貴州解額五人。

大雷雹。

己未。吏部尙書唐龍削籍。廣東道監察御史陳九德。劾前吏部文選郞中高簡貪縱。下簡獄。杖戍。吏科都給事中楊上林。給事中徐良輔。先不糾正。事敗上章。俱削籍。切責龍。除名。左右侍郞徐階韓邦奇鐫二級。

壬戌。宣武門外天寧寺建壇聚衆。命錦衣衞捕治。仍下禮部禁榜天下。

甲子。左都御史周用爲吏部尙書。

翰林侍讀學士郭朴右春坊右中允孫陞主試應天。

乙丑。虜犯宣府北路龍門所。參將董麒不卽報。遽擊斬三十餘級。明日。守備陳勛戰死。游擊呂陽戰三日敗歸。宣府游擊將軍呂陽。以營兵屯新河口。參將董麒分守北路。相會議出塞襲擊李家莊諸虜。至其巢。斬三十餘級還。會大雨。虜追及。兵不能戰。遂敗。麒懼。先入塞。陽亦間關獲免。守備陳勛死焉。失騎百餘人。事聞。麒等俱抵罪。

丁卯。戶部尙書王杲條財用十事。有旨。漕糧減折各。邊奏乞者不得妄許。山場湖陂官稅。屬王府者勿擾奪。曠役工食亦免追。餘如議行。

戊辰。逮遼陽淸河失事指揮孫洸等十一人。

總督翁萬達上俺答阿不孩求貢番文。兵科給事中徐自得極言虜不可信。部覆亦如之。令再詳詰。

癸酉。故太子太保吏部尙書唐龍道卒。龍字虞佐。蘭谿人。正德戊辰進士。授郯城令。拜御史。出按雲南江西。言事著績歷總督陝西。勞績尤著。稱一時才臣。以刑部尚書終養。復起南刑部。尋改兵部。加太子太傅。轉吏部。乞休。削籍出都門三十里卒。有司莫敢以聞。後子修撰汝楫奏復原官。贈少保。謚文襄。

文徵明曰。公少從學章文懿之門。得淵源。學優行端。爲文章謹嚴典重。有左氏先秦風。精詣閎肆。號稱作者。勳歷中外。隨試輒效。聲望偉然。而西師俘馘之功爲多。謚曰文襄。謂公足以當之矣。

甲戌。內苑醴泉出。廷臣表賀。禮部尚書費宷上醴泉頌。

進翁萬達右都御史兼兵部左侍郎。大同總兵官右都督周尚文進太子太保左都督。餘各陞賞。邊牆功。

乙亥。南京兵部尚書宋景爲左都御史。戶部右侍郎劉訒爲左侍郎。

虜犯保安慶陽。大殺掠。總督曾銑遣參將李珍出塞夜襲之。斬百十一級。捷上。巡按監察御史盛唐言敗狀。命覈之。

己卯。作宣大火器。

貴州黎平野犬沿城夜吠。明年。五開軍譁。

荆門州黃陵陂左一山高數尋。一夕失之。成平地。

八月乙酉朔。庚寅。甘肅天鼓鳴。

左春坊左中允□□右春坊右贊善吳山主試順天。

壬辰。前太子少保南京戶部尚書周金卒。金武進人。正德戊辰進士。授戶科給事中。九載。彈劾不避權貴。勳歷中外。勞績甚著。贈太子太保。謚襄敏。

俺答由青泉堡入寇宣府北路。雲州守備易綱聞警。以數十騎馳至永鎮堡。據險射之。游擊將軍陳言介而馳。寇少卻。綱跳入言軍。請身爲鋒。遂同進。赤城守備戴綸又以家丁邀擊。奪被掠人畜。逐出塞而還。

癸巳。加封眞人陶仲文神霄紫府闡範保國弘烈宣教振法通眞忠孝秉一眞人。掌道教事工部帶俸尚書盛端明顧可學並爲禮部尚書。
戊戌。流星大如斗自中天流西南行至濁。
己亥。平虜衞地震。
壬寅。修京城九門雨損者。
裁邊將奏帶人數。
丁未。舉秋報大典醮朝天宮三日。
壬子。免畿內山東水災田租。
陝西保安縣歲貢生任時上所撰道學參兩貞明圖。其說不經。下法司削籍。
虜犯鎭原縣東北石家堡。大殺掠。
九月軋朔。丙辰。南京工部尚書胡訓改南京兵部尚書。
丁巳。吏部擬戶部主事王尚學禮部司務李世德調本部。不許。命如嘉靖十七年詔。毋更調啓競。
巡撫南贛汀漳右副都御史顧遂爲南京刑部右侍郎。
定捕盜賞格。
癸酉。起范鏓右副都御史。巡撫河南。
貴州銅仁等司及湖廣鎭筸諸苗復叛。
甲戌。柳州馬平等賊平。進泰寧侯陳圭太保。
己卯。免鳳陽淮安揚宿水災田租。

庚辰。吏部右侍郎韓邦奇爲右副都御史。工部右侍郎文明爲左侍郎。召南京戶部右侍郎韓士英于工部。起服闋光祿寺卿□□爲通政使。

辛巳。虜犯錦義。明日大至。圍參將周益昌。以指揮鍾世威援至夾擊。斬三十餘級。俘二人。

甲申。廣東□布政使朱紈爲右副都御史。巡撫南贛汀漳。

十月乙亥朔。丁亥。虜犯清平堡。游擊高極中伏死。

戊子。南京太常寺卿王道爲南京戶部右侍郎。

辛卯。金星晝見。

癸巳。奉國將軍充灼及俊桐充烣充㵋俊㮣俊㮽俊棠俊棖俱伏誅。餘罪有差。內使侯章論棄市。以母支解侍兒投甕中也。

甲午。論囚五十八人。首建昌侯張延齡總督薊遼侍郎胡守中等。

丁酉。巡按山東監察御史張鐸進銅銃砲大小彈。大彈及七百步。小及八百步。鐵槍彈及四百步。

辛丑。國子祭酒王用賓前南京國子祭酒黃佐俱爲少詹事兼翰林侍讀學士。

壬子。兵部右侍郎劉儲秀改吏部。復歐陽德南京鴻臚寺卿。

十一月甲辰朔。乙卯。泰安王厚熿薨。

己未。巡撫河南右副都御史范鏓爲兵部右侍郎。

令邊人殺降冒功。卽梟示。毋逮入京。

乙丑。南京戶部右侍郎王道改禮部右侍郎。署國子祭酒。

錄擒叛功。進周尙文太保。廕錦衣正千戶。翁萬達左都御史。廕國子生。詹榮兵部右侍郎。餘陞賞有差。

丁卯。令洮河西寧歲積餘茶減價易金。

辛未。延津人李應時奏入其女弟許之。初李拱辰進女官錦衣正千戶。子應時效之。

徐學謨曰。宮女必由諸王館選法至詳密。茲不由公選而以私進。此倖門也。已非盛世事。而女之眞僞亦難辨也。當時不聞言官諫沮。而禮部更爲請。曰未免上累聖德。

辛巳。開甘肅河西屯田。甘肅巡撫右僉都御史楊博議新開永勿賦。其開而仍荒蠲十年。

癸未。寧夏地震有聲。

十二月甲申朔。庚寅。宣府參議劉珂蘇志皐戶部郎中劉棟楮寶坐淆餉鐫三級。

癸巳。張岳陞刑部右侍郎。仍總督兩廣。柯相仍巡撫河南。

甲午。禱雪于洪應殿。

己亥。雪。表賀。

庚子。總督陝西兵部右侍郎曾銑上修牆復河套二策。其復套曰。秋高馬肥。弓矢勁利。彼聚而攻。我分而守。此虜利而中國詘之時也。及冬深水枯。分帳散牧。馬無宿藁。入春益弱。我厲兵秣馬。乘便而出。此中國利而虜詘之時也。今宜練卒六萬。益以山東槍手二千。多備矢石。交春夏具五十日餉。搗其巢。材官騶發。礮火雷激。虜不能支。歲爲之出。虜勢必折。出套恐後矣。因祖宗之故疆。並河爲塞。築城分戍。講求屯政。中興之大烈也。兵部難之。謂復套非所易言。即修邊延綏袤千五百餘里。三年竣事。何銳也。上壯銑策。令更議之。發二十萬金資修邊治兵焉。初仁和呂生殺人亡命套中三年。盡得其險易虛實。圖之。謂套不難于攻而難于守。以說銑。銑慓銳喜事。大善之。

乙巳。巡撫延綏右副都御史張問行引疾除名。調山西巡撫楊守謙代。

湖廣守備太監廖斌進皇莊銀。刦于新鄉。責河南巡撫柯相戴罪捕盜。逮巡按御史侯度布政司參政常時平按察僉事劉佐衞輝知府李用和新鄉知縣侯東等于鎮撫司。侯度不勝拷卒。

丙午。江西省祭官繆進賢言。獻皇帝之國。泊舟小孤山。題詩神祠。錄上之。命立碑亭。

丁未。歐陽德爲太常寺卿。

免開封歸德水災田租。

賑延安慶陽饑。

己酉。封廷柯代世子厚燢漢陽王。載埒寧陽王。載塘玉田王。健楸東甌王。健槐翼城王。頤封高密王。載㱿慶雲王。表栢交城王。勛潪宿遷王。偕灡樂平王。陸檝內鄉王。

辛亥。光澤王寵瀼薨。

壬子。許南京國子監太常寺博士預考選。

國榷卷五十九

丁未嘉靖二十六年

正月[illegible]朔。上不朝。

虜犯永昌。副總兵蕭漢禦之。敗績。

庚申。左都御史宋景卒。景字以賢。奉新人。弘治乙丑進士。守睢州。改御史。累進今官。練達國體。端亮著文臣節。

贈太子少保吏部尚書。謚莊靖。

乙丑。陝西布政使孫繼魯爲右副都御史。巡撫山西。

丙寅。吏部大計。降斥有差。

戊辰。延綏報虜入犯。請止宣大之戍。從之。

己巳。署都督僉事戴濂爲總兵官。鎭守遼東。

庚午。賜徽王厚爝太清輔玄宣化忠道眞人金印。

壬申。太子少保吏部尚書周用卒。用字行之。吳江人。弘治壬戌進士。授行人。拜南京兵科給事中。遷廣東左參議。歷河南右布政使。以右副都御史鎭南贛。入臺。遷吏部右侍郎。轉左。下除南刑部右侍郎。尋長南院。歷刑工部尚書。里居十年。起總漕。入內臺。改吏部。歷典銓。雅著文行方位。統鈞天下。想望丰采。乃遽失之。再司內外察。公平自持。歷官四十餘年。不以家自隨。贈太子太保。謚恭肅。予祭葬。

甲戌。江防總兵官沈希儀改副總兵。鎭廣西。遂定將領生自川廣雲貴留用其地。不得推入京營西北邊。著爲令。

丁丑。山東布政使胡宗明爲右副都御史巡撫遼東。

戊寅。翰林檢討盧宗哲爲南京國子司業。

己卯。責尙寶司卿席中等遺牙牌四。東寧伯。彰武伯。永順伯。燕山左衞指揮僉事。各奪月俸。

庚辰。刑部尙書聞淵改吏部尙書。

辛巳。南京工部尙書胡訓滿六年考。進太子少保。

巡撫順天右僉都御史郭宗皐請止減京兵分鎭陞賞屬夷。忤旨免官。

二月。𢇁朔。吏科給事中胡賓劾胡宗明拾遺漏網。上怒其抗命。謫

戊子。永康大長公主薨。

己丑。吏部左侍郎兼翰林學士署詹事府事孫承恩署翰林院事張治主禮闈。

階州地震有聲。

丁酉。工部尙書王以旂爲右都御史。湖廣按察使孫應奎布政司左參議丁汝夔並爲右僉都御史。應奎巡撫

順天。汝夔巡撫河南。

罷宣府別立戰鋒五千人。俱歸本營聽征。

己亥。定兩雍監丞博士助教太常寺博士俱許考選科道。

增築鎭番衞關廂及涼州柔遠懷安靖邊三堡。

辛丑。選宮女三百人。

總督翁萬達上修邊防守事宜。山西自保德東歷偏關老營堡。大同自羊角山東歷鎭口臺。宣府自西陽河東

歷永寧四海冶。皆臨虜。極邊也。山西老營堡轉南而東。歷龍川倒馬紫荊至沿河口。千七百餘里。又東北歷白羊居庸。約百八十餘里。皆峻山層岡。次邊也。外邊之地有平險。而大同之最難守曰北路。山西之最難守曰西路。寇山西必自大同入。犯紫荊必自宣府入。其形勢如此。山西防秋。先止外邊偏關老營堡。歲戍四千五百人。備禦大同。而內邊寧武雁門。仍防隘口。爲大同援。宣大各兵皆屯城堡。防勦原無分戍。比因虜越大同入山西。時誤罰大同不足事。乃獨築永寧雁門邊牆八百里。掣大同兵守之。財匱於兵衆。力分於備多。宣府亦遠調遼陜兵。費賞不貲。難於持久。是知形變不同。審固當預。而撤邊之兵。今亦難遽罷也。

壬寅。□科給事中陳棐以敕諭朝覲官作十箴上。責其比並制書。謫。

甲辰。召南京刑部尚書屠僑于刑部。工部左侍郎文明爲工部尚書。

裁南京糧儲都御史。歸于戶部。幷裁巡倉御史二之一。

三月壬子朔。乙卯。兵部左侍郎萬鏜爲南京刑部尚書。南京工部右侍郎屠楷爲左侍郎。

初乙巳十月。土魯番馬黑麻納欵火者阿力克等八百餘人延入甘州。有詔議五年貢期。傳送五十人。留三百餘皆阻回。海西虜欵塞求市。不許。

壬戌。燿州獲虜諜何萬良等五人。

乙丑。戶部左侍郎趙廷瑞改兵部。巡撫寧夏右副都御史李士翔爲大理寺卿。

丙寅。策貢士胡正蒙等三百一人。賜李春芳等進士及第出身有差。

丁卯。巡撫四川都御史張時徹劾免。

癸酉。撫治鄖陽都御史葉照被劾引疾去。

丁丑。青州礦盜平。

己卯。時久旱。上禱雨立應。

庚辰。代府棗强王聰滋薨。

土舍虜近塞。總督陝西侍郎曾銑擊斬二十七級。俘一人。

四月壬午朔。總理河道右副都御史詹瀚爲刑部右侍郎。陝西布政司左參政王邦瑞爲右僉都御史。巡撫寧夏。巡撫雲南右僉都御史應大猷改四川。進右副都御史。

丙戌。總督宣大翁萬達請移山西兵防大同。巡撫山西右副都御史孫繼魯爭之。交章上聞。竟逮繼魯獄。

乙未。淮府德興王祐樾薨。

汶上妖賊平。

丙申。戶部右侍郎潘璋爲左侍郎。南京右副都御史及官爲戶部右侍郎。巡撫保定右僉都御史蘇祐移山西。起于湛右副都御史。撫治鄖陽。

金星晝見。

癸卯。太僕寺少卿吳章爲右副都御史。大理寺左少卿周鐸太僕寺少卿李仁並爲右僉都御史。章巡撫雲南。鐸提督操江。仁巡撫保定。

乙巳。前吏部尚書羅欽順卒。欽順泰和人。弘治癸丑進士。授編修。歷今官。未赴致仕。操履純粹。研精性學。患時流虛誕。作困知記。辨禪悟之學近理似是而斥其毫釐千里之謬。贈太子太保。謚文莊。

董其昌曰。先生束髮登朝。即以扶世覺民爲己任。嘗坐蒲團。拈公案與老衲同參。見所謂清淨法身者。乃知無善無惡之旨。果與詩之秉彝。書之恒性。辨在毫芒。灼然不爽。此困知錄之所爲作也。

四川白草番平。

丁未。東閣試庶吉士。上自命文曰原心。詩曰善爲寶。

己酉。封永妃徐氏。

定翰林院庶吉士亢思謙汪鏜孫黎澄張居正胡杰莫如士謝登之藍璧張勉學蔡文任士憑任有齡張思靜陳一松劉涇毛起孫世芳馬一龍林爌李遇元殷士儋胡曉趙堂馬三才朱文紹劉錫李敏孫裒吏部左侍郎兼翰林學士張治徐階教習庶吉士。

虜俺荅遣李爵復求款貢乞耕具墾塞外田。云北部小王子吉囊把都兒掩荅爲雄。今小王子庭直遼東。吉囊直陝西。把都兒直宣府。俺荅直大同。許之貢。則諸邊俱靖。時修邊未訖。俺荅戒毋犯。曰但許通貢。築垣亡傷也。總督翁萬達巡撫詹榮總兵周尚文以聞。有旨虜詭詐不許。其益治兵。蓋夏言主復套。故力詘其說。

日本使臣周良等來貢。凡四百餘人。舟四艘。以非期。發外海舉山泊一年候貢。

五月辥朔丙辰。令邊方守令。精選進士舉監任之。并行于川廣雲貴。

丁巳。戶部尚書王杲滿六年。考。進太子少傅。

署都督僉事周于德爲總兵官。提督江淮巡捕。

庚申。大學士夏言考滿。特授繼孫朝慶尚寶司丞。

壬戌。起侯綸南京戶部右侍郎。

丁卯。吏部右侍郎劉儲秀爲左侍郎。禮部右侍郎署國子監事王道改吏部右侍郎。

廣東左布政使胡松爲右副都御史。總理河道。

賞曾銑卻虜功。賜金幣有差。

戊寅。總督翁萬達乞遣戶部官核修邊諸費。上以萬達區畫已詳。不必遣。

己卯。南京太常寺卿歐陽德改太常寺卿。署國子祭酒。

六月餼朔。建謝典于昊賜仙宮七日。

朔州大風。晝晦如夜。

李兆龍劉祿馬錫張侃張鍊申炌程時思徐沛鄭惟誠俞鸞萬文彬爲給事中。程其學張志學王楠吉來獻劉時進劉鳳張登高龔秉德董威張淑勵史戴德鄧威劉應熊李一瀚周大有溫景葵徐紳趙勳爲試監察御史。文彬惟誠秉德來獻紳鳳勳並南京。

靖江王邦寧以弘治十六年祿本折兼支非祖制。訐巡按御史錢嶸徐南金按察使葉照僉事潘恩箠死侍衞。請正其罪。否則削髮不復入邸。下廷議。遣兵科給事中王國楨刑部郎中張祉錦衣衞千戶萬文明往訊。

丁亥。太子少保禮部尚書費寀進太子太保。

庚寅。裁瓊州參將。

南京守備太監丘得請復直廳軍六十人。南京給事中雷賀御史方克等劾其本江彬黨。減戍孝陵備用。又妄請隱占。遂仍戍孝陵。

丙申。四川馬羅番寇平。

丁酉。四川左布政使王崇慶爲南京太常寺卿。

戊戌。災傷免鳳陽淮揚夏稅。

己亥。德府高唐王厚爛薨。

庚子。雲南總兵官太子太保黔國公沐朝輔卒。贈太保。謚恭僖，

總督陝西曾銑言。延寧大虜壓境。臣徹莊浪魯經以三千人屯蘭州備援。乃甘肅總兵仇鸞巡撫楊博不聽調

遣。命奪鸞祿六月。博俸四月。

癸卯。復巡撫浙江兼轄福興泉漳提督軍務。時海上貴勢家積通倭。負其貨。遂相搆爭。守臣不能制。巡按御史楊九澤請重臣巡視。

戊申。鄭王厚烷言宗室赴京奏事。亦非得已。皆親王郡王規利阻尼。有十歲未名。終身不嫁娶者。宗子日盛。支子日窮。其宗室犯法者。罰所統親郡王祿米。命下禮部偏諭諸王。

麻陽苗破湖廣辰州。執參將楊欽。

七月[虍庚]朔。癸丑。陝西總兵官王縉移寧夏。

丙辰。兵部尚書陳經滿六年考。進太子太保。

丁巳。巡撫南贛汀漳提督軍務右副都御史朱紈改浙江兼福興建寧漳泉海道。

增四川鹽井二衞守備官。

庚申。修居庸關外岔道城。

壬戌。周府臨漳王睦架薨。

山西總兵張達移陝西。俟防秋訖赴鎭。

乙丑。甘州五衞風晦。

丙寅。湖廣左布政司龔輝爲右副都御史。巡撫南贛。

丁卯。定各邊年例銀正月奏給。毋預支。

庚午。吏部右侍郎王道卒。武城人。正德辛未進士。館選。授應天教諭。進南京禮部主事。歷吏部郎中。輔臣方獻夫薦改左諭德。疾去。起南京祭酒。又去。起南太常寺卿。至今官。其論學耻標榜。嘗言漢以前無名道學者。其人品如張文成曹相國黃叔度管幼安皆眞道學之流。雖老釋二氏。亦各有所見。不可厚非。所著書士林重之。隆慶初。贈禮部尚書。謚文定。

壬申。度道士二萬四千人。

癸酉。陝西澄城界頭嶺吼數日。中斷分移。東西三里。南北五里。巡撫謝蘭巡按徐莃以聞。陶仲文引左傳楚昭王有赤雲如烏夾日而飛。周太史占移於楚將相之說。

平涼之華亭縣大雨水。

八月己卯朔。庚辰。前少保兼太子太保工部尚書甘爲霖卒。爲霖富順人。嘉靖癸未進士。守□州。歷工部郎中。値郊廟山陵之役。敏給能集事。傾狡卑佞。不七年躋宮保。雖一時溢恩。亦捷徑致之。嗜利寡耻。上中年不朝。時徇于賄。工部爲霖。兵部張瓚。禮部嚴嵩。吏部許讚。皆黷甚。清議鄙之。

丙戌。免鳳翔鞏昌西安慶陽災傷田租。

壬辰。禮部尚書徐階子璠。鄉試倩人事泄。被縛而逸。監試御史□□奏入南京吏部主事華亭楊豫孫急足報階。先密疏辭廕。旬日御史奏至。竟不問。

丙申。宣大主兵餉屬郎中。客兵餉屬守巡道。多影沒。至是巡按御史黃如桂言之。命主客餉皆屬郎中。仍給五路通判銅章。

己亥。秉一眞人少師少傅兼少保禮部尚書陶仲文滿六年考。授特進光祿大夫柱國兼大學士俸。廕子世恩尚寶司丞。

壬寅。勒禮部右侍郎許成名崔桐少詹事王用賓黃佐致仕。以覬吏部左侍郎。給事中呂時中徐霈劾之。奪吏部尚書聞淵俸六月。文選郎中張舜臣等下獄贖職。

甲辰。太子太保兵部尚書陳經。太子少保南京兵部尚書胡訓。被劾自免。

廣寧伯劉蓁卒。

戊申。前少保兼太子太保禮部尚書武英殿大學士賈詠卒。詠字鳴和。臨潁人。弘治丙辰進士。館選。授編修。忤劉瑾。調兵部主事。改禮部員外郎。瑾誅。復原秩。進左中允祭酒。至入相。素醇厚。家居二十餘年。壽八十四。贈太保。謚文靖。

九月配朔。壬子。翰林編修敖銑爲侍讀。

丙辰。左都御史王以旂爲兵部尚書。提督團營。巡撫河南右僉都御史丁汝夔爲吏部右侍郎。

巡視京營給事中查秉彝請奬勞撫寧侯朱岳署都督僉事沈俊參將李俊趙國忠。上以無例不許。

丁巳。湖貴苗積亂。流劫沅州麻陽清浪。殺沅州衛百戶陳恩等。切責總督王學益巡撫姜儀總兵白泫李熙各停俸議討之。

己未。免徐沛蕭宿五河虹災傷田租。

壬戌。代府樂昌王聰涓薨。

癸亥。大享于玄極寶殿。配獻皇帝。

免承天襄陽災傷田租。

甲子。前巡撫山西右副都御史孫繼魯卒于獄。繼魯雲南右衛人。弘治癸未進士。性耿介慷慨有大節。嘗守衛輝。忤權璫被逮。民臥轍死數人。調淮安。卻羨金。又調黎平。清白益著。遷湖廣提學副使。歷晉撫。以爭翁萬達擺邊之議下獄。訃聞。晉數百人哭于京。隆慶初。贈兵部左侍郎。謚清愍。仍賜祭錄後。

丁卯。水災。折曹縣城武金鄉馬價三年。魚臺單縣二年。

戊辰。免吉安臨江撫瑞袁田租。

河南撫按官請發帑補宗祿。戶部謂非例。以保定歲辨及開納銀抵之。

下戶部尚書王杲巡倉監察御史艾朴于詔獄。收兩淮鹽課銀色惡。員外郞余善繼管庫。爲禮科給事中馬錫所劾。上怒杲等。拷訊。戶科給事中厲汝進查秉彝徐養正劉起宗劉祿謂罪由署鹽運副使張祿賄通太常寺少卿嚴世蕃。順天府丞胡奎總督尚書王暐皆受請。宜治嚴嵩。疏辨。謂言官污臣借及臣子。上益怒。詰汝進等不早劾。各廷杖六十。汝進八十。謫汝進亦佐典史。秉彝定邊典史。養正通海典史。起宗荔浦典史。祿荔波典史。杲朴戍邊。王暐張祿削籍。時嵩怙寵。子世蕃干請亡忌。王杲素謹厚。竟委罪。至于榜戍。大臣喪體。雖刑部尚書聞淵不能救正。有波靡耳。杲竟戍卒。公論寃之。

己巳。南京戶部尚書夏邦謨爲戶部尚書。屠僑爲左都御史。

河南左布政使張綱爲右副都御史。巡撫河南。

乙亥。仍武舉詔取七十人。

丙子。南京右副都御史韓邦奇爲南京兵部尚書。太常寺卿署國子監事歐陽德爲禮部左侍郞。

丁丑。前工部左侍郞吳大田卒。大田□□人。貢士。與府伴讀。從龍起家。

閏九月朔朔。壬午。吏部左侍郞劉儲秀爲戶部尚書。督理西苑農事。

乙酉。玄殿良鄉橋俱成。

復兗州管河同知。

丙戌。江淮總兵官周于德劾免。

丁亥。增築甘肅嘉峪關外墩臺。

戊子。總督漕運兼巡撫鳳陽右副都御史喻茂堅爲刑部尚書。戶部左侍郎潘潢改吏部左侍郎。

辛卯。逮貴州巡撫右僉都御史王學益。以會湖廣征銅仁鎮筸叛苗兵不至被劾。參將楊欽道辰州爲賊縛。湖廣巡撫姜儀委學益。失期不至。四川巡按御史袁鳳鳴劾學益。

丁酉。兵部左侍郎趙廷瑞爲南京戶部尚書。戶部右侍郎及官爲左侍郎。工部右侍郎韓士英改戶部右侍郎。右春坊右中允署國子司業周文燭爲國子祭酒。

庚子。陝西按察副使聶豹先守平陽。値虜寇。括民財佐費。罰重囚。被劾。下錦衣獄。

辛丑。總理糧儲兼巡撫應天右副都御史歐陽必進爲兵部右侍郎。總理漕運兼巡撫鳳陽。湖廣右布政使李義壯爲右僉都御史。巡撫貴州。

甲辰。沐融嗣黔國公。朝輔子。年四歲。朝弼爲都督僉事佩印總兵代鎭雲南。融予半祿優給。

乙巳。罷巡撫雲南右僉都御史應大猷。吏科給事中鄭大同劾其于屬吏舉而不劾。幷吏部曲護。考功郎中雷禮謫大名通判。

丙午。免成都田租。仍賑之。

前太僕寺卿毛渠卒。渠掖人。嘉靖丙戌進士。年五十一。諭葬。

十月幟朔。庚戌。禮部左侍郎兼司經局正字張電卒。電上海人。善書。直史館。予祭葬。贈工部尚書。

辛亥。提督兩廣兵部右侍郎張岳爲兵部左侍郎。還朝。廣東左布政使周延爲右副都御史。總理糧儲巡撫應天。

甲寅。免昌平霸灤良鄉房山大城寶坻昌黎災傷田租。

丙辰。南京太僕寺卿嚴時泰爲右副都御史。巡撫四川。

增定斬級賞五十金。通行九塞。

逮山東巡撫右副都御史何鰲。以單縣妖寇勞師匱餉。妄引例開俸見劾。降福建布政司右參議。

己未。湖廣道試監察御史陳其學。劾錦衣衛都督同知陸炳逐客騷擾。私鹽請託。宜罪。炳引服。不問。炳急時賂夏言。長跽而解。于是比于嚴嵩。思中言。言不悟。

壬戌。總督漕運兵部右侍郎兼右副都御史歐陽必進改提督兩廣軍務兼巡撫廣東。太常寺卿徐可成爲禮部右侍郎。仍舊任。

甘肅巡按監察御史兼理學政。

遼東巡撫右僉都御史於敖。總兵官張鳳。有罪免。廣寧指揮李鉞及中軍都指揮陳守節。紿殺貢夷把把亥等七人。致入寇。大殺掠。鉞守節伏誅。餘謫降。

逮四川都指揮丁勇。以戎縣都掌蠻叛故。

癸亥。免濟南東昌兗州災傷田租。

慶府豐林王台瀚薨。

戊辰。役順天永平通州軍民。濬海口新河。

十一月甗朔壬午。夜宮中火。詔釋御史楊爵。獄爵長繫七年。至是建醮高玄殿。火時。上恍聞呼楊爵及工部員外郎劉魁吏科給事中周怡名。次日皆釋爲編氓。

癸未。琉球入貢。

圓明閣陽雷軒成。

壬辰。戶部右侍郎韓士英爲左侍郎兼右副都御史。總督漕運兼巡撫鳳陽。光祿寺卿彭黯爲右僉都御史。巡撫山東。

癸巳。少師嚴嵩滿九年考。兼華蓋殿大學士。

翰林院編修李璣爲左春坊左中允。署國子司業南京吏部□□郎中鄭曉爲南京尙寶司卿。

佛郞機夷人掠漳州海道副使柯喬禦之遁去。命逮把總指揮丁桐及前按察副使姚翔鳳蓋受貨縱之入境。

乙未。皇后方氏崩。上痛其拯難。喪禮如元后。

定各總督都御史淸軍巡鹽等御史。糾劾卽按覈。不候專差撫按。

立敬一亭于南京翰林院。

丁酉。日本國王源義請遣使周良等。以六百人泊海港。待貢明年。上以先期。下巡撫朱紈議。

丁未。總督陝西侍郞曾銑上邊務十八事。曰恢復河套。曰修築邊垣。曰選擇將才。曰選練軍士。曰補實馬贏。曰進兵機宜。曰轉運糧餉。曰申明賞罰。曰兼備舟車。曰多備火器。曰招降用間。曰審勢度時。曰防守河套。曰營田儲備。曰修職守。曰息訛言。曰寬文法。曰處孳畜。下廷議。令上方略。銑進營陣圖。曰立營總圖。遇虜駐戰圖。選鋒車戰圖。駐兵逐戰圖。步兵轉戰圖。行營進攻圖。變營長驅圖。獲功收兵圖。上嘉之。

十二月帗朔。己酉。大理寺左少卿方鈍爲太僕寺卿。

辛亥。初。琉球貢使陳賦同蔡廷會至。先閩人蔡璟永樂中遣琉球。世任楫產。故在閩。以給事中黃宗槩舊戚。至則通餽事聞。奪廷會賞。

山西總兵官王繼祖移甘肅。

壬子。周道襲翰林五經博士。（繼麟子。）

甲寅。安南都統司同知鄧文値阮如桂等遣使告去年五月莫福海卒。子宏瀷五歲。初。登庸以石室人阮敬爲義子。敬復以方瀛次子莫敬典爲壻。通于方瀛妻武氏。得展兵柄。福海卒。敬挾宏瀷自恣。文値等不能制。立登庸次子正中。據海陽海東。正中復敗。與族人莫文明等走欽州。命給糧恤養。

談遷曰。莫登庸盜有安南。身沒未幾。弱子單孫之不保。故知立國不以道。卽尉佗亡幸也。

丙辰。署都指揮僉事□□總兵鎭延綏。

丁巳。蜀王讓栩薨。諡曰成王。好學善書。

辛酉。甘肅總兵官咸寧侯仇鸞貪虐。爲曾銑再劾。逮下錦衣獄。

癸亥。大理寺卿李士翺南京太常寺卿王宗爲戶工部右侍郎。

戊辰。諡大行皇后孝烈。

辛未。大風霾。占主邊警。

甲戌。封懷埢秦王。宇梾唐世子。定燿岷世子。定光綏寧王。載墭昌樂王。謨墆安□王。載墊惠安王。勤爔遂平王。勤炈堵陽王。顯桔江夏王。

乙亥。刑部左侍郎劉訒爲南京右都御史。右僉都御史朱廷立爲大理寺卿。

海寇犯寧波台州。逮分守布政司參議鄭世威按察副使沈瀚都指揮梁鳳。

丁丑。監察御史饒天民張登高各上復套議。下所司。

總督陝西侍郎曾銑率師數萬。除夕襲套虜。適餉不繼。未卽進。虜聞之。傳矢擁衆犯邊。

雲南永昌祜柯夷作亂。兵備副使韓廷偉撫定之。

戊申嘉靖二十七年

正月賊朔。己卯。因陝西山移風災。諭廷臣修舉實政。

癸未。兵部尚書王以旂條復套事。調山東河南良家子。神機營火器。求聖裁。上諭輔臣。師出果有名否。兵果有餘力。食果有餘積。成功可必否。一銑何足言。祇恐百姓受亡辜之僇耳。夏言懼。不敢決。請上裁。仍下諭廷議。嚴嵩窺上指。奏虜不易勝。河套必不可復。師既亡名。費復不淺。廷臣無不知其謬。第有所畏耳。因引咎乞罷。有旨。言私薦曾銑任事之忠。不顧國安危民生死。惟徇銑饞欲耳。不許嵩辭。夏言懼。上疏謝罪。云嵩素無異議。今先臣具奏。意諉臣自解。上不悅。責言專徇私。强君脅衆。令吏禮部都察院議其罪。嵩遂力詆言之擅權謂機事大小。毫髮不復關同。言亦力辨。不聽。王以旂等會議。上遂罷復套。命緹校逮曾銑。科道官俱袖視。廷杖奪俸四月。

兵部尚書王以旂兼右僉都御史總督三邊軍務。

嚴從簡曰。劉天和一振兵威。而敵皆避出境。河套寇巢遂空。則此地無不可復者。然當時未卽收取。必以兵少糧乏。若與久戰。非計出萬全。雖得之莫能守耳。曾銑恢復之議。亦爲有見。且聞其所製火車地砲等攻具數萬皆可用。惜事機中迫耳。

王世貞曰。藉令國家都長安。借河套之地以爲外屏。而益斥遠虜。可復也。長安今不得言重矣。我以十萬之衆逐虜。而虜果去。勢必設八衞。衞五千人而後成軍。何所取調也。若移鎮。何鎮可移也。勢必錯衞所州邑。得二萬民戶以配之。何戶可徙也。勢必築五六城以犬牙錯。何所取瓦石材木也。虜必來爭。爭當以兵數萬衞之。何所取餉也。河地饒。卽可屯。虜不能無蹂踐乎。何以能且耕且戰也。虜既失地。獨不能合東大虜而幷力我乎。大虜卽不東。獨不可從之而西以取償于京輔也乎。我竭天下以奉陝。而陝益不安。乃以京輔委者。非策也。

翁萬達曰。河套久淪虜中。虜又屋居畜牧其內。山川險易。途路紆直。水草有無。不必知也。提軍深入。能毋虞乎。我馬出塞三日而疲。彼騎偏野。一呼而集。得有小利。歸途尚難。倘失鄉導。全軍何賴。數萬之衆。緩行持重。則虜備益嚴。疾行趨利。則輜重在後。且尅日有定期。裹糧有定數。而虜遷徙靡常。則戰無定地。遠近不測。則戰無定期。一戰之後。虜或保聚。或佯爲逃遁。笳角時聞。壁壘相待。已離復合。終不渡河。我于此戰耶。退耶。兩相守耶。皆至難而不可任也。議者欲整六萬之衆。爲三歲之期。春夏虜馬瘦矣。我馬不亦瘦乎。乃獨利于征耶。秋冬虜馬肥矣。我馬不亦肥乎。乃止利于守耶。六萬之衆。非所以襲人。轉盼之間。情態異狀。歲一爲之。以待三舉。其可得乎。三年三舉。咸可得利。虜敗而守。我去復來。終不渡河。版築難舉。則將何時已乎。然則套中其終不可復耶。曰。事變之來至無常也。君子不可有徼倖之心。彼有其隙。我乘其弊。復套之時。此其時乎。謹我塞障。飭我戎備。和我行伍。固我元氣。以俟其隙。則計之得也。

罷大學士夏言褫餘官。以尚書致仕。初。言與嚴嵩同鄉。晚進而言驟貴。不爲下。嵩善事之。後相失爭權。久各待時發。青詞應制。老而倦思。多襲舊上擲之地。言奴視小璫。無從知也。嵩聞而益精之。欵當夜猶視草。言主復套。又恣妾父蘇綱爲奸利。銑因綱同鄉結納。竟兩敗。

總督倉場戶部尚書劉儲秀調兵部尚書。疏辭忤旨。削籍。

總理河道右副都御史詹瀚言。昨歲河決曹縣及金鄉魚臺定陶成武等處。衝穀亭運河。雖幸不淤。然上流不分。終不能泄。今可多穿趙皮寨支河。更堅厚隄防。以相捍護。則雖漲不害。從之。

己丑。前工部尚書章拯卒。字以道。蘭谿人。弘治壬戌進士。晚歷司空。諫罷四郊褫職。識者韙之。隆慶初。贈太子少保。謚恭惠。

都城隍廟災。

辛酉。南京戶部右侍郎劉棟劾免。

大同總兵周尚文言。前延綏巡撫賈啓陷臣子君佐君佑君仁戍邊。求宥不許。
甲子。城薊州石匣營增定昌兵三千。設游擊將軍。
左中允李本爲南京國子祭酒。
乙丑。孫承恩爲禮部尚書仍署詹事府。張治韓英爲南京吏戶部尚書。
丙寅。開大同屯田。
戊辰。吏部左侍郎兼翰林學士徐階署院。
己巳。大風霾。
薊州總兵周徹劾免。密雲副總兵羅希韓爲署都督僉事總兵鎭守薊州。
乙亥。總理河道右副都御史胡松總理漕運。
延綏副總兵李琦爲署都督僉事。總兵鎭守遼東。
前太子太保兵部尚書胡訓卒。南昌人。弘治壬戌進士。
壬辰。南京戶部尚書趙廷瑞爲兵部尚書。
己亥。洪德永需宮成。
辛丑。賑翟昌漢中。
徙汧陽縣于城東三里。
癸卯。給宣大鎭將養廉田。
前都督同知郤永卒。諡愍隱。
甲辰。鄜州洛川地震有聲。

報吉囊將犯延寧。上以曾銑開釁獄益不可反。
乙巳。前南京禮部右侍郎趙永卒。
丙午。咸寧侯仇鸞訐曾銑子淳掩敗因蘇綱賂夏言飾罪復套。蓋嚴嵩欲深言罪。代鸞草奏。命逮淳等。遣給事中申价錦衣衞千戶李永核邊。
徐學謨曰。時督撫按臣各起攻鸞。鸞疑無死地矣。乃天道助逆。曾銑之禍。遂不旋踵。所謂人而不仁疾之已甚亂也。獸窮則攫。窮兇之輩可易視之乎。
虜寇只郎中寇長寧等堡。遼陽總兵戴廉擊斬百七十八級。尋突入鎭靜堡犯廣寧。官軍失利。
一月朾朔。戊申。慶世子薾櫍薨。
吏科都給事中齊譽等言曾銑黷貨誤國。上責其不早言。謫譽。餘宥之。
庚戌。懷遠侯常玄振卒。
癸丑。定孝烈皇后陵曰永陵。
甲寅。起楊行中右僉都御史。
吳繼爵嗣恭順侯。世興子。
南京兵部尚書張潤改戶部尚書。總督倉場。總理西苑農事。
戊午。廣東連山縣猺寇作亂。
三月柄朔。蘇松兵備兼理糧餉。
內使馬廣以錦衣衞百戶馬天澤酗酒併罪。戍孝陵。
丁丑。起李珏右僉都御史。巡撫遼東。

京師大風霾。
庚辰。祈年于雷霆洪應殿。
甲申。堵築薊鎮各隘。
乙酉。總督宣大侍郎翁萬達修邊成。上圖。乞專重大同。
庚寅。曉月食。已刻大雷雹。
巡撫湖廣右副都御史姜儀。以征麻陽苗未克。降廣東布政司左參議。
辛卯。作克敵弩。錦衣衞軍匠馮經獻雙矢三矢弩。
癸巳。錦衣衞都督同知陸炳讞曾銑。具如仇鸞指。遂戍蘇綱。逮夏言。坐銑交結近侍官員律。殺銑西市。妻子流三千里。銑字子重。江都人。嘉靖己丑進士。果銳有機略。初御史平遼之叛卒。用是著。敢任勞怨。其死不當罪。天下聞而冤之。蓋嚴嵩借銑陷夏言。而仇鸞厚賄嵩及都督陸炳。搆其獄。自後以套事爲諱。
錢琦曰。曾中丞欲復河套。雖過于擔當。要之可矜不可廢。可奬不可殺。臺省無一人敢言。何也。秦殺二十九人。猶有茅焦。不意當代讜言如此。
茅坤曰。曾公所建言。大較上倣漢衞青取河南地爲朔方郡。築城繕塞。因河爲固。下倣張仁愿取地河北。築受降城。以困匈奴故事。鄧僕射所悲錯爲國家建萬世之利者。前後所上諸疏。選將厲兵。輓餉秣馬。及請宣大總督共爲犄角。春蒐秋狩。三年之間。虜必內怖不敢南牧。即奸虜思報復。其所規畫措置。種種次第。公非寡謀而輕發者也。豈謂貴溪分宜內相睚眦。田竇啓釁。廷臣觀望。肅皇帝屢詔集議。持而不決。適有星變。分宜合內豎熒惑左右。竇嬰所嫉。袁盎飛語。以刧主上者。公與貴溪並坐誣罔。以忠受僇。嗟乎。公豈誣罔者哉。公巡撫山東時。予同年永嘉王德爲東昌推官。王亦慷慨多大略。每指公之籌畫河套本末。數怒髮裂眥而中夜不寢。蓋嘉靖十九年也時貴溪方家食又二年。貴溪始再召。而公所建疏上。當帝心矣。當是時。中外士無不人人指公爲壯猷而倚席以待之者。而謂其誣罔乎哉

談遷曰。虜據套近塞下。不驅之邊患不休曾中丞抵掌籌兵。三年迭進。卽間有失得。度狂猘可大沮也。非常之原。黎民懼焉。恬熙日久。驟而講出塞之略。所不心悖口呿者幾人。雖無仇鸞嚴嵩以搆之。終有隂阱矧釁伏朝端。其能免乎。中丞家無餘貲。臨刑歎曰。袁公本爲百年計。晁錯翻罹七國冤。中丞之自哀。勝于秦人之歌黃鳥也。

甲午。鄭廷鵠梅守德唐禹謨太初趙鉞姜良翰杜汝劉體乾萬石王鶴烏從善馬汝松爲給事中。劉崙陶欽皐阮鶚爲監察御史宿應參姚一元楊運徐洛朱有孚郭公道爲試御史。時員缺。俱京官選補。

丁酉。浙江左布政使林雲同爲右僉都御史。巡撫湖廣右僉都御史王守服闋。總理河道。

辛丑。總督宣大侍郎翁萬達言。虜中歸人祈貢市。詔備之。

癸卯。釋咸寧侯仇鸞。

四月辆朔。丁未。下夏言鎭撫司。言至丹陽被逮。知不測。指道旁樹曰。白楊白楊。爾能知我此去不反乎。言疏辨河套罷兵。諭下不兩日。仇鸞方就逮。何以知上語。卽疏至此明係嚴嵩陷臣。上不省。言聞銑所坐。驚墮車曰。噫吾死矣。復疏辨。其詞甚苦。刑部尙書喻茂堅左都御史屠僑大理卿朱廷立等據曾銑律以請。而言當議貴議能。上怒。切責茂堅等阿附。竟論死。妻子流三千里。

丁巳。金星晝見。

壬戌。先是順天庫歲核戶科都給事中羅崇奎請三年始核。從之。

總督倉場戶部尙書張潤致仕。

丙寅。寧夏衞地震有聲。

癸酉。給巡撫浙江兼福建海道右副都御史朱紈符幟。初。漢人豔諸番貨。私與市。嘉靖十七年。閩人金子老爲番舶主。據寧波之雙嶼港。後閩人李□□歙人許棟繼起負金錢多不償。則推豪貴聞于官。逐之。番大恨。出沒島嶼東南之難自此始。朱紈擣雙嶼。盛兵集港口挑之。夜風雨。賊逸。我火攻破之。擒二酋。餘趨浯嶼。副使柯喬參將盧鏜又破之。獨許棟逸。紈渡海至港。議留屯。衆難其險絕。築塞而返。歙人王直收許棟之黨。巢烈港。陳思盼亦聚百舫巢橫港。別部王丹有舫五十。思盼迎入橫港。夜熗之。奪其舟。部人不平。潛通于直。而烈港出沒必經橫港。屢邀劫。直伺思盼生辰方宴。襲殺之。由是海上寇悉受直節制。

朱紈督分巡副使柯喬出海。擣靈官澳。大破之。擒渠帥三。眞夷六十。漳人大恐。往聚觀。偶語籍籍。紈盡排根窮治。豪右惡之于朝。

五月乙亥朔。設永陵奉祠署臣。義勇左衞改永寧衞。

丙子。罷延綏總兵官韓承慶曾銑薦用。陝西總兵官張達移延綏。

辛巳。前兵部尚書戴金卒。金漢陽人。正德甲戌進士。有治才。巡鹽採木並稱旨。稍負氣不下。纔本兵劾去。

壬午。禮部上孝烈皇后神主奉安坤寧宮儀注。初故事在奉先殿左夾室。上不可。

丙戌。孝烈皇后葬永陵。

壬辰。增浮圖峪把總。

戶部右侍郎李士翱爲左侍郎。總督倉場。督理西苑農事。

癸巳。成勳爲署都督僉事。總兵官。鎮守陝西。

令給事中御史編審京師商戶。

乙未。修天壽山感恩殿。

戊戌。閔汝霖補右春坊右諭德。

虜犯宣府四海治官軍失利。

六月甲辰朔。故少師大學士楊一清贈太保諡文襄。

廕東廠太監麥福弟祥錦衣衛百戶。緝獲功。刑科給事中李萬實言功微不足錄。不聽。

丙午。以巡撫宣府右僉都御史孫錦請增邊餉。戶部詰總督翁萬達及錦歲費陳狀。量發十八萬金。已各引罪。奪錦俸四月。萬達俸二月。

陝西流寇平。

丁未。右副都御史張岳總督貴州廣西軍務。討叛苗龍許保。初。苗久不靖。至執指揮張治百戶鐵用。巡撫貴州都御史李義壯請設總督節制三省。

戊申。日本貢使周良等六百餘人求朝貢。朱紈以聞。許如十一年例。送五十人入京。餘留寧波嘉賓館。先是三月。貢使在館。有蜚書。巡撫欲殺使者。可先發殺巡撫。衆洶洶。朱紈堅臥定海鎮之。頗疑推官張德熹。遂以聞。徐學謨曰。紈嚴明介潔。遇事頗刻核。匿名書付之一火而已。何據而疑推官。且當賄賂公行之時。內無應援。未有能立功名于外者。況閩人滿朝。豈宜過激。紈之不終也以此。

己酉。停監生告改遠方例。

庚戌。周府鎮國中尉勤熨廢爲庶人。勤熨前奏祿糧。奪歲祿。復潛至京。言臣建言得罪。貲身無策。陛下厭棄萬幾。齋醮興作。引秦皇漢武宋徽爲比。上大怒。幽之鳳陽。

增延安游擊將軍。

辛亥。禮部請立皇后。不許。諭欲傳位太子。尙書費寀復言。內禪事未敢仰承。上然之。併寢立后之命。
國子祭酒周文燭劾免。
丙辰。許張緒襲正一嗣教大眞人。吏部言初襲當授眞人。不宜濫封。不聽。
辛酉。泰安縣地震如雷。
壬戌。移山西分守河東道駐蒲州。
靖江王邦寧有罪。奪祿六月。初邦寧及巡按御史徐南金互訐。命官往訊。得邦寧貪虐不法狀。
庚午。海盜屯刦福寧。
辛未。增承天府儒學樂舞。
癸酉。蜀府德陽王賓瀸薨。
七月艸朔。巡撫浙江兼福建海道提督軍務右副都御史朱紈改巡視。監察御史周亮□科給事中葉鏜各言其遙制不便。蓋豪右中之也。
丙子。免泗州盱眙天長懷遠田租。
丁丑。夜。月犯金星。
戊寅。前兵部右侍郎潘珍卒。珍婺源人。弘治壬戌進士。令諸暨。入大理評事。歷今官。諫征安南忤去。廉節一致。累薦不起。
夜。順天保定地震。諭修省。
己卯。旌衡府高唐王厚煐齊東王厚炳孝行。
庚辰。太淸閣成。

辛巳。鄭王厚烷上言。皇上御製心箴註四箴。碑豳風。書無逸。揭洪範篇大學衍義。下詢疾苦。身先農桑。臣所親見何及邇年罷講有日美政亡聞使四方學士利欲紛拏莫知所從守藩下臣願皇上講學勤政求祖宗之初治問百姓之安危臣不勝拳拳效李德裕丹扆之箴倣陸機連珠之體四箴曰居敬曰窮理曰克己曰存誠又連珠十首。臣聞連城之璧不付于拙工。千里之驥。必託之善御。是以修身者以損德爲憂保國者以失賢爲慮臣聞如砥之途人以爲邪徑彌天之語。人以爲上乘。是以孔孟之門無人。而異端雜起。堯舜之世旣遠。而治道難興。臣聞衣食足而民富。禮文衰而訓靡。是以農桑必盛于風俗之始彝倫必明于敎學之時臣聞百口言善。所以尊侈一心詢過所以希天然則諛舌易巽苦口難便。是以堯疇咨而裕紂拒諫而篾臣聞水滿易溢月盈易虧。是以守謙者不挾德而侮去患者不竢禍而追臣聞竭民脂而作亡益者世不知惜長國家而損下利者。士謂非忠然則民饑而君無獨富。農足而國不能凶。是以愛民則錫福于邦趾。虐下則禍起于舟中。臣聞文公簡禮。春秋加貶。鄒衍係獄。夏月飛霜。然則不誠獲戾罔察罹殃。是以畏威者克謹天戒敬祖者率由舊章臣聞商鞅尙法。秦旋踵以亡。仲尼行仁。魯三月而治是以萬類取足得衆尙于用寬。百姓亡匱求仁先于近譬臣聞臨春于閣陳禍以盈步虛于城宋室將毀是以成湯寬仁。不聲色是親。放勳恭讓。不茅茨爲恥臣聞被衣寒體。充食餒腹。民日惟憂。耕田南畝。鑿井西鄰。人日惟擇。然則與以惠者欲其知樂。以利者忘其力。是以熙皞而王者之爲。驩虞而霸者之策。上大怒手詔曰。日者勤熨謗訕。朕姑活之。厚烷敢效尤。彼小豎子耳。爾今西伯也。諸欲爲。爲之。

談遷曰。諫術有五。諷其一焉。人臣進說。寧婉毋戇。寧詳毋徑。況天裔篤密。嫌搆易生者哉。勤熨激于前。厚烷波于後。言出禍隨。非宸聽之獨高也。毋亦有失詞焉。合而論之。恭王之所見粹矣。

巡撫雲南右副都御史吳章疾去。

廣西賀縣盜倪仲亮連山縣盜李金等平官軍擊斬三千餘級俘二百八十六人廕總督張岳錦衣百戶。

壬午工部右侍郎王崇慶改禮部南京國子祭酒李本改北

癸未增遼東義州太淸等堡寧遠前屯城中右所戍兵三千人。

乙酉刑部右侍郎詹瀚爲左侍郎右副都御史傅炯爲刑部右侍郎。

戊午復舊制親王郡王不得服內襲封。

浙江左布政使李默爲太常寺卿署南京國子祭酒。

起顧應祥右副都御史巡撫雲南。

壬戌前少傅兼太子太傅吏部尚書文淵閣大學士許讚卒讚靈寶人弘治丙辰進士授大名推官拜御史避父進冢宰改編修忤逆瑾謫臨淄令起浙江僉事歷刑吏部尚書直閣名家子練習典故醇厚不伐然柔巽無大臣節晚頗賄聞隤其家聲後其子撰求卹贈少師謚文簡。

庚子西苑產嘉穀雙穗七十五本羣臣表賀。

大同右衞馬氏女年十七將嫁化爲男子。

辛丑福建兵備副使張謙擊福寧盜敗之。

八月癸卯朔。辛亥。命秉一眞人禮部尚書陶仲文支伯爵俸成國公朱希忠駙馬都尉崔元加祿百石輔臣嚴嵩食正一品俸。進禮部尚書費宷少保顧可學盛端明各太子少保。萬壽節恩。

命工部進礦銀。

辛未。譚功承嗣新寧伯。綸之子。

寧夏衞地震。

南贛山盜平。
歲稔發帑金各邊積穀從總督宣大翁萬達議。
壬申。翰林檢討全元立爲修撰。
虜犯大同鎭邊等堡。不克。伏其衆。以二十騎誘指揮顧相千餘騎往。伏發。圍于彌陀山。總兵周尙文急出塞敗之相與指揮周奉千戶呂凱郝京百戶利貞先戰死。尙文轉戰逐北。賊伏蘆草溝我力戰斬大酋一。乃遁。虜遂犯山西。乘不備。連入水口紅門猴兒山。官軍失利。
九月癸酉朔。甲戌。聽歲貢生入監外留部選教官。
丙子。巡撫鳳陽右副都御史胡松爲戶部右侍郎。
己卯。崇府瑞安王載埴薨。謚莊惠。
辛巳。免淮安鳳陽揚徐災傷屯租。
治曾銑黨。延綏巡撫右副都御史張問行削籍。陝西巡撫右副都御史謝蘭降級。紀功御史盛唐謫□□□。逮參將李珍延安衞署都指揮僉事田世威寧夏衞指揮同知郭震謂減餉餽銑子淳也。珍等俱戰功起徒中爲銑任用。逮下詔獄。極拷不承。珍論死。世威震謫戍。
徐學謨曰。珍震以死殉銑。亦有嬰臼存孤之義。雷霆之下。無不摧折者。當羅織時。苟自爲計。銑子決不免矣。於乎。貞臣累至而行明。悲夫。
壬午。虜俺荅自鎭安堡入犯。翁萬達預檄總兵官趙卿往。虜遂佯攻獨石。卿違令悉兵以援。虜遂踰長安嶺。掠雲州赤城永寧隆慶懷來。游騎至岔道八達嶺。關輔震動。命京營參將王佐許策等援之。
丁亥。右副都御史龔輝總督漕運兼巡撫鳳陽。

命京營戍卒分城防守。
己丑。聞掩荅出塞。命邀擊之。
辛丑。肅州衞地震。
壬辰。核京官禮部員外郎徐鈜等二十四人俱借差。尙寶司卿汪宗凱等七人俱營差。戶部司務周戴等三十一人俱滯差。兵部主事唐穆等三人俱差竣不歸。上責徐鈜等。謫汪宗凱等。下周戴唐穆等于法司。
山東提學僉事王華給由離任十月。詔免官。
甲午。令鄉官不得論本處有司。初。給事中胡賓論河南巡撫魏有本。有本進南京刑部右侍郎。禮科給事中程時思又劾之。命有本留。
免河間瀋陽蔚州廣昌雹災屯租。
陝西右參政李經以崇王載境訐其家居不法。命按之。削籍。
乙未。以災傷免陝西屯租。
丙申。巡按河南御史張坪謫。坪薦地方人材。及削籍御史張光祖。吏部糾之。
南京工部尙書楊麟卒。
京師地震有聲。
丁酉。制敕房光祿寺卿談相秩滿。請廕。許之。子文明錄入太學。故事。雜流考滿不廕。
己亥。江西左布政使俞智爲右副都御史巡撫南贛。梁尙德服闋。仍右僉都御史。
庚子。免順天永平水災田租。
夜。月犯金星并角宿。

辛丑。賜巡視右副都御史朱紈金幣。

莊浪大旱

十月[illegible]朔。癸卯。殺少師大學士夏言。言字公謹。貴溪人。正德丁丑進士。性警敏。能屬文。授行人。擢兵科給事中。建白稱旨。擢入相。雖驕蹇見忤。亦多持正。上嘗諭退處西內禪太子監國。言年六十。荅曰。臣筌數已盡。萬死不敢奉詔。上遂止。其後深恨言以挫郭勛。又不戴道士冠。然無意殺言。會蜚語謂言怨望。亦嚴嵩為之。或曰。嵩因災異。引漢誅翟方進事。上意遂決。其事祕。世莫知也。年六十七。妻蘇氏。流廣西。從子禮部主事克承。從孫尚寶司丞朝慶。皆削籍。天下惡勛之橫及嚴氏。故多惜言。隆慶初。復原官。謚文愍。予祭葬。

史臣曰。言豪邁有雋才。縱橫辨博。初在諫垣。言事受知。比贊四郊禮。遂荷特眷。上性聰察。不喜臣下雷同。言知其旨。方張孚敬用事時。無敢牴牾者。言故每事與之齟競。上以為不黨。因厚遇之。竟至大用。然才有餘而智不足。憑寵敖肆。威福自由。上寖不能堪。稍以違旨裁之。言不為懼。久之。上益厭。屢加叱啐。不以為恥。末年再入。一意修恩怨。人皆側目。及嚴嵩誣搆。身首異處。天下雖以惡嵩。而亦以言不學不知道。足以自殺其軀而已。

文大綸曰。夏相豪邁辨博。果于有為。曾銚慷慨任事。不避艱險。將相調和。力主套議。以復百年之故疆。建匡攘之全策。偉哉。振古之略也。獨不念救援內固。鷹犬外列。側目伸喙而思逞者。方日夜甘心焉。乃坦懷張膽。自以無前。謂帝知己。了無顧忌。息壤固在。其奈屬垣之語何。於乎。成宣以後。大將無推轂之主。英雄乏借箸之籌久矣。奚惑乎二公之不終也。

何喬遠曰。嘉靖中年以後。相者夏貴溪嚴分宜兩人。貴溪始為給事。赫然見才。誓不奔走權貴間。至分宜亦挹挹有文。豈不皆君子哉。不保其身。同及于禍。患生于以主寵為己私物也。貴溪峻而漸于不遜。分宜卑而淪于不忠。上怒下憤。所由來矣。

談遷曰。貴溪才足自樹。而徧矜未融。慕蓋世之功。志清霾霧。設曾中丞鼓行而北。稍有失利。貴溪能自必其命哉。貴溪不死于敗。而死于讒。又嚴氏代爲之受螫也。刑渥之凶。株及鼎軸。雖非國事之幸。安知貴溪不以是逭其責哉。噫。古未有宰相伏歐刀于都市者。將中台星坼。應其占與。

命湖廣保靖宣慰使彭藎臣等約束各寨苗夷。

甲辰。吏科右給事中馬錫託疾。謫。

乙巳。許河南山東人入金陝西濟餉補官。

壬子。西苑復穫嘉禾。

丙辰。虜入隆慶八達嶺。距天壽山七十里。巡按監察御史王應鍾夜赴昌平。鞭戍卒之不備者。劾守備石美中及提督太監王敏。俱奪官。

戊午。賜遼王憲㸅清微忠敎眞人金印。

免承天長沙寶慶水災田租。

增潮河川總兵。蘇松常鎭督糧參政。

庚申。河南祀故燕山衛指揮使馬義都督僉事。俊都指揮僉事。振。義死土木。俊死廣西古田苗。振死流寇。

刑科都給事中鮑道明爲江西右參政。

戊辰。夜雪。初上禱于內壇。輔臣等表賀。

兵部右侍郎萬鏜爲左侍郎。巡撫大同兵部右侍郎詹榮佐部。大理寺卿朱廷立爲工部右侍郎。

十一月軠朔。山東巡撫彭黯奏御史劉時進引疾。不聽。許時進還朝自奏。凡代題概禁。

乙亥。巡撫四川右副都御史嚴時泰爲南京工部右侍郎。起郭宗皋右僉都御史。巡撫大同。
丙子。議孝烈皇后祔廟。祧仁宗。不果行。
庚辰。總督河道右僉都御史王守爲南京右副都御史。廣東左布政使李春爲右副都御史。巡撫四川。
監察御史王士翹請召遣佚。報寢。
甲申。夜火星自畢逆行過昴至于胃。
丙戌。金星晝見旬而沒。
丁亥。巡撫河南右副都御史張綱卒。
壬辰。前南京兵部右侍郎張棟卒。棟山陰人。正德辛未進士。館選。授編修。歷今官。
己亥。巡撫遼東右僉都御史李珏爲大理寺卿。太僕寺卿方鈍爲右僉都御史。總理河道。
張廷槐楊允繩趙軏崔璜王德洸東方文林懋舉石鯨徐易凌汝忠爲給事中。申重陳效古金豪趙世奎吳和孫愼霍冀姜廷頤王本固黃中張鑑趙錦李九功李尙智歐陽震朱木王民澤爲試監察御史。懋舉鑑錦九功尙智震豪木民澤俱南京。

十二月飪朔。甲辰。詔墾太原平陽澤汾荒田萬七千四百餘頃。補宗祿。
乙巳。錦衣衛都督僉事袁天章爲都督同知。鎭撫司指揮同知張柏齡爲指揮使。（緝捕功。）
丙午。南京右副都御史劉訒爲南京工部尙書。應天府丞蔣應奎爲右副都御史。巡撫遼東。
壬子。御馬監太監李慶等爲故司禮太監鮑忠乞恩。陞從子八人。補勇士營五十人。兵科給事中劉體乾言其濫。遂陞三人。收勇士二十人。
甲寅。少保兼太子太保禮部尙書兼翰林學士費寀卒。寀鉛山人。正德辛未進士。館選。授編修。忤時去。上初起官。進左贊善。遷南京尙寶卿。歷今官。贈太保。諡文通。

漕運總兵官署都指揮僉事萬表爲南京中軍都督府僉書。

乙卯。山東巡撫右僉都御史彭黯改河南。

令廣西向武州土官子黃仲金那地州土官子羅廷鳳泗城州土官子岑施郎嗣職。免其入朝。俱舊從征勞。

免平涼鳳翔漢中災傷田租。

丁巳。署詹事府事禮部尙書孫承恩還部。

兵部左侍郎范鏓兼右僉都御史往潮河川修築關城。

戊午。海盜流劫蘇松官軍敗之。

封承爚蜀王。廷埼代王。充鍵廣寧王。載壃歸德王。載炌慶元王。睦杖清河王。朝墰益陽王。致柖湘陰王。英墺永安王。

前應天府丞朱隆禧爲大理寺卿。隆禧以大計免。陶仲文往太和山。諂附之。託其進方書。賜金幣。因入謝干進。

上以挂察典。進秩致仕。

庚申。山東左布政使駱顒爲右副都御史巡撫山東。

辛酉。鎭遠侯顧寰爲總兵官。提督漕運。鎭守淮安。

丙寅。罷寧夏總兵官王緍。坐會銑失事。

虜犯遼陽。大殺掠。

貴州守備柳之文討銅仁叛苗。賊卒至。衆驚潰。之文手刃數賊。死之。

己酉嘉靖二十八年

正月軒朔。上不朝。

黃振爲署都指揮僉事總兵官。鎮守寧夏。

己丑。前戶部侍郎顧珀卒。

辛卯。定漕運河道二臣久任。初。巡按監察御史陳其學言。前年秋冬間。推胡松總河。韓士英總漕。去春士英進南京戶部尙書。松代之。不踰月。進戶部左侍郎。彼此視如傳舍。宜久任而責成之。報可。

甲子。禮部尙書孫承恩劾罷。

乙未。太子太保禮部尙書盛端明致仕。

套虜自西海還掠永昌鎮。羌邊將拒卻之。

二月辟朔。壬寅。增海州參將。

癸卯。撫治鄖陽右副都御史于湛巡按湖廣監察御史賈大亨互訐。俱免官聽勘。去秋九月既望。月食當晝刻。例不護救。湛悞行之。被劾。遂訐大亨淫媟不職。

魯王觀烷薨。謚端王。

甲辰。停江南文田。御史劉奉言其滋蠹也。

乙巳。發四萬金賑陝西。幷免臨洮鞏昌田租。

丙午。給事中王德沈東楊允繩請簡輔臣。錄遺佚。下所司。

丁未。宣府報警。總督翁萬達請以大同總兵官周尙文代宣府總兵官趙卿。分布待戰。從之。時宣府總兵趙卿以隆永之役在論。未得代。總督翁萬達得諜報。檄卿住兵滴水崖。而慮無可援也。檄大同總兵官周尙文曰。若當援滴水崖。尚文得檄尚猶豫。而萬達慮尚文猾而矜。幸鄰變。援師少延。無濟也。因奏尚文得暫代卿將。援可速也。詔下。尚文果甲而馳。未至。虜已攻滴水崖。而卿已聞代付兵三千人于守將董暘江瀚。自歸。暘瀚故驍將。時營官隨卿。因出禦之。虜一出我前。一出我背。夾攻。暘瀚猶揮刃力戰。殺數級而死。于是虜復東向懷來。而尚文之兵至。值于石柱村。軍容甚堅。虜未敢卒犯。遣間來約曰。詰朝相見。比曉。虜伐樹拆屋毀門闔。令步卒肩之以禦矢石。而騎隨之。譟且突陣。舊列營必列木爲柵以拒侵軼。其夜。尚文以柵目可見。不若穴地爲暗窖。乃令人劚七窖于壁外。窖深及膝。大容馬蹄。及戰。虜馬多仆。軍爲發火器擊之。凡二日。陣百餘合。虜死數千人。大沮。然恃其衆不歸也。俺荅拔刀曰。不勝且刎吾首。乃復攻圍。我軍俱憊。萬達曰。兵三日戰必疲。不援尚文。弃師也。因鼓行而前。未至虜營十五里。虜拔營遁。

戊申。朔州地震。

辛亥。南京吏部尚書張治改禮部尚書兼文淵閣大學士。國子祭酒李本爲少詹事兼翰林學士。並直文淵閣。

壬子。虜數萬騎犯宣府滴水崖。把總都指揮僉事董暘指揮使江瀚等敗沒。遂東犯永寧關南大震。明年七月。贈暘瀚俱都指揮同知立祠。

山西營田大穫。巡撫楊守謙力也。詔各塞如之。

癸丑。劉世延嗣誠意伯。劉瑜孫。

乙卯。大同總兵官周尚文赴宣府。值虜曹家莊大戰浹日。西路參將姜應熊等自懷來鼓噪而東。虜不測宣府總兵趙國忠分道促之。遂遯。

吏部左侍郎兼學士徐階爲禮部尚書。

巡撫保定右僉都御史李仁爲右副都御史巡撫宣府。

丁巳。虜至永寧周尚文追及之斬其後勁。虜自黃家黑峪北走。
南京禮部尚書王學夔改南京吏部尚書。順天府丞任瀛爲右僉都御史。撫治鄖陽。右春坊右中允孫陞爲國子監祭酒。
戊午。禮部左侍郎歐陽德改吏部左侍郎兼翰林學士。署詹事府事。教習庶吉士。
庚申。趙府汝源王厚焆薨。
山東按察使商大節爲右僉都御史。巡撫保定。
賈席爲署都督僉事總兵官提督江淮巡捕。
錦衣衛指揮同知鄭璽除名。撫寧侯朱岳英國公張溶罷營務。定西侯蔣傅惠安伯張鑭署都督僉事孫堪各奪俸二月。先是給事中楊允繩偕岳等于武場較閱官舍。訛言虜至沙河。各驚走。損威重。
壬戌。禮科給事中趙釴言。故禮部尚書費寀諡文通。總兵郤永諡隱懷。俱行履亡聞。不宜諡。請今後俱公議上裁。許之。嚴氏當國。諡俱賄致。然郤永久歷邊陲稱名將。至與費寀同論。如旁臣何。
癸亥。左春坊左諭德閔如霖爲翰林侍讀學士。署院。
推郭宗皐巡撫大同。李仁巡撫宣府。兵科給事中胡叔廉等以宣府急。調宗皐。改仁大同。報可。
汀漳盜巢悉平。
乙丑。刑部尚書萬鏜改南京禮部尚書。禮部右侍郎王崇慶爲左侍郎。工部右侍郎朱廷立改禮部右侍郎。
丙寅。翰林編修康太和爲侍讀。
三月粹朔日食。
壬申。南京工部尚書劉訒改南京刑部尚書。巡撫陝西右副都御史謝蘭爲工部右侍郎。

丁丑。巡撫江西右僉都御史傅鳳翔爲右副都御史。巡撫陝西。

操江都御史周禫劾免。

戊寅。江西旌忠祠仍左孫燧。右許逵。初贈燧禮部尚書。逵副都御史。越數年。贈逵禮部尚書。故左逵。至是御史鄢懋卿言之。

己卯。南京尚寶司卿鄭曉爲南京太僕寺少卿。

壬午。工部左侍郎屠楷爲南京工部尚書。巡撫寧夏右僉都御史王邦瑞爲南京大理寺卿。

敍逐虜功。進總兵官周尚文太保兼太子太傅。總督翁萬達兵部尚書。各賜金五十。幣六。萬達幣四。總兵官趙國忠幣二。嚴嵩蔭中書舍人。兵部尚書趙廷瑞進太子少保。餘陞賞有差。

甲申。皇太子冠。上不御殿。罷傳制。餘如禮。

是日。北郊。泰祈坊風壞。

丙戌。巡鹽監察御史劉時進溢薦至四十餘人。非詔例。謫。

丁亥。皇太子載壡薨。年十四。將出閣就學。故冠之。驟疾。北向拜曰。兒去矣。端坐逝。上痛甚。羣臣疏慰。獨答陶仲文云。早從卿勸。豈便有此。中外不知所謂。後裕王景王置外邸。遂傳仲文有二龍不相見之說。自此啓之也。

戊子。起張時徹兵部右侍郎兼右僉都御史。提督操江。

庚寅。上諭嚴嵩。欲如先朝身巡邊驅虜。對曰。今昔異時。第督邊將禦之。毋煩乘輿也。上然之。

臨清大雨雹。損麥。

壬辰。平涼大風霾。晝晦如血。

癸巳。刑部右侍郎詹瀚劾免。

乙未。右副都御史楊行中爲工部左侍郎。

丙申。册謚皇太子莊敬。凡雨霾五日。

四月朔辛丑。徽王厚爝。訐御史張坪參議李洛僉事李延康得賂許修邸第。左布政使紀常不饜其欲。改修墳。

上怒。坪常落職。洛延康奪俸三月。

丁未。崇陽王顯休有罪。毆從兄死。賜死。

戊申。諭禱雨。

巡視右副都御史朱紈敗倭于詔安。巡按監察御史楊九澤上捷違例。譎九澤。

慶府弘農王治平薨。

庚戌。禮部右侍郎朱廷立大理寺右少卿閻璘干進被劾免。責吏部尚書聞淵私濫。奪郎中□□□俸六月。

巡視浙江右副都御史朱紈俘海盜九十六人。斬之。巡按監察御史陳九德劾其專殺。罷紈。命兵科給事中杜汝禎即訊。紈窮治豪右如□□僉事林希元等。諸貴臣相响紈不休。卒解任。

辛亥。兵部尚書趙廷瑞劾罷。

癸丑。先是安南莫正中搆兵來歸。舊臣范子儀收餘卒。妄言莫宏瀷夭。迎正中還國。因流劫廉欽間。事聞。命督撫驅勦。

丙辰。經理兩關兵部左侍郎范鏓爲兵部尚書。疏辭云。衰朽之年。栖栖可恥。忤旨。削籍。

丁巳。初二月。虜寇宣府。射書求欵。且還所掠人。云不許貢。且復犯宣大。總督翁萬達以聞。上以虜狡。徒沮邊略。不許。然我前殺其使。故但射書。又累入得利。嘗怯我。意欲狃我。非其情也。

己未。築大同宣府內外邊。總督翁萬達請築內塞。略曰。初宣府垣役。始西中路者。先所急也。東北二路。限于財力。又朶顏支部。巢處其外。尚能爲我藩籬。故遲而未舉。今西中路塞垣難犯。而朶顏支部爲虜偪徙。則二路之急視前數倍也。夫二路邊七百餘里。馬步卒不三萬。卽皆爲垣乘守。莫及兵分于地廣。備疎于無援。此臣之所懼也。擬自新寧東路之新寧墩而北。歷鵰鶚長安嶺龍門衞至六臺子。別爲內垣。百有六十九里有奇。塹如之。敵臺三百有八。鋪舍如之。暗門十九。以重衞京師。控帶北路。又東路鎭南墩與薊州火焰墩中空未塞。而鎭南而北而西至永寧新寧墩。亦原未議塞垣。俱宜補築。成全險也。

又萬達請還乘塞之兵。略曰。國家禦虜。四時不撤備。而獨曰防秋者。以秋高馬肥。虜時深入。特加嚴耳。然往者罕調客兵。且不乘塞。近因賊勢縱橫。二議遂作。勞費數倍。已覺不堪。又自夏徂冬。聚而不散。是非用武之經。可繼之道也。夫客兵承調去家一二千里。主兵擺邊。遠者亦不下三四百里。朔風侵肌。饋餉不給。鶉衣野處。龜腹徒延。設有脫巾之訴。何以應之。夫使之不以其時。散之不由其舊。雖有不可測度之恩威。而竄者逸者。自一而十。自十而百。百而千萬。將不可禁也。彼時盡置之法則太苛。遂釋其辜則啓玩。萬一不忍饑寒。不俟命令。哄然解去。所損豈其微哉。故乘塞兵入冬不可不罷也。然臣所謂罷異鎭客兵及遠地主兵耳。至于本路士兵。則仍其舊。邊事有常。有警不廢。前歲一報掣兵。諸防悉解。事起倉卒。束手無措。臣謂未可與今日同論也。于是乘塞兵罷鎭。

宣府志曰。往年乘塞之令。一時視爲上策。無敢轉議。然其間士卒之苦。則翁公此疏盡矣。庚戌歲後。虜仍內犯不置。朝臣始知此令不足恃也。因以漸罷其役云。

尹畊曰。猶記兒童時有事大同鎭城也。抵北門不敢出闞觀也。其時北郊二十里許曰孤店。虜日至。巡撫史道視地。飯于北極神祠。虜忽突至望麐。蓋集矢如蝟。諸軍力戰以免。故文錦之五堡。識者恨其不究。自總督毛伯溫之治弘賜堡也。鎭城以北商賈行矣。周尚文城滅虜九堡以聯其兩翼。而復爲拒墻五堡以厚屛其肩背則五堡不爲極塞。而鎮城內矣。然議者猶爲拒墻五堡危之。茲城其終條理乎。由是而推。則宣府之與和不可理。而復黑山之垣不可引。而直東勝豐榆之境不可漸而圖。非夫也。

壬戌。福建備倭都指揮俞大猷。以𤇆水改駐欽廉。

方山王府奉國將軍知睒知爌殺其兄知煦。賜死。

丙寅。永和王知焕薨。

丁卯。甘州副總兵吉象延綏副總兵陳鳳並署都督僉事總兵官。象鎮守寧夏。鳳鎮守大同。

五月犢朔。癸酉。朱承勛嗣武進伯。朱海子。

甲戌。上禱雨內壇。至是始澍。

宣大總督兵部尚書翁萬達還部。

乙亥。太保兼太子太傅左都督大同總兵官周尚文卒。尚文世西安後衞指揮同知。驍果多謀。弘正間數逐虜有功。進指揮使。歷凉州副總兵。以套虜善渡河。築凍墻百里。募力士伏渡口。鐵鉤鉤之。尋鎮寧夏山西延綏。俱有戰功。沙城之捷尤偉。歷宣大。且老。耐被甲臨陣。與士均苦樂。爭願爲死。壬寅來虜日蹙。晉亡失無算。惟尚文確闘不敗。然性伉好短長人。幕府多不堪。沒久之。贈太傅。謚武襄。

戊寅。巡撫宣府右僉都御史郭宗皐爲兵部右侍郎兼右僉都御史總督宣大。

己卯。禮科給事中沈束請周尚文卹典贈爵。上以尚文矜肆怨望。束不即繩而私之。下鎮撫司。廷杖。錮于獄。尚文嘗任右軍都督府。嚴世蕃時經歷。常呵之。積憾尚文也。

癸未。刑部右侍郎傅烔爲左侍郎。巡撫山西右僉都御史蘇祐爲刑部右侍郎。河南按察使李良爲右副都御史。巡撫宣府。

丙戌。鳳陽淮安地震。

甲午。四川左布政使石遷高爲右副都御史巡撫山西。

丁酉。錦衣衛右都督陳寅卒。贈太子太保。寅給事興邸。既扈蹕。凡舊人皆世指揮僉事。

六月妃朔。兵部右侍郞詹榮爲左侍郞。南京大理寺卿王邦端爲兵部右侍郞。

庚子。前太子太保兵部尙書趙廷瑞卒。廷瑞開州人。正德辛巳進士。館選。授戶科給事中。歷撫山西。督宣大。累進本兵。

甲辰。下世襲五經博士曾質粹于江西巡按御史。質粹以吉安與嘉祥曾守仁同譜。先約祠田予守仁。已而背之。遂互訐。御史劉瑤謂誣在質粹。幷得其狡獪狀。

丁未。陝西左布政使王昺遲悞織幣。降浙江布政司左參政。

裁團營官三十六人。

庚戌。郭應乾嗣成安伯。郭瓚子。

廣西桂林道副使兼撫夷。舊另設撫夷副使。

辛亥。太傅兼太子太傅駙馬都尉京山侯崔元卒。元尙永康大長公主。以迎鑾封。恩寵莫比。贈左柱國。謚榮恭。

己未。免鳳陽水災田稅。

庚申。莊敬皇太子葬金山。

壬戌。德淸大長公主薨。

大學士張治學士李本禮部尙書徐階直無逸殿。

丙寅。兵部尙書翁萬達提督團營。

丁卯。延川縣雨雹如斗。

七月戊朔壬申。淮安地震。

緝捕閩浙通倭豪猾。

徐日久曰。海上之事初起。內地奸商王直徐海等。常闌中國財物。與番客市易。皆主餘姚謝氏。久留之。謝氏頗抑勒其直。諸奸索之急。謝氏度負多不能償。則以言恐之曰。吾將首汝于官。既恨且懼。乃糾合徒黨。夜劫謝氏。火其宅。殺男女數人。大掠而去。縣官倉皇申報。云倭賊入寇。巡撫朱紈下令捕賊甚急。又令並海居民有素與番人通者。皆得自首及相告言。于是人人洶洶。轉爲告引。或誣良善。而諸奸畏官搜捕。亦遂勾引島夷及海中諸盜。所在劫掠。乘汛登岸。動以倭寇爲名。其實眞倭無幾。承平日久。人不知兵。賊至卽鳥獸奔散。室廬爲空。官兵禦之。望風奔潰。蔓延及閩海浙直之間。調兵增餉。海內騷動。朝廷爲旰食者六七年。至竭東南之力。僅得勝之。蓋患之從起者微矣。

癸酉。翰林侍讀敖銑修撰黃廷用主試應天。

辛巳。山西平虜衞地震有聲。

武安侯鄭綱卒。

丁亥。禮部尙書徐階考汰太醫院醫士。

勒撫賞三衞貢夷之額。

戊子。皇長女薨。追封常安公主。

庚寅。旱災。免河南西安夏稅有差。

癸巳。巡撫雲南右副都御史顧應祥爲南京兵部右侍郞。巡撫山東右副都御史駱顒爲大理寺卿。

戊戌。山東廣東左布政使應檟韓楷爲右副都御史。檟巡撫山東。楷巡撫雲南。

八月戚朔。己亥。戶部歲終會計出納分四則。歲徵歲收歲支歲儲。呈御覽。

壬寅。出西苑瑞穀百有六本示輔臣。稱賀。不許。

甲辰。翰林院侍讀康太和右春坊右贊善兼翰林院檢討閻樸主試順天。

己酉。前南京兵部左侍郎潘旦卒。旦婺源人。弘治乙丑進士。授戶部主事。行誼修潔。嘗守漳州邵武。有惠政。民祠之。贈工部尚書。

辛亥。禮部尚書徐階子璠倩人入棘鄉試事泄。被縛而逸。監試御史楊順張鑑以聞。南京吏部考功主事華亭楊豫孫。急足報階。階先密疏辭廕略曰。陛下以臣犬馬之勞澤及其胤。令子璠備數南雍。今南中人來。臣私詢訪。知其意氣不倫。交遊非類。臣日夜媿懼。不能教子以負上恩。爲此披誠。請革璠廕使臣不以不肖子冒恩澤。亦使臣子知聖主督過。能自遷悔。是所以造就微臣。不獨名位寵榮也。疏入。上大悅。旬日御史疏至。上不問。已南京給事中萬文宗將論階。有愛吏泄于豫孫。豫孫以兵部主事茅坤善文宗。探得之。階先爲備。仍不問。文宗奪官。謫豫孫改北禮部儀制主事。坤降廣平通判。

乙卯。平涼崇信縣天鼓鳴。

己未。錄甘肅禦套虜功。進總兵官王繼祖都督同知。巡撫楊博右副都御史。

西夷總牙日羔刺等以迫土魯番入肅州雜居。監生李時暘奏。恐貽患內地。巡撫楊博。檄副使王儀參將劉勳修威虜幷金塔寺古城。徙七百餘帳。男婦三千四百餘人。給耕爨。朔望互市。諸番頓首受約。

瓊州黎作亂。□科給事中鄭廷鵠言。諸黎盤據山岡。而州縣外環之地。彼高而我下。產彼腴而我鹵。勢彼聚而我散。故無歲不害。臣生其方。度非九千兵可辦。若徵狼土官兵。兼募搏徒共集數萬。環攻可克。元至元辛卯蕩其穴。勸石五指山。雖立定安會同二縣。經略未盡。故旋失之。嘉靖庚子大征。時賊巢德霞地勢平衍。擬立城邑。招新民耕守。中道而廢致有今日今所當經略者惟東面瑯埕嶺脚二峒。當萬州陵水之衝。崖賊被攻必借二峒東江以分兵勢。宜分奇兵先攻二峒。大兵擣崖賊。賊可殲也。隋唐郡縣輿圖可攷。今多陷賊中。事平恢復。以德霞等腴地。立州屯田。由羅活開路以達安定。由德霞沿溪以達昌化。道路四通。留參將屯德霞。安輯黎人。萬世利也。報可。

敍州戎珙等蠻平。

虜入大同左衛及威遠平虜。毀墻入。至寧武殺掠。久之遁。

甲子。兩浙都轉鹽運司副使郭希顏復上廟議及周禮廟祧一篇。前長沙知府李本□部郎中王畿廟制考議。併進覽。曰初臣上議見大學士嚴嵩問何以必欲廟答曰天地旣分宗廟又可合乎嵩曰如此須起夏言尋言果起嵩事之甚謹。終無一語救正。坐待其斃。始失之未及考古。繼恐改己之禮而夕失權也。秋享凡幾嵩文學大臣。豈不聞父昭子穆。古今通禮。今九室皆已有主。五世又不忍祧。將來孝烈又不識何所祔。此非聖慮之未及而誰爲畫此者失策也。上不問。

乙丑。慶陽大水。蘭州饑。

九月丁卯朔。獻瑞穀于玄極寶殿及太廟。齋朝天宮三日。

虜三千餘騎寇榆林參將劉繼先等戰却之。

乙亥。禮部尚書顧可學乞假還葬。

丙子。豫開各邊鹽引。

戊寅。太子太保吏部尚書聞淵致仕。

虜三萬騎掠萬全左衞。總督郭宗皐督兵禦之。遂引而東駐沙嶺堡。

己卯。皇次女薨。追封思柔公主。

刑部尚書喻茂堅致仕。

庚辰。嘉興湖州饑。免秋租。仍賑之。

辛巳。俺荅入宣府左衞。翁萬達計出深井順城兩川。蔚州兵足恃。南出紫荆關亦足備。若出雞鳴趨新舊保安懷來。可虞也。乞京兵援。命督鎭熱計。

壬午。望。月食。大享玄極寶殿。

總兵趙國忠拒虜沙嶺堡。遂漸西。參將趙臣尾之。大同總兵陳鳳。副總兵林椿。游擊焦澤張騰。各追至鴿兒嶺。伏發苦戰。臣騰被創。會大風雪而退。明日。復斬一酋。遂自萬全右衞頹垣出。三衞及花當導小王子犯遼東沙河堡。數騎挑戰。張景福出戰。伏發。殺景福及百戶成策李松。

乙酉。免徐宿碭水災田租。

癸巳。戶部尚書夏邦謨爲吏部尚書。時推禮部尚書徐階。不許。上素重禮部。應制在吏部上。自階被旨後。會推吏部。更不敢及禮部。凡閣臣出。六卿避輿。獨吏部抗揖。邦謨何邑始避。

十月酊朔。庚子。天壽山守備太監劉遠請符幟。如鞏華城副總兵胡潭例。不許。

辛丑。免順天河間保定眞定大名災傷田租。

癸卯。桐鄉王鼒枋改封慶世子。署府事。慶王台浤次子。

總督湖廣川貴右副都御史張岳言。貴州銅仁叛苗。往日布政使石簡嘗撫之。賜魚鹽牛酒花幣。給口糧。冠帶其酋。衿弁其子弟。不旋踵而叛掠。此撫爲亡益。徒養寇之明驗也。必大兵創之後。撫可定。守可固。從之。

甲辰。故周府鎭國將軍勤熜追封益陽王。朝墠父。

乙巳。召南京刑部尙書劉訒于刑部。

前河南道監察御史楊爵卒。爵字伯修。富平人。嘉靖己丑進士。授行人。屢使藩國。辭其餽。拜御史。喪母。廬墓三年。有冬笋馴兔之異。庚子入臺。言事忤旨。下詔獄。七年旋釋。又逮獄三年。讀書無幾微怨色。放歸。乃教授里中。疾革。援筆自誌。年五十七。隆慶初。贈光祿寺少卿。萬曆中。謚忠介。

馮時可曰。世廟時言事者接踵。大都有畏禍心者。則其氣縮。有急名心者。則其言訐。公讜而不縮。直而不訐。惟憂惟愛。甘心釜鑕。故上亦諒其忠鯁。雖久縶而終不誅竄之也。乃其自恃介潔。身如完璧。卽隨夷何以過。予嘗謂此心可以對天享帝。然後可以批鱗犯顏。公庶幾哉。

丙午。常文濟嗣懷遠侯。玄振子。

諭苑田瑞穀停刑。

戊申。禮工部侍郎王崇慶楊行中擇金山葬思柔公主。

翰林院庶吉士元思謙胡杰汪鏜張居正爲編修。孫世芳朱大韶林爊殷士儋毛起爲檢討。張勉學謝登之張思靖藍璧黎澄李遇元任有齡李敏爲給事中。趙鏜馬三才劉錫孫衷胡曉莫如士劉逕爲監察御史。

辛亥。總督陝西尙書王以旂滿六年。考。進太子少保。

吏部左侍郎潘璜爲戶部尙書。巡撫順天右僉都御史孫應奎爲左副都御史。佐院。總理河道右僉都御史方鈍爲南京大理寺卿。

乙卯。翰林檢討張思爲山西按察副使。思給事中。避兄忠改館。

巡撫雲南右副都御史韓楷疾去。

翰林院編修袁煒爲侍讀。檢討王繼楨爲修撰。

吏部右侍郎丁汝夔爲左侍郎。兵部右侍郎王邦瑞改吏部右侍郎。河南左布政使王汝孝應天府丞何鰲並爲右副都御史。汝孝巡撫順天。鰲總理河道。

庚申。沐鞏嗣黔國公。年三歲。優給半祿。沐融母弟。融殤。朝弼仍代鎮。

工科給事中趙輗。監察御史申仲。劾盔甲廠太監呂洪盜銅鑄私器。下洪詔獄。輗仲亦捕繫削籍。

辛酉。兵部尚書翁萬達憂去。左侍郎詹榮當署事。引疾乞假。忤旨罷。

癸亥。吏部左侍郎丁汝夔爲兵部尚書。提督團營。

免山東貴州遼東旱蝗秋租有差。

十一月鞆朔。戊辰。議孝烈皇后祔廟。初。禮部議奉先殿東室。上非之。于是嚴嵩議太廟睿皇后後寢安主。從祔姑之義。上不可。諭遵祖制。祧仁宗。

壬申。免大同糧芻。先是隕霜殺苗也。

甲戌。王用賓起少詹事。

乙亥。太常寺卿署南京國子祭酒李默爲禮部右侍郎。刑部右侍郎蘇祐改兵部右侍郎。順天府尹胡奎爲右副都御史。巡撫雲南。

貴州巡撫右僉都御史李義壯免。總督張岳劾其阻兵乏軍興。

庚辰。湖廣左布政使任輸爲右副都御史。巡撫貴州。

辛巳。巡撫河南右副都御史彭黯爲刑部右侍郎。

治宣大失事罪。大同巡撫李仁降神木縣典史。參將麻隆等逮下法司。宣府巡撫李良總督郭宗皐停俸。總兵趙鳳落職。賞力戰者。

甲申。孝烈皇后祔太廟。

王世懋曰。世廟未崩。孝烈皇后先入廟。遂祧仁宗。亦是古所無事。當時聖意或有在焉。逮穆宗登遐入廟祧宗之際。此其機矣。睿宗科臣陸樹德曾言之。以曾孫議祧皇祖。遂不敢覆行。而竟祧宣廟。從茲莫敢匡救矣。

乙酉。金星晝見凡五日。

丙戌。起端廷赦右副都御史。巡撫河南。河南按察使陳耀爲右僉都御史。巡撫大同。

丁亥。戴才徐綱李用敬爲給事中。李逢時裴仕濂蔡陽金成子學李初元胡志夔邵稷高鏞吉澄趙臣陳大賓爲試監察御史。臣大賓南京。

下巡按直隸監察御史張登高于鎮撫司。登高治涿州庫吏盜金狀。吏逃訴錦衣衛。歸罪知州王得良。捕治之。登高恐奸吏效尤。請下所司訊明。上以回護逮登高。

庚寅。工部尚書文明卒。錦衣衛人。正德丁丑進士。

乙未。鄭崑嗣武安侯。鄭綱子。

免沔陽荆門水災田租。

延綏總兵官張達移大同。

十二月輛朔。前大理寺卿李珏卒。

戊戌。寧夏左參將吳鼎爲署都督僉事總兵官。鎮守延綏。

壬寅。貴州左布政使郜相。以前郎中進俸。後陞任四川布政司左參政。秉支從四品俸。被劾。下巡撫訊之。遂定內外官非軍功遷。後不許秉支。著爲令。

甲辰。周府崇善王朝墉薨。

丁未。提督倉場戶部左侍郎李士翺爲工部尚書。

庚戌。南京兵部尚書韓邦奇致仕。

壬子。懷墡襲永壽王。恭和王秉欓庶長子。定郡王正妃沒不得封繼妃著爲令。

甲寅。上禱雪洪應壇。

巡撫山東右副都御史應檟改山西。

己未。賑淮安。

辛酉。封頤坦魯王。健榔新蔡王。翊鐕崇世子。在焥周世子。褒㸌安樂王。載燧金華王。縉炏延安王。還域和川王。致㯳光澤王。致楝松滋王。宇漳衡輝王。

琉球來貢。

壬戌。周府信陵王睦樞庶長子勤熝卒。弟勤㸂乞封。禮部謂宗支無承襲例。不許。

南京吏部尚書王學夔改南京兵部尚書。起應大猷右副都御史巡撫山東。

麻陽縣苗破印江縣。執知縣徐文伯。

是年。宗人府上玉牒。親王至庶人。見在萬有九千八百九十三人。其未開陽曲永和二府及南京齊庶人建庶人後不下千人。郡主縣主郡君鄉君等共九千七百八十二人。

王世貞曰。親王至米萬石。軍校官僚府第婚喪之費。又不下數萬。至于庶人。各歲百石。居第二百金。婚娶百金。此又可已也。地力有限。生育無窮。將奈之何哉。以有限之財。塡無窮之浪費。非也。以帝室之胄而錮之一城之內。坐視其貧賤而不爲之所。亦非也。然則將軍而上。仍貫乎中尉。可勿爵矣。量親疏給貲使徙箸從事于四民。拔其賢者能者而同升諸官。庶可耳。

庚戌嘉靖二十九年

正月癸酉朔。上不朝。

丁丑。惠安伯張鑭卒。

戊寅。吏部大計。降斥四千六百餘人有差。

亦佐典史厲汝進削籍。前戶科都給事中。論嚴氏謫也。

癸未。遼東蓋州等衞地震。聲如雷。再日止。

乙酉。增陝西淸水高家淸平三堡守備。

丙戌。荆府永定王載墭薨。謚端穆。

辛卯。前南京戶部尙書徐問卒。問常州武進人。弘治丙戌進士。授廣平推官。遷刑曹。歷廣東左布政使。治行第一。撫貴州。深沈廉靜。歷官俱有聲。隆慶初。贈太子少保。謚莊裕。

癸巳。保定河間定州官軍防守乞定賞格。凡大征五千里外踰歲人賞五金。三千里外踰八月次之。千里外踰六月又次之。五百里外踰三月又次之。

甲午。戶部上去年會計錄。歲共入銀三百九十五萬七千一百十六金。出乃四百十二萬二千七百二十七金。請一切節用。報聞。

乙未。南京工部尙書屠楷改南京吏部尙書。

翰林編修邢一鳳爲侍讀。

二月輛朔。巡撫湖廣林雲同雲南道監察御史李廷春並免。廷春任石首知縣。有墨聲。雲同嘗笞之。至是恐報復。劾其贓私。互訐。俱影響。各閒住。

己亥。起陳經太子少保戶部尚書。總督倉場。督理西苑農事。先卒。經山東益都人。正德甲戌進士。授給事中。歷兵部尚書。

壬寅。禮部尚書兼文淵閣大學士張治署詹事府事。吏部左侍郎歐陽德主禮闈。

甲辰。報虜移帳威寧海子。將寇朔州。命發河間兵駐密雲。保定兵駐通州。涿鹿興州等四衞兵戍各隘口。

乙巳。福建左布政使屠大山爲右副都御史。巡撫湖廣。

丙午。刑部左侍郎傅炯爲南京刑部尚書。

戊申。墾甘肅荒田。

甲寅。周府上洛王安瀼薨。謚榮定。

南京兵部尚書王學夔致仕。

乙卯。陳文德補南京國子祭酒。工部左侍郎楊行中改南京刑部。

故安南都統使莫福海子宏瀷求封。俟後命。

丁巳。琉球遣陪臣子五人入太學。

戊午。增陝西平川堡守備。

壬戌。大風霾。

甲子。隆慶州張山營堡山鳴。

三月玘朔。久旱。諭禮部禱雨。

丙寅。未封妃鮑氏薨。追封宜妃。
辛未。巡撫南贛都御史喻智應天府尹呂顒劾免。
定京師逃戶助役銀。初。永樂間徙浙直富人三千戶直役宛平大興。其後逃戶人徵二金助役。至是止徵本戶。毋他累。
壬申。寧夏地震有聲。
癸酉。吏部右侍郎王邦瑞爲左侍郎。禮部右侍郎李默改吏部右侍郎。南京戶部尚書韓士英改南京兵部尚書。左副都御史孫應奎爲戶部右侍郎。總督倉場。督理西苑農事。
增瓊州參將。命欽州守備署都指揮使俞大猷爲右參將往守瓊崖。
丙子。京師宣府大風霾。至晝晦。夜分少止。秋。虜騎入犯。凡風霾所及。皆不免于兵。
丁丑。前戶部右侍郎及官卒。
己卯。策貢士傅夏器等三百二十人。賜唐汝楫等進士及第出身有差。恩榮宴命內閣少詹事李本序坐二品末。
丙戌。黃塵四塞。日無光。
己丑。工部上四籍。歲徵六十一萬一千餘金。歲收八十五萬三千餘金。歲支九十一萬七千餘金。歲儲百萬餘金。
辛卯。戶部右侍郎胡松爲左侍郎。大理寺卿駱顒爲戶部右侍郎。詹事王用賓爲禮部右侍郎。
大風霾。
壬辰。兵部右侍郎蘇祐爲左侍郎。工部右侍郎謝蘭改兵部右侍郎。太僕寺卿盧勳爲右僉都御史。提督南贛汀漳軍務。

錦衣衛親軍指揮使郭守乾。故武定侯勛長子。求嗣爵。以勳戚。許之。

癸巳。通政使孫禬爲工部左侍郎。

四月乣朔。陞廣西左布政使鄭漳爲應天府尹。

戊戌。禮部左侍郎王崇慶爲南京戶部尙書。提督兩廣右副都御史歐陽必進爲南京右都御史。

己亥。上憂旱。遣官告郊廟社稷。

翰林編修趙貞吉爲右春坊右中允。署國子司業。

癸卯。巡撫保定右僉都御史商大節佐院。通政司左通政樊深爲通政使。右通政。陳時爲左通政。

丁未。大風霾。

總督漕運右副都御史龔輝。巡按直隸御史戴德。各言祖陵泗州。逼近淮河。地勢窪下。今黃河水衝入淮。下流壅塞。勢必上溢。恐爲陵寢憂。宜急開支河口以通下流。又衝潰當防。幷築陳莊劉家溝。從之。

己酉。龔輝爲大理寺卿。總督糧運右副都御史周延爲兵部右侍郎兼右僉都御史。提督兩廣軍務兼巡撫廣東。

辛亥。前陽武知縣河間王聯。居里淫暴。至毆其父良。良訴于御史閻鄰。論死。久之。良告息詞。出獄。又殺人。仍論死。百方求脫不得。以是憾先後御史胡植馮璋張洽等。知上喜告訐。而令陽武時。巡撫胡纘宗値上幸楚。供帳不備。笞聯。已。御史陶欽夔論其贓。至是訐奏纘宗迎駕詩穆王八駿空飛電湘竹英皇淚不磨爲呪詛。幷及都御史劉隅參政朱鴻漸。御史陶欽夔胡植閻鄰馮璋張洽。前知府項喬賈應春。推官蔣珊。知縣郭咸休田甸高儒。給事中鮑道明。苑馬少卿袁淮等。意所忤輒搆入之。令子朝策冬至日入朝擊冤。奏之。上大怒。分逮纘宗等下法司會訊。刑部尚書劉訒。以纘宗詩頌德。非謗也。聯原坐殺人。朝策詐。朝臣重論。獄上。以訒市恩。削籍。法司堂上官各奪俸六月。司官下鎮撫司拷訊。杖纘宗四十。削籍。聯仍坐殺人。罪子朝策如擬。大學士嚴嵩營申辨。嘉之。令兼文大學士俸。嵩辭免。

癸丑。大雨。百官表賀。

乙卯。巡撫延綏右僉都御史楊守謙爲右副都御史。巡撫保定兼提督紫荆等關。

周府汾西王睦橣薨。謚端惠。

戊午。通政司左參議趙文華爲右通政。

壬戌。封掌道教事禮部尚書陶仲文恭誠伯。以禱雨平獄也。初京師雨土雨蠍。屢風霾。上頗疑畏。問仲文云何。仲文知胡纘宗等亡辜。曰疑有冤獄。得解乃雨。上故宥纘宗等。尋大雨。上歸仲文功。吏科都給事中張秉壼謂貪天功爲己力。仲文辭免。

浙江左布政使張烜爲右副都御史。總理糧儲兼巡撫應天。山西按察使張愚爲右僉都御史。巡撫延綏。

五月甲子朔。乙丑。宮人陳氏薨。追封靜妃。

廣西副總兵都督僉事沈希儀爲總兵官。鎮守貴州。兼提督平清等衞。

丁卯。南京戶部右侍郎侯綸卒。

戊辰。工部尚書李士翱爲刑部尚書。

丙子。南京刑部右侍郎魏有本爲右副都御史。總督漕運。被劾而去。

周府華陽王睦桄薨。謚端定。

己卯。戶部右侍郎胡松爲工部尚書。禮部右侍郎王用賓爲左侍郎。南京國子監祭酒程文德爲禮部右侍郎。

都督同知張經爲副總兵鎮守廣西。

壬午。時邊報日棘。西海逋虜窺甘涼。吉囊窺延綏固原。俺荅屯威寧海。直開平。歲犯宣大。朵顏三衛數引土蠻犯廣寧遼陽。睨白馬關。逼黃花鎮。于是兵部言。飭營關以嚴內治。飭邊鎮以固藩籬。務實政以嚴邊備。廣儲積以嚴邊塞。時餽餉以安募卒。重犒賞以激將士。開使過以策奇功。開受降以殺敵勢。急撫按以固人心。正軍法以正紀綱。議即行之。

戊子。湖廣提學副使喬世寧爲河南布政司左參政。世寧校士精勤。撫按交薦。

辛卯。重修大明會典成。

癸巳。鄭府盟津王祐樒知上薄鄭王厚烷。誣其誹謗悖逆等罪。命駙馬都尉謝詔等按之。

朵顏猛可等犯馬蘭谷。

六月甲午朔。大理寺卿龔輝爲工部右侍郎。

戊戌。申宗室越關入奏之禁。

己亥。右春坊右贊善兼檢討閻樸爲南京國子祭酒。

辛丑。翰林編修閔煦爲山西按察副使。

壬寅。察處陝西苑馬寺少卿李紳。訐兵部右侍郎謝蘭。前撫陝西。疑陷之也。吏部覆紳挾私。謫戍。

癸卯。南京大理寺卿方鈍爲南京戶部右侍郎。巡撫四川右副都御史李春爲大理寺卿。總理河道右副都御史何鰲改總督漕運兼巡撫鳳陽。

戊申。金星晝見。

甲寅。巡撫江西兵部左侍郎兼右僉都御史張時徹爲南京刑部右侍郎。南京太常寺卿汪宗元爲右副都御史。總理河道。

金星晝見。

乙卯。四川左布政使張素爲右副都御史。巡撫四川。

丙辰。停江淮捕盜總兵巡按監察御史趙錦言其無益。

丁巳。故黔國公沐朝輔母李氏訴次子朝弼忌姪翟孤弱。乞護翟至京。俟長還鎮。許之。翟尋殤。朝弼奏留母侍養。亦許之。

免濟南兗登青廣平眞定河間旱災夏稅屯糧。

戊午。俺荅以數萬騎寇大同。伏鋭谿谷中。以羸騎百餘餌我。總兵涼州張達。素果敢。徵兵未集。率輕騎赴之。或戒其輕進。達曰。乘此不逐。待深入。卽得捷。蹂躪多矣。遂直前。中伏。圍數重。達四擊。馬蹶被殺。時副總兵林椿分擊零騎于彌陀山。聞達被圍。不介馬而馳援。達不克。中矢死。事聞。贈達左都督。諡忠剛。椿都督同知。諡忠勇。予祭葬立祠。世本衞指揮僉事。達陝西人。目不知書。然慷慨有奇節。膂力絕世。好先登陷堅。所向有功。卒以此敗。達椿俱敢戰。功雖不終。邊人甚稱之。先是虜中數騎潛入盜邊。邊尉報狀。巡按監察御史胡宗憲喜事。會夜醉屬達曰。將軍可趣戰。達謂夜中伏不利。請待旦。乃發。宗憲曰。若欲壘我白簡耶。達勉以二百騎夜出。至紅寺堡。虜大至。圍之數重。副總兵林椿援之。亦敗。所去制府二百里。總督郭宗皐聞急往救。無及。宗憲但請卹達椿。而匿其發蹤狀。□科給事中唐禹不知也。劾宗皐及巡撫陳燿等失援。

閏六月癸亥朔。甲子。南京右春坊右中允呂懷爲南京通政司右參議。

乙丑。陞江西左布政司吳鵬爲右副都御史。巡撫江西。

免山西夏稅。

咸寧侯仇鸞家居久。兵部薦之。詔復太子太保總兵。鎮大同。改勇敢營都指揮僉事徐珏爲署都督僉事左副總兵。協守。

丙寅。免隆慶州永寧縣去年田租之半。以被虜故。

戊辰。翰林脩撰茅瓚爲左春坊左諭德。

免開封歸德衞輝懷慶旱災夏稅有差。

癸酉。逮總督宣大侍郎郭宗皐巡撫大同右僉都御史陳燿。各廷杖百。燿死。宗皐謫戍陜西靖虜衞。初宗皐燿奪俸。給事中唐禹追論之。

丙子。左春坊左贊善吳山爲南京左庶子兼翰林侍講署院事。

大同缺督撫。命兵部左侍郎蘇祐攝總督兼右僉都御史巡撫。起守制兵部尚書翁萬達總督宣大。前右僉都御史趙錦巡撫大同。以萬達家廣東未即至。先遣祐。

兵科給事中任有齡言。大臣卹典費亦不貲。近年乞請太煩。不無濫與。惟因官而比例。不錄賢而尙功。乞深杜請求。備加論核。禮部徐階覆曰。文武官陳乞祭葬。除違例不行外。其或應例而行業亡稱。勳勞未著。則全給者半之。半給則僅予祭。或公論共著。則不問例徑與。立業。其各府衞帶俸都督指揮千百戶。係戚屬應請裁。但外戚爲妃之父母。祭葬喪費宜全給。其兄弟止祭一壇。喪葬俱半給。嬪之父母宜視妃之兄弟。其兄弟止一祭。給喪費三之一。有旨。文武官如議。戚屬宜從厚。不許請。文武大臣卹典。雖成例應得。德業未著。以次遞降。如譴甚。不復給。上從之。惟外戚如故。

丁丑。從禮科給事中楊允繩之言。愼選督學官。

戊子。裁太常寺樂舞生庖人濫額。

魯府慶元王載炌薨。諡莊懿。
免淮安鳳陽揚徐安東旱災等夏稅有差。
己丑。免順天河間眞定保定山西旱災夏稅有差。
屬夷復犯河坊口。初順天巡撫王汝孝忿三衞脅賞。因襲殺之。致屢盜邊。至八月。勾虜大入。
七月酉朔甲午。起孫承恩仍禮部尚書兼翰林學士。署詹事府事。
庚子。大同總兵咸寧侯仇鸞以守備單弱。請小堡歸併大堡。隨營截殺。部覆從之。
辛丑。兵科給事中楊允繩言申明縣官改調之法。量繁簡邊腹衝僻三等。毋請託規避。報可。
兩廣總兵平江伯陳圭提督侍郎歐陽必進討平瓊州黎賊那燕。敍功賞。
戶部尚書潘璜調南京。改刑部尚書。以李士翱爲戶部尚書。時上憂帑絀。會核弊端。璜條上大率邊餉非舊額。而屯收鹽鈔諸課尚未查覆。言官謂其浮漫。璜引咎。
癸卯。命保定巡撫楊守謙移漢達軍分駐通易東西二廳。總兵劉鼎戍居庸關。辛昇戍黃花鎭。完戍戍古北口。詹䄍戍白羊口。任俊戍白馬。陳燦戍懷來。
甲辰。釋銅仁失事參將石邦憲往石阡自效。
丙午。前太子少保禮部尚書盛端明卒。海陽人。弘治壬戌進士。歷中外。頗有聲。晚以方術顯。拜禮部侍郎。進攝生集要。起尚書。進萬年金鑑錄永壽眞銓等書。雖汲汲引退。而士論不與矣。贈太子太保。諡榮簡。隆慶初奪。
戊申。俺荅脫脫辛愛等自威寧徙斷頭山合吉囊部十餘萬騎。謀深入。詔各邊戒嚴。
己酉。南京兵部右侍郎顧應祥爲刑部尚書。戶部右侍郎駱顒爲左侍郎。巡撫河南左副都御史端廷赦爲戶部右侍郎。

庚戌。兩廣總兵平江伯陳圭告老。

命工科給事中李用敬核各監局錢糧。先是用敬被命。太監高忠沮之。營繕主事黃元恭執爭。得如議。

壬子。密雲易州二兵備道舊轄順義懷柔營州左屯衛昌平涿鹿左衛興州中屯房山宛平良鄉通州居庸等隘。俱改屬霸州道。春夏駐霸州。秋冬駐昌平。其密雲霸州二道受薊撫節制。易州道受保定巡撫節制。

兵科給事中杜汝楨報。前巡視浙江兼海道右副都御史朱紈所俘斬乃滿剌加國人販海者。非倭也。都指揮僉事盧鏜副使柯喬並首罪。通判翁燦指揮李希賢等次之。指揮僉事汪有臨漳州知府盧璧參政汪大受又次之。兵部法司各覆如汝楨言。命朱紈盧鏜柯喬翁燦等並下臺訊。汪有臨罰俸。紈聞命。適邑人參政朱鴻漸被逮將至。紈疑禍及。草生誌。飲鴆卒。紈字子純。吳人。進士。精廉敢任。盪寇幾盡。有目今不如臣區畫。十年後中國皆倭矣。十年中丞。田不畝。闢家徒壁立。曰。既盡節爲官。豈能顧妻子乎。俟命詞曰。糾邪定亂。不負天子。功成身退。不負君子。吉凶禍福。命而已矣。命如之何。丹心青史。一家非之。一國非之。人孰無死。惟成吾是。年五十八。自紈沒。舶主豪右唾手四起。倭患大作。人始思其功。

劉鳳曰。甚哉大功之不可成。將亦難乎免也。況紈則尤處其難。持權者從中制之。爲搆者毀譖日至。雖不卬自恤。然誰謂其盡力哉。而紈用素不服習之士。强驅之前。遇輒摧破。此其籌略胆智權譎誠有足稱矣。然大要激以忠憤。可不謂善將哉。紈誠爲國亡所愛。故殉難不避。紈敗而東南之患遂不可遏。累十餘年。將亦數以無功被收。迄于今而能督者若宗憲。亦竟不免。故爲兵者道家所忌。惟坐談無害耳。

馮時可曰。朱公勇于爲義。談及政事。有蠹蝕若饑寒著其股腹。不更不已。卽豪右眈眈不奪。而卒被胥原之譖。畢命沒齒。然其志顯矣。其功不沒矣。使當時不去公。則江南且如覆盂。惡至桔槔薪而溟海波耶。里中父老言。公十年中丞。田不畝。闢家無斗儲。是固衣冠之盜所爲甘心也。世道日非。邪黨傷正。可歎恨者獨此哉。

林之盛曰。中國之于倭。大海限之。卽入寇不能得我要領。惟奸民外市。而失志薦紳又爲奧主。紛紜糾結。亂是用起。朱公之厲禁通番。功偉矣。而孰知叢怨府辜。竟以是乎。人臣立功甚難。上有文法。下有物議。秋崖（紈號。）秉先登之羽。梅林（胡宗憲號。）著殿後之跡。皆不免于熄死。嗚呼。立功誠難哉。然梅林有朱長興昭雪。而秋崖至今汶汶。抑又足悲矣。

王世貞曰。自舶難起。當事者以重屬朱公。朝報可而恨夕不得致之。迨朱公稍欲爲所欲爲。諸惡朱公者。朝報聞而恨夕不得去之。夫以朱公才吏人所望。而佐之以沈公。俱不免。何也。築室道傍。三年不成。厥亦有居其罪者哉。蓋又十餘年而舶禍大作。乃稍稍稱朱公。晚矣。

鎭遠侯顧寰爲總兵。鎭守兩廣。

甲寅。陝西布政司右參政王儀爲右僉都御史。巡撫甘肅。

乙卯。陝西左布政使葛守禮爲右副都御史。巡撫河南。

丙辰。裁崇文門稅課主事。歸巡視南城御史督察。

丁巳。復征山海關稅。

許湖廣土官如兩廣例。立功襲職加散官。從總督張岳請。

己未。虜屯古城川。去塞二十里。命兩官廳參將詹祥等兵二部往。

免陝西旱災夏稅。

庚申。夜。火星犯木星。守井宿。

八月壬戌朔。復虞守愚大理寺卿。初失讞被劾。

虜俺荅糾套虜大舉趨獨石屯金字河。
癸亥。南京前府靈璧侯湯祐賢卒。
甲子。虜犯宣府兩河口。官軍拒之。不克入。
都督僉事郭琮總兵。提督漕運。鎮守淮安。
乙丑。東西官廳參將吳尚賢梁臣分兵駐密雲懷來。援宣薊。
丙寅。聖誕。恩進成國公朱希忠特進光祿大夫柱國。閣臣嚴嵩上柱國。尚書張治徐階顧可學並太子太保。少詹事李本吏部右侍郎兼東閣大學士。嵩辭有曰。傳云尊無二上。上非人臣所宜居。累朝曠而不授。唐太宗嘗爲尚書令。唐臣無敢爲尚書令。郭子儀大功。特授不拜。臣識昧古今。頗知敬畏。乞特免此官。仍著爲國典。以昭臣節。允之。進子世蕃太常寺卿。
　徐學謨曰。上寵輔張孚敬夏言最所敬信。雖嘗微有牴牾。惟嵩終無間。如辭上柱國疏委婉謙讓。若有道者之言。維繫上心。誰能阻之。故特眷二十年。而天始敗之也。
命仇鸞兼將各路客兵。宣府總兵趙國忠助之。時鸞趨懷來。國忠趨龍門赤城。
癸酉。仇鸞路虜舍大同而東。駐大興州。去古北口百七十里。仇鸞率所部至居庸關。佯奏虜或侵薊。請身壁居庸。或隨賊轉戰。或徑趨通州。防守京師。惟上所命。順天巡撫王汝孝駐薊州。諜報虜趨西北。宜止鸞兵。還備大同。上令鸞駐居庸俟援。汝孝嚴守薊鎮翟華城。副總兵劉通赴天壽山。
乙亥。虜循潮河川南下。至古北口薄關城。總兵羅希韓等禦之。不能卻。
丁丑。攻古北口。我兵矢石卻之。虜悉衆綴我師。間道從黃榆溝等潰墻入。乘我後。王汝孝等兵大潰。虜遂自石匣營至密雲。轉掠懷柔順義。圍之。聞保定兵在焉。乃解而南。

大同總兵官仇鸞。請通虜貢市馬。謂邊臣違禁私交。利歸于下。孰若大開賞格。恩出于上。功相萬也。章下兵部。

京師戒嚴。時聞奸人潛欲焚各場積芻。給事中王德請積芻半給騎卒。半運入城。發御馬分牧近縣。悉收太僕寺馬入城。

遣重臣守通州。錄用武舉待試之士。

徐階請出罪帥戴綸李珍麻隆曹鎮歐陽安于獄。復其官。各予兵萬人或數千人。俾敵愾自効。外帥時陳周益昌劉大章亦宥召之。終必有用。闤闠之民不啻十數萬。相攜入城。乞錦衣與五城御史分住。食費相通。候事寧算還。并募健丁爲兵。仇鸞見在居庸。急召入衞。仍令兼督城外諸營。彼千里入援。宜厚賞以勸戰士。並從之。

戊寅。俺荅至通州。阻白河不渡。營東岸孤山。分掠密雲懷柔三河昌平。

召仇鸞及河南山東兵入援。

詔成國公朱希忠遂安伯陳鏸署都督僉事。郭琮前署都督僉事尤聚兵部右侍郎謝蘭等防守京城。英國公張溶吏部右侍郎沈默守正陽門。襄城侯李應臣戶部左侍郎駱顒守崇文門。撫寧侯朱岳右通政張濂守朝陽門。東寧伯焦棟太僕少卿張舜臣守東直門。豐潤伯曹松大理寺右寺丞王達守安定門。定國公徐延德右副都御史梁尙德守德勝門。安鄉伯張坤大理寺右少卿倪嵩守西直門。宣城伯衞錞大理寺丞陶謨守阜成門。靖遠伯王瑾禮部右侍郎程文德守宣武門。錦衣衞都督同知陸炳禮部左侍郎王用賓守皇城門。給事中張勉學御史魏謙吉等四人監視。凡知兵文臣。聽兵部尙書丁汝夔擇用。定西侯蔣傅吏部左侍郎王邦瑞總督京城九門。給符幟。

改甘肅巡撫右僉都御史王儀駐通州。右僉都御史商大節巡城。

宥罪將戴綸李珍麻隆曹鎮歐陽安劉大章周益昌時陳。各復秩。時事卒起。請武庫兵。閹人例索千金。京兵俱游惰不習。卒驅之出泣下。鸞軍無紀律。往往掠村落間。故虜益橫。
徐階請聖駕暫還大內。嚴皇城門禁。又軍機貴密。一切事宜宜召諸臣面議。而不可章疏者許求面對。皇上特御文華殿。親賜裁決。上善之。諭九門先閉是自困。但當詰問耳。仇鸞至。或在內可以制外。階答鸞在外便于調擊。蓋捍外所以衞內。不必令入城也。
保定巡撫右副都御史楊守謙入援。至良鄉。命屯崇文門。時戶部主事長泰盧岐嶷說守謙曰。今主上震怒。士卒願決死。奈何禁之。守謙曰。吾孤軍無援。士未見大敵。若輕舉爲所襲。則大事去矣。岐嶷曰。若大營不動。而以偏師獵其游騎。若何。楊無以對。副總兵朱楫參將祝福馮登亦至彰義門。
木星晝見井宿。
己卯。俺荅營白河東。去京二十里。仇鸞率副總兵徐珏游擊張騰兵至通州。列河西。移京軍入備內釁。
山西布政司參政艾希淳爲右僉都御史。同工部左侍郎孫禬治濠塹關廂。諭九門啓閉以時。毋先閉關自困。
庚辰。寇駐通州大殺掠。巡按御史王忬斂舟河西不得渡。忬初奏潮河川有徑道一日夜可達通州。因疾馳爲備。寇大殺掠。執內侍楊增。
宣府副總兵孫勇游擊賀慶兵入援。錦衣衞右都督陸炳言大同兵遠來饑疲。戶部宜亟餉。令伺寇歸路邀擊之上立責戶部餉各軍。發倉粟五萬石平糶。定賞格。
晡刻。俺荅渡通州河而西。前鋒七百餘騎至安定門。仇鸞邀其後于白河孤山。斬十三級。
辛巳。徐階求暫出同陸炳領戶兵工部巡視九門。
壬午。俺荅薄都城大掠。總兵高秉元都指揮柏昂徐鏞等擁兵不動。召朱楫亟援大通橋漕糧。分給客兵。宣府總兵趙國忠參將趙臣孫時謙袁正游擊姚冕山西游擊羅恭俱入援。營玉河。命兵部核各鎮兵額勞之。尙書丁汝夔素長厚。受嚴嵩旨。謂都門咫尺地。勝負難掩。飽虜欲。當自去耳。下令勿輕戰。諸將皆觀望不前。偵騎率望風而返。其于敵之虛實遠近。茫如也。

俺荅縱內官楊增持嫚書。係漢文。求欵。否卽歲一髡而郭。上召輔臣于西苑。徐階曰。賊深矣。不可激怒。許則操左券以責我。臣請計緩之。上曰。何謂緩。曰。遣辨士風諭以無攻。且徵其情實。實則令聽命于甌脫。爲外臣通貢市。往返少日。我備完而兵益集。虜且退。不退。從而拒之。其勢必得所欲。上稱善。因同嚴嵩請視朝。命廷臣議。群臣唯唯相視。國子司業趙貞吉抗言。虜無狀。奈何爲城下盟。第錄故帥周尚文功。釋沈束。捐帑金百萬。以百金易一首。不效。貞吉任其咎。檢討毛起言。虜近。姑許而後寒之。若何。貞吉怒叱之。上聞。壯貞吉。卽進左春坊左諭德。兼監察御史。稱詔賞五萬金。勞行營吏卒。

仇鸞爲平北大將軍。節制諸路兵。聽軍法從事。楊守謙爲兵部左侍郎。兼左副都御史。協同都督諸軍。鸞兵直東直門。報斬虜六級。守謙兵薄敵營而陣。堅壁不動。上自是嗛守謙。

癸未。上御奉天殿。宣諭群臣。

召前總督陝西三邊兵部尚書楊守禮總督宣大。侍郎劉源清兵部左侍郎。許論時勤王兵遠至。犒牛酒。費不知所出。戶部移檄往復。越二三日。吏卒始得數餅餌。給粟則爨釜無地。大同兵往往掠村落。辮髮。詐稱虜。捕之或自詭爲遼陽軍。虜中朵顏爲遼陽軍。京城訛言遼陽軍叛。鸞方被寵。所擒部兵殺掠者。不敢置法。上付大將軍撫處。鸞殊不爲禁。丁汝夔禁勿捕。大同兵卽捕至。輒笞捕者。大同兵益無忌。民苦之甚于虜。遂謂汝夔山東人。庇遼陽。汝夔怨謗大作。流聞禁中。上切責汝夔幷楊守謙。汝夔不自安。求身出城禦敵。侍郎謝蘭攝部事。不允。

命總督倉場戶部右侍郎孫應奎餉行營。開都門聽民入城。

甲申。禮部尚書徐階集議俺荅稱臣求貢。然信使不入。表不上。其文皆漢書。眞僞難據。宜遣通事勅諭。果悔罪。退兵欵塞。否則致討。上諭勦殺不得輕信墮敵計。

通政使樊深上禦寇七事。云仇鸞日久不聞一戰。此非士不用命。卽主將養寇。乞詰令以狀對。上謂其攻鸞。削深籍。是日。俺荅趨白洋口。

戶部尚書李士翺。侍郎駱顒。兵部尚書丁汝夔。侍郎謝蘭。工部尚書胡松。侍郎孫禬。各被詰引罪。下汝夔獄。褫士翺官。奪松等俸。寇縱掠近郊。至西山中貴人園宅別業多焚蕩。環上泣。謂汝夔守謙故若此。仇鸞率兵去城實遠。不見寇。守謙營外城東北隅。不敢戰。上以鸞遠出禦敵。而守謙恇怯不出師。故及汝夔。皆屢詰責。

大名兵備副使殷學調守涿中。

逮通州右僉都御史王儀。參將劉錦。以王忬爲右僉都御史。歐陽安爲參將。代領其軍。

逮提督兵部左侍郎楊守謙。同丁汝夔廷訊。吏部左侍郎王邦瑞攝兵部尚書。右僉都御史艾希淳領守謙兵。

乙酉。俺荅退至淸河北。分掠天壽山東山口康陵菓園。

逮順天巡撫右副都御史王汝孝。總兵羅希韓。副總兵盧越。

丙戌。京師戒嚴。侍郎王邦瑞請躡虜歸路擊之。御史呂光洵亦以爲言。上趣郎中江冕董茂中等分詣行營督戰。

左諭德兼監察御史趙貞吉謫荔浦典史。貞吉出城勞軍。仇鸞計難貞吉。拒不受。貞吉語鸞進兵。鸞曰。如爾何。貞吉曰。此正虜失利之時。聞虜出白羊口。皆山隘險塞。若奇兵趨出賊前。令回古北口故道。則我可大克。若縱賊半渡擊之。可半克。止望賊塵逐之。則爲亡策。貞吉卽報命。忤旨。杖五十。貶官。貞吉前廷議。見嚴嵩于西苑。辭焉。貞吉怒叱閽者。右通政曰。公休矣。天下事當徐圖之。貞吉罵曰。爾權門犬。何知天下事。嵩大恨之。

丁亥。仇鸞尾寇至白羊口。俺荅飽掠輜重亡算。白羊守將扼險不得出。稍棄婦女牛羊關下。擁衆東南行。至昌平。猝直鸞軍。鸞不意虜返。遽潰。失亡千餘人。鸞幾見獲。裨將戴綸徐仁救免。虜騎長驅至天壽山。總兵趙國忠陣于紅門。去之。

命總督李鳳鳴鎮守薊州永平山海。游擊將軍徐仁分守密雲古北隘。

兵部左侍郎王邦瑞兼提督團營。

陝西右參政吳嘉會爲右僉都御史。巡撫順天。

詔京營將尤聚許策等以萬人趨薊州。防虜東掠。

山西寧武關守備劉潭入援千二百人駐蘆溝橋捕盜。

殺兵部尚書丁汝夔左侍郎楊守謙。汝夔赴西市。歎曰。王郎中勸我出師。嵩誤我。誤我。職方郎中王尙德減論。汝夔妻流三千里。子戍鐵嶺衞。刑部右侍郎彭黯左都御史屠僑大理寺卿沈良才緩獄。各杖四十。鐫俸五級。刑科給事中張侃杜汝楨烏從善如例覆讞。各杖五十。侃削籍。

高岱曰。庚戌之變。予所目覩其事者。大抵人狃于晏安。吏牽于文法。事怠于諉避。兵習于惰游。俺荅已入古北。薦紳尙爲長夜之飲。承平之弊。蓋至此極矣。一聞警報。而大小臣工驚愕失措。兵部按空籍而不知所求。戶部守帑廩而不知所散。器械必關白而後可給。文移必展轉而後可通。至于犒師之費。禦敵之具。眞同兒戲耳。豈有折衝應變之略乎。

徐學謨曰。虜自壬寅以來。無歲不求貢市。其欲罷兵息民。意頗誠懇。當時邊臣。通古今。知大計。如總督翁萬達輩。亦計以爲宜因其欵順而納之。以爲制禦之策。乃朝堂不爲之主議。既大言開關以絕其意。又不修明戰守之實以爲之備。反僇其使以挑之。至於戎馬飲郊。乃詔廷臣議其許否。則彼以兵脅而求我。以計窮而應。城下之盟。豈不辱哉。此史臣所覩近事而爲之說。庚戌之後。非不議馬市。而歲歲犯邊如故。世廟始悔而罷之。俺荅不老且病。王台吉父子無間可乘。欲互市納欵如今日。談何容易。俺荅固虜中一豪傑。能知時盛衰。其晚年悔禍。此有天意。非人力也。

沈一貫曰。國家都薊門。控虜咽喉。亦數中虜。曩宰昏黠。獨視賄輕重以傾天下。乃虜至首鼠持兩端。惟上是制。安得兵略而奏之。急則嫁禍於衛。以苟霽威。偷視息。又竊虎以煬其權。蓋嵩與鸞皆出此計。當是時。駢首就死。寧可異云。且勤王者僇。奮議者貶。煬竈者容。請劍者誅。何以觀天下。而又虛新營制以爲聲。疲入衛之卒。使之過更踐更。以重其困。蓋財力交竭。迄今救之不勝。貪人敗類有如此。尸兩司馬。足以讐四裔。謝九廟乎。

談遷曰。都城之下。久絕虜跡。自庚戌而甚。諸鎮勤王之師。雲集內地。曾無一戰。稍創之。挫其呑噬之暴。彼逆鸞恇怯。固無足誅。而守謙輩自領一軍。獨不可奮身以抗之乎。大雨彌日。彼技莫展。又剽掠子女金帛亡算。私戀重而弓刀柔。時不可失。乃惜旦夕之命。終攖顯僇。不亦誤哉。廷議款貢。出自徐階。此徇嚴氏意。藉手耳。陰俟九廟于唐宋之比。宸斷卓越。大非諸臣所敢望。柄相惆于下。悍帥餌其外。幸社稷之靈。惡氛旋返。脫浸假旬月。雖不盟渭橋。輸澶淵。不知何策以支之也。

戊子。俺荅出橫嶺口。趨懷來川。總督蘇祐。宣大巡撫趙錦。李良各邀擊四十級。俘二人。

戶科給事中王德等。核馬房耗損實數。

己丑。虜出塞。疲不能軍。仇鸞等僅尾之石匣營及張家古北等口。斬十七級。俘四人。鸞報八十餘級。皆割死虜及難民也。是日。勞鸞及趙國忠徐珏張騰王臣王倫趙臣孫時謙袁正姚冕羅恭金幣有差。

庚寅。禮部尚書徐階。薦前都御史何棟。副使聶豹。納之。

遼東左參將楊應奇山東都指揮蕭國勳各入援。命從大將軍。

停九月武舉。

九月辛卯朔。陝西布政司右參政王誥爲右僉都御史巡撫甘肅。

發金粟遣戶部左侍郎駱顒督司官九人賑難民。先蠲免後核給。

議處團營。罷成國公朱希忠遂安伯陳鏸提督。委科道巡視歲易。

逮東山口參將陳燦論死。坐虜入不能禦。

發大通橋積粟二十三萬五千石有奇餉官軍。

癸巳。暫免陵祭。

王汝孝羅希韓盧越各逮至。減死戍邊。汝孝以首功自解。俱賄嚴嵩以免。

貴州進兵勦銅仁叛苗屯河界水西安萬銓兵三萬五千人。都勻土兵七千人。衛司漢兵六千人。共五萬。大敗之。尋撫其餘。

甲午。命巡按御史邢尙簡閱陵。修理器物。

乙未。工部左侍郎孫禬改兵部左侍郎兼右僉都御史兼薊州軍務。節制河間眞定保定遼東兵。山東按察使劉璽前陝西按察副使聶豹並右僉都御史。璽巡撫宣府。豹巡撫順天。李良吳嘉會皆罷。陝西按察副使王輪調密雲。湖廣按察副使劉廷臣調天津。河南按察副使殷學調潼關。山西布政司右參議尹輪進副使。駐井陘。各整飭兵備。

更營制。咸寧侯仇鸞總兵總督三營。裁十二營兩官廳名。

李維楨曰。高皇帝監前代強臣握兵之害。以內外兵分隸五府。府有正有佐三人。文皇北伐旋師。結營閱操。

以三千神機二營附之。號三大營。實皆五府兵耳。故有五軍營之名。正統變爲十營。弘治加十二。又增東西官廳。然舊營中尚有老家軍之籍。五營名自在。五府意猶存也。府各設將。事權不偏。營各統兵。分數易明。將將將兵。計莫善于此。自仇鸞貴幸。分宜阿邑。請特設戎政廳。內外兵悉授于鸞。而二祖分營分府之制澌盡矣。賴天幸鸞早死。不則國家之禍寧在虜哉。

丙申。促仇鸞還京。副總兵徐珏總兵鎮守大同。

丁酉。裁團營太監高忠。徵河南山東太寧中都等班軍十六萬餘。各五月赴京操練。

吏部左侍郎王邦瑞改兵部左侍郎兼右僉都御史。贊理京營軍務。

陝西總兵官成勳宣府副總兵孫勇西官廳總兵官高秉元。神機營右哨營官仲繼。俱協同提督。勳勇五軍營。秉元三千營。繼神機營。

悉召前總兵官周徹雲冒黃振李俊參將劉還趙卿張堅王玉游擊趙應王勳魏明蕭鎮守備黃恩。

戊戌。諭徐階。昨會議疏欲遣間探賊乎。階答。彼書漢字。恐出叛卒。今戰守未備。故欲遣間。一探之一款之。非敢謂可許也。今各處募兵。專委之書生。未必堪用。不如推重將官同往。聽選訖。就令統理。庶得實用。

癸卯。起潘璜南京工部尚書。

代府進賢王俊燱薨。謚莊惠。

諜俺荅薄薊鎮。留援兵以備。

陵軍額三萬七千八百餘人。逃亡殆三之二。遣科道核補。

乙巳。工部右侍郎龔輝爲左侍郎。巡撫陝西右副都御史傅鳳翔爲工部右侍郎。延綏副總兵孫賓爲署都督僉事總兵。鎮守陝西。

定國公徐延德。懷寧侯孫秉元。豐潤伯曹松。南寧伯毛重器。襄城伯李應城。成山伯王熊。各辭免營務。

命給事中王德楊允繩御史徐洛陶欽臯主事張才許士元汪宗尹張重分募兵于兩京山東河南山西。

丙午。右僉都御史商大節募民兵經略京城內外。提督操江南京右副都御史李遂兼右僉都御史專督薊鎮主客兵餉。

選大同餘丁教藝京營。

丁未。宣諭朶顏三衞貢使毋導寇。

工部左侍郎龔輝督理九門濠塹石壩。錦衣衞都督同知袁天章同五城御史團結保護居民。

戊申。袁洪愈李幼滋郭鈿張承憲王鳴臣徐公遴朱會彭範朱百良爲給事中。錢鯨郭仁陶承學李秋李承業孫永思樊獻科龐俊邊毅鄭本立王光祖李應時朱瑞登陳善治龔愷王紹元雍焯爲試御史。承憲承學南京。

戊申。免順天各郡旱災田租。

己酉。起趙時春兵部職方主事。

辛亥。翰林編修伊台爲右中允。署國子司業。

陝西左布政使鮑象賢爲右副都御史巡撫陝西。起王學益右僉都御史。提督操江。

壬子。廢鄭王厚烷爲庶人。錮鳳陽。厚烷讀書能文。好爲名高。盟津王子祐橏求復父爵不得。憾之。會上萬壽表。厚烷失稱臣。祐橏誣其招亡命。造兵甲。爲不軌。按之無狀。惟作二仙祠育才館頗僭。竟削爵。祐橏冠帶閒住。

癸丑。桂林猺賊殺陽朔知縣張士毅。討誅之。

論入援功。進仇鸞太保兼太子太保。賜金五十。幣四。副總兵徐珏游擊王祿徐仁指揮陳榮各賜金幣。餘陞賞有差。

錄擒安南范子儀功。命總督兩廣侍郎歐陽必進獎賞安南莫宏瀷。

甲寅。故翰林編修趙時春刑部主事申䄄添注兵部。

旱災。免大同夏稅。遼東屯租。

丙辰。吏部右侍郎李默爲左侍郎。巡撫山東右副都御史應大猷爲吏部右侍郎。

丁巳。罷戶部尙書李士翺。降兵部右侍郎謝蘭一秩調南京。

兵部右侍郎蘇祐總督宣大。起翁萬達兵部尙書。

戊午。定五府府軍前衞錦衣衞堂上官値考選歲各自陳。仍科道拾遺。

總督張岳討銅仁苗薛一龍。許保十二月報捷。斬獲二千餘人。獲龍許保家屬班師。

十月辛酉朔。改京營提督曰總督京營戎政。鑄戎政之印給仇鸞。

癸亥。戶部右侍郎孫應奎爲戶部尙書。順天巡撫右僉都御史聶豹爲兵部右侍郎。

秉一眞人陶仲文積俸賜萬金。緡二百。進上濟餉。

甲子。湖廣左布政使孫世祐爲右副都御史。巡撫山東。

仇鸞請御史四人徵各邊兵赴京防秋。擬總兵王鼐副總兵時陳參將崔麒羅賢張堅徐洪戴綸鄭紀等領之。

兵部執奏。量調選用。鸞固請。從之。

乙丑。脩通州新城。

丙寅。吳嘉會復整飭薊州邊備。巡撫順天。

勒巡撫雲南都御史胡奎免官。坐順天府尹時縱盜庫。

壬申。戶部右侍郎端廷赦爲左侍郎。總督倉場。督理西苑農事。

免鳳陽淮安揚州彰德衞輝旱災田租。

癸酉。諭內閣議兵食及仇鸞練兵選將。

左諭德兼侍講茅瓚修撰王維楨主武舉會試錄九十人。

甲戌。山東左布政使石簡爲右副都御史巡撫雲南。

增文縣守備。

大學士張治卒。字文邦。茶陵人。正德庚辰進士。館選。授編修。博聞强識。氣節尤爽。英議不阿。以撰靑詞不自得。贈少保謚文隱。懷情不盡曰隱。上手定。隆慶初改文毅。萬曆初改文肅。

何喬遠曰。張治居嘗壘壘。沒得中謚。可以觀主臣之間矣。

戊寅。召前遼東總兵韓承慶遼東總兵戴廉。

己卯。遣戶部郎中劉鑑林璧吳守貞周威主事成天倖劉爾收分督逋賦。

開長蘆殘鹽二十萬九百九十二引。

肅州衞地震。

庚辰。禮部署郎中薛應旂爲浙江提學副使。

辛巳。刑部郎中徐學詩言。頃者逆胡入犯。詔群臣盡言。而大學士嚴嵩奸貪異常。撫鎭爭致金寶。釀成虜患。幸上不誅而復謬引佳兵不祥之說以謾淸問。縱子世蕃受失事李鳳鳴二千金。受老廢總兵郭琮三千金補官。其威權足以假手下石。機械足以先發制人。財勢足以廣交自固。乘機搆隙足以示威脅衆。文詞辨給足以飾非强辨。精神警敏。揣摩精巧。足以趨避利害而彌縫闕失。私交密惠。令色脂言。足以結納權路而緘杜人口。故凡論嵩者。卽不能顯禍于正言直指之頃。亦必託事假人。陰中之于遷除考察之際。臣不能悉記。卽如先給事中王燁陳愷御史謝瑜董漢臣等。于時幸蒙寬宥。而今安在哉。天下之人。視嵩如鬼如蜮。不可測識。寧是瘠心疾首。敢怒而不敢言。何者。誠畏其陰中之也。上以乘間報復。下學詩鎭撫獄。削籍。嵩乞休不允。請遣世蕃歸田不允。令給假隨任侍嵩。學詩言雖不見用。天下誦之。

仇鸞請來歲三月大舉征虜。乞假臣經略節制遼薊宣大偏關之兵。臣十二月赴宣大。伺虜進止。必不貽憂皇上。下兵部議兵食。

甲申。巡視京營兵部主事申櫏。持正不爲仇鸞詘。言京營更張之始。臣叨耳目之司。願加詳愼。不當決計一人。責效旦夕。鸞奏櫏侵官攬權。臣脅息懼罪不暇何暇謀虜。遂下櫏鎭撫獄。罷巡視京營

丙戌。定祧仁宗昭皇帝。陞祔孝烈方皇后。初孝烈繼悼靈自九嬪冊立。禮部議祔奉先殿慈孝獻皇后之側。一日。諭祧仁宗。禮部尚書徐階心難悼靈。而憚上威嚴不敢與爭。禮科都給事中楊思忠言此他日聖子神孫事。而皇上身自議之。臣心未安。上不許。已遇孝烈忌辰。禮部請祀。上曰。方氏配繼統君。忌辰可勿祀。且置主別廟。將來由臣下議。令忌辰奠一卮。不至傷情。卿等其更言之。階倉皇不敢覆。即上祧廟儀注。群臣懼不敢復言。

徐學謨曰。時孝潔皇后爲上元配。尚未有所祔。故上意疑禮臣之不肯祔孝烈者。以此禮臣乃卒迫于從令之恭。遂舉以宣廟之恭讓憲廟之吳后爲言。而不知其事體有大徑庭者。於乎。君臣之際。將順易而匡救難。誠然哉。

戊子。通政司右通政張瀌太僕寺少卿劉大直並爲右僉都御史。督理山西宣大屯牧。

故兵科給事中陸粲卒。粲字子餘。又字浚明。長洲人。嘉靖丙戌進士。館選授工科給事中。數言事。皆見用。論乘馬鹽策諸大政井井。最後摘張孚敬桂蕚爲罷相。已詹事霍韜代辨留孚敬。謫粲都鎭驛丞。初草奏。鬼夜泣。不顧也。稍遷永新令。有異政。以母老棄官。累薦不起。

劉鳳曰。浚明學術至深。其所解義。儒者多不逮。不獨一經能究明旨向。皆爲疏前之滯疑釋之。授受遠有緒。于文詞尤恢肆勁嚴。極其力。要之不詭于正。而屢抗疏公車。則尤烈烈。引義遂動鬼神。歷詆用事者不少選懦。雖流竄僇辱。氣未嘗折下也。方舉朝難其異議。不敢爲訣。赫赫若此。可不謂骨梗臣消患未萌哉。雖汲黯寢逆者謀。未或過矣。

馮時可曰。抑予嘗有言。臣于君。猶子于父也。大忠無所拂詞。不得已而傷其志。暴其短于大戾。而欲以修和衆庶。即實其言。非幸矣。陸先生在垣。忠憤鬱塞。先機後指。屢進讜言。至通神明而泣魑魅。非大忠能然乎。下遷投劾。力自澡雪。居名毋傲。卻名毋汚。寒蟬威鳳。始終無所蹉跌。推公意念。罔非引罪。廣忠如子事父。沒身而不懈。盛德之至哉。

十一月皷朔署都督僉事成勳孫勇。高秉元种繼爲京營副將。署都指揮僉事陶希皐許策王玉葉繼文趙承懋蕭鎮趙應魏民黃恩欒棨劉秉忠趙卿吳尙賢伯安張世武田震王三錫茂鎮劉芳施寬孫承宗署都督僉事劉鼎雲前延綏總兵王輔薊州總兵周徹涼州副總兵蕭漢並爲參將。

辛卯。免順義懷柔平谷諸縣租役。蓋被虜甚慘。

壬辰。巡撫山東右副都御史孫世祐改總理糧儲兼巡撫應天。

遼陽副總兵李淶爲署都督僉事總兵官。鎮守山西。

癸巳。監察御史魏謙吉往甘肅。劉廷儀往寧夏。蕭端蒙往延綏。姜廷頤往宣大。選兵入衞。仇鸞以京兵弱不任戰。故徵邊兵。兵部左侍郎王邦瑞謂輕外事內非策。不聽。鸞日重。擅部置。朝奏夕可。不覆。邦瑞謂非制。不聽。

丁酉。選遼兵三千。固原兵二千。保定兵六千。宣府副總兵劉大章前延綏總兵吳瑛宣府參將劉環游擊曹鎮領之。

戊戌。提督薊州軍務兵部右侍郎孫禬改通政使。起何棟右副都御史。提督薊州軍務。增通州守將。

己亥。南京太常寺卿趙汝濂爲南京右副都御史。工部右侍郎傅鳳翔改戶部右侍郎。兵部左侍郎王邦瑞爲兵部尙書。以翁萬達家嶺南未至。

免金華衢州台溫災傷田租。

先是沅江土舍那鑑殺土知府那憲。懼討。密約安南武文淵謀亂。命購捕之。

壬寅。祧仁宗昭皇帝。

甲辰。孝烈皇后祔太廟第九室。

談遷曰。孝烈祔廟。置元配孝潔于何地。明主可與忠言。禮臣默默。微詞隱約。非所以揭大誼盡胸臆也。

乙巳。巡撫大同右僉都御史趙錦爲兵部右侍郎兼右僉都御史。協理京營戎政。

益府金谿王厚煌薨。謚莊惠。

丙午。分三營兵爲二班。輪五日聽練。從仇鸞議。

前巡撫河南右僉都御史陸埁卒。埁字彥卿。嘉善人。嘉靖丙戌進士。授南刑部主事。歷郎中。改刑部。尋改南兵部。出守常德。徙武昌。又徙岳。救饑課最。遷太僕少卿。秩滿。進南鴻臚光祿卿。還撫河南。疾去。三月卒。年五十五。

戊申。分各邊兵應援信地。

己酉。上念孝烈皇后。祈福內殿三日。

皇貴妃王氏薨。謚端和恭順溫僖。

庚戌。廣開事例。募富民出粟助邊。御史楊選議。
辛亥。薊州督糧右僉都御史李遂削籍。遂遲至。未謝恩遽請符印。忤旨。
以左副都御史梁尙德爲工部右侍郎。
以福建左布政使王積爲右副都御史巡撫山東。
免重慶旱災田租。
乙卯。右僉都御史王忬督理薊州糧餉兼守通州。
戊午。阜城門外設民兵敎場。
己未。翁萬達入朝。奪兵部尙書改用。
核南京各衞隱田。
十二月辛亥朔。定兩淮餘鹽正鹽同開邊。召商報中。
壬戌。仇鸞言虜銳卒有限。惟聚乃强。吾欲得志于虜。宜有以分之。請宣大遼東甘肅寧夏延綏散戰爲功。報可。
右僉都御史商大節爲左副都御史。佐院。仍經略京民內外。
癸亥。上祈雪內殿。
益民兵月餉。
詔昌平易州各設都御史副總兵。如通州例。
甲子。總督漕運都御史何鰲爲南京兵部右侍郎。
乙丑。大雪。

丙寅。仇鸞請罷薊鎮總兵李鳳鳴大同總兵徐珏。以成勳徐仁代。許之。兵部執爭。上諭。上忠是託。密諮非擅。仍切責之。降翁萬達兵部右侍郎兼右僉都御史守易州。起許宗魯右僉都御史守昌平。兵部議駐昌平專護陵旁。援密雲居庸。駐通州援薊州順義。駐易州專紫荊倒馬關。

庚午。夜。月掩畢左第一星。

辛未。前廣東按察司僉事林希元。上改編大學經傳定本四書。易經存疑。乞刊布。命燬之。下臺訊削籍。

談遷曰。林希元當官則急功名。家居則急著書。但沮於時不見用。今存疑最行世。不以人廢言也。

壬申。巡按直隸御史胡宗憲奏南人謫戍納贖。上以開罪。不許。

甲戌。提督操江南京右僉都御史王學益入京佐院。

夜。火星逆行守井宿。

丁丑。巡撫山西右副都御史應檟爲兵部右侍郎兼右僉都御史。總督漕運兼巡撫鳳陽。前大理寺卿虞守愚起南京。尋進南京刑部右侍郎。

己卯。巡按山西監察御史陳九德。薦謫戍侍郎張漢閒住參議潘高有邊才。以違例市恩削籍。

庚辰。虜俺荅復欵宣府。不許。命嚴備。

壬午。戶部右侍郎傅鳳翔兼右僉都御史。督理宣大糧餉。

癸未。封載埨徽王。英㷿楚王。鼐枋慶世子。敬鎔隆德王。載墍德慶王。在鑾儀封王。勤爍浦江王。恬熙內丘王。載堋壽張王。充爓褒强王。充燻樂昌王。厚㛗德興王。

起許論右副都御史。提督雁門等關。巡撫山西。山東右布政使楊宜爲南京右僉都御史。提督操江。

黃元白丘預達曹和爲給事中。張雲路周如斗蔡朴黃國用黃季瑞爲試監察御史。

甲申。南京刑部右侍郎張時徹改兵部右侍郎。順天府尹郭鋆爲大理寺卿。

刑部尙書顧應祥上詳定問刑條例。刊之。

命兵部右侍郎張時徹梁尙德右副都御史商大節錦衣衛右都督陸炳築正陽崇文宣武門外城，

國榷卷六十

辛亥嘉靖三十年

正月己丑朔。上不朝。

徵南京工部十五萬金。治兵械戰車。

辛卯。大風霾。晝晦。連江雨石。有聲如雷。

戊戌。宣府募兵增年例十萬金。有旨。

以河南左布政司馬坤爲順天府府尹。

東寧伯焦棟總兵。鎭守湖廣。

己亥。復徵南贛鹽稅。

庚子。戶部主事于錦兵部主事趙時春爲按察僉事。同薊州副使齊宗道分練民兵。

仇鸞請申明賞罰。科道官從軍驗功陞降。自立功失事日爲始。從之。

錦衣衛經歷沈錬劾嚴嵩十罪。納賄將開邊釁。一也。受諸王餽遺。二也。攬吏部之權。奸贓狼藉。三也。索撫按常例。奔走盈門。四也。箝制科道官。五也。妬賢嫉能。中傷善類。六也。縱子斂怨。七也。日運財貨。騷動道路。八也。內閣九載。無一善狀。九也。不能協謀天討。紓憂君父。十也。吏部尚書夏邦謨大事面咨嵩而後行。小事書通世蕃而發。始因賄得官。繼因官納賄。廉恥不立。盜賊多起。今日考察。不先除此三人。雖曰退貪墨之吏無庸矣。有旨。錬作縣壞事被調。揣考察不免。出位肆陷大臣。下錦衣衛拷訊。安置隆慶。錬故善尚寶司丞張遜業。得飲嚴氏嘗

倡言附編修趙貞吉傒嵩。嵩惡之語世蕃勿與鍊通。鍊密聞之。倉卒上書數其罪。無左據。嵩借考察斥之。(狡矣)

仇鸞請抽京營餘丁實伍。不許。命勾補正軍。

甲辰。望夜月食。

丁未。增派各省軍餉。

仇鸞言。簡銳千人爲先鋒。乞增游擊將軍三人領之。兵部不可而止。

給西番洮州諸族勘合。

戊申。前巡撫遼東右僉都御史於敖。廣西布政司左參政周琉。趣命徭期。各降三級。

總督何棟等修築關隘。

庚戌。免宣府大同旱災田租。

壬子。遼府沅陵王寵洮薨。

乙卯。禮部右侍郎程文德爲左侍郎。國子祭酒孫陞爲右侍郎。刑部右侍郎彭黯爲兵部左侍郎兼右僉都御史。巡撫應天。兵部職方主事趙時春爲山東按察僉事。統練民兵。

丁巳。皇貴妃王氏薨。祔閣貴妃墓。哀冲莊敬二太子附之。幼子隨母。俱近天壽山。

二月紀朔。禮部尚書徐階請立太子。不允。

辛酉。南京兵部右侍郎何鰲爲刑部右侍郎。

翰林院侍讀學士閔如霖爲太常寺卿。署國子祭酒。

甲子。罷耕籍禮。

丁卯。兵部尚書王邦瑞言。安攘大計。承平日久。一旦軍費百出。怨咨易起。亟下明詔。罷不急之工。省得已之費。

令撫按諸臣。表率各屬。盡心民事。去年虜變。失在偵伺之不明。整飭之未預。與調集之不早也。今戰守之事。俱宜預戒。以備不虞。營制初定。大小將佐。分部訓練。期于可用。仍行科道時閱薊州修邊。本禦虜第一義。頃因甲可乙否。遂致棄而不舉。若謂調集邊兵。誘入拒戰。此固奇矣。但猾虜窺伺無時。邊兵豈可常調。此非計之得也。宜亟修築。斷然行之。上以虛文塞責。責對狀。引罪。落職冠帶視事。

癸酉。吏部內計降斥有差。誥敕房大理司副上虞徐應豐以族弟徐學詩故坐不謹。應豐詣迎和門辭。上詰中書官不預政。何斥爲。特旨留用。嵩愈忌應豐。後數年。以誤寫科書。譖杖殺之。

甲戌。諭總督侍郎何棟等撫朵顏等三衞夷。令禦虜報效。

乙亥。工部尚書胡松致仕。冠帶兵部尚書王邦瑞削籍。

庚辰。停南關土城。俟來秋。

辛巳。協理戎政兵部右侍郎兼右僉都御史趙錦爲兵部尚書。

丙戌。京察拾遺。吏部尚書夏邦謨南京刑部尚書傅烱兵部右侍郎史道南京刑工右侍郎虞守愚嚴時泰南京太僕寺卿謝蘭右副都御史張素于湛國子祭酒周文燭並免。刑部尚書顧應祥戶部左侍郎駱顒工部右侍郎龔輝改南京右僉都御史張濂右副都御史趙汝濂汪宗元尚寶少卿邊銑並調外。

丁亥。經略紫荊關兵部右侍郎翁萬達自陳。罷之。疏謝。字悞。復削籍。

三月玘朔。辛卯。吏部右侍郎李默爲吏部尚書。南京右都御史歐陽必進爲工部尚書。

壬辰。虜俺荅去冬欵宣府求貢。屢請益堅。至是遣數騎詣寧虜堡。攢刀誓求貢市。賂譯者馬二。留四夷爲質。已。縛叛卒朱錦李實示意。總督蘇祐等以聞。下廷議。兵部尚書趙錦同仇鸞等議暫許之。遣文武臣會鎮巡官諭虜。果不犯塞。于五堡立馬市。發冏價十萬金貿器幣。其宣府延寧酌近開市。歲四之。勒限定數。市畢還京。上問嚴嵩。請歲二市。上然之。起致仕兵部右侍郎史道兼右僉都御史。赴大同經略邊事。武臣以京營參將徐洪往。

丙申。南京禮部尚書萬鏜改刑部尚書。戶部右侍郎傅鳳翔爲兵部左侍郎兼右僉都御史。協理京營戎政。南京戶部右侍郎方鈍爲戶部左侍郎。提督撫治鄖陽右僉都御史任瀛改提督操江。

總督湖廣川貴右都御史張岳分勦苗寇。去年九月進師。破平之。各哨斬獲殆二千餘人。官兵稱龍許保已獲。第未逮至。實未獲也。

戊戌。懷柔縣草場火。

己亥。浙江布政司右布政連鑛爲右副都御史。總理河道。起於敖右僉都御史。經略易州。

癸卯。兵部車駕員外郎楊繼盛乞罷馬市。略曰。虜殘蹦我八陵。虔劉我赤子。不能報而反與市。損威重。長寇仇甚矣。今說者曰。吾外假馬市羈縻虜。而內得自寬修武備。夫虜至逆也。至無厭也。人心憤之矣。不及時激厲其氣用之。而和以自弛。使邊人婾好衣美食。忘其憤而懈于戰。將愈驕豪傑效用之心。何備之能修。往者邊人私通虜。吏猶得以法裁之。今導之矣。是開百姓不靖之漸也。又不過曰得馬以資吾軍。不知既已和矣。馬焉用之。且虜安肯捐其善馬以予我。我歲糜數十萬而無所償于虜。一不如意。彼必敗盟。以失信責我。釁端百出。此其害廷臣皆知之。而莫敢言。惟陛下獨斷。上以沮撓下鎭撫獄。謫狄道典史。

徐學謨曰。時邊備久疎。文武無一人可恃爲長城。故上不得已曲從馬市之議。繼盛雖至忠讜。亦未諳時宜。故密諭嵩有小人阻議。國是紛紛。何由而定之語。蓋意未嘗以繼盛疏爲非是也。特難大將軍之體。不得不斥繼盛以重專閫之權耳。未幾而俺荅背約入犯。無虛歲。上始悔馬市之悞。而史道所謂暫塞其欲而修我戰守。若閣部大臣會議之言。豈非共謏大將軍以欺上哉。嗟乎。有君無臣。雖堯舜不能以治天下也。

談遷曰。俺荅攻逼京師。其勢非弱小也。俄而叩關納質。果前悖而後恭耶。度非其心。仇鸞聲言北伐。怯不任戰。彼前鎭大同。賄之俾別寇宣薊。則日者求欵。亦時義輩重賂購之也。啗以馬市。而出塞之師不復北矣。故俺荅旋欵旋肆。人以爲犬羊無信。不知嚮導在內不在外也。楊忠愍欲雪城下之恥。力爭馬市爲和議之別名。誠犯主之顏。然犁庭掃穴。如衞霍耿竇其人者。抑誰任乎。是又不可輕論也。

甲辰。盡徵京省餘銀給馬市。

江西左布政使戴鰲爲右副都御史。巡撫四川。大理寺左少卿沈良才爲右僉都御史。撫治鄖陽。

安南莫宏瀷襲都統使。

丙午。上祈雨。齋三日。遣告郊廟群祀。

南京吏部計疏上。降斥有差。

裁直隸屯牧都御史。令屯田御史兼理。

丁未。翰林院侍讀敖銑爲南京侍講學士。署院。

庚戌。撫治鄖陽都御史任瀛。南京尙寶司卿許穀。司丞白悅。俱察免。

辛亥。工部右侍郞梁尙德爲左侍郞。巡撫湖廣右副都御史屠大山爲工部右侍郞。

丙辰。仍命禱雨。

戶部右侍郞方鈍爲左侍郞。巡撫河南右副都御史葛守禮爲戶部右侍郞。總督倉場戶部左侍郞端廷赦爲南京右都御史。

四月朔。湖廣左布政使翁溥爲右副都御史。巡撫湖廣。巡撫南贛汀漳右僉都御史盧勳改南京操江。

癸亥。設銅仁府撫苗通判。

甲子。周王朝堈薨。謚莊王。

己巳。前兩廣總督兵部尚書張經改戶部尚書。總督倉場。督理西苑農事。南京光祿寺卿陸垹爲右僉都御史。巡撫河南。起張烜右副都御史。巡撫南贛汀漳。

庚午。銅仁殘苗龍許保突入思州。執知府李允簡及知事王曰謙。經歷盧蕙。焚掠而去。降總督張岳右侍郎。戴罪視事。允簡釋歸卒。允簡融縣人。一云投崖死。贈貴州按察副使。廕子入太學。

增大同參將四人。

辛未。設醮祈年于朝天等宮。

經略京城內外右副都御史商大節言。臣受命經略。但參酌奏助。非有重兵專責戰守也。仇鸞以京城四郊分布委臣。云平時則修築訓練。有警則相機截殺。是京城利害臣一身當之矣。鸞疏分布人馬。止留柔脆守九門。自簡銳五萬道戰。倘虜而有知。一衝鸞一趨京師。進退失據。昨年事可鑒。且臣所得節制。參將麻宗等巡捕軍耳。鸞又屢調。是巡捕軍亦非臣所有。宜敕兵部議。巡捕軍或屬臣或屬鸞或屬兵部。其修築訓練費所出。并早裁焉。上怒其推避。下鎮撫司獄。法司擬失悞軍機論死。嚴嵩言大節雖推避。非臨陣失機比。請戍邊。不聽。始鸞由嵩入。既挾虜得上重。而驕。嵩猶欲兒視之。不應。遂凌嵩出其上。嵩恚。數密疏沮之。

壬申。沅江叛酋那鑑殺左布政使徐樾。時官兵進討。鑑佯遣經歷張維詣南羨乞降。樾信之。至沅江受降。兵突出。悉死。贈光祿寺卿。錄一子。巡按趙炳然請謚。不報。

丙戌。大同鎮羌堡開馬市。俺荅等就市馬二千七百餘匹。虜貪漢物。互市不絕。我歲費數十萬。所獲馬皆駑下。而小寇如恒時。

裁兩浙行鹽小票。

五月戊子朔。雲南總兵沐朝弼等攻那鑑于沅江。賊突出。敗參政郝維嶽副使李維。餘軍未退。

丁酉。署通政司事兵部左侍郎孫禬改戶部左侍郎。總督倉場督理西苑農事。巡撫江西右副都御史吳鵬爲工部右侍郎。右僉都御史王學益爲左副都御史

己亥。故宣府參將都指揮僉事李彬贈都督同知。諡忠愍。甲辰膳房堡敗沒。

壬寅增戶部浙江江西河南四川雲南司主事各一

甲辰。崇陽王顯休子英燹降封鎭國將軍。顯休殺功兄顯桍。賜死。不得襲。

乙巳。提督兩廣兵部右侍郎周延爲刑部左侍郎。巡撫湖廣右副都御史翁溥改江西。

俺荅市畢。貢馬九匹。表謝。敕賜衣幣。仍許宣府延綏寧夏並開市。史道親詣經理。

徐學謨曰。邊臣以虜情蠱惑上聽。業已成習。是時俺荅方强。目無中國。其上表謝賜引罪。疑俱屬道等自爲之而虜或不知也。馬市安得久行哉。

庚戌。宣府新開口堡開馬市。虜把都兒辛愛伯腰卜郎台吉兗凡兒愼台吉就市。易馬二千餘匹。

辛亥。停應天浙江等加派糧銀。

六月鉞朔。庚申。增神機營坐營官署都督僉事黃振專理火器。

壬戌。張熊嗣彭城伯。張勳弟。

大理寺卿李春。赴任愆期落職。

經略侍郎史道索叛人蕭芹喬源于虜。初。大同市畢。隨犯左衛。詰之。云芹等導之。皆白蓮敎亡命。虜中不利。欵語俺荅。彼毒水上流。伏甲市場。若且殆。左右復詭言芹源術能頹城。又樹黨左衛內應。謀泄遁。史道讓虜。虜內媿。使千騎隨芹源試其術。不效。遂縛芹源等三十餘人來獻。

徐學謨曰。是時上以撻伐爲念。而惡勾虜之人。邊臣不思隄備。而日捕亡人以獻。彼蕭芹之存亡。果何益于

虜之來去哉。

癸亥。宮人何氏薨。追封睦妃。

山東地震有聲。

甲子。戶部右侍郎葛守禮爲右僉都御史。督理宣大山西糧餉。

汰內府各監局工匠。

丙寅。福建布政司左參政王璣爲右僉都御史。充徐淮兗歸招撫營田使。順天府尹馬坤爲大理寺卿。

前應天府尹孫懋卒。懋慈谿人。正德辛未進士。授南京給事中。諫南巡。劾錢寧。遷廣東副使。坐擅笞緹校逮詔獄。謫藤縣典史。後歷京兆。行誼端潔。居官有惠政。贈右副都御史。

乙亥。總督漕運兵部左侍郎兼右僉都御史應檟改提督兩廣軍務兼巡撫。應天府尹鄭漳爲南京刑部右侍郎。

贈徐樾光祿寺卿。錄子太學。

山西按察副使尹綸調入京統民兵。

貴州苗龍許保被擒。參將石邦憲購諸苗伺龍許保飲別寨。縛之。諸將欲罷兵。張岳不可。謂吳黑苗未誅。必爲他日患。仍購捕。

丙子。金星晝見六日。

丁丑。巡撫陝西右副都御史鮑象賢改雲南。

辛巳。禮部左侍郎程文德治睦妃何氏葬。言金山襲隘。宜故宜妃包氏靜妃陳氏同窆。上遂定九妃同墓。共一享殿。

壬午。廣西猺賊刼慶遠府庫。殺人。

癸未。修通州城成。

仇鸞請以京兵民兵合營迎虜大戰。邊兵出外擊虜零騎。兵行許食民禾。戶部載煤以從。大學士嚴嵩疏止之。

丙戌。南京戶部右侍郎駱顒爲戶部左侍郎。總督漕運兼巡撫鳳陽。陝西左布政使賈應春爲右副都御史。巡撫陝西。

兵部左侍郎兼右副都御史傅鳳翔卒。贈右都御史。

新野縣蒼山廟之白龍潭龍起。水湧一二丈。溺人畜。潭移百十步。後復平。

七月紀朔。收各處勇敢自備械騎勦虜者。

己丑。仇鸞奏借民田車備戰守。不許。

俺荅僞使蕭芹入市。我擒之。

庚寅。購龍涎香。

免延安旱災田租。

癸巳。時南京科道薦故御史王璜、晉如思、編修唐順之、刑部主事唐樞、山西參政胡松。皆邊才。以浮譽報罷。

敍擒叛人功。進仇鸞太子太傅。廕錦衣副千戶。史道兵部尙書。賜金幣有差。鸞舍人時義官錦衣指揮僉事。

燕河營草場火。

丙申。海州衞地震有聲。

董卜韓胡宣慰使司加渴瓦奇入貢。使至五百人。又招撫二百六十人。禮部請額百五十人。否則關吏謝不納。從之。

己亥。開淮安三里溝。運船由淮入河。初。總督漕運兵部左侍郎應檟言。曩者黃河入海。直順流而東。故開清河口通黃流以濟運。今其下流如澗口安東等淤高。河反壅而倒流。從清河口灌入沙爲淤。今欲引之如故。宜鑿澗口。疏支流。沛河東注之勢。恐卒難就。三里溝在黃淮二河未合。誠令開濬。而舟自溝行。出通濟橋。沿淮以達河。道里亡損。且可省費。從之。

庚子。移靈州參將于橫城。平虜守備改參將。

壬寅。湞兵討那鑑。不克。俟後舉。

乙巳。壽王祐楮薨。謚定王。亡子。還葬西山。

徐學謨曰。德安在漢南。地最瘠空貧薄。壽王都之。享國最久。以無嗣絕封。後景王即其故邸。續封。亦四年而絕。豈地少高山大川。漫衍陀羨。龍氣無所翕聚耶。

甲寅。通政司左通政趙文華爲通政使。南京太僕寺卿陳儒爲南京戶部右侍郎。總督糧儲。

八月丙朔。己未。初。馬市議幣布米麥易虜馬牛羊。至是議富虜馬易幣。貧虜牛羊易菽粟。史道言其便。朝議。虜欲無厭。既易幣布。復請菽粟。後難繼也。議久未決。道復以爲請。總督宣大蘇祐。巡撫何思等懼後禍。各言不可。一牛數庚。一羊數釜。粟米如珠。而牛羊如山。竭廩不能厭也。虜無親而貪。寒盟其心耳。互市以安邊也。朝市暮掠。何危如之。勿許便。仇寧惑之。請廷議。俱右祐等。上以問嚴嵩。亦如之。有旨不許。專意戰守。已俺荅謝衣帽之賜。乞職役誥命。上讀之。即召道還京。然邊臣尚與互市。紓急逾年。虜好復絕。

辛未。命仇鸞以兵二萬七千餘人赴白羊口分布關隘。

壬申。周府湯溪王勤熀薨。

叛人蕭芹張攀龍呂明鎭王得道喬源丘阜劉景陽等伏誅。

戊寅。仇鸞請討朵顏導虜之罪。兵部尚書趙錦及總督侍郎何棟等各爭之。得寢。

乙酉。兵部尚書史道兼右僉都御史。協理京營戎政。

九月炳朔。巡撫河南右僉都御史陸坿疾去。

制敕房通政使張文憲爲工部右侍郎。

仇鸞以家丁圾趙時春民兵營。自辨乞休。不允。慰之。

己丑。光祿寺卿高澄爲右副都御史。巡撫河南。

乙未。京師地震有聲。

弋陽王拱樻薨。

戊戌。給事中何光裕等。御史龔愷等劾兵部尚書史道馬市之議。委靡遷就。馬市開矣。即欲易米穀。米穀塞矣。即欲請封號。今觀虜表。意在請乞。而道曰謝恩。況表不虜撰。其設心爲何。宜亟斥道。上以窺旨。光裕愷各杖八十。餘奪歲俸。光裕卒杖下。

徐學謨曰。史道倡馬市以辱國。罪在不赦。光裕等論之似矣。第不如楊繼盛先事而言。乃揣摩上意。方追補其疏。安知上之不可欺乎。

辛丑。評事陸從大爲禮部主事。改禮部主事張天復兵部主事。徐學詩爲吏部主事。吳蘭郭宗藩進士吳國倫嚴杰爲中書舍人。直制誥制敕兩房。嚴嵩欲用其私人。吏部竟訪上。

壬寅。吏兵部右侍郎應大猷爲左侍郎。戶部右侍郎葛守禮改吏部右侍郎。

免九江饒州承天襄陽災傷田租。

曲周盜李邦珍流圾山東鉅野河南太康等縣。轉入亳州。

逮莒州知州胡川楫日照知縣馮舜田。先是欒安盜孟尙守見捕急。賄莒州同知賀朝宣而逸。因二十騎薄日照。執典史高邦彥百戶李濟。至邳州。官兵殲之。

戊申。罷南京國子祭酒閻樸。赴任稽緩。

己酉。免蘇松常鎮寧國太平鳳陽徐邳宿潁河南災傷田租。

十月乙卯朔。丙辰。免順天河間眞定保定順德廣平大名永定災傷田租。

丁巳。史道被劾乞休。不問。

庚申。巡撫遼東右副都御史蔣應奎爲戶部右侍郎。左春坊左諭德茅瓚爲南京國子祭酒。

免遼東屯租。

浙直織紵絲紗羅八萬六千三百匹。

壬戌。免山西田租。

丁卯。免銅仁思恩田租。

己巳。總督薊遼侍郎何棟購擒朵顏衞逆夷哈舟兒陳通事于白馬等關。

免東昌兗州田租。

庚午。改葬哀冲莊敬二太子于天壽山。

壬申。駐守昌平右僉都御史許宗魯爲右副都御史。巡撫遼東。

吏部尙書李默削籍。會推遼撫江西布政使張臬謝存儒。上切責之。疏謝忤旨。默自浙江布政使。以陸炳薦用。嚴氏亦右之。及典詮。不爲嵩詘。因密揭默狥私市恩也。默雖譴去。輿論稱默不阿。得六卿體。

史道再乞休。許之。

甲戌。改總兵官徐珏駐保定。副總兵朱楫分駐易州。聽節制。初並駐保定。

丙子。刑部尙書萬鏜改吏部尙書。

丁丑。召通州督餉都御史王忬易州經略都御史於敖入京。

癸未。高州地震如雷。

上作承天府儒學碑。

十一月酉乙朔。丙戌。誅叛人哈舟兒陳通事。舟兒本甘州人史進。通事名志充。俱逃虜中。役于朶顏。爲嚮導患邊。

丁亥。吏部左侍郎應大猷爲刑部尙書。於敖爲右僉都御史。駐守昌平。

戊子。大理寺卿馬坤爲戶部右侍郎。翰林檢討林廷機爲國子司業。

己丑。前禮部左侍郎許成名卒。成名聊城人。正德辛未進士。館選授編修。歷前官。

庚寅。岷府善化王譽梏薨。

告郊廟大賚群臣。進仇鸞太傅兼太子太師。廕錦衣指揮僉事。總督何棟左侍郎。廕千戶。總兵成勳進都督同知。巡撫吳嘉會右副都御史。餘陞賞有差。嚴嵩子世蕃進工部右侍郎。廕錦衣千戶。徐階少保吏部右侍郎兼東閣大學士。李本進禮部尙書。禮部尙書署詹事府事孫承恩進太子少保。朱希忠進太子太師。右都督陸炳進太子太保。前尙書史道尙書趙錦太子少保。各廕錦衣百戶。俱內直贊玄功。

辛丑。巡撫河南右僉都御史陸埰卒。埰平湖人。□□丙戌進士。

癸卯。禮部右侍郎程文德爲吏部左侍郎。南京大理寺卿郭鋆爲大理寺卿。

甲辰。戶部右侍郎馬坤兼右僉都御史。督理薊州糧餉。

乙巳。令巡撫官久任。

丁未。福州地震。

庚戌。前南京工部右侍郎嚴時泰卒。

癸丑。禮部右侍郎孫陞爲左侍郎。太常寺卿署國子祭酒閔如霖爲禮部右侍郎。

十二月甲寅朔。陝西馬市成。總督王以旂等陞賞有差。

丙辰。仇鸞欲移大寧都司于薊鎮。慮安士重遷。先免大寧所屬外衞班軍京操。改防薊鎮。兵部言改戍甚便。報可。

癸亥。左春坊左庶子兼侍讀學士吳山爲太常寺卿署國子祭酒。

乙丑。群臣表賀靈雪。

前兵部左侍郎詹榮卒。榮山海衞人。嘉靖丙戌進士。歷戶部郎中。督餉大同。適卒叛。榮計定之。開門延官軍。事遂平。進光祿少卿。歷撫甘肅。改鎮大同四歲。繕亭障。治軍實。吏民安堵。榮去後歲中虜矣。

丙寅。南京翰林院侍講學士敖銑爲左春坊左庶子兼侍講學士。

丁卯。寧晉伯劉良璽卒。

甲戌。設總報大典于大高玄殿。醮七日。

乙亥。封恬烄瀋王。恬熾安慶王。頤埔信陽王。厚熉襄王。在娗周王。勤焗沈丘王。承㷣內江王。融焚永福王。鼒㭓豐林王。是日傳制。正使懷柔伯施瓛不至。命事竣治罪。

南京國子司業盧宗哲爲南京尚寶司卿。

刑科給事中李幼滋。江西道監察御史李一瀚。核餉宣大。自元年始。

虜屢掠大同。詰之。曰。此貧虜掠食耳。即中國能禁民勿盜乎。

俺荅復約河西諸部內犯。史道諭止之●

是年。平緬酋莽瑞體據古剌宣慰司。殺其酋長。遂入孟養八百老撾。瑞體莽紀歲幼子。避思倫法難。奔洞吾。近于古剌古剌兄弟相攻。爲解之。遂擁衆絕其道路。二酋皆死。盡有其地。緬自此始强。

壬子嘉靖三十一年

正月甲申朔。上不朝。

丙戌。金星晝見。甲午沒。

丁亥。仇鸞見邊警旁午。懼開市見譴。請諸臣各修戰備。每鎮簡銳萬人歸臣。如犯古北口。毋扼虜。俟深入。中外夾攻之。兵部尚書趙錦謂深入我傷實多。鸞議詘。

虜分犯大同左右威遠高山衞懷仁山陰。大殺掠。至戊戌乃出。

壬辰。虜入石匠河。掠威遠城。

命戶工二部核帑金出入以聞。

甲午。東安大水。免田租。

前總督漕運右都御史魏有本卒。有本餘姚人。正德辛巳進士。精敏有吏才。而卑諂近利。時論少之●

虜三千騎入弘賜堡求市。御史李逢時以非期卻之。遂攻陷羊圪塔等堡。

乙未。延綏馬市成。賞吉囊狠台吉衣帽如俺荅把都兒。

遼東總兵官李琦劾免。宣府總兵官都督僉事趙國忠移遼東。

丙申。命遼東苑馬寺卿張思兼開原兵備。轄金復蓋州三衞。

丁酉。更定邊方官陞除降調格。巡撫僉都御史三年滿進副都御史。封廕。副都御史滿進侍郎。恩廕亦如之。侍郎滿進右都御史。右都御史滿進尚書量加宮保俱留任。必六年以上始內召。守巡知府滿三年進二秩。稍淺進一秩。視內地量減年資。不易地。

戊戌。翰林檢討王材爲南京國子司業。

己亥。夜月食。

辛丑。虜數犯大同。仇鸞不自安。請出塞搗虜。上以問嚴嵩。嵩知其淫酗無闕志。謂須擒斬虜酋方爲上功。上不許。語鸞若零虜無煩卿也。

海盜蕭顯以二百餘人犯松江吳淞所。泊宋家港。崇明兵屯浦東岸。戰敗。顯遂逼上海東門。僉事董邦政拒之。二月戊午始解去。邦政遣縣丞劉東陽兵追之。敗死。兵備僉事任環再擊卻之。

癸卯。延綏總兵官署都督僉事吳鼎移宣府。

甲辰。禮部尚書徐階請裕王景王冠婚。令上儀注。階等先裕王。上命俱三月。

張萬紀章适楊海秦梁張允中祁清楊巍賀涇爲給事中。狄斯彬王宗茂楊敷陳觀衡宋儀望吳遵陳學夔毛鵬段錦朱寵陳瓚吳百朋張守蒙孫昭羅鴻宋賢李楨郭民敬朱綱金淛徐栻汪充用爲試監察御史。清涇綱宗茂淛栻充用俱南京。

丁未。巡撫山東右副都御史王積爲南京兵部右侍郎。

宣府巡撫右僉都御史劉璽言。自開互市。大同多盜。而宣府晏如。容臣漸次縻虜。兵部謂原額五萬金馬五千匹。雖歲數市可也。許之。

靈州參將韓欽爲署都指揮僉事總兵官。鎮守延綏。

辛亥。罷江西按察副使鄭世威。坐稽任。

壬子。右僉都御史王忬巡撫山東。

二月𤨤朔。西苑新宮更名永壽宮。

宣府大同大饑。人相食。量借軍餉賑濟。遣前督餉侍郎馬坤賫帑金三十萬往。

甲寅。作裕王景王府。

丁巳。兵部左侍郎聶豹左副都御史王學益同翰林侍讀郭朴清理軍職貼黃。

虜寇大同鎮羌得勝二堡。圍參將孫麟于洞兒溝。游擊呂勇劉潭救之。虜分騎迎戰。各身免。虜還攻二堡不下而遁。

是日。又千騎犯弘賜堡。

己未。俺荅移帳並天城平虜堡駐牧。兵部請申軍令。許臨陣總督得斬都指揮以下官。總兵得斬士。報可。

庚申。舉歲例大祈于大高玄殿。停刑禁屠五日。

辛酉。俺荅入大同塞。指揮王恭死之。先是上諭兵部。大振兵威。用張殺伐。尚書趙錦上言。大將仇鸞領入衞邊兵六萬八千。天下精兵無以踰此。若復觀望依違。坐悞事機。臣等萬死何贖。第鼓勇奏功。以副皇上眷遇之隆。則在大將軍當自盡耳。鸞偃蹇畏懦。不敢發兵。又恃通市。不爲戍守。大同總兵徐仁復驕縱。百務廢弛。巡撫何思亦以通市禁邊軍敢拒殺者抵死。故北兵出入關隘無忌。動稱貢市。有司廩餼惟謹。其狡黠者變服入城。奸辱婦女。莫敢誰何。至是萬騎入塞。抵懷仁縣之管家堡。大掠。總兵徐仁副總兵王懷邦參將張騰游擊劉潭各觀望不進。潭又陰約鸞路。獨中軍指揮王恭戰于管家堡。力屈死之。

癸亥。鳳陽地震有聲。

乙丑。命仇鸞逐虜。鸞掣大同大邊次邊墩軍。止守三邊。時虜並邊駐牧。大邊次邊反隔在外。懼通虜泄漏。故掣之。
丁卯。太上道君誕辰。建醮永壽宮九日。
己巳。營內教場。
壬申。修太和山玄帝宮。
丙子。大風霾。
湖廣守備太監陳德。訐奏都督蔣華當祀大不敬。廉其事不實。逮德詰狀。貰華不問。
丁丑。召還保定督餉主事。專責巡撫兵備官。
定裁革武職條例及南北印馬御史三年一遣。不俟代。
庚辰。逮大同失事參將孫麒游擊劉潭。先是總督蘇祐虛報虜騎三萬。實二千騎。切責之。
自弘賜堡拒市後。虜屢求欵不之應。至是夷使丫頭智復至。云否且入犯。通事官林叢蘭誘縛之。智曰。殺我易耳。中國不得休矣。總督蘇祐上功梟智塞下。
壬午。械大同參將張騰千戶王舉等入京。
游擊將軍時陳值虜大同西路。擊敗之。虜二萬騎奄至。相持兩日而退。
參將盧鏜擣賊宋家港。掠其舟。巨寇陳義間入松江城。識者密擒之。餘皆遁于浙。
倭突定海關。奪舟。關人擊却之。王直移金塘之烈港。去定海水程七十里而近。奸徒日附。夷航孔棘。
三月粿朔。裕王景王冠。
乙酉。福州地震。

丙戌。山西地震有聲。

丁亥。代府饒陽王充𤦺言。總兵徐仁狃和戎。一籌莫展。游擊劉潭詭虜貢馬。巡撫何思不加審。輒勤朝使以至實無一虜。諸將懼而招市。勿給賞。副總兵王懷邦幾被擒。賄免。近虜酣飲館舍益橫。諸將禁殺虜如殺人之罪。宣府亦開市晏然。則處置得宜也。事下巡按御史李逢時。逮徐仁詔獄。何思王懷邦免官。改駐守昌平右僉都御史於敖巡撫大同。宣府副總兵孫時雍暫總兵大同。

戊子。命大將軍仇鸞率兵赴大同逐虜。過昌平供帳擬于乘輿。一鵝至三金。道路以目。

己丑。總理漕運都御史駱顒南京兵部右侍郎王積俱被劾。顒免。積疾去。

辛卯。少保兼太子太保禮部尚書徐階兼東閣大學士直閣。仍部事。山東按察使周珫爲右僉都御史。駐守昌平。

甲午。裁山東海右道僉事。改青州兵備僉事爲分巡副使。

總督河道右副都御史連鑛總督漕運兼巡撫鳳陽。山東左布政使謝存儒爲右副都御史。巡撫河南。

乙未。起歐陽德禮部尚書。德方守制。上急之。俾服闋即入。

戊戌。禮科給事中張适請二王出閣就學。上讀之。

諭吏兵二部。更置宣大文武官吏。宣府副總兵孫時謙中路參將柴緍游擊將軍姚冕大同西路參將朱雲漢皆免。

己亥。河南右布政使曾鈞爲右副都御史。總理河道。

辛丑。肅府淳化王眞泓薨。謚端惠。

壬寅。總督薊遼侍郎何棟分薊鎮爲八區。區各參將領之。

故大同指揮僉事王恭。贈都督僉事。廕正千戶。

甲辰。海盜犯瓊州。殺指揮陳忠言胡松百戶都瑛。

丁未。定遼右衞軍餘徐打成陷虜。入之。至是假兀里奚山衞指揮納兒勍貢馬。事覺。伏誅。

己酉。倭九十餘人登松江南門。焚掠。千戶童元戰死。

辛亥。催各省遣課。

前南京吏部尚書張潤卒。潤。臨汾人。弘治壬戌進士。贈太子太保。謚恭肅。

壬子。存問唐府鄖城王彌鋸。年八十。有賢行。

奪戶部尚書孫應奎俸二月。郎中汪宗凱削籍。坐信奸商奏開水鄉鹽引也。

松江各賊期黃浦出海。會大風雨。覆焉。復登岸。分據周浦下沙新場川沙。陳東蕭顯徐海分據柘林。作犄角。襲南匯所。哨官李府戰死。浹旬。把總婁宇練壯勇伺賊。零刼勦殺之。賊遂畏婁宇兵。

四月癸丑朔。河間知府尹耕為河南兵備僉事。仍四品服俸。轄民兵。耕自起廢數月。遷兵部員外郎。出守。給事中李幼滋劾之。至是吏部希嚴氏稱其知兵。創用。給事中張萬幾歷數其婪狡不法。且四品改五品。有乖選法。上怒逮耕鞫問。以嵩故。竟無重譴。

乙卯。諭兵部促仇鸞出戰。鸞始出師。屯兵三十二萬。騎十八萬。鸞誇虜强盛。意脅和。徒藉兵為威重。殊無意行也。鸞恨嚴嵩而侮之。其所詆譏。嵩上亦心動。宣召略稀。錦衣衞右都督陸炳與鸞爭寵。妬嵩。乃厚收炳。伺鸞。鸞出鎭川堡。至貓兒莊。伏虜起溝中。喪卒二十八人。傷二百十二人。失馬二百餘匹。僅斬虜五級。

丁巳。倭五百餘人步自上海。偪松江東門。癸亥。倭纘至八百人。

戊午。諭二王出閣。禮部徐階卜四月二十五日。已諭七月。終行之。

壬戌。兵部欲留宣大游兵。不必預調。閣臣申言之。報可。

甲子。秦州地震有聲。

乙丑。賜周王在鋌勅約束宗人。如伊王例。

丙寅。把都兒二萬餘騎犯遼東前屯入自新興堡。指揮姚大謨百戶常祿以二百人扼三道溝。被圍。指揮劉棟劉啓基以四百人援之并敗沒。寇亦創甚。備禦指揮王相又以四百人赴之。戰寺兒山。殺傷略相當。相創甚。寇移沙河驛。千戶葉廷瑞以百人佐相。明日。邀擊黎山。力屈死。指揮張策百戶程克政胡鎮及卒吏死者無慮三百人。廷瑞創甚。寇引去。贈相都督同知。廕正千戶。策棟啓基大謨都指揮使。祿克鎮指揮僉事。是役也。把都兒辛愛謀克錦義。知有備。突犯前屯。祿大謨等孤軍抗鋒。人心震恐。幸相等赴死如歸。危邊賴之。廷瑞創甚。死復甦。賞不及。罪參將郭世勛守備李尙文失援。奪官。總兵趙國忠巡撫許宗魯俱停俸。

己巳。許諸邊壯士從軍。懸賞格。

癸酉。上作預告祖宗及先聖帝王奏歌。令太常習之。

乙亥。賜仇鸞金幣。以鎮川堡之役。兵部難之。上以吏卒暴露。稍錄之。

丙子。海盜自舟山象山登陸。流刼台溫寧紹。攻陷城寨。殺掠亡算。先是。海盜番人多。倭少。歙人王直。任俠好施與。跳身販暹羅日本諸國。從渠帥許棟司出納。漸行貨于倭。引其人至直。又計殺別部陳思盼。自是海盜俱受直節制。凡中國之越民罷吏衣冠亡行生。邅而附之。招徐海陳東葉明辛五郎爲將領。揚言宣力本朝。指所殘破云某島寇也。以殺思盼功叩闕告捷。求通市。勿許。乃引倭據定海之烈港。並海郡縣交聳。攻遊仙寨。殺百戶秦彪。已寇溫州。破黃巖。巡按御史林應箕告急。遂議復巡撫都御史。提督浙福。各設參將領戍。

庚辰。臨安沅江地震有聲。

五月壬朔。臨安地復震。

倭七百餘人薄松江城。礮中二酋死。士兵斃一酋。賊退入白龍潭寺流刼時巢柘林。分趨太倉崑山。

戒諭邊臣。

癸未。增兩淮浙江巡鹽都御史。

甲申。韓士英爲戶部尚書。戶部尚書孫應奎調南京工部尚書。屠楷爲南京兵部尚書。罷大同巡撫於敎。

停宣大選兵入衞。召仇鸞還京。鸞不自安。乞休。不允。鸞在鎮驛騷。與家卒爭妓。守備沙潮不堪命。自刎。

乙酉。順天府尹王紳爲右僉都御史。清理淮浙鹽法。

己丑。山西兵備副使侯越爲右副都御史。巡撫大同。

壬辰。久旱。命順天尹禱雨。百官修省三日。

南京兵部尚書韓士英改戶部尚書。

福建盜李文彪等寇南安。提督軍務右副都御史張烜遣兵禦之于聶都嶺。敗績。

庚子。玉山王厚熼薨。謚恭安。

辛丑。夜。月犯土星。

壬寅。倭陷黃巖。殺署縣知事武暐。七日而遁。

癸卯。雲南地震。

丙午。大雨。百官表賀。

虜八百騎圍陝西紅城子堡。尋退。

修宜春宮。

戊申。復許讚少傅兼太子太傅吏部尚書文淵閣大學士。
南京工部尚書潘璜改南京吏部尚書。
六月壬朔。癸丑。仇鸞請調京兵守宣大薊州各三千人。報罷。上疑鸞權重。稍裁之。鸞懵不知懼。
己未。免淮安鳳陽水災夏稅。
工部主事胡朝臣謫外。督造軍器冒破。時陞通政司參議。
戊辰。敕楚王英燌約束宗室。
庚午。核王府侵占里甲莊田之稅。即充歲祿。
甲戌。城順義縣。
乙亥。給宣大馬各千四。
丙子。罷戶部尚書韓士英。時未至被劾。
丁丑。宮人王氏薨。追封麗妃。謚恭僖。
禮科給事中袁洪愈劾翰林檢討梁紹儒交通權要吏部文選郎中白璧招權鬻爵。至姑婦爭攫金錢。俱宜斥。并及尚書萬鏜貪老右侍郎葛守禮督餉宣大刻削。上切責鏜守禮。令對狀。下璧鎮撫司。削籍紹儒。免紹儒父事嚴嵩不能庇。則上性嚴馭也。
仇鸞奏四出塞。斬級八十。賞吏卒有差。
己卯。雷州大雷雨。火毬見天中。星散。海溢。大壞田廬人畜。
庚辰。南京刑部右侍郎鄭漳劾罷。
仇鸞請調遼東固原甘肅寧夏兵各三千人。許之。

倭陷霩衢城。

七月辛巳朔。癸未。詔開例軍民納馬。

河朔兵至盧鐙擊川沙倭。中伏敗

俺荅由野狐墩犯宣府。參將史略禦之。寇預伏。略方依崗爲陣。胡騎衝突。火器猝不及發。又佯却。官軍前追數里。伏發。截官軍爲二。略與守備任鎭死之。士卒死傷過半。

丁亥。申明南京內監薦新格式。

戊子。增太僕寺寺丞一。

免山東班匠徵金解京。

庚寅。右春坊右中允兼翰林院修撰尹臺郭鎜主試應天

辛卯。萬全都司地震有聲。

壬辰。戶部右侍郎馬坤爲左侍郎。順天府尹盧紳爲戶部右侍郎。大理寺左少卿倪薦爲右僉都御史。

癸巳。浙江參政曹汴。赴任踰期劾免。

乙未。夜月食。

免平涼鳳翔延安災傷夏稅。

戊戌。命兵部侍郎張時徹工部侍郎吳鵬從大將軍。蓋仇鸞請之。一主調遣。一主器械。

庚子。司經局洗馬黃廷用被劾。改南京兵部車駕員外郎。

壬寅。巡撫山東右僉都御史王忬改提督軍務。巡視浙江兼福興漳泉。許便宜從事。幷設浙直參將。以瓊崖參軍署都指揮僉事俞大猷爲溫台寧紹參將。中都留守司指揮僉事湯克寬爲福興漳泉參將。

禮部尚書東閣大學士徐階請二王講學。詔擇吉行。

瀋府定陶王銓鑨薨。諡恭靖。

癸卯。南京右都御史端廷赦卒。廷赦當塗人。正德辛巳進士。

夜。月犯畢宿大星。

丙午。增貴州宣慰司儒學廩額四十人。

己酉。起張珩右副都御史。巡撫延綏。前戍邊六年。山東左布政使沈應龍爲右副都御史。巡撫山東。

八月辡朔。癸丑。唐府鄖城王彌鋠薨。諡恭端。

甲寅。鄭府廬江王祐檈獻瑞穀告廟受賀。

虜俺荅把都兒打來孫等聚薊州近邊。謀犯喜峰古北口。仇鸞疾。命諸路兵聞警卽入。無俟徵調。協理戎政侍郎蔣應奎申飭守備。

丁巳。左春坊左庶子兼翰林院侍讀郭朴修撰秦鳴雷主試順天。

戊午。少林僧兵應募至。擊柘林倭。以鐵棍斃賊一。賊伴死。反刃刃之。僧兵潰。

己未。收大將軍仇鸞敕印。侍郎蔣應奎署京營。游擊將軍時陳爲都督僉事。戶部左侍郎孫禬改兵部左侍郎兼右僉都御史。俱提督軍務。時鸞疽甚。求輿疾出師。免陛辭。不許。會宣薊警日至。兵部尚書趙錦以印在大將所。諸偏裨令不行。自請假大將軍出禦。上謂本兵不外。詔鸞納敕印。錦卽夜至鸞第收印綬。徐階言鸞疾未愈。乞早賜斷處。

辛酉。慶府眞寧王鼒榫薨。諡安惠。

壬戌。乾光殿成。

咸寧侯仇鸞死。鸞聞收印綬。恚憤。疽益劇。先是見夏言曾銑斧其後。俄疽孽。

甲子。翰林編修高拱檢討陳以勤直裕王講。國子助教尹樂舜鄭守德改翰林待詔。侍讀中書舍人吳昂吳應鳳侍書檢討孫世芳林爊直景王講。助教潘靜深邢臺教諭李秀改待詔。侍讀中書舍人叢恕吳自成侍書。

乙丑。江西試院火。

己巳。裕王景王出閣講學。

壬申。南京大理寺卿佘胤緒爲戶部右侍郎。總督倉場。督理西苑農事。胤緒時入賀。當謝不至。落職。

乙亥。追僇仇鸞于市。籍其家。初。大學士徐階密疏鸞通虜悞國。而錦衣衛右都督陸炳。早刺鸞陰事。備悉之。鸞死。怵其義子錦衣指揮時義侯榮姚江。逃之虜。而道執之。乃發鸞先鎮大同賂虜。虜遺矢囊約不犯。今事發。亡命勾虜。上怒。廷鞫。當謀反律。梟鸞。其妻子及時義侯榮姚江皆斬。女妾給功臣家。餘黨戍邊。下制暴其罪。鸞少讀書能文。頗有勇略。然貪戾險狠。累鎮兩廣甘肅。輒訐督撫。庚戌。自大同入援。最寵信。因縱恣取禍。其坐謀反。非實也。鸞剖棺。與丁汝夔楊守謙同月日。人謂其報不爽。

徐學謨曰。國史紀鸞始末時。不聞徐階言之。或有之而外朝不知耳。鸞先附嚴嵩。合陷夏言曾銑。其交甚固。權勢相軋。寖不相得。鸞遂密疏嵩行事。爲上所信。不宜之入直。嵩見徐階李本入西內。即同往。至西華門。門者以無旨不納。嵩還第對泣。仍卑詞乞階爲解。陸炳從中調停。乘鸞死。已先爲殛鸞地。或慫恿階上書以實其罪。于是鸞族。而上益信嵩無他。一日。遣所御龍舟迎嵩于閤西渡。得入直如初。而嚴氏之勢愈熾。不可向邇矣。

高岱曰。仇鸞以庸暴之資。叨非常之寵。禦寇則束手無策。亂政則矯刼橫生。皇上初以專任責成之心。望其有委身報主之績。而不虞其負國之至此也。蓋自其搗巢無功而歸。聖心已不能無疑矣。然猶惟其言而莫之進者。亦駕馭之冀一獲之報耳。使少延旦夕之命。必不免生赴市曹矣。當時或疑鸞反。予曰。鸞不反。即反。無足憂。撲滅之。孤豚腐鼠耳。古奸臣反逆者。其始皆憑恃寵靈。建大功以懾天下。乃可刼人之心。鸞總諸路之兵。握專閫之柄。而不能少遏孤軍深入之虜。此其人豈能反哉。其跋扈而不可嚮邇者。不過竊一時之權以肆其毒耳。嗚呼。鸞不足責矣。使國家有任事之臣。朝廷何至委大權于狂豎子哉。國家養士二百年。而緩急一無所恃。乃使奸宄之徒得以亂國干紀。群臣何得辭其責也

談遷曰。鸞在時。凡推舉將才。輒首之。究其用。澤中之麋耳。不知何以被此虛聲也。驕子亡狀。啼嘻俱作。噉人態。鸞眞其類也。由嚴氏蘊崇之不戢。將自焚。乃藉通虜夷滅之。鸞京邸故石亨所也。再得貴將再赤族。古人所云凶宅。信乎。

大同軍五百人出塞二日。搗虜。斬八級。被追。轉戰二百里。失二百人。把總劉欽旂牌官范世傑死之。

丙子。福建參將湯克寬請募徐邳盜爲兵。許之。

戊寅。免兗州東昌水災田租。

豐城侯李熙總督京營戎政。

己卯。虜二萬餘騎寇大同平虜衛。分兵深入朔應山陰馬邑。攻夷村堡。殺掠數千人。自盤道口欲犯關南。不克。

九月庚辰朔。虜自紅土墩出塞。是日。又虜三萬騎自弘賜堡入掠左右衛及安東十七衛大同懷仁二縣。

壬午。虜自鎭川堡北遯。又萬騎自威遠滅胡等堡犯平虜。仍散掠朔州馬邑山陰。

朔州馬邑地震。

前大理寺卿葛浩卒。浩上虞人。弘治丙辰進士。令蕪湖。拜南御史。劾逆瑾除名。起守邵武。居官直節。顯家居讀書。內行甚修。時論許之。

癸未。免順天旱災夏稅。免河南開封彰德汝寧水災新租。
乙酉。北虜分攻山西三關。三晝夜不克遁去。
己丑。韓府保城王融薨。謚溫靖。
庚寅。夜月犯土星。
辛卯。夜火星犯鬼宿。
壬辰。虜七千騎寇寧夏蔣鼎林皋等八堡。殺二千餘人。掠畜產萬計。
乙未。提督軍務都督時陳請分兵石匣營古北口密雲昌平黃花鎭橫嶺懷柔防守。從之。
丙申。諭裕王景王選婚。
刑部尚書應大猷擬獄被劾罷。
始遣科道官巡視大倉銀庫。
柘林倭攻青村所城旬日。千戶陳元恩射死一酋。乃退。仍分駐川沙柘林。
丁酉。總督陝西王以旂秩滿。進太子太保。
應天府尹歐陽塾爲南京工部右侍郎。南京操江右僉都御史盧勳爲南京大理寺卿。巡撫貴州右副都御史任儆疾去。
兵部覆上戎政事宜。
庚子。兀思哈里衞指揮使汪止灰。阿剌山指揮僉事台出者帖。列山衞指揮僉事兀納哈。毛憐衞指揮使家奴失勒羊。建州左衞指揮使兀者。右衞指揮同知兒瓦赤。各洗改勑書。副總兵岳懋罰俸三月。
戎政兵部右侍郎蔣應奎。左通政唐國相子。各冒功。給事中凌汝志劾之。逮應奎國相杖闕下。削籍。

壬寅。南京戶部尙書王崇慶爲南京禮部尙書。刑部左侍郎周廷爲南京右都御史。江西右布政使蔡克廉爲南京右僉都御史。提督操江太僕寺少卿劉大直爲右僉都御史。巡撫貴州南京光祿寺卿扈永通爲應天府尹。

癸卯。罷馬市。初。大同停市。宣府未之絕也。至是市張家口。明日犯常峪口。巡按御史蔡樸言其害。於是禁後開者斬。

逮工部主事胡朝臣都督劉鼎。坐造火器弓矢濫惡。

甲辰。周府華亭王勤熑薨。

乙巳。刑部右侍郎何鰲爲刑部尙書。兵部左侍郎聶豹協理京營戎政。

丙午。免平陽旱災夏稅。賑淮安鳳陽揚徐水災。

戊申。虜數萬騎犯神池利民等堡。山西總兵李淶禦卻之。斬二十二級。

十月戊朔壬子。工部虞衡署員外郎樓鎭作景王邸于德安。

工部右侍郎吳鵬改刑部右侍郎。

癸丑。禮部尙書歐陽德入朝。大學士徐階解部事。

支大綸曰。嚴嵩柔奸變幻。簸弄一世。而華亭外託恭謹。中實深刻。嵩引以同升。而不虞墮其術中也。

寧夏地震有聲。

丁巳。倭又攻青村所。指揮徐承宗千戶葉緒出擊之。中伏。失亡二百人。

戊午。兵部右侍郎張時徹爲左侍郎。起楊博爲兵部右侍郎。右副都御史王學益爲刑部右侍郎。

南京廣東道試監察御史吳山王宗茂劾嚴嵩貪黷數十事。事皆有實。幷論吏部考功郎中萬寀附權納賄。上怒其恣肆。謫平陽縣丞。憂去。壬戌卒。隆慶初。贈光祿寺少卿。

己未。兵部尚書趙錦戍極邊。光祿寺卿董懋中編管塞上。前錦撫大同。懋中爲職方郎中。皆附仇鸞。給事中郭鑰追論之。按錦諳邊事。本兵時多失鸞意。坐黨禍。頗寃。錦懋中少年練典故。庚戌後邊事倥傯。口占題覆。日數十上。敏決如流。

起翁萬達兵部尚書。

遼陽地震有聲。

庚申。以秉一眞人陶仲文陰兵懾虜。加歲祿百石。廕子入太學。

壬戌。免南昌臨江吉安瑞袁撫贛南安旱災田租。免大名保定河間順德廣平水災田租。

甲子。裁太僕寺添設寺丞。

選二王婚。

丁卯。防秋畢。命提督侍郎孫禬還朝。罷守邊卒。量地遠近戍之。

夜。月犯井宿。

己巳。虜小王子打來孫等數萬騎寇遼東錦州。殺掠千餘人。總兵趙國忠禦卻之。斬四十七級。各堡壯士斬八級。獲馬二百二十四。戰傷三百三十餘人。

庚午。巡撫遼東都御史許宗魯漕運總兵官郭琮並劾免。

辛未。兩廣總兵官鎮遠侯顧寰移提督漕運。鎮守淮安。

癸酉。山西左布政使江東爲右副都御史。巡撫遼東。

岷王譽榮薨。謚康王。

定西侯蔣傳總兵鎮守兩廣。

甲戌兩京停刑。

戊寅兵部左侍郎張時徹請釋商大節奪俸。

十一月䑣朔。裕王景王妃入宮。

辛巳周府封丘王安湜薨。謚端惠。

壬午巡撫四川都御史戴鰲劾免。

癸未提督軍務兵部左侍郎孫禬仍改戶部左侍郎。總督倉場。督理西苑農事。

復楊繼盛兵部武選員外郎。繼盛以狄道典史遷諸城知縣。

甲申禮部奏累朝親王婚禮。洪武間以父婚子皆行禮禁中將之國而後出外府。弘治宣德間。以兄婚。弟移出外府。既成婚而後之國。今二王婚禮。似當從皇祖之制。行于禁中。得旨行禮外府。

庚寅陝西左布政使張臬爲右副都御史。巡撫四川。

癸巳前兵部尚書翁萬達卒。未及聞命。萬達揭陽人。嘉靖丙戌進士。授戶部主事。歷守梧州。時討安南。賚其畫擢副使右參政。累進兵部右侍郎。總督宣大。屢破虜。入本兵。憂去。庚戌奪情。上遲其至。貶右侍郎。尋免歸。蓋强執忤嚴嵩。媒孽之然。邊臣諳機宜。言中肯窾。首萬達矣。年五十五。隆慶初。贈太子少保。謚襄敏。

霍尚守曰。葉化甫(夢熊)爲予言。邊閫重臣。往往擁兵自衞。諜報虜至。惟武弁赴敵。勝輒攘功。敗輒掩罪。甚且縱虜出入。掩敗爲功。上下相遁。曾有躬出禦虜。介而先驅。若襄敏者耶。予觀公安邊之術。大都有十。選將校。撫士卒。固險要。飭守備。廣庤畜。明賞罰。嚴詰邊。謹使諜。獎豪俊。急救援。經畫布置。詳密周悉。豈非折衝之宏謨。保障之長策哉。

王錫爵曰。世廟朝。邊臣行事適機宜。建言中肯綮。厪厪推公。當時天子虛心相待。朝馳符而夕登壇。其遇合亦且不在周召後。然一夫闒說錯莫竟死。將所謂木强將朽。天道固然耶。而世或傳仇鸞時實搆公。公剌梧時嘗法治鸞橫卒十餘曹。以此得報。察其本不然。予嘗修世廟實錄。方鸞自大同入典兵。舞手作氣勢。勳輔大臣無所不狎侮。然未嘗一言敢侵公。公來而上與嘗諭對語歷歷具掌。故使嵩一言能爲公道南海所由來及病疽狀。則爽然解矣。鴟喙虎吻。摧墮長城。乃以責賈豎兒子。悁哉。

何喬遠曰。宣大總督設自嘉靖二十年以前。其時尙有督餉贊畫等官佐之。後皆罷設。萬達在官。並無箍臬郡縣可與發謀在左右者。獨候人介胄吏胥供謄寫而已。諸屑瑟瑣碎旁午煎迫。萬達皆精神及之。嘗欲舉知名士二人贊畫。度上意又不敢。二公者其一爲程□。其一唐順之。順之夫人皆知之。萬達言程談說時事如倒囊出物。心靈敏健。遇事一思便徹終始。家居東修無少瑕玷。論者以方郭泰徐穉云。

乙未。核宣大兵餉。

丁酉。夜月犯鬼宿。

己亥。大理寺卿郭鋆爲工部右侍郎。

銅仁參將署都指揮僉事石邦憲爲署都督僉事總兵。鎭守貴州。

辛丑。總督湖廣川貴兵部右侍郎張岳奏擒銅仁叛首吳黑苗。黑苗以捕急。深自匿。岳故緩其令。盡釋其親黨。密檄土官索之。至是土官某襲斬之。驗實。岳報用兵事竣。

高岱曰。諸苗蕞爾之地耳。磬三省之力討之。十餘年不克底寧者。豈其用兵之難果如是哉。非苗之難克。衆議之難協而事權之難定也。萬鏜始集諸路兵。亦稍有斬獲。乃見犒賞之惠。足以賈諸蠻一時之安。卽謂可保亡虞。輒班師去。何厭兵之過也。張岳力主用兵。不惑撫守之說。而陰沮旁撓。因循不決。歷三年始收一戰之功。其初不免屢有敗衄者。亦其乏素定之謀而地利之未諳耳。然岳于人臣任事之忠可庶幾焉。但庚戌于二月疏報全捷謂已掃除巢穴首惡就擒。而辛亥二月。賊復出破思州。談何容易哉。其後必欲得吳黑苗而後罷兵者。豈亦有懲于前與。則知狄青不輕信儂智高之死有見哉。固後世事君者所當法也。

免大同雹災田租。

增南京浦子口邏卒。

總兵湯克寬敗于朱涇。初相持。自卯至酉。克寬以謁直指離所部。遂大潰。

十二月配朔。選民女三百人入宮。

壬子。泰寧侯陳瑺卒。

總理河道右副都御史曾鈞言。治河方略。疏築兩用。但施之直隨地以宜耳。臣按視房村宜疏瀹。徐州高廟抵邳州沂河宜護隄。役五萬六千人。度二月。罷費十一萬三千有奇。從之。

癸丑。夜倭乘雪襲陷青村所。

甲寅。朝鮮國王李峘言。國初賜樂器敝壞。求律管。仍遣樂官赴京習之。報可。

乙卯。廣東化州地震。大桂山有聲如雷。

丁巳。鄭府盧江王祐楬攝府事。厚烷既廢。祐楬從叔也。

內官監太監杜泰提督光祿寺。貪甚。乾沒巨萬。光祿少卿馬從謙劾其罪。泰亦誣從謙誹謗不忠狀。巡視給事中孫允中。御史狄斯彬劾泰如從謙言。且劾寺卿高燿失核。命下從謙泰鎮撫司讞。上允中彬謫下吏。從謙杖八十遠戍。泰免。從謙卒杖下。

戊午。巡撫陝西都御史張鎬失事劾免。

工科右給事中李用敬奏開膠萊新河。曰。膠萊間新河。在海運舊道之西。元人開之。避海島之險。未竣功。先是山東巡海副使王獻。按元遺跡。鑿馬家濠以通淮安商販。立新閘八。蓄泄道張魯白現諸河。今淮船由淮河直抵麻灣。卽新河南口也。海倉抵天津。卽新河北口也。南北僅三百三十餘里。各通潮。其淤量濬可百有五里。深濬三十餘里。元人任其二。今當任其一。乞選才臣亟爲修舉。部覆從之。

徐學謨曰。膠河之議。起于王獻。獻子道直。庚戌進士。與同年閩人何廷鈺言之。後廷鈺爲御史。襲獻言。同李用敬奏行之。竟亡效。廷鈺因敗官。所謂元人已開其二。以其功之可用也。而未開其一。必以阻梗疏鑿難施耳。不然。以勝國民力之饒。豈不能收其全績。而有俟于今日之任其一哉。漢人有言。有非常之人。而後有非常之功。延至萬曆間。尙有妄意成功者。何怪其紛紛也。

壬戌。南京大理寺卿盧勳爲大理寺卿。

丁卯。夜。月犯木星。

戊辰。封肅枋慶王。載堡懷慶王。載塔成平王。埛鑋龍陽王。定熢南漳王。定爍祈陽王。厚㲄南康王。新壇永和王。充炪進賢王。廷埍河內王。勤㷖臨淄王。安涬臨汝王。睦樯上洛王。勤熝汾西王。

己巳。禱雪。

庚午。果雪。廷臣表賀。

李璣服闋。補左中允兼修撰。

癸酉。前南京太常寺卿王夢弼爲右僉都御史。巡撫寧夏。

甲戌。山西民兵戍京者三千人。遣還鎭。

丁丑。錦衣衛帶俸指揮僉事趙汝成乞修居第。以千戶時給價例。不再著爲令。

上海縣地震。生白毛。高橋鎮民家雞作人言曰。燒香望和尙。一事兩勾當。明年。倭犢羊山。登岸劫殺。

癸丑嘉靖三十二年

正月戊寅朔。日食。適陰雲。有頃大雪。明日表賀。

揀選京營兵。豐城侯李熙論京營四事。其班軍折糧不允。

刑部左侍郎吳鵬賑徐邳等流民。發粟麥四萬石。鹽價五萬斤。

疏黃河下流。增築高家堰長隄及新莊等閘。

庚辰。逮禮科都給事中楊思忠杖之百。削籍。餘給事中各奪月俸。先議孝烈皇后不當祔廟。上惡之。至是正旦賀表首署名。摘其句玄禧申錫。詰責之。

丁亥。山東按察副使趙時春爲右僉都御史。提督雁門三關。巡撫山西。

己丑。漕艘阻于新安口。戶部行各省量減折漕糧三之一。

庚寅。吏部大計。降斥有差。

壬辰。嚴嵩等請及春婚二王。從之。擇二月。嵩又言府第淺狹。在親王則可。今日事體不同。俱婚禁中。便上謂其播于外議。命舉冊立事。嵩言此舉實天下臣民所久望。今迫婚期。其冊立俟行之。上答曰。出府不可。害及二王。害及朕。卿等明言。對曰。儲貳名分未正。而又外居。雖應得者亦有危疑。府第連隔一垣。從者衆情各爲主。易生嫌疑。在二王不可不慮。先朝上有太后。有中宮東宮。體勢增重。主上尊安。今列后不在。至親惟在二王。乃俱外之。在聖躬不可不慮。上謂皆不足恤。人無能勝天者。二子依分毋再瀆。

癸巳。夜月食。

丙申。修復延安慶陽城堡斥堠。

丁酉。雲南巡撫右副都御史鮑尙賢集兵七萬討沅江叛酋那鑑。那鑑窘自殺。諭降其黨。戕職官者伏誅。宥鑑子恕立那從仁暫統其衆。

己亥。禮部上二王婚儀注言會典戒詞有二。其曰往迎爾相。承我宗事。爲承宗者也。曰往迎爾相。用承厥家。爲承家者也。今留京所以承宗。封國所以承家。戒命之詞。伏候裁定。廟見古以三月後。以三日。蓋先告祖考而親迎合巹成其爲妻。明日夫率以見舅姑。又明日盥饋成其爲婦。又明日率以見祖考。先後之序如此。累朝率與合巹同日。成化中東宮納妃。始改從古宜以改定者爲正。朝見盥饋。先朝有太皇太后。有皇太后。有中宮。儀文各異。今二王率妃詣上前行禮。又各母妃行禮。以章婦順。會典東宮不回門。親王回門。然未有定期。今宜待之國前一月擇日行。餘如舊。上覽之不悅。曰。既云王。則遵制何不同之有。第速降敕冊立太子。分別成婚。任爾等爲之。勿以煩朕。于是禮部遂擇日具儀以請。上問嚴嵩。對所司豈敢不尊前奉聖諭。俟明命處分。上乃詔部臣曰。其遵朕初諭。

庚子。兵部武選員外郎楊繼盛。劾大學士嚴嵩無丞相之名、有丞相之權、各官陞遷。未及謝恩而先謝嵩。壞祖宗之成法。一罪也。嵩票本竊威福。皇上用一人。曰我薦之。宥一人。曰我救之。及罰一人。曰此得罪于我。故報之。竊皇上之大權。二罪也。皇上行政之善。令子世蕃傳曰。上無此意。我議而成之。刊嘉靖疏議。欲天下後世善盡己出。掩皇上之治功。三罪也。嵩票本。子世蕃及諸義子趙文華等群會。機密漏泄。縱奸子之僭竊。四罪也。長孫嚴效忠冒兩廣功陞所鎮撫。又冒瓊州手斬七級功。次孫嚴鵠加錦衣衞千戶。效忠鵠皆世蕃豢養子。冒朝廷之軍功。五罪也。受仇鸞三千金。逼兵部薦大將。及鸞勢出嵩上。姑設異同泯其跡。引背逆之奸臣。六罪也。令丁汝夔不戰。汝夔臨刑。始知見紿。誤國家之軍機。七罪也。刑部郎中徐學詩劾嵩削籍。考京察。斥學詩兄中書舍人徐應豐。茍聖明留用。戶科都給事中厲汝進劾嵩降典史。外察罷斥。專黜陟之大柄。八罪也。文武官陞遷不論賢否。惟論賄多寡。將官有司既納賄。不得不剝軍虐民。失天下之人心。九罪也。諂諛欺君。貪汚率下。通賄殷懃者貪如盜跖而亦薦。疎拙者廉如夷齊而亦斥。守法度者爲固滯。巧彌縫者爲有才。勵廉介者爲矯激。善奔走者爲練事。壞天下之風俗。十罪也。嵩大罪十。皇上若不知者何哉。先用重賄結皇上之左右。其奸一。義子趙文華爲通政使。凡副本送嵩世蕃先閱後進。疏少有干涉。卽爲彌縫。其奸二。畏廠衞緝訪。籠絡結姻。其奸三。考選科道。非通賄不與列。又擇熟軟圓融者補科道。無所建白。卽陞京堂方面。其奸四。令世蕃羅部屬有才望者。凡事先報。得預布置。各官少異議。早爲斥逐。其奸五。嵩之罪賴此奸彌縫之。奸一破則罪立見矣。望皇上察嵩之奸。群臣畏威。固不必問。或召問二王。令其面陳嵩惡。賊嵩去。胡虜不足平也。上怒摘引二王。果何謂。下鎭撫司。坐詐傳親王令旨律。論死。杖之百。

談遷曰。後先論嚴氏者。雖多讜直。其盡狀破的。無踰忠愍矣。末引二王爲詞。彼少長宮禁。詎能悉嚴氏哉。草奏時胸臆衝涌。筆不停思。而法吏阿邑。深文鍛入。誠寧負陛下。不敢忤權臣也。

辛丑。增淮鹽三分之一。初中鹽正引一。餘引二。各二百八十五斤。正鹽開邊。南京給引。餘鹽輸金。運司給票。定淮南五錢五分。淮北五錢。歲課共百十萬餘金。至是定引鹽五百五十斤。淮南七錢。淮北五錢。商販不復赴邊。坐失飛輓。鹽法益壅。

湖廣軍器一年繕造。二年徵金。

癸卯。協理京營戎政兵部左侍郎聶豹爲兵部尚書。整飭薊州兵備副使劉燾終制。前奪情起家。

乙巳。命吏部左侍郎程文德知貢舉。時禮部左侍郎孫陞遣祀承天。右侍郎閔如霖治二王婚禮。

提督湖廣川貴兵部右侍郎兼右僉都御史張岳卒。岳字惟喬。惠安人。正德丁丑進士。授行人。諫南巡。廷杖。改南監學正。上即位。復行人。歷禮部郎中。廣東提學僉事。謫廣東提舉。知廉州。歷撫鄖陽江西。進督兩廣。屢破賊巢。改今官。平銅仁叛苗。復右都御史。贈太子少保。諡襄惠。

二月帗朔。癸丑。巡撫山西兵部右侍郎許論協理京營戎政。

甲寅。少保大學士徐階侍講學士敖銑主禮闈。

乙卯。裕王醮戒文華殿。親迎妃李氏。出就邸。

丙辰。翰林編修瞿景淳爲侍讀。

丁巳。羅田縣省祭陳緯進白兔。

戊午。景王醮戒文華殿。親迎妃王氏。出就邸。

巡撫湖廣右副都御史屠大山爲兵部右侍郎兼右僉都御史。總督湖廣川貴軍務。山東按察副使趙時春爲右僉都御史。巡撫山東。

太子少保禮部尚書署詹事府事孫承恩致仕。承恩京邸與徐階同巷。階多交遊。承恩惟閉門深臥。嘗布袍負暄讀書。僕私語。他家如市。我第中鬼寂也。承恩曰。任爾輩他往。我獨在此。聽鬼負〻。

壬戌。命工部右侍郎陸杰作太和山玄像。立坊曰治世玄岳。

癸亥。奉先聖先師神位于文華殿左室。向祀文華殿。十六年移永明殿後。

工部尚書歐陽必進辨楊繼盛所劾嚴效忠冒功事。下兵部武選郎中周冕奏發其奸。上以擅覆。下詔獄削籍。冕前御史。建言被謫。起官。尚書聶豹講學負時名。媿冕多矣。

甲子。順天府尹馮岳爲右副都御史。巡撫湖廣。

丙寅。倭犯溫州。參將湯克寬擊之。俘斬四十餘人。餘多溺。

丁卯。令二王授尚書大學習字。閣臣點閱。

敍誅逆功。進陸炳少保兼太子太傅。歲支伯爵俸。

己巳。太常少卿雷禮爲順天府尹。

辛未。金星晝見五日。

大同兵荒。遣給事中徐綱核賑。併增月餉。

甲戌。豐城侯李熙卒。

南京兵科給事中賀涇請開膠州河。備非常。下所司相度。

倭泊松江之五團。殺金山衞百戶。遂沿海掠至杭州。

乙亥。駐守昌平右僉都御史周珫劾免。俺荅犯河曲老營堡。

三月丁丑朔。陝西大饑。賑之。

戊寅。倭三十六人登青村所焦墩。百戶王河禦之。鋒未交而潰。河被殺。寇銳甚。莫敢拒。月餘往金山衞。至乍浦遇浙兵。擒剿之。

辛巳。山東布政司右參政王輪爲右僉都御史。駐守昌平。

吉能犯延綏。副總兵李海敗沒。吉能者吉囊之子。分部直延綏。

壬午。吏部左侍郞兼翰林學士程文德署詹事府事。兵部右侍郞楊博兼右僉都御史。巡邊。

甲申。山東饑。賑之。

南京兵部尚書屠楷致仕。

後府平江伯陳圭總督軍營戎政。

乙酉。倭二百餘人自金山犯海鹽。去之。

丁亥。靈寶縣礦盜伏誅。

巡按雲貴監察御史趙錦上言。正旦日食。陰盛陽微之象。嚴嵩以奸佞之雄。怙恩寵以張其威權。假刑賞以行其愛憎。百官惴息。諸司望風。陛下乾綱獨運。自以爲予奪悉由于宸斷。題覆則在于諸司。閣臣雖參謀議。不過票擬取裁。不知諸司則先受風旨矣。群臣敢怒而不敢言。陛下何由而知之。嵩引植私人。布列要地。以探諸臣之動靜。先發制之。故少敗露。厚賂左右。陛下起居意向。無不先得。故多稱旨。或俟聖意所發以成其私。或因事機所會以肆其毒。幸而洞察于聖明。則諸司代嵩受其罰。不幸而遂傳于後世。則陛下代嵩受其咎。上以欺謗。

逮下鎭撫司。杖四十。削籍。

己丑。周府瑞淦王勤㷂薨。

辛卯。策貢士曹大章等四百五人。賜陳謹等進士及第出身有差。

壬辰。成國公朱希忠署後府。

癸巳。賜故大學士楊士奇祠春秋致祭。

壬寅。禮部左侍郎孫陞改吏部左侍郎。兵部右侍郎楊博爲兵部左侍郎。巡撫陝西右副都御史賈應春爲兵部右侍郎。

癸卯。吏部尙書萬鏜滿九年考。進太子少保。鏜才庸。更通賄。雖嚴嵩引之。心輕焉。故加銜僅故事也。

甲辰。虜數萬犯宣府。入靑邊口。游擊孫邦丁碧戰卻之。已尋入深井堡。殺副總兵郭都。督千戶王國血戰。士卒半死。不爲懾。力盡死之。遂犯大同都遼。人後贈都督同知。謚忠壯。

丙午。兵科給事中朱伯辰請築京師外城。從之。命戎政平江伯陳圭侍郎許論錦衣右都督陸炳相度。

閏三月朔己酉。太子太保兵部尙書總督陝西軍務王以旂卒。以旂字士招。江寧人。正德辛未進士。令上高。拜御史。歷兵部右侍郎。總鎭六載安靜不擾。繕障塞。布誠信。俘斬虜千計。塞定邊瓦楂梁二十餘里。收屬番三千四百五十四人。置之嘉峪關外。性寬博有遠識。敏信而愼。毋論居官。其居鄉亦推長者。及卒。邊人罷市。贈少保。謚襄敏。

壬子。吏部請主事等官改選科道。以啓競。不許。

癸丑。禮部右侍郎閔如霖爲左侍郎。太常寺卿署國子祭酒吳山爲禮部右侍郎。

河南左布政使謝九儀爲右副都御史。巡撫陝西。

丁巳。兵部右侍郎賈應春兼右僉都御史。總督陝西三邊軍務。

前福建巡海副使柯喬坐擅斬海盜削籍。

辛酉。戒諭韓王融燧。奪將軍旭櫚等爵。幽鳳陽。初。諸宗室訐韓王招集亡命。圖不軌。王亦摘諸宗室淫兇不法。

總理河道右副都御史曾鈞言。黃河爲患。議者謂海口沙淤所致。臣按視販舟往來無滯。傳聞不足信明甚。且黃河西來百餘里。匯合百川。古疏九河以殺猶莫支。今合派出徐州。抵清河。合淮趨海。勢壯于無所分流。故愈益衝潰。爲徐邳桃遷頻年之患。更宜多穿支渠于開封等上流。令隨便灌入。分殺水怒。庶可爲永利。下撫按議之。

甲子。衡府新樂王厚熑薨。

乙丑。大道殿成。

作京師外城。總督戎政平江伯陳圭。錦衣衛少保左都督陸炳。戎政侍郞許論。工部左侍郎陶尙德。內官監右少監郭暉提督工程。錦衣衛都指揮僉事劉鯨。都指揮使朱希孝監之。

巡撫江西右副都御史翁溥爲兵部右侍郎。

翰林侍講學士敖銑爲太常寺卿。署國子祭酒。

辛未。寧夏地震。

壬申。羅源縣地震有聲如雷。

甲戌。海盜王直糾倭連舟百餘。犯浙直濱海郡縣。蕭顯自浙登松江寶山恣掠。

乙亥。陷昌國衞。五日。參將俞大猷攻走之。尹鳳以閩兵邀于北茭洋。擊斬八百級。

四月丙朔。久旱。禱雨內殿。

倭二百餘人焚海鹽南門。知縣莆田鄭茂拒之。五日乃解。

丁丑。裁巡鹽屯牧營田及駐守昌平都御史。

戊寅。增古北口參將。

己卯。江西左布政使蔡雲程爲右副都御史。巡撫江西。

左春坊左庶子郭朴兼翰林侍講署院。

忻崞定襄地震。聲如雷。

壬午。山東江北饑盜平。

癸未。寧夏地震有聲。

乙酉。杭州衞指揮陳善道吳懋宣擊倭于赭山。敗死。又陷昌國衞。殺百戶陳表。觀海衞指揮張羅追之崎頭洋。斬五十級。參將俞大猷搗倭巢于烈港。不利。倭亦尋遁。

丙戌。浙江舟師破賊于松門港。

戊子。五軍營副將署都督僉事劉大章爲總兵官。鎭守宣府。

倭攻太倉。不克。有失舟倭四十人。突至平湖乍浦所。掠海鹽海寧。敗官兵。殺把總馬呈圖指揮宋煉滿朝。踰旬遁。

庚寅。太白晝見。

壬辰。王正國殷正茂謝江爲給事中。李邦珍李一經曹光李守仁詹理何廷鈺爲試監察御史。

癸巳。倭破上海。初松江通判劉本學以五百人戰十九保連賓華橋。大敗。死傷甚衆。上海知縣俞顯卿遁。遂破。掠于市。去而復至。

甲午。宮人王氏薨。謚莊昭。

丁酉。倭破吳淞南匯所城。分掠江陰。

南京吏部尙書潘璜改南京兵部尙書。

己亥。作宜春宮。

魯府樂陵王健概薨。

庚子。倭掠海州。時乘風揚帆。倏急千里。莫測其向。

辛丑。前太子少保兵部尙書史道卒。道。涿人。正德甲戌進士。

壬寅。倭破臨山衞。乘勝西犯松陽。知縣羅拱辰督民兵禦之。賊浮海走。參將俞大猷邀擊。斬六十九級。

甘州左副總兵姜應熊爲總兵官。鎭守寧夏。

甲辰。倭破福寧之崇嶼所。

松江倭出海。

五月丙午朔。丁未。選翰林院庶吉士萬浩姚弘謨李貴呂旻郭敬賢梁夢龍王希烈南軒姜寶王學顏趙祖鵬顧汝嘉馮葉孫應鰲孫鋌徐師曾張四維方萬有蔣焞李蕡張九功吳可行陸泰馬自強張巽言王文炳晁東吳王詠。署詹事府吏部左侍郎兼翰林學士程文德教習。

己酉。倭圍海鹽不克。

壬子。松江兵值倭高昌渡。失利。未幾。倭千餘從太平寺入市。市人潰。大掠。趨焚漕艘。

癸丑。倭復破上海。

甲寅。又倭百餘人掠海鹽海寧。

丙辰。總督倉場戶部左侍郎孫禬疾去。

丁巳。倭復約海口周浦兩道。寇松江。鎮海衞指揮武尚文建平縣丞宋鰲調至。戰敗死。邑里爲墟。

庚申。總督宣大侍郎蘇祐言。先年擺邊非策。宣鎮兵不過七八萬。邊千餘里。里分七八十人。豈足守禦。虜聚而多。我分而寡。勢自不支。虜既入邊。我兵反後。故守邊不若守堡。分地駐防。亦制虜一策。兵部以成業惜其舉而棄之。宜量撥軍夜巡瞭。從之。

壬戌。倭陷乍浦所。知縣羅拱辰來援。倭流刼奉化寧海。參將湯克寬追敗之獨山。賊半爇死。餘遁于海。

起王用賓楊行中吏部左侍郎。行中總督倉場。督理西苑農事。

虜五百餘騎犯遼東上榆林堡。副總兵岳懋禦卻之。追至小長山。斬四十七級。

癸亥。增金山參將。

庚午。復江淮副總兵。提督海防。移福興漳泉參將湯克寬爲之。駐金山衞。

壬申。倭復至上海。鎮撫吳賢戰于上海之黃泥浜。自後浦東沿海二百里。新舊倭無虛日。延及蘇州太倉吳淞千戶所金山衛。

辛未。夜倭復破上海。

六月朔辛巳。定王府庶人口糧歲七十石。妻子預焉。擅婚者五十石。傳生者二十五石。

虜犯宣府西路新開口堡。參將史祿死之。贈右府左都督。廕指揮僉事。時虜氛甚熾。朵顏諸夷挾之索賞。邏卒出塞。輒縛之取贖。諸將偷旦夕幸。醵軍資賄之。巡按御史蔡揚金白其狀。

壬午。總督漕運兼巡撫鳳陽右副都御史連礦。匿饑盜不以聞。調外。以吳鵬爲兵部左侍郎兼右副都御史代之。

庚寅。總督宣大右侍郎蘇祐滿六年考。進右都御史。

倭復寇嘉興海鹽澉浦乍浦。又寇蘇州崑山太倉崇明。聚散不常。偏于川陸。而柘林爲巢矣。參將湯克寬以邳州兵於葉謝港擊斬五十餘級。

壬辰。調處州坑兵二千人勦倭。

癸巳。刑部右侍郎王學益爲左侍郎。巡撫雲南右副都御史鮑象賢爲刑部右侍郎。巡撫河南右副都御史謝存儒爲南京兵部右侍郎。

甲午。聽薊州各村大築城堡。

丁酉。荆王厚烇薨。謚曰端。

戊戌。起孫世祐右副都御史巡撫雲貴。楊宜右僉都御史巡撫河南。

經略兵部左侍郎楊博還朝。

壬寅。倭泊上海北宮前。指揮黎鵬舉鎭撫胡賢禦之。賢戰死。倭焚縣治。始議築城。設海防道。六合知縣董邦政爲按察僉事。而倭寇吳淞嘉定青村南匯金山。邦政信陽人。以廉勇聞。

七月乙亥朔。右僉都御史倪嵩爲左副都御史。

虜犯京師九門列營。戶部左侍郎馬坤治餉。時陳分屯昌平順義懷柔。陳圭屯郭門。徵山西老營堡游擊劉承惠赴良鄉。

戊申。晉府奉國將軍表櫬越關。廢爲庶人。詔嚴其禁。先奪爵而劾之。

丁巳。大理寺卿盧勳爲南京刑部右侍郎。大理寺左少卿馮天馭爲右僉都御史。

南贛巡撫都御史張烜提督操江都御史蔡克廉各劾免。

虜俺荅把都兒等寇大同。自弘賜堡犯渾源下靈丘廣昌。

庚申。宮人褚氏薨。追封安妃。

虜入紫荊關浮圖峪。突犯山西。總兵李淶等屯廣昌。戰于永安堡。相持數日。大同總兵吳漢軍黃土溝。宣大總兵劉大章軍黑石嶺。各觀望不進。淶遂敗績。虜徧掠蔚應渾源靈丘。至磁窰口。爲伏砲所中。

癸亥。旌魯王頤坦賢孝。王事端王病。嘗藥請代。喪葬遵禮。捐田湖以賑貧民。

甲子。撫治鄖陽右僉都御史沈良才爲大理寺卿。廣東左布政使談愷爲右副都御史。巡撫南贛汀漳。河南右布政使史褒善爲南京右副都御史。提督操江。

改王忬提督軍務。兼巡撫浙江并福興漳泉。其應天鳳陽山東遼東巡撫都御史。俱兼理海防。松陽知縣羅拱辰。六合知縣董邦政。各添註浙江按察僉事。俱率民兵禦倭。

戊辰。作大通橋門彰義門城樓。

金星晝見。四日沒。

庚午。柘城盜師尙詔陷歸德。尙詔本販鹽行刼。巡撫謝存儒誤委爲伯長。聽訟自恣。守臣欲誅之。遂反。攻入郡。殺檢校董倫。屠掠甚衆。戒勿犯學舍子弟。故官吏匿免。而柘城少年乘尙詔出掠。淫其家。遂攻柘城。磔少年。還攻鹿邑太康儀賓沁水。韓巍寓太康。率衆扼賊四日。死之

辛未。固原游擊陳鳳。寧夏游擊朱玉來援。過浮屠峪。夾擊之。虜馳去。鳳玉急進。守者具犒。鳳玉曰。毋緩虜。吾旋軍享之。追虜三家村。大戰竟日。殺傷過當。

壬申。虜欲北。慮鳳玉躡之。以騎綴我。分衆出廣昌石門峪等塞。上聞之。大悅。立進都督僉事。賜金四十。文綺二。

八月

亥朔。虜東犯蔚州。自平型關入掠代州繁峙。八日始出塞。

丙子。存問靈丘王聰溣年八十。

小王子自宣府獨石犯赤城滴水崖。攻掠慘甚。越四日而去。

丁丑。張經爲南京戶部尙書。

肇慶府猺賊作亂。

戊寅。英國公張溶攝祭太社太稷不敬。奪歲祿。

己卯。吏部尙書萬鏜及兵科右給事中朱伯辰削籍。時推通政使趙文華撫鄖陽。伯辰劾文華貪佞。文華自言。通政使例不外推。鏜欲出臣。借廷推嫉劾。上怒。皆斥。鏜望輕。向翰林編檢持後輩禮。事冢卿至。鏜均禮。其體遂不復。

癸未。李默復吏部尙書。趣之任。出特旨。

丙戌。卽墨地震。

吉能分掠延安慶陽。駐鄜延踰旬。移屯中部。窺涇原。關中大震。會久霖。乃自安塞保安遁去。

河南巡撫右副都御史謝存儒、歸德知府尹一仁劾免。
山東盜李自名流刦濟寧、鄆城、泗水。
丙申，太僕寺卿張舜臣爲右僉都御史，撫治鄖陽。
河南都指揮尙允、指揮李塘等率兵援太康，戰于鄢陵，敗績。
戊戌，免濟南、東昌、靑、兗災傷田租，仍賑之。
平樂縣猺賊平。
增浙西兵備副使、參將。
辛丑，河南兵擊賊于霍山，賊圍之，副使曹邦輔身督戰，遂破賊，斬四百餘級。賊走太康，勢復振。
壬寅，蘇州府同知任環禦倭功，進整飭蘇松兵備山東按察僉事。環率民兵躬出戰，徧其身書姓名，曰：死綏職也，遺體不可棄，識者爲收其骨。屢戰有功。
癸卯，敕旌晉府西河王奇溯長子表相孝行。侍疾彌月不解帶，有兩鶴之祥。初，奇溯三歲而孤，母病渴，祝天，甘泉湧，渴愈。父子俱以孝聞。
九月甲辰朔。丙午，虜萬餘騎入大同平虜衞，犯山西利民等堡。山西巡撫右僉都御史趙時春禦之，至廣武。諸將皆會。時掠八角堡，諜僅二十騎，去此兩舍，可掩也。時春擐甲前，總兵李淶諫，不聽。至蟲嶺中伏，淶與子松及大同參將馬恩、游擊李桂、神池守備孔賓、偏頭守備高遷、太原指揮陳金、中軍把總尹忠皆戰死，軍殲焉。時春走土墩，哨卒縋上之，乃免。虜尋遁。贈淶少保、右都督，廕指揮使，謚忠愍，立祠。恩謚莊愍，桂謚毅勇，俱贈都督僉事。
談遷曰：儒者紙上論兵易易耳。賈銳逐北，非屢經行間，投身桴鼓之下，未克禦也。趙時春生長西陲，負其宿志，僅僅二十騎，輒欲身先焉，豈非見小敵勇、大敵怯也。惜哉！李淶嘆唶宿將，違老謀而幸薄捷，全軍俱覆，則文人臨戎之明戒也。

師尚詔自永城東攻宿州。欲犯鳳陽。出奉高墻罪宗。官軍追之五河。奪舟分屯。水陸待之。大破賊。

己酉。唐府新野王宇滬薨。

甲寅。西寧衛地震。聲如雷。

乙卯。江西右參政王喬齡上言。獻皇帝始之國。泊龍江關。烏無萬數。見李夢陽集中。宜錄付史館。從之。

丁巳。莆田地震。

戊午。前前軍都督僉事孫堪卒。堪父燧。廕錦衣千戶。武科第一。累官。稱孝子。贈都督同知。

刑部右侍郎鮑象賢改兵部右侍郎兼右僉都御史。提督兩廣軍務。

己未。免河南災租。

庚申。南京左府南和伯方東卒。

免大同田租。

辛酉。敘功。進宣大總督蘇祐兵部尚書兼右副都御史。廕錦衣千戶。總兵劉大章都督同知。巡撫艾希淳右副都御史兵部尚書聶豹太子少保。廕錦衣千戶。餘陞賚有差。

壬戌。禮部左侍郎閔如霖兼翰林院學士。同敎習庶吉士。

癸亥。河南官兵連敗賊于蒙城商丘。師尚詔勢蹙。變服遁。賊起踰四旬。破城八。屠僇十萬餘人。中原震動。

甲子。免廬鳳淮揚田租。仍賑之。

增直隸通泰參將。

乙丑。薊永總兵官韓承慶爲都督僉事總兵官。移鎮山西。

辛未。禮部右侍郎吳山爲左侍郎。左春坊左庶子兼翰林院侍讀學士郭朴爲禮部左侍郎。

倭百餘人掠華亭。掠金山衞。先是六月。倭東遁江南稍寧。崇明南沙有流倭三百人。舟壞不能去。總兵官湯克寬兵備僉事任環列兵守之。久不克。又告警。

十月戊申朔。盜警。分賑河南粟三萬石。山東四萬石。

乙亥。忻州定襄地震有聲。

吏部左侍郎程文德請賑荒河東山東徐邳淮揚。課有司冊記。報可。

丙子。立柳將軍廟于新安鎭。將軍名匡。山東人。宋時陣沒。嘗見神于河道。總河曾鈞以聞。

丁丑。榆次交城地震有聲。

己卯。總兵官湯克寬以徐邳等兵擊南沙倭。失利。亡卒四百餘人。

免北京宣府遼東紹興寧波台州災傷田租。其海鹽平湖淮折免。仍賑之。

辛巳。南京太常寺卿鄭曉爲刑部右侍郎。

戊子。湯克寬擊倭于寶山。追敗之。斬七十三級。俘十四人。

庚寅。前總督漕運右副都御史連礦卒。

巡撫延綏右副都御史張珩爲南京兵部右侍郎。

壬辰。宣府參將張堅爲署都督僉事總兵官。鎭守大同。

倭三百餘人突犯上海太倉。至常熟。知縣王鈇禦卻之。

癸巳。建安王宸濂薨。

乙未。左春坊左中允李璣爲左諭德。翰林院修撰郭盤爲司經局洗馬。

定武舉三登鄉科徑會試。

丙申。行人侯東萊賚賞諭南直隸山東撫按等官。破格賑饑。刊示百姓。

河南山東中都班軍。仍分春秋入衛。自二十九年虜患併班。俱四月初入衛。十月初還。

丁酉。南京兵部尚書潘璜劾免。逮前河南巡撫右副都御史謝存儒至京。

南京戶部尚書張經改南京兵部尚書。起王輪右僉都御史巡撫延綏。

戊戌。上憂民乏食。問嚴嵩。請發太倉粟數萬石平糶。其山東河南發臨清德州粟賑之。上又憫暴骸。嵩請巡城御史撫按各督有司掩埋。仍賑京民二萬石。煮粥。命亟行之。

己亥。諭戶部計處錢法。嘉靖錢七百准一金。舊錢倍之。

禮科給事中王正國往按延綏功罪。初總督侍郎賈應春報斬虜二百八十五級。巡按御史吉澄言。米脂綏德延川延安甘泉洛川鄜州中部宜君共殺千七百六十餘人。掠千九百七十五人。以捷虜互異。故遣正國。

庚子。獲師尚詔于莘縣。巡撫河南楊宜賜金幣。

辛丑。京師外城成。

壬寅。流倭登興化南日舊寨。流劫。殺千戶王亘卿。把總指揮張棟以舟師擊之。走獨山。知府董士弘圍而殲之。

時倭警。眞夷十三。我奸民十七。

十一月癸朔。南京右都御史周延爲南京吏部尚書。

甲辰。湖廣龍潭安撫司土夷黃俊黃中等作亂。據雲萬奉節。大殺掠。

乙巳。倭復犯上海。至嘉定。

丁未。命守備張啓元暫住田州。田州土官岑芝卒。子大壽四歲。僞孽莫葦冒岑氏。及土官岑施相搆亂。

戊申。南京工部尚書孫應奎改南京戶部尚書。

甲寅。上作重修太岳太和山玄殿記。

乙卯。靖江王宗室經茜潛至南京。命廣西立門錮罪宗。

城平湖蕭山奉化福清惠安。

丙辰。總理糧儲巡撫應天兵部右侍郎彭黯爲南京工部尚書。

丁巳。出內府錢。折文武官俸及軍餉。

庚申。追贈慶庶人台浤爲慶王。時子鼐枋請葬。

辛酉。江西右布政使方任爲右副都御史。巡撫應天。

癸亥。兵科都給事中王國楨上邊務九事。具論形勢。嚴守外邊。用戒前失。

乙丑。總督漕運兼巡撫鳳陽兵部左侍郎兼右副都御史吳鵬爲南京右都御史。

南京國子祭酒茅瓚爲國子祭酒。

庚午。提督兩廣兵部右侍郎右僉都御史應檟卒。□□人。嘉靖五年進士。授刑部主事。累進今官。和雅有度。外無矯聲。而貞介自持。不隨人俛仰。居官務實政。雖多忤時。民咸稱之。

俺荅犯宣府紫溝堡。御史吉澄言。軍有烽堠。猶身有耳目。近以通虜。故議罷墩軍。專重哨探。然天下之事。貴因時救弊。不可因弊廢法。墩軍孤處單外。寧能抗虜哉。其通虜也。計畫無從耳。寇來靡定。而變靡常。先事則資哨探。將事則資烽火。若之何可以偏廢。若撫而厚之。則易彼之耳目爲我之耳目也。上從之。命修復。

辛未。吏部尚書李默入朝。

十二月醆朔。輔臣請立太子。不聽。

甲戌。運倉粟十萬石于宣大。十二萬石于昌平。
增紫荆倒馬居庸諸關隘隆慶諸衞卒月餉銀二錢。
丙子。玄岳太和山成。頒賞諸臣。
庚辰。刑部右侍郎鄭曉改兵部右侍郎兼右僉都御史。總督漕運。巡撫鳳陽。
右春坊右諭德兼翰林侍讀尹臺爲南京國子祭酒。
定親藩孟夏册封。禮部以歲終當遣使。而畿甸災傷。驛遞艱阻。請移來年四月。應古孟夏封諸侯之禮。著爲令。
甲申。蠲蘇松常鎭逋賦及改派蠲停各項。
丙戌。會議各邊總督鎭巡優劣。罷薊遼總督何棟。降宣府巡撫劉璽。免山西巡撫趙時春。
戊子。雪。群臣表賀。
琉球入貢。
庚寅。南京戶部右侍郎陳儒改刑部右侍郎。兵部左侍郎楊博兼右副都御史。巡撫山西。河南布政司右參政劉廷臣爲右僉都御史。巡撫宣府。
宣府參將歐陽安爲署都督僉事總兵官。鎭守保定。
丙申。江西左布政使陳洙爲右副都御史。總理糧儲。巡撫應天。
己亥。翰林編修嚴訥爲侍讀。
漕河成。總理河道右副都御史曾鈞爲工部右侍郎兼右副都御史。

國榷卷六十一

甲寅嘉靖三十三年

正月賃朔。上不朝。

禮科都給事中張思靜等疏賀萬壽。字平失擡。各杖四十。

丙午。陝西城固地震。

丁未。朵顏屬夷寇桃林關。參將李意購禍首通漢械于邊。

壬子。康妃杜氏薨。大興杜林女。裕王母也。禮部尙書歐陽德等議喪禮。累朝皇妃。或未生皇子。或子非居長而受封之國。或子直爲東宮而先薨。俱與今不同。惟成化中淑妃紀氏薨。所生皇子。倫序居長。與今事相類。但彼時孝宗尙幼。而今裕王已婚。宜持服主喪送葬。乃議輟朝五日。裕王遵孝慈錄斬衰三年。其儀仗人數。視舊有加。上覽之不悅。輔臣以洪武七年太祖命吳王橚服貴人孫氏例對。彼慈母猶爾。況生母乎。上命考賢妃鄭氏例以聞。德等復上儀注。制可。册謚榮淑康妃。舊儀司禮監官拜上酒跽讀祝。至是平立不拜。尊上命也。

巡撫河南右僉都御史楊宜爲南京戶部右侍郎。總督糧餉。

發太倉米賑饑。

乙卯。階州地震。

許考察調用官概赴部。

丁巳。吏部尙書李默言。故事歲六選。頃年加邊選。吏道益雜。命格之。

戊午。巡撫湖廣右副都御史馮岳爲兵部右侍郎兼右僉都御史。總督湖廣川貴軍務。河南左布政使鄒守愚爲右副都御史。巡撫河南。

己未。海盜蕭顯以七艘二百人突入吳淞所。時崇明兵戰于黃浦。不利。賊薄城。僉事董邦政以神槍禦却之。二月六日。解圍去。邦政遣縣丞劉東陽兵躡之。潰死。參將盧鏜以二千人追至嘉定境。焚其舟。斬百餘賊。陳義詐降。入上海。跡露被誅。顯乃遁。

甲子。郭立顏彥雲顧弘潞丘㮇陳嘉謨陳典徐應高鶴丘岳黃謙張盆張師載爲給事中。崔棟楊美盆丘文學邵惟中陳九成鄭鑰李鳳潘季馴王極于業尹廷馬斯臧陰秉陽荀穎王用賢左柱葉恩張師价徐敦張循爲試御史。師載鶴恩師价敦文學惟中循並南京。

署太常寺事禮部右侍郎徐可成。廕其徒咎義金太常典簿。

戊辰。倭自太倉潰圍出海。轉掠蘇松。

賜朵顏衞都督影克衣幣。

己巳。吏部文選郎中楊載鳴貶將樂典史。時安慶推官郭來朝內召。被劾削籍。責吏部之濫。尙書李默等奪俸二月。

二月甡朔。許寧府支屬樂安弋陽建安諸王祭始封獻王。

癸酉。裁韓府襄陵王融焚奉祀安惠王樂戶。部議親王薨絕。不宜以郡王奉祀也。

乙亥。贈故歸德府檢校董倫同知。柘城貢士陳聞詩鳳陽同知。倫大谷人。師尙詔之亂。巷戰死。妻賈氏及從子皆遇害。賊重聞詩。刧脅之。僞諾。絕粒三日。縊于鹿邑。

蘭州地震。

癸未。南京刑部尙書顧應祥罷。去年論囚得報。踰冬至二日竟決之。南京監察御史李尙智論當覆請。遂予致仕。

甲申。兵部右侍郎余溥爲左侍郎。總督陝西兵部右侍郎賈應春還部。山東左布政使汪大受爲右副都御史巡撫湖廣。

甘肅總兵官王繼祖。巡撫王誥。以降人王眞率百餘人出塞擣虜那木孩巢。斬三十三級。

襄陵王府奉國將軍偕沐手刃輔國將軍旭檜。賜死。

丁酉。故戶部尙書督理西苑農事臨汾張潤。贈太子少保。諡恭肅。

倭患械應天巡撫彭黯下南京法司。削籍。黯時進南京工部尙書。

戊戌。安鄉伯張坤卒。

己亥。甘州地震。

參將盧鏜敗倭于史家浜。焚其舟無遺。

三月辛丑朔。工部左侍郎陶尙德爲南京刑部尙書。巡撫遼東右副都御史江東兵部右侍郎。總督陝西三邊軍務。

代府饒陽王充皝奪爵。幽鳳陽。充皝利口捷給。數侵代王廷埼。假言邊事陷巡撫何思總兵徐仁等。又數訐代王及巡撫侯鉞。奏奪祿。抗不肯承。遣司禮監少監王瑜卽訊。始盡得其奸。

甲辰。南京兵部右侍郎屠大山爲兵部右侍郎兼右僉都御史。總理糧儲提督軍務兼巡撫應天。

丙午。工部右侍郎陸杰兼右僉都御史。督修顯陵。

丁未。寧夏地震有聲。

戊申。時錢法惡濫。前制下七錢准銀一分。并舊錢亦然。藉藉稱不便。監察御史何廷鈺上時政八事。中及錢法。

多迁瑣難行。戶部郎中劉爾牧。才吏也。覆上。不盡如廷鈺。恚而劾爾牧謗毀玄修。杖之百。削籍。

己酉。總督倉場督理西苑農事戶部左侍郎楊行中爲南京工部尙書。國子祭酒茅瓚爲南京吏部右侍郎。山西右布政使蘇志皐爲右僉都御史。巡撫遼東。

定犯罪軍官洪武永樂承襲者仍舊。洪熙後革之。

辛亥。諭吏兵二部恤民養軍。

壬子。督修顯陵工部右侍郎陸杰卒。杰平湖人。正德甲戌進士。授兵部主事。歷今官。上幸楚。偉異其貌。數賜金幣。諭問稱冬官大臣而不名。贈尙書。

癸丑。雲南總兵沐朝弼嗣黔國公。沐翟殤。大母李氏爲請。

甲寅。戶部右侍郎盧紳爲左侍郎。總督倉場。總理西苑農事。翰林侍讀學士康太和爲南京禮部右侍郎。巡撫江西右副都御史蔡雲程爲南京兵部右侍郎。

乙卯。旌唐王宇溫賢行。年七十。

翟昌地震。

丁巳。勅雲南道監察御史何廷鈺開膠萊新河。

庚申。起陳深右副都御史。巡撫江西。巡撫陝西右副都御史謝九儀爲戶部右侍郎。左諭德李璣爲國子祭酒。

蘇松諸倭會黃浦出海。

辛酉。定督撫官亡論邊近俱俟代。

桂陽猺賊作亂。

南沙倭續至二千餘人。分掠崑山蘇松。參將湯克寬戰採陶港。斬百八十級。

癸亥。禮部尙書兼翰林學士歐陽德卒。德字崇一。泰和人。嘉靖癸未進士。守六安。遷南京刑部員外郞。以文行改編修。直經筵。學主實踐。宇度弘粹。士論重之。贈太子少保。諡文莊。

甲子。太子少保右都御史屠僑滿九年考。進太子太保。

乙丑。大風雷。倭舟多覆海。復登陸南掠。上海百里內俱虛。葉瀛屯周浦寺。屢敗官軍。蓋不識地理。中伏。其北趨通泰等州縣。流掠靑徐山東大震。倭入如臯之掘港。主簿閻士奇以鄕兵擊于曹家莊。敗之。

丁卯。吏部左侍郞王用賓爲禮部尙書。

庚午。工部右侍郞郭鋆爲左侍郞。南京刑部右侍郞盧勳改工部右侍郞。陝西左布政使唐時英爲右副都御史。巡撫陝西。

都司劉恩星指揮張四維以舟師追倭于三岳山。斬二十級。尋合指揮潘亨追勦。擒三十餘人。倭自豬山渡江至曹娥。涉三江瀝海。直走定海之王家團。復據普陀山。焚刼海鹽龍王塘乍浦長沙灣嘉興嘉善。參將盧鏜與把總劉隆潘鼎邀于石墩洋。斬二百餘級。參將俞大猷勦普陀山倭。半登賊突戰。失亡三百餘人。海盜蕭顯敗于慈溪。

四月辛朔壬申。翰林院編修潘晟爲侍讀。

甲戌。封載域華容王。載埴延津王。鼒欜弘農王。倪㸌眞寧王。鼒□壽陽王。謨堉通渭王。致枇沅陵王。憲㸌廣元王。載墫金溪王。多焜弋陽王。

乙亥。都人大疫。設藥散米賑之。

始雷。初上諭禮部雷未發聲。亟修省。衡永間盜起。

倭自海鹽趨嘉興。參將盧鏜戰于孟家堰。喪卒千有四百七十五人。指揮李元律千戶薛綱宋應瀾等死之。乘勝據海寧石墩山。都指揮周應禎擊之。亦敗沒。

戊寅。西安山丹永昌等地震。

倭陷嘉善。廣西百戶賴榮華死之。

辛巳。禮部左侍郎兼學士閔如霖署院。

倭攻嘉興城。兵巡副使陳宗夔禦卻之。分犯平湖海寧。

壬午。秦州地震。

吏部右侍郎葛守禮爲左侍郎。禮部右侍郎郭朴爲吏部右侍郎。南京大理寺卿張鏊爲工部右侍郎。

倭薄通州城。揚州衞千戶洪岱文昌齡泰州所千戶王烈來援通州。至西門三里橋。敗沒。參將解明道守通州。卻之。有鄉人曹鼎勇甚。屢殺倭。功第一。竟戰死。倭屯掘港。恣掠。守備張壽楊縉先後失利。

癸未。敢射所于宣武門外。故地爲演象所。

乙酉。榮淑康妃葬金山。

倭夜陷崇明。殺知縣唐一岑。贈光祿寺丞。予祠廕。

丙戌。秦州禮縣地震。

戊子。慈谿民家地涌血。高尺許。

癸巳。諭閣臣。宣大總督蘇祐年老。罷之。進賈應春爲兵部左侍郎兼右僉都御史。總督宣大。

虜寇宣府嵩峪等堡。

乙未。太原大同地震。

周府清河王睦㭿薨。諡榮僖。

丁酉。錄外城工勞內官監少監郭輝廕錦衣百戶。進平江伯陳圭太子太傅。錦衣左都督陸炳太保各廕百戶。兵部尚書聶豹太子少傅。工部尚書歐陽必進太子少保各廕子入監。兵部右侍郎許論爲左侍郎。都指揮使朱希孝進都督同知。

虜自宣府柴溝堡潰牆入。大掠而去。

戊戌。工部右侍郎盧勳兼右僉都御史。督修顯陵。

海盜王直巢柘林。連絡二百里。一趨太倉。一趨崑山。

虜寇雲州赤城。毀堡二十餘座。殺掠人畜。

五月㮨朔。南京吏部右侍郎茅瓚改禮部右侍郎。翰林修撰沈坤爲南京右春坊右諭德。署院事。

辛丑。災傷。折淮安漕八千六百石。

壬寅。倭自崇明薄蘇州。大掠。

癸卯。安置薊鎮降夷百有四人于南方

丙午。山西和順人左文英獻瑞兔。賜金幣。

丁未。倭陷崇德縣。大掠而去。

己酉。戶部右侍郎謝九儀改兵部右侍郎。

庚戌。設整飭淮揚兵備。湖廣副使張景賢專理海防。駐泰州。

壬子。兵部左侍郎賈應春。仍提督陝西三邊。協理戎政。兵部左侍郎許論兼右僉都御史。總督山西宣大。

議遣參將李逢時以山東民兵三千人勦南倭。徐階言其怯劣。宜改選。

夜。月食。

丙辰。虜寇水溝墩。寧夏參將王寶拒卻之。

丁巳。倭患南京兵部尚書張經兼右副都御史。總督浙直山東兩廣福建軍務。便宜從事。

戊午。巡按山西監察御史宋儀望言。桑乾河源出金龍池。下甕城驛古定橋。會衆水東下蘆溝。約千餘里。在大同則卜村稍有亂石在宣府則黑龍灣有山崖頗險其險與亂石僅四五十里。水淺處亦二三尺。爲力甚易。撫臣侯鉞嘗乘小舟至懷來。過卜村。踰黑龍灣。皆坦行亡虞。更自懷來載米三十石逆水而上。竟達古定橋。則河足便漕明甚。又都御史趙錦嘗使人從桑乾河水行千里。直抵大同城下。誠令疏鑿。不惟通漕。而河水深廣。又可以捍虜騎。乃兩利。部議以重役。竟寢。

庚申。倭攻如皋。不克。主簿閻士奇敗之東陳鎮。已薄城。値潁州兵。擊敗之。

辛酉。左副都御史倪嵩爲戶部右侍郎。兵部右侍郎謝九儀協理京營戎政。

增泰興把總。防守周家橋。

癸亥。夜。彗見北斗天權星旁。

甲子。命福建道御史溫景葵兵部主事張四知募兵山東禦倭。

乙丑。議招海盜王直。兵科都給事中王國楨言非策。兵部以直本徽人。同徐惟學李大用入海。已悔之。嘗捕寇自贖。有司不急收之。遂貽大患。臣等欲倣岳飛之收楊么黨黃佐故事。即降直。無害。上信國楨言。令張經一意勦賊。彼脅從宥之。戎首不赦。

談遷曰。招盜非策也。牟東南之盜而盡之。殲于何日。古人宥脅從。誅渠魁。權固有在。王直亡命海中。其機智足用。久困波濤島嶼間。悔罪顧未有路耳。然盜爲我用。必我之控縱出尋常籠絡之外。始足以絕其邪心。制其死命。朝廷徒下尺一。付之齷齪庸臣。適開侮弄之資。本兵聶貞襄欲以岳飛之收黃佐望于王直。吾謂先得岳飛。其人不患無黃佐也。

丙寅。陳燿文朱文漢高敏學紀公巡操守經袁世榮孫濬湯日新爲給事中。楊惟平嚴杰文希儒侯東萊符允中黃正色楊儲曾承芳王用康李正彝沈陽屠仲律爲試監察御史。文漢東萊仲律希儒並南京。

益都地震。

六月𫓧朔。辛未。彗行西北。犯文昌。

壬申。順天府尹雷禮爲工部右侍郎。大理寺卿沈良才爲兵部右侍郎。

復江南管河郎中尋責成巡撫罷之。

籍京師原募民兵充巡捕營。

癸酉。虜萬餘騎犯五堡大同左衛威寧等處。總兵岳懋適巡邊。迎擊之至青屹嶀。陷伏死之。贈少師左都督。謚壯愍。世廕指揮使立祠。

兵部尚書聶豹言。虜勢不啻風雨。而鎮卒疲困。今欲與抗。徒覆亡無益。夫本折相兼按月給糈。祖宗舊制。苟爲不復是孤注兩鎮也。其何以覆盂三輔。于是命遣御史嚴議邊餉。

乙亥。勅贈四川岷山祉神顯祐靈濟大王神祠在西番。宣德間立祠。後燬。至是土官蘇歸漢新其祠。請勅。

戊寅。帶俸順天府丞徐景滿九年考。進太僕寺卿。景本梓人。

己卯。楚雄安寧地震有聲。

癸未。裁湖廣冗官。

諜逅北入犯。命總兵時陳分布外拒。平江伯陳圭防守京師。

甲申。倭轉掠吳江嘉興。都指揮僉事夏光敗于王江涇。死之。時海盜鄭宗興何八徐銓方武等分掠閩粵。尙未破城邑。惟浙直閒杭嘉湖寧紹台溫蘇松常無非賊。而柘林最劇。

乙酉。國子監祭酒李璣爲南京吏部右侍郎。巡撫山東右副都御史沈應龍爲南京刑部右侍郎。南京大理寺卿鄭大同爲大理寺卿。

宣府副總兵焦澤爲總兵。鎭守大同。

丙戌。許山西開納武職。

把都兒台吉射書宣府城中。乞互市。不許。

戊子。把都兒犯宣府。官兵擊走之。

南京太僕寺卿呂懷致仕。

己丑。夜。彗行近濁而沒。

械前宣大總督蘇祐大同巡撫都御史侯鉞。削籍。刑部右侍郎陳儒兼右僉都御史。賑大同饑。發帑金五萬兩。總督許論暫兼大同巡撫。

壬辰。改王忬右副都御史。巡撫山西。督理軍務。徐州兵備副使李天寵爲右僉都御史。巡撫浙江及福興漳泉。提督軍務。

甲午。定土官襲職納粟折銀例。如宣慰使粟千石。納五百金。次五百石。納三百金。自知府下各有差。免其赴京。

乙未。京師大雨。水平地。水深數尺。玉田伯蔣榮祭裕陵。不克至。命七月補祭。

丙申。南京刑部右侍郎沈應龍劾免。

丁酉。增揚州府同知。駐瓜州捕盜。

總督宣大兵部左侍郎許論上言。大同地勢平衍。固戰場也。先年乘障。列師千里。不蔽風日。于是守臺之說起矣。然臺列垣內。而賊攻垣則臺難顧。臺連垣建。而賊登垣則臺易潰。是二者猶石田矣。烏所用哉。若臺于垣外。賊至則烽。賊攻則夾擊。少頃則堡兵至。次則援兵亦集。四面合勢。彼能從天下乎。賊攻臺亦如之。臺垣相扞。緩賊勢。壯士胆。明烽火。便稽覈。大約大同不過建臺六百。費九萬金。而所省調集百萬。從之。

七月妃朔庚子。發帑金十萬賑宣大。

番賊糾倭入寇。廣東官軍擊敗之。

壬寅。福建左布政使劉宗為右副都御史。巡撫山東。南京國子祭酒尹臺為國子祭酒。

丙午。倭自蘇州掠嘉善。轉趨松江出海。參將俞大猷敗之吳淞所。斬百十三級。擒七人。

戊申。西苑產嘉穀。三穗雙穗百有十本。鄭府盟津王子祐橏復獻七十八本。告太廟。

乙卯。倭遁出金山洋。指揮任錦邀擊之銅礁。斬三十八級。擒十三人。

丙辰。國子司業林廷機為南京國子祭酒。

戊午。駙馬都尉鄔景和安平伯方承裕吏部尚書李默。禮部尚書王用賓。左都督陸炳。並直西內。署詹事府事吏部左侍郎程文德署翰林院。禮部左侍郎閔如霖吏禮部右侍郎郭朴吳山並撰玄文。

辛酉。秦府汧陽王秉榛薨。謚莊靖。

癸亥。量蠲浙直兵荒田租。

乙丑。張經檄田州歸順南丹東蘭那地狼兵五千人禦倭。起貴州總兵白滋廣西都指揮鄒繼芳為游擊將軍。

丙寅。徽府嘉定王厚爀薨。謚宣惠。

戊辰。免大名內黃水災田租。

八月己巳朔。修如皋海門泰興鹽城海州城。

辛未壽節。恩進徐階太子太傅武英殿大學士。李本太子太保文淵閣大學士。嚴嵩子世蕃工部右侍郎。治部事。嵩以任子辭。朱希忠陶仲文各廕錦衣百戶。

甲戌。趙府襄邑王厚墉薨。謚端順。

乙亥。虜數萬騎分道寇平虜衞。

故禮科右給事中錢薇卒。薇海鹽人。壬辰進士。自行人擢垣中。敢言。以論郭勛刺宮僚削籍。隆慶初。贈太常少卿。

庚辰。虜至朔州。掠六日。

辛巳。故崇明知縣唐一岑。贈光祿寺丞。一岑廣西人。貢士。

癸未。柘林倭攻嘉定。募兵參將李逢時許國。以山東茅兵六千人戰新涇橋。敗之。賊退據羅店鎮。追及之。擒斬八十餘人。

乙酉。虜出朔州。

丁亥。巡撫應天兵部右侍郎兼右僉都御史屠大山劾免。

己丑。命戶部市龍涎香。

庚寅。起周琉右僉都御史。總理糧儲。提督軍務兼巡撫應天。撫治鄖陽右僉都御史張舜臣爲南京大理寺卿。

山東兵追倭至採淘港。乘勝深入。賊僅數舟。蒙絮被。射之不動。忽蘆葦中十六人橫刀躍出。我兵大潰。殺溺千餘人。初新涇之捷。李逢時功最。許國媿之。乃別從間道進。欲分其功。會大雨。指揮劉勇千戶孫升胡應麟鎮撫李繼孜等先敗沒。諸軍繼之。倉卒不整。遂大敗。

乙未。虜寇宣府小白陽堡雲州鵰鶚永寧懷來。時軍士逃亡且半。總兵劉大章畏虜不敢戰。遙望數日。引軍而歸。

丁酉。免順天水災田租。

增南京新江口兵船二百艘。向四百艘。

戊戌。贈夏光都指揮同知。

九月己亥朔。免蘇松常鎮田租。

庚子。套虜屢患邊。總兵姜應熊委千戶孟鸞以千人至紅井。值之。斬一百四十餘級。

辛丑。湖廣左布政使馮天馭爲右副都御史。撫治鄖陽。

壬寅。前禮部尚書黃綰卒。綰黃巖人。大父孔昭。廕授都事。嘉靖初。遷都察院經歷。以議禮顯。雖任子。有文學。諳典故。辨博敏贍。不忝八座。然傾狡善佞。始附張桂。後附夏言。跡其終始。眞傾危之士哉。又通閩船。沒其値。船倭切慽致亂。

毛桓嗣伏羌伯。毛漢侄。

癸卯。徙代府樂昌王于朔州。

丙午。前南京右都御史王爌卒。黃巖人。弘治壬戌進士。正德初。以刑科都給事中論救林有年韓邦奇。謫惠州推官。嘉靖初。復故秩。累遷應天尹。有惠政。民祠之。

申刻。有數十日與日相盪。俄而數百千彌空。逾時散西北。

丁未。周府河陰王安泣薨。謚莊定。

戊申。免東昌兗州水災田租。

直文華殿工部右侍郎嘉興談相下獄。相善書得幸。初歸葬。命事竣亟返。既稱疾愆期。以違命論死。
甲寅。南京右都御史吳鵬爲工部尚書。大理寺左少卿趙大祐爲右僉都御史。
乙卯。倭七十餘人犯海門。兵備副使張景賢殲之。
丁巳。罷提督軍務都督僉事時陳。
己未。虜寇平虜城。官兵擊走之。斬百七十級。
蠲武昌漢陽承天德安荆岳黄旱災田租。
岷府遂安王譽㮮薨。
辛酉。署指揮僉事神機營副將趙卿。提督軍務。駐懷來隆慶。
壬戌。故太子太保吏部尚書熊浹卒。浹字說之。南昌人。正德甲戌進士。授禮科給事中。以議禮見知。自河南參議召。尋擢右僉都御史。在吏部。諫箕仙。削籍。少有志節。自守甚嚴。持議侃侃。恬于寵利。始終進退有大臣風。隆慶初。復官。贈少保。謚恭肅。
暹羅國王勃略坤息利尤池呀來貢。
總督京營戎政平江伯陳圭兵部尚書聶豹爭班軍職掌。命歸之戎政。
駙馬都尉鄔景和削籍。景和直西苑。辭玄文不習。上不悅。時有事清馥殿。聞罷直。卽先出。頒賞疏辭。乞洗心滌慮。以效他日馬革裹屍銜環結草之報。上摘其裹屍爲怨訕。奪爵。安置崑山。時諸臣覬撰玄榮進。景和獨不屑。直贊諸臣。方之負媿多矣。
癸亥。倭患罷浙江貢鮮。
給山東翰林五經博士曾氏土田。

乙丑。免保定水災田租。

東虜把都兒打來孫等數萬衆自虎頭山突犯潮河川龍王峪。總兵周益昌馮牆禦之。

丙寅。益昌擊虜多傷。又虜攻沙嶺孤山。俱不克。

丁卯。虜薄古北口。又犯大同平虜衞。

十月䛨朔己巳。發冏金勞薊鎭守牆吏卒。上聞警。令偵騎伺之。副總督楊博總兵周益昌擐甲登陴。止塞垣上守甚力。上悅。

庚午。虜遁。楊博募死士潛入虜營。夜齊發。虜驚擾徹旦。

壬申。械前應天巡撫兵部右侍郎屠大山參將許國李逢時副總兵官解明道至京。大山削籍。國等論死。以禦倭失事也。

甲戌。妖賊呂鶴通虜就擒。總督許論進右都御史。仍總督。

乙亥。倭犯海門健跳所松門關。薄于靈門。台州知府宋治與把總劉堂太平知縣方略擊破之。

停刑。

丙子。晉府靖安王表栱薨。謚端僖。

廣東撫按請存問前南京吏部尙書湛若水九十。報寢。

蘭州地震。

大同牆外增築墩臺。

丁丑。刑部左侍郎王學益爲南京右都御史。翰林編修董份爲右春坊右中允。署國子司業。

戊寅。海盜犯潮州柘林。指揮黑孟陽以舟師殲之。

辛巳。改張經右都御史兼兵部右侍郎。專總督軍務討賊解兵部事。南京吏部尚書周延改南京兵部尚書。

癸未。夜金星見。

浙倭續至萬餘人。分掠樂淸黃巖東陽永康。

戊子。賑濟宣大侍郎陳儒還部。

壬辰。倭三千餘人自金山突掠西海口。

甲午。告南北之捷于郊廟社稷。

十一月戊戌朔。德府臨朐王厚墦薨。

癸卯。總督薊遼楊博進右都御史兼兵部右侍郎。總督宣大許論兵部尚書兼右副都御史。各廕錦衣千戶。薊鎭總兵周益昌山西韓承慶各都督同知。廕本衛副千戶。巡撫薊鎭吳嘉會山西王崇古各兵部右侍郎兼右僉都御史。廕子太學。宣府總兵劉大章右都督。巡撫劉廷臣右副都御史。大同巡撫王忬兵部右侍郎兼右僉都御史。餘陞賞有差。

進安平伯方承裕兵部尚書聶豹並太子太保。吏禮部尚書李默王用賓並太子少保。

前南京工部右侍郎歐陽塾卒。

戊申。吏禮部尚書李默王用賓俱兼翰林學士。侍郎郭朴吳山俱兼侍讀學士。

己酉。方炳嗣南和伯。方東子。

濮州地震。

壬子。敕總督湖廣川貴侍郎馮岳節制容美十四司。容美田世爵與把隘土官向元楫仇殺。故有是命。

甲寅。倭犯松江靑村所。官兵禦之不克。

戊午。刑部右侍郎陳儒爲左侍郎。南京兵部右侍郎蔡雲程改刑部右侍郎。四川巡撫右副都御史張臬爲南京刑部右侍郎。

庚申。逮禮部儀制郎中聶靜廷杖削籍。冬至表賀複寫不敬。

壬戌。柘林倭分掠嘉湖。

甲子。順天府尹扈永通赴任失期。降河南按察副使。

提督兩廣兵部右侍郎鮑象賢爲南京兵部右侍郎。太僕寺卿羅廷繡爲右僉都御史。巡撫四川。

倭二百餘人登海門港。趨台州仙居新昌嵊縣。屯于紹興柯橋村。署海道副使陳應魁參將俞大猷率會稽典史吳成器擊破之。

十二月丁卯朔。陝西階州地震。

總督陝西兵部左侍郎賈應春進右都御史。□□□□應熊爲都督同知。巡撫王夢弼爲右副都御史。餘陞賞有差。

戊辰。崇信伯費煒卒。

司禮太監黃佐錦衣左都督陸炳各廕錦衣百戶。廠衞錄緝獲功。

壬申。禱雪。

癸酉。永康侯徐源卒。

南贛巡撫右副都御史談愷爲兵部右侍郎兼右僉都御史。提督兩廣兼巡撫廣東。

甲戌。遣還山東民兵。

調永順宣慰使彭明輔保靖宣慰使彭藎臣兵各三千人勦倭。

乙亥。龍潭安撫司叛夷黃俊就擒。施州平。
丁丑。夜月犯畢宿。
戊寅。都下盜起。
詔前貴州總兵官沈希儀松潘副總兵何卿各率私屬聽張經勦倭。
己卯。司禮太監黃錦等乞免核各監局匠役。許之。
辛巳。浙江領兵僉事羅拱辰改寧紹台兵備。專駐紹興。
癸未。南京光祿寺卿汪尙寧爲右副都御史。巡撫南贛汀漳。
兵部尙書聶豹請申飭督撫。繕城治械。守要害。練士著。明賞罰。及有司去留。甚者軍法從事。上是之。豹初盛稱南北戰功。謝玄受賞及警甚虞譴。故言此避責。
戊子。錦衣衛南鎭撫司管司事許瑒指揮僉事郭朝廉俱錦衣衛僉書。
己丑。大風霾。
代府吉陽王聰注薨。
太保兼太子太傅總督京營戎政平江伯陳圭卒。贈太傅。諡武襄。
庚寅。倭陷青村所。
南京兵部右侍郎鮑象賢劾免。
福建福州府地震。
癸巳。鎭遠侯顧寰復總督京營戎政。
增整飭昌平兵備僉事。

甲午。英國公張溶。安平伯方承裕。左都督陸炳。請賜乘肩輿。許之。不爲例。

乙卯嘉靖三十四年

正月酊朔。上不朝。

柘林倭犯乍浦海寧。攻陷崇德。趨杭州。復攻德清。殺把總梁鶚指揮周奎孫智百戶陸陵周應辰副理問陶一貫。

倭警。南京左府豐潤伯曹松專督孝陵防護。南京中府僉書署都督僉事萬表總兵。提督漕運。鎭淮安。

戊申。太子太保左都御史屠僑卒。僑鄞縣人。正德辛未進士。授御史。守保定。累遷刑部侍郞。自免。尋起官。歷官四十餘年。以淸正聞。居常退遜若不勝。臨事迄不可奪。贈少保。謚簡肅。

庚戌。刑部左侍郞陳儒核宣大侵沒屯田。宣府四千五十餘頃。大同五百八十餘頃。定則起科。

應天府越囚逮府尹李珊。

京師大水。停內外匠作。

癸丑。改保定總兵官署都督僉事歐陽安充總兵官。鎭守宣府。命紫荆關參將祝福改副總兵。鎭守居庸昌平。

庚申。南京兵部尙書周延爲左都御史。南京工部右侍郞張鏊改南京兵部右侍郞。

癸亥。朱法襲五經博士。

增常鎭兵備副使參將各一。

乙丑。前兵部左侍郞張時徹爲南京兵部尙書。巡撫雲南右副都御史孫世祐爲南京工部右侍郞。

虜諜趙龍等伏誅。

總督京營鎭遠侯顧寰。工部尚書吳鵬。修山陵橋垣。

二月[illegible]朔。癸酉。罷開膠萊河議。初御史何廷鈺請疏濬下山東撫按官行視。至是上言。新河鑿自元時。南北通海口。自淮安風順僅三四日程。然馬家濠未畢工于元人。分水嶺又高阜。礀砃灘瀨諸石多爲阻。議者輒難之。臣竊觀副使王獻用火鍛鑿濠石已有驗。尋遷去不果。竟分水嶺實白河至此分流。相地勢亦不甚峻。諸灘瀨人力可施。頃奉命往度。估費百六十萬。臣寬心計擬以所估三分之。先給其一。歲終總會幾何。則次歲可定。第白現張魯諸河。其水多沙。膠河源稍盛。又不能達分水嶺。以南通引海潮。新河所在處高。鑿必八九尺深方可平。恐泉溢人難住足。是以司道諸臣。慮及于泉源不足。而議築閘壩時瀦泄。又慮山水驟發輒爲敗。臣愚以爲事有可成。何惜工費。但詢謀貴同。乞下部酌行止。有旨報罷。

丙子。陝西階州地震。

開密雲白河濟糧運。

丁丑。山西巡撫右僉都御史王崇古爲兵部右侍郎兼右副都御史。

前大同總兵官吳瑛坐奸欺下法司。遼東總兵官趙國忠劾免。

右府南寧伯毛重器卒。

虜分寇宣府懷來龍門城。

己卯。南京禮部尚書王崇慶改南京吏部尚書。四川左布政使周釆爲右副都御史巡撫雲南。

庚辰。工部右侍郎趙文華上備倭七事。首祀海神。

禮部左侍郎朱隆禧請增巡視福建都御史開互市。上從之。兵部尚書聶豹覆奏。上責其撫舊。降俸二級。幷趣張經勦賊。

辛巳。張元善嗣惠安伯張偉孫。

刑部尚書何鰲上律例九事從之。

趙文華至松江。上得勝江祭海文曰。起東方逋逃。猖狂戕我華人。傷我稼穡。自丑逾寅。今己卯歲天子震怒。遣祀有勅有文龍章有禮秩秩有鬼有神神不可測期祐王師元功是卽殄彼腥羶神功有賴海宇肅淸神德維大。

張鼐曰。國家軍興之際。當省事而省官。夫遣一使而郡邑不暇治顧且力疲于供帳。廩餼不暇給。又且財盡于逢迎。官評顚倒是非。將士莫必其命。此際寧堪再擾也。愼之哉。己辛可鑒也。

癸未。署詹事吏部左侍郎程文德改工部。文德撰玄文不稱旨。會推南京吏部尚書。疑其自遠。故調之。文德疏辭。瞻望闕廷。徬徨躑躅。以欺訕削籍。

倭百餘人自桐鄉回靑村所。把總金漢千戶陳元恩追斬四十餘級。明日出南匯所。參將婁宇盡殲之。

甲申。代府潞城王俊梭薨。

丙戌。工部右侍郎趙文華祭告海神兼察視江南軍情。由嚴嵩薦之。益馮寵納賄。戰士解體。徵兵半天下。賊勢愈盛。嵩引用匪人之罪也。

禮部右侍郎茅瓚國子祭酒尹臺並改少詹事兼侍讀學士。同撰玄內直。尹臺尋署翰林院事。

戊子。禮部左侍郎閔如霖改吏部左侍郎。署詹事府事。

辛卯。修南京城。

司經局洗馬兼翰林院修撰郭鎜爲國子祭酒。

壬辰。災傷折淮揚漕十之三。

甲午。右春坊右中允署國子司業董份還坊。
兵部尚書聶豹免。豹推薦多不當。上薄之。諭嚴嵩等。豹年衰不勝任。遂引疾閒住。豹嘗守松江。識徐階于微時。故庚戌階力薦之。不二年遽進本兵。其人無他長。尤不知兵。非聖明自察。嚋爲去之。南還。阻倭姑蘇。或問策。舉孟氏制梃撻秦楚之說。人傳爲笑。
虜千餘騎入馬蘭峪寬佃谷。參將趙傾葵指揮褚文明李湘周官千戶黃世勳段啓元百戶孫世爵同敗沒。總兵周益昌自建昌營馳援。分據關隘。虜不意大兵至。遽引去。餘衆多棄馬緣崖而走。獲二十餘級。馬四百二十餘匹。贈傾葵都督同知。廕副千戶。謚忠壯。
三月輛朔。總督薊遼保定右都御史楊博爲兵部尚書。
己亥。增廣西姚安府通判。
庚子。翰林檢討朱大韶改南京國子司業。
簡山東河南民兵三千人入衞。餘班軍徵金助邊。
辛丑。廣東高州地震。
大同巡撫兵部右侍郎王忬爲兵部左侍郎。總督薊遼保定。
壬寅。山東沂州地震。
倭五千餘人登上海。董邦政戰浦東陸氏園。不利。有紅衣賊躍馬舞刀甚銳。防兵陳銳斬之。賊懼退。邦政立拜瑞千戶。
癸卯。湖廣藍山縣猺賊平。
甲辰。陳王諒嗣平江伯。陳圭孫。

四川右布政使齊宗道爲右僉都御史巡撫大同。

山西渾源盜郭尙儒等平。

丁未。賜蘇松海防僉事董邦政四品服俸金幣。錄勦倭功。

逮崇德知縣蔡本端下法司。戍邊。

壬子。西苑作神應軒。

甲寅。李和尙寧安公主。

敕湖廣鎭筸參將以兵移駐五溪長官司。

蘇松兵備僉事任環督參將解明道等以舟師敗倭于南沙野茅洪。斬百八級。

乙卯。故大同指揮僉事薛蓁贈都督僉事。祔岳懋祠。廕正千戶。

己未。翰林編修高拱爲侍讀。

癸亥。陝西城固地震。

淸理四川鹽法。

虜寇大同右衞山陰懷仁。

四月𠚧朔戊辰。廣西田州土官婦瓦氏率土狼兵應調至蘇州。瓦氏岑彭妾也。老嫗善兵。總督張經以分屬俞大猷等殺賊奏聞。詔賞瓦氏及其孫岑大壽大祿。盡還民兵。罷前兵部職方郎中張重罪其役占。

俞大猷以狼兵擊倭于曹涇。敗績。喪二千餘人。賊初畏狼兵。稍戢。至是復肆掠。

乙亥。倭登通州餘東場海門東㚒港。流刼狼山利河呂四餘西。

丙子。江北倭突入通州西門。

遼東塞外屬夷孫膪穩克等俘斬北虜。賞之。

戊寅。議雲南鑄錢。凡兩廣福建山東產銅者俱如之。

已遣工部員外郎尙董往雲南。劾免。

己卯。吏部左侍郎葛守禮爲南京禮部尙書。

汰侍衞官旂將軍二百三人。留千二百八十六人。

辛巳。巡按浙江監察御史胡宗憲請移檄日本國王詰叛夷。許之。

濬蘆溝河。

壬午。宣府西路參將馬芳移大同東路參將。

前南京工部尙書彭黯卒。黯安福人。正德癸未進士。

癸未。永順宣慰司官舍彭翼南保靖宣慰使彭藎臣各兵三千人。致仕宣慰司使彭明輔等兵二千人。俱至松江。

定破倭賞格。

敍兩廣戰功。進總兵定西侯蔣傅太子太保。提督侍郎鮑象賢廕子入監。餘陞賞有差。

柘林賊過金山衞。總兵官俞大猷游擊白泫以田州兵擊之。敗績。賊遂犯浙江。

虜寇靑邊口堡。宣府參將李光啓禦之。兵潰見執。索贖。光啓奮罵死。指揮黃添祥尙眞蔡陞千戶郝廉賈璽尙志百戶郭勛王永皆遇害。贈光啓都督僉事。謚節愍。添祥眞陞俱贈都指揮僉事。

乙酉。南京吏部尙書王崇慶致仕。

倭犯鹽城。

丁亥。總督漕運兵部右侍郎鄭曉爲吏部左侍郎。

戊子。封翊鉅荆王。定燿岷王。定㷄善化王。翊錧德世子。宇清鄖城王。徹梃定陶王。朝垣華亭王。睦株封丘王。

三丈浦倭賊分掠常熟江陰村鎭。兵備任環以保靖土兵及知縣王鈇指揮孔焘合破之。斬百五十餘級。賊奔江陰。

己丑。江西進陶器色淺。以饒州同知楊錫文通判陳煉下巡撫訊之。

倭掠常熟西境。

辛卯。川沙窪倭出海。官軍燬其巢。游擊白泫邀于戚家墩。斬三十七級。

癸巳。淮揚海防參政張景賢敗倭于狼山。

柘林新倭攻金山衛。禦卻之。再至。俞大猷擊之。斬三百人。

五月甲午朔。刑部左侍郎陳儒爲右都御史。總督漕運。巡撫鳳陽。

柘林倭四千餘人流掠李塔匯張莊小崑山。趨泖湖而北。保靖宣慰使彭藎臣追之。抵蘇州六涇墩。突犯嘉興。

總督張經以參將盧鏜往保靖宣慰使彭藎臣戰石塘灣。敗之。走王江涇。急擊。又大敗之。斬千九百八十餘級。奔溺甚衆。自倭患來。東南戰功爲最。

乙未。西寧侯宋良臣卒。

丁酉。山西提學副使陳棐請自領冀北道試士。初。大同虜警。失試士。遂奏以冀北分巡道攝之。至是從棐請。

戊戌。川沙窪倭賊流刼周浦泗涇北簳山。兵備僉事董邦政游擊周藩追擊。死之。賊屯石塘橋。刼崑山石浦。

庚子。鳳陽大雨雹。壞田舍。

辛丑。南京兵部右侍郎張鏊改刑部左侍郎。
癸卯。裁上林苑監蕃育署丞。
甲辰。徐喬松嗣永康侯。徐源子。
倭自山東日照流刼東安衞。至淮安贛榆。又倭突登呂四場。副使李政擊斬四十五級。殲之。
乙巳。新倭千餘人突犯蘇州青村所。攻城不克。自焚其舟流刼。時新倭大至南沙烏口浪港。皆登掠。合犯蘇州婁門。南京都督周予德來援而敗。鎮撫孫憲臣死之。賊分部。一自齊門歷滸墅。一自胥門木瀆歷橫塘蕩于常熟江陰無錫。出入太湖。無禦者。
戊申。詔江西南安贛州吉安行廣鹽。袁州臨江行淮鹽。
己酉。逮總督浙直軍務右都御史張經及參將湯克寬。以侍郎趙文華劾其失機玩寇也。初田州東蘭南丹歸順等狼兵六千人至。輕進嗜利。聞倭富有財貨。亟欲取之。居民苦倭。朝夕冀倖一戰。文華至嘉興。屢檄經戰。經曰。賊狡且衆。狼兵勇而易潰。倘失利。遠近駭聽。俟保靖永順土兵合攻之。文華言再四。終不聽。文華挾內援頤指經。經以大臣自重。出文華劾經。謂其才足辦也。特家閩避賊仇。故嚄唶縱賊耳。上問嚴嵩。對具如文華言。并罪克寬。方文華上章時。永順保靖兵至。即有石塘灣之捷。文華云。徵兵四集。未有進期。蓋經祕密。文華胡宗憲輩佻淺不輕與言耳。今戰勝。嵩言文華宗憲合謀。督兵擐甲致捷。經聞乃至。殊失實。狼土兵服經威名。經被逮。解體。由是倭患日熾。狼土兵驛騷不堪矣。時日旁若數黑日。光相盪旬日。識者憂在東南大臣。果驗。
應天巡撫右僉都御史周珫總督浙直福建軍務。
談遷曰。張經受脤節制半天下。顧不滅賊朝食。擁兵持重。圖萬全之策。誠不欲浪戰。付國事于一擲也。或言經駐江南。供張僭侈。食器俱白金。非主憂臣辱之念。夫人臣圖事揆策。期于至當。敗固罪也。勝亦罪之。耽耽焉惟中山之篋是徇。安所展其足哉。

大同總兵官焦澤移鎮山西。山西總兵官韓承慶移鎮大同。從總督許論請也。未幾。澤失事褫職。承慶以激變下詔獄。

柘林倭出海遁。

乙卯。初倭攻三山所。參將劉朝恩力守。發矢如雨不一中。知其幻。投以犬首。旋射斃其帥。賊遁趨陸涇壩。蘇松兵備任環總兵俞大猷等進攻陸涇壩。斬賊二百七十餘級。焚三十餘艘。賊奔潰。

中書舍人吳國倫行人趙鏘謝蒲夏栻並爲兵科給事中。

丁巳。浙江按察使曹邦輔爲右僉都御史。提督軍務。巡撫應天。

倭自蘇還攻常熟。知縣東陽王鈇拒卻之。移三里橋。邑守制江西左參政錢泮率民兵同鈇追之上滄港。敗沒。鈇乙未進士。贈鈇太僕寺少卿。泮光祿寺卿。各廕錦衣衛百戶。賜祠。泮村居。倭碎其父柩。忿甚。治兵。鈇家京師不能還。留家常熟。

黃魯曾曰。錢公手刃三賊。與縣令同遇害。公固死于孝者也。其如縣令夙以厥考鈇星之夢自偉其生。適逢卉服之事。乃先擐堅舞利。日耀其勇。不知兵家之要。匪在技藝。故公終爲所悞。若守崑山之祝。守嘉定之殷。守太倉之熊。但乘保勿戰而已。公如之則何以至于虀礫耶。

嚴訥曰。王公之生爲正德甲戌四月十四日。蓋父母各夢鈇星墜蒼野中。故公命名鈇而號曰蒼野。今即公死考之。豈亦數之前定者與。

辛酉。倭六百人刼湖州南潯。至王江涇。總兵俞大猷參將宋禮夾擊之。賊遁。斬二百五級。

癸亥。開延平建寧鐵冶。

倭八百餘人自松江趨蘇州。參將周藩把總婁宇追至唐行鎮中伏。藩赴水死。兵民失千計。

六月甲申朔。兩廣總兵太子太保定西侯蔣傅卒。

丙寅。南京工部尚書楊行中改南京吏部尚書。巡撫江西右副都御史陳洙爲南京兵部右侍郎。

己巳。懷柔伯施燾卒。

庚午。倭百餘人登上虞爵溪所。突犯會稽蒿埠。奪民居樓房據之。知府劉錫千戶徐子懿圍之。賊潛逸。邑御史錢鯨値之蟶浦。見殺。自西興流刧杭州。西歷於潛昌化。

甲戌。薊鎮巡撫仍駐遵化。秋出昌平。

三丈浦倭出海。總兵官俞大猷擊斬百三十餘級。沉七艘。賊走三板沙。

徐階上言。將校主戰而守令主守。將校北輒用軍興法。而守令亡恙。及城潰矣。復坐將校死而僅左降守令。是文武異刑而法不一也。民進止視守令。不視將帥。今兵一而民百。奈何以戰守併責將帥。將校履肝肺以死。文吏待口舌以制。難以責其振矣。守令勤則餉儲具。守令果則哨探嚴。守令警則間不容。守令仁則兵必力。臣以爲重責守令可也。

乙亥。裁順德府通判。

丙子。定勳爵宗支冊籍。

徐階言。二麥大稔。每石直四錢。乞乘時收買數十萬石。加鹽價出居庸關輸宣府。出紫荊關輸大同。從之。

倭犯江陰。蔡涇閘分衆犯唐頭。知縣錢錞統狼民兵逐之。至九里山。敗沒。錞字鳴叔。顯陵衞人。讀書過目不忘。嘉靖庚戌進士。壬子知江陰。性剛果敢任。時倭亂。亟請繕城。明年癸丑城成。甲寅四月。倭至。錞以兵逆之斜橋。三戰卻之。倭退屯定山。而歲祲多盜。誅其魁而散其黨。乙卯柘林倭來。錞拒之。石擂矢盡。繼以瓦石。錞被創猶鬬。賊遂遁。鐔意其復至屯莘墅。果復至。斬九級。久之。殺傷略相當。常熟倭三千人大至。攻城。城守固。賊移營蔡涇。距城九里。鐔城上望焚焰。閔之。乃背城決死戰。時狼兵與所募士僅千人。臨敵。狼兵先潰。鐔自以所從卒鬬中伏死。年三十一。事聞。贈光祿寺少卿。廕錦衣百戶。立祀江上。鐔無子。弟鉄襲秩。初倭至。鄉民奔入城萬計。兵使王崇古不納。鐔獨挺身任之。躍馬出戰。

丁丑。戶部左侍郎馬坤爲南京工部尚書。起蔡克廉右僉都御史。巡撫江西。

保定總兵官署都督僉事李賢移山西。

戊寅。浙江倭還侵吳江。兵備參政任環總兵官俞大猷敗之鶯脰湖平望。斬七十九級。擒五人。

庚辰。三板倭出洋。任環俞大猷擊之馬蹟山。斬九十三級。擒五十七人。是日。有流倭舟壞。有五十七人匿嘉定民家。爇而盡之。

壬午。總督浙直福建右僉都御史周珫巡撫浙江右僉都御史李天寵削籍。趙文華劾之。上又聞珫疾甚。天寵嗜酒廢事。故斥。

南京戶部右侍郎楊宜改兵部右侍郎兼右僉都御史。總督浙直福建軍務。巡按浙江御史胡宗憲爲右僉都御史。巡撫浙江。

虜黃台吉駐獨石塞外。遣諜四人偵滴水崖。縛斬之。

山西礦盜宋愛等流刼定州阜平曲陽行唐。官軍捕誅之。

癸未。督察侍郎趙文華上蘇松失事罪狀。下按臣覈實。

諭戶部收糴山東河南濟宣大饑。

蔡涇倭至夏港。副使王崇古擊之。走靖江。斬四十餘級。匿民家。殲之。

戊子。戶部右侍郎倪嵩爲左侍郎。巡撫河南甘肅右副都御史鄒守愚王誥爲戶部右侍郎。誥總督南京糧儲。

庚寅。宮人高氏薨。追號和妃。

虜寇大同鎭山墩。參將馬芳游擊劉環戰失利。會援兵至。圍解。

辛卯。倭三百餘自南潯突至松江之葉謝。總兵湯克寬都指揮同知文奎守備解明道戰浦中。倭死三十餘人。東岸倭渡水來戰。俱溺于浦。

七月癸巳朔。起張烜右僉都御史。巡撫河南。大理寺右少卿魏謙吉爲右僉都御史。巡撫甘肅。

四川宜賓叛夷阿康等伏誅。

乙未。通州副總兵改參將。

巡按直隸御史李鳳毛言。俺答匪茹。其謀皆出丘富周原。乞令朔州兵備副使楊順計獲。詔給順萬金。無問出入。

戊戌。改湖廣按察副使孫宏軾。起山東按察副使劉燾。並補浙江勦倭。

翰林侍讀嚴訥潘晟主試應天。

庚子。馬邑諸生張蕙自虜回。言俺答永邵二部兵可二萬六千騎。待丘富甚備。親爲掃除。而富爲虜謀墾田積粟。造舟渡河。于是再下賞格購擒斬俺答諸酋來獻者賜萬金。爵伯。擒斬丘富周原者三百金。授三品武階。有言于兵部曰。虜可購也。兩人不可購。購之急。則虜益重兩人。是託兩人于虜也。莫若購兩人以致虜。購兩人以致虜。則亦購虜以致兩人也。丘富說俺答大收智略之士。榜招貢士諸生。厚遇之。而邊民黠知書者。詭貢士諸生往。俺答令富試之。能者使統衆騎。否則給佃。而舍人張邦奇素畜倭刀讖緯書。被掠。自言有秘書寶劍在威遠堡。虜急攻堡。不下。俺答厚邦奇。亞于富。又大同人孫廷美亦被掠。苦之。謀刺富與其黨王浩。議浩欲說富。不我聽則圖之因密語以順逆。富問儒生計何如。安國勸如浩言。張邦奇曰。勿聽。若無重世之德于中國。而有累世之怨。今購君甚急。若入邊不能爲己德而爲他人功也。禍無日矣。富怒令邦奇與浩相質。邦奇駡浩曰。汝欲餌丘公而釣中國乎。富殺廷美與浩。

乙巳。蕭山嵩埠倭西逃至淳安。財六十七人。官兵急擊之。自濠嶺盤山入歙之黃柏源。吏卒俱潰。過涇縣。知縣丘時庸戰敗。趨南陵。縣丞莫逞又戰敗。遂入縣城。于是建陽衞指揮繆印。當塗縣丞郭映郊。蕪湖縣丞陳一道。太平府知事郭樟各承檄以兵來援。値南陵東門射之。賊悉手接其矢。諸軍駭潰。一道獨力戰死之。

戊申。核太倉中庫積貯。

裁金山備倭都司。設參將。蘇松一。常鎭一。

己酉。播州亂寇平。

壬子。增應天兵備副使。駐勾容溧陽廣德。

癸丑。南涇許浦白茆港諸倭皆出海。總兵俞大猷屢敗之茶山馬蹟山。斬六十七級。擒四十三人。江陰蔡港倭出洋而敗。又大風沉二十餘艘。仍登掠而倭巢周浦。松江知府方廉使諜毒其井。賊死千人。

丙辰。南陵倭至蕪湖。義兵擊之。斬十級。擒二人。趨太平。操江右副都御史史褒善禦之敗績。東犯江寧鎭。指揮朱襄蔣陞禦之。襄戰死。失亡三百餘人。賊趨應天大安德門。其酋擁蓋策馬沿外城窺我。會獲其奸諜。趨秣陵關。

丁巳。逮前浙江巡撫右僉都御史李天寵。

蘇松兵備參政任環。廕一子衞副千戶。太倉知州熊桴。添註蘇州同知。

張經湯克寬逮至下獄論死。

壬戌。盧溝橋成。

八月燚朔。應天推官羅節卿指揮徐承宗以千人守秣陵關。自潰。倭至溧水楊林橋。典史林文景兵不能禦。入城。宴飲民家信宿去之。

甲子。整飭蘇松兵備參政任環聞喪。詔奪情勦倭。

乙丑。賜徽王載埨清微忠孝翊教眞人金印。

己巳。右春坊右諭德王維禎翰林侍讀袁煒主試順天。

辛未。柘林倭出海。參將盧鏜等追殺六十八人。時賊大疫。總督楊宜浙江提督胡宗憲分道設伏。賊迫而遁。遭颶風溺。官兵逐之。復回柘林。尙百九十八艘。欲往川沙。嘉定縣丞張潮及上海兵殲之柘林。倭焚舟示無去意。僅存十二艘于沙外。于是追及金山海洋。盡殪其舟。脫者定海兵遏之。

甲戌。溧水倭復趨徽州。還至東壩。由溧水而東。爲老人所紿。引至太湖之木瀆鎭。至滸墅。巡撫曹邦輔與副使王崇古僉事董邦政等。恐其合柘林之寇。乃分地。崇古等爲正兵。知府林懋舉知縣唐世耀屯吳林廟爲援。又分奇兵左右哨。度賊走太湖。募水師。賊至吳林廟。斬二十七人。餘走陽山。

張鼐曰。倭變起而緦緦講海防矣。說者謂防于海安。防于陸危。而防海有二。出海會哨。毋使入港。是爲禦海洋。沿塘拒守。毋使登陸。是爲禦海岸。兩者防漸近。禍漸偪矣。徽人不戒。而令賊蹈瑕以登。陣于原。勢且蹙于城。諜而守何暇犄而角。我輟其藩。故坐自困也。吳淞扼蘇松之喉。吳淞而南爲川沙。又南爲南匯。自南匯而西爲青村。又西爲柘林。又西爲金山。相去各六十里耳。聲援通而首尾應。而金山聯乍浦。通于浙。何大壑先生有言曰。今日之海防。但能復祖宗之舊制。卽一言而功過半矣。竊怪高皇帝時未嘗倭夷犯界也。而何其備周且密若是。豈非聖人至誠前知百世亡弊者耶。

丙子。前吏部主事溧陽史際輸餉五千石。加尙寶司卿。

丁丑。大同總兵韓承慶貪縱。有健奴劉忠韓喜者佐其虐。怨卒五百人欲逃虜。中軍官劉卿諭還。詔逮承慶下法司。

己丑。免西安延安平涼鳳翔慶陽旱災田租。

壬辰。大同獲奸諜二十三人。誅之。

提督漕運總兵官萬表以疾去。

滸墅倭走陽山。迤至靈岩奪舟。見湖濱水師。未渡。匿橫涇田中。武生張大綱捫其所殺人。肉未寒。曰賊必伏。令衆大呼。賊驚出。悉擒之。大綱手刃數人。被創死。倭初六十七人。自紹興歷浙直。轉戰千里。至是盡殪。

九月。癸巳朔。甲午。提督昌平都督僉事趙卿總兵官鎭守大同。

乙未。南京右僉都御史王學益疾去。

南京右府僉書署都督僉事方恩爲總兵官。提督漕運。鎭淮安。

督察侍郎趙文華大集浙直兵攻倭陶宅港。（華亭）。敗績。指揮邵昪姚泓千戶劉勳死之。文華恥不與滸墅之捷。欲殲陶宅倭見功。竟喪卒千餘人。

丙申。襄府棗陽王祐楒薨。

戊戌。選民女百六十人。

前撫治鄖陽右副都御史于湛卒。

留蘇松常鎭御史周如斗再歲。

甲辰。懷柔伯施薦卒。方使岷。府詔伏羌伯毛桓代。

南京兵部尚書張時徹右侍郎陳洙各敕免。

乙巳。刑部左侍郎張鏊爲南京兵部尚書南京刑部右侍郎張臬改南京兵部右侍郎。

總督侍郎楊宜徵順天保定射士千人。

丙午。虜大舉分犯宣大山西。初總督許論以鎮兵寡弱。檄召延綏游擊將軍都指揮張紘。因率三千人擊之。猝遇于張家堡南。虜衆來衝。紘令我軍開壁縱千餘騎入。乃合壁殺之。虜怒合圍我。紘又令士卒毋取首。第殊死力戰。由是虜死甚衆。紘亦力盡死。士卒殲焉。宣府志曰。是役也。將士全損。人不以爲敗績。虜死傷者衆也。自後被掠人回言。虜人追談是役。猶嚙指爲懼。則紘之死不爲無益矣。紘陝西人。素許忠勇。是舉其眞無負哉。贈紘都督同知。諡忠壯。大同西路參將丁碧以數百人戰馬家窊。死之。贈都督同知。諡節愍。總兵歐陽安遮擊于朔州。遁去。

戊申。倭二百餘人。據舟山之謝浦。又倭數百登海門。刼仙居黃巖。官軍追之。走奉化及鄞江橋。出四明山。據紹興龕山。胡宗憲率盧鏜處州兵擊斬之。

庚戌。免濟南東昌青兗旱災田租。

壬子。先是魏國公徐鵬舉被劾罷守備。撫寧侯朱岳代之。輒據班首。鵬舉疏爭之。仍鵬舉領班。

甲寅。戶部左侍郎倪嵩爲南京右都御史。蔡雲程爲戶部左侍郎。鄭大同爲刑部右侍郎。

初。御史金淛劾南京廣東試監察御史文希儒貪縱敗紀。希儒亦訐淛。下吏部。尚書李默擬淛免官。不許。淛乃參默曲庇。及南尚書陶尚德等黨比。上以互糾有舊制。切責兩吏部。令省改。希儒免官。

南京前府誠意伯劉世延提督操江。

右僉都御史史褒善兵備副使劉燾各攻陶宅倭。倭迎敵。皆潰。燾與私卒以射免。

丁巳。宮人耿氏薨。追封平妃。

戊午。虜復入宣府龍門犯懷來。

己未。復惠州捕盜通判。

辛酉。虜自保安出東嶺。參將馬芳以千餘人夜擣其營。虜大驚。斷爲二。西奔出張家口。

十月壬戌朔。皇長孫翊釴生。裕王出告奉先玄極寶殿。止勿賀。不頒詔。

癸亥。衡府壽張王載壚薨。

陶宅倭走周浦。官兵圍之柘林。倭出海。復還據川沙窪。

乙丑。署詹事府事吏部左侍郎閔如霖賀表忤旨。降俸三級。罷其撰玄。以翰林侍講袁煒代之。

丙寅。下昌平知州衞鈿獄。太常寺丞王守一祀長陵。鈿不具鼓導見劾。

己巳。庶吉士李貴呂旻萬浩胡汝嘉王希烈趙祖鵬張四維孫鋌爲編修。陸泰吳可行馬自强爲檢討。王文炳孫應鰲馮葉梁夢龍徐師曾鄒敬賢方萬有爲給事中。張選言蔣焞張九功王詠爲試監察御史。

庚午。琉球入貢。貢使市民舟還國。

辛未。總督河道工部右侍郎兼右僉都御史曾鈞爲南京刑部右侍郎。南京大理寺卿張舜臣爲大理寺卿。

乙亥。宋天馴嗣西寧侯。良臣子

丙子。免太原旱災田租。

趙文華會浙直兵合勦陶宅倭。敗績。總兵俞大猷劉顯僉事董邦政陣于左。總兵盧鏜以浙兵僧兵陣于南。期明日卯刻並進。兩總兵藐賊不滿千。計先期進。曹邦輔留青村所。大猷顯率千戶陳元恩等而前。賊未渡。僉事董邦政怒千戶劉良後至。命截其耳。俄頃兵潰。邦政隔河亦遁。大猷獨進。中伏。又大敗。失千人。明日。盧鏜至。賊詭我裴掩殺。又大敗。蓋兩總兵先期違制。乃授計于賊。惜哉。初文華以滸墅之功。曹邦輔先上捷。恚之。乃委敗邦輔邦政。劾之。復嗾楊宜排邦政。卽訊。

丁丑。曹邦輔攻周浦倭。敗績。奔溺數百人。

己卯。湖廣五衞四川永寧宣撫司附貴州鄉試。解額止三人。

庚辰。大理寺左少卿湖植爲右僉都御史。總督河道。

壬午。山西總兵李賢罪免。

勒總兵何卿李希儀閒住。卿希儀將川廣兵勦倭無功。巡撫直隸御史周如斗劾之。

何喬遠曰。沈希儀治深阻之蠻則工。禦江南平地之倭則拙。豈才各有所宜耶。抑所爲將各有所牽制也。廉頗曰。我思用趙人。信矣。

癸未。涼州副總兵署都指揮僉事何淮爲署都督總兵官。鎭守山西。

丙戌。逮紹興知府劉錫。錫亢直。趙文華劾其縱蒿埠之寇。竟戍邊。

常熟天雨如赤豆。

丁亥。通政司左參議劉體乾爲右通政。

庚寅。殺總督浙直兩廣福建右都御史張經。巡撫浙江右僉都御史李天寵。兵部員外郎楊繼盛。上無意殺繼盛。附諸邊臣論上。遂不免。經嘗有功。天寵亦亡罪。趙文華胡宗憲搆陷之。天下益惡嚴氏。制敕房辦事工部右侍郎談相幷死西市。張經死時。上方震怒。莫敢言其功。萬曆中。其孫懋爵訟冤。復其官。諡襄愍。繼盛隆慶中贈太常寺少卿。諡忠愍。

林燫曰。昔林文恪先生言。嚴趙用事時。苟非其黨也。其或以修或不修擠之者。可勝道哉。張司馬負其才。汲汲然自躍大冶。必爲鏌鋣。亡身之日。雖有智勇。將焉所效。嗚呼。哲哉先生之言也。自古權臣在內。大將未有能成功于外者。張司馬受大廷之薦。急于建功。固與全軀保妻子之臣。謬不同日矣。然皮之不存。毛將安傅。惜其不講于遠害之術也。予過檇李。問司馬陳兵故壘。尙爲之感愴不能去云。

汪道昆曰。肅皇操下凜凜。先後言者率皆骨鯁之臣。要莫如忠愍。當忠愍抗疏。豈不當上心。毋亦視將相如股肱。藉以奉社稷。故寧失藥石。不毋寧失股肱。彼一時也。一庸人上變而釁族。諫者後至而籍嵩家。則忠愍先入之。日更而明。雷伏而震。其所繇者漸也。夫憂在社稷而以身當之。身死而社稷無憂。得死所矣。殺其身而用其言。死且不朽。報恩地下。豈虛語哉。

徐階曰。嗚呼。士方平居語及節義。往往扼腕張眉目。自謂能之。一旦臨忠。害僅如毛髮。輒心悸色變。不敢出一詞。或走匿以規苟免。有能自奮如其言者寡矣。未有蹈必死而不懾者也。偶出不意。蹈一死。及旣脫。卒深自懲創。毀方以爲圓。又或自滿足。不復肯爲危言正色者有矣。未有慷慨激烈。赴再死而不顧者也。公始忤仇鸞。偶不死。奔走絕塞間。稍稍徵用。去訊繫時無幾。痛苦之狀。宜猶在心目。張安人所以語公與古牛衣之說。亦何以異。而公不懼不惑。卒直諫以隕其生。此其視唐子方諸人。且猶過之。矧世碌碌者耶。

談遷曰。楊忠愍之死。謂附張經李天寵等案。末得棄市。將上漫不省覽耶。非也。裁決萬幾。日不留牘。況論囚重奏。安有不竟閱者。其死忠愍。或詞及二王。非上所安也。忠愍死釁。張襄愍等死忮。並由嚴氏。權臣不幸。乃爲文華宗憲輩被此惡聲于萬世哉。

吳瑞登曰。張經何嘗玩寇殃民。李天寵亦何嘗失律喪師。當刑者百人。而所決九人。三良與焉。豈非天下人心之所共憤乎。

張鼐曰。故老傳張尙書督兵海上。不肯出一兵擊賊。時方太守廉製米糕分給官兵。呈樣督府。文武官列帳下。尚書別無指蹤。第云好糕好糕而已。此其文致太過。予考福州志。載少司空新城方公嘗言。吾守松江。張總制所不禮也。然其用兵御將帥。備要害。實所長。云王江涇之捷。或以爲胡宗憲。然星馳入蘇州。分遣諸將。卒用所調永保諸狼土兵犄角而蹙之。斬首幾及二千。伊誰力也。果若趙文華徼倖一搗巢。以新集之兵嘗試。東南事堪再悞哉。文華貪黷。固不足論。或云。胡少保時爲御史。附文華而傾李天寵。蹊田奪牛。即他日殲徐海。擒王直。功固不可泯滅。而竟以糜軍興金錢論死詔獄。夫報復各有數也。

薛應旂曰。楊忠愍事。比之借劍裂麻者。蓋尤懇切焉。先楊爵論事下獄。時浦鋐周天佐輩猶相繼上疏救之。至公下獄及赴市曹。不惟無一人繼之。而附和相嵩者有之。嵩之積威比黨。噫其甚矣。

前南京兵部尚書潘璜卒。璜婺源人。正德辛巳進士。擢戶部主事。改禮吏部。歷前官。有文學行誼。修飭士論重之。隆慶中。贈太子少保。謚簡肅。

辛卯。倭二百人登樂清流刼瑞安平陽。守備都指揮劉隆戰死。掠黃巖仙居。至楓樹嶺。慈谿。領兵主簿畢淸義士杜文明見殺。歷餘姚上虞。渡曹娥江。犯會稽

胡宗憲遣游擊將軍曹克新副使任環搗川沙倭巢。敗之。餘黨走淸水窪。

十一月壬辰朔。日食。

提督操江右僉都御史史褒善爲南京大理寺卿。給事中楊巍言其脫倭寇得美遷。遂還原任。

癸巳。翰林編修陳棟爲侍讀。

均京城甲役舖戶。

乙未。倭二百人犯莆田。鎭海鎭東等衞千戶戴洪高懷德張鑾並戰死。

己亥。敍東西諸鎭遏寇功。進許論太子太保。王忬右都御史。各廕子正千戶。總兵周益昌進右都督。巡撫王崇

古各廕副千戶。兵部尚書楊博進太子少保。廕。監餘陞賞有差。

辛丑。倭二千餘人登川沙。匯合舊倭流刦。

壬寅。許江南暫用客兵。

乙巳。減兩浙鹽課。

丙午。夜。月食。

湖廣左布政使郝維嶽爲右副都御史。巡撫雲南。

戊申。右諭德王維楨爲南京國子祭酒。

南京中府署都督僉事劉遠爲總兵。總理浙直海防。

辛亥。琉球官生蔡朝用等五人入南雍五年。至是遣還。

選承天民女二十餘人入宮。

壬子。倭登海鹽秦駐山肆掠。指揮使徐行健等殲之。

戊午。倭犯平陽。殺指揮祁嵩百戶劉懋。又倭犯舟山。追屯謝浦。參將盧鏜禦之。不克。指揮閔溶死之。

庚申。遣祀南郊。命禮部錦衣衛督察諸臣怠玩。

寇犯興化平海衞。正千戶丘珍副千戶楊一茂戰死。已犯福清泉州衞。指揮童乾直擣其壘。斬十餘賊而死。

閏十一月壬戌朔。癸亥。按察僉事焦希程以川兵趨周浦。賊懼而攻之。賊走川沙窪。游擊曹克新邀斬百三十餘人。

四川山東兵連擊之。賊出海。副總兵俞大猷兵備副使王崇古追斬百七十餘級。擒四十七人。餘賊奔上海浦東。

癸酉。川兵游擊曹克新追倭嘉定之高橋。斬三十八級。俄酉陽兵先潰。諸軍遂敗。越二日再戰。斬七十餘級。酉陽兵又自潰。賊乘之。我大敗。千戶李燦百戶郭彥昇死之。官軍奪氣。時客兵恣睢。督撫不能馭。每戰自爲進退。

酉陽兵既敗。卽大譟奪舟。徑歸蘇州。

丙子。戶部右侍郎鄒守愚爲左侍郎。巡撫保定右副都御史艾希淳爲戶部右侍郎。

丁丑。免順天保定河間大名水災田租。

靈丘王聰滆薨。

己卯。山東道監察御史曾佩刷南京案牘報命。有奏啓。上詰啓何爲。云故事。上以東宮已薨。下鎭撫司。廷杖戍邊。

壬午。山西右布政使吳嶽爲右僉都御史。巡撫保定。

倭自會稽東關走龕山。典史吳成器等殲之。斬百二十餘級。又象山倭過四明山。攻上虞蕭山壁于錢清。巡撫胡宗憲督兵備副使許東望等統𣑯陽士兵擊。斬五百餘級。盡擒之。餘孽自諸曁出東陽臨海至太平蒲歧巡檢司。得舟而遁。

庚寅。宮人吳氏薨。追封定妃。

十二月辛卯朔。癸巳。立南京振武營。

甲午。賑西安饑。

遣官四川山東採礦。

乙未。敕旌慶成王表欒賢行。年八十。

戊戌。巡撫宣府都御史劉廷臣疾免。巡撫大同都御史齊宗道調外。

己亥。敘禦倭功罪。逮應天巡撫右僉都御史曹邦輔。以趙文華忌之。幷及僉事董邦政把總婁宇。盡沒滸墅之功。

張鼐曰。當時論東南討賊功爲第一。捷書奏不及楊宜。而趙文華又恚己不與。遂嗾宜論公并婁參將董僉事。廷議勿是也。後以夾勦陶宅兵潰。劾公不協力。明年竟誣奏逮戍。一時嗟歎所謂功罪顚置。憂寧獨在倭哉。

辛丑。河南按察使張渙山西布政司右參議楊順並爲右僉都御史。渙巡撫宣府。順巡撫大同。

壬寅。山西陝西河南地大震。聲如雷。雞犬鳴吠。渭南朝邑三原華蒲尤甚。或地裂泉湧。中有魚物。或城屋平陷入地。渭南殆百里。或平地突成山阜。或連震累日。河渭泛溢。華山終南山鳴。河清數日。報斃官吏軍民有名者八十三萬餘人。時致仕南京兵部尚書朝邑韓邦奇。南京光祿寺卿三原馬理。南京國子祭酒華州王維楨。渭南郎中薛祖學。員外郎賀承光。主事王尙禮。進士白大用。華陰御史楊九澤。蒲州參議白璧同日死焉。其隱沒不知名未奏報者亡算。雖地震古有之。而是變史所未見也。韓邦奇字汝節。正德戊辰進士。授吏部考功主事。轉員外郎。調文選。言事。謫平陽通判。甲戌。遷浙江按察僉事。忤鎮閹。誣逮削籍。嘉靖初。起山東參議。予告。甲申起山西左參議。分守大同。時兵變。單車入城。諭悍卒迎巡撫蔡天祐于代州。人心始安。又予告。戊子。起四川提學副使。尋改右庶子。兼修撰。以主試京闈忤時。左遷南太僕寺丞。己丑。乞歸。起山東副使。大理左少卿。以左僉都御史巡撫宣府。乙未。佐院。又移山西。致仕。甲辰。起總理河道。進禮部右侍郎。改吏部。丁未。進南右都御史。改南兵部。致仕。邃學堅定。明于律數。自天文地理太乙兵陣之書。靡不精究。所著有易說書說毛詩末喻禮記斷章正蒙拾遺新書直解洪範圖解志樂諸書。篤于行誼。學務實踐。不徒空言。一時學者宗之。年七十七。贈太子太保。謚恭簡。馬理字伯循。正德甲戌進士。授吏部稽勳主事。調文選。請告。戊寅。補考功。庚辰。還子舍。嘉靖甲申。起稽勳員外郎。歷郎中。南京右通政。謝去。辛卯。起光祿。致仕。好古儀禮。學本程朱。年八十三。隆慶初。贈左副都御史。予祭葬。天啓初。追謚忠憲。

乙巳。戶科左給事中楊允繩下鎭撫司。論死。浙江道監察御史張巽言謫武陟縣丞。光祿寺丞胡膏調重慶通判。允繩巽言同巡視光祿。膏恃姻家李本故恣肆。允繩怒。劾其溷收子鵝。侵帑宜罪。膏疏辨玄典隆重。允繩慴臣精擇。謂諸物不過齋事之用。充具可耳。何擇爲。其欺謗玄修如此。上怒。以錦衣衞不逮巽言。奪右都督朱希孝等俸三月。允繩性剛厲。嘗坐省中。太僕卿徐陟直入請事。叱曰。祖制無故至科者刖趾。奈何以相公弟壞法。又奏大臣受餽遺。大學士階曰。閣臣受幣。科臣獨否。曰。彼獸心者則然。允繩寧有此。階色動。

丁未。紫皇殿成。

己酉。酉陽兵赴浙直道。刼九江鎭撫典禮阻之。被殺。

甲寅。台州倭走嵊縣。容美兵復敗之。

戊午。前總督陝西太子少保兵部尙書兼右都御史楊守禮卒。守禮字□□。安州人。正德辛未進士。授戶部主事。歷撫四川寧夏。爽朗有大度。才具敏達。當官著聲績。晚娛詩酒。于世態不屑也。

俺答大舉犯大同。總兵馬芳卻之。

涇州大饑。

丙辰嘉靖三十五年

正月辭朔。上不朝。

寧夏地震有聲。

倭自福寧向溫州。同知福安黃釧戰于水北洲中。伏。軍潰。同官欲遁。釧怒曰。吾黨寧效卒伍耶。竟死之。贈右參議。廕子。立祠。

壬戌。許黔國公沐朝弼節制土漢軍。諸司奏謁如先朝故事。朝弼自都督嘗被劾見輕。至是自請也。

癸亥。福建倭入浙江。合錢塘倭。前留守王倫容美土司田九霄等扼之曹娥江。不克渡。走三江民舍。連斬二百級。追滅之黃家山。

甲戌。宮人李氏薨。追封順妃。

吏部大計。降斥有差。

遼東屬夷寇永寧。

乙亥。兵部尚書楊博憂去。命總督宣大太子太保兵部尚書許論回部。

虜寇莊浪。

戊寅。趙府廣安王厚爈薨。謚溫懿。

起江東兵部右侍郞兼右僉都御史。總督宣大山西軍務。

庚辰。夜。彗見進賢星旁。芒長尺。指西南。漸三尺餘。歷掃太微垣次相星。又東北入紫微垣。掃天床星。至四月庚寅滅。

辛巳。巡撫湖廣都御史汪大受察免。

壬午。陳東巢新場。殺參將尙允紹于呂四場。喪四百餘人。

己丑。移陝西河西道參議駐環縣。提督鹽法。

總督浙直侍郞楊宜乞調邊兵河南兵勦倭。部覆。選練鄉兵。止調河南。

新場倭趨紹興。巡撫胡宗憲馳救。值之江橋。夾河而軍。宗憲望見曰。是賊弱。吾且試之。馬上揮幟。賊聚視。宗憲笑曰。易與耳。渡河襲之。賊走後梅民家。火攻之幾盡。

二月皷朔。戶部左侍郎鄒守愚往祭山西河南山川。仍賑卹災民。
癸巳。南京右春坊右諭德沈坤爲南京國子祭酒。
甲午。賑平陽延安。蠲田租。
光祿寺卿章煥爲右僉都御史。巡福興漳泉海道。煥以權輕。乞假督撫銜。乃改巡視。已。止之。
乙未。大學士李本少詹事尹臺主禮闈。禮部左侍郎吳山知貢舉。言至公堂不當列御史坐。御史以故事爭。山曰。故事當問禮官。外簾有監試廠而無知貢舉廠何也。御史故出廠中行事耳。往年某侍郎諛御史引入坐。今循爲例。非也。御史語塞。乃移坐。
丙申。滕縣地震。聲如雷。
翰林修撰仝元立爲南京侍讀學士。署院。侍講袁煒爲侍講學士。
己亥。罷總督浙直福建兵部右侍郎楊宜。御史邵惟中論其闒渷非應變才。宜懲張經之敗。曲事趙文華。文華正月入朝。薦胡宗憲代宜。會惟中疏上。特罷之。
庚子。劉斌嗣晉寧伯。劉良璽叔。
川貴叛苗千餘人攻壅壁等塞。平越衛百戶安大朝拒卻之。進大朝銅仁守備。
辛丑。寧夏地震有聲。
壬寅。南京戶部尙書孫應奎引年致仕。
南京戶部右侍郎王誥爲兵部左侍郎。兼右僉都御史。總督浙直福建軍務。
乙巳。命調九江安慶兵防京口圌山等處。設把總指揮領之。
丁未。總督倉場督理西苑農事戶部左侍郎盧紳爲南京戶部尙書。順天府丞高燿爲南京戶部右侍郎。總督南京糧儲。

己酉。嬪王氏卒。追封懷妃。

壬子。寧夏地震。

戊午。下吏部尚書李默獄。初上憂南寇。趙文華對。殘寇行且滅。不足慮。而寇如故。上屢問嚴嵩。嵩曲爲解。文華內懼。本兵楊博憂去。文華幾得之。默所推絕不及。見默欲有陳。默嚴拒之。怏怏而退。默嘗部試策選人有漢武征伐四夷而海內虛耗。唐憲功成淮蔡而晚業不終句。文華摘其語爲謗訕。又推總督舍胡宗憲而用王誥。蓋欲敗東南事。爲其鄉人張經報仇。上大怒。卽日下鎭撫司掠治。刑部尚書何鰲擬子罵父律論死。默性卞急。不能容人過。接士大夫少愉色。援引才俊。不使人知之。得大臣體。既得罪。禮部尚書咸寧王用賓心寃之。禮部都察院參上詞稍寬假。上不懌。移法司對簿。重論用賓。由是失上意。

徐學謨曰。咸寧公爲人忠信恬雅。身不勝衣。至當建安利害之際。不忍逢君負友。人稱其有仁者之勇。或云。建安之禍。始于其鄉人陳全之。蓋文華所取士也。以劣遷出。遇文華于潞河。先以策自將。假手報復。而分宜父子欲甘心于建安久矣。乃嗾文華文致大獄。一時朝論閧然。自是代建安爲吏書者。第默默擁虛位。而分宜之門鬻爵如市矣。祠祭郞中陳全之遷荆州知府。

談遷曰。萋菲之口。不顧是非邪正。逞智私鍛。攻楊允繩曰謗訕玄修。攻李默曰謗訕報復。自告訐之端開。而臣子之一言一動。莫非罪府。特未經指摘。暫自寬耳。當世廟時。官途不險甚乎哉。

罷王誥。進胡宗憲兵部左侍郞兼左僉都御史。總督浙直福建軍務。湖廣按察使張景賢爲右僉都御史。巡撫應天。

徐海復巢柘林。陳東自新場合之。

己未。大學士李本署吏部。

三月庚申朔。壬戌。故陣亡參將尙允紹。贈都督僉事。廕千戶。

癸亥。署吏部事大學士李本請考察兩京大臣。許之。品第大臣列三等。曰褒。庸。當罷。南京吏部尙書楊行中。禮部尙書葛守禮。刑部尙書陶尙德。戶部右侍郞艾希淳。刑部右侍郞鄭大同。工部左侍郞郭鋆。南京右通政何雲雁。南京鴻臚寺卿王楠。太僕少卿張秉壼。南京太僕少卿陳邦修。光祿寺丞丘秉文。巡撫右副都御史張烜郝維嶽汪尙寧。右僉都御史張鶚翼。得旨俱罷。希淳雲雁調外。許致仕。李本蓋徇嚴氏意也。列工部尙書吳鵬右侍郞嚴世蕃等第一。

甲子。應城伯孫承爵卒。

前陝西總兵都督同知魯經卒。經驍勇敢戰。久鎭西陲。以功名終。時稱良將。

乙丑。廣西布政司右參政阮鶚爲右僉都御史。提督軍務。巡撫浙江。

築懷來南山隘口。設岔道守備。

丙寅。李本考察科道。罷三十八人。都給事中烏從善馬汝松。左給事中黃元白。右給事中黃謙張萬紀郭鑰。南京都給事中朱文漢。御史李應時劉應熊龐俊陳九成詹理蔡朴尹庭鄭鑰馮薦張雲路郭文周。左給事中李幼滋。給事中孫濬吳國倫夏栻。南京給事中高鶴。御史李正彝高墉黃正色何廷鈺陰秉陽陳觀衡曹光。南京御史徐栻邊穀。並坐浮躁。都給事中王鳴臣。給事中謝蒲。御史林應箕朱木段錦張守蒙。並坐不及。俱降調。餘御史留用。各杖四十。是役也。嚴氏之異己俱盡。公論不平。

丁卯。誅虜諜二十二人。叛人王青等專通虜。偵我山西三關。邏卒縛之。

庚午。費坤嗣崇信伯。費煒子。

南京户部右侍郎高燿爲户部右侍郎。總督倉場督理西苑農事。

辛未。工部尚書吳鵬改吏部尚書。自是選人惟嚴氏指。政以賄成。益不可問。

支大綸曰。鵬生平醇篤清謹。斤斤自守。歷官有賢聲。爲大司空。家無厚貲。及嵩以李默係獄。而令鵬代之。進畏重禍。退戀美官。遂大喪生平。凡內外要職。皆奉嵩指授。及徐階李本陸炳與內璫用事者。取次賄囑。鵬奉札記遷授。靡敢牴牾。間有所公。皆散秩下地耳。而竟以穢聲終。斯時也。剛則爲默。柔則爲鵬。士君子將安所樹立乎。

留兩淮餘鹽銀之半。備海防軍興。

甲戌。策貢士金達等三百人。賜諸大綬等進士及第出身出差。

乙亥。陸兵部左侍郎翁溥爲南京刑部尚書。巡撫順天兵部右侍郎兼右僉都御史吳嘉會爲户部右侍郎。陸浙江左布政使潘恩爲右副都御史。巡撫河南。廣東左布政司王鈁爲右副都御史。巡撫南贛汀漳。山西左布政使石永爲右僉都御史。巡撫延綏。江西布政司參政胡汝霖爲太僕寺少卿。

丙子。命俞大猷充總兵官。鎮守浙直。盧鏜充副總兵協守。

復副總兵董邦政原職。蘇松海防僉事。錄□□教授韓宗福通判羅拱辰等。

戊寅。恩榮宴。命錦衣衛左都督陸炳坐文臣二品末。

庚辰。進李本少保兼武英殿大學士。酬考察之役。

翰林編修亢思謙爲河南提學副使。

辛巳。禮部覆宣諭日本。寢之。先是巡撫胡宗憲募鄞縣諸生蔣洲陳可願充市舶司官。往招日本。可願至五島。値毛烈及夷商松柴門善妙等七百餘人。言國亂。王與相皆死。諸島不相攝。須徧諭之。乘舟進馬墓港。自言直抵倭。遍諭豐前馬肥前平飛蘭諸島。悉已禁掠。然其詞無稽。不足憑也。

壬午。吏部左侍郎鄭曉爲南京吏部尚書。山西按察使馬九德爲右僉都御史。整飭薊州邊備兼巡撫順天。

癸未。工部右侍郎趙文華爲工部尚書。進太子太保。賞其訐發不臣之功。

甲申。雲南貴州左布政使高翀陳錠並爲右副都御史僉贊理軍務。錠巡撫雲南。翀巡撫貴州。

丙戌。翰林編修吳情爲侍講。

倭大至乍浦。流刼松江嘉興。據蔡廟堡。

參政任環參將喬基等擊賊蔡廟堡。七遇皆敗之。而新倭自南滙登犯。任環及參將婁宇把總王應祥遞敗之。

董邦政又敗之。賊入吳淞江。俞大猷設伏海口。斬三百五十級。沉十三艘。

四月己巳朔。南京吏部尚書鄭曉爲右都御史僉兵部右侍郎。協理戎政。禮部尚書王用賓爲南京吏部尚書。禮部左侍郎吳山改吏部左侍郎。起孫陞禮部左侍郎。協理京營戎政兵部右侍郎謝九儀工部右侍郎雷禮並爲左侍郎。撫治鄖陽右副都御史劉伯躍爲工部右侍郎。

聽調戶部右侍郎艾希淳致仕。

辛卯。戶部浙江司郎中金九齡下獄削籍。前廷試時私入禁門見執故也。

壬辰。甘肅地震有聲。

城潼關衛。地震城圮。

甲午。吏部左侍郎吳山爲禮部尚書兼翰林學士。右侍郎郭朴爲左侍郎。禮部左侍郎孫陞爲吏部右侍郎。右侍郎茅瓚爲左侍郎。翰林侍講學士袁煒爲禮部右侍郎。

河南按察使李憲卿爲右僉都御史。巡撫湖廣兼贊理軍務。

陳可願還國。言王直毛烈及薩摩洲倭乞通貢互市。得殺賊自效。遂留蔣洲傳諭諸島。胡宗憲以聞。禮部覆令宗憲等檄王直等俾勦舟山賊。果爾許之。

丁酉。禱雨而應。表賀。

逮四川游擊將軍曹克新下法司。以川兵敗後逃盡故也。

戊戌。南京工部右侍郎孫世祐改刑部右侍郎。山西左布政使孫應奎爲右副都御史。總理河道。

山西總兵官何滙有罪免。寧夏副總兵孫朝爲署都督僉事總兵官。鎮守山西。

己亥。倭二十餘艘登觀海衞。攻陷慈谿。殺邑人副使王鎔知府錢渙等。知縣柳東伯遁。

辛丑。甘肅天鼓鳴。

新倭三千餘人犯鎮江瓜洲儀眞。焚漕粟三萬四千餘石。攻揚州。殺同知朱裒都指揮張恆千戶羅天爵曾沂。鹽賈善射者卻之。而徐海陳東各擁萬人。佯攻乍浦。時川湖諸兵俱罷。獨容美河朔兵五千人在。巡撫阮鶚夜半趨乍浦。胡宗憲屯塘棲。相犄角。

癸卯。宮人王氏卒。追封御嬪。

倭攻江陰。幾殆。主簿曲阜曹廷慧以火器卻之。

甲辰。江北倭流刧圖山。無爲州同知隆德齊恩迎戰。斬百餘賊。恩長子尙文。叔仲實。弟寶榮。姪愼寅友良大卿孫童俱從軍。次子嵩年十八。驍勇善戰。獨前進。追至安港。伏發。恩等與其家丁錢鳳等二十一人力戰死之。獨嵩愼寅三人得脫。恩祖敏浦江主簿死寇難。恩廕入太學。授鴻臚寺鳴贊。進宰河曲。遷今官。賊乘勝至金山殺鎮江千戶沈宗玉王世忠于江中。千戶戚繼爵等戍狼山。遇倭死之。揚州衞千戶洪岱文昌齡率師至通州。敗沒。

丙午。大風霾。

倭復入慈谿。時兩浙俱被倭。而浙東焚掠慈谿獨慘。餘姚次之。浙西柘林乍浦烏鎮皂林間皆爲賊巢。前後至者二萬餘賊。

戊申。封載𡏖商河王。翊錡安陽王。翊鈁萬善王。朝壤瑞淦王。勤烑海陽王。宙梳新野王。弼渫淳化王。時修撰陳謹給事中徐應郭立彥奉使。臨遣後至。下鎭撫司。改編修呂旻給事中湯日新紀公巡。謫謹惠州推官。應立彥福建浙江按察司知事。

庚戌。倭犯直隸西庵沈莊清水窪。總兵官俞大猷蘇松海防僉事董邦政擊斬三百五十餘級。賊遁陶山。

辛亥。賊自乍浦趨杭州。阮鶚以河朔兵及于阜林。賊鼓噪而前。鋭甚。皇急入保桐鄉。佐擊將軍宗禮義官霍貫道率九百人禦之于崇德三里橋。張左右翼。三戰俱捷。斬三百餘級。賊首徐海等皆辟易。稱爲神兵。會絕嚮導。不得善地。頗飢疲。詰旦賊輕其孤壘。縱擊我。我戰益力。會火藥絕。橋陷軍潰。禮與貫道及鎭撫侯槐何衡俱死之。賊乘勝圍桐鄉。不克。鶚蠟書請師五。宗憲不報。自此相隙。禮大興人。驍勇敢戰。所部皆壯士。用寡敵衆。雖陷敗。兵興以來稱血戰第一。徐海等氣奪。未幾遂就撫。贈禮都督同知。謚忠壯。廕指揮僉事。貫道贈光祿寺丞。

丁巳。翰林侍讀嚴訥修撰李春芳並爲翰林學士。右春坊右中允董份直西內撰玄。自是詞臣多舍本職。往往求供奉希進用矣。

戶部右侍郎莆田鄒守愚賑陜西。還至河南。道卒。贈右都御史。謚襄惠。

胡宗憲得詔移諭日本。知盜權在王直徐海。可以賂遺設利降也。因使使潛諷直。直遣養子毛烈款定海關謝。直歙人。少落魄任俠。亡入海。頗尚信。有盜道。夷主亦愛服之。直嘗要我防海將討五島。我將饋粟百石。直大訴。投之海。宗憲以鄉人羈其母爲書招之。宗憲計直與徐海唇齒也。因遣諜說海曰。直已款關。朝廷赦之矣。汝獨無意乎。且新總督推心置人腹。不乘此時解甲謝過。更復何待。海遣使宗憲。厚遺之如直。使歸以報海。明日復來。待如初。凡數復而海意始堅。薩摩王弟書記陳東心疑海有他端。海遣酋私語桐鄉守兵曰。吾已款督府矣。城東門。陳黨也。其善備之。是夕海道崇德而西。陳東攻桐鄉益銳。盛爲樓櫓撞竿。知縣金燕力禦之。撞竿幾壞城。一男子爲緜索竿至。挽而上。鋸之。又煮鐵汁灌城下。不敢逼。圍解。宗憲說海縛其書記葉麻。明又詐爲葉麻明書與陳東。令舉兵殺海。而俣致之海所。海讀之涕下。謀縛東自效。而阮鶚自圍中急。與宗憲相猜。異論始起。

五月戊戌朔。總兵歐陽安副總兵張琮劾免。

敍王江涇功。保靖宣慰使彭藎臣永順宣慰使官舍彭翼南俱進昭毅將軍。餘有差。

倭五十餘艘自吳淞所犯上海。圍之。署縣通判劉本學力拒。十七日。不克。賊夜梯西南堞。且登。役者楊鈿乘女牆大呼。賊擊之。鈿墜城外。壓梯上。賊亦墜。官軍羣擊。賊退涉濠。適潮至。溺六十七人。皆刀甲眞倭也。賊卽南去閔行。

倭犯瓜州。鹽役百人擊走之。倭夜犯揚州。同知朱裒高郵衞經歷晏銳率千戶賈勇子恩出戰。敗死。贈裒左參議。廕子入太學。

壬戌。夜。木星逆行。犯房宿北第一星。

兵部右侍郎沈良才兼右僉都御史。提督浙江軍務禦倭。郎中郭仁員外郎王遴從軍贊畫。

癸亥。南京工部右侍郎孫世祐卒。

乙丑。太子太保工部尚書趙文華兼右副都御史。提督浙直軍務。時沈良才命下。上復諭嚴嵩令文華以南事對。嵩知詞窮。且見譴。令文華自以意請視師。嵩復言良才不任。江南引領徯文華久矣。上乃改文華。文華薦副留守朱仁守備朱廕戶部郎中陳惟舉工部郎中陳茂禮雷州知府盧孝達漳州通判黃元恭俱從軍。

丙寅。以地震。免蒲解臨晉安邑夏芮城猗氏平陸榮河去年田租。
丁卯。周府汾西王勤熸薨。諡康僖。
戊辰。勸民輸餉。旌之。
庚午。寧夏地震有聲。
操江都御史史褒善奪俸。
甲戌。冀州高邑新河柏鄉隆平廣平地連震。聲如雷。
南京光祿寺卿楊大章爲南京工部右侍郎。
再調永順保靖土兵六千人于浙江。
前署都督僉事李賢總兵鎮守宣府。
乙亥。慈谿倭入海。泊魚山。毛烈助官軍追擊之。斬百八十級。
丁丑。徐海歸我俘二百人。陳東自桐鄉退屯乍浦。閱行倭自斜塘趨蘇州。吳江兵邀之。乃轉掠蘇州西關。焚劫七日解去。
己卯。司禮太監黃錦。南京守備太監郭倣。同南北法司錄囚。貰減有差。五年審錄。
益王厚燁薨。諡曰莊。
臨淸雲南地震。
作齊雲山眞武殿。
庚辰。薊州王旺峪進礦砂百五十觔。
辛巳。華縣地震。

壬午。金星晝見。

癸未。兵部左侍郎謝九儀改戶部左侍郎。

前巡撫雲南右副都御史周采卒。采字子亮。寧鄉人。嘉靖壬辰進士。授中書舍人。拜吏科。歷禮科都給事中。出爲陝西右參政。福建按察使。四川左右布政。積外十二年。始撫滇。旬日艱去。年五十。

丙戌。蘇松海防僉事董邦政降蘇州同知。

丁亥。遣制敕房辦事左通政王槐錦衣千戶金天爵同內使採礦玉旺峪。

忻城伯趙武卒。

故神木堡陣亡參將楊璘贈都督同知。廕正千戶。立祠。

始命兩廣河南湖廣歲進葛八百匹。

六月戊子朔。操江右僉都御史史褒善以避賊免官。

翰林院侍講邢一鳳爲南京太常少卿。

山東左參議張祉爲右僉都御史。整飭薊州邊備兼巡撫順天。右副都御史王崇古回部。

庚寅。唐府湯陰王彌鍔薨。謚端肅。

作帝眞殿。

壬辰。倭寇潮州。

甲午。山西左布政使閔煦爲右副都御史。提督雁門等關兼巡撫山西。江西布政司右參政高節爲右僉都御史。提督操江。

上海倭還浦出海。犯浙東。薄仙居。知縣姚本崇戒戍卒。如賊不犯城去之。鳴鐘三。賊且去。聞鐘聲。疑兵出。遂攻城陷之。屯四十餘日。知府譚綸率兵逐之。
桐鄉倭由千墩東出朱涇。泊呂港四掠。
乙未。寧陽侯陳繼祖卒。
丙申。蘇松倭出黃浦。新安衛百戶帥印擊倭于青村得勝港。死之。倭將入海。我飛艦逐之。無生還者。董邦政擒倭四十餘人。
丁酉。總督漕運陳儒聽調。巡撫江西右僉都御史蔡克廉改右副都御史。總督漕運兼巡撫鳳陽。
虜寇懷安。近城殺掠。守將畏懦不出。致仕參將周鎰忿之。率舍人十餘逐之。戰死。又寇萬全右衞。指揮僉事蔡隆禦于黑沙梁。身被數創死。贈都指揮僉事。
辛丑。虜三萬餘騎犯宣府。游擊張紘以千人迎戰。敗沒。贈紘都督同知。
癸卯。朵顏屬夷都指揮伯思哈兒私引虜諜數人窺邊。守備詹承恩巡徼。盡殺之。下御史核實。
倭圍江陰甚亟。人無固志。知縣某惴惴。或勸主簿曹廷慧自爲計。廷慧叱之。手斫家人一耳。又欲刃其子。衆遂定。索薪貫火擲城外。又灌鐵汁。乘風發火藥。倭始退。
甲辰。戶部主事沈應乾錦衣千戶李鉉採礦河南。
戊申。江西左布政使馬森爲右副都御史。巡撫江西。
辛亥。授李東華鄧棟陳慶劉贊宋繼先劉一麟傅鳴會鄭用賓張登袁汝是爲給事中。羅緯周京梁汝魁何大章費魁姜繼增陳志徐仲楫周斯盛羅元禎路楷段顧言鄭存仁王業胡應文何其賢爲試監察御史。慶鳴會京增應文其賢並南京。
吳淞江賊萬人欲西合徐海。胡宗憲遣諜說海。禦之朱涇。夜遁。俞大猷伏舟師邀之。溺且盡。海懼。以飛魚冠諸寶貨輸宗憲。遣其弟洪入質。我亦厚遺之。海麾下麻葉明數阻海。謂幣重而言甘。勿可聽。宗憲乃遣羅龍文諷海誘縛麻葉明獻幕府。于是海部曲之心益離。

乙卯。故監察御史包節卒于莊浪。節字元達。華亭人。嘉靖壬辰進士。授東昌推官。拜御史。按雲南湖廣。劾中貴廖斌不法。逮戍莊浪。年五十一。

七月盯朔。己未。西苑進瑞穀。

錄倭犯兩浙前後官軍死事者。故溫州同知黃釧。贈浙江右參議。海寧衛指揮使徐行健。贈都指揮使。餘各有差。立祠死所祀之。

象山縣大風拔木。

甲戌。署太常寺事禮部右侍郎徐可成爲工部尚書。仍署任。

戊寅。左副都御史馮天馭爲刑部右侍郎。

宣府總兵官歐陽安移鎮薊州永平山海。

胡宗憲以簪珥遺徐海侍女翠翹綠珠。令日夜說海。縛陳東以報朝廷。東蓋薩摩王弟書記。海重王弟。不能也。宗憲出麻葉明囚中。令詐爲書于東反兵賊殺海。故不遣。東陰泄之海。海且慼而趙文華方治兵擊海。宗憲佯曰。彼且縛獻陳東。何戰爲。海果賂王弟。詐請東代掌書記。卽縛以獻。于是海勢日孤。又誘乍浦賊出巢。官兵乘之。斬三百餘級。海自念數有功。又信羅龍文誘。約八月二日入謁督府于平湖。海先期以數百人冑而入城。宗憲文華與阮鶚坐堂上。海等叩罪。海欲再款宗憲而未之識。諜目示之。海復謝宗憲。宗憲下堂摩其首曰。若既內款。期廷且赦若。愼勿再疑。厚犒遺之。海既出。知官兵大集二十萬。陰收陳東餘黨。宗憲遣童華往解之曰。官兵防東黨耳。非有他也。海請居東沈莊。陳東黨居西沈莊。又令東詐爲書遺其黨曰。海約官兵夾勦汝矣。東黨果疑相攻。海降。遣裨將辛五郎歸島。宗憲密令俞大猷等分海道要衝。責盧鏜擒五郎。計誘之金塘之麓。後獻俘。

癸未。右僉都御史趙大祐爲左副都御史。

八月妏朔戊子。追奪徽恭王厚爝眞人印。嗣王載埨多不法。謂其怙先寵也。

辛卯。興大同屯田。

甲午。衍聖公孔貞幹卒京師。

冶四川之鑛得銅。上疑使者不恪。嚴嵩謂鑛產徼外。曲諭蠻獠而得之。最不易。自後其冶金銀以上。上命馳責守臣。

丁酉。前南京刑部右侍郎郭持平卒。持平字□□。萬安人。正德十二年進士。

己亥。右春坊右中允董份爲翰林學士。

虜千餘騎犯神木。

壬寅。命有司採芝宛平人張巨祐獻芝五本。賜金幣。自是獻者踵至。

癸卯。大理寺少卿鄢懋卿爲右僉都御史。

丙午。大風霾。

辛亥。肅州衞天鼓鳴。有星晝見西行至東有聲。

官軍進攻東沈莊。徐海急。沉河死。斬首千二百級。浙直寇平。海故杭之虎跑寺僧叔碧溪。雄海上。稱天差平海大將軍。其黨陳東輔之。

茅坤曰。海以一緇衣起島上。五年之間。百戰百勝。朝廷徧徼海內諸名將。與之喋血吳越諸州縣間。未聞有俘其偏卒者。方且擁兵數萬人。分五道入湛舟以戰。示無復還意。當是時。其氣飄忽奮迅。固已欲吞江南矣。

何其猛也。已而困于胡公區區之餌。卒之糾纏狠狽以自剪而死。若封羊豕然。豈非所謂人固屈于慾也乎。善哉。友人唐司諫嘗曰。始賊盛兵圍桐鄉時。假令胡公持觖觖不量彼己而鼓兵以戰。一蹶而僨東南事去矣。今且堅忍紓徐以收之。兵法曰。利而誘之。亂而取之。若胡公者。可謂合兵變者也。

馮時可曰。初作難。發于元罷海漕。青徐運卒。探知地利。逆節萌起。故禍中遼左山東。及張士誠方谷珍分據東南海上。而遺孽竄島中。兩浙淮揚。驛騷矣。嘉靖中葉。患益浸廣。天下傳奉勦寇。鼎沸波蕩。無異。故實以王直徐海二酋使然。彼皆豪舉。困于州邑之跆藉跅跑。邑鬱無以耗其雄心。獨怪當事者奈何不令之爪牙邊鄙。而驅之耳目外夷也。宋臣鄭剛中議欲錄用瀕海諸豪以資捍守。而高帝盡籍海上惡少為伍長。嗟乎。深慮哉。

談遷曰。倭之患東南。非倭也。東南人自為之也。如王直徐海。開禍浙直者數年。頭顱枕藉。孫恩盧循有加焉。胡宗憲以戰國捭闔之術。百計而始一中之。魚雖潛不能捨其芳餌。兔雖狡不能出其重羅。非宗憲之智而徒以兵力相勝。堂堂之陣。正正之師。浙直其安所抵哉。

錦衣千戶金天爵進鑛銀三千五百金。上善之。戶部疏頌。幷宣示四川山東河南採官搜其僻。從之。

順德知府李攀龍為陝西提學副使。

壬子。命于福建廣東番舶購龍涎香。幷及雲南。時迫求之。論者罪陶仲文顧可學始其事。

九月

丙辰朔。海州地震。聲如雷。

戊午。前駙馬都尉鄔景和自崑山入賀壽。因言臣五世祖寄籍錦衣衛。世居北方。今被罪南徙。不勝犬馬戀主之私。扶服入賀。退而私省公主墓于西山。丘封翳然。荊棘不剪。臣竊自念狐死尚正首丘。臣屬為生人。託命貴主。獨于死者魂魄相弔數千里外。不得展春秋祭掃之誠。拊心傷悔。五內崩裂。臣之罪重。不敢祈恩。惟陛下幸哀故主。使臣得寄籍原衞。常于靈影相依。死無所恨。上憐之。留京。
己未。免武昌水災田租。
庚申。泰州泰安地震。
海西建州降夷六人。朵顏三衞降夷七十一人。安置兩廣。
辛酉。免畿郡水災田租。
壬戌。虜二萬餘騎入遼東平川錦川等堡。參將羅克阜等禦之失利。指揮劉洪臣千戶黃相李承宗百戶管振死之。
乙丑。徽王載埨有罪。詔廢爲庶人。載埨慧巧出恭王厚爝上。淫虐過之。益伺上意所以悅帝萬方。故初于徽最親。王置傳聞上起居。王府中具百工精巧殊異。王又善以其慧調度之。其器物甲天下。王好琴。嘗與知州陳吉爭斲琴事訟于朝。上爲杖殺巡撫駱昂。戍陳吉及巡按御史王三聘。上宮中有須。王先時獻。老道者南陽梁高輔。年八十餘。手甲長數寸。善導引。王厚遇之。進之上。拜散人。梁廉謹。有所賜予皆辭。王使人求謝。不能應。使人歸。惡梁于王。而王不知也。王故煉女癸服之。上亦須此。梁馳求王。王不與。而王方自恣。盛興土木花石。作大小殿廊百餘所。奪士民第舍。城外塚坊。行宮掘之。至七十餘塚。築飛觀數十丈。自北城女牆上連後苑。爲械激水入觀輪苑沼。復造二樓。亦數十丈。皆綉窗雕戶。衣以革金文錦。自擇民間美子女。日淫酣。又詐稱張世德走南京市四女。至王莊驛。驛吏察其非凡。徽見王衣疑而拘之。王隤垣出。庫官王章直諫。斃之。前後所殺亡辜二十餘人。他日梁散人侍上。問徽王亡恙。對曰者自南京歸。有微疾。上默然。會民耿安女强入宮捶死。安上變言王竊出。窺南京形勢。五日一探上起居。幸瑕隙爲不軌。巡撫潘恩巡按□昭亦奏王罪。廉之俱有狀。命奪爵幽鳳陽。載埨聞之。先殺其嬖妾而自經。國除。

何喬遠曰。初。恭王雖虐。然好士無與比。時具饔府中食士而較之。歲大比。親勸駕踰等于有司。故猶得以保其國而王。竟坐荒縱無忌亡。魯論謂衞靈以用賢不喪。虞書戒甘酒嗜音。峻宇雕牆。此之謂也。

談遷曰。親藩非反逆。國不除。其淫虐見罪。僅譴其身。未絕封也。徽自恭王諂上奉玄。賜號眞人。禍機所伏。更梁散人成之。昔楚王英最先好佛。以逆誅。徽庶人好道亦然。孔子所以致戒于異端也。然瀦宮夷社。其罰已甚。獨不念高皇帝祖訓所著耶。

丙寅。免南贛汀州水災田租。

免應天池太蘇松常鎭田租。

丁卯。登州地震。

戊辰。杭州大火。

翰林學士董份侍讀瞿景淳主武闈。

己巳。吏部左侍郞署詹事府事閔如霖爲南京禮部尙書。順天府尹汪宗堯爲通政使。

庚午。蔣佑嗣西寧侯。孫文棟嗣應城伯。蔣傅弟孫永爵子。

丁丑。火星犯太微垣上將星。

戊寅。孔尙賢嗣衍聖公。

少詹事尹臺爲南京吏部右侍郞。翰林侍讀潘晟爲南京國子祭酒。

十月炳朔。日食。

戊子。虜十萬餘騎分掠大同紅門及老營等堡。總兵孫朝等拒卻之。

辛卯。錄倭寇揚州死事諸臣。故揚州同知朱褢贈左參議。廕子學伊國子生。餘各有差。

壬辰。浙江布政司經歷吳成器有父喪。胡宗憲言其功。奪情進紹興府通判。

慈谿故省祭官杜槐。贈光祿寺丞。廕子入監。父文明。贈府經歷。並立祠。

湖廣總兵官平蠻將軍東寧伯焦棟疾歸。

丁酉。免遼東寧夏屯租。

總督湖廣川貴侍郎馮岳爲右都御史。總兵官石邦憲署都督同知。各仍任。

己亥。安遠侯柳震爲總兵官。鎭守湖廣。

庚子。許蘇松兵備參政兼副使任環終喪。

壬寅。賜黔國公沐融沐䂀祭葬。雖皆殤。以嗣爵例卹。

癸卯。金星晝見四日。

刑部郎中王世貞爲山東按察副使。

乙卯。前南京吏部尚書朱希周卒。希周字懋忠。崑山人。弘治丙辰進士第一。授翰林修撰。遷侍讀。久之。逆瑾矯制奪侍讀。仍修撰。已復之。進侍讀學士。遷南京吏部右侍郎。轉禮部左右至尚書。敦重不妄言動。歷南宰。謝歸以重德表式州閭。躬履貞素。雖老愈介。年八十四。贈太子太保。賜祭葬。謚恭靖。

劉鳳曰。古大夫既得謝。敎于鄉。必可以爲楷。若太宰其人乎。其度休休焉。含覆亡不徧。慈仁逮物。恭惠之有焉。至取舍進退。義形于色。自昔之論。謂使居官任職。無以踰人。臨利害有所執不可奪。繫安危爲時輕重。則舍若人將安歸哉。故總五經之眇論。辨文質同異。論禮于多寡之際。廷爭面折。誠不能如然。言不出口而衆雍焉。以之端委恭己。而在邦家無間然。有大臣體。雖不盡用。適國稱老焉。亦弘于時矣。

馮時可曰。朱公言訥訥不出口。步履踧踧如有循。一質木君子耳。乃當事壁立斧斷。屹然有概如此。所謂仁者之勇非耶。今天下所左袒而雅拜者惟清德。然多出于矯亢自異。或外飾博聲名。非情實。惟公盎然純然。不取不奪。發之厚德。惡知其異。又惡知爲名哉。

倭陷詔安。

十一月disclaimer

戊午。打來孫以十餘萬騎深入遼東廣寧。總兵殷尙質游擊閻懋官敗沒。贈尙質少保左都督。諡忠勇。廕指揮同知。懋官都督同知。廕正千戶。立祠。

己未。大學士嚴嵩年七十餘。免廷賀。惟直西內。賜肩輿。

庚申。密雲副總兵羅文豸爲總兵。鎭守遼東。

庚午。朝鮮歸倭寇被俘者三十餘人。賜國王李峘金幣。

錄平海功。進提督尙書趙文華少保。廕錦衣千戶。總督侍郎胡宗憲爲右都御史兼兵部右侍郎。巡撫阮鶚右副都御史。餘陞賞有差。

前尙寶司卿史際爲太僕寺少卿。右通政呂希周爲通政司。通判任中立爲府同知。各致仕。

初。部議告廟獻俘肆赦。不許。蓋自古謂赦者小人之幸。而君子之不幸也。張孚敬當國。屢以爲言。故上猶憶之。

徐學謨曰。國史以文華素稱小人。又爲嵩所薦。其視師貪狠之跡。幾描寫殆盡矣。顧文華以貪狠故。督撫諸臣皆畏之如虎。不敢不效命。恐後。始間立戰功。至于僇張經而用胡宗憲。卒收全績。似難掩其詭遇獲禽之功。不可概以平生而盡抹殺之也。

丁丑。廣東峒賊陳以明等平。

己卯。前吏部左侍郎兼翰林學士謝丕卒。丕餘姚人。弘治乙丑進士及第。授編修。歷前官。贈禮部尙書。

辛巳。虜打來孫以數萬騎屯青城分犯一片石三道關。總兵歐陽安拒卻之。明日夜入喜峯口。殺哨卒四十人。知有備乃遁。

乙酉。大同妖賊張邦奇呂仲佑伏誅。邦奇山西威遠衞千戶。應襲。降虜。隸丘富部下。丘富周原趙全李自馨輩俱我叛人。居豐州。在大同右衞邊外崇山環合。水草甘美。富等城而居之。構宮殿。號板升華言屋也。富最用事日導虜耕戰。收智勇。城豐州日程土石。其黨密問曰。城則何爲。曰吾陽爲植而陰爲陣。使彼怠而弭耳。已分三道入。會虜諜言中國臺垣相肩臂。猝未易攻。而關陝游騎善戰。乃散去。

倭犯會稽。以報沈莊之役。官兵莫能禦。胡宗憲軍龕山。促盧鏜戰。以士疲宜少休。宗憲夜召親兵襲破之。達旦。諸營方知。入賀鏜大慚服。

十二月炳朔。河南左布政使鄭絅爲右副都御史。巡撫保定兼提督紫荆等關。

丙申。益都盜楊思仁平。思仁善騎射。任俠。坐逮。遂流掠昌樂安丘莒州。衆且三百餘人。度事急。潛遁。覓跡逋誅二十一人。

戊戌。免大同雹災田租。

己亥。刑部尚書何鰲疾免。

永順保靖土兵還道掠。諭今後督撫官團練鄉兵。勿得輕調。

壬寅。施嵩嗣懷柔伯。

甲辰。補給許逵贈禮部尚書。三代誥命。

乙巳。夜大雪。總兵俞大猷襲舟山倭。殲之。斬百四十餘級。餘焚溺爲盡。

丙午。起歐陽必進太子少保刑部尚書。

丁未。虜五千騎犯陝西環縣慶陽總兵袁正等禦之。斬四十三級。

增狼山福山舟師萬人。

是歲。上睿皇帝道號三天金闕無上玉堂都仙法主玄元道德哲慧聖尊開眞仁化大帝。獻皇后號三天金闕無上玉堂總仙法主玄元道德哲慧聖母天后。孝烈皇后號九天金闕玉堂輔聖天后掌仙妙化元君。上自號靈霄上清統雷元陽妙一飛玄眞君。後加號九天弘敎普濟生靈掌陰陽功過大道思仁紫極仙翁一陽眞人元虛玄應開化伏魔忠孝帝君。再號太上大羅天仙紫極長生聖智昭靈統三元證應玉虛總掌五雷大眞人玄都境萬壽帝君。

談遷曰。宋之敎主道君。明之大慶法王。誕妄最矣。至追酬罔極。不自覺其邪謬也。豈稱宗入廟之後。猶未慊于心耶。

國榷卷六十二

丁巳嘉靖三十六年

正月甿朔。上不朝。

辛酉。南京錦衣衛僉事署都指揮僉事黄印爲署都督僉事總兵官。提督漕運。鎭守淮安。

丁卯。巡撫浙江右副都御吏阮鶚改巡撫福建。其浙江巡撫事。胡宗憲兼理。

太保兼太子太傅宣城伯衞錞卒。贈太傅。謚康靖。

辛未。東寧伯焦棟卒。贈太子太保。謚莊僖。

乙亥。故南京兵部尙書韓邦奇。賜祭葬。贈太子少保。謚恭簡。

辛巳。湖廣郿陽地震。

甲申。閉遷安撫寧昌平礦洞。

倭數千人登福建之三沙。徧掠海上。至寧德。殺備倭都指揮劉炌等。

貴州普定衞公署有樹化石。

二月乪朔。戊子。錦衣衞左都督陸炳劾司禮太監李彬盜帑數十萬計。下鎭撫司獄論死。籍銀四十萬有奇。金寶亡算。

壬辰。山西岢嵐地震有聲。

夜。火星歷角天門入于軫。至四月戊子滅。

癸巳。代府溧陽王聰漱薨。

乙未。城寶應縣。

丁酉。吏部內計。

戶兵部左侍郎謝九儀沈良才自陳。調南京。太僕寺少卿劉自强調外。

壬寅。西河王奇溯薨。

乙巳。李儒嗣豐城侯。李熙從子。

戊申。南京禮部尚書閔如霖。漕運右都御史陳儒。通政使汪宗元。提督兩廣兵部右侍郎談愷。南京鴻臚寺卿戶部左侍郎謝九儀。各致仕。總理河道右副都御史孫應奎。巡撫應天宣府右僉都御史張景賢張渙。巡撫陝西右副都御史唐時英。兵部左侍郎沈良才。各閒住。時科道拾遺不及九儀良才。出特旨。亦異舉也。

癸丑。薊鎮總兵官右都督周益昌卒。

虜把都兒以數萬騎犯永平遷安。副總兵蔣承勳敗沒。越二日遁。贈承勳都督同知。世正千戶。立祠。

虜萬餘騎陷大同拒胡堡。殺守備唐天祿把總汪淵。南犯威遠平虜井坪。又萬餘騎屯天城。攻殺胡等堡。

三月丣朔。總督陝西右都御史賈應春爲南京戶部尚書。戶部右侍郎吳嘉會爲左侍郎。總督漕運巡撫鳳陽右副都御史蔡克廉爲戶部右侍郎。陝西四川左布政使殷學黃光昇並右副都御史。巡撫陝西四川。山西布政司右參政張鎬趙忻並右僉都御史。鎬巡撫宣府。忻總理糧儲。巡撫應天。

丁巳。起王學益右都御史。總理河道。巡撫南贛汀漳右副都御史王鈁爲兵部右侍郎兼右僉都御史。提督兩廣軍務。巡撫山東右副都御史劉采爲南京兵部右侍郎。

戊午。敍舟山功。進俞大猷都督同知。

庚申。總督湖廣川貴右都御史馮岳爲南京刑部尚書。巡撫寧夏右副都御史王夢弼爲兵部右侍郎。總督陝西三邊軍務。南京戶部右侍郎王誥爲右都御史總督漕運。巡撫鳳陽。

甲子。封嘉善公主。

丙寅。總督宣大右副都御史江東爲兵部右侍郎。左侍郎王崇古兼右副都御史。總督湖廣川貴軍務。江西山西左布政使傅熙周滿並右副都御史。巡撫山東四川。湖廣右布政使王鎬爲右僉都御史。巡撫寧夏。工部右侍郎盧勳爲左侍郎。署通政司事。

庚午。南京吏部內計。

辛未。戶部右侍郎吳嘉會改兵部左侍郎。巡撫大同右副都御史楊順爲兵部左侍郎。總督宣大山西。

丙子。兩廣總督靖遠伯王瑾討廣東扶黎山賊馮天恩。斬七千八百餘級。

山西按察副使朱笈爲右僉都御史。巡撫大同。

己卯。巡撫雲南右副都御史陳錠劾免。

壬午。鄧祖錫嗣定遠侯。

癸未。吏部右侍郎孫陞爲南京禮部尚書。

沂州雨雹大如盂。積尺餘。徑八十里。傷人畜亡算。

太常寺典簿昝義金爲寺丞。義金道流。諂嚴氏。初干禮部尚書吳山不能得。

倭千餘人合三沙倭劫福州洪塘。焚戰船百餘。

虜數百騎寇延綏常平堡。副總兵陳鳳敗沒。贈右都督。立祠。又虜犯大同中西二路。官兵追斬八十餘級。指揮湯汲百戶李朝死之。

四月甲朔。戊子。刑部右侍郎馮天馭改吏部。戶部右侍郎蔡克廉爲左侍郎。大理寺卿張舜臣爲戶部右侍郎。湖廣左布政使王昺爲右副都御史。巡撫雲南。
火星入軫。逆行二舍有餘。上不懌。明日。諭禮臣禱于洪應雷壇以禳之。
己丑。上問輔臣邊牆所始。嚴嵩對五代石晉割幽燕十六州。歷宋元入明初。徐達自古北口築至山海關。歷朝遞修。今乞補葺關隘。議行之。
甲午。巡撫河南右副都御史潘恩爲刑部右侍郎。光祿寺卿胡叔謙爲大理寺卿。
倭七十餘人犯如皐掘港。登岸焚劫官軍。殲之于白蒲鎮。
乙未。崇王載境薨。謚莊王。
丙申。大雷雨。戌刻火作。奉天華蓋謹身三殿文武二樓奉天左順右順午門及午門外直廬俱焚。明日辰刻始熄。上大懼。引罪。
國子司業王材爲南京太常寺少卿。
丁酉。遣告郊廟社稷。
戊戌。移朝儀于端門。
倭五十餘人登衢山。浙江海道副使王詢誘縛之。
庚子。江北倭大至。二千餘人寇通州海門。應天百戶俞憲章死之。
壬寅。頒災詔。羣臣忽鬨門樞聲。班大亂。不問。
倭攻通州。不克。西犯如皐泰興。是日。又倭七艘登金沙。
癸卯。遼府益陽王致墡薨。

戊申。提督撫治鄖陽右僉都御史章煥改巡撫河南。

己酉。蘇州同知熊桴爲河南按察副使。

倭突揚州廟灣港。盧鏜追沉其五舟。斬四十餘級。出安東。復依船爲巢。池河守禦劉顯擊破之。斬百餘級。餘黨遁去。浙倭犯樂清瑞安臨海。台州知府譚綸同知毛德京參將戚繼光等禦之。並失利。

庚戌。免作奉天門午門。

辛亥。巡撫遼東右僉都御史蘇志皐進右副都御史。

浙江等省仍歲解軍器。

五月瞍朔倭掠揚州官兵潰。

甲寅。大理寺左少卿劉學易爲右僉都御史。撫治鄖陽。

乙卯。翰林院編修高儀爲右春坊右中允。署國子監司業。

戊午。工部虞衡郎中戴愬核通州漷縣儀眞龍江關蕪湖大木。

己未。高郵倭入寶應。信宿而去。突犯淮安。掠民舟。復入寶應。

癸亥。翰林修撰秦鳴雷爲左春坊左諭德。

工部右侍郎劉伯躍爲右僉都御史。總督湖廣四川。採辦大木。戶部右侍郎張舜臣改工部。採石大石窩。

甲子。監察御史唐自化林騰蛟鍾沂裴天祐督催工部料銀。

辛未。巡撫山西右副都御史閔煦爲戶部右侍郎。

揚州倭犯天長。都指揮沃田把總丘君寵禦之敗沒。入縣城。已又陷盱眙。突攻泗州。不克。

壬申。寶應倭泛舟東鄉。自鹽城入廟灣。出海遁。

保定總兵官署都督僉事龔業移鎮大同。
甲戌。駙馬都尉許從誠尙嘉善公主。
丙子。南京右都御史倪嵩致仕。
巡撫甘肅右僉都御史魏謙吉爲右副都御史巡撫山西。
衛守政嗣宣城伯。衞淳子。
丁丑。周府內鄉王睦檵薨。
泗州倭陷淸河。侵淮安。
進寧夏總兵官姜應熊右都督。
己卯。改石門寨游擊爲參將。
辛巳。倭陷安東。
六月壬午朔。刑部左侍郞蔡雲程爲南京右都御史。陝西按察使陳棐爲右僉都御史巡撫甘肅。
虜犯宣府馬尾梁。參將祁勉以二百人禦之。虜走。追至李家梁中伏死之。祁勉之代李光啓也。懲往事玩寇。因亟爲扼塞計。虜數往來長城下擾之。勉曰。不殲虜。我士人安所耕牧。我安所飭備也。未幾。虜東下。勉率兵直前。士卒多死傷。監司謂傷勇劾奏之。將罷官俟代。至是虜又至。勉曰。我固將去。然義不得避艱險。仍引擊。以兵寡被圍。力屈死之。
癸未。盜劫平涼府獄。
甲申。婉嬪趙氏薨。
裁鴻臚寺序班五城兵馬司添設副指揮及各房監倉庫官吏。

淮安兵備副使于德昌擊安東倭。參將王介劉顯率苗兵突戰。斬其渠帥。賊卻。諸軍乘之。斬百餘級。餘多焚溺。因自刀門港遁。

給鳳陽巡撫王誥符幟。

方城王褒熇薨。

癸巳。南京工部右侍郎楊大章爲刑部右侍郎。

甲午。罷陝西採礦。

兵部右侍郎江東兼右僉都御史。提督山西保定河間兵勦倭。樓口游擊丘陞京營參將徐珏萬全都指揮夏時爲游擊從征。

乙未。長寧伯周大經卒。

庚子。徵戶部中庫十萬金。

辛丑。有折梔倭舟一飄泊海州東陬山。數日。奪舟而去。

乙巳。國子祭酒郭鑾爲南京工部右侍郎。庶吉士姜寶服闋。爲編修。

己酉。揚州備倭參將王介劾兵備副使馬愼貪黷阻撓。奪級。又言奪己所斬賊級。爲馬公子功。蓋尙書馬坤子也。愼免官。訊馬公子及介自贖。

庚戌。順天府尹黃懋官爲南京戶部右侍郎。總督糧儲。太常寺卿署國子祭酒敖銑服闋。補原秩。

七月壬朔丙辰。總督宣大楊順議罷大同總兵趙卿。副總兵田世威從之。

丁巳。前右中允秦鳴夏卒。鳴夏臨海人。嘉靖壬辰進士第一。趙文華薦之。起兵部主事。未赴。

庚午。封厚炫益王。翊鉦長沙王。俊桂吉陽王。充垠潞城王。定㸌廣濟王。頤埨東原王。觀潘樂陵王。觀潯鉅野王。

翊鏍德安王。載鈖樊山王。在鐄安昌王。朝埧湯溪王。勤熛清河王。眭橘河陰王。恬爀宿遷王。知熘靖安王。載埅新安王。載埃臨朐王。宙桃鄖城王。拱棖建安王。

詔順天市珠四十萬枚。廣東採珠九十萬枚。

甲戌。吏部文選郎中查秉彝爲太常寺少卿。

丙子。廣東福建始進龍涎香。

蔣洲以倭酋德陽左衞門善妙松柴門等五十餘人泊舟山。胡宗憲以聞。

八月辟朔。丁亥。陽穀縣署涌血。高尺餘。

庚寅。加賚直諸臣。官朱希忠盆祿百石。方承裕少保。陸炳少傅。嚴嵩兼尙書俸。徐階少傅。李本太子太傅。禮部尙書吳山太子太保。侍郎郭朴茅瓚袁煒俱太子賓客。仍三品服。各春坊進太常寺少卿。已諭侍郎兼學士除侍講。

前禮科給事中許相卿卒。相卿海寧人。正德丁丑進士。遇事敢言。早歲挂冠。人咸高之。

丙申。諭改奉天殿名。

丁酉。楊乾亨何爣蘇景和陳麟郭嵩劉祐華秉中歸大道董遂李希洛許從龍徐浦張學顏郭斗金燕爲給事中。高應芳方攸績金應奎祝堯煥黃希憲李瑚劉耀李廷龍董堯封劉以節王汝正王宗舜徐大壯淩儒姜儆顧曾唯蔡結欒尙豹龐鵬甄倣陶應龍史官唐繼祿王大任王漸羅廷唯莫仰王喬年爲監察御史。大道斗燕堯煥宗舜希憲大壯瑚耀並南京。

庚子。宮人王氏卒。追封懷妃。

辛丑。總督宣大侍郎楊順劾懷隆道兵備副使胡賓冀北道參議左希祖不赴任。逮之。謫。

工部尚書趙文華免。上急正陽門樓。文華雖慓狡。無應卒才。上不懌。嘗登高西望高甍。問誰氏第也。左右以文華對。工部木半治其第。何大工爲。上稍聞其江南黷貨殃民。而難嚴嵩語大工之緩。嵩言。文華方疾。上遣內監偵之。則酣倨曰。吾第飲酒耳。何疾。于是詔左侍郎雷禮太監袁亨爲植。仍添註工部右侍郎。吏部推署通政事工部左侍郎盧勳署尚寶事工部左侍郎嚴世蕃。上用勳。文華隨引疾乞假。命還里。改刑部尚書歐陽必進爲工部尚書。

文大綸曰。帝之好憎言動。文華所稔知者。乃于止封請告內豎易與耳。而激其怒。素善諛而泄忿言。皆非常情。將氣盈而不能制耶。

癸卯。命各官各王府俱助工。

甲辰。山東福山縣地震。

丁未。新作午門。

南京戶部尚書賈應春改刑部尚書。

虜犯遼東義州太平等堡。指揮姚良柱千戶鄭堂百戶崔孝忠俱戰死。

九月辛亥朔。前工部尚書趙文華削籍。上悉文華罪。言官噤不敢言。子錦衣千戶懌思請假送親。時聖誕祈典停封。遂晦日上之。謂朔日御覽亡害也。上怒責文華引疾欺君。況賊殺亡辜。朕大宥之。而其子故冒吉期。不敬。黜文華。戍懌思。因詰禮科失糾。令對狀。都給事中謝江等。右給事中鄭國賓。給事中周殷大操守經陳麟楊乾亨並引罪。各廷杖削籍。露其江南不法事示嚴嵩。嵩皇恐自謝。

談遷曰。小人依憑城社。舞其私智。報睚眦而藉寵靈。不騫不崩。莫之或敗也。趙文華父事嚴氏。廉恥道喪。使與分宜同譴。亦冰山之常。乃嚴氏之焰尚炎。而文華且褫服黔首。等于罪隸矣。忤嚴氏而敗。不過沒齒編氓子。備戈殳之列。今以諂嚴氏得之士君子飭身立名。奈何以朝榮而瘁其本根哉。

虜二十萬騎入寇。破應州七十餘堡。掠朔州懷仁馬邑。總督侍郎楊順見失律當坐。乃令總兵殺避兵民婦上首功以自解。得不罷。

命陝西茶課九十萬斤易番馬。餘百萬斤納邊鎮備餉。

壬子。翰林院庶吉士姚弘謨服闋授編修。

癸丑。禮部類進鮮芝千本有奇。

甲寅。祀故大學士顧鼎臣于崑山。始鼎臣城崑山。鄉人追思其德。

南京工部尙書馬坤改南京戶部尙書。

丙辰。山西按察副使馬佩爲右僉都御史。巡撫順天。時大理右寺丞張祉進撫順劾調。

己未。瀋府榮和王銓鑇薨。

癸亥。殺故錦衣衞經歷會稽沈鍊于宣府。鍊流保安。爲偶人三。像李林甫秦檜嚴嵩。日射之。値薦紳。必痛斥嚴氏。宣大總督侍郎楊順多報首功。鍊詩刺之。殺生報主意何如。解道功成萬骨枯。試聽沙場風雨夜。冤魂相喚覓頭顱。順希嵩指。屬巡按御史路楷捕蔚州妖人閻浩等。皆白蓮敎。通虜。誣鍊導之。斬宣府市。子襄戍邊。鍊會稽人。隆慶初贈光祿寺少卿。天啓初謚忠愍。

何喬遠曰。嘉靖之世。北虜南倭並爲國患。曾銑楊允繩沈鍊。或當任。或在旁觀。其心胆並壯。忠憤並切。而皆不得全其軀。患在嫉惡過當。而幾事之不密也。大雅曰。既明且哲。以保其身。故夫柔剛微彰。以望萬夫。蓋君子哉。

談遷曰。沈純甫氣呑逆胡。當庚戌秋。怒目而斥嚴氏。其強直自遂。固已不可一世矣。投身荒塞。隱約潛晦。何必不自得。至于傳檄京師。欲淸君側之惡。以視請劍咏檜。尤爲過之。儉德避難。豈其然乎。嚴氏假手楊順。徼文所陷。不異兇畔。又出鉗網之外。小人倖一時富貴。安問天道哉。

甲子。總理河道右都御史王學益爲南京工部尙書。

免蒲絳災傷田租。

裁南京錦衣衞左僉書。

戊辰彗星見天市。芒尺餘。

庚午南□王定潢薨。

丙子。陝西左布政使王廷爲右副都御史。總理河道。

免徐蕭定遠水災田租。倭患。免寶應淸河天長盱眙安東田租。

哈密衞都督米兒馬黑麻乞貢。以土魯番見侵。特許之。

山西總兵官署都督僉事孫朝移鎭甘肅。

丁丑。盜劫上元縣獄。罷撫寧侯朱岳守備太監郭儆。

王直毛烈葉宗滿等同夷商千餘人泊岑港。毛烈自詣軍門乞降求市。胡宗憲令還俟後命。

虜數萬騎入大同右衞抵應朔懷仁馬邑。攻毁七十餘堡。大殺掠。

虜入遼東鎭武等堡。

盜劫樂安縣庫。

十月䫌朔壬午。詔禮部採芝名山。

丁亥。起李遂右僉都御史。提督軍務。兼巡撫鳳陽。

大理寺卿胡叔謙疾去。

福建副總兵署都指揮僉事張承勛爲署都督僉事總兵官。鎮守山西。

己丑。宮人馬氏卒。追封常妃。

癸巳。南京大理寺卿錢邦彥改大理寺卿。

乙未。時大木不當故殿材。工部以爲言。上曰。子孫能守。葦亦可久。尙書歐陽必進懼罪。請先立殿柱。

丁酉。山東鄒縣地震。

兩浙稍寧。汰水陸募兵三萬餘人。

庚子。裁畿內冗官。

辛丑。巡撫延綏右僉都御史石永爲南京大理寺卿。

甲辰。襄陽知府李一經。工部郎中戴愬。儀眞知縣師儒。各遲悞大工。逮入京。削籍。

故應天府丞朱隆禧賜祭葬。隆禧以善方術幸。加禮部左侍郎。致仕。上以所進藥方香衲猶在御。特卹之。

丁未。作太廟門。

十一月戊朔。大理寺左少卿董威爲右僉都御史。巡撫延綏。

免山東災傷田租。仍賑之。

乙卯。總督浙直福建右都御史胡宗憲報擒海盜王直。前蔣洲陳可願說直。直聞母妻亡恙。留洲爲質。令黨葉宗滿王汝賢王滶同可願報謝。宗憲待之如故交。時侍對將吏曰。直非寇。計無聊耳。見我必且得釋。直聞。移泊岑港。請開市。宗憲大集兵伏數匝。而身同滶起居。露諸將請戰書于几上。滶竊視之。宗憲佯醉夢中語曰。吾欲活若。故禁不進兵。而若何愚也。滶漏于直。又使其子澄刺指血柬直。而令諜說直曰。若且降。以爲都督。置司海上。通互市。直亦誓自效。還蔣洲。因請王滶攝營兵。乃詣幕府。宗憲遣之。直未至。巡按御史周斯盛罪洲妄。逮之。洲對必風阻耳。已艤定海。誓衆曰。宜謹備俞大猷。宗憲乃調大猷金山。易以總兵盧鏜。鏜故與毛烈善。直求見蔣洲方下獄。以指揮夏正往。直同宗滿王淸溪入見。宗憲慰藉之。下按察司獄。奏僇直等正法。或貸死戍海上係遠人心。俾經營自贖。巡按浙江御史王本固力以爲不可。江南人多言宗憲入其貨。爲貸死。宗憲懼。追所奏。盡易其詞。謂直罪不赦。惟上命。而本固復責宗憲擒王滶謝和。于是詔宗憲勦滅。宗憲會師守倭舟。倭怨我。移舟山據之。宗憲仍好言豢盜。

徐學謨曰。倭人內訌。江南人俱罪王直爲之謀主。朝廷亦懸不次之賞。冀以擒直。顧芒然海島中。何所蹤跡。而宗憲以同鄉故。旣易于用間。而其才智胆略亦自有大過人者。故卒縛直以報天子。功亦偉矣。而言事者阿新輔臣意。誣宗憲黨直勾倭。必欲殺宗憲以悅其所仇。此天下之大冤。而至今無人白之也。萬曆庚寅間。始稍蒙卹典。然報之亦未盡。古云功蓋天下者不賞。以此。

戊午。大光明殿成。

丙子。總督漕運右都御史王誥卒。

丁丑。虜酋辛愛妾桃松寨來逃。桃松寨以私部目收令哥。懼誅。相率入大同新平堡求降。總督楊順謬爲奇功。致之闕下。辛愛俺答子。士馬雄冠諸部。最兇狡。因騎索之。縱掠大同左右衞。云不得患不止。巡撫大同右僉都御史朱笈言。强虜恥失妾。益咆哮。後將何備。虜益兵圍右衞。順大恐。言虜願以叛人趙全丘富等易逃婦。兵部信之。于是遣桃松寨收令哥等還。行至白登。順令人誘收令哥桃松寨自西陽河夜逸西出塞。導辛愛追僇之。虜薄順等無能。散收威平間。攻圍右衞益急。

徐學謨曰。桃松寨一女子耳。何以張中國之威。卽拒而勿納可也。卽縛桃松塞還之辛愛。以結其心。亦可也。

奈何守者既納之。而楊順顧自詡以爲奇功。則邊釁之啓。所由來矣。順本齷齪小人。難屬大事。固無足怪。而是時廟堂亦漫無區處。令醜虜狎視朝廷。亦可恥也。

赤眚見于福建興化。熠如螢火。居人大震。

十二月朔。金星晝見。

癸未。工科給事中徐浦劾胡宗憲阮鶚及通政使呂希周等軍興濫費。下巡按御史核實。

免寧波紹興台溫處水災田租。

甲申。總理河道右都御史王學益引疾去。時陞南京工部尚書。詔原職致仕。

前太子少保工部尚書蔣瑤卒。瑤歸安人。弘治己未進士。除行人。拜御史。歷守荆揚。值武宗南巡。强執不撓。揚人賴之。江彬索賂不與。舉所賜銅瓜擬之。瑤不爲動。晚躋八座。端亮淸介。貌若恂恂。遇事不可奪。年九十。贈太子太保。謚恭靖。

先是妖人馬祖師者。寓湖州烏鎭。沈松幻惑糾衆舉事。官兵急捕。盡獲之。馬獨逸去。

乙酉。前大理寺卿牛天麟卒。

己丑。盡罷各督撫官贊畫者。

庚寅。廣東扶黎葵梅等山峒賊平。

辛卯。刑部右侍郎潘恩爲南京工部尚書。

丙申。巡撫江西右副都御史馬森爲刑部右侍郎。大理寺少卿趙炳然爲右僉都御史。巡撫湖廣。

琉球國中山王尙淸世子尙元。遣正議大夫蔡廷念等入貢。且請封。

丁酉。涼州等衞地震有聲。

戊戌。冬寒。暫停山東保定山西採鑛。
壬寅。劉體乾李泰爲通政司左右通政。
丙午。山西平遙盜田武就擒。
戊申。免遼東水災田租。仍許入關糴買。
虜入遼陽。殺掠數千人。副總兵王重祿禦之。喪卒四百人。總兵羅文豸奪俸三月。
總督湖廣川貴侍郎王崇古破貴州叛苗。

戊午嘉靖三十七年

正月庚戌朔。上不朝。
癸丑。光祿寺火。
丙辰。雪。禮部表賀。
戊午。虜圍大同右衞。踰月不解。右衞地斗入胡中。其南通川賊分騎塞道。楊順告急。命發帑金十五萬。調游兵八枝援之。遣戶部郎中謝敎給軍。
庚申。倭犯潮州之駝浦。陷蓬州千戶所。
陝西地震。
陝西鄠縣人王金獻萬歲芝山。金故太學生。殺人坐抵。鄠令陰鳳麟以其秘方減死。逃匿趙文華所。時四方日進芝。積于西苑。金賂內使竊芝出。聚百八十一本。蓑如山。祝壽賜金。
癸亥。罷河南採礦。

乙亥。勅奬琉球國世子尚元。歲丙辰倭入其境。盡殲之。還我掠者金坤等六人。至是幷獻。勅賜金五十。幣四。

戊寅。陳維藩嗣寧陽侯。陳繼祖子。

潁州妖人高普仙夫婦主白蓮敎。自稱帝后。其妻捕獄死。

二月朔乙酉。廣東指揮僉事萬仲部兵擊倭而潰。千戶魏岳高洪死之。

癸巳。令工部檄採木官吏安靜。不得久拘妨農。

甲午。大同右衛千戶魏昂走虜。還索其婦子。副總兵尚表擒之。伏誅。

丙申。錦衣衛匠餘陳岳援例輸二千三百金。兵部奏授都指揮僉事。南鎭撫司視事。月支俸。子襲一輩。兵科都給事中湯日新等言其非制。上是之。改岳註所分帶俸。奪兵部司官俸三月。

戊戌。戶部尚書方鈍。以倉庫匱乏。上便宜七事。得旨切責。再議。先發金五萬。粟二萬石。菽萬石。援右衛。報可。

胡宗憲分兵六路進岑港。都指揮戴冲霄爲鋒。殺傷頗多。宗憲戒勿取級。蹂屍而戰。賊大敗。奔舟。已復登陸死戰。我兵稍卻。賊得入營固守。宗憲檄諸將曰。賊當解久矣。不解者有狀。度春汛及新寇須來援耳。我疎則彼合矣。亡何。果有數十舫泊普陀山。王澈失風溺死。

三月朔庚戌。監察御史唐自化調大理寺評事。自化催餉山東。薦僉事周世遠。益都知縣張鵬。俄巡撫傅熙劾之。吏科糾自化失實。

辛亥。山西寧化王奇浤等以宗祿不給。毆傷左布政使劉望之。革祿三之二。餘降罰有差。行晉王戒飭。

壬子。瀋府清源王勛滐薨。謚端和。

癸丑。大同右衛久圍。致仕參將尚表率諸吏卒固守。諭戶部議餉。兵部議戰守。革大同總兵龔業巡撫右僉都御史朱笈。朔州兵備副使薛騰蛟職。于是以總兵張承勛鎭大同。山西按察副使楊選爲右僉都御史巡撫大同。參議王之誥爲朔州兵備副使。

甲寅。南陽地震。

乙卯。朱承勳嗣武進伯。朱海子。

潮州地震。

蜀王承爚薨。謚曰康。王以仁孝名。

丙辰。刑科給事中吳時來劾總督宣大侍郎楊順殺良冒功。如桃松寨一妖婦。損威受侮。去冬虜入應州。屠堡七十。巡按御史路楷飾報兵部尚書許論雷同附和。順遂叨世廕。俱宜罪斥。上密問嚴嵩。云何。嵩言順强幹。胡婦事稍失當。宜住俸。楷免官。上曰。督鎮同罪。且順亦常才。命逮順楷入京。嵩皇恐不敢救。命兵部右侍郎兼右僉都御史江東暫往宣大。兵部尚書許論削籍。起楊博爲兵部尚書。罷戶部尚書方鈍。以賈應春代之。

丁巳。潮州地震。

戊午。遼東大饑。人相食。發五萬金賑之。

甲子。協理京營戎政兵部右侍郎鄭曉爲刑部尚書。

逮提督福建軍務右副都御史阮鶚入京。鶚狡誕貪縱。借講學獵名。諂事趙文華胡宗憲。躐撫閩。不措一籌。極意豐殖。所至帷幕盤盂俱綺錦金寶。歲時賄嚴氏甚厚。昨倭犯福州南臺洪塘。不能兵。則以藩庫金數萬及絹數萬匹金花千枝牙輿數乘賂之。并遺以巨舟六艘。俾載而去。御史宋儀望悉發其奸。上始怒。

丙寅。浙江布政司右參政王詢爲右僉都御史。提督軍務兼巡撫福建。

丁卯。寧夏副總兵王懷邦爲署都督僉事總兵官。鎮守山西。

戊辰。前薊鎮巡撫吳嘉會以築邊倖成旋圮被劾。逮下獄。

刑部尙書鄭曉署兵部。兵部右侍郎江東爲左侍郎。戶部右侍郎閔煦改兵部右侍郎。

己巳。南京兵部右侍郎劉采爲兵部右侍郎。協理京營戎政。

辛未。虜千餘騎自滴水崖犯永寧宣薊告急。

乙亥。巡撫遼東右副都御史蘇志皐削籍。以前不援廣寧。妄報功也。

丙子。刑部右侍郎馬森改戶部右侍郎。山西按察副使路可由爲右僉都御史。巡撫遼東。南京大理寺卿石永爲南京兵部右侍郎。

刑科給事中吳時來。刑部主事張翀董傳策。各劾嚴嵩納賄。嵩以時來翀皆次輔徐階門生。而傳策又階鄉人也。乃密奏時來等同日搆臣。必有人使之。且時來已遣使琉球。疑其悔行。欲藉口自脫。因封進時來翀試錄。遂下時來等鎭撫司。訊所使以聞。錦衣左都督陸炳心嚮階。坐翀傳策相主使。時來避遠役。獄上。各遣戍。翀都勻衞。初階附嵩得入相。倭寇海上。市宅南昌。稱嵩鄉人。通姻。其交至密。又時時爲人語時政。輒太息流涕。徵示異同。自時來等交章。始疑階而郄。并及炳。

林之盛曰。張公劾嵩。同事者三人。華亭不良死。仙居竟奪其謚。皆以改節。故獨張公始終一德。榮名無旣。無所爲而爲。故其節貞也。若有所爲而諫。寧能久乎。

丁丑。直隸永平地震。

毛烈率衆合巢于岑港。恣掠。

衡州黑眚見。

四月甑朔。刑科右給事中郭汝霖。行人李際春封琉球國世子尙元爲琉球中山王。

庚辰。前大同巡撫右僉都御史朱笈削籍。罷副總兵王尙忠。

辛巳。新倭大至。犯台溫樂淸臨海象山及福泉興化。海上同時發掠。
兵科給事中鄭茂劾大同楊順路楷罪。
癸未。趙祖允嗣忻城伯。趙武子。
左副都御史趙大祐爲刑部右侍郞。應天府尹葉鏜爲南京大理寺卿。
命薊州副總兵馬芳援右衞。益甲五百人。是日右衞致仕參將尙表諜至云。三月戊辰。官軍突圍。擊斬一人。俘十八人。俺答孫某壻某與焉。退舍十里。遣諜十二人。僅一至。上悅。進表都督僉事。參將麻祿爲都指揮使。部曲陞賞有差。
再命御史吉澄賑遼東。發二萬金。
丙戌。太子少保兵部尙書楊博奉詔趣大同。
總督浙直福建胡宗憲進舟山白鹿。告廟表賀。
己丑。右僉都御史鄢懋卿爲左副都御史。
庚寅。裕王妃李氏薨。上手定喪儀。如壽定王繼妃吳氏例。部疏稱薨非禮。改稱故。
壬辰。大同右衞圍解。自去年九月入犯。故參將尙表轉餉入城。于是益兵圍之。隻騎不得出。表力守不下。至是江東楊選張承勛大集兵。始遁。初上屢問嚴嵩。嵩意欲棄之。難于發端。謂本兵評論習塞事。可召對。論言向者東西堡寨聯絡。今悉遺于虜。一孤城在絕塞外。當宿重兵。費餉五十萬。庶可保也。論故設難。欲上自棄之。上不爲動。益措兵食。得全。
大同右衞乏食。勢不能支。會千戶張大用奉命逮總督楊順還。具以告錦衣左都督陸炳。炳疏聞。命選官往勞。而語總督江東急設策救之。炳復遣大用及百戶謝麟以行。至則宜上德意。江東所市芻餉亦集。各援兵會于左衛城。歃血盟諸將。以四月朔鼓行而西。虜解圍去。說者謂遲五日則右衛不守矣。
甲午。大理寺左少卿邢侗簡爲右僉都御史。
丙申。倭陷福清。執知縣葉宗文。貢士陳見率蒼頭禦賊。訓導鄔中涵同被縛。罵賊死。
丁酉。賑大同右衛給屯種各二萬金。
辛丑。命禱雨。
戶部尚書賈應春請遣官各省督逋。上不許。第令吏部限本官完十之七。方推轉。
癸卯。倭千餘攻惠安。知縣林咸力禦之。五晝夜不克。
乙巳。修孝陵。
瀋府永平王恬烇薨。謚莊憲。
五月戊申朔。遣給事中魏元士、劉一麟、梁夢龍、李春芳、沈純、張益、羅嘉賓催餉。以遼東饑罷之。
倭焚南安。
己酉。留楊博總督宣大。
免渾源旱災田租。
甲寅。福建惠安知縣林咸追倭于縣境之鴨山。乘勝追奔。陷賊伏中。死之。
楊博言各邊功次。武夫力而獲。諸原文吏坐而享其利。請自今非履陣者。議賞毋爵。又罷班軍。改徵銀濟邊。獨石地形。東薊西宣。相錯如繡。宜令精卒懸衡其間。有急則左右折衝。赤囊白羽。兩鎮互傳不及者。法。蓋宣密虜巢。當得其形。薊倚屬夷。先得其情。宣薊如左右手。則落虜角距矣。巡撫江東言。賊以實窺獨石。則衛卒師闕外過其南下。若以聲犯獨石。則衛卒師闕內杜其東侵。從之。

己未。增山西兵備副使。總理左右威平四衛。
周府原武王安淇薨。謚恭順。
裁河南按察副使開封府通判各一。
辛酉。賑灤州。
乙丑。陝西西安地震有聲。
丁卯。山西蒲州地震三日。聲如雷。
戊辰。浙江東陽民張思齊家地裂涌血尺餘。血凝。犬就食之。坎地。無所見。
甲戌。倭自福清出港。參將尹鳳等邀擊之。斬六十八級。擒七人。又追至外洋。斬百餘級。擒十六人。傷溺甚衆。
乙亥。陝西淳化縣雨雹。
六月丁丑朔。以宣大二鎭兵荒。暫免居庸商稅。
己卯。故台州府知事武暐。贈太僕寺丞。廕子尙賓國子生。暐溧水人。
逮大同北路參將周現入京戍邊。現分守拒門等堡。通虜開市。素遣往來。楊博疑之。下法司。奪其世襲。
命在京軍民詞訟。各官巡城御史不得徑理。
癸未。蠲大同被虜田租。
甲申。蒲州地震有聲。
乙酉。增狼山副總兵。署都指揮僉事鄧城爲之。
遼東總兵劉文豸劾免。密雲副總兵楊照爲署都督僉事總兵官。鎭守遼東。
提督福建軍務右副都御史阮鶚削籍。鶚賂嚴嵩。爲請于刑部尙書鄭曉。薄其罪。

丙戌。倭分掠樂清永嘉。金盤衞指揮劉茂朱廷錀千戶周賓李爵劉源禦之白塘港。敗沒。賊大掠臨海。前廣東僉事王德率鄉兵戰龍灣。見殺。贈德太僕寺少卿。賜祠祭。廕一子百戶。

戊子。巡撫南贛汀漳都御吏周滿疾去。江西左布政使宋淳爲右副都御史。巡撫南贛汀漳。會劾免。起何思右僉都御史巡撫南贛汀漳。

辛卯。大朝門午樓左右順門俱成。

虜牧近邊。選將守獨石偵備。仍移口北道駐之。參議改駐赤城。

禁屬夷不許內徙。

癸巳。盜殺安慶守備王佐于江中。改池州安慶守備。並九江兵備節制。

丙申。倭分寇興化漳泉。陷福淸南安。

南京工部右侍郎郭鎜卒。鎜字允新。山西高平人。嘉靖乙未進士。館選。授檢討。歷修撰洗馬祭酒。至今官。

癸卯。西苑作壽明殿。

荆府永新王厚煌薨。謚安莊。

乙巳。命遼東苑馬寺卿駐金州。放各島商船不稅。

胡宗憲逐普陀山倭。走朱家山岑港。賊亦走。宗憲度其必合沈家門。馳詣定海。令夷僧私招之。兩賊猜疑相擊。我乘之。賊大亂。火其巢。賊走柯梅嶺。宗憲伏卒山下。挑以小艇。賊逐利悉至。伏發夾擊殆盡。

固原州大雨百日。腐菽麥傷禾。

七月辆朔戊申。兵部左侍郎吳嘉會削籍。致仕總督侍郎何棟閒住。論修邊侵冒之罪。

己酉。械延綏游擊徐綱赴京。綱前守備大同。殺胡堡私卒胡大順生擒虜單騎游塞內者曰燒漢。燒漢兄以甲馬來贖。綱利其物。縱之。楊博請懲綱貪玩。仍錄大順功。

庶吉士王學顏爲編修。李袞爲檢討。

癸丑。量減薊鎭防秋調兵。

甲寅。裕王妃李氏葬金山。

丙辰。翰林侍讀瞿景淳陳陛主試應天。

岑港倭未平。奪總兵官俞大猷參將戚繼光等職級。刻期平賊。

戊午。廷臣各舉將才。前侍郎郭宗臯。都御史曹邦輔吳嶽王紳。祭酒鄒守益。修撰羅洪先。御史吳悌方涯。主事唐樞參政周大禮曹亨參議劉志知府黃華等。吏部覆用御史羅廷唯。乞更詳覈。上責吏部濫舉。俱寢。

庚申。兵部署職方郞中唐順之覈兵薊鎭。順之久廢。趙文華視師江南。薦順之及其友徐鳴夏于嚴氏。起兵部主事。鳴夏道卒。時頗病之。初俺答陰令東虜入犯箭桿黑峪諸路。我軍頗損。兵部言各邊選士戍薊。疲困已極。而薊卒選慄坐食。諸臣皆不任練習。實負陛下。請以郞中唐順之按視。

馮時可曰。荊川以翰林耆宿。起司馬曹郞。其非政府所私可知矣。在荊川自計。還翰林則以名處。出或不安。補兵曹則以實用處。豈所安。海氛甚惡。玉几宵旰。何時也。而敢擇便。是時庸庸者滿交戟而馳。一傑于烟濤戰塵中。使之畢命以沒。奈何又苛責哉。

甲子。增京城提督巡捕右參將。

丁卯。改口北道兵備駐獨石。參將駐赤城。

庚午。封翊鑄崇王。宣圻蜀世子。倪熿慶世子。瑾堯瀋世子。徹梴德平王。載圭衡世子。在鋌遂平王。郞鏐休寧王。敬鏞永壽王。俊栅山陰王。

閏七月丙辰朔。翰林編修胡杰爲侍讀。檢討林爊爲修撰。
虜犯遼東根單堡。副總兵劉岳拒卻之。擒斬二百四十人。
丁丑。李登雲補通政使。
台州知府譚綸爲浙江海道副使。
操江都御史高捷以盜熾劾免。
己卯。靖江王邦寧與宗室交訐。戒諭之。
庚辰。西苑進瑞穀。
壬午。裁湖廣廣西冗官。
癸未。上作承天府元祐宮碑。
前總督宣大兵部右侍郎楊順戍邊。巡按御史路楷謫邊。初。刑部論順死。楷削籍。嚴嵩私德其殺沈鍊也。故緩其獄。遣給事中鄭茂勘上。諸事悉爲辨豁。刑部尙書鄭曉改從輕比。士論大譁。
丁亥。宮人張氏卒。追封安妃。
癸巳。胡宗憲獻齊雲山白鹿。進一秩。
丁酉。汝王祐梈薨。年七十五。謚安。王亡子。國除。繼妃李氏乞視壽涇二王例還京師。
暹羅國王勃略坤息利尤池牙入貢。上金葉表。
增福建參將領五百人巡海。
己亥。齊東王厚炳薨。謚溫惠。
庚子。雲南巡撫都御史王昺爲南京工部右侍郎。

癸卯。定漕糧掛欠違限之罰。

八月乙巳朔。辛亥。太常寺少卿兼翰林院學士董份翰林侍讀高拱主試順天。

庚申。貴州左參議王重光卒。重光入山採木赤水衞指揮僉事王之屏從行。值水死。

夜。月食。

壬戌。遣御史羅。分貯宣大倉場。

丙寅。山東左布政使游居敬爲右副都御史。巡撫雲南。按察副使李文進爲右僉都御史。巡撫大同。

己巳。虜犯宣府赤城。官兵擊斬十二級。把總馮尙才死之。

虜三萬騎犯永昌涼州等衞。圍甘州十四日。去之。

癸酉。南京後府伏羌伯毛桓卒。

兵科給事中鄭茂上邊務八事。審要機。愼選用。釐巡歷。明戰守。攻火器。淸耗蠹。申禁例。恤凋殘。議行之。

九月甲戌朔。戊寅。翰林檢討陸泰直講景府。制敕房通政司知事李中侍讀。

宣府巡撫張鎬薊鎭巡撫馬佩並劾免。寧夏巡撫王鎬調南京。

辛巳。停開納事例。

壬午。山西巡撫右副都御史魏謙吉爲兵部右侍郎。總督陝西三邊軍務。大理右寺丞霍冀爲右僉都御史。巡撫寧夏。巡撫南贛汀漳右僉都御史何思移宣府。起王輪右僉都御史。整飭薊州邊備。巡撫順天。

戊子。河南左布政使范欽爲右副都御史。巡撫南贛汀漳。

翰林待詔尹樂舜鄭守德潘諍深李秀爲禮部主事。仍給事中。

己丑。山西按察使葛縉爲右僉都御史。提督雁門等關兼巡撫山西。

庚寅。兵部職方郎中唐順之還自薊州言鎭兵九萬一千有奇。見卒五萬七千有奇。逃亡三萬三千有奇。又多老弱不習戰。東漢以漁陽突騎定天下。而唐盧龍一道。虎視河北。薊兵之雄。自古記之矣今臣至鎭見其人物靡靡然有莫氣而無朝氣。無以備緩急則諸臣不任之咎也。自今救時之宜責鎭兵爲守。調客兵爲戰。練主一枝。則減客一枝。逮其舉軍精銳。人賈餘勇。更議免調。至于逃亡之故。皆由邊垣工役。卒歲不休。轉石顚崖伐樹深澗。力辦不足。貸錢賠販。而各關夷人。旬撫月賞。悉出軍資。將領乾沒。文吏侵漁。彙以石塘古北地既虜衝。士尤磽确。誰能終日攖以徽纆。使其不亡乎。請令邊臣悉心區畫。禁貪饕。加餉給。嚴勾補。定班戍。復本色。庶幾有備。上以一卒不練。總督王忬總兵歐陽安鐫二級。限三年課殿最。

辛卯。兩廣總兵靖遠伯王瑾劾免。

運登萊米救濟遼東。

敍門工。進工部尚書歐陽必進太子太保。左侍郎雷禮添注尚書。錦衣衞左都督朱希孝太子太保。內官監太監袁亨楚英各廕錦衣衞總旗。餘陞賞有差。

壬辰。裕王迎繼妃陳氏。

以雲南左布政使鮑道明爲應天府府尹。

丙申。令有司官賦額未登。雖陞遷不得離任。

豐潤伯毛松總兵鎭守兩廣。

辛丑。兵部職方郎中唐順之言薊鎭補兵築牆。從之。

壬寅。王好問彭惟業吳過陳端羅伏孫用郭文輔爲試監察御史。

十月卯朔丙午。前署太常寺事工部尚書徐可成卒。可成東安人。神樂觀樂舞生。至今官。賜祭葬。

陝西華州地震有聲。越六日再震。十二日又大震。壞廬舍。

辛亥。詔邊餉委附近有司支放。

南京監察御史李瑚。劾胡宗憲誘王直啓寇。巡按浙江御史王本固。南京給事中劉堯誨。劾宗憲老師濫賞。宗憲疏辨。上心知其功。不問。

乙卯。令鞏昌臨洮諸生。聽試河西巡按御史。

己未。前府懷寧侯孫秉元卒。

兵部職方郎中唐順之往浙江視師。同督撫勦賊。

辛酉。進楊博太子太保兼右副都御史。仍總督。

壬戌。上問戶部薊鎮兵食之數。尚書賈應春等以不知對。請科道核實具報。上責部冊歲報。何諉也。于是部檄薊密昌平司餉者。各上清冊。

癸亥。提督京城巡捕都督雲冒統領入衞兵。

甲子。大同左副總兵都督僉事尙表進都督同知。致仕。表廉惠得士心。年七十餘。固求休退。許之。

五河縣得大杉一。圍丈有五尺。修六丈六尺。湧出泗水沙中。巡撫李遂獻于朝。

壬申。虜土蠻十萬騎薄界嶺口。建昌副總兵馬芳禦卻之。分犯黑谷墩大掠邊山。把總馮時雍死之。明日。二百餘騎還奔界嶺口。芳及總兵歐陽安力戰。敗之。擒三人。斬三十八級。

十一月艸朔。壬午。械應天巡撫都御史趙忻。松江同知劉敏政。吳江知縣賈一麟入京。初。忻巡松江。會金山卒噪。刃突松江城下。諭之乃解。而崇明戍卒索餉。囚同知周魯署縣判官薛仕數日。給事中蘇景和劾忻貪墨。敏政一麟濟惡。忻敏政各降二級。一麟除名。

虜入遼陽東州等堡。
癸未。張桐嗣隆平侯。張瑋姪。
江西右布政使陳錠爲右副都御史。總理糧儲。提督軍務。巡撫應天。
甲申。陝西番夷犯莊浪。百戶常棟等死之。
乙酉。免平陽太原雹災夏租。
丙戌。上禱雪洪應雷壇。
浙江柯梅倭出海。總兵俞大猷自沈家門引舟師橫擊之。稍有斬獲。賊遁走南澳東奔。而閩廣之警日至
丁亥。敕諭三法司矜恤庶獄。
庚寅。左春坊左諭德秦鳴雷爲翰林院侍讀學士。侍讀高拱爲侍講學士。陳陞瞿景淳爲左諭德。吳情爲右諭德。俱兼侍讀。修撰裴宇陳以勤爲司經局洗馬兼侍讀。
增建昌撫州守備。
左都御史周延滿六年考。進太子太保。
丙申。蠲湖廣承天常德岳州荆州衡州直隸廬鳳淮揚水災田租。
丁酉。雪表賀。
己亥。順天府尹劉養直爲戶部右侍郞。
壬寅。樂平王府奉國將軍旭棏私游。詐獻助工二百金。事覺。幽高牆。
十二月癸酉朔。南京大理寺右寺丞趙孔昭爲南京右僉都御史。提督操江。陞太僕寺卿劉大實爲順天府府尹。
丁未。增御史查刷光祿錢糧。月進揭帖。光祿寺奏。歲費三十六萬。下禮部問狀。乃諭閣臣曰。朕宮中罷宴二十

年。日膳悉下品。鮮堪御者。安所費三十六萬也。寺卿盧宗哲具籍上列上。分清膳及皇壇齋事供品二條。上益疑之。命御史月核以奏。

壬子。周府魯山王睦欏薨。謚榮安。

丙辰。翰林編修胡正蒙姜金和爲侍讀。

南京刑部右侍郎曾鈞致仕。

庚申。大理寺卿錢邦寧爲南京刑部右侍郎。

癸亥。簡太僕寺馬三千匹給御馬監。

甲子。大築宣大邊牆。初。總督尚書楊博請之。詔發帑銀十萬五千兩。太僕寺銀三萬五千兩。

宣府志曰。北虜年來入寇。攻毀堡砦墩臺。遂致人烟多絕。炮火罕傳。突然而來。動踰二三百里。罔或知覺。行路昧于趨避。糧餉阻于轉輸。居戍阻牧。人人惴懼。如寄身鼎鑊中。無復生望矣。公甫至。乃先順其通途。增設墩堡。又或倚堡而墩。倚墩而堡。居戍咸便。人庶幾更生也。謂時勢敝極。有不可以人力挽也。信乎。

乙丑。肅府延安王縉烿薨。謚恭靖。

己巳。甘肅總兵官孫朝兗。八月虜寇甘州失事不以聞。 延綏副總兵徐仁爲署都督僉事總兵官。鎮守甘肅。

庚午。定歲進內庫銀。每年連折俸銀百萬。外加預備欽取銀。不許虧負。

虜大入遼東。

前蘇松兵備參政任環卒。環字應乾。長治人。嘉靖甲辰進士。令廣平沙河。憂去。補滑縣。辛亥。徵入京。其宗人係藩戚。例授蘇州同知。身逐倭。累功年四十。已給事中蘇人徐師曾訟其功。世潞州衞左所副千戶。贈光祿寺卿。

馮時可曰。國家北禦虜。南禦倭。惟兵事爲皇皇。故士有談穰苴而得橫拜。然身未有歷于疆場者。有歷疆場而得捷。然身未有親鋒銛者。乃獨厲卒伍。衽金革。以與此夷死生也。寢沙宿淖。沐風櫛雨。裹瘡含血。餘皇九上九下于溟海波濤中。屢瀕危殆。而卒殲巨敵。以紓王愾。其勛庸不十百他人哉

張鼐曰。公戰則死勇。喪則死哀。蓋忠孝其天性哉。乃知大節大功。能垂宇宙者。不虧其性也。夫溫嶠趙苞之不堪爲名臣也。從古恨之矣。

木邦宣慰使罕拔與隴川宣撫多士寧仇殺。巡撫右副都御史游居敬遣指揮路九萬撫之。

己未嘉靖三十八年

正月醆朔。上不朝。嚴嵩密奏。元日賜假。子孫羅膝。捧觴宴樂。皆高厚所庇。上諭曰。觀卿所奏。似爲勸我之意。父子至情。朕豈有異于人。往歲宮變。賴上天恩赦。我已世外人矣。故別居西內奉玄修。令其母子自爲歡聚耳。

逮薊鎭保定管糧郎中高光主事劉崇文前巡撫馬九德艾希淳。閒住。餘官降調。俱侵餉。

甲戌。前巡撫宣府右僉都御史劉廷臣卒。

乙亥。吏部大計降斥有差。

戊子。廣東黃岡倭流劫海陽饒平潮陽惠來。

癸巳。韓府樂平王偕㴻薨。

甲午。嚴嵩年八十。許苑中乘肩輿。支伯爵祿。賜宴及金幣。嵩辭宴并舊支二俸。許之。上甚禮嵩。而間取獨斷。嵩與子世蕃能得其竅。欲有救必順上意極詈之而婉爲辭中上所不忍。其欲排陷必先稱其嫩若與密者。而冷語中之。或觸上所恥諱致其怒。以是籠絡卒不能脫。威福益廣。

乙未。湖廣左布政使傅鎭爲南京右副都御史。提督操江。

丙申。總督湖廣川貴兵部右侍郎王崇古巡撫遼東右僉都御史路可由。並貪冒被劾。削籍。

戊戌。祀故瑞州知府宋以方于旌忠祠。祠祀副使周憲

辛丑。巡撫宣府右僉都御史何思以疾去。

故永嘉良醫王沛起義逐倭。戰死柯梅嶺。贈太僕寺丞。立祠。子叔本廕入監。

壬寅。南京兵部右侍郎石永爲兵部左侍郎。兼右僉都御史。總督湖廣川貴軍務。

光祿寺卿盧宗哲疾去。

募山東民兵三千人。戍蘇松常鎭備倭。

虜寇甘肅山丹衞。守備副千戶謝天賚把總指揮王卿劉繼忠百戶黃堂死之。

二月[舟+癸]朔。甲辰。陝西布政司右參政遲鳳翔爲右僉都御史。巡撫宣府。

巡撫河南右僉都御史章煥言。汴城帶河。初河自西來。勢本東流。邇者南岸傾圮。河北岸又復淤澱。其泛濫而横衝。固其所也。今相度翟家口可穿一大渠殺水勢。恐水勢盛。渠難獨洩。更別挑支河培築隄岸。此于計爲可久。請遣部臣經理之。詔行其議。部臣止勿遣。

乙巳。江西巡撫右僉都御史何遷請調粵兵。選府佐或守巡官部領之。毋爲民害。否則罪部領官。從之。

宗臣曰。吾民之苦客兵。甚于盜也。夫當事者走千里召外兵擊賊。豈不至急民哉。及其至。乃不肯發一矢。徒攖金而歸也。歲費帑金數萬。卽道途牛酒又半之矣。卒乃使其民憂嗟怨歎。若覿賊焉。嗟乎。後之談客兵者愼念哉。

丁未。巡撫保定右副都御史鄭絅爲南京兵部右侍郎。

己酉。署詹事府事吏部右侍郎李璣翰林學士嚴訥主禮闈。
辛亥。應天府丞喻時爲南京太僕寺卿。
壬子。山東按察使張松爲右僉都御史。巡撫保定。
甲寅。總督宣大尚書楊博言三鎭歲中招降千六百四十人。敍功有差。
丁巳。夜月食。
庚申。廣東倭流突詔安漳浦。
壬戌。翰林院編修張春爲侍讀。
癸亥。衍聖公孔尚賢年幼。令入太學。
禁伐雁門關北樓諸路樹木。蓋障虜騎也。
庚午。虜把都兒等數萬騎入潘家口。渡灤河。進三屯營。責督撫官立功自效。虜先駐會州。屬夷影克哈孩等導之反誑我欲東犯義院冷口。王忬不察。兵遽東。疲于奔命。
虜犯延綏清水營鎭北墩。
三月醆朔。丁丑。土魯番天方撒馬兒罕魯迷哈密等番俱入貢。
戊寅。南京工部右侍郞王昺。巡撫甘肅都御史陳棐各被劾。昺免。棐調外。
己卯。虜自遵化東掠遷安薊州玉田大掠五日乃出。
壬午。南京光祿寺卿趙貞吉爲南京工部右侍郞。大理寺右少卿胡汝霖爲右僉都御史。巡撫甘肅。
翰林檢討馬一龍爲南京國子司業。
丙戌。巡撫順天右僉都御史王輪免。總督王忬停俸。總兵官歐陽安參將高延齡徐枝等按問。

丁亥。策貢士蔡茂春等三百二十人。賜丁士美等進士及第出身有差。
戊子。河南按察使張玭爲右僉都御史。巡撫順天。
廣東蘇羅峒賊流刦歸善等處。惠州通判洪章以鄉兵敗潰見執。尋放還。
西寧侯宋大訓提督操江。
提督京城巡捕署都督僉事李廣爲總兵官。鎭守薊州永平山海。
故巡撫大同右僉都御史朱笈戍邊。笈在鎭不比楊順路楷張鎬。及桃松寨事又大忤順。因譖之嚴氏。立免笈。
而順楷卽被逮。嵩心醜之。以楊順爰書株逮誣坐之。
壬辰。南京刑部尙書馮岳引疾去。
癸巳。倭犯象山之何家礮金井等處。樹柵自固。海道副使譚綸計曰。此嘗我也。令俞大猷率師後繼。身先馳之。
諸將以士疲請休。綸曰。賊易我。宜出不意。進兵馬岡。賊繼至五百人。移兵先擊之。賊敗走。明日。綸搗何家礮。賊
殊死戰。我奇兵間出賊後。破之。斬七十二級。賊攻樂淸圍桃渚。綸追之不及。回軍松門。衞入門度賊夜至。可悉
軍通逵備巷戰。丁夜。賊千人襲西門縱火。綸擊斬其酋。乃退。綸尾之。度且出全淸閘。鑿二舟塞之。賊至欲起塞
舟。綸偃旗。使斬可成詐爲新城老人。遺賊書。輸千金。賊乃不起塞舟。明日。綸出南門力戰。擒斬千人。餘賊遁海
去。
甲午。孫世忠嗣懷寧侯。
增宣府分巡僉事。
胡宗憲劾總兵官俞大猷參將黎鵬舉擊柯梅倭不力釀害。下大猷鵬舉于巡按御史。逮入京。柯梅之遁。實宗
憲意。閩人謂宗憲嫁禍。故委罪大猷自飾。

乙未。祠故少傅禮部尚書胡濙。從其裔孫光祿寺丞頤之請。

戊戌。上禱雨雷宮。

己亥。浙直副總兵署都指揮僉事盧鏜爲署都督僉事總兵官。鎮守浙直。署都督僉事李琦提督京城巡捕。

庚子。南京右都御史蔡雲程爲南京刑部尚書。

兵部署郎中唐順之爲太僕寺少卿。

辛丑。雨。羣臣表賀。

倭掠崇明。

四月蝕朔。倭數百艘轉掠揚州。賊初利江南富厚。獨王直知淮揚多大賈。始浸尋于江北。每至。屬厭而去。巡撫李遂素有略。閱兵通州。聞之卽赴泰州。以副使劉景韶兵扼如皋。

丙午。裕王長子翊釴薨。禮部議祭七壇。請名。并改稱世子。喪禮減半行。

新倭大至。攻福寧。陷福安。敎諭績溪程箕訓導海陽謝君錫守西門。死之。其長樂福淸俱患倭。閩廣被擾。

提督兩廣兵部右侍郎王鈁爲南京右都御史。

蘇松參將劉顯爲副總兵。協守浙直。

江北倭知如皋有備。趨通州。副總兵鄧城禦之。敗績。指揮使張谷死之。失四百餘人。倭進據白蒲鎮。李遂曰。賊過如皋。由黃橋泰興犯瓜儀。則阻漕。留都動搖。若驅之海安以北。沿海東出。無能爲矣。盛集兵泰州。賊乃出富安。遂馳淮安。約諸將搗廟灣賊巢。賊分衆一由西亭。一由白蒲丁堰以牽我。遂曰。丁堰西亭二賊。景韶足辦矣。必我也當大敵。騎而趨淮安。倭犯丁堰。毛兵敗績。千戶李良呂忠戰沒。

庚戌。鄭府東垣王厚烔薨。

貴州巡撫右副都御史高翀平普安亂卒。初普安衞安南所屯軍李昂聚劫七年。至是就擒。

辛亥。北洋有倭二十餘艘。副總兵盧鏜巡海。急攻之。斬百二十三級。擒一人。倭入三沙不出。

壬子。南京兵部右侍郎鄭炯改兵部右侍郎兼右僉都御史提督兩廣軍務。

太原募兵李廷甫等殺參將高鵬。劫係獄都指揮畢文作亂。文不從被殺。大掠走屯西山。指揮鄭印勒兵擒廷甫。餘走虜中。

癸丑。翰林編修楊名卒。

甲寅。新倭自福寧連江羅源流劫懷安閩縣。合攻福州。不克。環而守之。是日。參將黎鵬舉擊倭海中七星山。斬六十七級。擒六十八人。

丁巳。巡撫陝西右僉都御史殷學爲南京兵部右侍郎。

免刑部左侍郎楊大章。大章李本幼師也。久引疾。上令緹校醫官診視。云眞疾。特去之。大章闒冗貪鄙。戀位蒙斥。士論快之。

胡宗憲薦唐順之文武才。第權輕不足展布。宜超用。復進通政司通政。協贊浙直兵務。

江北倭以海道副使劉景韶連敗之丁堰如皐海安。共斬百餘級。至是聚衆西犯揚州。景韶率游擊丘陞擊斬八十級。焚百七十九人。賊奔潘家莊。盡銳攻之。斬百二十八級。

樂安王拱欙薨。

刑部右侍郎趙大祐爲左侍郎。漕運總督右副都御史傅頣爲刑部右侍郎。

庚申。廟灣倭合攻淮安。巡撫李遂率參將曹克新等禦之姚家蕩。破之。斬四百七十八級。奔姚家莊。火攻之。死二百七十餘人。奔陳家莊。追斬七十四級。餘退保廟灣。

癸亥。定遠侯鄧祖錫卒。

丙寅。巡撫河南右僉都御史章煥爲右副都御史。總督漕運。陝西左布政使郭乾爲右副都御史。巡撫陝西。

海道副使劉景韶擊倭于印莊。斬四十五級。次日戰新洲。斬七十八級。奔新河口民家。火攻之。斬二百十六級。殲焉。而江北流倭殄矣。惟廟灣倭固守不出。官兵環攻之。

丁卯。逮江北副總兵鄧城參將米仁入京。

五月軠朔。江北兵攻廟灣倭。斬四十餘級。我兵死傷相當。巡撫李遂計斷道圍困之。日久乏食。可全克也。右通政唐順之以謂玩寇。自擐甲持矛進。兵大敗。順之自知失計。賊未可卽破。乃駕言經略三沙倭。南去。

癸酉。誅虜哱素大力赤等。以窺大同邊堡被擒。

丁丑。山西左布政使張永明爲右副都御史。巡撫河南。山東左布政使翁大立爲右副都御史。巡撫應天。

戊寅。倭圍福州。匝月始解。

辛巳。巡按直隸監察御史方輅。劾總督薊遼侍郎王忬調度失策。逮入京。改總督宣大山西兵部尚書楊博代之。初唐順之行邊。嚴嵩酒之曰。此王中丞物。惜官不相及也。順之遂劾忬語特甚。世蕃刪其草。止存一卒不練等語。奪俸俟後命。忬懼。求輅露章冀譴去。不謂聖怒由此不釋也。

壬午。倭陷永福。

癸未。福建浯嶼倭經歲。至是遁。復移南澳屋居。

甲申。巡撫保定右僉都御史張松爲右副都御史。總督宣大山西。

歐陽安高延齡等論死繫獄。

乙酉。福建山盜突劫永安泰寧龍巖歸化。守臣勦平之。

游擊將軍丘陞爲參將。分守揚州。

丙戌。裁山西冗官。

丁亥。增大同府同知二。理宣大屯政。

己丑。南京太常寺卿林庭機爲南京工部右侍郎。南京太僕寺卿喻時爲右僉都御史。巡撫保定。

崇明三沙倭踵至。官軍邀擊之。斬百餘級。

甲午。南京翰林院侍讀學士全元立爲南京太常寺卿。

廟灣倭久困不出。副使劉景韶逼壘而陣。載葦焚其舟。倭宵遁。

刑部尚書鄭曉。擬王忬戍邊。中軍游擊張倫棄市。上加忬罪。手批曰。諸將皆斬。指揮出令者却不治。是何法律。于是論死。

丙申。福州倭出梅花洋。參將尹鳳等擊斬百有七級。擒九人。

己亥。福建出海倭回泊澳頭。

有倭二十五艘抵朝鮮。國王李峘遣將殲之。獲漢民掠者三百六人。內嚮導陳得等十六人。尋遣禮曹參判尹毅中賀冬至。倂致之。

六月辥朔。壬寅。久雨。上禱于洪應雷宮。

裁登萊管糧通判。改注于濟南兗州。

癸卯。右春坊右中允署國子司業高儀爲南京翰林院侍講學士。

甲辰。存問秉一眞人恭誠伯陶仲文。年踰八十。子世恩改太常寺丞兼道錄司右演法。

乙巳。虜黃台吉數萬騎突犯大同弘賜鎮川等堡。侵宣府。陷西安驛堡。殺掠浹旬。士民禦之。斬三十三級。損官軍四十七人。丁巳出塞。

辛亥。延綏入衞兵專屬昌平總兵。

甲寅。戶部尚書賈應春致仕。召南京戶部尚書馬坤代之。

丁巳。倭出梅花洋。參將尹鳳追斬百二十餘級于橫山。擒三十二人。

前工部尚書署通政司事鄭紳卒。贈太子少保。

戊午。楊博定薊鎭兵備畫地分守。

己未。虜自大同鎭川堡入掠宣府東西二城。旬日。會久雨。遁去。

甲子。左府帶俸長寧伯周大經卒。

丙寅。雷震奉先殿外垣。

七月庚朔。戶部左侍郎蔡克廉爲南京戶部尚書。

虜數萬騎由麻峪口寇懷來。保安游擊將軍董國忠引兵馳逐之。以無援敗死。師殲焉。

開宣大荒田水利。

命太倉銀庫出入兩月一進揭具覽。

癸酉。金星晝見。

前南京禮部尚書閔如霖卒。如霖烏程人。嘉靖壬辰進士。館選。授編修。歷右中允左諭德侍讀學士。後以吏部侍郎撰玄失上旨。南遷。尋罷。醇謹有文。疑同鄉學士董份陷之也。

乙亥。故翰林修撰楊愼卒于永昌。年七十二。隆慶初。贈光祿寺少卿。天啓初。謚文憲。

淩迪知曰。愼以卓絕之才。弘博之學。謫滇南。端居深省。發憤著書。神犖理解。垂文表義。竟坎壈終其身。哀哉。

何喬遠曰。楊少師所夢夏魯奇。武臣也。戌籍乎。輔以中庸十八篇。所謂追王太王王季者也。大禮之兆矣。予友滇中劉文徵嘗令新都。爲予言至用修家。觀其書。朱黃手澤。識以年日。不翅充棟。於戲。此其家之子雲也。

趙貞吉曰。升庵公已久。其遺文可以留百代之名矣。古之上士。探性命之際。悟法身以上事。其次風節文章炳炳烜烜。使名聞于後代。亦足矣。此公已得其次。高出尋常萬倍也。

丙子。兵部右侍郎劉采爲戶部左侍郎。

辛巳。應天地震有聲。

壬午。改南京兵部右侍郎殷尙學協理戎政。

甲申。復設陝西撫治商洛右參議。

丙戌。三沙倭突登海門七里港。

戊子。給事中羅嘉賓御史龐尙鵬核浙直邊費。于是胡宗憲被劾。策勵供職。諸將各治罪。

復設永平遵化二守備。

甲午。神機營副將署都督僉事趙應總兵。鎮守寧夏。

海門倭趨揚州。副使劉景韶參將丘陞戰于鄧家莊。斬六十九級。走仲家莊。火攻之。斬二百八十餘級。宵遁。

戊戌。官兵追倭于鍋團。參將丘陞輕騎先進。賊併戰。陞馬蹶被殺。已我兵大至。賊走。陞偏頭關人。山西驍將。江北之捷皆其力。屢勝輕戰。諸軍無不惜之。

林縣妖人李遇新以白蓮敎惑人。百戶孫祿約內應。知縣方民懷預備。賊夜薄城。已勒民列守。賊遁。獲之。孫祿自殺。初縣東南四十五里羊兒池。周四畝。深丈有六尺。相傳池水淸。邑有兵。是年水淸。

八月

孭朔。辛亥。巡撫鳳陽右僉都御史李遂獻白兎二。告廟止賀。

甲寅。夜月食。雲陰不見。

丁巳。陝西山丹衞天鼓鳴。

己未。江北倭自鄧莊敗後。沿海覓舟不得。我軍急擊之劉家橋白駒場。俱捷。會雨。走劉家莊就食。我圍之。胡宗憲遣副總兵劉顯以鋭卒千餘人來援。江北兵懼奪其功。李遂檄江北兵盡屬之。顯先登陷堅。斬二百十四級。賊走白駒場。又敗之。斬四百餘級。賊殪盡。

壬戌。翰林檢討晁瑮爲修撰。

賜嚴嵩京邸堂曰忠正。南昌樓曰寶翰。堂曰耆德。

癸亥。巡撫鳳陽右僉都御史李遂爲南京兵部右侍郎。

翰林侍讀學士秦鳴雷爲南京國子祭酒。

甲子。遼東饑。發六萬金召糴輸運。三萬金措給牛種。仍借太倉粟五萬石賑之。

裕王世子翊釴葬西山。

乙丑。前刑部尚書何鰲卒。鰲山陰人。尚書詔子。正德丁丑進士。授工部主事。諫南巡。嘉靖初議禮。俱被杖。歷郎中藩臬。撫山東。至前官。清正直諒。有古大臣風。贈太子少保。

虜寇順聖東西二川。至于蔚州。掠人畜數萬。官軍竟避其鋒。不戰也。

虜犯土木。

九月巳朔。閲視浙直軍情右通政唐順之爲右僉都御史。巡撫鳳陽。

庚午。薊州總兵官李廣劾免。

壬申。大同總兵官張承勛移薊州。

甲戌。選授沈寅陳所學曾濂趙灼楊銓江一川王楷馬出圖周京胡應嘉喬光大李璉陳懋觀張鳴瑞侯廷柱曾廷芝樊倣爲給事中。鮑承蔭張科劉行素溫如璋董學馬文健耿定向張瞻趙時齊王宗徐查光述王得春劉志伊袁淳陳聯芳徐爌陳旌黄紀潘清亶王繼咸祝乾壽王諍蔡完楊衍慶陳紀林潤爲試監察御史。銓出圖京行素時齊潤宗徐並南京。

乙亥。賑兩淮貧竈六萬五千六百餘人。

丙子。宣府副總兵劉漢爲署都督僉事總兵官。鎭守大同。

戊子。翰林修撰晁瑮爲司經局洗馬。署國子司業。

庚寅。建昌副總兵都督僉事馬芳改宣府。

辛卯。前刑部尙書劉訒卒。訒河南鄢陵人。尙書璟之子。正德丁丑進士。授寧國推官。署蕪湖縣。値南巡苛索。下詔獄。上初卽位。復官。拜御史。歷前官。執爭王聯獄被譴。年七十七。

虜犯宣府洗馬林蔚州。游擊董國忠等敗沒。

十月戊戌朔。前南京工部左侍郞程文德卒。文德字舜敷。永康人。嘉靖己丑進士。授編修。坐同官楊名論太宰汪鋐下獄。謫信宜典史。歷兵部主事郞中廣東副使南祭酒。至吏部左侍郞。撰玄不稱旨。改前秩。疏謝削籍。素講學。有儒行。好談當世之務。率迂闊難行。比卒。遺槖蕭然。後贈禮部尙書。謚文恭。

設廣東廣寧縣。隸肇慶。

免順天河間保定永平大同水災田租。

己亥。沂州地震。

甲辰。免蘇松旱災田租。仍賑之。

丙午。浙江左布政使陳仕賢爲右副都御史。巡撫湖廣。

免杭湖嘉興金華旱災田租。

壬子。封翊鏴洛川王。載垷襄邑王。載堂廣安王。勤烰內鄉王。載環安東王。載垙野城王。載墤阜平王。載壞銅陵王。宙橥湯陰王。鼎鈞新寧王。翊鑯棠邑王。翊鑠利津王。載㙉泰安王。載墉遂昌王。載瑞嘉定王。載墋景寧王。表相西河王。理坦保定王。翊鉉穀城王。

丙辰。免福州興化災傷田租。

虜犯遼東。游擊賈冕戰死。贈都督僉事。

戊午。故溫州同知黃釧贈浙江布政司右參議。

免遼東災傷屯租。

己未。宮人楊氏卒。追封常嬪。

癸亥。浙江按察副使劉景韶爲浙江按察使。仍防淮揚。

贈丘陞都督同知。世指揮僉事。立祠。定有功死爲上。亡功死次之。不幸又次之。失機死奪爵。

大玄都殿成。

乙丑。召楊博回部。起許論兵部尚書。兼左副都御史。總督薊遼。

十一月戊戌朔。丙子。命宋儒朱熹婺源裔孫授五經博士。與建安並世襲。

丁丑。宮人張氏卒。追封常嬪。

巡撫應天右副都御史翁大立好功銳事。蘇州悍少年素武斷詎詐。一二百橫里中。大立痛治之。因糾黨夜持刀斧劫郡縣獄。攻入行臺。大立踰垣走廨舍。敕諭符幟俱燬。知府王道行督捕。乃斬關出葑門。逃太湖。僅搜獲二十餘人。

戊寅。巡撫福建都御史王恂疾去。

壬午。浙江左布政使吳桂芳爲右僉都御史。巡撫福建。

丁亥。諭祭故貴州右參議王重光。

丙申。四川小河守禦千戶所地震。聲如雷。

誅王直于寧波。宥葉宗滿王汝賢戍邊。直繫獄二年。嚴嵩入其賂。將議釋。廷議謂戎首也。誅之。妻子給功臣家。

談遷曰。胡宗憲許王直以不死。其後異論洶洶。遂不敢堅請。假宥王直。便宜制海上。則岑港柯梅之師可無經歲。而閩廣江北亦不至頓甲苦戰也。文吏持刀筆輕擬人後。噂能以度外行事自蹈不測哉。王直以母故就死。無惑乎丘富趙全輩之怙叛也。

丁酉。復故翟鑾禮部尚書謹身殿大學士。從其子汝忠請。

前翰林待詔文徵明卒。徵明長洲人。歲貢生。行謹淳篤。不專以文藝名。天下重之。

王世貞曰。吳中人于詩述徐禎卿。書述祝允明。畫則唐寅。彼自以專技精詣哉。則皆文先生友也。而皆用前死。故不能當文先生。人不可以無年信乎。文先生蓋兼之也。先生晚而吳中人以朱恭肅公希周並稱。夫朱公者。恂恂不見長人也。何以得此聲先生哉。亦可思矣。

十二月戊戌朔。庚子。上禱雪內殿。夕雪。上悅。羣臣表賀。

乙巳。提督操江右副都御史傅鎮疾去。

韓府慶陽王謨埶薨。

戊申。巡撫福建右僉都御史喻時爲南京右僉都御史。提督操江。

庚戌。太子太保兵部尚書楊博回部。辭兼左副都御史。
癸丑。巡撫山西右僉都御史葛縉移保定。
免金鄉魚臺曹單水災田租。
己未。宋儒程頤二十代孫宗益襲五經博士。
丙辰。總督宣大山西右副都御史張松言邊務。末云。守邊要務。莫先保寨。虜犯蔚州大照堡。壯士龐鐸捐貲率衆抗之。堡賴以全。又擊死數賊。收虜箭約二車。虜急攻欲得之。鐸悉脫鏃中斷之。投堡外。乃引去。乞給冠帶令守堡以風示塞下。從之。
庚申。山西左布政使孟淮爲右副都御史。巡撫山西。浙江按察使劉燾爲右僉都御史。巡撫福建。
翰林院編修汪鏜孫爲侍讀。
增金山衞游擊將軍。
癸亥。虜災免遵化玉田薊州豐潤屯租。
甲子。前南京國子祭酒沈坤爲國子祭酒。

國榷卷六十三

庚申嘉靖三十九年

正月䝼朔。上不朝。

庚辰。寧夏地震。

丙戌。虜犯宣府洗馬林等堡。副總兵馬芳拒卻之。

福餘衞夷長孛羅等入市開原。索賞不遂。夜殺哨卒而遁。

庚寅。金星晝見三日。

辛卯。盜夜入泰興縣。劫庫殺人。

壬辰。吏科給事中胡應嘉上四事。端士習。敦節儉。公銓法。愼舉薦。上是之。

二月酉朔。己亥。增懷柔永平兵備二副使。

庚子。福寧桐山倭自前岐突犯泰順莒岡。

江北倭未平。設狼山水兵把總。曹沂民兵把總。城海安鎭。

癸卯。寧夏地震有聲。

更定浙東信地。台金嚴兵備道參將一。寧紹兵備道參將一。溫處衢兵備道參將一。

甲辰。敍擒王直功。進胡宗憲太子太保。左都御史兼兵部右侍郎總督如故。廕錦衣衞副千戶。總兵盧鏜俞大猷參將戚繼光都指揮戴沖霄等俱准贖。指揮夏正贈都指揮使。廕正千戶。餘陞賞有差。

乙巳。修京城。

復設南贛參將駐會昌。

丁未徙山西慶成永和二王府于關內。前散居汾州鄉間。

高士陳善道進淸微演敎崇眞衞道眞人領京城道敎。

壬子。福建提學副使宗臣卒。揚州興化人。□□庚戌進士。

王世貞曰。君于詩好建安及李白杜甫于文好司馬遷北地李夢陽。然自以其才氣勝之不屑屑取似也。其橫厲雄邁莫可得而羈絏。寧瑕而璧寧蹶而千里。至于論說千古成敗。慷慨擊節。寧爲祥毋寧爲纇此豈局蹐轅下老土壤者哉。

丁巳。晉府慶成王表欒薨。諡恭裕。

南京振武營兵變。殺督儲戶部右侍郎黃懋官。舊例。營軍有婦餉一石。鰥者減十之四。春秋仲月。石粟折五錢。前尚書馬坤奏折四錢。諸軍始忿。懋官又刻削停婦糧。尚書蔡克廉疾不事事。歲大祲。米石八錢。求復原折不得。兵部尚書張鏊方閱軍。大譁。迫懋官私邸。踰垣走。擊殺于市。脅鏊犒師。誠意伯劉世延力諭之。稍戢。明日。諸臣會內守備廳。侍郎李遂揚言曰。黃侍郎自踰垣死。若不宜辱耳。麾之退。衆求賞。叱曰。餉額可復。賞不可得。乃人給一金而散。

前左春坊左中允郭希顏廢久。馳疏立儲曰。往歲聖諭欲建帝立儲。皇上誠欲立儲。莫若安儲。何者。君相相信則儲安。兄弟相保則儲安。父子相體則儲安。相信有道。釋疑是也。相保有道。分封是也。相體有道。總攬是也。何謂釋疑。皇上至愛莫如二王。至重莫如元輔。其初何嫌何疑也。自言者倡爲二王面陳嚴嵩之說。恐二王與嵩皆疑而不自安。皇上何不降德音。諭元輔以益加忠謹。不必疑于王。諭二王以毋忘恭敬。不必疑于嵩。則君相相信而儲可得安也。何謂分封。二王同處京府。智與年長。則崇高所共欲。防不預設。則譏隙所由萌。聖明早斷。及時敕景王就國。周其衛翼。殊其寵數。于制于情。似爲兩盡。則兄弟相保而儲可得安也。何謂總攬。今時四郊多壘。一日萬幾。天意人心。莫不願大聖人萬年垂拱。若曰儲宮卽京府獨處。尤宜親就儒賢。涵養沖資。切劘于仁孝之途。分封既定。留京已明。願皇上端拱以順天人。從容而議建立。則父子相體而儲可得安也。內外各守屛翰。彼此永無猜防。宮中問省之箋。不時而進。麾下富貴之想。奚自而生。此安儲之上計。而今日之先急也。疏上。嚴嵩雖恨希顏。未測上旨。請下禮部。上怒。下廷議。給事中藍璧等奏希顏怨望傾險。大逆不道。法司擬妖言惑衆律。下巡按御史斬之。傳首四方。希顏方宴客。妻子不及訣。希顏字仲愚。豐城人。壬辰進士。疏上有立儲無建帝語。嚴世蕃磨飾激上怒也。

徐學謨曰。實錄云。是時東宮雖未正位。然上已知人情所屬。定議分封。希顏無故發憤于片言之間。別疏君臣父子兄弟。自古邪臣以死博功名。未有如希顏者也。希顏初倡四親廟議。爲公論所絀。及既罷。猶爭之至再。上輒優容之。希顏因自謂身雖廢退。可以危言奇計徼幸大功。論者謂祖宗列聖神靈。陰藉其口而降之罰。非不幸也。後乃追議卹錄。濫矣。按史臣評駁其論雖正。而稍涉苛刻。希顏始建四廟之議。既遭廢退。不無恨于嚴嵩。故借安儲之說以危上。冀一中之。其愚已甚。上既誅希顏。而出封景王。國本遂定。則希顏固有功于穆廟者。其亦可比于晁錯之請削六國乎。

己未。湖廣竹谿縣地震有聲。民家地出血。

賑順天永平水災粟二萬五千石。

倭六千餘人流劫潮州。

南京掌右府事誠意伯劉世延疏復軍餘替役收糧。蓋兵部尚書張鏊所革者。世延陰署魏國公徐鵬舉等名。

鵬舉自辨。世延坐免。

甲子。故遼陽游擊賈冕贈都督僉事。海州戰死。

揚州兵亂。走儀眞。掠舟將入海。右僉都御史唐順之討定之。

三月丁卯朔。壬申。故太常寺卿署國子祭酒敖銑贈禮部右侍郎。

甲戌。初給事中郭汝霖行人李際春使琉球。未發。而貢使正議大夫蔡廷會稱受世子命。以海道叵測。請如正德中封占城故事。自賫詔冊。不煩天使。禮部執不可。從之。

乙亥。南京戶部尚書蔡克廉兵部尚書張鏊臨淮侯李庭竹前戶部尚書馬坤俱劾免。戶部員外郎方攸躋主事安謙削籍。捕亂卒首禍者。

丙子。左副都御史鄢懋卿淸理淮浙山東長蘆鹽法。

戊寅。南京山東道監察御史林潤等。劾國子祭酒沈坤居鄉暴酷。截胡鑾手。糾衆防倭。擅殺不知名人爲敗卒。私鹽抽引。逼奪人產。遂削坤籍。逮入京。坤跌宕負氣不諧里黨。倭患作。倡鄉兵。稍犯輒榜笞之。多怨。而給事中胡應嘉仇坤。布流謠搆之于潤。俱無指實。所截胡鑾手固亡恙也。他皆類此。坤竟獄死。士論寃之。

己卯。兵部左侍郎江東爲戶部尚書。戶部左侍郎劉采爲南京戶部尚書。總理河道右副都御史王廷爲南京戶部右侍郎。

庚辰。增惠潮參將。駐揭陽。移潮州捕盜通判于黃岡鎭。

壬午。總督倉場戶部右侍郎高燿爲左侍郎。南京太僕寺卿林應亮爲右副都御史。總理河道。

癸未。購五色芝。

廣東香山地震。聲如雷。

大同總兵官劉漢出鎮河堡。搗虜于灰河。斬二十八級。時虜聚喜峯塞外。窺薊鎮。漢乘虛出塞以牽之。果狼狽而西。自多事來我兵積怯。虜嘗留巢並塞無敢出問。漢創爲之各鎮往往乘隙出虜稍遠徙其幕。

乙酉。敕監察御史陳旌往陝西甘固延寧。溫如璋往山西宣大雁門。各修舉屯牧。

丙戌。太子太保禮部尚書顧可學省墓。

巡撫遼東右僉都御史侯汝諒言。遼陽饑。宜開山東登萊直隸天津二海道。轉粟賑濟。臣復按視天津入遼之路。從海口發舟。抵右屯沙河堡不及二百里。可達遼陽皆內地無虞。登萊與島夷相直雖未易議。然大要在得人。則自能權利害輕重。亡後患。今天津已造舟開運。可令米商貿販。以濟窮邊。山海關運道。水陸聽其自便。登萊海禁已通。其令山東遼陽民。各具舟給引貿遷。有司毋或阻撓輒取稅。第嚴察非常。扼島夷內入之路而已。從之。

行各撫按官嚴課守令。限即月奏處。惡其貪殘害民也。

丁亥。畿內饑。命戶部詳議賑濟。

虜五萬餘騎陷廣寧中前所。殺百戶武守爵黃廷勛。

戊子。虜把都兒辛愛等數萬騎寇一片石等關。參將佟登等拒卻之。

己丑。大理寺卿馮森爲戶部右侍郎。總督倉場督理西苑農事。翰林侍讀學士高拱爲太常寺卿。署國子祭酒。

吏部尚書吳鵬滿六年考。進太子太保。兵部右侍郎閔煦爲左侍郎。總督三邊兵部右侍郎魏謙吉回部。

前兵部左侍郎張珩卒。珩山西石州人。正德辛巳進士。拜御史。講官缺。或薦入翰林。力辭不就。器識宏遠博綜羣籍。歷總督陝西。多獲首功。出延綏失事。戍慶陽。復起家延綏。至前官。贈工部尚書。諡襄敏。

倭由南臺寇福州。巡撫右僉都御史劉燾新至。素有威名。善騎射。令開城門往來不禁。親率死士千餘邀賊鬭安鎭手發。三矢斃三酋。賊大奔潰。赴水死者亡算。

壬辰。翰林侍讀張春直裕王講讀。

初。雲南緬酋莽達剌以先世紀歲爲孟密土官思眞與孟養土夷思倫所殺。因思眞子爭立。假道攻孟養。欲報之。又侵孟密。事聞。宣諭之。

乙未。巡撫應天右副都御史翁大立劾免。

談遷曰。開府建節。其任艱且鉅矣。亡論折衝境外。臥榻之側。無賴少年。不過飲博偷竊之流。曾不能詰捕。輕其身踰垣棄符敕。安所問鎖鑰哉。世廟號嚴馭。而大立僅放歸田間。亦徼天之倖矣。

四月辛丑朔。巡撫鳳陽右僉都御史唐順之卒。順之字應德。武進人。己丑禮闈第一。成進士。館選。授兵部主事。壬辰。改編修。庚子。上書削籍。屏居十餘年。力爲矯抗。晚由嚴氏起兵部主事。不二年至今官。博學練達。文足名家。所著荊川文集史纂左編文編稗編左氏始末等書行世。

史臣曰。順之本文士。使獲用其所長于石渠金馬之地。其著作潤色。必有可觀者。乃以邊才自詭。既假以致身。遂不自量。忘其爲非。欲以武功自見。盡暴其短。爲天下笑云。

沈德符曰。唐荊川之學行。亦可謂通天地人三才矣。海內仰之如麟鳳。晚年一出。大不副人望。其撫淮揚。正値倭難。積勞中暍。盡瘁軍中。終無尺寸之效。天下有殷浩房琯之疑焉。至以倖臣趙文華所薦議之。則過矣。

憑時可曰。戊己之際。天子側席虞寇。蒼生且日就塗炭。而尙得高臥置之漠然乎。世或以出疑先生。然先生鍊性治身。羔皮馬革。不席榮。不甘肥。又何疑其出自先生後。天下益波靡。或撤藩踰檢而語心體。猶傲然自謂得玄珠。嗚呼。安能起先生一挽之哉。

何喬遠曰。唐順之趙時春二子。銳然欲見功。反爲世所指。孔子與懼事成謀之士。信然矣。

丁酉。江西布政司左參政方廉爲右僉都御史。總理糧儲。提督軍務兼巡撫應天。陝西巡撫右副都御史郭乾總督陝西三邊軍務。撫治鄖陽右僉都御史劉學易爲大理寺卿。
武定侯郭守乾卒。
己亥。戶部尚書江東改太子太保南京兵部尚書。
罷宣大總督右副都御史張松。上以松非其才。保定巡撫右僉都御史葛縉爲左副都御史。總督宣大。
壬寅。南京兵部右侍郎李遂密捕叛卒。論死三人。戍二十二人。遂尋以計悉斃之軍中始定。時以留都重地。戕殺大臣。竟姑息不盡問。非法也。
甲辰。戶部左侍郎高燿爲戶部尚書。
巡撫延綏右僉都御史董威湖廣陝西左布政使谷嶠程軏並爲右副都御史。威巡撫保定兼提督紫荆關。嶠撫治鄖陽。軏巡撫陝西。
辛亥。雲南道監察御史耿定向。劾吏部尚書吳鵬納賄。凡六事。首及其壻翰林學士董份。各疏辨。不允。
徐學謨曰。吳鵬先爲兩司時。頗有清謹之譽。已爲漕運。爲司空。寖不逮前矣。比及吏部。瀾倒尤甚。惟唯唯作嚴氏奴僕耳。而子紹以白衣營竊科第。則又欺天罔人之極。而定向旣露白簡。尙懷投鼠忌器之嫌。終無一言及嚴氏。蓋君子而未仁者乎。
壬子。增大同邊堡。
賑順天永平饑民。
甲寅。總督湖廣川貴兵部右侍郎石永爲戶部左侍郎。
罷刑部尙書鄭曉。初直隸巡按御史鄭存仁。請裁定律例以一法守。禁民越訴。凡法司擅受民詞。郡縣不得輒發。曉謂律有停囚待對之條。會典亦載。近京人犯得聽法問理。率侍郎趙大祐等劾存仁侵官。存仁辨律自下而上之論。曉等欺罔。下院科議之。曉等疏辨。上以院科未奏遽瀆辨。前者亂軍未滅。疏無一字避退。雖曰執法。終是自尊。乃斥曉。降侍郎趙大祐俸二級。命自今外訟屬有司。京訟屬刑部。存仁狂罔貪黷。其論曉蓋承嚴氏指也。

談遷曰。執法大臣。貴得其平。鄭端簡司刑。非錚錚其人乎。而宥阮鶚失之輕。戍朱笈失之重。國史不免微文。則柄相搖奪。雖賢者無以自全也。

乙卯。追諡岳王厚熙曰懷。睿皇帝長子。上兄也。

丁巳。大理寺左寺丞孫愼爲右僉都御史。巡撫延綏。

復設南京提督糧儲都御史。改督漕右副都御史章煥爲之。

前南京兵部尙書湛若水卒。若水廣東增城人。弘治乙丑進士。好講學。主體認天理自然爲本體。勿忘勿助爲工夫。大率王守仁陳獻章餘吐也。嗜財色。嬖妾數十人。算計雞豚。秋毫不爽。年九十。孫壽魯乞卹典。吏部覆其學行醇正。輿望所歸。上以僞學亂眞。昔爲禮部參劾。此奏浮詞夸譽。其以狀對。于是尙書歐陽必進奪少保侍郎張永明奪俸。隆慶初。贈太子少保。諡文簡。

方沆曰。增城講學。究竟不越隨處體認天理六字。憶垂髫時侍先君宦游嶺海。曾過湛翁釣臺。里居棹楔。若曰天關。其軒廠不啻宮闕。舟人指示予爲海上逋逃藪云。計增城距順德二三百里而遙。嘗有八十翁湛某。以名刺爲四方徼惠。則益宅拓畝。故廣且饒。鄉人貴人云然。或有指耳。

戊午。勑勉靖江王邦寧。邦寧先與宗室爭。被切責。諸宗遂肆害士民。守臣不能制。乃褒勉之。令治宗室如故。

己未。浙江按察使劉景韶爲右僉都御史。巡撫鳳陽。

虜犯遼東廣寧。大掠。
庚申。嘉興地再震。五月辛卯又震。
辛酉。巡撫四川右副都御史黃光昇爲兵部右侍郎兼右僉都御史。總督湖廣川貴軍務。
套虜都刺兒台吉等寇寧夏河東。將趨靈州。總督魏謙吉總兵趙應䄂之。斬六十二級。虜遁。
甲子。巡撫江西右僉都御史何遷四川左布政使羅崇奎並右副都御史。遷總督漕運。崇奎巡撫四川。
是月。平涼華亭縣蜉蝣食麥。尋旱。
五月甑朔。戊辰。翰林編修張居正爲右春坊右中允。署國子司業。
江西左布政使張元冲爲右副都御史。巡撫江西。
己巳。宮人于氏卒。追封宜妃。
辛未。周府應城王睦植薨。諡恭穆。
甲戌。初。四川東川軍民府土官祿慶死。子佐幼。妻安民攝郡事。有營長阿得革頗擅權。得罪走武定州。見殺。其子阿堂奔水西。糾衆入東川。囚安民。奪其印。貴州宣慰使安萬銓攻阿堂。破之。其妻走霑益州。尋見殺。堂怨霑益土官安九鼎。時相攻。訟于朝。下撫按訊問。去年八月。堂服罪。願獻印。還霑益侵地。時祿佐及弟僎俱死。堂幼子詭爲祿哲。當襲。不納印。又攻九鼎。巡撫右副都御史游居敬謂堂怙亂。議討。
乙亥。胡宗憲請定節制禮儀。視三邊例。上嘉其任事。進兵部尙書兼右都御史。悉從所請。
協理京營戎政兵部右侍郎殷尙學引疾。被劾削籍。南京兵部右侍郎李遂改兵部。協理京營戎政。
丁丑。增整飭應天太平寧國徽廣德兵備副使。兼布政司參議。督蘇松等糧儲。係銜浙江。
戊寅。河南撫按劾伊王典楧不法。命禮科給事中龔情按之。

己卯。湖廣漵浦縣猺賊平。

壬午。兵部左侍郎閔煦爲刑部尙書。巡撫山東右副都御史丁以忠爲南京兵部右侍郎。翰林編修王學顏姜寶爲廣東四川提學僉事。

丁亥。協理京營右侍郎李遂爲左侍郎。山東左布政使朱衡爲右副都御史。巡撫山東。

戊子。旌慶成王府故鎭國將軍奇添夫人王氏節孝。奇添卒時夫人年甚少。事育勞瘁。至是年八十。

御史沈陽戶部郎中張大化清理畿內莊田。入官二千五百二十九頃有奇。量給則萬六千二百六十四頃有奇。其追奪宜千九百餘頃有奇。從之。

辛卯。南京國子司業馬一龍予告。

壬辰。盜入博羅。殺知縣舒顥。

甲午。福建盜攻平和詔安等縣。破崇武所城。

倭巢月港。參將王麟擊之海中。擒其數酋。溺賊三千餘無遺。

興化府雨毛。

寧德縣泮池水旱紅午赤晩黑。凡五旬。以器盛之亦然。

六月輛朔。起王邦瑞兵部尙書協理京營戎政。

戊戌。尙寶司丞陳謹爲南京國子司業。

兵部右侍郎魏謙吉入朝。道卒。贈右副都御史。廕子入太學。謙吉狂率。不類衣冠士。歷官無善狀。淫暴掊克。若餓鴟乳虎。至于錐刀乞索市井人。羞言之。時屬汚濁。卹典隆備。

壬寅。復設蘭州督餉郎中。河州管糧通判。從魏謙請也。

給事中羅嘉賓御史龐尙鵬核浙直軍費。其文牘灼然可考。督察尙書趙文華侵盜十萬四千金。總督周琉二萬七千金。胡宗憲三萬三千金。前巡撫阮鶚五萬八千金。操江都御史史襃善萬一千金。應天巡撫趙忻四千七百金。至于操江高捷。則明移餽文華江防銀二千金。命罷忻捷。趙文華所任郎中郭仁削籍。惟宗憲功最不問。

徐學謨曰。東南自兵興以來。且亡論督撫大吏。卽守吏乘機科罰侵尅。何可勝計。以是因亂生亂。民益不聊生矣。時倭少息。而羅龐疏至。嚴嵩謂人曰。昔王守仁討宸濠之後。何嘗不侵濠帑。以有大功。故詒讓不及也。雖其言護短文華與宗憲。其實事體當如是已。上竟置宗憲不問。而以文華候勘。眞雄略之主哉。

甲辰。制敕房工部右侍郎張文憲爲尙書。辦事。

庚戌。逮順天慶都縣知縣張弛入京訊問。貪酷削籍。

壬子。特給大學士李本本生曾祖父母贈典。免移贈。

乙卯。南京禮部尙書孫陞卒。陞字志高。餘姚人。嘉靖乙未進士及第。授編修。遷右中允。歷祭酒禮吏部侍郎。孝友長厚。父燧死寧庶人之難。終身不書寧字。亦不壽人文。被服雅素。蓋篤行君子也。年六十。贈太子少保。謚文恪。子鑨鋌錝鑛。俱進士通顯。

虜由古北口入犯薊通順密及都城以北。大殺掠。先是被擄人還。傳虜聚三十萬住獨石邊外明沙灘。謀寇關南及宣府。總兵官趙國忠帥兵入衞半月。虜遂由白羊口出。過懷來保安。抵宣府城下。呼守陴者曰。無恐。知爾兵在南。所守婦女城耳。且不爾攻。我所攻固人人足也。時所掠關南人行竟日不絕。泣聲動地。守陴者力不能救。是夜。虜營于西門外二三里。勞久酣寢。城中無一兵劫砦。次日。虜至萬全右衞。由野狐嶺出塞。去白羊口在京城西。其北直懷來。城路在兩山中。山勢峭立。路亦曲狹。虜逶迤行。二日始得達平野。方虜入口時。如官兵以數營尾之。堵其南。以數營邀之。堵其北。虜隻騎不得返也。而計不及之。徒令大得志去。智者不能無憾云。

七月乙丑朔。虜把都兒犯薊西。游擊胡鎮以五百騎出塞。破其前鋒。回至河防口。力戰。諸將皆馮墻禦之。遁去。

己巳。以久旱。上禱雨禁中。

庚午。陝西行都司山舟等衛地震有聲。

大同總兵官劉漢以三千人出塞。抵豐州。疾擊之。斬八十三級。擒七十二人。餘衆奔匿。豐州直大同右衛。自玉林舊城北經黑河灰河。歷三百餘里。崇山環合。美水草。叛人丘富等築城郭宮殿。墾田數千頃。接東勝川。時俺答西掠。且二年。留千餘人守豐州。不耐暑。每夏徙帳大青山外。故漢襲之。焚其宮殿。丘富先隨虜去。趙全匿墩上。參將麻祿攻墩。牛墮。會虜大至。且戰且卻。引還。往返凡五日。進漢都督同知。總督葛縉兵部右侍郎。右僉都御史。

己卯。戶部左侍郎石永卒。永威縣人。壬辰進士。授中書舍人。拜御史。歷今官。鯁介廉潔。終始不渝。歿之日。家無餘儲。

甲申。吳川縣地震。聲如雷。

辛卯。唐王宇溫薨。諡敬王。

壬辰。右副都御史章煥疏經略中原。曰。中原之患。妖民盜賊。今合爲一途。此今日之大慮也。臣謹上八策。增屯兵。收梟儁。修城池。察險隘。時巡歷。選良吏。處宗藩。議黃河。時寇斂水潦。民不堪命。多相聚爲盜。河南人訛傳倭至鳳泗。又言開封沒于河。于是林縣睢州皆盜起。比知其訛。卽潛走。煥撫河南。値而憂之。雖得代。仍上章。史以爲迂慢過矣。

八月甲午朔。加恩贊直諸臣。嚴嵩陸炳益祿二百石。徐階兼太子太師。李本少傅。吳山少保。茅瓚袁煒各食二品俸。少卿嚴訥學士董份各禮部右侍郎。兼學士。世蕃仍兼食尙寶司俸。

丁酉。胡宗憲獻芝五百。白龜二。告廟。賜金五十。金鶴衣一襲。
己亥。福建叛兵三百餘人攻泰寧。破之。守備王址千戶戴權戰死。賊趨樂安廣昌。走永豐遁去。贈址都指揮使。權正千戶。
戊申。望。夜。月食。
乙卯。前戶部尚書賈應春卒。應春眞定人。嘉靖癸未進士。令南陽。授刑部主事。歷撫陝西。督三邊。慷慨任事。鄉稱長者。人咸重之。
丁巳。吏部右侍郎署詹事府事李璣爲南京禮部尚書。時推吏部左侍郎郭朴爲南京禮部尚書。加太子少保。朴辭。請撰玄思效。不願遠離。上嘉之。命新銜仍兼翰林學士。署詹事府。內直。
設興安縣。隸江西廣信。
戊午。巡撫南贛汀漳右副都御史范欽爲兵部右侍郎。巡撫雲南右副都御史游居敬爲南京戶部右侍郎。南京工部尚書潘恩改刑部尚書。
己未。禮部左侍郎芳瓚改吏部左侍郎。禮部右侍郎袁煒爲左侍郎。禮部右侍郎李春芳署翰林院。
壬戌。裁蘇州領軍同知。
貴州巡撫都御史高翀湖廣巡撫都御史陳士賢各劾免。
毛澄嗣伏羌伯。毛桓子。
太子太保禮部尚書顧可學卒。可學無錫人。弘治乙丑進士。歷參議。家居十年。賄嚴嵩。以煉秋石被召至今官。僅支俸供服餌。不預政。而沾沾自得。好苞苴請託。曾不自媿也。賜祭葬。諡榮僖。隆慶初奪官。
九月丙申朔。應天府尹鮑道明廣東左布政使楊伊志並爲右副都御史。太僕寺少卿劉崙河南右布政使蔣宗魯並爲右僉都御史巡撫。道明貴州。伊志南贛。崙湖廣。宗魯雲南。

南京右都御史王鈁爲南京工部尚書。

乙丑。逮撫治鄖陽右副都御史谷嶠廷杖削籍。嶠陞任迂道抵家被劾。

後府平江伯陳王謨總兵。鎭守兩廣。

丙寅。前延綏巡撫右僉都御史董威薦慶陽知府孫續失實。調南京大理寺卿。威贓私狠藉。賄嚴氏。雖調猶陞也。

故巡撫湖廣右副都御史胡纘宗卒。纘宗□□人。正德戊辰進士。

丁卯。大理寺左少卿張雨爲右僉都御史。撫治鄖陽。

己巳。工部左侍郎盧勳爲南京右都御史。

庚午。虜寇大同拒門等堡。遂犯朔州。虜擁衆塞外。總兵劉漢南保應州。虜偵其亡備。潰墻入。巡撫寧夏右僉都御史霍冀移保定。

免順天永平保定河間旱蝗田租。

辛未。虜犯朔州。

壬申。夜虜三百餘騎突攻廣武墻。不克。

甲戌。虜南攻山西盤道梁越關。大掠山西。總兵王懷邦不意虜遽至。倖棄戰馬千餘啖之。急引兵自靜樂入太原。去虜營五百里避之。

丙子。起劉伯躍工部左侍郎。山西左布政使謝淮爲右副都御史。巡撫寧夏。

免太原旱災田租。

己卯。虜循代州而南。轉掠五臺崞縣。

庚辰。套虜突犯米脂。俺答居西海患腫。部下疾死。遂率衆東回。犯涼州莊浪。殺掠甚慘。

壬午。虜出寧武關北遁去。

丁亥。岷府南渭王譽播薨。王孝友慈儉。布衣好書。不泥章句。年五十九。謚莊順。

大風霾。

戊子。戶部右侍郎劉養正爲左侍郎。順天府尹劉大賓爲戶部右侍郎。

夜。月犯軒轅左角星。

己丑。光祿寺卿黃廷用爲工部右侍郎。提督大石窩。

壬辰。免濟寧旱蝗田租。

萊州地震。聲如雷。

玉熙宮成。進工部尙書歐陽必進少保。餘陞賞有差。

開桑乾河通大同運道。巡撫大同右副都御史李文進議。水程七百二十七里。

虜數十騎入掠土木。副總兵茅國忠王孟夏追及于楊家山。虜突出數千騎。斷我兵。國忠死之。孟夏等潰走。虜復自洗馬林入犯蔚州。

十月㫥朔。免延安慶陽旱災田租。

甲午。永壽宮成。

乙未。逮前雲南巡撫右副都御史游居敬入京。初。令川貴會勦東川阿堂。居敬不俟命。發兵五萬。南土騷動。巡按御史王大任以聞。居敬謫戍。

戊戌。盧鳳淮揚折漕八萬石。

庚子。總理河道右副都御史林應亮爲南京戶部右侍郎。

壬寅。諭輔臣。景王邸成已數年。當令之國。于是吏部請備官僚。兵部請選護衞。從之。上春秋高。景王母妃日侍上。中外疑二王。並夜半旨下。嚴嵩子世蕃言。上意未必爾。或以試物情。禮部尚書吳山不可。嵩召儀制郎中白啓常止尚書勿上儀注。吳山曰。天下屬望久矣。今奉諭而止。脫國本不定。孰任其咎。

乙巳。起胡植右僉都御史。總理河道。

丙午。復遣刑部右侍郎趙大祐錦衣衞指揮僉事萬文明往勘伊王。以禮科給事中龔情勘上。王奏辨。謂僉事林騰蛟陷之。故有是命。

戊申。諭停刑。

免眞定順德大名廣平旱災田租。

辛亥。禮刑部郎中李纘高岱爲景府左右長史。

寧夏副總兵吳徵爲署都指揮僉事總兵官。鎭守山西。

山西總兵官王懷邦大同總兵官劉漢並免。

壬子。封宣圻蜀王倪焯華陰王融焚永福王恆□襄城王朝埛汾西王睦橗原武王憲熽益陽王。

南京兵部右侍郎范欽劾免。

戊午。總督宣大兵部右侍郎葛縉回部。應天府尹呂光洵爲南京大理寺卿。

湖廣災。折漕十萬石。

己未。中書科舍人劉芬削籍。芬淸狂不慧。或戲曰。吏部將推若長史。芬怒。往尚書吳鵬邸詬詈。裂冠毀裳。事聞。

下錦衣衞。拷送法司。

庚申。趙王厚煜自經。王讀書好禮。孝事其祖母妃。妃疾。爲嘗糞。彰德饑。請辭祿賑之。上不許。招致賓客。文酒遊宴。有淮南梁孝之風。仁柔鮮斷。嘗獨宿。妃妾不得入。前數日侍兒見王咄咄自語。如有所恨。意其妃與成皐王有陰事。外莫知也。是夕。宿思訓樓。侍兒寢起捫足。見王縊床下。大驚呼。王妃張氏入視。已絕。明日長史李遇言王疾薨。府臣哭臨如禮。

免彰德衞輝懷慶歸德旱蝗田租。

壬戌。肅王弼桄薨。謚曰定王。

殺薊遼總督兵部右侍郎王忬戶科左給事中楊允繩。忬字民應。太倉人。嘉靖癸未進士。授行人。拜御史。按湖廣順天。其按順天。以禦虜通州功。擢右僉都御史。治軍餉。移撫山東浙福大同。至總督。允繩華亭人。嘉靖甲辰進士。

支大綸曰。忬恂恂長者。悉心體國。通州之役。不避死亡。晝策守城。以全國儲。帝眷日篤。洊登樞佐。薊州邊備久弛。整頓良艱。屢至失律。遂干極典。蓋帝固重軍政。雖勛戚不少貸。庚戌之警。尤惕于衷。故二子如世貞世懋。皆竭盧殫力。居間百方。終不可得。華亭乃予罪嚴嵩。至方秦檜之殺武穆。是以君子惡居下流。

馮時可曰。太剛則折。楊先生之踣于險途也。豈無因然。其清貞方亮。高張橫厲。則孔門仲由也。公自言我目如電。能開不能闔。口如決濤。能吐不能吞。氣有餘也。寒暑雖正。氣亢則爲害。故以是立節。亦以是賈禍。雖然。曹蜍李志。豈不偷以全軀。顧其氣厭厭若泉下人。卽富貴壽考。亦何易先生。

林之盛曰。或病楊公氣勁。不叶于中和。予曰。勝脂韋。語直不通于條貫。予曰。勝陰狡。大抵剛者無隱私。能不粥權。直者無伏情。能不容奸。在朝在野。俱不可無此人。何也。在朝執法而在野秉公也。雖殺身何憾。

談遷曰。王中丞坐疆事死。非死嚴氏也。隆慶初。子世貞訟寃。歸獄嚴氏。此家訴則然。豈定論哉。第建節負委任者何限。即論死或冀幸萬一。當時以世貞才甚。嚴氏殺其父。倘文人少年矜詡之過耶。

貴州大霜。凝結如花草。

十一月癸亥朔。巡撫大同右副都御史李文進總督宣大山西。

甲子。械南京糧儲右副都御史章煥以赴任遷延被劾。戍邊卒。

丙寅。大理寺卿呂光洵爲南京右副都御史提督糧儲。

戊辰。起楊選右僉都御史。巡撫大同。

丙子。免西安旱災田租。

戊寅。補廕王守仁子正億錦衣衛左副千戶。孫承學國子生。

己卯。上禱雪雷宮。

辛巳。禮部上景王之國儀注。上升殿。目送于承天門外。上曰。此祖宗時以兄封弟禮。父封子亦當如是耶。嚴嵩語尙書吳山。上疏留王。山不可。急請封。

乙酉。貴州都勻銅仁叛苗平。

丙戌。秉一眞人陶仲文卒。仲文湖廣黃岡人。幼習祓除之術。補邑吏。仕遼東海州庫大使。歲滿留燕。事致一眞人邵元節。薦之。召拜神霄保國宣教高士。亡何進眞人。領道教事。歷少師少傅少保禮部尙書。勳階光祿大夫柱國。兼大學士俸。尋食伯祿。已封恭誠伯。祿千二百石。子世恩秉一眞人。訃聞。贈特進光祿大夫。諡榮康惠肅

史臣曰。仲文無異術。徒以符呪小方稱上意。驟被恩寵。自戊戌以後。上不復視朝。輔弼大臣皆希得進見。獨仲文時被宣召。至即賜坐與語。稱之爲師。賞賚以數萬計。又兼領三孤。列爵五等。幾二十年。以富貴終其死

也。復贈謚賵賻。恩眷有加。自古方士所未有也。

談遷曰。方術寵倖。本朝如僧繼曉李孜省。皆亂法干紀。神人交怒。仲文蒙恩更出其上。而芝檢琅函。日陪鶴馭之列。未聞竊威福。竊嚬笑也。從容納牖。釋胡纘宗。宥屠大山。回天轉圜。不煩累牘。投老之日。盡納其賜金。寇謙之趙歸眞不足多也。今即以異途斥之。則好尙在人主。奈何獨罪彼方士哉。

丁亥。總督薊遼保定兵部尙書許論上宋紫淸仙人白玉蟾眞跡一卷。

己丑。停巡撫福建右僉都御史劉燾俸。以倭陷永春。流劫尤溪大田將樂泰寧建陽歸化新城樂安諸縣。

辛卯。除雲南巡撫贊理軍務。

八寨猺賊夜入廉州。劫庫殺人。

十二月壬辰朔。密雲管糧戶部郎中劉廓與兵備副使張子順交訐。各下錦衣衛。失實。俱削籍。

癸巳。泰寧衛叛夷果力箇屢導虜入寇。至是巡撫都御史侯汝諒紿之入市。伏甲擒之。幷黨四十餘人。事聞。伏誅。

丁酉。祈雪。

己亥。賑京師貧民。

壬寅。錦衣衛太保兼少傅左都督陸炳卒。炳字文孚。平湖人。祖墀隸錦衣衛。從獻王安陸。充儀衛司總旗。子松。從龍功。累官都督僉事。炳其子也。由嘉靖壬申武舉授署所鎭撫。進副千戶。積功至指揮僉事。己亥。上南巡。至衞輝行宮。夜火。負上出。識其姓名。秘之。即拜都指揮。署衛事。至今官。沉鷙健武。曉書數。好倜儻畫策。緹校多長安大豪。一當意。即得驟貴。故其下多效死力。以阱夏言仇鸞。故善嚴氏。薦入西苑供奉靑詞。與嚴氏頗攬文武選權。諸曹事多關白而後行。朝士輻輳。性喜詞察。多布耳目。即酒食過犯之立碎。嘗杖殺兵馬指揮某。御史劾奏之。不報中貴李廣李彬故領東廠。偶微忤。即先後論刺其罪。論籍。浮慕士大夫。問遺造請。不吝千萬。故終身無他累。嘗請慶壽寺址爲緹騎營。募技力至七千人。人莫測其指。會考軍政。錦衣見本兵故有禮。炳恃寵素驕蹇。楊博稍色抑之。炳慚恚。一夕飲後痰疾死。年五十一。上深悼之。手詔稱其發逆盡忠。贈忠誠伯。謚武惠。祭十三壇。子懌授錦衣指揮僉事。

王世貞曰。陸氏始由裨校拔起主緹騎。其敏銳有以結主知而威衆耳目。內閣大臣咸有連。既屢起大獄。中外咸重足而立。側目而起。凡吏兵之黜陟。戶工之出納。刑曹之讞比。咸取咨決。給事御史半由其門進矣。可畏哉。

支大綸曰。陶仲文得幸華亭不敢言。及易世乃褫其爵。陸炳得幸華亭以女女其子。後女殤絕交。亦俟易世乃籍其家。昔人譏懦夫不敢攖生虎。徒搏死虎耳。嗟乎。奸權亂政。必俟數年後乃敢拾朽骨而搏之。希寵畏勢。貪生負死。將焉用彼相哉。

談遷曰。昔丙吉不言保護之功。宣帝自能明之。則示德者彌爲淺矣。陸炳負上出狂炎烈焰間。功無與二。向使少泄。將置上何地。故帝終不言。但終始厚之。炳亦不敢自白。終始恩遇。君臣所以相全也。炳雖猾賊。而才能當人緩急。其干預朝政。亦時宰婪濁得釀致之。設賢輔在事。炳方效環衞之不暇。敢旁攬乎哉。

癸卯。後府左都督朱希孝署錦衣衞事。提督東司房。

壬子。翰林編修趙祖鵬調湖廣按察僉事。祖鵬女妻陸炳。藉爲奸利。士論恥之。至是外補。

復杭州捕盜水利通判。駐塘棲。

癸丑。監生廣德蔡如蘭授□衞鎮撫。子啓元贈太僕寺丞。俱從胡宗憲軍中。己未八月。啓元逐倭奉化之南渡橋。戰死。

甲寅。曉刻火星犯鈎鈐大星。
乙卯。前大理寺卿胡叔廉卒。叔廉新淦人。
丙辰。大雪。表賀。
大風霾。
虜入遼東海州東勝堡。南趨耀州堡。轉掠海蓋。大殺掠。總兵楊照禦之。把總李元勳兵先進。夜襲虜。斬五十級。元勳死之。
戊午。巡撫陝西右副都御史程軏巡按御史李秋獻白鹿靈芝。告太廟。
大同立兵車七營。車一輛。隊卒四十人。合十三隊爲小營。合十小營爲大營。皆俞大猷規畫。
俺答嘗掠大同妓桃花。妓誘其第七妾來奔。邊臣納之。嚴嵩不以聞。置詔獄別室。俺答以兵脅我。遂佯棄塞外。見殺。

辛酉嘉靖四十年

正月甲午朔。上不朝。
丙寅。虜萬餘騎踏冰渡河。掠五花營。守備王世臣千戶李彪等戰于冰橋。死之。虜遁。
戊子。賑順德永平河間保定。
增薊鎮撫賞銀。
倭犯寧德。知縣番禺李堯卿與參將王夢麟歃血盟衆。有進逃遁之策者。立斬之。攻三日。城陷。皆死之。
二月癸巳朔。日食。是日微陰。或見或不見。天官言日食不見。即同不食。上悅。嚴嵩在直廬。趣禮部尚書吳山表賀。山率百官以護日報。上不悅。責禮科都給事中李東華等不言。東華等引罪。當謝玄。上以不稱賀而言謝玄。何巧也。東華住俸。餘奪半年。嚴嵩謂部臣。罪不宜專責言官。改罰東華俸兩月。餘宥之。吳山記罪。

賑山東粟五萬石。

南贛叛兵馮天爵等平。

壬辰。械彰德知府傅汝礪通判田時雨入京。論汝礪戍邊。斬時雨于河南。去年六月。洛川王翊鏴奴爭于民。時雨撻其奴。翊鏴訴之趙王。時雨不爲屈。論奴戍。十月。湯陰王府奉國將軍厚熿厚煆求歲祿。汝礪未與。囚其奴。趙王遣厚熿求釋。辭焉。見時雨。復語侵之。是夕王暴薨。外議言禍起宮閫。跡且及成皐王載垸。王懼。乃與長史李遇等報自經。歸咎汝礪時雨威迫。故下法司論如律。李遇等咸罰有差。時雨未嘗忤王。王亦不恚汝礪。時論寃之。

丁酉。甘肅山丹衞地震有聲。

辛丑。太子少保左都御史周延卒。延江西吉水人。嘉靖癸未進士。授知縣。拜兵科給事中。言事謫判官。遷南京考功郎中。歷廣東左布政使。最久。贊平安南。擢撫應天至今官。峭直清介。居官執法。不矯矯聲跡。默持廉節。贈太子太保。謚簡肅。

丁未。景王之國。發京師。

己酉。諭內戢凶賊。外嚴邊備。

庚戌。罷太子賓客吏部左侍郎茅瓚。瓚足疾。久希枚卜。不欲去。諭閣臣放歸。太子賓客禮部左侍郎袁煒改吏部左侍郎。

壬子。巡撫河南都御史張永明爲南京刑部右侍郎。

癸丑。代府奉國將軍聰浸等言。宗祿積逋。臣數日一食。艱難萬狀。有年踰三十不婚。暴露十年不葬。或行乞市井。或傭作民間。或流移他鄉。或饑死道路。名雖宗室。苦甚窮民。請有司催補逋祿。使父母妻子得沾一飽。冒罪亦所甘心。上憫之。下山西撫按覈貧宗。

甲寅。嚴訥爲禮部左侍郞。李春芳添注吏部左侍郞。董份署翰林院。並特旨。

南京禮部右侍郞康大和爲南京工部尙書。

三月辥朔。壬戌。發粟萬二千石賑都民。

癸亥。督工工部尙書雷禮回部。仍兼提督。南京工部右侍郞林庭機爲南京禮部右侍郞。

刑部左侍郞趙大祐錦衣衞指揮僉事萬文明等。按報伊王典楧不法。攘人妻女至四百餘口。奪民廬舍至三千餘。誑脅人財至三萬餘金。晝閉河南府。大選民女十二歲以上七百餘。留其姝麗者九十人。不留者令具金贖。厭惡者委投圈虎。府第立磚城重門紅鋪。作淸和鴛鴦騰光殿。百花臺乘風御氣閣。僭擬不道。下廷議。令壞僭城。歸奪女。出羣小人付有司。悛改。

廣東惠潮山盜黃啓薦等衆數千人流劫海豐碣石。歸善。破甲子門千戶所。殺百戶魏祚。命勦之。

追論羊房堡鎭羌堡失事。逮前宣府參將雷龍等十六人。大同參將王臣等二十一人。永安堡百戶葉承勛等五人。下按臣論罪。

辛未。南京錦衣衞指揮徐維勳獻白兔。告太廟。

乙亥。命順天尹禱雨。

罷禮部尙書吳山及太子太保吏部尙書吳鵬。嚴嵩度山失上意。諷吏科都給事中梁夢龍劾山剛愎。幷鵬以示其公。上初無意去鵬。以山故令鵬致仕。山去後。上嘗念之。謂嵩曰。吳山今安在。山遂忘朕耶。

徐學謨曰。孔子云。爲臣不易。信此言也。疑莫如肅皇帝之世。蓋上在位日久。揣知人情裕蠱。故數持英斷搏下。即近倖大臣。觸之無少貸者。而尤所注懫。則始怙其寵而終負其德者也。龍阿雖利。要以逆氣攖之。爾若公于請封議日二事。豈所謂勿欺而犯之者耶。苦口之施。即儕伍猶咈。況君臣之際哉。宜其始閒于讒而終以執禮見諒。他日猶屢詔問。上不即棄羣臣。尙當召公。異乎漢武之疎汲淮陽矣。

吏部左侍郎袁煒爲禮部尙書。進太子太保。

丙子。金星晝見甲申沒。

丁丑。作萬春宮。

戊寅。少保兼太子太保左都御史歐陽必進爲吏部尙書。上嗛必進。嚴嵩曰。臣老矣。特此人執政而後快。允之。

辛巳。禮部尙書袁煒直西苑。供奉玄修。

壬午。製大祀衮冕皮弁。

甲申。雨。羣臣表賀。

成皐王載垸攝趙府事。

涼州副總兵呂經爲署都督僉事總兵官。鎭守甘肅。

南京兵部尙書江東以寬懦被劾。戒諭。坐營都督徐珏改南京右府僉事。進浙直副總兵劉顯署都督僉事。提督振武營。以私卒五百人往。

乙酉。延綏總兵官李輔劾免。

丙戌。左春坊左諭德兼侍讀陳陞爲侍讀學士。署翰林院。

丁亥。刑部尙書潘恩改左都御史。大理寺卿葉鏜爲刑部右侍郎。南京太常寺卿全元立爲南京工部右侍郎。

戊子。保定總兵都督僉事孫勇移延綏。

四月甲辰朔。辛卯。前工部尚書劉麟卒。麟南京廣洋衞人。弘治丙辰進士。劾壽寧侯張鶴齡。歷刑部郎中。守紹興。忤劉瑾罷。紹興人立小劉祠。配漢劉寵也。起守西安。擢陝西參政雲南按察使。嘉靖初太僕卿。進撫眞定。至前官。

罷。長興三十餘年。鍵戶觴詠。若布素然。年八十七。贈太子太保。謚清惠。

李默曰。坦上翁自爲郡守至大卿。數棄官以去。朝廷慮不時起。輒以右職徵之。國家獲尊賢之名。士大夫厲恬退之節。莫不歌詠盛美。蓋見素林公俊以來所希覯也。晚節齟齬。膏屯未施。豈不惜哉。默以爲翁摛文似公幹。治財如士安。剛介不撓似器之。至于廉約省素。家無貨積。位列三事。以功名始終。此與東牟劉祖榮何以異哉。世稱二劉。不其然乎。

壬辰。都人饑疫。賑粥藥。

癸巳。大風霾。興化府雨毛雨絲。

遼東總兵官楊照巡撫右僉都御史侯汝諒相訐。免。

甲午。吏部右侍郎馮天馭爲刑部尚書。右僉都御史邢尙簡爲大理寺卿。南京太常寺少卿王材爲南京太常寺卿。

乙未。大理寺丞吉澄爲右僉都御史。巡撫遼東。居庸關總兵官署都督僉事雲冒移遼東。神樞營副將署都督僉事祝虯爲總兵。鎭守保定。

戊戌。總理河道右僉都御史胡植回院。

己亥。宮人傅氏薨。追封常嬪。

庚子。南贛招撫新民葉槐作亂。圍安遠縣。岑岡舊盜李文彪圍龍南縣。各不下萬餘人。

辛丑。五軍營副將署都督僉事何涯爲總兵官。鎭守居庸昌平。

旌故蠻夷長官司副長官田菑及其子耕樹忠義坊于所居。菑征倭死。子復仇有功。

虜入延綏。殺繕卒三千人。

丁未。總督漕運右副都御史何遷爲南京刑部右侍郎。光祿寺卿孫植爲右僉都御史總理河道。

庚戌。常嬪張氏薨。

辛亥。安鄉伯張鐸卒。

初賊百餘艘入浙海中。官兵適至馬墓河埈。賊惶遽奔陸。把總章延麇設伏舟山。約水兵合擊。賊大敗。又登劫周洋港。胡宗憲曰。賊分侵以牽我。而我分擊則墮其計。宜併力合勢。先其重大。賊軍松門。寧海告急。兵備僉事唐堯佐曰。賊睥睨台州。先發寧海。直以走我兵耳。乃留一軍海門。令參將戚繼光居中爲應。兵旣出。賊果大至

癸丑。賊趨新河。唐堯臣破之城下。餘黨夜遁。明日及之溫嶺。又破之。而海賊以繼光來。悉遁去。賊他部復偪台州。繼光自桐岩趨台。遇賊花街。敗之。又及于瓜陵。皆自沉死。

丁巳。右僉都御史胡植爲右副都御史。總督漕運。

己未。圻頭賊焚舟起。擁衆趨台州。戚繼光馳救。誓師曰。毋掠輜重。毋尙首功。毋輕殺。首功其以前驅者。連逐賊盡而割賊首畢以獻。獻五百級。予前驅者千金。七百倍之。千又倍之。破賊後。所獲輜重徧賜軍中。若賊未破而爭取財者。罪死。又立一白幟。凡脅從者空手伏幟下。

五月幀朔。參將戚繼光軍于大田。賊退屯大田東。會雨甚。賊由間道徑往仙居。戚繼光曰。賊出中渡。至白水洋七十里。我兵由徑路至洋五十里。兵法曰。先處戰地而待敵者逸。策馬行四十里。探賊率衆伏上風嶺。次日兵出頗早。令人各砍一松。執而坐。賊望見。意爲林木。俟其行半。乃齊呼躍出。賊駭走山上。我兵乘之。賊走墮坑塹者

不計。餘奔白水洋。居民火攻之賊且盡。蓋浙兵自譚綸後。多敢力戰深入之士。故累年無倭跡。或時有候者到而希矣。

癸亥定京官有司官不得援納。

乙丑巡撫保定右僉都御史霍冀回院。

湖州大雨水。無禾。

癸酉青浦佘山涌九蛟。水丈餘成河。

甲戌。景王至德安。

乙亥。旌慶王鼒枋賢行。

岷府南豐王彥激薨。

裁淮揚督軍巡撫。仍漕臣兼之。總督漕運右副都御史胡植兼提督軍務。巡撫鳳陽。

少傅兼太子太傅禮部尚書武英殿大學士李本憂去。

東川叛夷阿堂爲其營長阿易所殺。子阿哲就擒。年八歲。貴州宣慰使安萬銓藏東川府印。以府經歷印畀故土知府祿位妻寧著攝府事。照磨印畀羅雄土官者濬。留水西兵三千人護東川。萬銓本水西土官。議者謂萬銓欲陰據東川也。

刑科給事中侯廷柱湖廣道監察御史裴天祐核各衙門軍匠廚役。

丁丑。監察御史唐繼祿以旱霾乞修省。從之。令京堂官自陳。并察京官致仕謫降閒住。戶部左侍郎劉養正工部右侍郎劉學易制敕房辦事工部尚書張文憲署鴻臚寺事通政使吳祖乾署太醫院事通政使張鑾各勒免。

己卯。河南右布政使毛愷爲右僉都御史。巡撫保定。

壬午。考察朝臣。降斥六十七人。

丙戌。罷南京兵部尙書江東。時池河新營兵變。縛英武衞千戶吳欽。事聞。東被劾。

戶部左侍郎傅頤漕運右副都御史胡植。巡撫山西右副都御史孟淮。巡撫甘肅右僉都御史胡汝霖。尙寶司卿白啓常。翰林侍讀張春。俱調南京改官。

勑兩廣南贛福建會討饒平盜張璉。璉故廣東猾胥。盜帑敗入賊。僞刻飛龍傳國之寶投池中。漁出之。衆驚異。大埔盜蕭晚林朝美等推璉爲長。自號飛龍人主。封晚等爲王。據詔安和平。使晚據木窖林贊據南靖呂細斷汀漳道。楊舜羅袍絕永定連城。王伯宣入倭。導倭犯潮韶。牽我師。粤東大震。

戊子。兵部左侍郎李遂爲南京兵部尙書。戶部右侍郎黃光昇爲工部左侍郎。提督大石窩。順天府尹萬宷爲大理寺卿。

己丑。前巡撫宣府右僉都御史李良卒。

閏五月餗朔。萊州地震。

壬辰。太僕寺卿査秉彝爲順天府尹。

定五城兵馬司每歲終巡視御史舉劾。

癸巳。南京戶部右侍郎林應亮改戶部右侍郎。總督倉場。督理西苑農事。提督操江右僉都御史喩時改巡撫山西。前南京太僕少卿戴才爲右僉都御史。巡撫甘肅。山西右布政使楊宗氣爲右副都御史。總督漕運。巡撫鳳陽。

甲午。前南京兵部尙書屠楷卒。楷廣西臨桂人。嘉靖癸未進士。授兵部主事。改吏部。歷郎中。騰黃通政。至前官。

孤立寡交。然亦無忤。鮮嗜好。居第僅避風雨。杜門讀書。年七十二。贈太子少保。諡恭簡。

丙申。兵部右侍郎葛縉爲左侍郎。總督陝西三邊右副都御史郭乾爲兵部右侍郎。南京大理寺卿董威爲右副都御史。總督湖廣川貴軍務。撫治鄖陽右僉都御史張雨巡撫湖廣。

戊戌。大學士嚴嵩妻歐陽氏卒。子世蕃不欲歸。嵩言臣子獨世蕃。乞侍養。令孫鵠護喪而南。

乙巳。裁陝西岷州地極西。民夷雜居。增設鞏昌通判鎭之。

順天府尹查秉彝卒。

丁未。吉王載均薨。諡曰端。

南京光祿寺卿黃養蒙爲南京戶部右侍郎。湖廣左布政使汪俅爲右副都御史。撫治鄖陽。山西左布政使萬虞愷爲南京右僉都御史。提督操江。前兵部右侍郎張臬爲南京大理寺卿。

戊申。巡撫陝西右副都御史程軏總督陝西三邊軍務。

甲寅。張臬爲兵部右侍郎兼右僉都御史。提督兩廣軍務。河南右布政使裴紳爲右僉都御史。巡撫陝西。

乙卯。流盜犯江西泰和。殺按察副使汪一中指揮王應鵬千戶唐鼎。執僉事王應時。贖歸。時盜自光澤寧化突窺新城廣昌。轉掠萬安泰和。

汪道昆曰。昔周節愍死華林賊。公後節愍五十年。同地同官。同以閏五月二十六日死。節愍有子。忠愍有妻。殉難相從。則又同歸于節孝。大較畢相若也。

丁巳。歸德地震。

戊午。調孟淮應天府尹。胡植南京光祿寺卿。

四川榮山土舍張問韓甸等糾生苗掠湖廣境。貴州總兵石邦憲等討之。斬百餘人。問潛出探軍被擒。我軍乘勝入甸巢。會雨迷失道。守備葉勛百戶魏國相等中伏死。

六月杞朔庚申。巡撫貴州右副都御史鮑道明爲南京大理寺卿。

辛酉。翰林修撰唐汝楫直裕王講官。

庚午。前總督陝西兵部右侍郎兼右僉都御史王夢弼卒。

辛未。唐府衞輝王宇漳薨。謚端順。

壬申。太原大同楡林寧夏固原地震有聲。寧固尤甚。壞城舍。斃人亡算。地裂涌水。蘭州莊浪天鼓鳴。

癸酉。望夜月食。

甲戌。兵部職方主事許汝驥閱補薊鎭軍士。

丁丑。翰林修撰唐汝楫爲右春坊右諭德。

南京戶部尙書劉采工部右侍郎全元立自陳罷。右通政蔡燊降。

己卯。南京太僕寺卿趙釴爲右僉都御史。巡撫貴州。

壬午。選授夏時王治范宗賢李遂禮周舜岳爲給事中。吳守伍令行人郝杰鄒應龍楊柏顏鯨史官尹校申佐鄭洛孫夢豸爲試監察御史。遂禮官校俱南京。

屬夷史大史二來降。初導黃台吉犯永寧龍門間。以淫虐去之。邊臣疑其詐。遂斬黃酋部夷十餘級以獻。受之。

賜衣幣。

甲申。總督薊遼尙書許論以侵費劾免。

丙戌。裁濟南兗州料價通判。

作仁和宮。

丁亥。刑部尚書馮天馭劾免。
巡撫大同右僉都御史楊選爲右副都御史。總督遼薊保定軍務。
戊子。提督大石窩工部右侍郎黃光昇爲南京戶部尚書。
大同總兵劉漢出塞搗虜。虜追戰。我軍蹙入黑河。巡撫楊選總督李文進報捷。巡按御史董學劾漢失事。奪漢俸。
上悅。
七月玘朔日食一分五杪。例免救。禮部尚書袁煒言。臣聞唐一行曰。日。君道也。無朏魄之變。古之太平。日有不食。或月變行而避之。或五星潛在其下。禦侮而救之。或涉交數淺。或在陽曆陽盛陰微。或德之未休明而有小眚焉。則天爲之隱。雖交而不食。此四者。皆德教之所由生也。皇上父事天兄事日。衆陰退伏萬象輝華與不食同。
癸巳。南京刑部尚書蔡雲程爲戶部尚書。巡撫山東右副都御史朱衡爲工部右侍郎。山西按察使陳其學爲右僉都御史。巡撫大同。
裁青村南匯二所把總。
甲午。右諭德兼侍讀吳情侍讀胡杰主試應天。
己亥。南贛巡撫右副都御史楊志伊失事免。江西巡撫張元冲暫加兼理軍務。討賊。總督尚書胡宗憲兼節制江西。發兵應援。贈汪一中光祿寺卿。廕錦衣百戶。
壬寅。盜入玉山。
南京右副都御史盧勳爲南京刑部尚書。山東左布政使謝東山爲右副都御史。巡撫山東。江西左布政使陸穩爲右副都御史。提督南贛汀漳軍務。

湖廣鎭算參將署都指揮僉事俞大猷移鎭南贛。

乙巳。萬春宮成。

庚戌。虜犯宣府。分數道入。副總兵馬芳拒卻之。斬十八級。擒十四人。

辛亥。裁蘇松練兵同知。改海防同知兼水利。

壬子。刑部左侍郎趙大佑爲南京右都御史。江西左布政使胡松爲右副都御史。巡撫江西。

八月戊朔。己未。苑田獻瑞穀。獻于太廟。羣臣疏賀。

壬戌。南京監察御史林潤劾總理鹽法左副都御史鄢懋卿貪黷五罪。不問。兩淮額六十萬。驟益百萬。勢張甚。妻綵輿從行。長吏伏謁。至文錦飾廁。白金飾溺器。廚傳供張甚侈。行部淳安。知縣海瑞抗言邑僻不能容軒車。懋卿怒甚。然素聞其强項。斂威去。慈谿知縣霍與瑕亦淸鯁不詘。俱中之落職。

甲子。司經局洗馬兼翰林侍讀裴宇侍讀胡正蒙主試順天。

辛未。金星晝見。

諭閣臣語楊博備虜。博上守禦機宜。命即行之。

庚辰。饒州賊陷南靖縣。

乙酉。總督湖廣川貴右副都御史董威拾遺調外。

前總督糧儲右副都御史毛思義卒。

前太子少保署詹事府事禮部尚書孫承恩卒。承恩字貞甫。華亭人。正德辛未進士。館選。授編修。使安南。進左中允。歷侍讀學士少詹事。至前官。年八十一卒。有遺表。所著使交紀行稿使郢稿百像贊瀼溪草堂全集。贈太子太保。謚文簡。

九月戊朔。太原知府於惟一廉潔。前歲虜患。總兵王懷邦縱掠。箠掠者驅城外。懷邦失事屬勘。惟一持之堅。巡撫孟淮以私請不聽。遂劾惟一。士民大譁。晉王疏留。雜封啓以進。上不悅。戒諭之。惟一竟去任。太原人如失怙恃。

張璉破南靖縣。

己丑。逮江西福建都指揮王端張啓謨。俱通賊敗事。

癸巳。總理鹽法左副都御史鄢懋卿奏派各運司殘鹽。得百萬金有奇。

廣寧把總指揮吳麃。千戶郎松。以二百人護經歷王鑰魯亨解銀至海州新臺。值虜。死之。

甲午。敕岷王定燿約束宗儀。王言宗人染蠻風。不習禮義。乞降敕從事。

己亥。福建山盜陷鎮海衞。

庚子。兵部郎中許汝驥還自薊鎮。言士兵不練。巡撫張玭鐫一級。調外。總兵官張承勛下御史逮繫。

虜六萬餘騎犯居庸岔道口。官軍禦之。前總兵官姜應熊先進。圍于南溝。創甚。參將胡鎮力戰。奪應熊以歸。虜遁。

辛丑。蘇松常鎮杭嘉湖七府大水。平地水深數尺。累月不退。停秋租。折漕。仍賑之。

提督京城巡捕署都督僉事李琦爲總兵官。鎮守寧夏。

甲辰。刑部右侍郎葉鏜爲左副都御史。鄢懋卿爲刑部右侍郎。提督南京糧儲右副都御史呂光洵爲南京工部右侍郎。巡撫四川右副都御史羅崇奎總督湖廣川貴軍務。

封翊鎮吉世子。攝府事。年八歲。

神機營副將署都督僉事孫臏爲總兵官。鎮守薊州永平山海。

進胡宗憲少保。戚繼光都督僉事。義烏知縣趙大河爲按察僉事。專練士兵。

丁未。太僕寺少卿徐紳爲右僉都御史。

己酉。前南京戶部尚書盧紳卒。紳咸寧人。嘉靖癸未進士。令遂寧。進工部主事。歷郎中按察副使。至前官。誠慤敦行。居官雖無顯聲。去後恆見思。其孝友恭儉。秦人式之。

南京操江右僉都御史萬虞愷爲右副都御史。巡撫應天。河南左布政使雷賀爲右副都御史。巡撫四川。

採木事竣。詔總督湖廣川貴右副都御史李憲卿工部郎中李祐張國珍並還朝。憲卿初言。臣督郎中張國珍李祐副使張正和盧孝達所部參政游震得副使周鎬僉事于錦先後深入永順卯桐櫻梭江。參政徐霈僉事崔都入容美。副使黃宗器入施州金峒。參政靳學顏入永寧迤東藺州儒溪。副使劉斯潔入黎州天全建昌董策入烏蒙。參議繆文龍入播州貞州酉陽。僉事吳仲禮入永寧迤西落洪班鳩井鎮雄。程嗣功入龍州。參政張定入銅仁省溪。參議王重光入赤水猴峒。僉事顧炳入思南潮底汪集入永寧順崖。而湖廣巡撫都御史趙炳然。御史吳百朋各先後親歷荆岳辰常。四川巡撫都御史黃光昇歷敍馬重夔。御史郭民敬歷卭雅。貴州巡撫都御史高翀歷思石鎮黎。御史朱賢歷永寧赤水。臣自趨涪州。六月上瀘敍。巨材所生。必于深林窮壑。崇崗絕箐。人跡不到之地。經數百年而後至合抱。昔尚書宋禮。及近時尚書樊繼祖侍郎潘鑑採得逾尋丈者數株。今三省所採。視前亦已超絕。第所派長巨非常。圓圍難合。望敕部量材酌用。凡得木萬一千二百八十。大匠徐杲善規合法。始勝任。

歸有光曰。大抵荆楚雖廣。山木少採。且險遠。必俟雨水而出。而施州石坡亂灘。迂回千里。貴陽窮險。山嶺深峭。由川辰大河以達城陵磯。蜀山懸隔千里。排岩批谷。灘急漩險。經時歷月。始達會河。而吏民冒犯瘴毒。林木蒙蘢。與虺蛇虎豹錯行。萬人邪許。摧軋崩崪。鳥獸哀鳴。震天吸地。蓋出入百蠻之中。窮南紀之地。其艱如此。昔稱雍州南山檀柘。而天水隴西多材木。故叢臺阿房建章朝陽之作。皆因其所有。金元氏營汴新宮。採青峯山巨木。猶以爲漢唐之所不能致。憲卿乃獲之山童木遁之時。發天地之藏。助成國家億萬年之丕圖。其勤至矣。

漕運參將馬陽輝爲署都督僉事。提督京城巡捕。

壬子。李邦義陳瓚林命陸鳳儀爲給事中。韓君恩陳萬言張士佩成守節熊迥爲試監察御史。鳳儀士佩並南京。

免保定河間眞定順德廣平大名旱災田租。

丙辰。採木都御史李憲卿回院。南京大理寺石丞閻東爲南京右僉都御史。提督操江。

大同零虜出沒。總兵劉漢令平虜城守備劉晉臣追之。被執。

十月叮朔。辛酉。嚴登萊海禁。

宗室越關入京者禁給驛。令順天尹解回。

壬戌。山西副總兵都督僉事馬芳進左都督。

丁卯。閩廣盜自邵武轉掠鉛山貴溪。參將戚繼光擊破之。擒斬六百人。走建寧。還陷宜黃。南贛兵敗之。始遁。

戊辰。總督薊遼楊選進兵部右侍郎。

庚午。起守制浙江按察副使譚綸領浙兵。卽湖廣討賊。御史段顧言協計用兵。

甲戌。巡撫宣府右僉都御史遲鳳翔貪虐被劾。逮入京。起前操江右僉都御史趙孔昭巡撫宣府。

禮科都給事中丘岳劾應天考官右春坊右諭德吳情試錄刊後屢改。翰林侍讀胡杰失救正。謫情廣東市舶司提舉。杰廣平通判。

丁丑。封宙埰唐王。宣址江安王。鼒鈺永慶王。俊据溧陽王。勤熻魯山王。朝堋修武王。表楠寧河王。弼榦鉛山王。

理封永年王。胤栩清源王。載壕永爵王。珂墦方城王。厚爄棗陽王。載烇盟津王。載坡上蔡王。多煐安樂王。鼐鐮靈丘王。

定內府工役萬七千一百七十人。錦衣衞萬六千四百人。光祿寺三千六百人。太常寺千一百人。

癸未。淮王厚燾獻鄱湖白雁。告太廟。

丙戌。罷戶部左右侍郎劉大賓趙貞吉。時稽邊餉。推右僉都御史霍冀。兵科都給事中張益劾其避事。

宣府副總兵左都督馬芳爲總兵官。鎭守宣府。

巡按直隸監察御史黃紀劾黃花鎭守備太監紀陽貪殘不法。內鎭盡革。獨留黃花鎭。宜裁去。從之。逮陽詔獄。陽誣紀索賄。幷逮紀面質。調大理寺評事。守備不復補。

十一月丁亥朔。起趙炳然右僉都御史。

選薊鎭標兵。

壽光閣清熙殿成。

甲午。太子少保禮部尚書袁煒進太子太保。戶部尚書兼武英殿大學士。直閣。

戊戌。曹文炳嗣豐潤伯。

庚子。太子少保禮部尚書兼翰林學士署詹事府事郭朴回部。罷太子太保吏部尚書歐陽必進。改朴吏部尚書。兼官如故。時推朴及南京禮部尚書李璣任禮部。上責必進等撰玄諸臣久不擅改。茲擬朴何也。必進等謝咎。勤致仕。嚴世蕃猶詫于人曰。用必進。上無若我何。棄必進。我亦無若上何。

大同總兵劉漢罷。

辛丑。告郊廟社稷禱雪。

癸卯。順天府尹呂時中爲戶部右侍郎。總督倉場。督理西苑農事。

庚戌。虜二萬餘騎犯陝西寧夏螺山城杜泉小鹽池。薄固原。循下馬關而西。殺掠數日始遁。

叛人丘富率虜攻榆坡不克。中流矢死。

總督陝西程軏防秋。令陝西總兵曹世忠中軍全谿。以千總王節把總陳源殿。虜襲陳源。源率壯士五百人力戰。世忠走保老鼠窖。軏走保花馬池。王節登塞垣南奔。源遂戰死。軏等棄勿援。冬夜凍僵。率相覆而死。虜遂東掠安邊定邊。西至螺山。焚掠慶王園。圍軏井。世忠令未被掠諸城堡焚積聚。畜牧皆困斃。全陝大震。

前右都督姜應熊爲副總兵。協守宣府。

福建巡撫都御史劉燾以盜熾調外。

辛亥。夜西苑萬壽宮災。乘輿服御及先世寶物盡燬。禮部請頒詔修省。以非正朝。不許。上暫御玉熙宮。

甲寅。總理河道右僉都御史孫植爲南京大理寺卿。福建右布政使游震得爲右僉都御史。巡撫福建。

十二月丙朔。告郊廟社稷。以宮災。是日。御馬廠廐火。

丁巳。工部尚書雷禮言。玉熙宮湫隘。請及時修萬壽宮。上是之。嚴嵩以大朝殿方急。懼繁費。欲上還大內則不敢。乃請徙南城之離宮。南城。英宗故稱太上皇時所居也。上問徐階。階爲規畫營萬壽宮甚詳。三殿有餘材。其小而不中程者。可當萬壽宮。且省費而力易。上大悅。專責雷禮提督。階子尙寶司丞璠兼工部主事同閱視。

丙寅。虜犯遼東。陷蓋州熊岳驛。殺指揮楊世武等。總兵官雲冒免。

丁卯。大理寺左少卿王士翹爲右僉都御史。總理河道。

前南京工部尚書王學益卒。學益安福人。嘉靖己丑進士。授工部主事。歷兵部郎中。福建副使。應天丞。撫貴州。平苗。雖被劾削籍。後論功起故秩。至前官。

戊辰。協理戎政兵部尚書王邦瑞卒。邦瑞宜陽人。正德丁丑進士。館選。坐藩戚出守廣德。歷南京吏部郎中。陝西提學僉事。至兵部右侍郎。庚戌虜變。提督團營。更營制。定三大營。進尚書。以仇鸞陰中奪官。十年起今任。嚴毅有執。器識甚偉。筮仕四十年。所至有建立。其廉節尤著。贈太子少保。諡襄毅。

己巳。張鋐嗣安鄉伯。張鏜弟。

庚午。免承天水災田租。

辛未。南京振武營都指揮僉事吳英爲署都督僉事總兵官。鎮守遼東。

故江西副使汪一中旣陣亡。妻宜人程氏絕粒死。贈淑人。立祠樹坊旌之。

壬申。上禱雪凝道軒。

癸酉。錦衣衛左都督朱希孝直西苑。仍率官校衛大玄都及西安門。兵部左侍郎葛縉亦率營兵入衛。鎮遠侯顧寰援縉例入衛。時上復自玉熙徙玄都殿。聞京師多盜。意大營兵入衛。徐階謂外兵衛宮禁非便。請緹騎衛玄都。而營兵列宮城外。報可。

陝西總督右副都御史程軏延綏總兵官孫勇失事免官。

丙子。起江東太子少保兵部尚書。協理京營戎政。

丁丑。提督南贛汀漳右副都御史陸穩。以內地兵易逃亡。請郡縣徵直募邊兵充用。報可。

兵部尚書楊博以五軍營參將尹秉衡選萬二千人戍居庸鎮邊。上諭俟警乃發。

南京振武營都督劉顯領蜀卒勦江西盜。停其闕不補。

己卯。修萬壽宮。

總督漕運右副都御史喻時總督陝西三邊軍務。

辛巳。刻故禮部尚書胡濙衛生易簡方。

故□□府檢校劉秉仁贈太僕寺丞。

徵點蒼石屏五十于大理。巡撫右僉都御史蔣宗魯奏罷之。

景王復上書請荆州沙市得旨。民間洶洶思遁。承奉某來索地。知府徐學謨酒之仲宣樓上。承奉指沙市地笑曰。賴天子之靈。此爲安陸湯沐矣。學謨曰。沙市固王土。天子不卽賜大邦。而令有司斟給。則有司事也。祖制。親藩自歲祿外。不侵民業。卽有請。亦甌脫餘澤耳。未有籍編氓析稅壤以自肥者。夫荆。依沙市稱郡。無沙市。是無荆也。置守謂何。瓚語塞。學謨許歲輸租五百金。巡撫張雨竟判輸租二千。

壬戌嘉靖四十一年

正月炳朔。上不朝。

壬辰。大風霾。

丙申。吏部大計。

嚴訥爲禮部尚書。李春芳爲吏部左侍郎。董份領詹事府。

京師地震。

庚子。眞定天鳴。星晝隕有光。

總督宣大李文進言。敗將劉晉臣歸自虜中。云叛人丘富去年十一月十日死。謝玄。頒賞金幣撫按。

乙巳。命入覲各官逋賦毋遷轉。

免崇仁等縣及淮安兵災田租。

丙午。科道拾遺。劾山東左布政使王宗沐等。調之。

丁未。巡撫江西右副都御史胡松上軍政五事。曰閩廣賊蔓三省夾勦。戒漳南武平建寧各道推諉。曰賞功。曰節制客兵。曰改兼理軍務敕書。曰選才略。許之。

兵科給事中鄧棟上查理薊鎮軍需數。時虛耗以巨萬計。命嚴治之。

辛亥。高拱陳陞爲禮部左右侍郎。

巡撫南贛汀漳右副都御史陸穩上言弭盜。

李遷陳光爲右副都御史。巡撫四川保定。

二月丁巳朔。裴宇爲翰林侍讀學士署院。

丁巳。大學士袁煒禮部左侍郎董份主禮闈。

庚申。毛鵬爲右僉都御史。巡撫寧夏。

辛酉。罷親耕親蠶。時禮久不行。然禮官猶徇故事請。寢之。

初山盜犯福建懷安。巡撫游震得檄指揮王亳率三衞卒福州通判彭登瀛率鄉兵勦之。登瀛失利。歸罪于亳。震得笞亳斬隊長以下四人。三衞軍俱不服。會兵備副使汪道昆閱於教場。卒噪格殺鄉兵數人。屯城南。久之乃散。

壬戌。命戶部進二十萬金爲內用。仍別貯二十萬備取。

倭陷福建永寧衞城。脅指揮王國瑞等降之。

釋巡撫遲鳳翔獄。調外。

逮故延綏總兵官趙應至京。以去年失事也。

巡撫雲南右僉都御史蔣宗魯被論調外。

乙亥。德州大風雨。雨魚。大者數寸。其地爲九龍廟。

吳鼎爲都督總兵官。鎮守寧夏。

南京太常寺卿王材署南京國子監祭酒。

兩廣總督張臬請勦山賊張璉以狠兵十萬與福建江西夾勦。臣駐惠潮。福建巡撫游震得駐漳州。南贛巡撫陸穩駐永定。從之。璉饒平之烏石村人。毆族長死。亡命入窖賊鄭氏蕭氏黨。璉與蕭氏分部而强。縱掠汀漳及寧都連城瑞金。陷雲霄鎮海衞南靖等城。

錦衣衞都指揮僉事嚴嵩孫鵠獻白兎靈芝。方士藍道行獻瑞龜。皆告太廟。羣臣表賀。

戊寅。前湖廣布政司右參議楊言卒。言鄞人。正德辛巳進士。授行人。遷禮科給事中。爭大禮廷鞫。謫判宿州。稍遷溧陽令。歷南吏刑部郎中。坐忌謫守夷陵。起荊州同知。四川按察僉事。至今官。年七十五。

張時徹曰。嘗讀載記。見夫忠而獲謗。信而見疑。流離擯斥。或齒劍以死。葢深心傷之矣。夫祿爵者。士人之始願也。生者。性情之大欲也。舍所願欲而激其所不欲。不以華袞毀操。不以嚴誅改舌。豈其性獨殊哉。亦誠有所好也。方後江楊公爲給事中。適大禮議起。廷臣不當上旨。元輔去。禮卿去。諸曹言者去。繼而諫臣杖。百司杖。文學侍從又獄。且戍邊死。則披肝吐赤。侃侃無所顧忌。不惜喪其元。又何有于祿爵哉。推此志也。即有呰窳之行。君子猶將諒之。而況讒口不根。卒從放免以死。悲夫。

壬午。甘肅副總兵許經爲中軍都督僉事。總兵官。鎮守固原。去冬十一月。虜陷塞圍甎井。久不解。經率師破之。獲甲首四騎八十餘。虜夜跳遁。是日盡完諸所穿鑿塞徑。復旋師。虜又乘隙攻定邊花馬池。守將徐仁任勇堅守。別遣勁騎擣其族帳。虜乃西犯寧夏。副總兵王勳棄清水營。虜遂穿塞深入。勳懼誅。墜城赴虜死。得褒卹。虜遂犯本鎮之蕭家堡。遊騎掠固原隆德靜寧之北鄙。經與中軍雷龍率諸將禦之。戰于苦水岔塘土溝。逐北至官橋堡。斬八十一級。

前廣東道監察御史劉𪸩卒。𪸩衡陽人。正德丁丑進士。授行人。諫南巡。改南國子學正。嘉靖初復官。拜御史。敢直言。憂去不復起。年八十一。

沈鈇曰。予觀前喆若鮑氏若桓典。莫不稱忠。而壽則未聞。若李密。若王祥。莫不稱孝。而忠則有間。公于忠孝秉之。且見道之一矣。故出則爲名御史。而社稷是賴。處則爲鄉先生。沒而可祭于社也。

三月乙亥朔。曹忭爲右副都御史。巡撫雲南。

戊子。成都地震。

庚寅。撫治鄖陽右副都御史汪俅罷。

四川總兵官右都督石邦憲大破播州。榮山副長官土舍韓甸。初甸與正長官土舍張問仇殺二十餘年。至是滅。詔復總督右副都御史董威官。任升邦憲左都督。餘賞賚有差。

寧夏地震。邊墻傾圮。賑二萬二千金。及修築費。

辛卯。玉兔生子。謝玄告廟。表賀。

吏科給事中劉祐上四事。公選擇以杜奔競。愼更調以安地方。嚴糾劾以警官邪。重舉刺以正風紀。從之。

侍郎霍冀總督楊選劾上薊鎮客兵。往餉不過十數萬。今三十萬。密雲客兵餉不過八九萬。今二十三萬。則增兵之耗爲甚。往時薊鎮主客止四五路。今增爲十區。而副參游守節年添設。不啻數倍。明旨遞降。專練主兵。漸減客兵。要在督撫官以實舉行耳。

丙申。兔山西民兵入衞人徵五金輸薊鎮。

以胡宗憲言。改設南贛副總兵。建寧撫州鄱陽各參將。南昌設游擊將軍。增甘州茶馬司。

己亥。策貢士王錫爵等二百九十九人。賜徐時行王錫爵余有丁等進士及第出身有差。

增陝西省城參將。

宣大總督右都御史李文進卒。

己酉。萬壽宮成。上悅其速。加恩徐階朱衡有差。

四月衶朔。江東總督宣大軍務。

乙卯。上御新宮。舉迎恩大典五日。羣臣表賀。

丙辰。大風霾。

庚申。土蠻大舉寇遼東。攻東關驛錦川營。破之。上聞警。擇兵部左侍郎葛縉兼右僉都御史往督視軍情。縉舉武庫司郎中張志孝京營副將劉大章自隨。報可。

癸酉。方士鄠縣王金進五色龜靈芝。上大喜。授太醫院御醫。命成國公朱希忠告廟。表賀。

甲戌。瑞兎又生子二。上曰。玄恩重示延生之祥。特爲罕遇。命駙馬都尉謝詔告太廟。建謝典。

順義縣地震有聲。

辛巳。蔡汝楠爲兵部右侍郎。協理戎政。趙炳然爲左副都御史。

五月衶朔乙酉。監察御史顏鯨言倉場四弊。曰官吏索常例。曰輸納革本價不及時領。曰領價多有力者。曰報商不實。不若官自召買。設主事領之。部言其非。上從部議。

丙戌。上憂廣寇。徐階言。都督劉顯率兵。參將俞大猷副之。若廣兵先勝。卽往福建。萬一失利。留廣中。宜令江西紀功御史段顧言監顯等軍。尋以劉顯兵少。乞調永順土官兵。

丁亥。劉顯爲廣東總兵官。

張永明爲刑部尚書。

巡撫湖廣右僉都御史張雨回院。

胡堯臣爲右副都御史。巡撫河南。

裁延綏定邊營游擊都司二員。增副總兵一。

遼東屬夷王杲導虜入寇東州堡。撫順副總兵黑春率游擊徐維忠等敗之。春手殺數十人。備禦劉晉亦敗虜于核桃山。共斬百四十九級。上曰將吏用命玄賜也。賞督視軍情侍郎葛縉等功有差。

上憂南寇。南贛巡撫右副都御史陸穩言。三月中署平和縣府知事胡期亨典史談蘊領鄉兵敗之城下。擒五人斬三十二級。總督兩廣都御史張臬亦報程鄉賊王子雲陳福保等皆就擒。上大悅歸感玄恩。論諸臣功有差。

壬辰。榆林兵亂。時游擊高廷相築三岔川堡。饑民應傚就食。或掠田蔬。副總兵張琮榜掠者。因大譟入刼掠商貨。都司謝朝恩等擊斬四十餘人。乃定。下總兵孫勇等臺獄。

廣東盜張璉蕭晚就擒。斬千二百有奇。

丙申。先是監察御史王納講參兵備副使姜廷頤失實。補外。或言納講嘗索廷頤賄不得。故論之。吏科給事中沈淳等以聞。言比者公論混淆。如雲南左參議谷鍾秀在都御史喻時則薦之。龐尚鵬則劾之。工部侍郎黃廷用。在科臣李瑜則劾之。在巡撫劉燾則薦之。一人之身。乍賢乍愚。必有歸一。部院覆議。鍾秀廷用皆公論不與。失在薦者。納講雖外補。宜重罰。遂降納講二級調外。

停選庶吉士。時進士多賄營有貸司禮太監黃錦者。錦以聞。方選進士五十餘人。試東閣。忽報罷。閣臣亦不知也。

改漳州南路參將爲副總兵。以楊縉爲之。從胡宗憲請也。

朱衡爲吏部右侍郎。方廉爲右副都御史。巡撫湖廣。

命廷臣條議理財。

壬寅。大學士嚴嵩免。監察御史鄒應龍劾嚴嵩子世蕃專利亡厭。私擅爵賞。每一開選。視官之高下而低昂其直。及遇陞遷。則視缺之美惡而上下其價。如刑部主事項治元。以萬三千金從其家人嚴年以進。轉吏部稽勳主事。貢士潘鴻業。以二千二百金得臨淸知州。從中書嚴鴻以進。他又何所涯際耶。至交通關節。不下百十餘人。伊子錦衣嚴鵠中書嚴鴻奴嚴年中書羅龍文爲甚。年自號鶴山。嵩買田宅揚州儀眞間至數十處。主之者。家人嚴冬也。如臣言不實。願斬臣首以謝嵩。上曰。人惡嚴嵩久矣。朕以其力贊玄修壽君愛國。特加優眷。乃縱逆醜負朕。其令致仕。予傳去。歲給祿百石。下世蕃等錦衣獄。初。方士藍道行以箕幸。上故有所問。密封使中官至箕所焚之。不能答。則咎中官穢。中官乃合方士啓示而後焚之。每答具如旨。上一日問今天下何以不治。對曰。賢不竟用。不肖不退耳。則問其賢否。曰。賢如輔臣徐階。尙書楊博。不肖如嵩。上復問嵩誠不肖。上眞何以不震而殛之。曰。上眞殛之。則益用之者咎。故勿殛也。上心動。鄒應龍避雨一內侍所。內侍言狀。遂劾嚴氏。稱旨。進應龍通政司右參議。嵩猶爲世蕃求解。上曰。念若忠勤。已加優處。又何以兇兒瀆救。嵩乃引咎。法司竟戍世蕃烟瘴衞。鵠鴻龍文年冬邊衞。上特宥鴻爲民。使侍嵩老。蓋猶念嵩也。治元逮至瘐死。鴻業俱論戍。初。嵩欲螫階。階詘節卑禮。又沈幾自將。嵩無如之何。而陰計撓嵩權者久矣。

免山東巡撫右副都御史謝東山。以千戶林棟百戶李仁捕盜株及平民。有死者。被劾也。

乙巳。設贛州平遠縣即程鄉之太平營。

丙午。下藍道行獄。論死。嚴世蕃詗其陰事。賄太監黃錦萬金。致使發之。下刑部。侍郎葉鏜鄢懋卿誘使誣伏前僞狀而引徐階。道行不聽。

上思嚴嵩贊玄功。意忽忽不樂。乃諭徐階等。欲傳位退居西內。專祈長生。階諫。上曰。必皆仰奉上命。闡玄修仙乃可。臣下有再言嵩者。併鄒應龍斬之矣。嵩知上意動。乃賂上左右各十萬金。發道行怙權及矯稱玉詔諸奸利不法事。遂得罪。當嚴氏時。階于賂遺不盡卻。而所推擧多廉士。至是盡反嵩政。務收人心。用物望。嚴杜筐篚。獨浮慕骨鯁及稱說理道。揣摩希望者。或中其奸。嵩在事。操各部權。米鹽不遺。六卿束手。階多謝卻。

己酉。設寧前道兵備副使。

辛亥。周如斗爲右僉都御史。巡撫應天。

壬子。虜復攻遼東鳳凰城。轉掠湯站堡。副總兵黑春逆戰。虜佯北。進入中伏。被圍數重。力戰二日夜。同把總田耕等死之。事聞。贈春都督同知。謚忠勇。立祠。

六月璞朔。于江西興寧廣東程鄉安遠福建武平四縣間城之。曰伸威。以俞大猷爲協守南贛汀漳惠潮副總兵方逢時爲廣東兵備副使。彈壓之。增設把總二。

總督江東言。虜患以來。謀臣經略。亡慮數家。有修邊築堡血戰之說。凡此之計。皆已見矣。萬不得已。惟保全邊堡一策最切要。其說有十。積穀也。徵各營選卒也。練土兵共守也。增城濬池也。築大墩便耕收也。造雙輪備戰守也。擇將睦陣也。信賞必罰也。厚恤間諜也。禁近軍通虜也。部覆從之。

大學士徐階請增閣員。上不悅。曰。有旨。卿等知有同心輔政者。何不具聞。階等媿謝。不敢妄請。上意乃解。

己未。孫植爲工部右侍郎。

前河南巡撫都御史潘埍卒。

浙江參將戚繼光以七千餘人援閩。倭屯寧德之桂嶼。環水險隘。官軍踰年不一戰。繼光令人塡束葦而進。遂大破之。俘九十餘人。斬二千六百餘級。焚溺亡算。又敗福淸牛田寇。追殲之興化。

辛酉。徐陟爲南京大理寺卿。

壬戌。井陘民兵亂。露刃脅兵備副使李一瀚。索舊餉。勉給之。事聞。誅首惡數人。調一瀚。

庚午。張璉伏誅。兵部擬獻俘。上命卽彼地梟之。

丁丑。令雲南按察副使陳善嘉與通判海瑞。慈谿知縣霍與瑕俱調用。善已進參政。巡按御史孫用劾之。瑞先令淳安。與瑕令慈溪。俱淸鯁不屈。總理鹽法左副都御史鄢懋卿嗾巡鹽御史袁淳劾之。俱落職。瑞調興國知縣。

許參政譚綸終制。

己卯。大理寺卿萬寀。刑部右侍郎鄢懋卿。太常寺少卿萬虞龍。以御史鄭洛劾。免。降虞龍四川按察僉事。

七月⿰耒癸朔。癸巳。戶部集廷臣上理財議十四事。省兵食。愼調遣。先節省。完積逋。淸屯糧。牧馬匹。均修邊。停外修。處銅價。減供應。杜奏留。議補助。議漕河工銀。定稅法。

戊戌。瑞兔四各生二子。表賀。已賀嘉禾。

癸卯。苑田産嘉禾。一莖三穗者二。雙穗者三十一。告太廟。百官表賀。

庚戌。薊鎭喜峯口地震。

八月⿰王癸朔。丙辰。兵部尚書楊博上防禦事宜。在薊鎭則畫地分區。步兵列墻拒守。騎兵按伏應援。以守爲戰。在宣府則山南山北增布兵馬。在大同則遠哨廣備。淸野堅壁。在山西則嚴拒陽坊等口。在保定則分防紫荆等關。

以戰爲守。從之。

丁巳。上以醮事急索龍涎香。而宮災時有私收得者。戶部尚書高燿密購八兩以進。上大悅。倍給七百六十金。進燿太子少保。燿附嚴氏。嚴氏敗。又爲固位計。小人患失如此。

乙丑。重錄永樂大典。禮部左侍郎高拱右春坊右諭德管司業事張居正各解原務入館校錄。拱兼學士。同左諭德兼侍讀瞿景淳充總校官。居正仍以右中允兼編修。同修撰林爌丁士美徐時行編修呂旻王希烈張四維陶大臨檢討吳可行馬自强分校。初。大典貯于文樓。上甚好之。及三殿災。上聞變。卽命左右登樓出之。甲夜中諭三四傳。是書得不燬。至是。遂另錄其一他貯焉。

丁丑。陳陞秦鳴雷爲禮部左右侍郎。

九月壬午朔。甲申。更奉天殿曰皇極。華蓋殿曰中極。謹身殿曰建極。文樓曰文昭閣。武樓曰武成閣。左右順門曰會極歸極。東西閣門曰弘政宣治。奉天門曰皇極。百官表賀。詔天下。閣臣請赦。上以赦爲小人之幸。彼拽石運木者誰與。不許。

丙戌。遲鳳翔爲大理寺卿。

癸巳。左都御史潘恩罷。恩子允端進士。授刑部主事。尋改禮部。禮科給事中張益言允端干進。罷恩。調允端南京工部。

丁酉。發帑錢七百萬糴穀。入京通二倉備賑。從御史顏鯨之言。

工部右侍郎劉伯躍南京刑部右侍郎何遷南京通政司右通政胡汝霖南京光祿寺少卿白啓常前湖廣巡撫右僉都御史張雨廣西按察副使袁應樞右春坊右諭德唐汝楫南京太常寺卿署國子祭酒王材俱劾免。伯躍女適嚴嵩孫。應樞。嵩壻。遷躁進好名。其撫江西。厚餽嚴氏。汝霖雨貪恣不檢。啓常匿喪轉光祿。至粉墨塗面。供世蕃權笑。汝楫父事嵩得第。與材同出入臥內。交通請託。至是各被論。蓋嵩專政而耄。日夕奉玄。委柄世蕃。世蕃狡黠頗諳往牒。時四方多事。輒據舊典參綜陳說。每諸司關白嵩。必曰與小兒議之。世蕃故凶侈無賴。遂受賂無忌。朝士羣而趨之。至是朝署爲清矣。懋卿之幹局。份之文學。汝楫之門第。使愼守恬靜。皆可坐致通顯。乃甘爲市井奴隸之行。身名俱辱。何哉。

戶部定邊儲不完降罰格。

庚子。奪故總督魏謙吉贈廕祭葬。前福建巡撫右僉都御史王詢削籍。以工科給事中張鳴瑞追論謙吉貪暴詢佞諂也。

壬寅。故肅王妃請世孫紳堵。不俟服闋即嗣封。從之。自後非邊藩不許陳乞。

丙午。戶科都給事中何煃上五事。寬民力。懲贓吏。重糾察。勵士風。禁奢靡。從之。

播州土司仍屬四川。而貴州思石兵備道兼制播州平邑等土司。蓋嘉靖初改屬貴州也。

戊申。遼東巡撫右僉都御史吉澄劾罷。

召呂光洵李登雲爲工部左右侍郞。孫植爲刑部右侍郞。

廣東布政司進龍涎香五十七觔有奇。

己酉。張永明改左都御史。

辛亥。王之誥爲右僉都御史。巡撫遼東。

十月壬朔。甲寅。敕讓伊王典楧。御史林潤言其宮室僭制。肆惡虐民。上幸赦勿誅。怙惡不悛日甚一日。宜追還所侵奪者。裁額外軍校。典楧連奏辨。禮科劾之。宜罪輔導等官。遂責其悛改。具以狀聞。

戶部覆給事中趙灼等言賦役五事。曰乘穀賤糴穀備賑。曰東南糧役除內府白糧仍准收外。其餘俸糧俱付戶部轉發。曰覈江南北田糧。曰墾近邊永平豐潤玉田遵化薊州密雲等閒田。曰京商困悴。由外解不時。及富民漏役。如校尉官匠等止復其身。其兄弟子姪勿庇。從之。
乙卯。裁常鎭兵備道。合于蘇松。
丙辰。福建新倭大至。分兵犯政和。知縣貴溪周尚友堅守四旬。乏援。城陷。與縣丞徐九經皆死之。俱贈太僕寺丞。各廕監。
丁巳。黃光昇爲刑部尚書。鮑道明爲南京戶部尚書。高儀爲太常寺卿。署國子祭酒。
前右僉都御史□□□撫治鄖陽。
論平張璉功。進兩廣提督張臬右都御史。廕監。總兵平江伯陳王謨太子太保。廕錦衣百戶。南贛提督陸穩進兵部右侍郞兼右僉都御史。餘陞賞有差。
辛酉。論江西平流寇功罪。
壬戌。山東巡撫右僉都御史張鑑上墾田議。滕嶧沂費郯城泗水蒙陰荒地多飛詭。宜立法丈量。其墾荒。免賦役三年。幷蠲積逋。招徠之。報可。
革太倉出納餘銀。工科左給事中李瑜言收放不一。上從之。幷裁解銀進士。
甲子。召巡撫延綏右僉都御史孫愼回院。
鮑道明爲南京戶部尚書。裴宇爲太常寺卿。署南京國子祭酒。
大風霾。
詔戶兵二部議禦盜治盜方略。
瞿景淳爲翰林院侍讀學士。署院。

免江西水災田租有差。

監察御史林潤上言。國初支庶不繁。定例因略。今麟趾螽斯。其麗不億。視昔數百倍矣。嘉靖初。議者言河南惟一周府。今郡王三十九。將軍至五百餘。中尉儀賓不可勝計。舉一府而天下可知也。今距嘉靖初又四十餘年矣。所增可推也。天下歲賦糧供京師四百萬石。各王府祿八百五十二萬石。不啻倍之。如山西存留米一百五十二萬石。而祿米三百十二萬石。河南存留米八十四萬三千石。而祿米百九十二萬石。是二省之糧。借令全輸。已不足供祿米之半。况吏祿軍餉皆出其中乎。故自郡王以上。猶得厚享。將軍以下。至不能自存。饑寒困辱。勢所必至。嘗號呼道路。聚而詬有司守臣。不惟懼辱。且懼生變。天下無可增賦之理。而宗室蕃衍不已。可不爲預計哉。今議者。或言當令親王皆如國初遼韓伊岷肅諸王之制。祿皆二千石。或云郡王而下宜中半折支。亦如朝官例。儀賓而下如外有司例。或云親王祖免而下。則從庶人之例。月支米三石。或云不宜遽削于今日。惟定制于方來。或云定子女之數。以杜詐冒。或云開應舉之途。弛商賈之禁。言人人殊。臣謂宜大臣科道集議。仍頒諭諸王以勢窮弊極不得不通之意。令宗藩曉然知賦入有限。共陳善後之策。章下禮部。覆從之。

丁丑。刑科給事中陳瓚言。近日壟斷之徒。多慕嶺南饒富。得肆漁獵。雖卑而縣尉。亦不惜重金求之。膏血日殫。故有張璉嘯聚之禍。蘇松諸郡吏于糧長之設。始立空役而索其財。已代逋負而償其賦。在坊長則有上官過客之費。在庫役則有宴餽衙吏之需。視富室爲仇讎。而誅求百出。用重罰爲常典。而科取不貲。卽吳粵而天下可知也。乞撫按嚴禁。又閩廣之盜。流突江右。有城則可守。無城卽受僇。乞撫按修築。從之。

廣東官兵追獲巨盜林朝曦等。初朝曦據巢不下。出攻程鄉。知縣徐甫宰嚴兵待之。又主簿梁維棟說散其黨。朝曦奔陰那山。追獲之。潮寇悉平。

十一月辛卯朔。虜犯山西神池等處。大掠數日而去。總兵官吳徵詐稱戰功。御史王好問劾之。詔逮徵。

癸未。起王廷南京刑部右侍郎胡士夔爲右僉都御史。巡撫延綏。

延綏總兵官趙岢分兵出神木堡。搗虜于半坡山。出定邊營。搗虜于菝麥湖。共斬百十九級。

福建官兵擒龍山賊蘇阿普斬之。龍巖人

命監察御史姜儆訪求法士祕書于天下。臣民有進者賞。

丁亥。逮少保總督浙直江福兵部尚書兼右都御史胡宗憲入京。左副都御史趙炳然爲兵部右侍郎兼右僉都御史巡撫浙江罷總督浙直不補南京戶科給事中陸鳳儀劾宗憲欺橫貪淫十大罪也。

張鼐曰。浙直中倭六七年。更總督數人。費金錢動巨萬。迄無成功。公奉命授計遣將。或勦之內地或徼之海外。倭生還者少矣其擒徐海。誘王直功尤奇論者謂其誘賊用辨反間用諜厚賊妻子而招其來餌賊女色而蠱其聽散賊爪牙以孤其勢。至賊黨內亂而從中滅之縱橫顛倒。妙算出奇東南數百年免倭患皆其再造力也。抑公可謂社稷臣矣。而以橫賞受乾沒名下獄仰藥死悲夫兵死地間奇術也。非捐數十萬金。亦安能令人走死地而設奇術必中哉。且功不成必爲財漏巵何如成功而享太平貫朽寧可勝校耶豪杰舉事。固未可爲尋常文墨道也。

庚寅。前南京國子祭酒鄒守益卒。守益字謙之。安福人。正德辛未進士。溫言和氣。師王守仁。以講學名。贈禮部右侍郎。謚文莊。

丁酉。遣成國公朱希忠代祀南郊。是日天爽。上大悅。進希忠太師。餘有差。

福州地震。

日暈生珥。白虹亙天。

寧夏總兵吳鼎陝西總兵許經俱鐫秩。巡撫毛鵬罰歲俸。總督喻時陝西巡撫裴紳各罰俸六月。治前清水營失事也。
壬寅初。兩淮餘鹽額徵六十萬金。嘉靖癸丑。新開工本鹽引增至九十萬。總理鄢懋卿又增至百萬。商人苦之。巡鹽御史徐爌言。祖宗淮鹽曰常股。曰存積。曰水鄉。共七十萬五千一百八十引。每引二百斤。邊中每引納銀八分。永樂後納粟二斗五升。邇年遞增。算及毛髮。正鹽之外。既有餘鹽。餘鹽之外。又加工本。添單添。引且加以割沒。鄢懋卿見掣鹽阻滯。欲爲疏通。不知前鹽有掣無售。商人困極。乞戶部盡捐加額。仍歲徵六十萬。從之。
免湖廣災傷田租有差。
丙午。毛愷爲左副都御史。
起馬森南京工部右侍郎。張舜臣戶部左侍郎。
己酉。仲威營副總兵俞大猷爲總兵官。鎭守福建。仍駐仲威營。改福建總兵官曰分守。聽節制。
倭陷興化。同知黃岡奚世亮等死之。世亮丁未進士。寇圍踰月。分城拒守。城陷。猶迎戰。身被數創死。先是十月。浙倭登福寧。連江。陷壽寧政和寧德等縣。廣倭登福清長樂。陷玄鐘所。延及龍巖松溪大田古田。而浙江參將戚繼光與總兵劉顯。既連敗倭。繼光還浙。值倭自福清之東營澳登岸。斬百八十餘級。遂行。而閩倭日至。攻圍興化。且匝月。瞰守者之怠。夜梯而上。參將畢高參政翁時器縋城宵遁。署印同知奚世亮知縣周尚文縣丞徐九經葉德良見殺。倭據城至明年二月乃敗。劉顯來援。城已陷。薄城而營。伺賊隙。顯有威名。謂旦夕破賊。既久持。時恨其養寇。後贈世亮福建布政司右參政。尚文九經德良太僕寺丞。各廕監。
倭破興化。乘勝以四千餘人攻仙游。西鄉叛民附之。環城三匝。知縣南海陳大有曰。吾誓與此城存亡。敢遁者斬。賑貧分伍。戎服宿城樓。間出斫其營。創流星飛鉤之制。而賊之竹牌雲梯。轉爲所詘。賊又造呂公車。遣人瘞礧插樁。或暗洞土穴車至輒摧敗。賊竭攻技。隨方破之。相持五十餘日。咸繼光兵至擊賊去之。

十二月辛亥朔。王廷爲戶部右侍郎。總督漕運。

上宮中禱雪。

辛酉。甘露降顯陵松。上守備太監張方及奉祀都督僉事蔣華等以進。上大悅。告郊廟。

壬戌。南京兵部右侍郎丁以忠致仕。

乙丑。夜月食。雲隱不見。

丁卯。百官表賀甘露靈雪。

乙亥。延綏巡撫孫愼類報斬虜百八十三級。陞賚有差。

胡宗憲逮至。上曰。宗憲起御史。皆朕擢用。非嵩黨。三呈玄瑞。近上玄祕。皆致一手書。任事數年。不聞指摘。近鄒應龍發嵩奸邪。諸臣復彈罷大臣不已。本兵始議獲王直者五等封官。今罪之。後來誰與我任事。其釋令閒住。

張鼐曰。自嵩父子怙權。文華挾寵出督江南師。而賄德章矣。尙書經客畜軍興費。受緹騎逮誅。督撫邦輔以不能讓奇功中白簡戍。至胡少保乃醉酒嫚罵。而揮之四千金。謂不予則無以飽其望。而生得失。予之則無名而已。有所不甘也。然而猶之賄矣。其于嵩父子。豢之令爲我用。亦賄也。嗟乎。大將立功于外。而借賄賂以結權貴之援。豈正法哉。然而少保功高。亦以橫費不免焉。不賄則身危而功不成。賄則幸成功而受惡名。以死疆場之臣。難言哉。蓋千古蹈斯弊也。

談遷曰。胡宗憲以倜儻非常之才。仗鉞東南。鯨波就恬。値嚴氏柄國。情好稠密。所謂未有權臣在內。而大將能立功于外者。言路深論。而九重鑒原。眞駕馭英雄之良法也。上輩未嘗過郎署。賢于漢文遠矣。

湖廣巡撫右副都御史方廉。餽兵科都給事中丘橓五金。橓劾之。罷廉。幷論兩廣總兵官平江伯陳王謨。下錦衣衛南司魏大經于法司。

虜犯遼東海金等處。大掠七百餘里。殺擄幾二萬。總兵官吳瑛畏不敢出。

國榷卷六十四

癸亥嘉靖四十二年

正月䟽朔佟登爲山西總兵官。

壬午。徐階請增閣員。

己丑上諭閣臣誰堪任者。徐階對曰。知臣莫若君。廷臣才品。誰逃聖鑒。但此官不專于才。須平正謹實。

壬辰奪伊王典楧歲祿三之二。革其護衞以毀宮垣不如詔。前巡撫張永明劾之。上切責典楧。冀其改勵。乃更驕甚。巡撫胡堯臣嘗一至洛。則大譟恐之。門不敢啓。

參將戚繼光爲副總兵。守福寧。

廣東倭犯惠潮二府黃岡大澳等處。

命山東巡撫右僉都御史張鑑兼督營田。設兗州營田同知二員。

乙未河南道監察御史淩儒言時事。薦故修撰吉水羅洪先等。皆强年重望。上怒其市恩。逮杖六十。削籍。

虜輕騎犯固原白羊川。打剌赤去靖虜百餘里。總兵官許經追之。頗斬獲。踰河值冰泮。後騎多溺。

丁酉甘露復降于顯陵。遣定國公徐延德往祭。

壬寅徐南金爲右副都御史巡撫湖廣。

乙巳免江北災傷田租有差。

設澄海普寧二縣。俱潮州。

旌故文思院官呂陞妻周氏。陞死自經。

虜五千騎犯宣府滴水崖。參將宋蘭游擊麻錦等戰敗。遂掠永寧隆慶。駐東西紅山。窺岔道。前大同總兵官劉漢力戰卻之。遂西由柳溝據虎皮寨。攻張家堡。不克而遁。

二月[illegible]朔。恭順侯吳繼爵充總兵官。鎮守兩廣。

總督江東招東虜一千八百有奇。

壬戌。肅府鎮國將軍弼桺進封肅王。弼桺父肅靖王眞淤沒。後追封。例不得王。以周王朝埴朝堵例請。特許之。祿仍鎮國。

虜寇遼陽。副總兵楊照遮擊之清河。未幾。復犯長安堡。照設伏繞出虜前。斬七十五級。

乙亥。考察朝臣。

興化倭結巢崎頭城。泉州衞都指揮歐陽深晉江諸生薛天申勦之。中伏戰死。倭乘勝陷平海衞。贈天申指揮僉事。

丙子。免湖廣水災田租有差。

戸兵部侍郎呂時中葛縉罷。福建巡撫右僉都御史游震得免。後削籍。

戊寅。福寧倭陷寧德縣。先後凡四陷矣。

三月[illegible]朔。庚辰。譚綸爲右僉都御史。巡撫福建。

乙酉。南京禮部尚書李璣戸部尚書霍冀右副都御史曹忭羅崇奎右僉都御史蔣宗魯俱考察拾遺罷。

丁亥。浙江巡撫趙炳然請練義烏土兵。從之。

初。武定土知府鳳詔死。亡子。母瞿氏襲而老。舉婦鳳索林自代。又悔之。比索林襲官。失事姑禮。瞿氏收異姓子繼祖入鳳氏譜。挾甥壻水西土舍安國亨建昌土官鳳氏力。欲廢索林。以繼祖嗣。不克。則誣索林囚己。令繼祖詣闕告之。歸逼索林。索林抱印奔省城。仍歸武定。隙滋甚。繼祖遂圍府。掠和曲祿勸等州縣。巡撫曹忭收索林。令瞿氏攝事。貸繼祖。巡按御史孫用議勦。部下守臣酌之。

馬森王國光爲户部左右侍郎。郭乾爲兵部左侍郎。胡松回部。萬虞愷爲南京刑部右侍郎。敖宗慶爲右副都御史。巡撫雲南。吳維嶽爲右僉都御史。巡撫貴州。

甲午。嚴訥爲吏部尚書。李春芳爲禮部尚書。董份回部。

丁未。禁織玄黃龍鳳色。

四月朔庚戌。嚴嵩上所祈鶴文檢及法祕。嵩歸至南昌。延道士田玉等爲上醮鐵柱宮。玉因以所藏召鶴符驗法書附奏。嵩玉皆賞賚有差。

己未。修興都志。從禮科都給事中丘岳之請。禮部左侍郎董份爲副總裁。右春坊右諭德兼翰林院侍讀張居正。司經局洗馬兼侍讀林濂。修撰諸大綬。檢討吳可行爲纂修。

癸亥。刑部左侍郎葉鏜。右副都御史裴紳。調南京。南京刑部尚書盧勳。宣府巡撫右僉都御史趙孔昭。俱劾免。逮興化衞指揮徐將楊一輔法繼勳。通判李邦先。百户潘鏜易中孚。壽寧知縣章銳。典史沈洪王濟等入京。與參政翁時器。參將畢高等凡四十二人。其副總兵楊縉。參將黎鵬舉下臺獄。訓導盧學顏贈太僕寺丞。廕子入監。學顏死倭難。

英德大坡蒲昌等峒賊平。

甲子。郭乾爲右都御史兼兵部右侍郎。總督陝西三邊。周相爲右副都御史。巡撫江西。

丙寅。楊巍爲右僉都御史。巡撫宣府。

丁卯。副總兵戚繼光總兵劉顯俞大猷攻倭于平海衞。大破之。斬二千二百餘級。傷溺亡算。自是福州以南諸寇悉平。
己巳。金星晝見。壬申始伏。
癸酉海鹽午潮有海馬萬數沿行三十餘里入海。聲震甚。其一最巨。高如樓。
乙亥。新會縣地震。
尹臺爲南京禮部尚書。吳桂芳爲右副都御史。總理河道。
五月甗朔。初哨卒出古北口。爲三衞夷撲殺我四人。至是夷酋通罕款關求賞。副總兵胡鎭伏兵執之。及其黨十餘人。其子求易以哨卒。薊遼總督侍郎楊選遣還十餘人。獨留通罕。蓋辛愛之義妻父也。欲牽制辛愛使毋寇邊。俟其子入質乃遣。因侈其功。賜金幣有差。
庚辰。夜月掩木星。
刑科左給事中陳瓚。請斥遺奸。採遺賢。遺奸爲文選郎中南軒。遺賢謂在告諸臣。部覆。軒悞則有之。贓則否。上調軒。責瓚欺擾。杖六十。削籍。
癸未。戶部覆巡鹽御史伍令議鹽法。每引仍三百五十斤。
乙酉。遼東總兵官吳瑛下御史論罪。以去冬怯虜也。
庚寅。許安南入貢。自戊申莫宏瀷入貢。禮部以名分未定。止其使于南寧。移牒國人核之。辛亥。授宏瀷都統使。值國亂。久未領牒。前使黎光賁等留十五年。從者物故大半。至是宏瀷以請。
壬辰。林庭機爲南京工部尚書。胡松爲兵部左侍郎。蔡汝楠回部。孫植萬虞愷爲刑部左右侍郎。
甲午。陳其學爲右副都御史。巡撫陝西。吳百朋爲右僉都御史。撫治鄖陽。

楊照爲遼東總兵官。
丁酉。裴宇爲南京禮部右侍郎。喻時爲兵部右侍郎。協理戎政。
癸卯。免興化田租三年。
甲辰。趙大祐爲南京刑部尙書。劉燾爲右僉都御史。巡撫大同。
立甘州茶馬司。
廣東程鄉賊平。
六月甲寅朔。陸穩爲南京兵部右侍郎。張舜臣爲南京右都御史。
山西巡撫楊宗氣請扣民壯銀益兵餉。從之。
戊午。釋通政司右參議胡朝臣獄。朝臣初爲工部主事。作革甲。工人侵牟不之察。下鎭撫司。坐贓五百四十金。非其罪也。在繫十餘年。至是得白。釋爲民。
辛酉。馬森。黃養蒙爲戶部左右侍郎。右僉都御史吳百朋巡撫南贛。
甲子。醮大高玄壇至八月終。止停常封。
庚午。方士趙添壽上符法三十六卷。授道錄司右演法。敕遣還鄉。
上諭段匹違限爲謗事上玄。徐階言段限故違。原有司貪肆納賂。陞遷以職事爲亡益。聞有起解在途者。非由謗事上玄也。
七月甲申朔。甲申。諭撫按官偏歷郡縣。察奸弊。
總督戎政鎭遠侯顧寰條京營事宜。精挑選之法。作將士之氣。明補替之例。禁奸詭之習。專兵車之教。預器械之設。定編派之規。部覆從之。

八月朾朔。丙辰。定操江信地。初南京兵科給事中范宗吳言。操江都御史專江防。應天鳳陽二巡撫專海防。後因倭患以鎮江而下通常狼福等處亦隸之操江。今宜定圌山三江會口屬操江。其下屬二巡撫。從之。

戊辰。左都御史張永明言六事。勵風紀。公舉劾。嚴禁革。督守巡。飭糧道。稽勘箚。上深然之。

前工部左侍郎郭鋆卒。

虜屯遼東塞下。總兵官楊照率游擊線補袞郎得功等自鎮夷堡出塞。分襲之。照夜失道。行六十里。迨旦。爲虜所覺。中流矢死。補袞等力戰。斬二百二十餘級。虜引去。照敢戰知名。撫士卒有恩。贈少保左都督。謚□□。廕指揮同知。立祠。

九月⿰子丙朔。丁亥。上偶使人醮壇。道士嘉定龔中佩不在。有惡。刑部員外郎邵畯者。言中佩飲畯所。上怒。皆捕杖之。中佩杖死。畯削籍。初中佩由道士諳道家神名。游燕諸大臣。撰青詞。輒問其所出。因官太常博士至少卿。實與畯無交也。

陳堯爲戶部右侍郎。康朗爲右僉都御史。撫治鄖陽。

戊子。嚴嵩乞宥子世蕃孫鵠侍養。不許。

乙未。佟登爲遼東總兵官。

丙申。故海寇漳州洪迪珍降伏誅。迪珍。王直餘黨也。

癸卯。雲南巡撫右副都御史敖宗慶罷。

胡鎮爲山西總兵官。

蠲徐沛豐碭水災田租。

乙巳。總督兩廣福建軍務張臬罷。時和平盜李文彪作亂。給事中陳懋官言其招撫養寇。且閩廣道遠。不便兼轄。遂以吳桂芳爲兵部右侍郎。提督兩廣軍務兼巡撫廣西。

十月柄朔。辛亥。狼山副總兵改鎮守總兵官。兼轄江南北。特命劉顯。

王本固爲南京右僉都御史。提督操江。

丁巳。谷中虛爲右僉都御史巡撫四川。

庚申。閒住湖廣按察僉事趙祖鵬論死。初。祖鵬以翰林編修外補。尋察免。家居不法。與宗弟駉有隙。駉奏其罪。逮下法司。奏辨謂駉所引東華集中誹謗語乃永嘉王德所著。移以陷臣。上怒。移置詔獄。按臣勘上。謂怙勢暴橫。嘗得遺牒。云宋魏悼王之遺。因續其譜。私祭宋陵。名其莊曰護陵。拱辰復葬亡妾于宋妃攢宮之側。遂得重論。

諭停刑。

裁山東管糧參政屯田副使。

丁卯。虜入墻子嶺。初。楊選質通罕父子。三衛夷皆怨。益與虜通。遂勾虜入寇。虜佯東行。巡撫右僉都御史徐紳請選守墻子嶺。選曰。虜東不爲備。却焉。紳自將赴之。虜遂突攻陷墻子嶺塞。長驅深入。選怒殺通罕父子。引兵而尾虜。京師戒嚴。詔宣府大同總兵官馬芳姜應熊劉漢等速入援。以總督尚書江東統之。分大臣守門。鎮遠侯顧寰以京營兵分布中外。

虜屯平谷。掠通州。上自宮中望見火光。諭閣臣曰。虜當不遠。諸將何不勦逐。明日。命劉漢護通灣二地。馬芳專衞京師。

戊辰。總兵官胡鎮孫臏游擊趙溱等逐虜于三河。上曰。軍得無饑。厚餉之。俄楊選報虜東退。且自詡追殺功。請勞士。上疑。問徐階果否。階曰。賊自香河回通州河之東。其大營在平谷。選往通州。謂追送則可。追殺未也。上曰。

此又庚戌之轍也。

虜大掠順義三河分兵圍下店。胡鎭孫臏趙溱等援之。虜大至。圍鎭數重。命祝福馳赴。未至而敗。溱臏死之。鎭潰圍出。殲三千人。遂大掠灤東諸縣。

上諭。東見火影。緹衞云虜也。兵部報楊選兵至通州。故令遣伺。其入援馬芳以補子漢五千人已至。姜應熊尙未入關。祝福纔至良鄕。徐階請俟馬芳至犒之。

己巳。諭戶部發粟賑避虜流民。發冏金五千犒援兵。

庚午。徐階請九門賑粥。是日楊選報虜東退。

癸酉。逮楊選徐紳及密雲兵備副使盧鎰分守墻子嶺參將馮詔延綏游擊將軍嚴瞻通州參將胡燦指揮楊瀛等下鎭撫司。命宣大總督江東嚴兵追勦。

甲戌。夜。火星逆行。起胃宿。抵婁宿。

乙亥。大同巡撫右僉都御史劉燾爲右副都御史。總督薊遼。進胡鎭都督同知。鎭守薊遼總兵官。

大同總兵官姜應熊敗虜于密雲。斬三十餘級。虜自三河漸北。京師稍解嚴。

上諭楊博。虜滿載去。殺未半。何以威將來。

李遷爲工部右侍郎。總理河道。

潘晟復爲南京國子祭酒。

十一月丙朔。諭閣臣。虜不聞耗二日矣。連日風寒。將士凍苦。其速令勦與守。用伸夏威。仰承玄助。

丁丑。虜遁。京師解嚴。遣馬芳姜應熊回鎭。時援兵俱望虜塵尾之。至鴿子洞。參將郭琥伏火器待之。頗死。乃改道出。虜騃飽且疲。極失道。諸將竟無敢發一矢者。

錄戰功進江東太子太保。廕子入監。餘陞賞有差。贈趙溱都督同知。廕正千戶。是役也。我諜知虜情。集甲墻子嶺。三衞夷導虜紿楊選以潘家口。遂擕赴之致敗。逮選等。諸臣益懼。日三四報捷。冀惑聖聽。上雖厚賞江東等不一。及本兵意有在也。上曰。朕不賞博。博或積後釁。如丁汝夔矣。博惶恐。徐階爲解乃罷。

己卯。山西右參政張邦彥爲右僉都御史。巡撫大同。董一奎爲山西總兵官。

前太子太保兵部尚書聶豹卒。豹永豐人。正德丁丑進士。筮仕華亭。進御史。守蘇州平陽。至今官。好講學市名。年七十七。隆慶初。贈少保。諡貞襄。

呂光洵爲右都御史。巡撫雲南。遲鳳翔爲戶部右侍郎。巡撫河南。魏尙純爲右副都御史。巡撫保定。趙炳然進右都御史。仍巡撫浙直。

兵科都給事中丘橓等陳邊臣善後事宜。破邊官之常套。除邊人之積蠹。略邊務之虛文。上初慍楊選之啓釁。以橓不早言。下錦衣獄。杖六十。削籍。餘謫邊吏。

詔今後援將聽薊鎭總兵官節制。竟聽遣。不必關白督撫。

甲申。夜。火星逆行。建醮典百官素服修省五日。

丙戌。前太子太保吏部尚書聞淵卒。淵鄞人。弘治乙丑進士。授刑部主事。歷今官。凝重渾沈。端毅有守。四十餘年夷險一節。有古大臣風。其典銓值嚴嵩齟齬引去。然功名頗損于初。贈少保。諡莊簡。

辛卯。進趙炳然右都御史。巡撫如故。

壬辰。大學士徐階言二事。曰尊主權。臣每見旨意之下。內外多不尊奉。如勘功罪。不惟公私難知。而且動至經年之久。徵錢糧不惟期限屢違。而且寂無一字之報。禁私餽則潛行于昏夜。以售欺。劾貪肆則聊及于孤寒。以塞責。敢于抗違明旨。是主權未尊也。曰定國是。竊見士大夫以虛文巧飾爲有才。而誠愨者則詆以爲拙。以怙勢作威爲風力。而敬愼者則笑以爲懦。以怠安泄沓爲得體。而勤勵者則鄙以爲俗流。以容奸庇惡爲長厚。而明作者則謗以爲生事。甚至以謀國爲過計。以恤民爲迂談。以持法爲苛刻。以秉公爲乖僻。是國是未定也。上是之。

乙未。夜。火星順次。內殿奏謝。

丁酉。兵部左右侍郎喻時蔡汝楠改南京。湖廣布政司參政李燧爲右僉都御史。協理戎政。大理寺少卿萬恭爲兵部右侍郎。上疑樞臣不任。問徐階以時汝楠非恢廓才。上問鄭曉楊順葛縉何如。階曰。曉文士。順縉咸匪人。令吏部舉可者。尙書嚴訥以燧奏上。

雲南易門賊李向陽等作亂。自稱混天大王。掠安寧三泊諸處。南安泥叢諸賊響應。巡撫右都御史呂光洵討平之。

己亥。命有司瘞遺骸。

誅楊選。流妻子二千里。巡撫徐紳論死。副使盧鎰等戍邊。

李登雲爲工部右侍郎。李遷回部。張守直爲大理寺卿。

十二月乙巳朔。工部尙書雷禮請增繕重城。從之。

丙午。太僕寺卿劉畿言馬政廢弛。其累年借支馬價別費者。督令還寺。上是之。

丁未。戶部會邊臣條議邊餉十二事。曰增河南山東民兵。免調人徵三金。曰復兩廣預備銀歲濟邊十萬。曰杭州北新關商稅解部。曰江淮濟川二衛空役銀兩解部。歲二萬五千金。曰查催各省屯田銀。量解三之一。曰河南兌小灘漕餘米歲解萬金。曰扣江西機兵工食解二萬金。曰覈長江蘆洲稅。曰吏承班銀。曰覈缺官俸。曰催契稅商稅引稅銀。曰開例貢納級。上從之。

己酉。禁遼東通糴于登萊。初遼饑暫開。既而遼商利海道之便。載貨往來。山東守臣恐海禁漸弛。或有後患。疏請禁止。

復設山東濟南道按察僉事。裁赤城懷隆二兵備。

諭禮部宣示朵顏三衛屬夷毋懷二心。

癸亥。宣大總督江東條議主客錢糧盈縮事宜。

壬申。官軍敗速卜亥于沙河鋪。斬百餘級。

甲子嘉靖四十三年

正月癸朔。丁丑。夜大風。諭兵部謹邊。翌日又風。上曰。昨二次風異。卿部愼之。若徒往來文書。何益于事。楊博因請先嚴宣薊次各鎭。上曰。屢命之矣。毋虛文取罪。

辛巳。雅州地震。聲如雷。

乙酉。命戶部嚴核管糧郎中出入。

丁亥。東虜土蠻黑石炭等萬騎犯薊東一片石黃土嶺。參將白文智總兵官胡鎭游擊董一元等據墻拒之。攻不克。已援至而遁。斬百七十餘級。壬辰。又大破之葦子谷。斬三百七十餘級。進總督劉燾兵部右侍郎兼右僉都御史。胡鎭廕錦衣百戶。餘有差。

甲午。諭兵部。擇京營大將。初上諭徐階曰。鎭遠侯顧寰令整京練可耳。故當別選副將一二。可破敵衝鋒者。上欲發萬金勞軍。徐階曰。春防既賞。秋防將引爲例。賞不足恩。闕適生怨。不若足其餉可也。上深然之。

丙申。雅州地復震。

增永定等七門甕城。
潮州地震。聲如雷。
辛丑。安南都統使莫宏瀷卒。宏瀷始襲都統使。故臣黎伯驪數擊宏瀷。宏瀷奔海陽。不貢者久之。及沒。子茂洽使龍遝指揮盧堂告訃。
裁宣大屯政僉事。薊州懷柔道兵備僉事。
二月卿朔。乙巳。潘晟爲南京吏部右侍郎。霍冀爲南京兵部右侍郎。陳堯爲工部右侍郎。總理河道劉體乾爲通政使。免順天三河等被虜田租。
己酉。廢伊王典楧爲庶人。王愎而狠。多縱府中人持河南吏短長。吏不如指。則旦夕斥去。即去。大遭其折辱。冠蓋過河南郊外不入朝。王使迫挽其車。辱以非禮。河南通判□□拒其干請。及去。王使數十人待之途。拔其髮髭。大遺其口中。御史按河南。從北邙山外過。王要笞之。往來搢紳適迂避焉。知府張柱公廉。不發私書。王怒。命優人于府門爲太守家人淫戲。奪郡學地廣其垣。又求郎中陳大壯居。勿與。數十人從大壯卧起。有所食輒奪之。大壯伶傳市中。適府獄戶開。大壯竄入。同囚食數月乃出。使人從大壯如故。大壯竟餓死。其家不得殯。攘人妻女至四百餘口。奪民廬舍至三千餘。誑脅人財至三萬餘金。晝閉城。大選民間女十二歲以上者七百餘。留其姝麗者九十人。餘責贖。否則委虎圈。事聞。革祿三之一。命壞僭城。歸奪女。出羣小人付有司。王自如。禮部數牒促之。河南守相以牒入。王曰。安用牒。是爲我障檽。我猶嫌晝。河南守相乃自召卒墮其僭城。墮未半。數百人挺出逐卒。卒或墮或壓。多死者。河南人皆怨曰。王反矣。河南僉事林騰蛟具疏。從巡撫右副都御史胡堯臣巡按御史顏鯨以聞。王毒騰蛟。殺之。三法司具言。伊王典楧好亂。暴棄禮義。違祖訓。失藩臣節。陛下念親親。曲赦再四。不痛心湔躬。回奸日甚。臣等請宜如徽王載㙺故事。降爲庶人。禁錮高墻。削除世封。制曰可。

談遷曰。親王國除。世宗再見。穆宗一見。俱驕淫。然漢法最嚴。實非謀逆者。往往得續封。今直永錮于刑書。則有司未得其平也。

壬子。瞿景淳爲太常寺卿。署南京國子祭酒。

荆州知府徐學謨赴部調用。荆州沙市。利藪也。景王以市租請。學謨執不與。議歲輸金府中。坐調歸。

丙辰。歲饑。免眞定順德廣平大名田租有差。

丁巳。韓府宗室越關至省城索逋祿者百四十餘人。詬詈巡撫右副都御史陳其學。以聞。上切責韓王融燧約束之。其首事奉國將軍融熺廢爲庶人。鎮國中尉旭渠等十三人各奪祿。韓府歲祿共四十萬七千一百十石四斗。該銀十一萬一千九十六兩三錢六分。見平涼府志。

戊午。福建總兵戚繼光追仙游殘倭。大敗之。斬數百級。復敗之同安。又走漳浦之蔡丕嶺。攀崖而上。擒斬又數百人。餘走廣東。掠漁舟入海。

壬戌。南京戶部尚書鮑道明致仕。

宣府巡撫右僉都御史楊巍疾去。

初。雲南巡撫敖宗慶發土漢兵討鳳繼祖。繼祖逃江外。殺其弟繼英。留兵守武定。繼祖乘虛入之。又議大發兵。繼祖懼。發千五百金願分普渡河外四莊自給。事聞。許之。

閏二月丙子朔。李秋爲右僉都御史。巡撫宣府。

丁丑。吏部尚書嚴訥禮部尚書李春芳吏部左侍郎兼翰林學士董份直西苑。

戒周府宗室田宅違制及濫受投獻者。

戊寅。免南昌瑞州九江水災田租有差。

張舜臣爲南京戶部尚書。

虜犯遼東果松谷守備王繼屛禦卻之。

丙申汀漳盜與江西建城寇合。拒傷官軍。漳平知縣魏文瑞死之。贈光祿寺少卿。

壬寅。孫植爲右都御史。

三月辛亥朔己酉。起錢邦彥刑部左侍郎。

辛亥。南京廣西道試監察御史俞咨益請重遠方守令。從之。

甲寅。東莞舟師徐永泰等四百人守柘林澳。五月不餉。以指揮韓朝陽副總兵俞大猷調之戍潮陽海港也。益怒執朝陽投海寇。合向廣州事聞。潮州知府何寵千戶于英下臺獄。海道副使方逢時僉事徐甫宰奪俸。

廣東官軍擊潮州倭寇。敗之。

己未。上禱雨洪應雷宮。

辛酉。暑訊宥大辟二十一人戍邊。前給事中沈束繫錦衣獄。束妻張氏以束不預訊。奏束父老八十有九。束又未有子。氏願代繫。暫令送父餘年。仍赴獄待罪。法司爲之請。不聽。

癸亥。大風霾。命百官致齋九日。遣尚書嚴訥李春芳督察不虔者。

甲子。黃霾雨土。

四月甲辰朔乙亥。免畿內水災田租有差。

戊寅。罷山東巡撫右僉都御史張鑑。以行均田保甲法買怨也。鮑象賢爲戶部右侍郎。兼右僉都御史代之。

巡撫貴州右僉都御史吳維嶽招都勻府平州長官楊珂。降之。先是珂叔進雄逐之搆亂。至是遣推官胡校招之。許以不死。乃降。

庚辰。雨。羣臣表賀。上悅。賜祭告宮廟諸大臣金幣。

乙酉。秦鳴雷高儀爲禮部左右侍郎。

黃印爲湖廣總兵官。

順天府尹劉畿請城張家灣。從之。命順天府丞郭汝霖通判歐陽昱內官太監桂琦爲植。

庚寅。陳以勤爲太常寺卿。署國子監祭酒。

大雨雹。

壬辰。汪道昆爲右僉都御史。巡撫福建。

庚子。水火土金四星聚于柳。

辛丑。徐仁爲陝西總兵官。

巡撫雲南右都御史呂光洵會兵討武定叛人鳳繼祖。併擊貴州土司安國亨于霑益。敗走之。

五月壬寅朔。日食。

癸卯。定邊方督撫官考績例。僉都御史三年陞副都御史。副都御史陞侍郎。俱如舊。如僉都曆子副都給二品服俸。止許極邊。仍臨期奏請。其山西保定陝西近邊不概給。或極邊功少亦不許。

巡撫保定右副都御史魏尙純疾去。

己酉。張師載爲右僉都御史。巡撫保定。

壬子。總理河道右僉都御史王士翹罷。士翹薦方面官四十五人。察處副使雷起麟亦與焉。給事中趙灼劾其違例市恩也。

甲寅。金星晝見。

乙卯。桃夜降于御幄。左右云其從空中墮。上喜。修迎恩典五日。

丙辰。桃復降。白兔生二子。上益喜。謝玄告廟。頃之壽鹿亦生二子。羣臣表賀。上以奇祥三錫。天錫非常。手詔答之。

丁巳。金星復晝見。

建洪法太素殿。

六月辛丑朔。壬申。監察御史朱炳如上鹽政四事。曰江西舊行淮鹽。已南贛袁吉改行廣鹽。易私販。宜袁吉仍淮鹽。曰溧陽近浙西鹽場。宜禁浙鹽。曰南陽汝寧陳州。原行淮北鹽。近轉河東。巡鹽不得一概舉劾。曰衡州寶慶近行廣鹽。宜照例納銀。補兩淮優免之數。上從之。

癸酉。命總兵官劉顯鎮守浙江。

丙子。右副都御史楊宗氣總理南京糧儲。

設廣東海防僉事。

辛卯。廣東總兵官俞大猷副總兵湯克寬大破倭于海豐。大猷圍守二月餘。賊欲走。克寬伏兵大埔寨。擒斬千二百餘人。又各哨零級千餘人。自是餘倭無幾。逃山藪間。漸捕盡。

丁酉。京師重城成。

七月辛未朔。壬寅。毛鵬爲右副都御史。巡撫山西。

乙巳。監察御史董堯封上薊遼等處練兵數。總兵官尹秉衡等奪俸有差。

丙午。南贛官軍討程鄉盜余大春范繼祖。擒之。

戊申。河南右布政使王崇古爲右僉都御史。巡撫寧夏。

定三衞海西夷人入貢無過百人。時鴻臚寺序班陶貴伴送海夷四百餘人還至三河。暴甚。三河驛丞楊松以狀聞。請量分其衆先後續發。故有是命。

丙辰。吏科給事中胡應嘉請愼行取愼題覆。從之。

協理戎政左僉都御史李燧罷。進趙炳然爲兵部尚書。協理戎政。

前吏部尚書夏邦謨卒。邦謨涪州人。正德戊辰進士。授戶部主事。其撫江南。平海寇。均賦額。丹陽人尤德之。暨典銓專事嚴氏。敗名。

庚申。加河南左布政使趙希夔俸一級。時秩滿以藩戚不得內轉。故加俸。著爲令。

監察御史董堯封上三鎭兵餉贏縮之數。

戊辰。劉畿爲右副都御史。巡撫浙江。

八月辛酉朔。集議京營戎政。核操練。核戰守。核將領。核軍士。核論議。核火器。核車兵。核城守。核彈壓。核哨探。

前戶部左侍郎傅頤爲南京太僕寺卿。

丙子。以萬壽節進徐階兼建極殿大學士。子璠進尚寶司少卿。進袁煒少傅兼太子太傅建極殿大學士。吏部尚書嚴訥禮部尚書李春芳各太子太保。朱希忠子時泰進都督僉事。賜都督朱希孝肩輿。吏部左侍郎董份加工部尚書。

甲申。前左春坊左贊善兼翰林修撰羅洪先卒。洪先字達夫。吉水人。嘉靖己丑進士第一。授修撰。己亥還贊善。清素自守。好講學。隆慶初贈光祿寺少卿。謚文恭。

乙未。洪應壇等殿成。

九月辛卯朔。壬寅。停百官食鹽。初官民食鹽。計口納鈔關支。京官歲撥吏下場收買。恣爲奸利。錦衣衞至連舟塞河而上。後巡鹽御史令運司具百官食鹽額以待。錦衣之私販頓息。至是吏部驗封郎中陸光祖請尙書嚴訥革之。停支惟御史歲支如故。

淮安大饑。

甲辰。傅頤爲南京戶部右侍郎。

丙午。疏潮河川。初薊遼總督駐密雲。歲陸運通州十萬石至牛欄山轉密雲。至是劉燾以潮河川達通州。更舟抵鎭爲便。賜金幣。

巡按應天監察御史陳瑞言。故莒州人孫鏜僑寓松江。自具弓劍。率死士百餘擊倭。敗之南匯。又敗之葑門。追至石湖橋陷伏死。羈旅之人。捐貲糾黨以赴國難。事偉報蔑。忠魂未慰。詔贈光祿寺署丞。至是廕子入監。

錄囚宥大辟十九人。

戶部右侍郎傅頤被論免。

增遼東參將從巡撫王之誥之請。

浙江守臣言。嘉靖四十年。倭犯龍泉。故巡簡黃尙正引鄉兵禦敵。追奔見擒。遣其養子進還約爲內應。及期官軍不至。尙正密入賊帳。斬三渠首。旋被支解。進聞變悲號。隨亦遇害。乞加贈廕以勵方來。贈太僕寺丞。廕子入監。

諭戶部。選上米千石進內。卿等思足國安在。尙書高燿上八事。

辛酉。上密諭徐階。太倉餘否。對曰。上年米賤。太倉餘二十餘萬石。緣折兌每石該七錢。二十萬石宜十四萬金。今給軍每石五錢。是二十萬石止十萬金。則省金四萬。餘米八萬。

臨淮侯李庭竹鎭守湖廣。郭江爲陝西總兵官。

十月镇朔甲戌。採訪法秘監察御史王大任姜儆還報命。皆陞翰林院侍讀學士。賜第京師。時上法秘數十冊。及方士唐秩劉文彬等數人。皆贅書庸術。上特名收之。冀遇其眞。

丙子。命谷中虛以原官巡撫湖廣。

己卯。諭法司停刑。

戊子。金星晝見。至辛卯滅。

己丑。劉自强爲右副都御史。巡撫四川。

巡撫山西右副都御史毛鵬罷。

詔兩京同考官仍敎職。時給事中辛自修鄧楚望御史羅元禎各摘順天科場奸弊。章禮等五人冒籍。監生項元深等三人關節。元深爲禮部主事戚元佐之里人。又尙書高燿子堂託考官主事陳洙外簾宛平縣丞高燦卽燿弟也。下禮部斥冒籍陳道箴呂祖望餘准禮闈。是歲兩京分考用進士。就近選用。人得預擬滋議。故罷之。仍通斥冒籍諸生。

乙未。監察御史李文續請各衙門官改翰林。定明年選庶吉士。

己亥。萬恭爲兵部左侍郎。巡撫山西。

減各處積穀之半。直隸巡按御史宋纁言。歲派積穀。徒資墨吏掊克。不如罷之。否則稍減其數。部覆先年給事中胡叔廉已奏減其半。今再減半可也。從之。

十一月裱朔。詔清各監匠役。已太監滕祥等言。若付有司。動延旬月。有悞供用。遂寢。

辛丑。逮嚴世蕃羅龍文入京。初嚴世蕃戍雷州。徽人羅龍文自總制胡宗憲所得通嚴氏。官中書舍人。以善世蕃亦坐戍潯州。然皆私過其家。不之戍所。世蕃家居多不法。大治私第。役使鄉衆。而羅龍文有匿盜跡。會林潤巡視上江。密檄徽州推官栗祁偵捕龍文。具知龍文在世蕃所。卽奏二凶狂悖當誅死。陛下寬其罪。不自悔恨反懷怨望蔑國法。身坐私家不赴伍。龍文居嘗衣蟒衣。環列伎女招集惡少。出入靡常。世蕃暴橫鄉里。不異其在朝。或肆訕毁。或縱淫樂。或奪人財產。鄉里訟寃官司。動以百計。近以造室爲名。聚衆四千餘人。人心動搖。百姓逃竄。以世蕃之逆濟以龍文之險。踪跡莫測。禍機所伏。乞械致京師。明正二凶罪。疏入。命卽以世蕃龍文付潤逮捕。時世蕃子紹庭尙官錦衣。急足報世蕃急赴戍。潤至九江遣捕。則世蕃到戍二日而龍文自分宜走入梧州。各收送京師。潤復論世蕃諸不法狀。勢且爲大逆不道。

乙卯。罷寶源局鑄錢。

丁巳。王之誥爲兵部右侍郎。

戊午。戶部覆刑科給事中張岳議查庫藏事宜。定三六九日同科道驗發。

更定歲貢法。務得人。毋循廪次。如部試省斥五人。提學官降級。

安南入貢。自二十七年例格至今始上。

十二巳朔。月壬申。刑科右給事中張岳上治道六事。議祿糧以安宗室。辨誠僞以端士習。公輿論以畜眞才。遏奸宄以作士氣。嚴部差以肅官守。止開納以議兵餉。部覆從之。惟開納如故。而岳多刺本兵。于是楊博求罷。上慰留之。

丁丑。劉應節爲右僉都御史。巡撫遼東。

庚辰。上祈雪于洪應雷壇。

甲申。張玭爲南京戶部右侍郎。

廣東平遠知縣王化加潮州府同知。仍旌其妻計氏貞烈。以擒田坑盜梁國相也。

直隸提學御史徐爌議革宛平大興冒籍諸生五十餘人。諸生譁然不平。給事中何起鳴罪爌失士心。致互相詆。各奪月俸。時深以爌謬也。

壬辰。廣西古田鳳凰山賊夜入桂林。劫布政司庫四萬餘金。金珠若干。參政黎民衷以謂宗室也。諭止之。見殺。仍縋出。

丁酉。南韶山盜流劫乳源江灣。守備賀鐸納級指揮蔡允元迎戰見殺。贈鐸允元都指揮使。

虜犯山西太原岢嵐等處。殺掠八千餘人。游擊將軍梁平守備祁謀死之。賜祠祭贈。

順天山東大饑。

大同新平新遠三堡兵襲虜。斬三十餘級。虜恨之。分擾宣大。掩答五千餘騎入朔州。掠我廣陵王府。餘慶郡主賈氏婦趙全妻之。俺答封全儀賓。倘不浪。

叛人趙全李自馨等採大木復起朝殿及寢殿。各七重。東南立倉。凡三重。城上樓五層。繪龍鳳。麗甚。又土堡作大第一區。門曰石青開化府。儀門曰威震華夷。東蟾宮。西鳳閣。城樓曰滄海蛟騰。

乙丑嘉靖四十四年

正月妃朔。賑畿內饑民。

丁未。景王載圳薨。無子。還葬西山。王母靖妃盧氏。妃素不為上所喜。十八年同裕王封。並邸。形跡相擬。久之就安陸。上聞訃。諭徐階曰。此子素謀奪嫡。今死矣。年二十九。謚曰恭。其妃還京。孤嫠困悴。幾不聊生。乳母至行乞門若閔。

辛亥。上不豫。

甲寅。寧夏兵出淸水營擊虜。斬獲七十人。
乙卯。吏部大計。
丙辰。設老營副總兵。御史溫如璋條備倭方略曰。修城堡以防要害。修川沙吳淞舊城。劉家河立小堡。裁武冗以專戰守。金山游擊。聯備禦以固防守。部覆從之。惟裁冗更議。
乙丑。兵科給事中邢守庭等言邊事運籌未盡。周報功未盡實。上嘉納之。
二月戊戌朔。乙亥。延綏兵出塞。斬獲一百三十四人。
丙子。上疾愈。太醫院使徐偉加右通政使。遂舉吉典于大玄都殿七日。
詔衡州吉安仍行廣鹽。
庚辰。前南京吏部尚書王崇慶卒。贈太子少保。
套虜犯寧夏。總兵吳鼎值于興武營之鹺灘。斬七十四級。始遁。
三月戊戌朔。貴州都勻烏撒二衞地震有聲。
己亥。大明門千步廊火。明日。遣告郊廟社稷。命百官修省三日。
戊申。吏部尙書嚴訥請咨訪卑職雜流。從之。
己酉。復命壽恩宮曰萬壽。
巡撫遼東右僉都御史王之誥言墾荒八事。議工力。議牛具。議種子。議車輛。議草稭。議倉厫。議責成。從之。
庚戌。罷刑部右侍郞萬虞愷。調貴州右僉都御史吳維嶽南京。
壬子。御萬壽新宮。改二十一日進士傳臚。
丁巳。策貢士陳棟等三百九十四人于□□□。賜范應期李自華陳棟等進士及第出身有差。

少傅大學士袁煒疾篤致仕。

己未以兩房中書闕徐階請就下第貢士選文學能書者題授。

辛酉嚴世蕃伏誅。嚴世蕃羅龍文逮至。御史林潤再劾之。下刑部。讞上。論死。上曰。世蕃蓄逆非常。爾等皆不推究。總挈潤疏如其說足示遠耶。其會同都察院大理寺錦衣衛再鞫之。尙書黃光昇乃上言世蕃交通倭虜謀逆有狀。請亟正典刑以快天下。上尙銜嵩曰。曷不言逆本命。即斬世蕃龍文。籍其家。戍其孫文武官及舍人二十七人。按世蕃一兇豎耳。乘上怠盜權。罄帑背公。豈可謂無罪。乃坐謀叛死。非正律也。嚴氏追贓二百萬。其貲稍佚。蔓及無辜。一省騷然。龍文贓二十萬。世蕃急時厚賂徐階。階方遲疑。楊豫孫慫恿之令速死。

陸樹聲曰。分宜機腸滿腹。急則駕禍于人。觀其擠貴溪于死地。其智計詭矣。卒之子陷大僇。籍錄其產。身不能庇一椽。故曰張機者陷于機。設險者死于險。

談遷曰。嚴氏始以醇謹進。心本狡媚。盜弄國柄。世蕃濟惡。黷虐布于天下。迨奉譴責。猶不自戢。華亭巧中遂授其首。嗟乎。三尺法至平也。舍奸黨之正條。坐不軌之苛論。自置相以來。未之聞矣。或曰王曾計除丁謂。華亭雖任術。庸何傷。

虜犯遼東寧前小團山。參將線補袞禦卻之。追至黃土臺。虜大至被圍。與游擊楊維藩死之。俱贈都督僉事。立祠。

四月丁卯朔。韓府宗室殿平涼知府祁天敍。戒飭之。

壬申。大學士徐階一品十五年考滿。授上柱國。廕尙寶司丞。宴禮部。辭銜宴。

潮州同知王化爲廣東按察副使。鳳陽同知江東爲陝西按察僉事。辰州通判邵元善爲四川按察僉事。廣安知州張鐸歲貢。爲雲南按察僉事。碣石衛經歷郭文通吏員。爲肇慶府同知。東寧衛經歷蔡琮吏員。爲淮安府通判。福清縣丞陳永吏員。爲興化府通判。溆浦教諭李瑛歲貢。爲大理寺右評事。河內縣典史薛侃吏員。爲曹縣知縣。福清縣倉副使聞鑑爲連州判官。俱治行卓異拔之。

吏部尚書嚴訥禮部尚書李春芳俱兼武英殿大學士。直文淵閣。

庚辰。盜劫金壇縣庫。

壬午。少傅兼太子太傅戶部尚書建極殿大學士袁煒卒。煒字□□。慈谿人。嘉靖戊戌進士及第。授翰林編修。歷相前後恩賜冠于廷臣。致仕道卒安山驛。贈少師。謚文榮。初徐階督浙學政。試煒下下。及同相。不甚歡。

董份爲禮部尚書。

虜犯肅州。總兵劉承業等禦之。斬十餘級。明日虜大至。擊斬八十六級。始遁。

癸未。王廷爲戶部左侍郎。毛愷爲刑部右侍郎。

改陝西巡撫陳其學總督南京糧儲。

起吳維嶽爲右副都御史。巡撫貴州。

刑科給事中張憲臣請覈供用庫錢糧。從之。因命御馬監上馬匹實數。

夷目啞喏喇歸氏浮海求貢。初稱滿剌加國。又稱蒲麗都國。禮部議南番無蒲麗都。或佛郎機詭託也。不許。

甲申。倭犯通州。官軍敗之。走三沙。副總兵郭成等追敗之海中。沉其舟。

丙戌。上禱雨洪應壇。

戊子。倭犯溫台。官軍擊敗之塢口竹嶼。逐之海外。

己丑。雨。百官表賀。

陝西總督郭乾報延綏寧夏搗虜功。敍賞有差。

詔安賊吳平復叛。流劫惠潮及詔安漳浦等處。福建總兵官戚繼光襲之。賊棄城入舟。據海南澳。命兩廣兵夾攻。

方士趙添壽進法秘三十三種。命留覽。

雲南叛夷阿萬李向陽等平。進巡撫右都御史呂光洵兵部尚書兼右副都御史。餘陞賞有差。

壬辰。上諭徐階。黑氣擾宮。且欲禪位。對曰。陛下百神之主。妖何由入。禪事所不當言。

五月輛朔。丁酉。吏部右侍郎朱衡爲左侍郎。馬森爲右都御史總督漕運。張瀚爲右副都御史巡撫陝西。

庚子。趙全等稱俺答皇帝。修大板升城。作殿九楹。會大風雷。梁折。俺答畏不敢居。

甲辰。山西巡撫萬恭請築沿河邊墻。從之。

戊申。罷雲南鑄錢。

辛酉。方士黃岡胡大順下獄。大順僉緣陶仲文。獲供事靈濟宮。斥回。希復用。更名以寧。僞作萬壽金書。云呂祖鸞筆。又授神丹三丸。遣子玉玄因道錄司左演法藍田玉左正一羅萬象通內官監太監趙楹獻之。俱上所幸者。上問以寧安在。田玉等遂詐上旨徵之。至則屢上書求見。乃大順也。命之箕。曰不降。問宮怪。曰二十一年宮變枉死者爲之。亦坐藍道行下獄。故有所使然。上問徐階。對曰。大順等皆無賴小人。田玉尤甚。世蕃黨也。水銀決不可餌。箕降或有大較。此曹非能究其術。媾結左右。得上意。或能答。今猝不得。故託不降。宮怪久矣。聖人所不道。若夫詐傳徵旨。罪惡特深。望聖明速斷。上悟。逮送法司。重擬趙楹具密疏匿殿檽中。將爲大順伺間訴上大怒。付司禮監拷訊。俱論死。楹尋斃。上責尚書黃光昇逆四不合肆市。曹得自斃。奪郎中方良曙俸二月。

虜數千騎突入延綏黃甫川。初。數騎漢服叩關云。役自大同。閽人入之。大衆奄至。把總高尙鈞中流矢死。焚掠四日。攻堡不克而去。

壬戌。右僉都御史王本固僉都察院事。升撫治鄖陽右僉都御史康朗爲右副都御史。巡撫貴州。
南京刑部尚書趙大祐疾去。
山西巡撫萬恭言邊事。戰守之策有四難。夫總三關三萬之兵。當虜十萬之衆。是衆寡異形也。兵以不習而脆。虜故射獵而驍。是强弱異勢也。我兵三萬散守八百里之外。賊以十萬馳逐于數十里之中。是萃散異用也。賊五倍于我。我多步卒利守。賊騎二十倍于我。是攻守異施也。當此之時。非大加變通。臣恐不知所終矣。因陳便宜十事。議聯絡。議收放。議修築。議防守。議勾充。議接濟。議揀選。議操練。議賞罰。議招回。上從之。
六月甋朔甲戌。睿宗原廟前殿東柱生金芝。上大悅。謝玄告廟。百官表賀。名原廟曰玉芝宮。奉睿宗帝后。高士包存蘭兼提點奉事。
戊寅。朱衡爲南京工部尚書。陳志爲右副都御史。撫治鄖陽。洪朝選爲南京右僉都御史。提督操江。
禮部尚書董份削籍。罷江西巡撫右副都御史周相。各被劾也。
甲申。作玉芝宮。名宮門曰芝祥。前門曰寶慶。寢殿曰大德。
丙戌。貴州巡撫右副都御史康朗罷。
戊子。高拱爲禮部尚書。
甲午。胡松爲吏部左侍郎。周如斗爲右僉都御史。巡撫江西。陳洪濛爲右副都御史。巡撫貴州。
虜入宣府。遂掠大同。
七月秖朔辛丑。秦鳴雷爲吏部左侍郎。署詹事府事。
進吳百朋爲右副都御史。巡撫南贛如故。
山西巡撫萬恭言。往年虜入內地。各郡縣衞所官。皆以傳報防守之責諉之將領。雖村堡蹂躪。而譴責不加。非法也。今宜責成如內地失守郡衞。參治如律。州縣以下。容臣等治罪。又邊將失事。雖奉旨提問。或勘合未到。或按臣交代。輒得逃避。非罰不踰時之道。自今請失事官拘繫按察司待問。上從之。

丙午。總督宣大尙書江東言。經略邊事。增修城堡以盡險要。添募軍士以實營伍。議處守操以嚴鈐束。移駐將領以便控制。陽和東路游擊移住陽和。給處馬匹以利追逐。連接烽火以速傳報。從之。

辛亥。徐沛大水。淤運道百餘里。

己未。禮部右侍郞高儀爲左侍郞。管國子監祭酒事陳以勤爲禮部右侍郞。巡撫山東右僉都御史鮑象賢爲兵部左侍郞。謝登之爲右副都御史。巡撫應天。

福建巡撫右僉都御史汪道昆。總兵戚繼光。遣都指揮王如龍攻龍頭寨賊。自四月至是月。克之。乃奏革巡簡司。立寧洋縣于集賢里。

吏部左侍郞茅瓚上萬壽節頌。

南京吏部尙書王用賓改禮部尙書。

戶部右侍郞張玭改工部。

□□南韶兵備僉事劉穩等討山賊卓文勝。大破之。俘百餘人。斬四百餘級。

甲子。南京刑部右侍郞蔡汝楠卒。汝楠字子木。德清人。嘉靖□□進士。授□□歷刑部員外郞。乞南京。已守歸德。憂去。補衡州。治最。歷撫河南。進兵部右侍郞。以足微蹇。徙南刑部。年五十。詩文雋永。所至能舉其職。

八月乩朔。虜黃台吉突犯宣府洗馬林。散掠。把總江汝棟伏二百人。不知爲黃台吉也。出而搏之。墮馬。佹獲之。虜衆力奪去。得其刀胄。黃台吉傷重。越日乃蘇。自是頗有戒心。數年不敢犯。

癸酉。南京兵部右侍郞霍冀改戶部右侍郞。巡撫山東。

丁丑。高儀爲吏部左侍郎。教習庶吉士。

巡按江西御史成守節上嚴氏籍產黄金三萬二千九百六十九兩。銀二百二萬七千九十兩有餘。玉杯盤等八百五十七件。玉帶二百餘束。金鑲瑇瑁等帶百二十餘束。金鑲珠玉香環等三十餘束。金鑲壺盤杯箸等二千六百八十餘件。龍卵壺五。珍珠冠六十三。甲第六千六百餘楹。別宅五十七區。田塘二萬七千三百餘畝。餘玩不可勝計。又寄貸銀十八萬八千餘。戶部議籍產半餉邊。半貯庫。金寶等入內庫。前大理寺卿萬寀。廣西按察副使袁應樞。通判章澤。經歷熊襄。同知趙灋等。以受寄宜革冠帶。嚴嵩逆本。惟聖明裁斷。上曰嵩已處分矣。餘允行。

壬午。御几及褥各得藥丸一。上喜天賜。躬謝太極殿。遣告宮廟。

癸未。南京刑部尚書朱衡爲工部尚書兼右副都御史。總理河漕。自兩畿山東河南監大夫以下咸受節制。朱衡至徐州。視河決處。漲爲平陸。濬之沙隨水壅。淖不可足。其旁橫流汗漫。舟行樹杪。力無所施。則下令吏民有能以河事見者立召對。或言故渠之東曰昭陽河。從西來。以湖爲匯。其勢絕渠而左。衡念舊渠卽幸可疏。安能使河毋趨湖而新渠故盛中丞應期所嘗掓開。以罷去不就。在湖之東。河卽橫決。得湖而止。勢必不溢。規以爲渠。宜無河患。奏上。從之。

辛卯。作毓德宮。

福建把總朱璣協總王豪擊南澳賊吳平于海中。陷沒。

九月艸朔乙未。錢邦彥爲南京刑部尚書。陳以勤爲左侍郎。潘晟爲禮部尚書。徐養正爲南京□部右侍郎。胡正蒙爲太常寺卿。署國子祭酒。

保定白蓮妖賊馬相等伏誅。賞賚有差。安平典史陳萬卷。以功進保定府通判。

丙申。初議開寧波市舶如廣東。巡撫浙江右副都御史劉畿言。浙江海港多。兵船少。最難防哨。此釁一開。島夷嘯聚。害不可弭。乃寢。

虜犯延綏鎮靖堡。中路參將魯聰率指揮權世爵千戶李朝鸞等禦之。俱敗死。虜縱騎圍總兵郭江于魚山。趙岢于黃家梁。凡四日。會援至而解。

己亥。前南京刑部尚書顧應祥卒。應祥字□□。長興人。弘治乙丑進士。授饒州推官。遷錦衣衛經歷。歷廣東兵備僉事。平寇。擢江西副使。至尚書。嗜書。無所不窺。尤喜九章勾股法。謂能以人法窮天巧。贈太子少保。賜祭葬。

陳堯遲鳳翔爲刑部左右侍郎。堯巡撫河南。瞿景淳爲南京吏部右侍郎。張潮爲大理寺卿。王㷍爲南京大理寺卿。

戶科給事中周舜岳劾戶部尚書高燿私受解戶商人金錢。兵科右給事中馮成能言其貪黷脂韋。御史張振之等復疏其大罪四。吏部覆聞。上曰。燿無過。近覓香買石。少見恩獎。遂被忌。燿視事如故。

虜聚衆威遠塞。窺大同。警報日數至。詔總督劉燾督將吏預防。

罷太常寺少卿陸光祖。以御史孫丕揚劾其任文選郎中時竊柄自恣。如國子助教任賢陞鳳陽同知。命下。私改揚州。憚侍郎朱衡之察。出之南部。護同年任惟鈞等。吏部言光祖性褊。宜策勵供職。上不聽。勒令閒住。

庚子。吏部左侍郎高儀署翰林院。

改喻時南京兵部右侍郎。徐陟南京工部右侍郎。

戊午。交城王表栢得白兔于藐姑射山。撰頌以獻。賜百金綵衮龍朱衣三襲。表栢本孽宗。賄嚴氏。襲交城王。至是頒宗藩條例。懼革爵。故希寵自固。

總督宣大薊遼兵部尚書江東卒于懷來。東字□□。朝城人。嘉靖己丑進士。授工部主事。歷河南按察僉事。總鎮四年。上嘗遣中使餽勞。贈少保。謚恭襄。賜葬祭。

己未。監察御史孫丕揚請編流寓人入版籍。從之。

庚申。始定兩淮運司工本鹽。初鹽課歲七十萬五千引。開邊報中爲正引。後每引加餘鹽。納價運司解部。至嘉靖三十二年。御史黄國用以運司割沒餘鹽八萬二千餘金給竈戶充工本。增收三十五萬引。共額百五十萬引。俱作正鹽開邊。仍帶餘鹽如例。戶部用以抵各邊年例。凡十七萬六千金有奇。行之數年。運司積鹽如山。引亦不售。鹽法大滯。至是巡鹽御史朱炳如極言其弊。謂此法不罷。將正鹽一切失之。戶部乃請以明年盡停兩淮所增工本鹽三十五萬引。其運司扣留割沒餘銀八萬二千餘金。仍解部濟邊。

上諭徐階曰。昔我諭嵩習武。嵩云佳兵不祥。古北口果欺犯。玆事博何不預防之。對曰。保邊固圉。莫過于預防。博自知利害切身。不敢不預防也。且任兵部甚難。理邊在總督巡撫兵備。而用舍則由吏部。論劾則由科道。而用錢糧則戶部每稱缺乏。其能自主張者。惟數將官。而將官又無權。近明旨重將權。而文官黨結不奉詔。此望聖明一處也。上報曰。將官執權甚難。且無出類之才。卿謂何以處之。對曰。將官無權。非謂令將官執權也。今各鎮將動有掣肘。如把總等官。兵部題奉欽依。許自辟用。今仍聽于巡撫兵備。凡選練便宜。俱書生之談。强之必行。兵馬策應錢糧不時至。且總兵爲大將。而守令得抗禮。參將領敕。而巡撫至加鞭笞。其他跽拜稱呼。或卑屈太甚。至于總督巡撫兵備。亦內相矛盾。邊事如此。其何能整理。

十月甲子朔。林樹聲爲太常寺卿。署南京國子祭酒。

起譚綸右副都御史。巡撫陝西。冀鍊右僉都御史。巡撫河南。

壬申。戎政兵部尚書趙炳然總督宣大山西。

工部右侍郎張玭卒。玭石州人。嘉靖乙未進士。令淸豐。遷兵部主事。孝友樂易。歷官以廉著。賜祭葬。

丙子。河道總督右副都御史孫愼被命不卽赴。劾免。
貴州龍里衞叛賊阿利等伏誅。
丁丑。上諭徐階以皇曾祖避南內。今朕御西內。如忌奪無二上。擇居南京。豈謂畜物耶。階對此天下必不可行之事。臣等萬不敢聞命。畜物指海瑞也。上欲殺之。徐階言瑞固草野。然不過以要領之死沽直耳。彼甘于禍則毋務以禍窮之。彼求夫名。則毋務以名成之。容而置之。彼計失而聖德益廣矣。上曰。相國右瑞。豈少朕耶。
丙戌。山西巡撫萬恭上人耕水車二法。人耕每二人日可六畝。水車每二人日可十畝。
逮前少保總督兵部尙書胡宗憲。尋卒于獄。先是宗憲爲言官所劾。以書抵羅龍文。賄嚴世蕃祈免。書未達。會世蕃敗。巡按御史王汝正籍其家。得宗憲書。因言宗憲故交通王直。奧援龍文世蕃以免。今蒙恩放歸。不思補過。愈肆倡狂。招集無賴。暴橫鄉里。其罪不在二犯下。又匿龍文長子六一。得南走倭。恐江南之事有大可慮者。命逮宗憲詰問之。子錦衣千戶松奇革秩。已宗憲奏辨歷敍平賊功。幷訐汝正私罪。上心憐之。下汝正幷訊。宗憲尋獄卒。詔已之。
何喬遠曰。朱紈精嚴勇任。張經持重好謀。皆及于禍。胡宗憲跅弛揮霍。審機定變。如吐雷風。亦以不免。邊疆之臣任事豈不難哉。世議宗憲內結嚴嵩。外比趙文華。以自固身。沒既久。浙人思之不忘。自古未有權臣在內而大將能立功于外者。道在委蛇矣。
談遷曰。杜預通洛中餽遺。方嚴氏盛時。胡尙書果硜硜自好。立罷矣。江南中倭患。婦孺之命懸于矢刃。非胡尙書誰爲出死力者。獻瑞通賂。雖不軌于正論。其功宥以十世可也。中山之篋再入。而鳥盡弓藏矣。國家酬功類然。所以勞臣爲之褁足也。
丁亥。免濟寧等十四州縣旱災田租有差。

詔停刑。
十一月甲午朔。戊戌。潘季馴爲右僉都御史。總理河道。
庚子。進郭朴太子太保。
癸卯。戶部令各邊上錢穀數。
大學士嚴訥予告。
甲辰。改張守直工部右侍郎。
乙巳。監察御史張檟言。頃置嚴世蕃于法。顯陟鄒應龍以旌其直。中外翕然稱快。乃先年諸臣如吳時來董傳策張翀王宗茂輩。皆首發嵩世蕃罪者。今或雜戎行。或流瘴癘。臣竊痛之。乞赦過錄用。以厲直臣。上大怒。逮治之。
戊申。奉睿宗帝后主于玉芝宮。
辛亥。孫吳爲大同總兵官。
甲寅。遼府枝江王致樨薨。
辛酉。郭琥爲山西總兵官。
十二月甲子朔。癸酉。劉自强爲戶部右侍郎。王繼洛爲右僉都御史。巡撫山西。
乙亥。臨安府同知何啓蒙河陽知縣嚴傑俱貪酷被劾。命削籍。仍下傑臺獄。諭吏部都察院。贓吏俱視此。毋貸。
丙子。時刑科參江西巡撫周相巡按成守節等追嚴氏贓而緩上責卿等代相怨上。徐階曰。贓原二百萬。今相等報二百五萬五千。則數且過之。特未完耳。乞賜寬宥。
南京兵部尚書李遂致仕。

丁丑。以火星逆行詔修省。是日大雪百官表賀。

己卯。作眞慶殿及大玄都殿。

陝西甘泉民李應乾與河內民李元。俱妖讖惑衆。陰搆板升諸虜。匿永寧王府鎭國中尉睦杠家。刻期舉兵事泄。走庶宗睦樺所。捕三十餘人。誅戍有差。睦杠睦樺幽鳳陽。

癸未。故大學士翟鑾謚文懿。賜祭葬。其子汝忠疏請。上念其質直。

丙戌。重修玉牒。

四川妖賊大足蔡伯貫習白蓮敎。從者日盛。僞稱大唐大寶元年。旬月間陷合州大足銅梁榮昌安居定遠璧山七城。奪巡撫劉自强俸。

四川總志曰。川蜀多寇。蓋由山谿阻險。易起戎心。而蔡賊以白蓮作俑。愚民崇信。屢敗而屢不悟也。元世祖時。四川趙和尚自稱宋福廣德王。順帝時。合州大足縣民韓法師自稱南越王。皆不旋踵而敗。從之者各數萬人。卒就誅夷。而蔡伯貫何勉等復襲其故智而蹈其覆轍。則白蓮敎之流禍也。豈不至酷烈哉。向嘗閱夔境有長子山。延袤四百餘里。東抵湖廣之房竹。北接陝西之平利。西南則與秦雲開萬等縣相連。內有紅線崖篩羅等處。原古砦可容數十萬人。上有壤田可資餉給。往年鄢藍何勉等咸嘯聚于此。副使張儉嘗議設堡編夫。以嚴其守。奈何今廢弛哉。噫。修張公之策而嚴行之。庶可杜奸宄而愼保障矣。

戊子。胡松爲南京兵部尚書。改譚綸巡撫四川。

己丑。順天巡撫右僉都御史溫景葵罷。

丙寅嘉靖四十五年

正月癸巳朔。福泉興化泉州地震。
上密諭徐階。劉文彬進藥可服否。對曰。文彬素不知醫。其藥不宜服。自古人君悞于方士甚多。願勿進也。
甲午。耿隨卿爲右僉都御史巡撫順天。
己亥。金星晝見。
甲辰。敕南京兵部節制振武諸營領兵都督以下。會各巡撫備倭。
戊申。大風霾。示楊博防兵火。
癸丑。徐階請帑金二萬。助城張灣。從之。
丙辰。吏部右侍郎毛愷爲左侍郎。谷中虛爲右副都御史。巡撫陝西。
戊午。四川官兵討妖賊蔡伯貫等。擒之。降七百餘人。蓋烏合不足勦也。捷聞。巡撫劉自强先陞戶部右侍郎。許開俸候代至入朝。
己未。巡撫延綏右僉都御史胡志夔罷。初。兵科都給事中邢守庭請核各邊巡撫。下吏兵二部定去留。遂罷延綏巡撫胡志夔宣府巡撫張西銘遼東巡撫李秋大同巡撫張邦彥。
河南巡撫右僉都御史冀鍊改宣府。張志孝魏學曾王遴爲右僉都御史。巡撫大同遼東延綏。
開化礦賊陷婺源。
罷惠潮總兵官俞大猷。蓋討吳平無功。命戚繼光兼領。
辛酉。眞人府道士王中敬爲太常寺少卿。李中陽爲道錄司左正一。陶倣爲太醫院使。道錄司右正一屈存輝爲清微奉敎演法高士。內局高士包存蘭爲清微修成高士。
徐階請考補四夷館譯字生。從之。時韃靼女直等館止譯字官四人。回回西番高昌八百等館僅敎師一二人。

亡子弟西天等館教師沒。緬甸館師生並絕。

二月癸亥朔。戶部主事海瑞下錦衣獄。先是去年十月。瑞上言。陛下初年剗除積弊。遠過漢文。二十年來。法紀漸廢。名器日濫。二王不相見。人以爲薄于父子。以猜疑誹謗僇辱臣子。人以爲薄于君臣。樂西苑而不返宮。人以爲薄于夫婦。吏貪將弱。民不聊生。賦役日煩。萬方懸磬。諸臣猶修齋修醮。相率進香。天藥天桃。相繼表賀。修建宮室。工部極力營繕。買香市璠。戶部差求四出。無一人爲陛下言者。夫玄修以求長生也。然堯舜禹湯下歷漢唐未有至今存者。陛下師事陶仲文。而仲文已死。彼既不能保其身。陛下何獨神其術乎。上怒。擲之復取觀。反覆太息。如是再四。竟留中數月。至是上疾煩懣。諭徐階曰。瑞言是也。朕久病。大不如曩者。安能視朝。令人心恨不新其政。其政既新。其君御此。尊無二上。朕欲別建一宮于南京。又何貶焉。階曰。瑞誠戇。顧殊無一語及傳繼事。陛下奈何出此言。且臣聞主聖則臣直。陛下天地也。何所不容。乃下旨曰。瑞畜物詈君不臣悖道。錦衣衛其捕付鎭撫司嚴詰主使同商者。旣讞。上法司擬子罵父律絞。竟留中。

文大綸曰。帝英明果毅。好善如饑。瑞言太激耳。然法司希指重擬。而疏竟留中。聖度淵邃。豈小人所能揣摩哉。

談遷曰。瑞麗大辟。實黃恭肅之讞。所坐子罵父律。後瑞出獄。益有聞。而恭肅對人謂上疾甚。當其怒至不可忍。孰謂先君而後君。不擬重律。進者上怒瑞。瑞立死矣。寧少安上意。俾就長繫。寬解或有日。其自辨如此。夫司寇操三尺以生死人。第論罪之當否。寧顧上喜怒哉。所坐子罵父律一死。楊繼盛一死。楊漣使世宗果怒瑞。且立致之死。後寬解何日。庸臣事前依違。事後文飾。大抵然矣。宜郭宗伯正域議奪其謚也。

乙丑。楊豫孫爲右僉都御史。巡撫湖廣。孟養性爲右副都御史。巡撫河南。

丁卯。前南京工部尚書王鈁卒。鈁字□□。奉化人。嘉靖癸未進士。授南京工部主事。篤實淸謹。始終一節。士論稱之。贈太子少保。謚恭簡。予祭葬。
設大同新平堡參將。
甲戌。承天大誌成。
上密諭徐階。我疾閱十四月。欲南幸承天。拜陵取藥。階曰。聖躬至重。宜加靜攝。南途遼遠。輦行勞頓。且取藥何躬勞之有。
乙亥。褫前通政呂希周御史嚴杰按察副使茅坤知府潘仲驂秩爲編氓。希周等皆浙江嘉禾人。罷官家居。橫甚。仲驂尤淫縱。鄉人苦之。巡按御史龐尙鵬行部。得其不法狀。案治之。上言仲驂等旣解位失勢。與齊民等。猶肆虐里中。蓋挾冠帶爲重。出入公廷。故細民莫敢誰何耳。宜痛裁之。報可。
庚辰夜。蘭谿大雨雹。
辛巳。上居恆念承天生長地。與徐階及司禮太監黃錦屢議南幸。至是會承天水災。顯陵垣墻傾。守備太監張方湖廣巡撫右副都御史谷中虛以聞。上意益決。諭閣臣曰。朕疾十四月矣。不見愈。當南幸承天。此原受生地。必奏功。諸王不必朝迎。用臥輦。至七月還京。徐階諫不可。居數日。上復曰。朕修理龍飛等殿。一覩之心乃安。階曰。陛下自南幸至今二十七年矣。自度精力何如往日。四方無警。塞陲宴然。又何如曩者。六飛遠狩。根本空虛。萬一叵測。得無驚虞。惟陛下深思。上乃罷。而意猶不懌。時時念郢中不置云。
改遲鳳翔兵部左侍郎。協理戎政。王本固爲左副都御史。
工科右給事中何起鳴往勘河工。時尙書朱衡議開沂山一帶新河。築隄呂孟等湖。防其潰決。總理河道右僉都御史潘季馴謂新河土淺泉涌。勞費不貲。不若濬留城故道。因是有隙。衡持益堅。身自督治。功且就緒。故河隄市人以渠他徙。賈販不通。浮議藉藉。謂衡違衆要功。或云威斃百餘人。給事中鄭欽劾之。故遣起鳴視狀。

乙酉。張梟爲湖廣總兵官。

丙戌。劉體乾爲刑部右侍郎。趙鏜爲右僉都御史。

刑部左侍郎陳堯罷。

湖廣山寇黄中降中四川萬縣人。入湖廣支羅山爲盜。築牛欄山寨。周六十里。自號天城。流劫奉節雲陽。降于楚。故楚蜀爭功。竟誅之。赦其妻子。

庚寅。諭賑薊鎭軍士。

三月甲子朔。癸巳。虜千餘騎犯宣府龍門等處。總兵馬芳追斬三十六級。

甲午。太常寺卿署國子祭酒胡正蒙卒。正蒙字□□。餘姚人。嘉靖丁未進士及第。授翰林編修。隆慶改元。賜祭葬。贈禮部右侍郎。

戶部右侍郎黄養蒙工部左侍郎李登雲俱劾罷。

撫治鄖陽右副都御史陳志免。初志以御史按江西。代歸過家。至崇安遇盜。劫其四篋。建寧推官吳維京時署縣。捕盜還之。志猶未慊。維京官禮部。颺言志篋多金寶。又賂籍二冊。可數萬金。工科給事中何起鳴追劾之。

己亥。吏部尚書王用賓戶部尚書高燿俱秩滿。進太子太保。

土魯番速檀馬速叩關請貢。許之。先是番王沙速檀潛掠北虜。中矢死。馬速其弟也。部議遠夷稱貢。理無拒絕。務遵定貢期。報可。

辛丑。前右中允兼翰林編修陳謹卒。謹字德言。閩人。嘉靖癸丑進士第一。授修撰。丙辰使還。後期。降惠州推官。明年改南太僕寺丞。移尚寶司丞。又三年。遷南司業。甲子改中允。憂去。以海戍毆死。年四十二。

丁未。工部右侍郎張守直爲左侍郎。徐綱爲右侍郎。汪鏜爲國子祭酒。

辛亥。諭採玉旺峪礦。徐階揭止之。
壬子。劉秉仁爲右僉都御史。巡撫山東。
太常寺少卿丘岳爲禮部右侍郎。添註。初岳爲禮科給事中。請修承天大誌。至是誌成。特遷其纂修官。以脫簡。第賚金幣。
癸丑。洪朝選爲右副都御史。總理南京糧儲。
甲寅。國子司業胡杰爲左中允。分校永樂大典。
己未。敕靖江王邦寧鈐束各宗。時邦寧望損。各宗不復稟畏。甚者白晝劫奪。脅持府縣。羣噪里井。禮科給事中辛自修請重邦寧事權以銷亂萌。從之。
吏部尚書郭朴兼武英殿大學士。禮部尚書高拱兼文淵閣大學士。同直文淵閣。
浙江巡撫右副都御史劉畿爲兵部右侍郎兼右僉都御史。總督浙直江西軍務。增總轄徽饒嚴衢兵備副使。駐衢州。閉雲霧山礦洞。蓋開化德興礦盜流劫也。
辛酉。工科右給事中何起鳴勘河。至沛縣還。如朱衡言。舊河難復。遂詔開新河。且戒毋速成以留後患。
四月妊朔。日食。
參將湯克寬都指揮傅應嘉窮追吳平寇入安南。大破之。初提督侍郎吳桂芳檄安南萬寧宣撫司攻之。我舟師夾擊于萬歲山。擒斬三百九十八人。
甲子。歲給京營各家丁冬布花衣銀。著爲令
乙丑。高儀爲禮部尚書。胡松爲吏部尚書。
己巳。滁州大雨雹。

癸酉。吏部左侍郎秦鳴雷教習庶吉士張居正爲翰林侍讀學士署院。

丙子。郭乾爲南京兵部尚書。盛汝謙爲右僉都御史提督操江。

丁丑。滁州地震。聲如雷。

上又欲南幸。徐階言南幸自己亥至今二十七年矣。皇上自度。精力較彼時何如。又邇來十四月相較復何如。雖天祐萬康。然輦行不及宮居之安。途次不及殿庭之適。上乃止。

裁廣東潮州兵備僉事。併于海防道。

更定各衞所屯租虧三分以上屯官鐫二級。印官一級。遞至七分以上。屯官戍邊三年。印官降級。

己卯。兵部右侍郎陳其學總督陝西三邊。

先是有旨清理京師鋪行時錦衣官校多占市籍。大興知縣高世儒等奉詔召之承役。左都督朱希孝言禁衞親軍。例當優免。世儒奉詔無狀。御史顏鯨言禁軍依馮城社。操奇贏以遊都市。旣非人人在官。晏然囊金篋帛吏不得問其尺帛銖金。世儒召行戶。非勾禁軍也。希孝庇羣小撓法市恩。忤旨。謫鯨。

增雲南臨沅參將。

安普分巡道改兵備道副使。

南京掌右軍都督府事誠意伯劉世延自陳引疾。疏涉怨訕。閒住。

丙戌。倉場戶部右侍郎劉自强回部。

虜犯遼東西興西平二堡。備禦苟麒把總張祿中伏死之。

庚寅。紫極殿壽淸宮成。

五月辛卯朔。木星逆行。留守太微垣左執法。

壬辰。虜自西平出塞。轉掠河東鹽場。清河守備郎得功扼之張能峪口。斬七十五級。驅還擄掠甚衆。

四川龍州宣撫使薛兆乾伏誅。兆乾仇其副使李蕃。殺之。被勘。懼。勾白草番分據各關隘。絕松潘餉道。大殺掠。至是戰敗。籍其家。母陳氏及黨二十二人皆誅。

定考滿官見都察院禮。故事。自翰林外率報名庭謁。後吏部藉權踰制。張濂始不報名。陸光祖又不庭謁。左都御史張永明揭其儀于司務廳。而郎中胡汝桂仍如故。永明以聞。命諸司遵旨。至是郎中羅良考滿。先詣永明求免。永明奏云。卿貳過吏部。與堂官見後。卽詣四司門揖。司官輒南向答禮不少避。而司屬顧不下都察院乎。上不直良。奪俸二月。禮部高儀覆奏如永明言。其九卿翰林等官。由吏部後門。亦不得徧揖四司。報可。

庚子。石茂華爲右僉都御史。巡撫甘肅。

吏部左侍郎秦鳴雷罷。

壬寅。定守令非三年不得遷。

丙午。陳以勤爲吏部左侍郎。教習庶吉士。

周府鎭國中尉勤熨子朝埍幽鳳陽。先是勤熨越關言事。革秩。朝埍不得封。至行乞。或代之草奏。請貰父罪。又言中興四事。詣闕上之。果見錮。得衣食。

戊申。詔天下核補原額守城民兵。

甲寅。潘晟爲禮部左侍郎。

改右副都御史洪朝選巡撫山東兼督理營田。

己未。命南直隸巡鹽御史兼水利。

增延安府同知二員。駐榆林。專修城堡。

六月庚申朔。辛酉。禮部請修太學。從之。
甲子。增宣府柴溝堡參將。
癸酉。河決馬家橋等新隄。命朱衡亟治。
劉體乾爲戶部左侍郎。提督倉場。萬士和爲右副都御史。總督南京糧儲。
大雷雨雹。
丙子。王治道爲遼東總兵官。
罷福建巡撫右副都御史汪道昆。時右中允陳謹憂居。其舍人與衛卒毆。謹出解之。被傷卒。南京□科給事中岑用賓劾道昆貪汚縱士也。
七月庚寅朔。虜寇萬全右衛。
辛卯。增湖廣整飭荆施等處兵備僉事。荆州撫夷通判。駐施州。
乙未。命宣大薊遼各預圖戰守。並令大同伏兵于天城陽和間伺虜。
虜深入至永寧水峪口。宣府總兵馬芳率把總解生參將補子漢等擊斬十八級。大同山西總兵孫吳董一奎等各援之。乃遁。
癸丑。兵科給事中魏時亮言安民之要六事。一計民生以綏長治。一重舉劾以彰勸戒。一軌民行以裕風化。一定遷賞以嚴責成。一愼除授以杜請託。一重君命以肅匡紀。上是之。
復設宣府分巡道兵備僉事。
丙辰。虜萬餘騎自延綏平山墩入寇。總兵郭琥屯清平堡。虜遂分部爲二。一奔保安安定安塞。一掠延安固原。總兵郭江副總兵時鑾值之。江堅壁不戰。巡撫陳其學度虜深入。遣都指揮馮時泰等出塞搗其巢。敗沒。虜大掠數日而去。

戊午。都匀府地震。

始通天津海運轉餉永平。永平自庚戌虜患後。燕河石門二路增餉歲三十餘萬。全恃挽運。右僉都御史耿隨卿議開灤河。自永平西門外百五十四里至紀各莊入海。自紀各莊至天津衛四百二十六里俱並海岸行。中間開洋僅百二十里。有建河糧河大沽小沽河可泊。宜立倉紀各莊受粟天津。轉輕舟自灤河達之永平。于今便之。

晉府永和王新壿獻白兔。

八月紀朔乙丑。寧夏地震。甲戌。地震有聲。

己卯。南贛巡撫吳百朋請討和平之岑岡賊。龍南之高沙下歷賊。蓋三巢賊衆數萬。從之。

甲申。廣東山賊李亞元等平。

乙酉。虜寇延安。

九月戊朔己丑。薊鎮總兵官胡鎮罷。王孟夏代之。

壬辰。復設廣東柘林守備。

修乾元殿。

癸巳。鄖陽襄陽大雨水。壞城舍人畜亡算。

修咸福宫。

吏部尚書胡松請重舉劾。從之。

丙申。遣工部左侍郎張守直修顯陵。更作龍飛殿。採川廣大木。

丁酉。俞大猷仍鎮守廣西。

戊戌。前南京工部右侍郎龔輝卒。輝餘姚人。嘉靖癸未進士。隆慶初。贈右都御史。予祭葬。

古田獞賊韋銀豹等降。銀豹久據古田。分上下里。其兩犯柳州。獨下六里人從之。提督侍郎吳桂芳因遣典史廖元入上四里說降諸獞。凡千九百餘人。于是銀豹勢孤。亦降。桂芳言福建副總兵都指揮衡權輕。改總兵官都督銜。兼制柳慶諸獞。

辛丑。南京刑部左侍郎葉鏜兵部右侍郎喻時大理寺卿王㷍俱劾罷。

故刑部尚書鄭曉卒。曉字窒甫。海鹽人。嘉靖癸未進士。授兵部職方主事。日閱故實。遂盡知天下阸塞與士馬虛實强弱之數。因議大禮。杖闕下。尋憂去。起補武選。又憂去。戊戌。調考功。歷郎中。夏言罷。相詔考察臺諫嚴氏意去異己者。曉斥其所厚若干人。癸卯。嚴世蕃以治中求尙寶丞。以非故事不聽。嵩揭其抗上市恩。貶和州判官。未幾。遷太僕丞。丙午。遷南考功郎中。又遷南尙寶卿。歷南太僕少卿。鴻臚光祿太常卿。癸丑。遷刑部右侍郎。甲寅。改兵部。出撫鳳陽。乙卯。還吏左。尋遷南吏書。上留爲右都御史。協理戎政。戊午。改刑部尙書。猶兼兵部事。庚申。閒住。所著吾學編古言今言奏議文集禹貢圖說史論策學各若干卷。年六十八。隆慶初。贈太子少保。謚端簡。

己酉。禁戒壇僧尼說法。時白蓮敎盛行。西山盜刼戒壇。御史鮑承蔭請絕左道。從之。

庚戌。新河成。初工科都給事中王元春劾朱衡倖功。議訪元人海運故道。朱衡周視水勢。汴渠地俱下。惟南陽折而南東。至于夏村。又東南至于留城。其地高。河水不能及。先中丞盛應期議鑿而不果。宜就之。乃駐夏村。導鮎魚諸泉薛沙諸河會于中埧三河口。以杜浮沙之壅。隄馬家橋。遏河之出飛雲橋者。盡入于秦溝。使不停汚。凡鑿新渠自南陽至留城百四十一里。疏舊渠自留城至境山五十三里。建閘九。而新河自南陽至留城百九十四里有奇。八月間垂成。僅餘數里。値河决。朝議紛如。何起鳴初主新河。亦改舌。至是通漕。羣囂始息。

辛亥。張瀚爲刑部右侍郎。吳桂芳爲南京兵部右侍郎。徐陟爲南京刑部右侍郎。吳悌爲南京大理寺卿。

南京禮部尚書尹臺劾罷。

雷龍爲寧夏總兵官。

癸丑。修築西黃河墻城。

設廣東巡撫。召鎭守兩廣總兵官恭順侯吳繼爵還。以俞大猷代之。改提督兩廣爲總督。兼巡撫廣西。

十月戊午朔。己未。濬豐潤縣環香河。轉餉太平等寨。

庚申。裁浙江金衢道僉事。

辛酉。王廷爲南京禮部尚書。任一濹爲南京工部右侍郎。吳三樂爲大理寺卿。

故大理寺卿萬宷廣西按察副使袁應樞遣戍。刑部右侍郎鄢懋卿下臺獄。俱嚴氏寄貲者。

壬戌。左都御史張永明罷。永明淸厲自持。吏部文選郎中胡汝桂都給事中胡應嘉等煽議。公卿多避之。永明不爲撓。故給事中魏時亮攻去之。

復設廣東總兵官。以湯克寬爲之。

甲子。上欲加徐杲太子太保。徐階言。祖宗無是法。毋啓倖端。乃得寢。杲由梓人進工部尚書。

丁卯。套虜自定邊營寇固原。總兵郭江率千總李大本等擊之。値于暗門。敗沒。陝西副總兵時鑾兵至瓦楂梁。失亡士馬幾盡。

命戶部開鹽銀本末。徐階言。兩淮鹽額歲七十萬五千一百八十引。徵六十萬金。嘉靖四十年。都御史鄢懋卿出經理。搜積羨得百萬。遂定爲額。而商多亡匿。急則難經額。輒不登。故御史徐爌請仍舊流徙悉復。令戶部奏視故額乞俯從焉。
辛未。陝西行都司山丹衛各地震。
壬申。雲南按察僉事桐城張澤討武定寇鳳繼祖。死之。初土官鳳詔死。亡子。繼祖冒姓謀奪嫡。入寇。守臣挾以重兵。賊走命詔妻索林代職。我兵退。仍叛。佯乞降。願毋事索林。姑許之。至是亂作。殺詔之弟誥。屠僇部民。議征。分四哨。約並進。張澤如期而三哨不至。賊走險。部將哈羅銀曰。險恐有伏。搜之不得。追戰復勝。賊夜走渡河。銀升高無所見。因麾其衆前。半渡伏起。暮效夷語哭訴營外。我兵不解。方致疑。而夷兵遂生心內應。執澤。譙事之。及官兵大進。縱還。道害之。並及百戶胡翰。澤嘉靖□□貢生。子斯盛廕太學。
夜。月食。
癸酉。戶部進餘鹽額價五萬金。初上趣之。尙書高燿謂今入數。止之。
詔諭登萊遼東沿海居人各徙內地。
虜寇偏頭關。掠寺鳴等堡。殺守備左保。
前南京兵部尙書李遂卒。遂字邦良。豐城人。嘉靖丙戌進士。授行人。歷禮部郎中。坐累調湖州同知。漸通顯。博學有才謀。尤知兵。沈機秘計。多出人表。隨試隨效。年六十三。贈太子少保。予祭葬。謚襄毅。
甲戌。諭停刑。以建紫宸殿也。
詔先修顯陵隆慶祾恩殿以承天大水。餘姑已之。
免湖廣水災田租有差。
丙子。譚綸爲兵部右侍郎。總督兩廣軍務。李祐爲右僉都御史。巡撫廣東。
賑徐淮饑民萬二千金。

己卯。吏部尚書胡松卒。松字汝茂。滁州人。嘉靖己丑進士。知東平。歷禮部郎中。山西提學副使。言邊事。進參政。亡何褫秩二十年。薦起至今官。潔己好修。富于經術而不爲崖異。在吏部。振淹滯。破資格。事皆綜理。贈太子少保。謚莊肅。予祭葬。

庚辰。王廷爲左都御史。

雲南土酋鳳繼祖攻新城。敗官軍。殺僉事張澤。上切責巡撫呂光洵。黔國公沐朝弼。議討之。

大同總兵姜應熊坐縱虜互市。激陷朔州戍邊。

郭震爲陝西總兵官。

辛巳。戶部司務何以尚請宥海瑞。上怒。杖之百。下鎮撫獄錮之。釋故給事中沈束獄。以尚窺上旨不欲死瑞。故救之。自敘購龍涎香已得四十兩。又欲以詭道希合。以尚廣西興業人。由建昌教諭。隆慶初復官。遷光祿寺丞。復論高拱。京察降推官。終南京戶部郎中。

上欲用高燿吏部。徐階言燿溫厚寬平。于剛潔則未也。

壬午。監察御史王時舉論刑部尚書黃光昇不諳法律。如內犯李永以訴事冒突乘輿。本非死比也。乃擬矜疑。又擬海瑞失律。上怒。安置口外。

癸未。兵部尚書楊博改吏部。上欲用高燿。衆不可而止。

甲申。議貢士考試法。

乙酉。貴州巡撫右副都御史陳洪濛罷。

丙戌。免遼東水災屯糧。

丁亥。命肅府鎮國將軍縉熿攝府事。上其先世冊寶。徐階言縉熿于肅定王親姪。于肅懷王從叔。而茲請繼。乃繼懷王。非繼定王。越世相繼。理所未有。

虜犯定邊營。

上復不豫。手諭徐階。自是疾漸篤。宸札不復出。

閏十月孫朔。己丑。宣大總督兵部尚書趙炳然回部。尋進太子少保。

監察御史方新言事忤旨。削籍。

庚寅。紫宸殿成。工部尚書雷禮進少傅。

辛卯。王之誥爲兵部左侍郎。總督宣大軍務。任士憑爲兵部右侍郎。巡撫江西。杜拯爲右副都御史。巡撫貴州。

陳炌爲右僉都御史。巡撫四川。

總督浙直江西兵部右侍郎劉畿遣都指揮陳大成成大器等分勦開化礦賊。平之。

壬辰。虜千餘騎復犯延綏。焚掠六日去之。

癸巳。寧夏地震。

乙未。故太子太保兵部尚書許論卒。論字□□。河南靈寶人。嘉靖丙戌進士。授順德府推官。歷八座。博學强記。早期建樹。嘗著九邊圖論。自庚戌後不離軍寄。晚本兵。怵于嚴氏。一聽世蕃指揮。畫諾而已。總督薊遼保定奏事奪職。隆慶初復官。賜祭葬。謚恭襄。

監察御史陳聯芳請死罪矜疑者勿充戍。從之。

雲南四川官軍討叛酋鳳繼祖。敗走東川土官鳳氏。初助之。見官軍皆集。其黨斬之以獻。

辛丑。徐養正爲戶部左侍郎。吳桂芳爲兵部左侍郎。

命戶部購大小珠千五百餘顆。凡四等。直二萬二千五百餘金。上曰。未如數。抑無甘黃玉。其毋惜直市之。

癸卯。吳三樂爲通政使。

甲辰。虜千餘騎犯大同威遠衞。參將崔世榮引兵二百禦之。殊死戰。不利。及其子大朝大賓死之。

庚戌。總督浙直江西兵部右侍郎劉畿請汰民兵。從之。仍行之閩廣

壬子。劉畿爲南京兵部右侍郎。魏尚純爲大理寺卿。

癸丑。總督陝西陳其學巡撫戴才罷。

贈郭江右都督。謚□□立祠。廕指揮僉事。

起霍冀兵部左侍郎兼右僉都御史總督陝西三邊。楊巍爲右僉都御史巡撫陝西。

馬森爲南京戶部尚書。

十一月叮朔。故延綏總兵趙岢充爲事官。

庚申。前兵部尚書聶豹卒。永豐人。正德丁丑進士。隆慶中。贈少保。謚貞襄。

壬戌。毛愷爲南京禮部尚書。汪鏜爲南京工部右侍郎。張師載爲右副都御史巡撫浙江。

乙丑。雪。羣臣表賀。

曹亨爲右僉都御史。巡撫保定。

庚午。吳嶽林樹聲爲吏部左右侍郎。林濂爲國子祭酒。

癸酉。王本固爲刑部左侍郎。張瀚爲兵部左侍郎。總督漕運。萬士和爲南京戶部右侍郎。

乙亥。吏科都給事中胡應嘉劾高拱不忠二事。一拜命之初。隘其直廬。攜家西安門外潛歸。一皇上小違豫。私運直廬器具于外。爲無君。拱疏辨。應嘉本傾危之士。知上久不豫。而拱以裕邸講官。畏其柄用。故力攻之。會上疾甚。未省。拱前左于徐階。應嘉以階鄉人。拱疑階滋甚。

丙子。左都御史王廷言六事。愼選授。愼方巡。愼刑獄。愼倡率。愼檢束。愼舉動。上從之。

戊寅。李一翰爲左副都御史。曾于拱爲右副都御史總督南京糧儲。胡杰爲南京國子祭酒。

庚辰。復鄭曉刑部尚書銜。

壬午。改題顯陵明樓碑曰大明睿宗獻皇帝陵。初上廟號未及題碑。

總理河道右僉都御史潘季馴憂去。命朱衡兼理河道。

南京吏部尚書王用賓致仕。

十二月戊申朔。戊子。毛愷爲南京吏部尚書。協理戎政兵部左侍郎遲鳳翔回部。

禁宗室遣人久留京師。時襄垣王成鐷薨。本冒封。當革。曾孫充煋稱嚴氏時欲傳襲。鎭國中尉俊樻訐奏。故襄垣王仕壥罪廢五十餘年。成鐷孽支。夤緣得之。今當降爵。而充煋有黠奸數輩專走京師。通部胥。知俊樻疏。輒借襄垣宗室名保充煋。參俊樻疏報寢。又疏上禮科都給事中辛自修言襄垣系蒲州。去京二千餘里。何二疏同詞相距不數日。且署名乖錯。此必伏奸也。故有是禁。

臨淮侯李庭竹充總兵官。提督漕運。

壬辰。四川龍州宣撫司改龍安府。以江油石泉隸之。轄州西道。

設四川隆昌縣。屬敍州。設福建海澄寧洋二縣。隸漳州。

增重慶府通判。駐隆橋驛。蓋盜藪也。

戊戌。王本固爲兵部左侍郎。協理戎政。

己亥。南京工部尚書林庭機爲南京禮部尚書。

庚子。上疾甚。還乾淸宮。午刻崩。裕王入主喪事。

辛丑。頒遺詔曰。朕以宗人入繼大統。獲奉宗廟四十五年。深惟享國久長。累朝未有。乃兹不起。夫復何憾。惟念朕遠奉列聖家法。近承皇考身教。一念惓惓。本惟敬天勤民是務。祗緣多病。過求長生。遂致奸人乘幾誑惑。禱祠日舉。土木歲興。郊廟不親。朝講久廢。旣違成憲。亦負初心。天啓朕衷。方圖改轍。遽嬰疾病。補過無繇。每一追思。惟增愧恨。皇子裕王可卽皇帝位。勉修令德。勿過毁傷。喪禮如舊。以日易月。祭用素羞。毋禁民間音樂嫁娶。郊社等禮及朕祔葬享。各稽祖宗舊典。斟酌改正。自卽位至今。建言得罪諸臣。存者召用。沒者卹錄。在繫者卽先釋放復職。方士人等。論厥情罪。各正典刑。齋醮工作採辦諸勞民事。卽行停止。於戲。子以繼志述事兼善爲孝。臣以將順匡救兩盡爲忠。當體至情。用欽末命。詔告中外。咸使聞知。

史臣曰。世宗功德不可縷指。大要以嚴馭吏。以寬治民。以經術爲師。以法律爲輔。以明作修內治。以安靜飭邊防。其于稽古考文之事尤爲謹備。而皆發之孝思本之敬一。故功成制定。華裔嚮風。中興大業。視之列聖有光焉。享國四十餘年。追慕獻皇獻后如一日。每遇時節忌辰。侍臣竊窺聖容慘怛。享獻精虔。無不泣下者。晩年雖不御殿。而批決顧問。日無停晷。雖深居淵默。而張弛操縱。威柄不移。升遐一詔。艾悔尤深。眞可謂不世出之主矣。

李維楨曰。世宗享國長久。本朝無兩。禮樂文章。爛焉興舉。齋居數十年。圖迴天下于掌上。中外儼然如臨。其英主哉。始終則新都永嘉華亭功大矣。吏治繁僞。兵政窳惰。民力虛耗。亦由是始。方之漢武。功不勝過焉。

范守己曰。臣于徐少師階處。蓋捧讀世廟諭札及改定旨草。云人嘗謂輔臣擬旨。幾于擅國柄。乃大不然。見其所擬。帝一一省覽竄定。有不留數字者。雖全當帝心。亦必更易數字。示明斷。有不符意。則駁使再擬。再不符意。則譙讓隨之矣。故閣臣無不惴惴懼者。自古英明之主。亡不受成事。相臣銜上裁。擊名而已。攬乾綱如帝者。幾何人哉。國朝中亦惟高文及帝數君耳。以故大張弛。大封拜。大誅賞。皆出獨斷。至不可測度。輔臣欲有所與。亦從臾之。或揣摩捭闔之耳。而能代有天工哉。至聰睿夙成。宣哲天縱。思與古聖通。動與道法合。其財成典章。潤色鴻業。皆有以洗濯千古。軼三五而上之。亡論東西京諸盛主也。其起弊亨屯。擕欲傾之鼎而厝之磐石之上。大有鎭于宗祏。不淺渺矣。則何以故。蓋帝有不世之奇謨四。無競之偉烈四。而又有震世之獨行五。正世及之大辨。復四郊之大禮。黜胡主廟祀。革榮國侑享。崇奉先師。除象設之陋。釐正諸儒。嚴迪德之選。六奇謨也。革藩鎭之諸閹。廢畿甸之皇莊。奪外戚之世封。抑司禮之柄用。四偉烈也。正嬪御之數。內無女寵。放鳥獸之玩。外無禽荒。不以隆眷而廢刑誅。不以令甲而拘除擢。不以攝生而廢化裁。五獨行也。五行獨至。故六謨顯而四烈彰。所以駕二祖。邁百王。帝道之隆。于斯爲極矣。於戲盛哉。

何喬遠曰。臣每見故縉紳父老若爲郎時。尙接先朝暬御之臣。多好言嘉靖時事。其謨猷合聖賢。動作掀天地。眞中興之主矣。晚節西苑崇玄。帝心固以爲敬天。雖萬幾在宥。而精神無時不運于天下。四十餘年如一日。所以享世獨久與。

談遷曰。世廟起正德之衰。釐革積習。誠雄主也。因議禮自裁。好稽古右文之事。諸臣迎附。祇諍于儀節。反實政略焉。方士蝕其心。倭虜撼其末。饑盜歲見。而皇威四訖。駕御得人。則股肱之力爲多。至政地寄腹。往往非其任。靡文塞責。先朝淳厚節儉之遺。蕩然靡餘。狡僞成風。吏民相沿。不以爲非。亦一代升降之關也。好長生術。果享永祚。古人如漢武唐玄宋仁。各有稱。今治不及開元慶曆。而亦無天漢天寶之失。庶幾哉優于漢唐矣。

國榷卷六十五

穆宗契天隆道淵懿寬仁顯文光武純德弘孝莊皇帝。諱載垕。世宗第三子。母康妃杜氏。嘉靖十六年正月癸卯生。周期列晬盤。取龍旂印石。奇愛之。己亥二月朔。同莊敬太子景王受册封裕王。是日。卿雲見。莊敬册寶。誤致于王。世宗聞之曰。天命也。癸丑。婚李氏。繼陳氏。既景王薨。世宗雖諱立儲。人心攸屬。嘗議內禪。不果。丙寅十二月庚子。世宗上賓。裕王入治喪。

辛丑。頒遺詔。嚴京城守衛。

戊申。禮部左侍郎潘晟工部右侍郎徐綱詣永陵。

夜。京師地震。

壬子。上即皇帝位。詔曰。惟我祖宗。聖聖相承。至治鴻功。超越千古。暨我皇考大行皇帝。以經文緯武之德。建安內攘外之勳。增光先朝。垂庇後世。方幸永賴。遽爾上賓。特厪馮几之言。屬以神器之重。朕煢煢在疚。本不忍聞。而文武羣臣下及耆老軍民合詞勸進。至于再三。辭拒勿獲。乃遵遺詔。以是月二十六日。祗告天地宗廟社稷。即皇帝位。明年爲隆慶元年。仰惟末命之昭垂。深望繼述之兼善。俛焉自省。豈所能勝。然而先志不可不成。聖訓不敢不奉。是用推類以盡義。通變以合宜。期衍舊恩。誕弘新化。所有合行事宜。條列于後云云。於戲。覲耿光而揚大烈。方勉盡于孝思。贊帝軌而翊皇猷。實有資于忠藎。凡爾有位。尚體朕心。各攄匡輔之誠。共保昌熙之祚。

正德十六年四月以後。終嘉靖。建言得罪諸臣。遵遺詔召用䘏錄。方士王金陶倣申世文劉文彬高守忠陶世恩俱下錦衣獄。唐秩章冕等爲民。餘受太常寺官及眞人高士盡革去。齋醮之所。下禮部議處。工部料價等。竹木等南京內府各衙門段匹器皿香蠟柴炭匠役等。光祿寺品物酒飯等。但因齋醮工作加派者俱停革。織造採買等項除陝西織絨河南廣東織葛。廣東採珠買黃白蠟降眞香及福建買龍涎香雲南採寶石採礦金江西陶器并各處採芝悉停止。其浙直織造內臣俱卽回京。隆慶元年漕米特折十之三。餘起存本折特免十之五。嘉靖四十四年以前。兵部牧馬草場子粒牧馬匹虧課。工部羅段紬絹麻鐵魚鰾翎毛皮張天鵝筋角漆料白榜紙砍柴木炭擡柴等銀及二卯銀如逋欠盡蠲之。餘如常。

釋戶部主事海瑞獄。

甲寅。改造隆慶大統曆。

丙辰。祫太廟。罷內殿之祭。

丁卯隆慶元年

正月朔。免朝賀。封奏如常儀。故事。正旦浹旬不奏事。通政司以新政請。

桂陽州藍山縣大水。

戊午。御宣治門。羣臣奉慰。

葬常嬪高氏王氏。

議大行皇帝謚。

己未。議生母榮淑康妃杜氏謚。

庚申。大理寺左少卿鄒應龍爲太僕寺卿。

辛酉。吏科都給事中胡應嘉等言。喪禮稍暇。每朝罷必御文華殿。令輔臣面議裁決。事屬六部。則召對諸卿。義當問難。則顧問儒臣。又前代宰相入閣議事。必諫官隨之。國朝六科輪直。亦其遺意。乞此後更番隨入。聽面折是非。或退而參論。上是之。

錄建言得罪諸臣。通政使樊深。都給事中丘橓楊思忠尹相魏良弼李用敬。左給事中陳瓚。給事中吳時來周怡沈束顧存仁趙軏張選袁世榮。御史何維柏趙錦張登高黃正色方新張檟凌儒申仲王時舉馮恩。郎中徐學詩周冕。主事張翀董傳策劉世龍唐樞。大理寺正毋純德。是日補瓚時來吏科。軏禮科。世榮兵科。儒登高浙江道。新江西道。檟湖廣道。錦維柏河南道。仲山東道。時舉山西道。翀傳策刑部。餘需次。

吏部請卹諸臣。第爲三等。一僇死。若兵部員外郎楊繼盛。左中允郭希顏。錦衣衞經歷沈鍊。給事中楊允繩。宜贈廕諭祭。一杖死。若太僕卿楊最。編修王思。給事中薛宗鎧何光裕裴紹張原。御史浦鋐曾翀葉經。主事周天佐仵瑜臧應奎殷承敘。宜復官贈廕。一譴死。若左侍郎唐冑。都御史李璋。學士豐熙。修撰楊愼。編修楊名。檢討王元正。贊善羅洪先。大理左少卿徐文華。都給事中張翀張侃劉濟劉琦。御史馬錄程啓元盧瓊陳讓桑喬包節王宗茂余翺方一桂。員外郎劉魁。郎中余寬黃待顯陶滋相世芳王與齡。僉事章鑰。宜復秩贈官。吏部尙書熊浹諫止箕仙。御史楊爵彈擊權倖。當與杖死同卹。從之。贈浹少保。謚恭肅。

王世貞曰。嘉靖遺詔。卹錄言事得罪諸臣。雖倣改元詔旨。最爲收拾人心機括。惜乎吏部奉行之臣。未諳典故。故倉卒奏請。不能無舛。如熊太宰之加少保。少保。三孤也。非部所宜定議也。此一舛也。得罪諸臣。當酌其事理之切直。心之赤誠與否。而後劑之。今但以得禍輕重爲主。致郭豐城之卹。反優于楊富平。此二舛也。翰林春坊自有本等階級可贈。今于贊善修撰。皆光祿少卿。是外之也。此三舛也。都給事御史止贈通參大理丞。其有遺恨而撫按題請者。超三級爲太常少卿。致仕官亦如之。此四舛也。自後言官所舉。尤爲挂漏。如石文介瑤少保致仕。而稱太子太保。彭襄毅澤致仕加少保。而亦稱太子太保。故復贈少保。林貞肅俊致仕加太子太保。而止稱刑部尚書。故復贈太子太保。今獨林公改正而已。楊文忠一品十二年滿加太傅。固辭而止。又與蔣文定俱封伯。亦固辭而止。楊不當僅加太保。蔣不當僅加少師。此則執政之愢也。

癸亥。詹事府吏部左侍郎陳以勤上謹始十事。定志。保位。畏天。法祖。愛民。崇儉。攬權。用人。接下。聽言。上嘉納之。

丙寅。上御宣治門視事。

修永陵。敕內官監太監王鼎工部右侍郎徐綱。

禮部會議郊社及祔葬祔享之制。郊仍分祀。東郊歲甲丙戊庚壬。西郊歲丑辰未戌。親祭。餘遣官。籍田登極行之。罷祈穀祭。停南郊大享及常社常稷。祔廟惟一帝一后。祔葬不論。

定百官上元假十日。歲如之。

禁民間張燈。

起前南京禮部尚書葛守禮戶部右侍郎。趙貞吉兵部右侍郎。郭宗皋右副都御史。林雲同右僉都御史。曹邦輔左布政。鍾卿按察副使。曹金金立敬殷邁僉事。謝廷蒞等。

復周怡吏科給事中。沈束禮科給事中。

停解湖廣去年今年贖鍰。修襄陽城隄。

禮部請立皇后皇太子。上諭立后即行。皇子年幼。先賜名。徐議册立。

復鄭王厚烷及鎮國中尉勤熨并其子朝埍爵。

直宿官軍改給京糧。以通倉遠也。

己巳。罷西苑督農侍郎。歸司禮監。

減御用監香蠟額。如嘉靖初。
左府宣城伯衞守正右府彭城伯張熊罷。
方士王金等下獄。刑曹擬庸醫故用藥殺人罪斬。尚書黃光昇言。太醫院官乃庸醫。此方士。非醫也。古者方士誣稱採藥求仙。欺罔無實。尚皆伏誅。金等妄進藥物。致損聖躬。豈採藥求仙誣罔者比。弑君之律殺父有條。乃比子殺父律重論。
辛未。京察自陳。戶部尚書高燿致仕。調禮部右侍郞丘岳。光祿卿裴天佑。通政使吳三樂。右僉都御史趙鏜。
壬申。勅禮科左給事中王治御史王好問覈內府歲額。已太監崔敏等奏免。戶科給事中張憲臣劾其違命。上命覈自嘉靖四十一年始。非詔中者毋覈。治等言其不可。不聽。
癸酉。夜。月犯角宿。
甲戌。名皇子翊鈞。命曰。朕茲恭請命于祖考。賜爾名。夫鈞者。言聖王制馭天下。猶制器者之轉鈞也。其爲義大矣。爾其念哉。
御史何維柏爲大理寺左少卿。
侍讀學士王大任姜儆劾免。
復江南巡漕御史江北以兩淮巡鹽攝之。時漕滯失期。
放各廠衞軍歸伍。
乙亥。上世宗欽天履道英毅聖神宣文廣武洪仁大孝肅皇帝尊謚。
奪工部尚書徐杲及其子錦衣指揮文燦官。
丙子。南京禮部尚書葛守禮爲戶部尚書。起郭宗皐刑部右侍郞。樊深通政使。

丁丑。上孝恪淵純慈懿恭順贊天開聖皇太后尊謚。康妃杜氏。

戶科給事中張憲臣工科都給事中王元春吏部郎中余敬中爲浙江江西廣西右參政。編修李貴御史李廷龍爲四川河南副使。

前刑部侍郎鄢懋卿。匿嚴氏金戍邊。

追奪故眞人邵元節陶仲文官誥。籍其家。

撤西苑諸宮殿額。初議盡毀之。禮部惜其費。僅去額。

己卯。萬壽節免朝賀。

辛巳。吏科都給事中胡應嘉削籍。應嘉劾吏部尙書楊博考察失公。私憤謫給事中鄭欽御史胡維新。閣臣郭朴以應嘉佐察。復撓察典越法重擬。而應嘉前劾高拱。俱疑出階意。于是兵科給事中歐陽一敬等論救侵拱徐階薄擬應嘉謫外。拱疑階之嗾一敬也。隙滋甚。然應嘉傾險善訐。士論輕之。

談遷曰。上甫卽位。遽讁言路。何以杜將來之口。安陽不解事。其右新鄭。適所以喙之也。華亭元宰。初不出一語。陰餌拱于叢棘之上。誠智老而猾矣。

壬午。翰林侍讀學士張居正爲禮部右侍郎兼學士。兵部主事海瑞爲尙寶司丞。南京通政司右通政鄭世威爲右僉都御史。

甲申。命齊庶人于南京禮部注籍。減給婚娶。

丙戌。言官拾遺。南京刑部尙書錢邦彥右僉都御史劉秉仁吏部郎中劉孝仍任。調南京太常少卿吳遵工部左侍郎張守直南京工部右侍郎汪鏜太常寺少卿羅良。

賜叔祖慶王三百金。紵絲紗羅各十五端。錦三端。鈔二萬貫。叔楚遼岷韓瀋襄益衡諸王金鈔如之。紵羅紗各十端。弟晉魯蜀代淮德榮諸王各二百金。錦紵羅紗鈔同上。姪周荆崇吉。姪孫趙王。管秦府事隆德王敬鎔。管唐府事庶長子碩熿同上。靖江王亦如之。

除藩邸莊田加稅。

二月紉朔。戊子。上祭太社太稷。徹樂。初太常寺請遣官。禮部言。禮三年之喪。至大祀越紼從事。不敢卑廢尊也。宜躬祭。樂設而不作。

庚寅。外戚錦衣衞指揮僉事杜繼宗封慶都伯。正千戶李銘德平伯。副千戶陳景行固安伯。各祿千石。

辛卯。大理寺丞唐繼祿爲右少卿。福建左布政鍾卿爲光祿寺卿。

命遼東總兵官移遼陽。便海州瀋陽之援。冰解還廣寧防土蠻。

壬辰。罷金海神之祭。

故刑部尚書鄭曉。贈太子少保。謚端簡。

巡撫雲南兵部尚書兼右都御史呂光洵爲南京工部尚書。申維岳爲署都督僉事總兵官鎭守陝西。

癸巳。定朝儀。自翰林科道鴻臚尚寶如近例。餘敍資品。

襄王厚熲薨。謚曰莊。

甲午。起林雲同刑部左侍郎。

魏尙純爲工部左侍郎。林潤爲太常寺少卿。提督四夷館。周怡爲南京太常寺少卿。

命中外歲盤錢糧。專于巡按。不會巡撫。其五年京盤。并入歲盤。專敕各邊巡按御史。

乙未。立皇后陳氏。

登極恩。徐階子中書舍人瑛進尚寶少卿。李春芳郭朴並少保。舊講官高拱進少保兼太子太保武英殿大學士。陳以勤爲禮部尚書兼文淵閣大學士。張居正爲吏部左侍郎兼東閣大學士。並直閣殷士儋爲禮部右侍郎。

釋故四川按察僉事趙祖鵬獄。祖鵬里居被訐奏所作詩訕上及僭橫不法論死。

丙申。順天府丞李邦義爲南京鴻臚寺卿。

丁酉。雲南左布政陳紹儒爲順天府尹。

議錢法。戶部言禁僞錢餘舊錢聽民間兼行。其稅課等准收錢。兵部言災傷郡縣。每馬折八金。五年審牧。並從之。

先是太僕寺少卿武金請去種馬。可得金百二十萬。許之。初種馬北七萬。南三萬。歲五萬。京解其一給各軍。後寄牧順天屬縣曰寄養。山西陝西又設苑監官牧。上苑萬匹。中苑七千匹。下苑四千匹。陝西茶馬司洮河西寧等衞番族給金牌四十一。納馬萬四千五十一匹。曰差發。給茶百萬斤。取于蜀。後金牌制廢。止給茶易馬。似互市云。

何喬遠曰。馬之始有政也。其如夏人之助乎。爲我養馬駒。餘駒畀馬戶。所謂出其力以助耕公田。所以宣德正統之間。馬養而至于山東河南皆馬駒也。馬而不能孳生。孳生而不能駒。駒而不能成馬。是害馬而已矣。害馬者不樂養馬者也。間謂其人爲我養馬者也。而朘削之。繩束之。不馬矣。謂其所受地廣也。而割其餘以賦他民。其牧地不廣。不馬矣。死而責之償。償而値過當。不馬矣。皇親貂璫之家。請牧地則與之。不馬矣。故曰害馬者不樂養馬者也。王濟武金之賣種馬也。猶乎葉淇之賣鹽也。不睹其大而徒以多金爲功。夫國初之有馬也。不金而多駒也。今也以馬價之金還出之畿內之州縣。鬻馬以備邊。價須三十金。所鬻之馬不直數金也。此何取賣種馬而多金者也。夫金也者。人之情也。一見而侵漁生焉。始也見駒而不見金。其既也駒多而金多。惜乎如菜實之不待其熟也。魚之不待其尺也。鬻種馬之謂也。

戊戌。福建左布政陳用賓爲右副都御史。巡撫雲南。

右副都御史李一瀚予告。

加恩藩邸官校及內臣。太監黃錦蔭錦衣指揮僉事。太保兼太子太保左都督朱希孝進兼太子太傅。餘陞賞有差。

己亥。故延綏副總兵黃演贈都督同知。小芹河戰沒。

庚子。鄭大經張齊王之垣李貞元莊國禎胡檟爲給事中。張應治徐尙爲南京戶部兵科給事中。

辛丑。上孝潔恭懿慈睿安莊相天翊聖肅皇后孝烈端順敏惠恭誠祗天翊聖皇后尊謚。加恩內臣。黃錦蔭錦衣指揮僉事。王本馮保蔭正千戶。胡明喬朗曹憲蔭百戶。餘有差。

下徐杲獄。太監李芳劾其修蘆溝橋侵費也。竟追戍。

壬寅。禮科給事中辛自修爲太僕寺少卿。

癸卯。大賚廷臣吏卒父老。

曹邦輔爲左副都御史。吳百朋爲大理寺卿。

趙岢總兵鎭延綏。郭琥降大同副總兵。

甲辰。加謚元妃李氏孝懿皇后。

定孝潔皇后祔世宗廟。別祀孝烈皇后于景雲殿。改曰弘孝。

汰內府匠役濫官。時太僕少卿二。苑馬卿二。布政司參議二。郎中一。員外郎三。餘鴻臚寺丞光祿署正等銜至百數。內官監太監李芳請裁革。下吏部。斥減有差。

察免工部主事劉子延奏辨編置塞下。

乙巳。加謚皇子（翊釴）爲獻懷太子。（翊鈴）靖懷王。皇女追封蓬萊公主太和公主。

罷玉芝宮歲祀。仍日膳。從禮部議。視南京奉先殿也。然睿皇帝與高廟稍異。卽日膳猶瀆。

前刑部郎中徐學詩爲南京通政司右參議。

遼東總兵官王治道敗虜于白雲山。

丙午。新寧伯譚功承卒。

起趙貞吉吏部左侍郎兼翰林學士。署詹事府。

戊申。減內府歲供米麥麻菽丹礬銅蠟等額。

壬子。故御史曾翀子綬入太學。翀劾尚書汪鋐被杖死。

乙卯。中宮千秋節。免命婦賀。

三月丙朔。丁巳。安鄉伯張鉉署前府。

翰林院庶吉士陳經邦陳懿德周子義戴洵爲編修。張秩許國林偕春高啓愚陳思育成憲沈鯉沈淵爲檢討。李存文陳行健管大勳嚴用和韓楫王璽爲給事中。王嘉言麻永吉楊一桂吳學詩王湘李良臣楊允中鍾繼英爲監察御史。

夜。木星逆行守亢宿。

己未。南京太常寺卿郭汝霖自免。

庚申。南京禮部尚書林庭機致仕。

辛酉。修乾淸坤寧宮。

降雲南提學僉事萬廷言二級。調外給事中周世選。劾工部尚書雷禮私忿中傷光祿寺丞廷言外補。禮疏辨。吏部覆廷言主事不五年陞光祿丞出之雲南猶爲儒臣。禮安得與。從之。

裁內官監屬增給。從太監李芳之請

甲子。禮科左給事中王治上四事。曰宗廟之禮。獻皇帝嘗北面事武宗。今位武宗之右。揆之古典。終爲未合。且祔太廟。千萬歲後不免遞遷。若專祀世廟。則億萬世不改。曰朝講。曰親輔弼。曰謹燕居。上是之

乙丑。吏科給事中鄭大經兵科給事中張齊刑科給事中曹當勉工科右給事中王讜各勞邊。

己巳。太僕寺少卿李邦珍爲南京通政司右通政。

庚午。鑄查刷光祿寺及湖廣江西山東河南直隸上江江北監兌主事之章。

直隸提學御史耿定向奏科場主考宜簡學行。不論年資。分考取卷正備俟裁。文限字六百。提學官驗硃墨解部。監生編號同諸生。從之

復貢士坊費。嘉靖三十七年減助餉。至是浙江巡按御史王得春言之。

大理寺卿吳百朋爲兵部右侍郞兼右僉都御史。仍提督軍務巡撫南贛。勦岑岡盜。

壬申。世宗葬永陵。祔孝潔孝恪皇后

癸酉。戶科都給事中徐公遴爲太僕寺少卿。

貴州宣慰司土舍安國亨貢馬。

定大臣謝疏。初南京戶部尚書馬森奏謝。因命禮部酌例議。廷臣値大慶及令節止稱賀。餘陞賚俱廷謝。外官如常儀。督撫陞賚許疏謝。

乙亥。故南京兵部尚書李遂贈太子少保。予祭葬。

監察御史王得春上四事。淸宮闈。禁諂諛。愼題覆。嚴貢選。從之。
丙子。鑄日本等國雲南各宣慰司金牌信符。
丁丑。世宗祔太廟。同孝潔肅皇后。
戊寅。署太常寺事禮部侍郎師宗記降少卿。太常寺少卿魏學詔袁好禮降寺丞。皆羽流濫躐。自是限用科目。
己卯。上御皇極門。復常儀。
庚辰。祀孝恪皇太后于神霄殿。祔孝懿皇后。
大學士徐階等請開經筵。許之。
辛巳。南京太常寺少卿周怡改北。
壬午。冊貴妃李氏。賢妃汪氏。
毀紫極殿紫宸宮。改建翔鳳樓。尋閣臣言官力止之。
吏部左侍郎吳嶽爲南京禮部尙書。太僕寺卿鄒應龍爲太常寺卿。南京刑部右侍郎徐陟疾免。
甲申。修世宗實錄。敕太師成國公朱希忠監修。少師大學士徐階少保大學士李春芳郭朴高拱大學士陳以勤張居正總裁。禮部尙書高儀詹事府吏部左侍郎趙貞吉吏部右侍郎陸樹聲署院禮部左侍郎潘晟右侍郎殷士儋副之。左諭德兼侍讀姜金和等纂修。
乙酉。諭開經筵日講。
故刑部左侍郎安福劉玉。贈尙書。予祭葬。謚端毅。
虜犯遼陽長安堡。指揮王承德戰沒。贈都指揮。指揮使指揮宋世擧都指揮高惟忠及副總兵楊四畏下巡按御史訊之。

四月炳朔。享太廟。定西侯蔣祐等百五十餘人不至。奪月俸。

河南道監察御史陳聯芳上五事。資輔弼之益。時御便殿召對。務從諫之實。重詔令之施。愼爵賞之權。近日傳奉世襲官概罷。復執奏之規。報聞。

丁亥。戎政兵部左侍郎王本固改吏部。

己丑。南京吏科給事中岑用賓湖廣道御史尹校等拾遺。刺及大學士高拱。閣臣例無拾遺。上切責之。

南京刑部尚書錢邦彥工部尚書呂光洵劾免。

京山王勤炫內江王承燓稷山王胤柯薨。

庚寅。南京吏部右侍郎瞿景淳爲禮部左侍郎。湖廣左布政使畢鏘爲太僕寺卿。

兵科都給事中歐陽一敬再劾高拱專擅國柄。亟宜斥。上以拱舊講臣。不聽。

辛卯。南贛巡撫吳百朋奏高砂盜求撫。許之。

癸巳。敕太師成國公朱希忠少師大學士徐階知經筵事。少保大學士李春芳郭朴高拱大學士陳以勤張居正同知經筵。

南京廣東道監察御史李復聘等劾高拱。切責之。拱失徐階意。嘗會食。拱言公在先朝草青詞媚上。宮車甫晏駕而卽背之。今又結言路。必逐舊邸臣。何也。階答曰。言路口故多。我安能盡結而攻足下。且足下獨不能結之耶。我非背先帝。欲收人心。使恩自先帝出。青詞固我罪。獨不記在禮部時。先帝密札問我。拱有疏願得效力于醮事。可許否。此札今尚在。拱乃媿沮。

丙申。禮部言郊廟諸祭。太常寺止奏日。不奏時。故陪祀多失期。今後日時並奏。從之。

起劉釆南京工部尚書。趙大佑刑部右侍郎。改郭宗皋兵部右侍郎。協理戎政。提督操江右僉都御史盛汝謙爲大理寺卿。

兵部尚書趙炳然致仕。

庚子。傳制封臨川王恬𤏣。沁水王珵堦。

禮部尚書高儀請立太子。不允。

重錄永樂大典成。進徐階俸正一品。李春芳郭朴高拱並少傅。陳以勤太子太保。張居正禮部尚書兼武英殿大學士。

國子祭酒林𤏣加太常寺卿。翰林院侍讀呂旻王希烈修撰諸大綬並左春坊左諭德。修撰丁士美進右諭德。各兼侍讀編修孫鋌張四維爲左右中允。各兼編修。修撰馬自强編修陶大臨並侍讀。餘賜金幣。

談遷曰。萬曆末永樂大典不存。抑火失之耶。

南京兵部尚書郭乾改北。大理寺右少卿唐繼祿爲右僉都御史。提督操江。

治延綏丙寅失事諸將罪。

壬寅。暑。讞釋輕囚。

癸卯。南京光祿寺卿江治爲太常寺卿。

乙巳。襄府隆慶王載墭改封鄖城王。載墭嫌與紀元同。

大理寺丞溫如璋爲右少卿。

許吏部右侍郎林樹聲養疾。

工科給事中李貞元劾高拱剛愎褊急。無大臣體。亟宜罷。不聽。

丙午。禮部尚書高儀等言。我朝列聖相承。每接見輔弼。延訪大臣。或同游詠和。或燕對無時。明良喜起。太平之業。端肇于此。我皇上登極數日。卽出御門。朝宁威儀。已復祖宗之舊。但大廷之上。體統森嚴。拜起唯諾。勢相懸隔。若止循例具文。上有懷而不得問。下有見而不敢陳。縱恐情意不接。見聞日壅。諸司奏牘中外事機。豈能一一盡白于聖衷耶。今山陵已畢。講幄復舉。惟便殿親政。尚未之及。伏望朝罷卽御文華殿。輔臣隨入。其部院大臣。不時召見。賞罰黜陟。典禮刑獄軍機會計。凡當酌議者。特降清問。許部院陳述始末。輔臣卽擬可否。睿斷親裁。科道官各輪二人隨進。如議擬未當。許公同評正。上報可。卒寢不行。

丁未。始御經筵。宴會極門。賜金幣。

復鄔景和駙馬都尉。給事中張鹵御史陳聯芳等訟其詘。

前吏科都給事中尹相禮科都給事中魏良弼加太常寺少卿。戶科給事中張選加通政司左參議。南京浙江道御史馮恩加大理寺丞。大理寺正毋德隆南京兵部職方主事劉世龍加尙寶司少卿。各致仕。吏部以先朝遺直而年七秩上。例宜陞秩示優也。

徐階銜恩語吏部曰。建言中有望雖素著。年力衰遲者。宜酌處。時馮恩年七十五。竟加大理寺丞致仕。魏良弼等六人並如之。階弟侍郎陟曰。奈何爲馮一人而過五老哉。此輩皆天下人望。抑困若干年而不一起。非朝廷奬直拔滯之意。

談遷曰。華亭當國。好結言路。而于先朝遺直不無褊心焉。魏良弼馮恩齒髮未衰。遽在引年之例。蓋意有所嗛也。朝廷優老之德。乃爲政府行其私耶。

戊申。戶部尙書葛守禮等言。直隸山東有司變法。起科太重。徵派不均。夫因田制賦。按籍編差。國有常經。今不論籍之上下。惟計田之多寡。故民皆棄田避役。沂費鄒滕之間。荒田彌望。招墾莫應。今行差役將舉山東爲沂費鄒滕也。夫工匠傭力自給。以無田免差。富商大賈操貲無筭。亦無田免差。至襏襫胼胝。終歲勤動。乃更受其困。此所謂舛也。乞下明詔。正田賦。罷科差。使小民不離南畝。則流移漸復。農事可興。又國初徵賦。戶部定倉庫額價分派各省。小民照倉上納。完欠瞭如。近年定條鞭法。不倉不石。每畝銀若干。吏胥因緣爲奸。增減洒派。弊端百出。宜罷條鞭法。均稅額。從之。

談遷曰。吾浙龐尙鵬立條鞭法。民甚德之。而葛守禮極言其弊。非齊人獨累也。兩浙人多力穡。故田重。齊人多逐末。故田輕。輕重之間而利弊形矣。雖然。法無全利。日久弊生。即吾浙今不爲山東耶。

己酉。尙寶司丞海瑞爲大理寺右寺丞。南京太僕寺卿袁洪愈爲南京光祿寺卿。

吏部議太常鴻臚卿仍用進士。別途得爲少卿。任久加俸。兩房中書舍人不得陞九列。

庚戌。南京刑部尙書趙大佑改南京兵部尙書。

禮部右侍郎殷士儋改吏部右侍郎。通政使樊深爲刑部右侍郎。

壬子。復鄭世子載堉冠帶。

刑部尙書黃光昇致仕。

癸丑。故巡按陝西監察御史浦鋐孫朝柱入太學。

甲寅。故新建伯南京兵部尙書王守仁。贈新建侯。謚文成。太保左都督周尙文。贈太傅。謚武襄。少傅大學士蔣冕。贈少師。謚文定。少保吏部尙書喬宇。贈少傅。謚莊簡。禮部尙書汪俊。贈太子太保。謚文莊。太子太保戶部尙書王杲。贈太子太師。刑部尙書喩茂堅。贈太子少保。少詹事黃佐。贈禮部右侍郎。右僉都御史朱方。贈右副都御史。各予祭。南京禮部右侍郎呂柟。贈尙書。謚文簡。太子太保吏部尙書武英殿大學士石珤。贈少保。謚文介。追奪尙書顧可學徐可成。侍郎朱隆禧郭文英。贈謚告身。仆其諭祭等碑。奪侍郎張電誥。時議奪工部尙書甘爲霖祭葬。禮部言。爲霖雖庸劣。非雜流比。得免。

太僕寺少卿李一元爲鴻臚寺卿。
平虜衞地震。
套虜數犯陜西。
五月甿朔東安縣馬頭村人晨起望西三五里。見地有流水之勢。渺茫白色。近視無有也。後萬曆二年。渾河衝爲河道。果驗。
南京禮部右侍郎裴宇爲南京吏部右侍郎。巡撫應天右副都御史謝登之爲通政使。
南京右都御史孫植爲南京刑部尙書。南京大理寺卿吳悌爲南京刑部右侍郎。
太常寺卿署國子祭酒事林燫爲禮部右侍郎兼翰林學士。
丁巳。上告廟。請太祖高皇帝配北郊。
戊午。召南京吏部尙書毛愷爲刑部尙書。
己未。新河成。引鮎魚諸泉薛沙諸河注馬𡎺三河口。淪舊河。修馬家橋隄。遏河出飛雲橋者盡入秦溝。漕道大利。
吳道南曰。此役之興。幾不免爲盛應期之續。非其心必欲害成也。或者見不中確。懼非常之原耳。
庚申。提督四夷館太常寺少卿林潤爲右僉都御史。巡撫應天。起陳陞南京禮部右侍郎。改南京國子祭酒。
辛酉。上親北郊。
癸亥。御史高應芳爲太僕寺少卿。江西左布政使范惟一爲南京太僕寺卿。
廣東總兵官俞大猷進署都督同知。勦盜功。
甲子。諭禮部。將出幸舊邸。備儀從。尙書高儀言。巡幸無名。恐開佚游之端。給事中何起鳴御史王好問各諫。不聽。

太僕寺少卿徐公遴爲太常寺少卿。提督四夷館。

故大學士楊廷和尙書王廷相梁材劉訒聶豹翟鵬侍郎江曉程文德曾銑楊守謙商大節張漢副都御史孫繼魯各復秩。

戶部請頒賦册定式于天下。自嘉靖三十六年至末年。郡縣所徵輸及民負各詳于册。明年入覲送部。從之。

俺答犯大同參將劉國禦卻之。

大同大雨雹。

丙寅上幸舊邸。卽日還宮。

談遷曰。祖宗朝離宮西苑。時聞臨蹕。雖上厲精之始。非所輕出。而舊邸枉駕。近同跬步。諫書屢上。至鰓鰓然過計。將深居高拱無一日之歡。宜其不樂聽也。

巡撫河南右副都御史孟養性疾免。

纂修實錄。下各提學官採送事跡。遣免。

己巳增固原下馬關游擊將軍。募卒三千人。

庚午罷寶坻縣採魚。自今薦新上供。俱出光祿寺。不遣內臣。著爲令。

辛未右諭德兼侍讀呂調陽爲南京國子監祭酒。巡撫遼東右僉都御史劉應節改河南。

劉采爲南京吏部尙書。郭宗皐爲南京右僉都御史。巡撫湖廣右副都御史方濂爲南京大理寺卿。

壬申命御史譚啓往浙直。馬明謨往江福兩廣。張問明往川湖雲貴。趙岩往山陝河南。各覈歲賦。

甘肅總兵傅津免。

癸酉。故南京戶部尚書張舜臣。贈太子少保。予祭葬。

甲戌。監察御史齊康謫外。康劾徐階險邪貪穢。專權蠹國。言先帝往欲建儲。階堅執不可。及皇上登極。疑懼稱疾以嘗上意。上責其妄。階在直久。子在外多干請。蒼頭橫恣。高拱鉤得之。授指于康。階疏辨。臣子請託。則當事諸臣可召問。臣前在禮部。四疏請立東宮。不報。及在閣。先帝嘗問及傳繼。恐啓他釁。故不敢贊成。而皇上之仁孝。曾歷陳之。所繳御札可覆按也。因乞休。上慰留之。于是各給事中陳瓚歐陽一敬。御史淩儒張檟攻康爲拱門生。聽指。宜罪。大理寺丞海瑞言。階事先帝。無能改神仙土木之誤。畏威保位。誠亦有之。然憂勤國事。休休有容。亦足多也。康甘心鷹犬。其罪又浮于拱。左都御史王廷言。拱屢被劾。不自引咎。輒逞辨招議。康懷奸黨邪。不重治之。無以慰人心。是日。尚書楊博侍郎遲鳳翔樊深各留階。極斥拱康。上乃謫康。始康疏入。廷臣羣起詈之。業奉旨而交章攻訐。雖康之妄。非政體也。

同里祠祭郎中范惟丕。素忌編修陳懿。往語階曰。齊疏乃陳生所授也。階甚銜之。己巳京察。謫判光州。

丙子。故南京兵部尚書湛若水。贈太子少保。南京刑部右侍郎周熿。贈右都御史。右僉都御史王雲鳳。贈右副都御史。

丁丑。大學士高拱乞休。許之。上方嚮用拱。傾朝攻之。疏至二十八上。知不可留。予告。乘傳。賜金幣。遣行人導行。張居正素善拱。見其狀不平。往請于徐階。不聽。一日。階咨事居正曰。某今日進一語。明日爲中傷矣。戶部尚書葛守禮獨不預。侍郎徐養正劉自强以請。守禮曰。人所見不同。何可强乎。侍郎乃自疏上。守禮尋去。養正即遷南工部尚書。後二年。拱再相。劉自强長刑部。拱語前事。何忍也。自强曰。時若無此疏。安至今日。拱曰。葛公尙在此耶。

支大綸曰。宦途眞市道哉。階柄用。皆助以逐拱。拱復起而反刃攻階矣。然拱精潔峭直。家如寒士。而言者過

　爲掊擊。則言者之過也。
己卯。曹邦輔爲兵部右侍郞。協理戎政。
劉承業爲總兵。鎭守甘肅。
庚辰。初司禮太監黄錦以從子浦都督乞復銜。仍僉書錦衣衞。錦沒。奏寢。而太監滕祥請官其族人錦衣守墓。
又黄斌等三十人充御馬監勇士。許之。給事中嚴用和管大勳御史陳聯芳張檟各言其濫。從之。
壬午。駙馬都尉謝詔卒。贈少保。
慶成王府奉國將軍知𤇆數盜。廢爲庶人。
盜殺保康知縣張士勳。
六月甲申朔。開館修實錄。
虜二千餘騎犯朔州。參將麻錦追擒二人。斬十三級。
戶部員外郞林喬相秩滿。請贈生母。許之。仍著爲例。
乙酉。新河鮎魚口驟水。溺人舟亡算。
丙戌。歸隆慶懷來等莊田于有司。
戊子。戶部尚書葛守禮母老終養。
己丑。量釋高墻庶人。
壬辰。京師霪雨。兵部郞中鄧洪震言。災異疊見。豈無致之者。陛下臨朝端拱。未嘗淸問民情。奏章少覽。聞後宮游幸。嬪御充斥。左右近習恩廕徇情。賜予頗濫。號令非一。前後背馳。惟陛下惕然深思。暫罷游宴。務齋戒感格。敕戶工二部覈民田宅傾沒之數。量行蠲恤。上是之。

癸巳。上視朝晏。輟日講。禮科給事中何起鳴戶科右給事中張鹵等以爲言。報聞。

甲午。召南京戶部尙書馬森于戶部。工部左侍郞魏尙純爲南京工部尙書。

詔停刑。

丙申。諭修省。

初。御史張檟請皇極等殿門仍太祖舊額。太監李芳言南北郊合祀。並下禮部。議曰。我皇祖名奉天殿。蓋明王奉若天道之意。先帝因變鼎新之。更曰皇極。義取洪範。他殿閣名。先後雖殊。意各有當。非臣下所輕議。皇上善繼善述。凡事奉遺詔。若殿門等額。遺詔未載。今山陵甫畢。一旦舉而盡更之。竊所未忍。周禮圜丘方澤之制甚詳。天地分祭在成周已然。秦漢皆主分祭。自後分合靡常。議主分祀十之六七。主合祀十之二三。程頤朱熹。號稱大儒。一則曰冬至祭天。夏至祭地。此何待卜。一則曰天地不當合祭。我太祖初建圜丘方澤。亦倣周禮。洪武十年改合祀。世宗議定四郊。如洪武初制。非先帝創之。實遵聖祖初意。若復輕改。臣等未見其可。上從之。

上閔水災。命各御史分賑貧民。

敘河功。工部尙書朱衡進太子少保。右僉都御史潘季馴進右副都御史。先後河臣陞賚有差。

戊戌。上素服避殿。御皇極門修省。

巡撫浙江都御史張師載疾免。

罷內府各監局積貯。

己亥。停工役。

辛丑。兵部覆御史王友賢邊務六事。重將領。嚴淸勾。革贊畫。罷關稅（山海關）。淸撫賞。飭貢夷。上是之。

壬寅。裁畿內冗官。

癸卯。戶部左侍郎劉體乾爲南京戶部尚書。起趙孔昭右僉都御史。巡撫浙江。

丙午。命朝覲官即賫萬壽賀表。

武清汶上等大水。

丁未。命宣府巡按御史追理屯牧占田。

初。給事中趙輈御史周弘祖請故禮部左侍郎薛瑄從祀孔廟。御史耿定向舉故新建伯王守仁。禮部言嘉靖初議瑄從祀。以論久後定宜俟。將來守仁代近。恐衆論不一。上是之。

戊申。免各莊田租十之五。

故少師大學士楊廷和謚文忠。太子太保兵部尚書彙左都御史王廷相謚肅敏。太子太保兵部尚書聶豹謚貞襄。太子少保戶部尚書梁材謚端肅。兵部侍郎曾銑謚襄愍。楊守謙謚恪愍。商大節謚端愍。孫繼魯謚清愍。各予祭葬。南京國子祭酒鄒守益謚文莊。予祭。

己酉。故太子太保刑部尚書林俊謚貞肅。南京工部尚書吳廷舉謚清惠。戶部左侍郎唐胄予祭葬。

罷故江西按察副使汪一中專祠南京。□科給事中岑用賓言俊廷舉皆先朝名臣。汪一中失機殞身。卹錄太厚。

奪故禮部尚書盛端明贈謚。前吏部文選主事史際勸免。御史陳省言端明以方藥際以醮祀也。

翰林院檢討許國兵科給事中魏時亮頒詔朝鮮。

禮部覆御史王得春淩儒請釋放宮女。不報。

壬子。戶部以供用庫太監翟廷玉等催辦茶鹽米蠟各料。據科道冊報內庫尚羸。乞免派如初詔。從之。

汰江南北兵餉。改常鎮清軍同知爲海防分守。

虜輕騎犯遼東。伏三千人塞外。誘中軍王世祿入伏。總兵王治道援之。亡卒七十餘人。殺把總佟國勳等。因攻鎭靜堡。去之。

七月。鉀朔。丙辰。諭內閣。以科道欺肆。宜處之。御史李惟觀言。皇上即位。首錄建言得罪諸臣。今過生疑慮。逆折讜論。非所以謹天戒。一衆聽也。工科都給事中馮成能亦言之。有旨。昨諭謂妄言失實者。爾等其擇之。

停南京織染局工匠徵派。

丁巳。右僉都御史鄭世威爲左副都御史。起游震得南京戶部右侍郎。總督倉儲。

戊午。譚國佐嗣新寧伯。

己未。修宣府南山邊垣。

庚申。贈楊廷和太保。王廷相蕭豹少保。梁材太子太保。劉訒林俊吳廷舉太子少保。張漢曾銑楊守謙商大節兵部尚書。程文德禮部尚書。江曉工部尚書。孫繼魯兵部左侍郎。鄒守益禮部右侍郎。仍廕廷和子尚寶司丞。

銑守謙大節繼魯子入太學。

復故太子少保吏部尚書兼翰林學士李默官。予祭葬。

酒醋麵局太監馮明等請增米麥芻餉。戶部執不許。

散浙江募兵。停徵餉。

辛酉。金星晝見。

左春坊左諭德兼侍讀王希烈右春坊右中允兼編修孫鋌主試應天。

故兵部員外郎楊繼盛子應尾廕入太學。

甲子。何維柏爲右僉都御史。

乙丑。御史趙錦爲太常寺少卿。

丙寅。故左贊善羅洪先兵部員外郎楊繼盛。贈光祿寺少卿。洪先謚文恭。繼盛謚忠愍。

譚太初爲工部右侍郎。江治爲南京工部右侍郎。

丁卯。勅兵部左侍郎遲鳳翔兼右僉都御史。閱薊鎭邊墻。

久霖。喩百官修省。仍避殿。御門視事。

修京師重城。

罷南京振武營。散淮陽民兵。

己巳。國子祭酒胡杰劾罷。侍郎趙貞吉攝監事。

庚午。太僕寺卿畢鏘爲應天府尹。光祿寺卿袁洪愈爲南京太常寺卿。

刑科給事中韓楫上君道三。禮勵聖志嚴聖政。弘聖智。上是之。

盜刦威遠縣庫。

辛未。太常寺卿鄒應龍言。洪恩靈濟宮歲三十餘祭。殊瀆。宜祭以春秋。不聽。

壬申。朝鮮國王李峘來貢賀先帝尊謚。禮部議謚號非所賀。第遠夷宜特受之。遂勞幣有差。

巡按湖廣御史陳省劾太和山守備太監呂祥罪狀。乞徵祥還。罷其官。兵部言內臣自成化初第提督道流。不預民事。宜如省言。上遂撤祥。停其分守。已司禮監以御馬監右監丞劉進往。仍提督分守。兵科都給事中歐陽一敬言。劉進本名俊。嘗守顯陵。罪敗。戍孝陵。今易名希用。上悟。罷進。以內官監左監丞柳朝往。仍分守。兵部尚書郭乾言。前旨已出。旋復易之。殊駭傳聽。遂改提督太和山關防。停分守。

乙亥。少保兼太子太保吏部尚書楊博九年秩滿。進少傅兼太子太傅。

戶科都給事中李用敬等追論尚書趙文華。都御史阮鶚周珫史褒善侵冒之罪。命各巡按御史訊之。

夜。月犯畢宿。

丙子。貴州左布政使姜廷頤爲南京光祿寺卿。

辛巳。紫荆關雨雹傷稼。

朝鮮表賀中宮。使臣洪春年等乞留觀幸太學。許之。

虜入宣府得勝堡。總兵官馬芳擊卻之。

是月。海盜陷碣石衞。

八月楑朔。上幸太學。釋奠。御彝倫堂。祭酒趙貞吉講禹謨后克艱厥后。上心動。問之。知其初召。

山東布政使劉懇爲太僕寺卿。

工科左給事中吳時來言。臣從漕河來。睹治河之弊。在議論繁而要實未審也。新河三難之說。豈不以馬家橋易淺。沙河易淤。薛河易衝之爲患哉。此患在委耳。源之不通。委將安屬。故治源者急也。夫新河與青原山至近也。而東兗以南。費嶧鄒滕之水注焉。以一隄而捍羣流。又當大山瀉下之勢。能保其不潰乎。故疏濬分殺之謀宜豫也。夏村迤邐數十里。地高必導水于薛河。非開支河引薛河上流以分其派。及三河口鮎魚泉諸地鑿口築隄。置閘啓閉。能免衝決淤塞之虞乎。故蓄泄之計宜愼也。願自今河事。憲臣一人與藩臬之佐一人專之。罷濟沽南旺部臣之分理。上是之。下尚書朱衡議。

甲申。上御皇極殿。衍聖公孔尚賢率三氏子孫詹事府吏部左侍郎署國子祭酒趙貞吉司業萬浩等表謝。

河決三河口。工部尚書朱衡鐫俸一級。

故太子太保兵部尚書彭澤贈少保。謚襄毅。刑部尚書顏頤壽贈太子少保。南京工部右侍郎何孟春贈禮部尙書。諡文簡。太僕寺卿楊最。贈右副都御史。諡忠節。御史石俞喻希禮。贈光祿寺少卿。

丙戌。南京兵部尙書趙大佑母老。辭不赴。

前山東按察副使王世貞訟父薊遼總督右都御史兼兵部左侍郎忬之冤。命復官。

談遷曰。永陵嚴于邊臣。少有失利。斧鑕輒隨其後。王忬戮力塞上六遏大虜。雖以才自見。迨其稍挫。咎寧獨逭。其畢命西市。實先帝意也。矧夙通嚴氏。死即歸獄。君子惡居下流。諒哉。

戊子。右春坊右諭德兼侍讀丁士美右中允兼編修□□主試順天。

太常寺少卿周怡上五事。定君志以修德業。畏天命以消災異。敬大臣以尊師道。擇左右以愼近習。勤朝政以飭臣工。語多觸忤。降山東按察僉事。

罷遮洋運糧把總。

辛卯。總督宣大兵部左侍郎王之誥秩滿。進右都御史。

勞薊鎭修邊吏卒二萬金。

癸巳。始日講文華殿。

甲午。御經筵。

丙申。巡撫延綏右都御史王遴罷。

己亥。廣東右布政使李尙智爲右僉都御史。巡撫延綏。

辛丑。裁內府各監局官匠及山西浙直廣東冗員。

壬寅。遼東總兵王治道計擒叛人黃勇。勇降胡也。復走胡。導速把亥寇邊。夏四月。開馬市。速把亥部冒朵顏人以入。治道捕得三百七十五人。因諭速把亥以易黃勇。遂執獻。遼人以勇黨大哈剌七人尙在胡。又吾臺卒見掠者宜及此要之。乃留十七人不遣。胡怒。數入寇。我輒敗之。
癸卯。召兩廣總督譚綸入朝。
甲辰。免順天永平屯租。
南京兵部右侍郎劉畿罷。
乙巳。故戶部員外郎申良贈太常寺卿。給事中張逵常泰。清紀郎周鈇。並贈光祿寺少卿。時吏部以光祿寺少卿馬從謙同卹。上怒不許。從謙劾內臣杜泰得罪。故內臣撓之。給事中王治御史龐尙鵬各申請。上謂從謙所犯比子罵父。律不許。萬曆十九年始祭贈。
丙午。巡撫山東右副都御史洪朝選爲南京戶部右侍郎。提督漕運。兵部左侍郎兼右僉都御史張瀚總督兩廣。
戊申。諭內閣。幸天壽山秋祭。徐階等言。聖孝所發。異于遊幸。但天子之孝。保安社稷爲大。故累朝送葬止于午門。祭禮惟太廟親奉。山陵皆遣官。未嘗輕出。以重社稷也。今東西虜伺邊。顧冒危而往。後悔何及。不聽。階等再言之。不聽。又言天壽山後卽黃花鎭。鎭外卽虜。萬一卒入。何以禦之。頃報東虜土蠻等欲犯喜峯口。西虜把都兒等欲犯古北口。此繫非輕。陛下何堅其行也。上悟。乃止。
庚戌。南京大理寺卿方廉爲右副都御史。總理漕運。兼提督軍務。巡撫鳳陽。南京光祿寺卿姜廷頤爲右副都御史。巡撫山東。
辛亥。戶部請今後錢俱留太倉餉邊。毋入內庫。從之。
瑞州人傅子忠僞託宗室。載輦直入禮部請祿。收下獄。論死。
九月壬朔。南京國子祭酒呂調陽爲國子祭酒。

癸丑。太監呂用高相陶金監團營。又命修內教場。勅中貴習騎射。兵部尚書郭乾爭之。未聽。

甲寅。太常寺少卿徐公遴爲南京光祿寺卿。

乙卯。虜俺答寇大同井坪朔州老營偏頭關。我叛人趙全說俺答曰。薊門臺垣甚固。而選兵多銳。晉中兵弱。亭障稀。石隰間多肥羜良鐵。可致也。彼藉救宣大。未易卒來。且千里人馬俱罷。我以全制其敝。必得所欲矣。俺答從之。六萬騎入邊。軍俱衂。老營副總兵田世威嬰城自守。游擊方振出戰失利。復入壁。虜遂南下。總督王之誥聞變。以游兵六千騎乘程抵雁門。而大同延綏騎二萬亦至。皆相望不敢前。

丙辰。兵科都給事中歐陽一敬等巡視京營。給事中孫枝御史韓君恩等各諫內臣監營。徐階繳旨。遂寢之。

己未。南京工部尚書魏尙純致仕。

虜至嵐縣。諸將不扼險。遂長驅而入。會黃台吉窺宣府。土蠻逼灤河。並告急。命王之誥護陵。所徵兵盡東。不暇西及。

壬戌。虜至石州。

癸亥。陷石州。知州王亮采諭富民以貲啗虜。不應。亮采忿。下城。衆遂潰。殺亮采。男女死者數萬人。總兵申維岳住大武店。距城四十里。不救。僅尾之。報至。命發兵二萬往援。度勿及。罷師。虜分犯汾水交城平陽介休遣間入汾內應。參政宋岳擒之。焚其僞書以安衆。攻八晝夜而去。

罷宣府副總兵任勇。起董一奎代之。

庚午。俺答東趨雁門。而大同總兵孫吳連諸鎭兵屯篙泊村。巡撫王繼洛趣吳擊其輜重。吳曰。不敵。祇取辱耳。張幟疑之。寇走故道。且行且掠。

辛未。山西副總兵田世威條安攘大計三十事。其審兵勢曰。各邊耗弱。咎在持議者以文章空談。玩愒歲月。亡益實用。今宜先責廷臣定議。而後責邊吏効力。皇上仍英斷臨之。則邊事無不可爲矣。其立紀功曰。科道官寄人耳目。舉劾不公。請事屬各道郡縣官。使身自督戰。隨營紀功。則士氣自倍。可免後勘。其寬繩墨曰。文臣多設疑事以營將領。欲戰則責其不能守。欲守則責其不能戰。展轉牽制。非大破常格。不可成功。其禁科斂曰。將廉而後軍和。乃百勝之術。必任將者重祿厚賞。方可責之卹士。其僇營刺曰。令各邊臣不得通權貴書。雖經保薦。不得私謝。其鋤禍萌曰。各鎮兵勇于家丁而怯于官軍。家丁飽獰驕貴。雜以降胡。皆邊臣心腹之梗。而鎮臣方倚用。如虎傅翼。斷不可長。其重入衞曰。客兵來衞陵京。乃諸邊驍健。而薊鎮多役使之。忍餓負重。挫其銳氣。宜乘寇退。盡掣回。焉餘議亦可錄。上下兵部採行。會世威失事下獄而寢。

壬申。土蠻寇薊鎮。掠昌黎樂亭撫寧盧龍。游騎至于灤河。

命薊遼總督劉燾總兵李世忠巡撫耿隨卿東禦土蠻。昌平總兵劉漢西防黃台吉。京營左參將陳良佐游擊將軍趙勇護陵。宣大總督王之誥還懷來。保定巡撫曹亨移通州。

更作車里等處金牌。

懸賞格購北級。

癸酉。北騎入陝西。

經略邊事兵部左侍郎兼右僉都御史遲鳳翔督兵駐昌平。

甲戌。鄖襄水災。免田租。

大學士郭朴致仕。始李春芳嚴訥事徐階謹。郭朴高拱雖階所薦。稍自倨。又鄉曲甚歡。階勿善也。拱既去。御史龐尚鵬凌儒移攻朴。力引疾去。時頗不平。

南場監生去皿字號。解額虧四分之三。試官王希烈孫鋌謁太學。下第監生羣詬之。事聞。逮其首數人遣戍。司業金達罰俸三月。守備魏國公徐鵬舉視變奪祿。其卷號仍舊。

乙亥。總兵李世忠東援。值土蠻于撫寧李家莊。斬五十級。

京師戒嚴。

庚辰。山東布政司右參議喬應光家石州。聞陷成疾。乞休。上閔之。特予告。外官例不歸省。

辛巳。罷湖口縣船料。

應天府尹徐應進程錄不謹。奪俸二月。

十月壬朔。故禮部主事臧文奎子繼藎入太學。

翟昌推官王藎臣犯贓。刑部以恩詔請。不許。其治如律。

癸未。南京吏部右侍郎裴宇爲南京工部尚書。刑部左侍郎林雲同爲南京右都御史。左春坊左諭德姜金和爲南京國子祭酒。

甲申。夜。金星入南斗。

乙酉。上日講畢。問輔臣石州事。諭選將調兵。

兵部尙書郭乾劾免侍郎遲鳳翔鐫三級。

撫治鄖陽右僉都御史劉秉仁免。秉仁被劾。擬調給事中吳時來言。秉仁前議革分守太和山內臣。已薦太監李芳亡大臣節。坐罷。

丙戌。俺答始出塞。計損我人畜數十萬。巡按御史王漸劾王繼洛言。虜下岢嵐。去代五百里而遙。撫臣若鼓行而西。則知軍曲折。可鞭箠使之。而顧留代不行。及虜至汾。則應發雁代之卒一當虜。乃七日不發一卒。彼謂甲不足耶。材官五萬。徒以自衞耳。

土蠻東出義院口。會大霧迷失道。墮棒棰崖中。崖深十餘丈。騎塡焉。延綏游擊張臣等趨之。報斬九百五十五級。總兵李世忠多濫殺稱功。

工部尙書朱衡因三河口決。請從東邵開支河三泄之。又開支河于東邵之上。歷東滄橋。達于百中橋。又鑿渠豸溝等處。使水入赤山呂孟諸湖下景山而去。又築壩沙河支流下。令水自鮎魚泉以出。更對泉治塘隄以納流殺勢。修改楊莊南陽佃戶屯留城諸閘。以時節宣從之。

丁亥。畏寒。停經筵日講。閣臣言徹講太早。不聽。

御史陳省劾遼王憲㸅僭侈亂倫。多殺無辜。命奪眞人賜印。所任奸人下于理。

總督陝西左侍郎霍冀爲兵部尙書。

戊子。總督劉燾王之誥。巡撫耿隨卿王繼洛。總兵申維岳李世忠。俱失事奪祿。

己丑。工科都給事中馮成能言。臣從新河來。度其地自南陽而下。抵鮎魚三河口。地高平。故水漫溢。且閘渰隄潰不可制。三河匯衆流西注。下達新河。猶高屋建瓴。衝激爲淤。旱潦皆可慮。夏村以南多藉閘泄其水。勢高下相懸幾及于丈。由此觀之。功雖告成。猶宜預備。上下朱衡熟議之。

庚寅。罷江南寄田洒糧之弊。立冊釐正。

壬辰。巡撫大同右僉都御史張志孝免。

甲午。巡撫陝西右僉都御史楊巍爲右副都御史。提督雁門等關兼巡撫山西。南京南僕寺卿劉光濟爲右副都御史。巡撫江西湖廣右布政使孫應鰲爲右僉都御史。撫治鄖陽。

免永平田租及天津治河之役。

起李攀龍浙江按察副使。

巡撫寧夏右副都御史王崇古爲兵部右侍郎。總督陝西三邊軍務。
乙未。刑部右侍郎樊深爲左侍郎。南京戶部右侍郎洪朝選爲刑部右侍郎。
南京吏部尚書劉采改南京兵部尚書。
召福建總兵官戚繼光入朝協理戎政。總督薊遼劉燾免。
丙申。戶科都給事中魏時亮請祀先臣薛瑄陳獻章王守仁于孔廟。下部議。
逮山西巡撫王繼洛薊鎮巡撫耿隨卿總兵官申維岳李世忠及保定都司吳光裕永平游擊齊進忠獄。上當維岳逗撓棄市。繼洛謫戍。王之誥以備懷來自解。奪一官。
丁酉。太常寺少卿張祉爲右僉都御史。巡撫陝西。浙江布政司右參政劉祐爲右僉都御史。巡撫大同。
起朱笈右僉都御史。巡撫寧夏。
戊戌。南京禮部右侍郎陳陞卒。陞餘姚人。嘉靖辛丑進士。贈尚書。諡文僖。
前署都督僉事郭琥起總兵官。鎮守永平山海。
己亥。大理寺卿盛汝謙爲南京戶部右侍郎。
南京戶部尚書吳嶽爲南京吏部尚書。工部左侍郎張守直爲南京大理寺卿。兵部右侍郎曹邦輔爲左侍郎兼右僉都御史總督薊遼保定巡撫河南右僉都御史劉應節改整飭薊州邊備兼巡撫順天。
庚子。故兵部尚書翁萬達。諡襄敏。兵部左侍郎陶諧諡莊敏。吏部左侍郎董玘諡文簡。
定京師九門稅課。分五城御史各令兵馬司指揮徵之。
辛丑。下前宣大總督楊順巡按御史路楷獄。順楷殺經歷沈鍊。吏科左給事中陳瓚追其寃。戍未蔽辜。遂逮入。論棄市。

癸卯。薊鎮墻子嶺屬夷私捽哨卒。參將吳昂救之。被殺。

甲辰。諭閣臣。禦東西虜之策。其詳上之。

寧夏總兵官雷龍靈州參將何其昌出塞擣虜。敗之。斬二十九級。

減太常光祿庖人內府官匠。

乙巳。巡撫保定右僉都御史曹亨為兵部右侍郎。協理戎政。巡撫湖廣右僉都御史楊豫孫為大理寺卿。

丙午。大理左少卿溫如璋為右僉都御史。巡撫保定兼提督紫荊等關。起王國光戶部右侍郎兼右僉都御史。巡撫河南。

禮科左給事中陸鳳儀削籍。鳳儀言兵事。首述聖諭。竄數字。忤旨。

戊申。太僕寺卿劉慤為右僉都御史。巡撫湖廣。

詹事府吏部左侍郎兼學士趙貞吉為南京禮部尚書。

古田盜韋氏。夜入桂林城。獲之。

己酉。增通州月城。

山西副總兵田世威。參將黑雲龍等逮獄。總督王之誥免。

十一月壬朔丙辰。故朝鮮國王李峘。謚恭憲。命中官姚臣行人歐希稷往祭。從子昖封朝鮮國王。

起陳其學兵部右侍郎兼右僉都御史。總督宣大山西。

丁巳。廣東總兵官湯克寬免。切責總督張瀚。克寬前撫海盜曾一本。居潮陽之下澮。潛劫海上。致攻揭陽。

己未。大理寺左寺丞海瑞為南京通政司右通政。

庚申。署翰林院禮部左侍郎潘晟改吏部左侍郎。署詹事府。

辛酉。徐階等既廷議禦虜上十三事。曰責實効。詔令數下。邊臣鮮以實應。如薊鎮常修邊而虜近從羅漢洞入。山西石州嘗築城而院委之道。道委之縣。上下相蒙。遂成陷沒。當痛懲此弊。軍士逃沒必實補。疲羸必實選。城堡必足防禦。器械必堪擊刺。而尤公行賞罰。芻餉時給。躬親閱視。否則巡按部科劾治。或數月特遣才望大臣。帶司屬分詣諸鎮查驗實効。奏請賞罰。每三年遣官巡視。庶今所議不爲虛談。曰定責任。各邊總督總兵巡撫責任均重。但比歲失事。總督受辟而總兵漏網。夤緣復用。故議者遂欲專責總兵。且諸邊巡撫敕書有訓練調遣等語。倘專任糧餉而臨機調遣悉責總督。在薊鎮去總督近。聽命爲便。若山西遼東寧夏甘肅保定諸將。不取裁于在近之巡撫而遙制于在遠之總督。其能及乎。宜令督撫鎮道各遵敕行事。遇有功罪。自總督以至副參游守兵備有司照職任例定賞罰。曰明戰守。用兵必審地利。薊鎮天險可因。當主于守。修邊必不可廢。山西諸路。地多平衍。當主于戰。然邊墻亦可捍零騎抄掠。使邊民得耕收。則今未能戰。又未可棄守。羣臣欲減薊鎮入衛官兵。臣未敢輕擬。宜令總督以戰守責各鎮入衛官兵。修邊責主兵。宣府之當守南山。保定之謹哨探。大同之搗巢。遼東之積貯。吏部所論。宜卽舉行。曰申軍令。主將之所以制偏裨與所以練卒伍者。亡他。號令嚴耳。今自總兵下。臨陣不能僇一卒。而副參游守。原受總兵節制。茲各領兵三千。亡異寮寀。如此令安能行也。宜立定例。凡領兵官亡論副參游守臨陣。但部卒退縮者。許卽斬首以徇。其領兵官退縮。把總以下。許總兵及副總參游亦卽斬首以徇。呈總督奏聞。參游副總許總兵官具罪狀呈總督奏請。曰重將帥。將官與文職。其文檄禮接。自有成規。近文臣或凌辱將官。侵其事。將權日輕。今後愼選總兵。得其人。則各營中軍千把總管隊等官。許其自辟。參游守備等官。許其共擬去留。遣諜購間等費。徑從督撫關支。如事大則特奏。糧草器械馬匹等。或缺或竄。呈督撫覈處。總兵見總督。副總參游見撫按。自稱名。稱總督曰軍門。稱撫按曰本院。不許詘下自損威重。曰練軍兵。薊鎮修邊不暇練。各鎮又專恃家丁殺賊。所部卒亦不練。宜自來年爲始。各部軍士淸占冒。汰老弱。

選敎師習藝。尤重火器。第其能否而賞罰之。曰繕城堡堅壁清野。禦虜之一策。諸鎭凡城堡低薄者增修之。或創築其費取撫按等贖鍰。不給則支帑金軍民捐助。立爲勸奬守具槍砲等。令郡縣如法製造。曰團民兵燕趙三晉古稱用武多才之地。各督撫兵備令有司選鄉民編伍。擇有身家信義者爲堡長統之。時習騎射。有警則同拒守。若擒斬有功陞級世襲。其不願陞予五十金。上司于民兵止關視賞罰。不得追呼送迎及調赴他役。曰處久任。邊方危苦。與內地異。徒持久任之說而不有以處之。使才能之士積勞不遷。將以才能爲諱矣。望敕吏兵二部。今後各邊總督鎭巡。既受命從事。聽其展布。寬其文法。需以歲月。積以年勞。督撫及兵備三年考滿。近例陞廕。總兵及副參游守修職防秋。三年無事。督撫奏請加恩。各勿易地。俟再考總敍超擢。其小過勿輕劾。如事不可已。或降秩俸。或革職。仍令在事立功自贖。曰廣招納。今虜中多華人。未嘗不思故土。但將官或妄殺邀功。故不敢自歸。幸而生還。有司又不加䘏。故甘爲賊用。近兵部立招降賞格。令各邊總督鎭巡榜示邊外。諭陷虜能計斬大酋如俺答黃台吉把都兒吉能土蠻等函首來獻。封世伯。賞五千金。計斬逆賊如趙全周元等函首來獻。世都指揮僉事。賞千金。其率歸男婦五百人以上。授指揮同知。三百人以上。授指揮僉事。各世襲。餘各有差。十人以上免徭役。若趙全周元自悔來歸。許以不死。曰儲人才。九卿科道。各舉所知。下部訪照資俸。請添註于兵部堂司及各卿寺。以備任使。各邊督撫巡按薦舉將官。亡論指揮千百戶。鎭撫一體訪薦。而軍民人等。果巧技及力舉千斤者。即給道費。送兵部試用。曰理鹽法。先年商人中鹽各邊。納本色。屯軍貧不能耕者。商人資以牛種。秋成分粟。故鹽法與屯田相爲表裏。近來鹽法大壞。乞廷臣舉才臣理鹽。重其事權。俾之清理。因興屯田之利。裕塞下之民。曰擇邊吏。沿邊知府。必加審愼。其府佐州縣。必多進士除授。及下第貢士。果年壯。收選日後陞遷。照近例繁簡。各加優異。上褒答。其即行之。

癸亥。冬至。上親南郊。還御皇極殿。行慶成禮。

甲子。免宴賀。
丙寅。鴻臚寺卿李一元爲太僕寺卿。江西道監察御史龐尙鵬爲大理寺右寺丞。工科左給事中吳時來爲順天府丞。
丁卯。左春坊左諭德兼侍讀諸大綬爲侍讀學士。署院。
己巳。郭成爲署都督僉事總兵官。鎭守廣東。
故鎭國將軍佑桐追封南康王。諡榮僖。從其子淮王載坮之請。
庚午。改隆慶殿曰慶源殿。隆慶州曰延慶州。避紀元也。
兵部右侍郞吳桂芳爲左侍郞。召練兵兵部右侍郞兼右僉都御史譚綸佐部。
右副都御史鄭世威爲南京吏部右侍郞。太常寺卿鄒應龍爲大理寺卿。太僕寺少卿李用敬爲鴻臚寺卿。
癸酉。行人石星主事劉繼文爲吏工科給事中。主事謝廷傑劉世曾饒仁侃周僖行人燕儒宦爲御史。
乙亥。右僉都御史何維柏爲左副都御史。順天府尹陳紹儒爲太常寺卿。
丁丑。琉球國中山王尙元來貢。
戊寅。國子監祭酒呂調陽爲南京禮部右侍郞。
山東左布政使李豸滿六年考。宗戚不內遷。命進俸一級。
裁江西冗官。
己卯。光祿寺卿徐貢元爲順天府尹。
十二月辟朔。命吏部博訪人材。
壬午。詹事府吏部左侍郞兼翰林學士潘晟翰林侍讀學士諸大綬纂修玉牒。左春坊左諭德兼翰林侍讀王希烈爲國子祭酒。

河南布政司右參議富順謝廷瀧致仕。廷瀧始官吏科敢言謫外稍遷至浙江按察僉事引去至是起中州不赴。

癸未太常寺少卿趙錦爲光祿寺卿。

甲申裁九江分巡僉事并于饒州兵備。

乙酉左春坊左中允兼編修張四維爲左諭德兼侍讀。

禁撫按官訟牒不得發武職及雜途官。

丁亥戶科都給事中魏時亮言遼東自罷海運轉餉甚艱乞歲間一行之則山東米粟貿易兩利許之。

故巡撫□□右僉都御史阮鶚卒。

己丑故禮部左侍郎何瑭謚文定復大學士夏言官故大理卿朱廷立刑部侍郎詹瀚鍛獄追削其籍。

辛卯國子司業萬浩爲南京右春坊右諭德署院。

壬辰總督京營鎭遠侯顧寰同給事中孫枝御史□□等考閱將領。

癸巳起戴才右副都御史巡撫河南。

汰錦衣衞軍校及監局冗役。

甲午辰刻有大星色靑白自中天東流尾光二丈餘。

乙未故南京戶部尙書贈太子少保徐問謚莊裕。

丙申故御史葉經子志周入太學。

丁酉故刑部尙書蔡雲程贈太子少保予祭葬。

成國公朱希忠攝享太廟。徐階言。皇上當萬國來王之初。宜致廟享。萃合天下之心。而無故遣代。恐非所謂萃之道也。

夜。風霾。

戊戌。工部主事楊時喬言時政幾之當愼者三。勤朝講爲修德之幾。親裁章奏爲出令之幾。聽言能斷爲圖事之幾。弊之最重者九。曰政體怠弛。曰法令數易。曰賞罰冒濫。曰納鬻太多。曰用度太繁。曰莊場擾害。曰習俗侈靡。曰士氣卑弱。曰議論虛浮。勢之偏重者三。宦寺之權重于難制。宗藩之祿重于難給。邊境之威重于難振。上是之。

諭戶部覈內庫太倉出入之數。尚書馬森言。太倉見金百三十五萬四千六百五十二兩。歲支祿糧百三十五萬有奇。邊餉二百三十六萬有奇。補年例百八十二萬有奇。共五百五十三萬有奇。今計僅足三月。京倉見糧六百七十八萬三千一百五十一石。歲餉二百六十二萬一千五百餘石。值閏月加二十二萬餘石。今計足二年有餘。願念國儲之匱乏。恤民生之艱難。視銀數之少若此。則百金之費。必思所以惜之。視糧數之少若此。則九年之蓄。必思所以致之。守此不變。力由節儉。一切權宜搜括。上手詔。帑匱至此。朕用度毫未妄費。卿其悉心計之。

己亥。吏科都給事中王治等言吏治三事。定等則以辨才賢。公論劾以一事體。修實政以圖治安。上是之。

壬寅。盬山縣丞王邦直上十事。減賦役以招流移。實倉廩以備凶荒。戒有司以去奢僭。淸驛遞以革冒濫。禁勢豪以除暴橫。正仕途以塞奔競。重功績以明考課。愼作養以剔繁冗。嚴簡練以修武備。振紀綱以勵風俗。上善其言。下部採議。

談遷曰。穆廟拱默。少所裁答。其念石州之失陷。憂帑藏之缺乏。錄王邦直之封事。意固惓惓矣。

乙巳。復故太子少保吏部尚書萬鏜官。贈太子太保。巡撫山西右副都御史江潮。贈兵部左侍郎。並予祭葬。故貴州道御史郭洪化。河南道御史王時柯。兵部武庫主事佘禎。並贈光祿寺少卿。刑部郎中胡璉。贈太常寺少卿。

論薊鎮功罪。總督劉燾鐫二秩。巡撫耿隨卿削籍。總兵官李世忠遣戍。都司吳光裕等下巡按御史訊之。遼東總兵官王治道進署都督同知。巡撫魏學曾進右副都御史。參將羅端董一元延綏游擊張臣遼東游擊郎得功尚智各進二秩。趙臣等進一秩。仍賚金幣。

談遷曰。棒椏崖之役。雖虜迷霧失道。諸將士帶甲窮追。徼天之幸。亦不爲亡功。幕府上級。輒從吏議。何也。後御史閱實七百二十餘級。賞不酬勞。投杼易疑。鳴劍難勵。張臣之痛哭。有自來矣。

丁未。前巡撫山西右僉都御史趙時春卒。

巡撫貴州右副都御史杜拯上言。沅靖二州與平清偏鎮銅鼓五開之民去湖廣。酉陽播州永寧三土司之去四川。俱二千餘里。遙屬于二省。而兼制于貴州。服役者興遠道之嗟。蒞事者無畫一之軌。于民情政體甚不便也。以數州衞土司專界之貴州。其便有十。且各省會城府縣並置。貴州獨闕。每事委之首領與指揮及宣慰司。夫首領類皆異途。政體鮮諳。指揮則尤甚矣。故士民皆欲增建府治。而該司議程番府附省會。其說可行也。又貴竹長官司。所轄皆流寓之子孫。與苗民不同。龍里所轄平伐長官。誅削已久。尚無所屬。俱應改縣。附程番爲便。上命改程番入省。立二縣。其州衞統轄。下部議。至萬曆中。平清偏鎮始隸貴州。

是年。暹羅入貢請印。許之。禮部儀制郎中鄭汝璧以印文未詳。閣臣言暹羅國王耳。汝璧以初封不必王。且篆文又小異。亦不足取信諸國。留一使京師。以一使歸取印牒。至則都統制使印也。使臣揭元禮。江西人。求居廣東。貢使强之返。汝璧曰。華人還華。固其所也。先是東蠻牛國忿暹羅拒婚。攻陷之。王自經。虜世子及印。

戊辰隆慶二年

正月辛亥朔。御皇極殿受朝賀。

直隸巡按監察御史顧廷對上六事。治貪墨。酌遷除。愼選代。議兵餉。淸國稅。查班銀。上覽之曰。貪官止斥免。誠無以懲。其令部院以罪上。

癸丑。廣賓兔台吉寇靖虜城。

甲寅。太白晝見。

丙辰。減內府加增米四千五百石。靑白鹽三萬斤。從太監李芳之請。

戊午。享太廟。已遣成國公朱希忠代。閣臣徐階言。遠國來王之初。宜致謹廟享。從之。

庚申。禮科給事中張鹵乞嚴建言卹錄未盡諸臣。從之。

太原地震有聲。

壬戌。大計。謫免千六百六人。按察副使張天復知縣汪堯仁等尤墨。下訊所司。

兵部左侍郎吳桂芳疾免。

巡撫順天都御史劉應節等言。永平西門。直抵海上。至天津五百餘里。可漕。議令永平通判及指揮等募舟赴天津領運還永平。戶部派薊鎭十萬石與之。

奪正一眞人印號。改張國祥上淸觀提點。給印。

癸亥。禮部尙書高儀復請立太子。許之。

乙丑。徐階廕尙寶司丞。進李春芳少師兼太子太師建極殿大學士。陳以勤少傅兼太子太傅。張居正少保兼太子太保殷士儋爲禮部尚書。仍署詹事府。

戊辰。陝西按察副使姜子羔請朝覲官各獻羨餘。布政三百金。按察二百金。遞下有差。上不許。仍禁科斂累民。

己巳。移皇太子座于文華殿東廡西向。故事。箋賀設座殿上。嘉靖十五年。殿易黃瓦。專經筵。

裁浙兵八千人。省紹興兵備官。歸其事海道副使。

辛未。故紹興知府黃綰贈太常寺少卿。綰忤桂蕚。諫武宗南巡廷杖。晚劾陳洸被逮瘐死。

刑部左侍郎樊深罷。

鳳陽南山盜殺鎮撫張希賢。

丁丑。風霾。

戊寅。戶部右侍郎萬士和改禮部右侍郎。巡撫南贛兵部右侍郎兼右僉都御史吳百朋爲南京兵部右侍郎。

己卯。故南京通政司右參議徐學詩贈大理寺少卿。

吏科給事中石星上六事。曰養聖躬。陛下清心寡欲。漸不如初。今爲鰲山之樂。必縱飲。必耽聲色。皓齒蛾眉伐性之斧。甘脆肥醲腐腸之藥。倘不亟戒。萬一起居失調。悔將奚及。曰講聖學。今經筵屢請。未見慨俞。竊恐歲月逾邁。德業無聞。不亦重可惜哉。宜及時舉行。使聖學日懋。曰勤視朝。卽位以來。宵衣旰食。歲無虛月。自正月來。稍倦于勤。若有奸諛迎合。以先帝二十餘年不出宮闈。天下晏然。勸陛下效尤。則大不可。先帝雖不視朝。太阿獨持。陛下當叢脞之後。不加勤厲。何以保終。曰速俞允。陛下初立。聽言納諫。或事涉亡。當亦卽降旨。今則有不允者固未審如何。而允者亦常違期。或左右遏抑耶。願自今常奏三日而下。兵事則不時進覽。曰廣聽納。陛下下詔求諫。未幾而少卿周怡觸忌諱出外。給事中陸鳳儀詿悞削籍。若更有批鱗引裾之臣。將何以處之乎。望召還二臣。仍諭諸臣毋以言爲戒。曰察讒譖。今公道昭明。間一二內臣專作威福。切齒言官。欲行中傷言官過直則曰此人欺。過激則曰此人慢。漸漬既久。不覺其入而怒之矣。惟深燭其情。悉置不聽。疏入。上怒其輕訕。杖六十。削籍。

庚辰。工科左給事中王璽等言。內庫之弊。在外有三。曰包攬。曰解戶私逃。曰那移延緩。在內有四。曰鋪墊。曰守門科尅。曰私儀。曰棍徒需索。乞盡革之。報可。

兵部左侍郎鮑象賢卒。贈工部尚書。予祭葬。

二月辟朔。禮科左給事中張鹵言。皇子方在睿齡。宜敕司禮監擇端良識大義者。日侍左右。口授書。陳民事。上然之。

南京刑部右侍郎吳悌卒。金谿人。嘉靖壬辰進士。清修剛介。生平一節。士論推之。予祭葬。天啓初。贈禮部尚書。謚文莊。

壬午。故左中允郭希顏子瑀。禮部主事仵瑜子賓。並入太學。

癸未。四川泥溪長官司。湖廣永順宣慰司。貴州貴竹長官司。各貢馬。泥溪後期。半賞。

論石州被寇功罪。總兵申維岳。田世威。參將劉寶。大辟。巡撫王繼洛。副使王學謨。遣戍。總督王之誥。鐫二秩。餘治罪有差。游擊方振。參將尤月。力戰陞賞。

甲申。譚太初爲戶部左侍郎。總督倉場。張翀爲右僉都御史。巡撫南贛汀韶。

乙酉。皇子翊鏐生。

丙戌。少傅大學士李春芳。禮部尚書殷士儋。主禮闈。

大學士徐階再滿九載。命支伯爵俸。廕錦衣正千戶。宴禮部。階辭俸宴。

丁亥。祠楊繼盛于保定。曰旌忠。

庚寅。廷臣會薦邊才百有八人命酌用。
吏部左侍郎兼學士潘晟予告。
辛卯通政使謝登之爲工部右侍郎。
奪黔國公沐朝弼兵符兵科都給事中歐陽一敬劾其殘忍暴横。私用兵符。遣伺京師起居。請治其罪。
壬辰。御經筵。
乙未。復山海關主事游兵。
丙申。江陰鰣魚貢額萬斤。光祿寺卿趙錦定貢五千斤。餘折值。
丁酉。黄台吉犯柴溝堡。守備韓尚忠敗沒。贈都指揮僉事。
己亥。上祭先農。藉田。
庚子。詔諭備邊于延綏榆林慶陽四衛。
辛丑。召南京禮部尚書趙貞吉直講。添注詹事府。調吏部右侍郎林爌南京。貞吉年踰耆。氣壯甚。吐議侃侃。上
心屬焉。是日手詔下輔臣。
壬寅。南京戶部右侍郎盛汝謙罷。
選恩貢生。
命承天內臣市茶以進。毋擾民。
癸卯。起王輪右僉都御史。巡撫甘肅。
大理寺卿鄒應龍爲左副都御史。總理兩廣江浙福建廣東雲貴鹽屯。南京右僉都御史唐繼祿爲右副都御
史。總理河東川陝宣大山西鹽屯。大理右寺丞龐尚鵬爲右僉都御史。總理兩淮長蘆山東兼江北山東薊遼

保定鹽屯各給印敕。

談遷曰。屯鹽總理誠不可無。第轄制半天下。遙領數千里之外。不過飛檄懸決。各道上簿書應命耳。裁報之間。動踰旬朔。其情僞利弊。寧一一而悉之哉。

太僕寺卿李一元爲通政使。

乙巳。改石州曰永寧。

丙午。南京國子祭酒姜金和致仕。

丁未。上發京師。謁陵。次鞏華城。

戊申。至天壽山。御感思殿。

己酉。上在山陵。欲出遊。徐階曰。陛下以祀至。非遊也。如先遊而祀。後之謂孝思何。乃止。諭輔臣曰。朕始知邊鎮近京如此。而邊臣專虛文塞責。豈不悞國。其傳示宣薊二鎮。飭備。令總督鎮巡官條上方略。勞二鎮護從吏卒五千金。量免所過田租。

庚戌。上親祭長陵永陵。餘分遣。卽日駕還京。

是月。貴州普定火五日。

遷程番府于省城。改爲貴陽。益以貴竹平伐二司。

三月辛朔甲寅。陝西及蒲州安邑裕州鄖陽並地震。西寧衞天鼓鳴。南城縣雨土。

丙辰。刑部右侍郎洪朝選爲左侍郎。南京吏部右侍郎鄭世威改刑部右侍郎。順天府丞吳時來爲南京右僉都御史。提督操江。通政司右通政姜寶爲南京國子祭酒。翰林編修林士章爲國子司業。

丁巳。大同總兵官孫吳擒虜于亂山子。斬三十四級。

戊午。太常寺少卿趙灼爲通政司右通政。提督謄黃。

仍命太監李佑往蘇杭織造。工部以明詔方撤。毋渝大信。上趣佑亟往。都給事中孫枝御史郝杰各言之。不聽。

己未。直隸新城縣有聲自空如雷。隕黑石二。

大風霾

辛酉。立皇太子。翊鈞。詔天下。

壬戌。受賀。

癸亥。光祿寺卿趙錦。以永樂初尚膳監羊房地十三頃在韓家川冷泉。後移西琉璃窰廠。牧卒歲費數千金。宜罷之。不許。

乙丑。策貢士田一儁等。賜羅萬化黃鳳翔趙志皐等及第出身有差。

調廣西總兵官俞大猷于廣東。時海盜曾一本等獗甚。

丙寅。南京工部尚書裴宇改南京禮部尚書。

起林樹聲。仍吏部右侍郎。

兵部右侍郎譚綸爲左侍郎兼右僉都御史。總督薊遼保定。四川右布政使嚴清浙江右布政使熊桴爲右僉都御史。巡撫貴州廣東。

御用監請金箔漆硃等料。工部言。宜視嘉靖初額毋溢。從之。

甲戌。巡撫河南右副都御史戴才爲大理寺卿。戶部左侍郎徐養正爲南京工部尚書。南京大理寺卿張守直爲南京戶部右侍郎。巡撫宣府右僉都御史冀鍊爲兵部右侍郎。

徐文璧嗣定國公。

聽降右都御史兼兵部左侍郎王之誥劉燾各兼右僉都御史巡視邊務。之誥山西宣大薊遼保定。燾陝西延綏寧夏固原甘肅。

遵化地震大雨雹。

丙子。上幸南苑。有內臣稱南苑之勝。前命駕。閣臣徐階等言。上林苑止鹿兔。非如視學耕籍。有關治理。不足仰煩臨視。及九卿科道交阻之。不聽。及駕至宿莽沮洳。宮館不治。卽日還。

談遷曰。巡狩田獵。古帝王不廢。其徒御簡靜。未嘗擾民也。後世千乘萬騎。馳蹕驛騷。故深以盤游爲戒。若近郊經歲一出。祖宗以來亦間見焉。日者謁陵之禮旣畢。稍覽風物。卽南苑咫尺。偶一寓目。亦恒情耳。諸臣交口必沉沉九重之爲安。開人主厭薄之端。反輕言路。是亦不可不思也。

丁丑。起王遴右僉都御史。巡撫宣府。大理寺左少卿李邦珍爲右僉都御史。巡撫河南。

戊寅。京師及永平遼東登州地震。寧遠城圮。樂平縣地裂湧水黑。

四月腖朔。辛巳。議覈勳戚莊田。奪承天府元祐宮田租入官。

壬午。令內承運庫太監崔敏以戶部六萬金市黃金一萬。尙書馬森等難之。言先帝曾市金二千。色惡。見貯太倉。命進之。

癸未。河南陝西地震。

甲申。萬全都司大雨雹。有赤黑二雲如鬬。

乙酉。陝西地震。壞城堡。傷人畜甚衆。

戊子。宣府邊垣竣。

己丑。貴州隆阡等寨叛苗平。
庚寅。改贈林俊少保。俊刑部尚書致仕。進太子太保。前贈亦太子太保。其孫及祖以請。
辛卯。故台州知事武暐。膺子尙冕太學。
壬辰。翰林檢討成憲禮科右給事中王璽頒詔朝鮮。
後府僉書署都督僉事徐珏有罪免。
癸巳。延綏總兵官趙岢等搗虜。斬六十七級。復岢祖職。
乙未。賜慶都伯杜繼宗德平伯李銘固安伯陳景行錦衣衛都指揮僉事李偉各田七百歸。
甘肅總兵官劉承業免。
丙申。修禁門城樓。
釋輕四。
丁酉。楊順獄死。
戊戌。蒲州滎河河津地震。
辛丑。故左都御史張永明贈太子少保。諡莊僖。
壬寅。故吏部右侍郎王道贈禮部尙書。諡文定。南京兵部尙書湛若水贈太子少保。諡文簡。
乙巳。復趙岢署都督僉事。改鎭守大同。
許葬左春坊左中允郭希顏。先是首藏南昌天寧寺。
丙午。傳制封新會王睦㰘。崑山王謨堄。河南王新墳。鄒平王頤在。崇德王載陞。
戊申。榆林常樂堡旂端有火光。

五月戊寅朔。署都督僉事董一奎總兵鎭延綏。

山西永寧府山崩。

辛亥。總督薊遼保定譚綸言練游兵之難。不如選見兵三萬人。分三營。屯密雲遵化。各參將游擊一。中軍住三屯營。屬總兵郭琥。仍付戚繼光總理薊遼保定練兵總兵官。以巡撫劉應節提調。而臣總之。又選浙兵三千習銃。從之。命戚繼光仍署都督同知總理薊昌保定練兵事。各鎭受節制如綸。遣官募浙兵三千人。

壬子。晉府旌德王知㸌薨。

甲寅。錦衣衛經歷牛應龍等。以父某前大計削籍。求移封。吏部言貪酷削籍。例不封贈。

順天府尹徐貢元爲南京大理寺卿。

丙辰。龍光陳邦彥爲吏兵科給事中。王禎爲南京吏科給事中。周以敬李世臣盛時選李學道潘民樸爲御史。

姚光泮李紹先爲南京御史。

戊午。許王守仁新建伯世襲補誥券。

故給事中潘大賓贈太常寺少卿。御史戴先張曰韜高世魁。主事王漸逵。各贈光祿寺少卿。

刑部贖鍰入戶部濟邊。著爲令。

吳江知縣鄭傑私饋巡撫謝登之。被劾削籍。

己未。改嚴淸巡撫四川。

辛酉。故廣東按察僉事王德殉倭。廕溫州衛百戶。至是改錦衣衛。

癸亥。趙錦爲右副都御史。巡撫貴州。

甲子。瀋府永年王珵封薨。

丙寅。上親北郊。

戊辰。王之誥疾罷。

肅定王妃吳氏言。孫肅懷王亡嗣。請定王從子輔國將軍縉熿襲爵。禮部以先帝云越世不相繼。孰敢違之。遂不許。

庚午。追論光祿寺丞胡膏罪。下御史。論死。籍產。

辛未。兵部右侍郞冀鍊兼右僉都御史。巡視山西宣大薊遼保定。

丙子。太監趙玢往南京織造。工部止之。不聽。兵科給事中陳邦顏疏入。奪俸二月。

丁丑。襄城伯衞守正卒。

虜入寧夏大掠。

六月𣄸朔辛巳。太僕寺卿靳學顏爲光祿寺卿。

選翰林院庶吉士。徐顯卿陳于陛張一桂沈一貫李長春韓世能賈三近王家屛沈位田一儁朱賡沈懋孝張位李熙林景暘徐秋鶚張道明邵陛何維椅李維楨郭莊王喬桂劉東星于愼行范謙張書李學一習孔教劉應麒鄭國仕詹事府禮部尙書兼學士殷士儋趙貞吉敎習。

甲申。山西樂昌王充熌訴宗祿積負。求兩淮殘沒鹽濟匱。不許。別給萬金。

壬午。裁揚州參將。

戊子。蠲河東積逋鹽課。

辛卯。賑陝西被震災民。

癸巳。南京國子司業金達劾免。

總督薊遼兵部左侍郎譚綸上三營練兵事宜。臣與戚繼光專其事。毋預巡按巡關御史。從之。巡按御史劉翾巡關御史孫代以爲言。命兵事悉付綸。御史歲閱。

談遷曰。議事易。任事難。當時練兵薊門。稱雄鎮焉。則譚司馬專事之效也。嚮使豸史參其說。方論辨蜂起。戚繼光救過之不遑。能與司馬共功乎。

乙未。罷眞定權木內臣。從太監李芳之請。

寧夏地震。熒惑犯太微西垣右執法。

丁酉。山東按察僉事周怡改南京國子司業。

乙巳。汰錦衣衛冗役三百五十九人。

丁未。給薊鎮火器戰車之値。

海盜曾一本寇廣州。殺聽調知縣劉師顏。總督張瀚問計于總兵俞大猷。答曰。賊所畏閩船閩兵。宜造舟募兵于閩。瀚遲之。大猷作拙速解曰。孫子有言。吾聞兵以拙速。未聞巧久。夫此春秋戰國紛爭互併之術。今天下一家。賊子弄兵。命將征討。堂堂正正。十圍五攻。剪絕枝根而後已。苟圖欲速。不顧大計。是倖功也。夫速而徒拙。何取于速。久而能巧。何嫌于久。愚謂今日截殺鵰剿。戰國用兵之師也。速不嫌拙。大舉征剿。古帝王問罪之師也。巧不嫌遲。瀚不能用。

七月朔己酉。諭輔臣申飭防秋。

盜入廉州。劫庫傷吏卒。

庚戌。劉燾添注兵部左侍郎。

辛亥。刑部左侍郎洪朝選錦衣衛指揮僉事程堯相往按遼王憲㸅罪狀。朝選請偕河南布政司右參議董文寀山東按察副使吳道直從之。
壬子。朱岡嗣撫寧侯。岳之弟。
甲寅。總理山西等屯鹽右副都御史唐繼祿疾罷。
復故錦衣衞正千戶李拱辰沈欽盧永昌官。嘉靖初議禮謫戍。
乙卯。南京戶科給事中張歷治等上修弭災異七議。勤政。親賢。立信。足兵食。平寇盜。復軍儲。察幽枉。語多觸忌。革內批。罷遊幸。召還織造內臣。上不懌。雖下所司。而兵部覆上切責之。
勸慶成王府庶人知煉自盡。手殺從子奉國將軍知𤏐子新堀也。
丙辰。內使毆巡視中城御史李學道于左掖門外。內使許義嘗挾刃脅人金錢。學道遽笞之。會朝。罷。其黨羣捽學道踣地。上聞之。命執數人首杖之百。遠戍。餘戍孝陵。學道坐擅笞謫。
丁巳。大理右寺丞淩儒爲右僉都御史。總理山西等屯鹽。
故太常卿署國子祭酒胡正蒙贈禮部右侍郎。廕子承烈國子生。錄潛邸舊勞。
戊午。山西承差杜經朔州諸生李春豔俱陷虜脫歸。授鎮撫。
辛酉。陵川縣地裂。
戶科都給事中魏時亮言。天下有三大患。藩祿不給也。邊餉不支也。公私告匱也。創立宗學。勸賑貧宗。此藩封一時之計。散各宗近處。或給閒田自耕代祿。則百世利也。屯鹽近遣大臣。事權雖重。地廣難周。力分易諉。當專主塞下。久任責成。今府庫空虛。籠天下之財。悉入內府。充旦夕之用。甚非地方之福也。宜亟停寢。夫養民在守令。守令要務。勸農商。減雜傜。行錢法。重鄉約。嚴保甲。而簿書獄訟及催科之巧拙不與焉。于此重舉劾之典。嚴連坐降罰之令。則恤民足國亡遺策矣。上大是之。

癸亥。總督宣大山西右都御史陳其學上防秋事宜。往時汾石之敗。由擺邊官軍力分勢隔。今議西路參將方振等駐水泉營。中路參將王懷邦等駐茇麥川。北路參將牛相等駐馬蘭堡。東路參將戴椿等駐廣武城。總兵謝朝恩住陽方口調度。往時防秋兵盡出守邊。致乘虛深入。今議汾州參將屯永寧。太原參將屯會城。防河參將屯灰溝營。分守要害。使廢將同民兵團練防虜。往時虜入。調兵莫先。今議府川急參將方振卽間道直趨太原。與錢棟合西川。急參將戴椿卽間道趨永寧。與陳文範合參將孫鎮等分列汾州寧鄉靈石平定間。當其前。總兵戴希舜逐其後。總兵謝朝恩調各游兵結營堵隘。臣所爲備若此。又馬芳趙岢謝朝恩皆材勇可任。宣大山西各兵不下萬人。誠得三臣分練之。則鎮兵強矣。部覆從之。

甲子。戶科左給事中張齊劾大學士徐階不職。先帝神仙土木之事。皆階贊成。及草遺詔。歷數其過。與嚴嵩處十五年。締交連姻。嚴氏敗。卽攻之。大節虧久。比者諸邊告急。屢廑宣諭。猶養交固寵。擅作威福。上怒其誣詆。謫

乙丑。徐階疏辨乞休。不許。

巡撫浙江右僉都御史趙孔昭爲戶部右侍郎。太常寺卿陳紹儒爲南京刑部右侍郎。

丙寅。大學士徐階致仕。賜敕遣行人護行。尚書吏部楊博兵部霍冀刑部毛愷各上章留之。報聞。初。太監李芳事上潛邸。薄階黨嚴氏。又數上章不盡得。頗心望焉。當階乞休。張居正以階柄久。密報芳。階谻不任矣。遂許之。下戶科給事中張齊鎮撫司獄。前齊使宣大。受鹽商某三千金。還奏鹽制戶部格之。商索金。恐事發。故攻階。左都御史王廷以聞。後齊削籍。

談遷曰。初嚴氏敗。華亭柄政。人心嚮慕。羽翼亦廣。故齊康朝上書。夕出春明之外矣。張齊襲其說。雖元宰下席。而卽絀張齊以謝華亭。毋乃全交之是亟。借白簡以快之哉。彼張齊何足論。執法大臣。當自惜舉動。或令臺臣糾之可也。

丁卯。福建都指揮僉事傅應嘉受海盜吳平賂縱之伏誅。

己巳。科道並乞留徐階報聞。

壬申。起谷中虛右副都御史巡撫浙江。廣西左布政使陳慶爲太常寺卿。

蠲蘇松常鎭工部料價。

癸酉。禁南京入貢內臣濫用馬船。

乙亥。除大名眞定馬地餘銀。

丙子。台州颶風大作。潮溢溺三萬餘人。壞田十五萬畝。被災四十萬五千餘戶。絳州西北天裂。

八月戊寅朔。己卯。雲南叛酋鳳繼祖伏誅。官軍窮追。其黨斬首來獻。

壬午。寧陽侯陳維藩卒。

癸未。御日講。

己丑。開經筵。

故薊州參將吳昂贈都督僉事。初昂禦虜墻子嶺。死之。予葬費。御史劉翾言昂挺身殉寇。畢命窮沙。吏議見挫。僅得薄賞。是驅命同于數金。觀望賢于一死。乞重加卹錄。以勵邊臣。

辛卯。優錄宣大降人白春魏良桐田汝光田注王現等。仍定招降賞格。初大同妖人丘富走虜。令築城堡宮室于豐州曰板升。逃人萃焉。每入寇。輒前驅鄉導。塞上苦之。前購賞格多自歸。白春等各有部落畜產。聞風來降。命授近衛百戶。勞五十金。仍懸賞塞外。各邊皆然。

壬辰。陝西盜魏太淸流劫絳州太平。尋渡河遁。

庚子。淮揚巡鹽監察御史孫以仁侵帑數千金。罷。尙鵬劾之。奪官。

癸卯。劉世延復誠意伯。
吏部左侍郎王本固自劾乞罷。不聽。尚書楊博令本固出試目。蒼頭泄之爲奸。故投劾。上命法司罪蒼頭共事者。
甘肅旱饑。免屯租。
甲辰。衛國本嗣宣城伯。
左春坊左諭德兼侍讀張四維清理貼黃。
湖廣饑。議蠲卹。
丙午。少保兼太子太保禮部尚書武英殿大學士張居正上大本急務。曰省議論。天下之事。慮之貴詳。行之貴力。謀在于衆。斷在于獨。頃年以來議論太繁。或一事而甲可乙否。或一人而朝由莫跖。或前後不覺背馳。或毀譽自爲矛盾。是非淆于唇吻。用舍決于愛憎。政多紛更。事無統紀。又督撫等官初任。例有條陳。或漫言數事。或更置數官。其實臨政之始。利弊豈盡周知。賢否豈能洞察。不過採于衆口。讀其詞雖若爛然。究其指歸。毫未有效。久或幷其自言者而忘之矣。如昨年廷議防虜之策。今將期矣。其所言果盡行。所行果有效乎。又如薊鎭之事。初議曰吾欲云云。當事亦曰云云。曾無幾時。而將不相能。士譁于伍。異論煩興。于是罷練兵者。又紛紛矣。夫事無全利。亦無全害。人有所長。亦有所短。要在權利害之多寡。酌長短之攸宜。委任責成。庶克有濟。望自今以後。掃無用之虛詞。求躬行之實效。欲爲一事。須審之于初。務求至當。及計慮已審。卽繼而行之。如唐憲宗之討淮蔡。雖百方沮之而不爲搖。欲用一人。須愼之于始。務求相應。既得其人。則信而任之。如魏文侯之用樂羊。雖謗書盈篋而終不爲之動。又一切章奏。務從簡切。是非可否。須明白直陳。毋彼此推諉。徒託空言。其大小臣工。亦宜誠心直道。勉修職業。反薄歸厚。尚質省文。庶治理可興矣。曰振紀綱。詩曰。勉勉我王。綱紀四方。此人主太阿之柄不可一日倒持者也。近來紀綱不肅。上下姑息。百事悉從委徇。模稜兩可。謂之調停。委曲遷就。謂之善處。法之所在。惟加于微賤。而强梗者。雖壞法亂紀而莫之誰何。禮之所制。反在于朝廷。而爲下者或越理犯分而恬不知畏。陵替之風漸成。臂指之勢難使。然人情久玩。驟一振之。必將曰此拂人之情。又將曰此務爲操切者也。臣請解之。夫徇情之與順情。名雖同而實則異。振作之與操切。事若近而用則殊。順情者。因人情之所同施而施之。若徇情。則不顧是非可否。惟人情之是便。振作者。整齊嚴肅。懸法以示民。而使之不敢犯。若操切。則嚴刑峻法。虐使其民。故情可順而不可徇。法宜嚴而不宜猛。望陛下張法紀。攬權綱。刑賞予奪。一歸之公道。而不必曲徇乎私情。政敎號令。必斷于宸衷。而毋紛更于浮議。法所當加。雖貴近不宥。事有所更。雖疎賤必申。仍下都察院。以嘉靖初所定憲綱事宜。再加申飭。庶體統正。朝廷尊矣。曰重詔令。舊凡各衙門章奏。奉旨某部看了來說。必重大機務。某部知道。雖若稍緩。亦必合行事務。自酌緩急次第題覆。至特諭。又與泛常不同。宜即奉行事。近來詔旨。多廢格不行。或題奉欽依。一切視爲故紙。至于奉旨應勘應報。地方官尤屬違慢。有查勘一事。十數年不完。年月旣遠。事多失眞。遂使漏網終逃。覆盆自若。是非何由而明。賞罰何由而當。望敕部院等衙門。凡奉明旨。數日卽覆。若事理明了。卽據理剖斷。毋但諉之撫按議處。以致耽延。其議勘問。亦酌事之緩急道之遠近。立限趣報。如違限不報。從實查參。坐違制之罪。然後人思盡職。而事無壅滯也。曰覈名實。器必試而後知其利鈍。馬必駕而後知其駑良。今用人則不然。稱人之才。不必試之以事。任之以事。不必更考其成。及僨事之時。又未必明正其罪。又士大夫務爲聲稱。舍其職業。建白條陳。連篇累牘。至覈其本等職業。反屬茫然。主錢穀者。不對出納之數。司刑名者。未諳律例之文。官守旣失。事由何舉。此所謂名與實爽也。願皇上愼重名器。愛惜爵賞。用人必考其終。授人必求其當。敕吏部嚴考課之法。遵祖宗舊制。各官考滿。毋概引復職。濫給恩典。須明開稱職平常不稱職。以爲殿最。至于用舍進退。一以切實爲準。毋眩名。毋徇資。毋搖毀譽。毋雜愛憎。毋一事槩其生平。毋一眚掩其大節。在京各衙門佐貳官。平居使講究職業。長官缺卽代之。不必另索。巡撫官于地方相宜。久或加秩。不必又遷他省。監司如參議久卽可陞參政。僉事久卽可陞副使。不必爲小轉之法。互遷數易。以滋勞擾。如此則人有專職。事有責成。而人才亦不患其缺乏矣。曰固邦本。皇上卽位以來。凡齋醮土木淫侈之費。悉行停革。然矯枉者必過其正。當民窮財盡之時。不痛加節省。恐不能救。伏望于不急工程。無益徵辦。一切停免。敦尙儉素。以爲天下先。仍敕吏部愼選良吏。牧養小民。其端潔愛民者。上考擢用。若但善事上官。幹理簿書。而無實政及民者。止與中考。其貪汚者不必例遣。但追贓發各邊自行輸納。完日回原籍爲民。亦實邊之一助。今風俗侈靡。服舍無制。外之豪强兼併。賦役不均。內之官府造作。侵欺奸徒。罔利各衙門錢糧。假公濟私。皆耗財病民之大者。若求其害財者而去之。亦何必索窮民以自耗國家之元氣乎。前催督御史。事完卽令回京。此後毋再遣。重爲地方累。其屯鹽都御史應否回京別用。但責成撫按。乞下部議奏。上不惟省事。安靜庶民生遂。而邦本寧也。曰飭武備。邊事久廢。屢蒙嚴諭。議者曰。吾兵不多。食不足。將帥不得其人。臣以爲皆不足患也。軍伍雖缺。糧籍具存。清查影占。募補訓練。何患無兵。捐不急之費。撫養戰士。何患無財。懸重賞以勸有功。寬文法以伸將權。則忠勇思奮。又何患無將。臣之所患。患因循怠緩。姑務偸安。雖有兵食良將。亦不能有爲耳。願皇上先自治之圖。堅必爲之志。屬任謀臣。修擧實政。不求近功。不忘有事。熟計而審行之。不出五年。虜可圖矣。又祖宗時京營兵數十萬。今尙八九萬。春秋操練。徒虛文耳。故事有大閱之禮。每歲或間歲秋冬駕閱。分別賞罰。亦轉弱爲强之一機也。上褒答之。下部院議行。

談遷曰。江陵相業。見于六事。按其言。徵之靡不犂然擧也。他相多數陳塞白。身自負之矣。當日首輔華亭之後。興化代柄。雖皆宿齒。好折節禮士。于經國實用奚當哉。

寧夏把總哱拜邀虜賀蘭山後。斬酋長九人。

九月䄏朔。太僕寺卿董傳策予告。

庚戌。下廣東總兵官湯克寬于撫按訊之。時失事被劾。

辛亥。禮部左侍郎瞿景淳致仕。

甲寅。徵江南及山西屯鹽都御史鄒應龍淩儒歸其事撫按。江北都御史龐尙鵬總九邊屯鹽如故。

盜竊太倉庫金。謫戶部郎中宋諸員外郎劉自化許自新主事王宇等。定管庫主事任三年匣三千金。

乙卯。尙寶寺少卿陸師道予告。

前吏部文選司員外郎王穀祥卒。穀祥字祿之。長洲人。嘉靖□□進士。館選踰月。改工部主事。移考功。署文選員外郎。選法不阿。尙書汪鋐嫉之。謫倅眞定。歸養三十年。後起倅大名。補南選郎。俱不赴。善書畫古文詞。年六十七。

　馮時可曰。王公跌宕文史。不問戶外。人以學府目之。乃其辭受進退烜烜如此哉。末世紛紛。白馬蒼蠅。籠智鼓愚。然多沈酣世味。如饑十日享太牢不自厭。或黽勉丘園。當末路不自固。遂辱北山之遺者。何以學爲。乃公始終林臥。澹若深淵。靜若古峯。匪殖于學。何能然。風美傳世。重我枌楡矣。

丙辰。旌石州故副使喬應光妻蘇氏及其女貞烈。並殉難。

還故兵部右侍郎曾銑沒入田十頃。

丁巳。都察院裁定入覲官道費。監司遠則百五十金。近八十金。餘遞減。

戊午。戶部預開明年中邊鹽引。

庚申。故工部尙書章拯贈太子少保。謚恭惠。故右副都御史婁志德贈工部右侍郎。謚莊肅。

翰林院侍讀學士諸大綬左春坊左諭德兼侍讀張四維主武闈。

辛酉。少傅工部尚書雷禮言。錢糧奉詔節省。太監滕祥仍橫索不已。近傳造桐櫃樂器。自加徵巨萬。大木圍一丈長四丈以上。任意斬截。用違其材。臣力不能爭。乞早賜罷。上不懌。予致仕。禮自土木見拔。夙事徐階。知衆不容。託中官去之。

丙寅。光懋宋良佐溫純魏體明李已楊一魁許天琦爲給事中。張煥李日強駱問禮爲南京給事中。傅孟春蔡廷臣許大亨楊家相崔廷試蘇士潤向程趙焞楊相李學詩孫裔興姚繼可郭庭梧賀一桂劉堯卿王圻許鎡潘允哲余嘉詔傅寵爲試監察御史。楊邦憲爲南京監察御史。

戊辰。兵部覆請大閱。許之。

己巳。總理河道工部尚書朱衡還部。

庚午。增武舉百人。

起翁大立右副都御史。總理河道。

乙亥。議大征廣東山海諸盜。

十月[子丙]朔。丁丑。南京工部尚書魏尚純卒。

戊寅。免臨洮鞏昌慶陽夏稅。鳳陽淮安揚徐滁秋糧。並災故。

辛巳。論四 總兵申維岳等。

壬午。月犯牛宿大星。

癸未。南海知縣詹仰庇爲試監察御史。

庚寅。大風霾。

南京織染局內使張進朝。詐稱敕採宮女。江南嫁娶立盡。事聞。進朝論死。

壬辰。月犯畢宿

癸巳。裁南京太僕寺少卿之一。

巡按浙江御史蒙詔請穿寶應湖月河。因近隄民田。令計畝受直蠲稅。已得旨。工科都給事中孫枝言。比來江淮諸郡。蕭然煩費。月河之役。請俟有年。上是之。

翰林修撰余承勛兵科給事中傅珮被薦。各年七十。進太常少卿。致仕。

己亥。廢遼王憲㸅爲庶人。徙鳳陽。國除。憲㸅早慧。多失行。性蕩佚漁色。惡少年導之。恣爲不法。以國素貧。朘削諸宗人自肥。諸宗人怨刺骨。然自其藩國外無所及。民亦安之。會副使貴陽施篤臣分察荊州。與憲㸅相失。陰求其罪。諸宗儀紛紛爲蜚語白篤臣。篤臣轉揭御史陳省。疏聞。給事中張鹵各劾之。奪祿三之一。已巡按御史郜光先疏其罪十三。命刑部左侍郎洪朝選等案之。朝選知王虐無他志。欲出王於反。篤臣詐王書餽朝選而持之。朝選竟報王不反也。下禮部廷訊。以狀上。有旨。憲㸅僭擬淫虐。罪惡多端。背違祖訓。干犯國紀。革爵除封。遣駙馬都尉鄔景和告太廟。憲㸅臨發上書毛太妃。涓涇重函。時人哀之。蓋張居正隸王尺籍。微時莊王奇其才。歎憲㸅勿如也。憲㸅不快。虐居正祖以酒而死。居正心銜之。適事發。至于奪國。

談遷曰。親藩非叛逆不奪國。餘即有罪。鐫其祿。或幽廢。子弟仍守其祉。永陵之廢伊王。猶爲過之。今以憲㸅當典楔之罰。益非其倫矣。江陵憑其私恤。蔑千乘如振槁。予讀國史。蓋即江陵所手定者。然指列罪狀。當几杖之賜。未即如彼濞戊也。

錢希言曰。嗟乎。解衣衣我。我悖之不祥。且丞相寧能爲石人耶。十年間小山蘭坂。鞠爲草萊。東閣平津。亦廢爲車廐。斯非天道好還與。不然何報施之疾也。

壬寅。王正億嗣新建伯。

癸卯。災傷免保定河間眞定順德廣平田租。

甲辰。免河南田租。

十一月丙丁朔。丁未。太原天鼓鳴。星隕。

己酉。免台州田租。

壬子。宣府總兵官馬芳率參將劉潭等出獨石襲虜于長水。敗之。虜追及于鞍子山。復戰。又敗之。擒斬八十餘人。賜金幣。

乙卯。朝臣考察行堂上官聚注送部院。

己未。定任子陞官例。不堪民牧者得陞太僕丞鹽運司同知。如稱職。遞陞左右參政。

庚申。陳大紀嗣寧陽侯。

辛酉。免江西田租。

乙丑。杖閒住太監李芳。下刑部獄。尙書毛愷言芳罪狀未明。莫知所坐。非所以示天下。芳善書。慕呂强張承業之名。數直諫忤旨。命錮之。

戊辰。至日。上親南郊。

十二月乙亥朔。丙子。禮部右侍郞呂調陽兼翰林學士。實錄副總裁。戶部都給事中魏時亮上三札。曰先憂。曰養士。曰久任。吏部覆從之。

辛巳。太原靜樂人李良雨化爲女。

壬午。免廣安渠縣田租。

癸未。兵部左侍郞劉燾爲右都御史。總督兩廣。巡撫寧夏右僉都御史朱笈移大同。

南京協守應城伯孫文棟。左府豐潤伯曹文炳。右府永康侯徐喬松。各乘輿見劾。奪祿二月。文炳尤黷。免。論兩京武臣。非特恩毋輿文臣四品下亦如之。

甲申。立武定府儒學。

己丑。山東右布政使沈應時爲右僉都御史。巡撫寧夏。

庚寅。世宗皇帝主祔太廟。

諭戶部購寶石期三日。尙書馬森言其不辦。上趣之。科道上章並不報。

癸巳。靖江王邦寧嘗因事杖斃其中尉經賄宗人大譁。事聞。奪譁者祿。諭邦寧睦族。

丁酉。先是限勳臣五世田百頃。戚畹七百頃至七十頃。廢絕及奸冒並入官。巡按直隸御史劉世曾報勳戚五世溢田百頃以上。成國公朱希忠千三百頃有奇。定國公徐文璧。英國公張溶。惠安伯張元善。各五百頃有奇。泰寧侯陳良弼。錦衣指揮李光先等。各百數十頃。駙馬都尉李和賜田二千八百餘頃。許從誠千五百餘頃。錦衣衛指揮謝守朴林薦張澍陳書文龍邵輔千戶夏時際等田各千數百頃。並宜酌裁。恭順侯吳繼爵。豐城侯李儒。寧陽侯陳大紀。安鄉伯張鋐。崇信伯費甲金。武進伯朱承勳。寧晉伯劉斌。錦衣衛指揮甄輔等田各不百頃。玉田伯蔣榮。安平伯方承裕。駙馬都尉鄔景和。都督僉事沈至等田不七百頃。宜承業。其廢絕則興濟郡王。保聖夫人。陽武侯薛倫。永順伯薛斌。故京山侯崔元。瑞安侯王源。駙馬都尉李銘。焦敬。王誼。錦衣指揮錢昂蔣秉正等。約三千五百頃有奇。其賜田不載冊。武定侯郭文誠。武安侯鄭崑。彭城伯張熊。成山伯王維熊等約二十頃有奇。其奸冒若陽武侯薛倫。平江伯陳王謨。指揮周世臣。百戶郭勇。故都督陸炳等。約三千頃有奇。宜追奪。部議以勳戚當稍優之。即冊籍不載。若武定侯等田宜再覈。陳書母后從子。准五百頃。謝守朴林薦三百頃。張澍二百頃。文龍五十頃。其廢絕如先世丘墓在焉。則二百頃者量留五頃。百頃以下量留三頃。資祀。餘如世曾言。命復議。遂定世勳二百頃。戚勳百五十頃。

己亥。魯王頤坦。德王載墱。各減祿給其宗人。賜獎敕。

庚子。光祿寺卿靳學顏爲右副都御史。提督雁門等關。巡撫山西。

辛丑。故南京兵部尚書潘潢謚簡肅。禮部右侍郎劉瑞謚文肅。

壬寅。封唐世子碩熿理府事。

癸卯。秦府永興王惟燿言。祖奉國將軍秉欅。榮惠王誠瀾。從子襲王爵久僭。乞釐正。上嘉其自實。許本爵終身。著爲令。

是年。巡撫應天右僉都御史林潤奏。江南均糧。惟松江未均。乞暫設官丈之。遂命松江同知鄭元韶進湖廣按察僉事。專敕丈田。凡上鄉等平米一石。准田二畝七分三釐。中鄉米一石。准田三畝一分二釐。下鄉米一石准三畝六分三釐。其不時加派。俱論糧加耗。當時便之。

鎮守貴州右都督總兵官石邦憲卒。邦憲世清平衛指揮使。嘉靖九年。守備都清。平流寇。積功至今官。贈右都督。

郭子章曰。諸苗桀驁。難靖易亂。兵不可向邇也久矣。石都督東征西伐。五十餘陣。料苗如神。所向皆克。爲嘉隆間名將。予反復公狀。播州楊烈助磨子苗。公曰。吾以安制楊。及陳粉杜拯二公圖安。問期問兵。公委婉詳答。其議遂寢。嗚呼。今安得石都督與籌黔事乎。

國榷卷六十六

己巳隆慶三年

正月乙亥朔。延綏榆林衛地震。

陝西右布政使黃華爲光祿寺卿。

戊申。前南京兵部尚書趙大佑卒。大佑浙江太平人。嘉靖乙未進士。授鳳陽推官。拜御史。歷南樞。終養。博大和雅。至輒有聲。晚屢薦不赴。

壬子。大同總兵官趙岢出弘賜堡值虜。敗之。擒斬百有七人。賜金帛。

癸丑。兵部覆巡撫甘肅右僉都御史王輪。以令甲邊臣贓至二百金戍邊。四百金者斬。法至嚴也。惟論劾無實。其罰不行。宜刊誥令制律。俾論劾者核實正法。莊浪土官赴京遙遠。待襲者七十餘人。至涼永山甘。求降爲軍。尤可憫也。乞代賫聽襲。從之。

乙卯。敍閩廣勦寇功。賜金幣。兵部請破例先賞後勘。庶勸邊臣。

總理薊昌保定練兵署都督同知戚繼光上言。薊鎮兵雖多亦少之原有七。不練之失有六。雖練亡益有四。何謂兵雖多亦少。兵好末技。役于將門。老弱充伍也。邊關少。傳舍使者絡繹。將士逢迎也。徵調無法。遠赴不及也。達軍邊軍。散漫無統也。臨陣騎兵舍馬而步也。家丁盛。軍心離也。乘障卒不擇。衝綏備多力分也。何謂不練之失。諸將不足馭士也。火器不善用也。棄土著不練也。入衛卒無紀律也。畿內班軍民兵四萬人。各一心也。武科選將。非練將也。何謂雖練亡益。擊射未合也。金鼓旂幟不問也。弓矢不力也。教練美觀。無其實也。臣聞兵法因地制勝。薊之地有三。平易交衝內地之形也。亦險亦易近邊之形也。山谷仄隘林薄蓊翳塞外之形也。虜入平原利車戰。在近邊利騎戰。在塞外利步戰。乃邊兵惟習馬耳。未閑山戰谷戰林戰之道。惟浙兵能之。臣發跡浙江。思用浙人有以也。請募殺手三千銃手三千。合練。章下兵部。謂薊鎭有總兵郭琥。又繼光練兵權易分。請召琥。專任繼光。上從之。召琥入京。改繼光總兵官。鎭守薊州永平山海。南兵勿調。餘下督撫詳議。

丁巳。故尙書金獻民潘潢韓士英。贈太子少保。右副都御史陳講。贈兵部右侍郎。大理寺卿湯沐。贈工部右侍郎。

盜入犍爲榮昌。

戊午。趙州天鳴。

禮部尙書高儀等請皇太子出閣就學。上徐之。

庚申。虜數千騎犯遼東。官軍失利。

壬戌。魯世子壽鏳薨。

癸亥。宣府總兵官馬芳以廕千戶。辭之。贖副總兵田世威參將劉寶死。御史王圻劾芳黨護。上不許。

己巳。大理寺左少卿王諍言刑官不諳律例。引近事一二証之。上下部院議。諍與尙書毛愷屢辨難。上心是之。

辛未。設長寧永安縣。以惠州之河源歸善地廣。割置之。

壬申。戶部尙書馬森致仕。

雲南道試監察御史詹仰庇巡城。値醫自禁中出。云皇后遷別宮。疾甚。仰庇上言。臣昨聞道路流言。皇后移別宮。殆一年。抑鬱成疾。皇上略不問。如一旦不可諱。仰累聖德。臣實痛之。願復皇后于宮。時加慰勞。有旨。后侍朕多年無子。近移別宮。冀安適卻疾耳。爾不諳禁中事。宥之。時仰庇意重譴。及命下。中外誦聖德焉。

甲戌。左都御史王廷覆定犯奸條例。

二月乙亥朔。丙子。召南京戶部尚書劉體乾爲戶部尚書。

戊寅。上躬祭太社太稷。

禮科都給事中王之垣等復請還皇后于宮。命俟疾愈。

己卯。南京太監邢保侵工費謫戍。

庚辰。蠲西安鳳翔慶陽平涼延安今年田租。

壬午。宗人府駙馬都尉鄔景和卒。贈少保。諡榮簡。景和尚永福長公主。公主早薨。先帝召直西苑。進表見忤。謫崑山十餘年。被服儒素。及召復。時稱引祖宗朝事。上多採納。戚畹之良也。

癸未。薊遼總督譚綸請築墩臺三千座。臺高五丈。周二十丈。約住百人。階三重。預儲芻械。若攻垣則兩臺火矢交及。計周垣二千四百餘里。先其要害。築臺千二百。後漸加築。期三年。從之。又築邊墻層層如齒。外出可以下瞰。謂之虎籠。城堅甚不可攻。虜至其下輒引去。又製大礮。每發斃數百人。

甲申。起郭乾南京戶部尚書。

乙酉。考課京官。

刑部右侍郎鄭世威罷。

丙戌。開經筵。明日日講。

戊子。停太監閱視京營。向三年一遣。至是將大閱。罷之。

庚寅。荊世子常泠坐殘賊淫縱。廢爲庶人。幽之。泰寧王常[illegible]攝國事。

徐學謨曰。荆自江右徙蘄。爲楚東鄙。國體故弱。隆慶間。自世子常泠坐法廢。益復不振。淩夷至于泰寧進封之後。更淫戲媟褻。有司齮齕之。竟以憤斃。頃年功令支子兄終不得弟及。大宗索然不享矣。

辛卯。趣蘇杭織造太監李佑新織千八百六十四。工部言民力不堪。不聽。

癸巳。浙江歲造兵器俱徵值。

右僉都御史龐尙鵬請止延綏寧夏入衞兵。補植薊鎭之木。資障蔽。兵部移入衞兵于薊。

甲午。刑部左侍郎洪朝選被劾致仕。尋奏辨。勒免。

前巡撫貴州右僉都御史吳維嶽卒。孝豐人。嘉靖戊戌進士。文雄于時。而明練吏事。所至有聲。以貴州勦賊功。賜祭葬。

乙未。撫治鄖陽右僉都御史孫應鰲疾免。

丙申。巡按直隸御史張啓元。劾鳳陽守備太監趙芬貪殘驕僭。宜下吏。裁守備官。勿遣。兵部覆芬罪。先捕治。其廢守備容更議。報可。

廣西道監察御史賀一桂。劾內織染局太監陳洪五罪。蓋日者妄請織染五罪事也。

己亥。林雲同爲南京工部尙書。大理寺卿戴才爲刑部右侍郎。

庚子。上祭朝日壇。

起張師顏右副都御史。巡撫陝西。張鑑右僉都御史。總督南京糧儲。

太僕寺卿朱大器太常寺少卿武京並右僉都御史。大器巡撫保定。京撫治鄖陽。

甲辰。勅衍聖公孔尙賢統束家衆。

三月乙巳朔。南京工部右侍郎江治罷。

西安鳳翔慶陽平涼延安旱饑多盜。命賑之。

丁未。旌周府汝寧王勤秋妾劉氏貞烈。初。王病殆。劉氏焚香祝天。衣單三冬以分王災。王愈。後王薨。氏殉之。

改程番府曰貴陽。時新移省。

定各鹽運司官任三年。課竣方敍遷。

延慶官軍先後搗虜。斬百二十七級。

己酉。存問前戶部尚書方鈍南京吏部尚書楊行中刑部尚書應大猷。

月入畢宿。

庚戌。進戚繼光右都督。前勦吳平功。

癸丑。外戚賜田如勳臣。令有司代徵。

甲寅。廣西討宜山獞賊。破之。

乙卯。封丘王睦訴薨。

丁巳。命廷臣引疾。吏部覈實。毋概覆。

戊午。設定南縣。割贛州之龍南安遠信豐也。

故總理河道右副都御史朱裳贈戶部右侍郎。謚端簡。光祿寺卿馬理贈右副都御史。並予祭葬。

庚申。起趙炳然太子少保南京兵部尚書兼右都御史。

南京兵部右侍郎吳百朋爲刑部右侍郎。前太僕寺卿董傳策爲南京光祿寺卿。

辛酉。故貴州總兵官右都督石邦憲贈左都督。

壬戌。翰林院侍讀馬自强爲司經局洗馬署國子監司業。

廢靈丘王鼐鎌爲庶人。以淫刑戮死曾叔祖宗人某相訐脅斃之。懼禍殺中官某抵飾。

甲子。故戶部左侍郎孫禬贈工部尙書。

金星晝見。至丙寅沒。

丙寅。給事中王之垣溫純龍光御史王圻請吉除之日延問羣臣。報聞。

丁卯。通政司右通政趙灼疾去。李遷補南京兵部右侍郎。

巡撫貴州右副都御史趙錦爲大理寺卿。巡撫鳳陽右副都御史方廉爲南京工部右侍郎。

故兵部尙書丁汝夔右副都御史呂經吏科都給事中董進第兵科給事中程輅浙江道監察御史王三聘戶部郎中劉爾牧大理寺評事杜鸞山東按察副使陳大綱。並復官。

戊辰。海盜曾一本導倭陷廣東碣石衞。初雷瓊參將耿宗元素嚴馭。聲言誅敗將周雲翔廖鳳等。聞之大懼。殺宗元于武場。脅通判潘槐與盜合。槐尋執廖鳳以獻。上奪總督張瀚一秩。

庚午。定各藩支子不得襲爵著爲令。秦府隆德王敬鎔襄府安福王載堯襲久。仍許嗣。

土星逆行。犯太微垣上將星。

雲南總兵官黔國公沐朝弼有罪免。子昌祚攝事。

辛未。湖廣平溪衞大水壞田廬亡算。

景寧王載墋。坐蒸恣廢爲庶人。

壬申。左府懷柔伯施嵩卒。

四月艸朔乙亥。故戶部郎中楊淮。刑部郎中魏應召。太平知府謝賁。監察御史胡瓊。各贈太常寺少卿。兵部司務李可登。贈光祿寺少卿。

刑科都給事中沈束爲南京通政司右通政。

故戶部尙書李士翺南京刑部尙書顧璘。兵部左侍郎劉源清。刑部右侍郎王啓。巡撫河南右副都御史雒昂。延綏右副都御史張問行。給事中錢薇沈漢安磐王科陸粲御史潘壯謝瑜。並復官予祭葬。贈士翺太子太保。源清兵部尙書昂戶部右侍郎。薇漢磐科粲並太常寺少卿壯瑜並太僕寺少卿。

丁丑。黔國公莊租歸有司徵給。

庚辰。趙孔昭爲戶部左侍郎兼右僉都御史。總督漕運。巡撫鳳陽王諍爲右僉都御史巡撫貴州。並提督軍務。

辛巳。顯陵神宮監左監丞李祿戍孝陵。縱從子盜陵木也。

癸未。總理鹽屯右僉都御史龐尙鵬。以歲費及祿糧繁雜。不能盡知。乞敕戶工二部冊列簡明。題隆慶某年會計錄入覽。下戶部議。聞。

徵太倉三十萬金。戶部尙書劉體乾言其匱。不聽。閣部科道各沮之。諭進十萬金。

甲申。選宮女三百人。

許吏部侍郎林樹聲養疾不赴。

己丑。鄖陽縣大水。

套虜綽力兔小黃台吉等收河東。揚言寇掠。寧夏總兵雷龍等自興武營出塞。襲敗之。斬百二十級。捷聞。進總督王崇古右都御史。龍署都督同知。餘陞賚。

庚寅。司禮監太監滕祥奏汰工匠二千四百四十人。

辛卯。起游居敬南京刑部右侍郎。王之誥兵部左侍郎。協理京營。

開湖廣竹筒河。分漢江之勢。

乙未。釋輕囚。

南京國子監司業周怡爲太常寺少卿。提督四夷館。

丁酉。會寧王眞淵薨。

庚子。傳制隆德王敬鎔嗣秦王。安福王載堯嗣襄王。朗錡嗣韓王。常淯嗣泰寧王。壽鈔嗣陽信王。恬熇嗣唐山王。讓櫰嗣慶符王。

酉陽苗龍得鲊等作亂。銅仁守備謝崇爵擊破之。

五月[illegible]朔。丙午。兵部議京營訓練。

丁未。上憫都人僉商之累。特諭寬恤。聞者快之。

改鑄南京戶部鹽引銅版。

戊申。翰林院編修王錫爵爲南京國子監司業。

辛亥。故工部郎中岳綸贈太常寺少卿。先朝建言廷杖卒。

平山大安峒盜平。盜出掠海豐。渡河。總兵郭成適至。值南贛巡撫張翀所遣參將蔡汝蘭。共趨大埔。入于平山。夾攻月餘。擒斬千三百七十五人。叛將周雲翔突圍走。成獲之。

壬子。提督太和山太監柳朝乞留香稅四千三百餘金葺宮觀。許之。戶部尙書劉體乾言。稅不止此。請歸之有司。如太山例。忤旨。奪俸六月。

癸丑。延綏口北馬營大雨雹。殺田禾七十里。

北京屯田御史倂于印馬。

甲寅。雲南道監察御史詹仰庇言。臣覈內官監錢糧。如各庫廠及房租地租。一切糜費。輒指御前供用。陰入私橐。歸過朝廷。乞部科嚴出入多寡之數。以杜奸欺。又人君奢儉。繫四方安危。陛下前取戶部金。臣謂充內帑。備緩急。乃盡造鰲山修宮苑藥欄龍鳳船鞦韆架櫃盆之費。俾羣小乾沒。累聖德不小。伏望念生財之有限。思國計之甚艱。近侍逢迎玩好者。悉罪斥之。以彰聖斷。忤旨。杖之百。削籍。裁各監局科道。

談遷曰。詹侍御請慰問中宮則宥之。裁抑近侍。遂逆鱗之批也。豈非璫勢旣盈。倚爲奸利。雖軒龍之愛。勿如也在牀在旁。戒之哉。戒之哉。

丁巳。存問前南京吏部尚書王學夔。南京刑部尚書陶尙德。

戊午。閣部科道各救詹仰庇。不聽。

辛酉。禮部儀制郎中戚元佐上言。國初親王郡王將軍止四十九人。女財九人。今二百餘年。玉牒至二萬八千四百九十二人。視國初不啻千倍。況十年之後。所增寧復幾何。又將何以給之。法窮則變。臣敢僭擬五事。曰限封爵。如親王嫡長子襲矣。嫡庶次子許封其四。郡王嫡長子襲矣。嫡庶次子許封其二。將軍有嫡子。許封二。亡嫡子止庶子一。請封中尉亡論嫡庶止封一。凡不得封者。量給貲賜章服。曰議繼嗣。親王得以弟子嗣。郡王亡子。僅本支奉祠。弟子不得嗣。曰別疎屬。國制。郡王六世孫以下世奉國中尉。臣觀祖廟之制。親盡則祧。在祖宗且然。況于卑屬。今後奉國中尉再傳而下不封。長子給五百金。餘聽自便。曰議主君。郡縣主及郡縣鄉君給祿外。其選配儀賓。旣有誥秩。足爲榮寵。免給俸。各女或不盡封。仍給婚資。曰議冒費。革爵子女。妄冒子女。擅婚子女。與一切庶人。旣各治生。則口糧可無給。曰議擅婚。擅婚所生子。止賜名。不給口糧。命下禮部議之。

設山海關參將。

甲子。戶部預開明年各司鹽引。

丙寅。宣府雨雹殺田稼。

礦盜入婺源縣焚劫。

丁卯。裁荆瞿兵備道僉事。

己巳。裁濟寧閘工部主事。

庚午。禮部右侍郎呂調陽改吏部。仍直經筵。

辛未。上親北郊。

兩廣總督張瀚憂去。

六月癸酉朔。戊寅。左春坊左諭德兼翰林院侍讀孫鋌爲國子祭酒。

裁兵部武庫主事一人。

壬午。應州雨雹。殺禾稼傷人畜。

初。御用監太監趙遷劾工部主事劉佩違例苛稅。擅留皇船。事下山東巡按御史。至是御史羅鳳翔上言。湖州通判全祉部運私貨爲佩所持。因嗾遷誣之。佩無罪。祉當反坐。而責遷悞聽。從之。

前南京兵部右侍郎王積卒。積字子崇。太倉人。嘉靖□□進士。授武選主事。便養乞南。歷郎中。出爲廣東左參議。佐勦思平積寇。憂去。補陝西。遷貴州威淸道副使。至湖廣右參政。佐勦塘西囤苗。以省試累貶兩浙運鹽副使。進僉事副使。至福建右參政。佐破倭。擢山東按察使。拜右布政。轉福建左。擢右副都御史。巡撫山東。遷南兵右。目眚乞休。性廉靜。不露其才。年七十八。

甲申。大學士張居正以南京刑科給事中駱問禮言大閱非今時所急。不必仰煩聖駕。自臣建議後。禮官訂儀注。科道條事宜。屢勤章奏。一旦停罷。若四方觀聽何。上是之。

滄州蝗。

乙酉。令各鈔關同府官收稅。

薊鎮三屯營地震。

己丑。起李秋右僉都御史。巡撫大同。

故南京太常寺少卿夏良勝。贈太常寺卿。漳州推官黃直。贈光祿寺少卿。

乙未。駙馬都尉李和卒。贈太子太保。

丙申。通政司右通政海瑞爲右僉都御史。總理糧儲。提督軍務兼巡撫應天。

戊戌。旌原武王睦[木頓]賢行。

己亥。前太子少保兵部尚書趙炳然卒。贈太子太保。謚恭襄。炳然劍州人。嘉靖乙未進士。歷官三十餘年。清勤練達。任輒有聲。

壬寅。吏部文選郎中李世達爲通政司右通政。提督謄黃。

閏六月螇朔。山西旱蝗。尋大水。

乙巳。裁戶部山西陝西貴州司主事各一。

南京吏部尚書吳嶽上六事。勤召對。限輪對。容直言。崇節儉。正題覆。復奏執。上納之。

總督兩廣軍務右都御史劉燾。巡撫廣東右僉都御史熊桴。請募浙兵五千人爲先鋒討盜。歲一踐更。從之。

己酉。翰林五經博士孔貞寧奪官。徙汶上。

壬子。武定叛酋鳳曆伏誅。初鳳繼祖得罪武定知府鳳索林。安置鎮城。改流官。授曆子思堯經歷。給田。曆失守怨望。陰搆水西宣慰安國亨謀亂。糾衆夜襲武定。不克入。退走黑剌山。獲之。

甲寅。裁江西驛傳按察副使。

己未。登州地震。
辛酉。番僧違例入貢。奪四川署都指揮僉事槐寅等俸各二月。
癸亥。陝西盜何勉等殺百戶魯卿、巡檢黃鸞。尋就擒。
甲子。戴鳳翔、陳吾德、章端、查鐸、楊鎔、黃才敏、邵廉爲給事中。李崧爲南京兵科給事中。蕭廩、淩琯、張守約、張更化、褚鈇、俞一貫、武尙賢、余希周、楊松爲監察御史。何子明、余一龍、王謠爲南京監察御史。
眞保、淮濟、浙東西、江南北大水。
丙寅。四川妖人蔡伯貫以千人掠銅梁、大足等縣。尋討平之。
前南京刑部右侍郎虞守愚卒。
七月軒朔。交城王表相襲兄爵。例當奪。以自請止爵其身。
初。徵光祿寺二十萬金。寺臣言庫僅十五萬。命以十萬進。部科各爭之。不聽。
乙亥。定文武官䘏典。
庚辰。減入貢番僧賜賚。
壬午。先是。命作鼇山燈鼇山。工部言。災異旱蝗。奏報踵至。宜停止興作。以應天心。卽朝殿燈不可缺。稍加修葺。該監足辦。何至費三萬餘金也。上遂罷鼇山。僅修朝燈。
河決沛縣。自考城、虞城、曹、單、豐、沛抵于徐。壞田廬亡算。阻漕艘二千餘于邳州。諭䘏徐沛災民。
乙酉。戶科都給事中劉繼文請撫按覈有司積穀之數備賑。從之。
丙戌。裁山東曹濮、青州二兵備副使、濟南兗州同知、青州通判各一。
賑河間、保定、廣平、眞定、順德、大名災民。

夜。月食不見。
丁亥。修乾清宮。
戊子。賑文安薊州遵化遷安災民。
壬辰。諭戶部發二萬金。遣官同河道右副都御史翁大立賑沿河災傷。仍酌量蠲免。
前禮部左侍郎兼翰林學士瞿景淳卒。景淳字師道。常熟人。嘉靖甲辰進士。授編修。歷今官。學行醇謹。氣端勁。見貴勢亡少屈。年六十三。贈尙書。謚文懿。
沈一貫曰。公爲文雄渾深美。常依于正。不雕琢而成。尤長于制科。國朝二百年。推長洲王鏊毘陵唐順之及公而三。始沮棄于時。心自好不變。及遭時妙天下。海內學者不敢損益一字。師心不阿。與聖冥合。甚哉似其爲人。
王世貞曰。當先帝之歲甲辰。而天下遂無不稱瞿文懿公者。然豈能爲稱公哉。明興大臣之得以文懿謚。可指數也。而公獨與故儲公瓘。其爲第一人于甲辰同。其謚同。其以文行當官愼勤同。佐南銓而不及相。以下壽終同。皆名實彬彬君子也。夫以瞿公之渺小。言天下事。勁挺不阿貴權者。寧可皮相也。太史公之致慨于留侯。有以也。
初。禮部議裁太常寺協律郎等四十八人。檄太常寺卿陳慶擬定。不得守師宗記濫奏。慶疑其刺譏。又祠司不署名爲輕。乃言典禮繁重。宜下部熟計。而吏部裁上。慶心不平。申明部寺職掌。寺非部屬。何得擅裁。祠司牒安得不署名。吏部覆。移牒宜仍舊。從之。
癸巳。沐昌祚爲都督僉事。暫領總兵官。鎭守雲南。
丁酉。修重城。

金星晨見南方。

八月賃朔。上祭夕月壇。

甲辰。前奉化知縣徐獻忠卒。獻忠華亭人。最精博。晚富著述。

丁未。火星犯鬼宿。

戊申。上祭太社太稷。

兵部左侍郎曹邦輔爲南京右都御史。

庚戌。御日講。

裁南京刑部浙江江西司員外郎廣東雲南司主事大理寺左右評事各一。

辛亥。諭停刑。

寧海王載圩薨。

壬子。兵部右侍郎曹亭爲左侍郎。巡撫山西右副都御史楊巍爲兵部右侍郎。

東鹿大水。免田租。

癸丑。御經筵。

敍平曾一本功。進總督劉燾左都御史。巡撫福建涂澤民巡撫廣東熊桴並右副都御史。進廣西總兵都督同知俞大猷右都督。福建廣東總兵都督僉事李錫郭成並署都督同知。餘陞廕。賜金幣。蓋閩廣夾攻賊于柘林澳。敗之走馬耳澳。又敗之。擒一本。斬三千餘級。焚溺三萬人。桴卒軍中。贈兵部左侍郎。

林之盛曰。熊公在嶺南。其平盜之勛。庶幾韓襄毅矣。然當時之推轂者。江陵也。江陵雖攬權。然識人才。臣畢展其用。熊公之奏績也有以哉。

丁巳。賑蘇松水災。

庚申。巡撫遼東右副都御史魏學曾設戰車營于廣寧。車二輛。中設拒馬。槍塞其隙。載槍砲。每車二十五人。車百二十輛。卒三千人。游擊將軍馬文龍領之。

壬戌。禮部尚書兼翰林學士趙貞吉兼文淵閣大學士。直文淵閣。

癸亥。賜岷府廣濟王定爍遵訓書院。

山西王府各立宗學。

乙丑。禮部覆給事中王之垣御史趙焞疏。請御便殿。俾九卿科道大事面奏取決。具奏文字務便省覽。得旨。自後章奏詞簡明字粗。如嘉靖初便殿面奏俟後命。

丙寅。工科都給事中嚴用和請罷浙直織造。召太監李佑。甦民困。南京給事中駱問禮亦言之。工部尚書朱衡覆如用和等言。上詰其沽直名。以狀對。衡引咎乃已。

九月辛未朔。癸酉。總理河道右副都御史翁大立請于徐州子房山梁山至境山別開漕渠八十里。其利有十云云。亦有三難。工費。工食。工程。工部集議行之。

吳道南曰。古人任事。擇其利多害少者猶爲之。況所爲難。兼及于怨謗。是豫求爲自解地也。大臣似不宜如是。

甲戌。刑部尚書毛愷言。災異頻仍。由刑獄冤濫。其弊有六。濫詞。濫拘。濫禁。濫刑。濫擬。濫罰。上大是之。下中外諸司痛革其弊。

蠲江南北蘆課。

丙子。虜數萬騎犯大同右衛鎮川堡。分掠山陰應州懷仁渾源等。命宣府總兵馬芳援之。

淮水溢。自淸河縣至通濟閘及淮安城西淤三十餘里。決方信二壩入海。又莒沂郯城等之水溢出邳州。溺人亡算。翁大立繪水災圖十二上之。

丁丑。傳旨宥副總兵田世威參將劉寶死。戍邊自贖。兵科都給事中張卤等言中旨非法。奪卤俸二月。

己卯。世廟懿妃趙氏薨。

翰林院庶吉士何洛文爲編修。

揚州地震。

庚辰。前南京兵部右侍郎劉畿卒。

壬午。裁南京戶部廣西司員外郎廣東司主事各一。

丙戌。巡撫廣東右副都御史熊桴疾罷。尋卒。

丁亥。敕褒晉王新墺藩王恬烄鎭康王恬焯陵川王府輔國將軍勛讓慶成王府輔國中尉表析學行。新墺母太妃尙氏。敎王嚴。尙太妃疾。王叩頭露禱。請醫與均禮。長史朋數陳善。王輒下拜。以時勞賜國中吏士。恬烄好學。工古文詞。妙于聲律。皆宗藩之望也。

存問前南京戶部尙書孫應奎年八十。

戊子。浙西水災。賑之。免歲餉。

己丑。廣東左布政使熊汝達爲右副都御史。巡撫廣東。

辛卯。上大閱于京營敎場。敕諭戎政官及諸吏卒。

壬辰。總督戎政鎭遠侯顧寰等表謝。廷臣稱賀。上御皇極殿受之。

兵部上大閱將領及勳臣錦衣衞官射格。第賜金幣。襄城伯李應臣中軍尙銳等在下格。寘之。

免太倉崇明靖江嘉定溧陽吳江天長高淳六合田租。
命建昌臨江袁撫南陽鎮平唐鄧泌陽桐柏專行淮鹽。南召內鄉新野淅川裕葉專行解鹽。
甲午念大閱扈從各官賜休沐三日休卒五日。
十月辟朔彗星見天市垣至庚申滅。
甲辰補三大營官軍滿十萬。
丙午裁唐府崇府長吏各一。開封彰德衞輝懷慶通判各一。
慶成王知爀薨。
免寧波紹興溫台處田租。
辛亥長陽王寵游薨。
免鳳陽淮揚及徐州鐵痲之直。
壬子。裁嵩縣參將。
甲寅免山東屯租。改漕粟十之五。
丁巳。太常寺少卿提督四夷館周怡卒。未赴。天啓初。謚恭節。
戊午。中府署都督僉事郭琥爲總兵官。鎮守山西幷提督雁門等關。
甲子。故巡撫廣東右副都御史熊桴。敍功贈兵部左侍郎。予祭葬。
參將王詔子之野手擒曾一本。授指揮僉事。世襲。餘賜金幣。
乙丑。湖廣按察使何寬爲右僉都御史。巡撫福建。
丁卯。上省牲南郊。

十一月⿰牛庚朔。甲戌。上親南郊。還御皇極殿。羣臣行慶成禮。年災不宴。但胙之。

乙亥。初諭戶部問開納及戶丁鹽糧所入之數。至是尙書劉體乾上之。

丁丑。密雲遵化地震有聲。

戊寅。錄寧夏搗巢功諸臣賜金幣。是秋。套虜吉能屯白城。伺我撤兵入掠。總督王崇古聞之。檄諸鎭先發。各出花馬池長城抵白城。斬百七十七級。寧夏總兵雷龍功爲最。

庚辰。南京刑科給事中諸暨駱問禮上十事。其五曰公採納以廣言路。陛下登極以來。詔書兩下。皆有諸人直言之條。今除言官與一二名臣外。盡付之該衙門知道。豈天下公論果萃于一二人哉。而詔書之下。又何必以直言爲詞也。臣不暇盡數。卽東莞布衣譚清海所陳三事。于國體所關尤重。夫一布衣且然。則上此豈皆迂談。而不聞採一言。與一利。謂該衙門該部知道一也。而曰該衙門卽不許覆行。夫前已不可矣。方今事必面奏。嚴威之下。非有誘掖鼓舞之術。則漫無言責者。又孰肯干冒天威以徒自取辱哉。又曰正體統以防窺竊。近因一二內侍有辭免重任之章。內外臣工遂生疑懼。謂此乃祖宗所絕無之事。彼得窺竊政事。則流禍將不小。願朝見之時。凡給事左右。如傳旨接奏。俱用文武侍從。面奏不能盡。或一二當傳奉出入者。亦以付之。不使中官參預以褻天職。且明詔中官不得復爲辭免重任之疏。則體統正而窺竊之漸亦無自而生。上怒其妄。鐫三級。吏部擬南京國子監學正。不允。謫之。

京師地震有聲。諭廷臣修省三日。

癸未。大同山陰縣地震。

甲申。修承乾永福二宮。

浙江布政司左參政王世貞爲山西按察使。

乙酉。諭巡視皇城御史楊松。時尚衣監右少監黃雄給事乾淸宮。間出徵子錢而鬨。兵馬司捕送御史。未決。而內監遣趣。云駕帖召雄。按之亡狀。乃劾雄外橫詐稱詔。雄自辨。坐松奏事不實。擅拘內使。貶官。調雄南京兵馬司。削籍。

四川茶鹽水利合爲一道。

壬辰。山西右布政使柳英致仕。御史宋纁稱其賢。進光祿寺少卿。

三屯營地震。

乙未。巡撫遼東右副都御史魏學曾疾去。

禮部尚書高儀乞休。許之。

丁酉。免順天水災屯租。

戊戌。江西按察使殷正茂爲右僉都御史。巡撫廣西。初總督兼巡撫。以古田盜起。專節焉。

十二月甲辰朔。諭輔臣災異頻仍。因部院營私傷和。令廠衞偵之。刑部尚書毛愷等引咎。已尚書吏部楊博。戶部劉體乾。兵部霍冀。工部朱衡。左都御史王廷。禮部左侍郎萬士和等乞休。不允。

元氏典史張儀改南京□□倉大使。怨望。訐吏部文選員外郎滕伯輪樹私及右僉都御史溫如璋兵備副使何東序。眞定知府倖遷狀。上怒。下儀法司編管。

庚子。天鼓鳴。

辛丑。湖廣布政司右參政領荆州府事趙賢致仕。

壬寅。通政使李一元爲南京刑部右侍郞。

詹事府禮部尚書殷士儋歸禮部。山西布政司右參政方逢時爲右僉都御史。巡撫遼東。

陝西盜郭孟行何術等皆平。

甲辰。汰錦衣衞冒濫官旗千一百十五人。

丙午。起吏部右侍郎兼翰林學士陸樹聲署詹事府。教習庶吉士。楊思忠爲通政使。

己酉。吳山爲南京禮部尚書。

夜。月犯畢宿。

乙卯。吏部尚書楊博致仕。初。巡按山西御史郜永春劾屯鹽右僉都御史龐尚鵬狡獪乖謬。宜免。博覆留之。上以欺詐責博。引咎去。尚鵬罷。不復補官。

丙辰。總督漕運戶部左侍郎趙孔昭濬河。自板閘至西湖嘴。功垂成而內水復塞。乃請工費。濬淸江五十里。高家澗七十里。從之。

丁巳。遷和曲州于武定。

庚申。起高拱少傅兼太子太傅吏部尚書武英殿大學士。署吏部事。

丹陽邵藝。任俠好結納。走拱里中如故交。乞一札至江南醵金。爲再召地。入京。賂太監陳洪及兩京臺諫。請復拱。而張居正又善拱。合起之。故事。閣臣不理部事。理部事不復預閣務。拱繫銜掌吏部。不言兼。若部臣然。不遣行人賫勑而僅部咨。後擢藝錦衣千戶。

提督漕運總兵官時福被劾免。

辛酉。琉球王尚元歸日本所掠華人。賜金幣。

癸亥。禮部上卹典條例。

工部定各監局工役萬三千三百六十七人。著爲額。

甲子。南京神宮監太監王采。盜孝陵木論死。
乙丑。尚寶司丞鄭履淳因災異上言。陛下御極三禩矣。曾召問一大臣。而質一講官。賞納一諫士。以共晝思患預防之策乎。竊慮高亢睽孤。乾坤否隔。忠言重折檻之罰。儒臣虛納誨之功。姬姜違脫珥之規。周召拂同舟之義。回話既懲。趙普奚從而補牘。內批徑出。蘇轍何以自封。還紀綱廢于因循。賢愚襲于玩愒。功罪之欺蒙罔核。浮繁之文案徒盈。善類既失于振揚。厲階陰啓于闇寺。言涉宮府。梗在私門。堅不可破。患豈在明。前車不遠。伏願決大計。任君子。拔陸樹聲石星之流。納殷士儋翁大立等疏。經史講筵。臣民章奏。與所司面相可否。裁理漸熟。邪正自知。回天開泰。計亡踰此。上以妄議。杖之百。下刑部獄。
丁卯。延綏總兵官董一元被劾。下巡撫御史。

庚午隆慶四年

正月巳朔。日食。免朝賀。
大同總兵官趙岢宣府總兵官馬芳。大同巡撫李秋。遼東巡撫方逢時。各易鎭。
總督京營戎政鎭遠侯顧寰。提督漕運總兵官。鎭淮安。
庚午。上始御皇極殿。受朝賀。不宣表。
辛未。諭修省三日。
乙亥。鴻臚寺卿李用敬爲通政司右通政。提督謄黃。
恭順侯吳繼爵總督京營戎政。
寧夏總兵署都督同知雷龍爲靖虜副將軍總兵官。鎭守延綏。

諭兵部以畿輔捍衛。尚書霍冀等上十事。更置守令。修繕城堡。蘆溝橋河西務皆宜增築。申明保甲。團練民兵。修築墩臺。製造火器。栽植樹株。豫計防守。嚴譏收斂。責成兵備。上然之。

錮嘉靖乙丑丙寅兩年馬價之逋者。

丁丑。復故太子太保兵部尚書兼左副都御史許論原官。

巡按直隸御史燕儒宦言。國家建都幽薊。內設重關。外聯四鎭。所以封植郊圻。愼固疆圉。周且密矣。四鎭之中宣府爲京師北門。而羣醜盤據。朝揚鞭于朔漠。暮飛矢于居庸。視諸鎭爲最急。而延永之壤。南山之麓。陵寢倚焉。先年翁萬達以東北二路邊垣幾七百里。兵少力分。擬于東路鎭南墩與薊鎭所屬火焰墩接界。塞其中空。自北而西。歷四海冶一帶。共修外邊一道。又自永寧墩至陸臺子墩。創修內垣一道。與北路新牆聯而爲一。經營二載。功始告成。建金湯之險。崇虎豹之威。形成首尾。隱然相應。千萬世利也。嘉靖中葉。邊帥失人。虜多深入。當事者苟且目前。緩誅避咎。翃爲併守南山之說。而內塞漸廢。遺蹟猶存。所頹壞者十之二三。苟小加修築。于左掖龍門衛揚許二衛右掖龍門所滴水崖等。厚爲之備。絕其必窺。誠如萬達所議。外邊以捍北虜。內險以捍京師。內外犄角。近蔽延永。遠護陵京。策之得者。或曰。已守南山。何用此邊爲哉。不知守南山則將棄宣府而無益于京師。修內塞不惟有以固南山。而亦將有以保獨石。何也。南山接連居庸。去陵寢僅一舍。岡巒澗谷。盤互交錯。亡可住足。而懷延永保沃壤平原。皆在其外。虜若委轡長驅。結營于懷永間。分兵肆掠。宣府諸城自潰。我兵跼蹐山中。自成土崩之勢。所謂棄宣府而亡益于京師也。北路山谷偪側。砂石窮瘠。虜亡所利。益垂涎延永。將冒險內逞。數年以來。版築日舉。大邊已可據而守矣。若復成此內邊。則如金城玉壘。環繞陵京。虜若匪茹。逡巡前却于崎嶇之側。攻之不隳。掠無所獲。力倦謀衰。不駢首就擒。則銜尾而遁。豈能抵黑峪。躍龍門。窺長安之嶺哉。內地不驚。則北路諸城堡勢亦可綏。而窮荒絕塞。有安枕之日矣。所謂固南山保獨石。信不誣也。餘議明華夷。添官堡。定奏報。禁抽兌馬匹。豁扣糧。上皆從之。

戊寅。內承運庫太監傳空札徵戶部十萬金。尚書劉體乾奏。下片紙。不姓名。不印。安知眞僞。給事中劉繼文亦言之。上命如前旨。

廣東海盜許瑞擒渠帥林容等來獻。赦瑞。給田宅。

牛秉忠爲都督僉事總兵官鎭守寧夏。

己卯。大學士趙貞吉上言高皇定萬世之計。令內外衞兵分隸五府。以杜强臣握兵之害。慮至深遠也。永樂末年。因聚兵北伐。旋師之後。結營團操。以三千神機附之名三大營。實皆五府兵也。正統末。變爲十團營。弘治間。加十二團營矣。正德間。增東西官廳。然舊營老家軍之籍尙存。則三營之號未泯。五府之意猶存也。嘉靖庚戌。于五府外特設戎政府。括內外兵籍授之仇鸞。鸞誅而鎭遠侯顧寰代之。營兵日弱。臣晝夜慮之。竊謂分府設將之制未易卒復。而分營統兵之法猶可遵行。蓋將才難得。以一人統十萬衆。非韓白不能。以十萬衆分委之數人。則稱職易耳。宜將見操軍分左右前後中營。各擇將統之。閱營訓練。各程其能。文臣巡覈之。加賞罰焉。收戎政印歸之內府。有事則太阿獨持。輦轂之下。常有數萬精兵。可戰可守。上善之。下兵部集議。惟英國公張溶等十六人請分練如貞吉言。成國公朱希忠等二十人請收戎政武臣及印。仍三大營。給事中邵廉魏體明御史尙德恆各言强兵在擇將。不在變法。兵部尙書霍冀以爲然。請營制不必更。可收戎政印。三大營各一將領之。賜敕。設文臣總理。從之。

談遷曰。兵制遞變。五府後而爲三營。三營後而爲團營。其勢然也。內江欲復其舊。原非改轍。廷臣不深惟其故。紛互各執。則內江伉直自遂。輿情未附耳。江陵議大閱而羣成之。內江議營制而羣格之。其作用固自殊也。嗟乎。文皇聚兵于京師。卽屬府臣分領之。歲終第其强弱。視爲賢否。又何事日後之廢置哉。

南京國子祭酒姜寶劾助教鄭如瑾削籍。魏國公徐鵬舉庶長子邦瑞宜嗣。其弟邦寧以母嬖欲立之。求入太學。賂如瑾。寶以聞。奪鵬舉月祿及嬖妾鄭氏封誥。

庚辰。廣東兵破荔浦盜韋公海等。

辛巳。禮部請東宮出閣講學。俟後命。

壬午。刑科都給事中舒化論巡撫應天海瑞迂滯不通變。乞改兩京清秩。上以瑞節用愛人。勸政任怨。不許。

癸未。定光祿寺署正以乙榜知縣教官及例貢參之。

禁元夕張燈。

甲申。總督宣大山西右都御史陳其學罷。工部左侍郎徐綱俱劾。

夜。月食。

丁亥。總督陝西右都御史兼兵部右侍郎王崇古改宣大山西。

己丑。進大學士趙貞吉太子太保。

乙未。惠安知縣蕭繼美賄敗。吏科都給事中鄭大經請撫按治通賄者。從之。

丙申。洗馬署國子司業馬自強兼侍講。還司經局纂修實錄。

丁酉。左都御史王廷致仕。

故工部左侍郎李登雲贈尚書。

總督陝西右都御史王崇古上言。羣臣言用人理財者。奚啻百數。竟未裨尺寸。裕錙銖。何也。議者不任其事。見效闊踈而鮮成也。且邊事非經涉不知山川之險易。非服習不耐風霜之勞苦。非督戰不知兵力之勇怯。非見敵不知虜勢之强弱。故有不可戰而責以必戰。可攻而顧謂不必攻。當事邊臣眞莫知所適從矣。理財之道。費有大小。省其大則小者可併。如大者費。雖小省無益也。戶部議邊費。謂嘉靖初止五十九萬。後遞加至二百五十一萬。豈無大費可省者乎。此非邊臣所敢與聞也。又中外之費。惟軍職濫甚。果京衛侍衛軍職原無加增。其在外各省各塞。新官既衆。舊官可減。不愈于裁一二雜職耶。章下兵部。

戊戌。協理京營兵部左侍郎兼右僉都御史王之誥爲右都御史兼兵部左侍郎。總督陝西三邊軍務。

倭陷廣海衛。

二月妃朔。太子太保禮部尚書兼文淵閣大學士趙貞吉署都察院。

王世貞曰。閣臣兼長部院。非舊規也。焦泌陽掌吏部。不過數日。呂餘姚亦不過數日。嚴常熟以侯郭安陽。得兩月餘。嚴分宜徐華亭之掌吏部。亦以俟代。故張永嘉之掌都察院。未嘗不推代也。惟高新鄭託掌吏部。起而入與閣務。趙內江亦遂兼都察院。而體局大壞矣。高以吏部爲鳳池。至進首輔。亦不忍舍。出而斥陟。入而執允。眞足寒心。雖勉起故吏部楊蒲坂以塞人口。不還其舊物。而置之兵部。亦可怪也。此祖制之大變也。

談遷曰。內江握憲。蓋有羨于新鄭也。使優游綸席。而不內臺之是競。又何至忤新鄭而去之也。故曰巧不如拙洵矣。

四川戎縣都蠻阿大等寇掠高筠等縣。巡撫嚴淸請師。薦貴州安大朝。從之。

庚子。作隆道閣仁德堂忠義堂。

辛丑。刑部尚書毛愷致仕。初王廷毛愷倡議攻高拱。及拱再入。不自安也。

南京中府太子太保魏國公徐鵬舉卒。予祭。毋葬諡。

壬寅。霍山舒城六合水災。免田租。

甲辰。禮部右侍郎王希烈祭三皇于景惠殿。退言三皇繼天立極。非止醫也。既祀之歷代帝王廟。又祀之文華殿東室。乃醫雜之褻。甚宜罷祭。存其祀。春秋太醫院官止祀先醫如聖濟殿。禮部覆上。寢之。

荆王翊鉅薨。謚曰恭。

湖廣金峒安撫司土舍覃璧作亂。

乙巳。貴州總兵安大朝進攻土舍安國亨。國亨殺故宣慰使安萬銓子信。逐其兄智。智上變。巡撫王諍銳意請兵。智約以兵餉內應。及兵至陸廣河。智不應。諍懼。欲止。會大朝渡河進師。

丙午。命大學士署吏部高拱署都察院。趙貞吉並免奏事承旨。

戊申。李遷爲兵部右侍郞兼右僉都御史。總督兩廣軍務。

庚戌。舊講官禮部尙書殷士儋進太子太保。

辛亥。禁中作英明閣。

起葛守禮刑部尙書。工部右侍郞謝登之爲左侍郞。巡撫山西右副都御史靳學顏爲工部右侍郞。汪道昆爲右僉都御史撫治鄖陽。

癸丑。南京太僕寺少卿殷從儉請調狼兵勦古田盜。從之。

甲寅。南京總督糧儲右僉都御史張鑑以疾請卒。

乙卯。兵部尙書霍韉以給事中楊鎔見劾。意趙貞吉嗾之。訐其私憾。貞吉疏辨。上罷韉。慰留貞吉。

王錫爵改國子監司業。

光祿寺卿黃華予告。

丁巳。治蘇松水利。開吳淞江。

陳繼儒曰。海忠介開而復塞。何也。曰以海潮之東入也。海潮渾濁。退則泥留矣。泥厚一箬。一日兩潮。則一年七百二十箬矣。日積一日，年厚一年。雖欲不淤塞得乎。識者曰。自西徂東。開至盡處。留里許不開。以墉海口。既無潮退泥留之患。又無防鹽防盜之虞。此開吳淞之妙策也。

戊午。南京右都御史曹邦輔爲左都御史。閱視京營。石茂華爲右僉都御史。巡撫山西。巡撫山東右副都御史姜廷頤爲南京兵部右侍郎。

兵部右侍郎楊巍予終養。

己未。復故大學士夏言原官。賜祭葬。謚文愍。

庚申。前南京刑部右侍郎曾鈞卒。鈞字廷和。進賢人。嘉靖壬辰進士。端廉著聲。歷官四十年。不渝其素。贈尚書。謚恭肅。

尙寶司丞范應期爲南京國子司業。

辛酉。更築西安城。浚涇陽之洪堰。

癸亥。應天巡撫右僉都御史海瑞改總督南京糧儲。巡撫保定右僉都御史史大器爲右副都御史。巡撫應天。初。吏科給事中戴鳳翔劾瑞迂狂顚倒。濫受詞訟。田產分贖。通路公差。吏部覆其志大才踈。調之。瑞一意揤單赤。抑貴勢。墨吏望風解綬去。徐階家居。諸子故不束其下。國奪田舍。瑞痛裁之。訐訟蝟起。諸子下請室。階大不堪。鳳翔之劾所自來也。瑞雖去。吳人家祀之。徐階子太常卿璠語人曰。不肖兄弟合千金賄給事中去之。爲松人安堵。噫。痛裁巨室。瑞不免賢者之過。然千金能去一撫臣。則錢亦神矣。

大學士高拱請兵部添設右侍郎二。平日則練習本兵政務。或欲巡閱邊防。卽以一人往。而兵乃專門之學。非人人可能者。豫養待用。當自兵曹始。宜選才智充之。專官練習。如邊方兵備闕。卽以兵曹補。邊撫闕。卽以兵備補。總督闕。卽以邊撫補。而總督與在部侍郎時出時入。以俟尙書之闕。上許之。

甲子。御皇極殿。傳制冊英妃魏氏。淑妃秦氏。德妃李氏。莊妃劉氏。端妃董氏。惠妃馬氏。上初在裕邸。姬御甚稀。自即位以來。稍好內。掖廷充斥矣。

乙丑。賜韓王朗錡寶籍樓。

恭順侯吳繼爵署都督僉事袁正焦澤分領五軍神樞神機營。

丙寅。南京太僕寺卿黃正色致仕。

開封歸德彰德衞輝水災。留馬價賑之。

巡撫山西右副都御史靳學顏請徵義勇分番。罷民壯。出京兵遞戍。宣薊立倉積穀。章下所司。

丁卯。改南京戶部尚書郭乾于兵部。戶部左侍郎劉自强爲南京右都御史。巡撫浙江右副都御史谷中虛爲兵部右侍郎。河南右布政梁夢龍爲右僉都御史。督理營田。巡撫山東。

安大朝敗績于水西。安國亨詐降。大朝信之。深入絕食。賊合攻。我殺數千人。

是月。貴州興隆衞夜星隕。聲如雷。

三月戚朔。庚午南京刑部尚書孫植國子祭酒姜寶誠意伯劉世延俱罷。自助教鄭如瑾削籍。嗾給事中王楨劾徐鵬舉嬖其少子。世延受賂密語寶。而植不詳讞也。故並聽劾。

雲南按察僉事。譚啓謫靜寧州判官啓御史時使浙直劾揚州知府衞東楚侵稅。下巡按御史王友賢。徵實不如啓言。僅調東楚。啓自瀆爭之。得罪。

禁提學憲臣聚徒講學。從禮科給事中胡檟之請。

談遷曰。華亭講學。爲天下倡。世翬而效之。學社棊置。舍官守而語玄虛。薄事功而課名理。下至巨奸元盜。竊入而影附焉。如顏山農何心隱之流。不可縷指。故戒諭學憲。敦崇實行。有以哉。

壬申。監察御史宋纁爲順天府丞。四川右布政使殷邁爲南京太僕寺卿。

癸酉。虜犯威遠。總督陳其學屯高山。移總兵馬芳軍威遠。郭琥軍老營。虜驚曰。馬太師安得先在是乎。亟遁。西襲老營。琥又在也。攻二日不克。亦遁。

祥符知縣謝萬壽。暴酷削籍。時任淺。吏部特如令甲示戒。

甲戌。恭順侯吳繼爵恥與流官爲伍。辭京營總兵不許。

乙亥。起黃光昇南京刑部尙書。南京戶部右侍郎張守直爲戶部左侍郎巡撫宣府右副都御史王遴爲兵部右侍郎。巡撫遼東右副都御史熊汝達移浙江。巡撫延綏右僉都御史李尙智移保定。

前巡撫大同右僉都御史張志孝被劾。降陝西按察副使。

丙子。翰林院庶吉士朱賡田一儁陳于陛徐顯卿韓世能張一桂張位李維楨王家屛于愼行爲編修。沈一貫習孔教沈位范謙爲簡討。賈三近劉東星張書爲給事中。鄭國仕邵陛王喬桂郭莊爲監察御史。劉應麒徐秋鶚爲禮部主事。

丁丑。禮部主客司署員外郎楊時喬爲尙寶司丞。

戊寅。寬積穀之例。

己卯。提督操江右僉都御史吳時來改巡撫廣東。河南布政司左參政孟重山東按察副使何東序並爲右僉都御史。巡撫宣府延綏。廣西左布政使周傚爲順天府尹。

庚辰。廣西忠州土官黃賢相等作亂。尋就擒。

辛巳。鑄隆慶通寶錢。

虜萬騎突至威遠。蓋計我軍且東。馬芳追斬十六級。奪馬千五百匹。初虜犯老營。故爲疑兵東寇。欲以走芳。王崇古曰。虜每擊西而聲東。將軍東虜計售矣。果犯威遠。

壬午。三大營總兵官改提督。定西侯蔣佑領神樞營。平江伯陳王謨領神機營。同恭順侯吳繼爵。

甲申。傳令南京加織十萬匹。工科都給事中龍光執奏。命造供御三分之一。餘准歲額。

徙思南府城于平溪衞。

丁亥。南京大理寺卿徐貢元爲南京戶部右侍郎。浙江按察使陳道基爲南京右僉都御史。提督操江。

吏部定巡按御史于州縣佐貳量罪輕重按問以季報。

庚寅。裁南京吏部驗封司主事。戶部雲南江西司員外郎。禮部儀制司主事。刑部四川司主事。工部營繕司員外郎。都察院都事。通政司右參議。光祿寺少卿。國子監博士學錄。太僕寺寺丞各一。

壬辰。裁南京督糧都御史。歸其事南京戶部侍郎。仍設巡倉御史。

癸巳。巡撫湖廣右僉都御史劉慤爲南京大理寺卿。

南京右春坊右諭德萬浩爲南京國子監祭酒。

乙未。命市綿二萬五千斤。戶部尚書劉體乾以湖州貢至宜罷。不聽。都給事中李己言。京師非綿鄉。三月非綿時。奈何以倉卒具也。遂止市萬斤。

丁酉。留蘇松常鎮贖鍰助河工賑饑。

四月戊戌朔。京師地震。

己亥。起張翀右僉都御史。巡撫湖廣。

裁廣東巡鹽僉事。歸于清軍道。

庚子。釋尙寶司丞鄭履淳太監李芳等獄。履淳削籍。芳戍孝陵。

辛丑。太常寺少卿歐陽一敬移疾歸。一敬前劾高拱。遂道憂死。
癸卯。大埔縣大雨水。
甲辰。令勳衛與已襲年三十以下者。聽京營提督文臣教習。
乙巳。南京太僕寺少卿殷從儉爲右僉都御史巡撫南贛汀韶。提督軍務。
廣西按察使丁湛以年至令致仕。
兵科都給事中溫純請選督撫兵備等官。從之。于是井陘兵備崔近思陳州兵備傅霖臨清兵備喬應光薊州兵備劉得寬皆免。
河道都御史加提督軍務。轄近地兵備官。
丙午。四川巡撫嚴清以逋盜被劾大學士趙貞吉言其潔己愛民。不宜遽罷。命改秩。
虜俺荅大舉犯平虜南趨朔應。知總兵郭琥馬芳等各有備。乃轉攻平虜城。副總兵張剛以幣賄虜。使移衝輣于威遠。總督王崇古遣馬芳以精卒當之。漢虜相紛拏。殺傷大當。虜退。追剛下吏。
丁未。翰林院庶吉士王弘誨授簡討。
己酉。豁輕囚。
辛亥。鎭平王府鎭國中尉睦㰘爲周府宗正。載堂趙府。宙楨唐府。載壿崇府。餘府並教授領之。
壬子。起吏部右侍郎陸樹聲掌詹事府。仍疾不赴。樹聲嘗與客議徐階。適徐氏僕竊聽。階甚銜之。雖不能中。然終不推轂。
癸丑。光祿寺卿陳瓚爲右僉都御史。巡撫四川。
大學士高拱請䘏京商錢法從民便。下部亟議。

裁軍官冗祿。

甲寅。巡撫貴州右僉都御史王諍免。諍因安大朝敗。上章自劾。奪大朝官。

丙辰。京營吳繼爵請改文臣閱視爲提督。許之。已右都御史曹邦輔求議職守酬酢。不聽。

丁巳。太僕寺少卿阮文中爲右僉都御史巡撫貴州兼督湖北川東軍務。

戊午。陝西左布政使栗永祿爲光祿寺卿。永祿女適宗室。例不內任。至是女沒。撫臣爲請。

己未。吏部右侍郎呂調陽爲左侍郎。掌詹事府。

辛酉。定南知縣梁士楚爲福建按察僉事。平倭盜功。

諭戶部趣買金及市寶石。戶科都給事中李己請止之。尙書劉體乾言諸珠寶不易致。不聽。

宣大雨雹厚二尺。

壬戌。故制敕房供事大理寺左評事兼翰林侍書李中子佃入太學。上念其潛邸勞。

乙丑。傳制封璟滋韓世子。璟淸崇明王。謨圻長樂王。朗錀慶陽王。載堾高安王。朝𨰈汝陽王。壽鍑滋陽王。讓機石泉王。宣墹內江王。謩㭎南豐王。恬炠稷山王。

丁卯。工部右侍郎靳學顏改吏部左侍郎。

五月戉朔。吳時來以操江濫舉調外。吏部因定陞遷行取任淺毋概薦。

辛未。膠州臨朐夏津等縣雨雹損稼。

壬申。提督京營左都御史曹邦輔專督五軍營。起兵部左右侍郎陳其學劉燾提督神機神樞。

談遷曰。京營更制。勳臣三。卿貳三。權分而勢角。徒滋競耳。于總練亡少益也。

癸酉。戶科都給事中李己給事中陳吾德言。內承運庫方監崔敏等請買年例金寶與登極詔失信。譏省饑荒。

計臣未有所出。奈何以玩好費數十萬之貲。敏等目擊時艱。亦當惜財。乃獻諂供用。實充私橐。竊恐將來效尤。希進欺蔽不空人之國不已也。上怒杖己百之下刑部吾德削籍。
丁丑。豐城侯李儒卒。
己卯。夜火星順行。犯太微垣右執法。
巡撫雲南右副都御史陳大賓爲工部右侍郎兼右僉都御史。總理河道。提督軍務。
庚辰。裁廣東巡撫以總督李遷兼之。
甲申。順天府尹曹三暘爲右副都御史。巡撫雲南。
南京戶部尙書譚太初致仕。
乙酉。戶部主事雒遵。刑部主事陸樹德。兵部主事宗還。工部主事竺東光。中書舍人戢汝止。並改給事中。戶部主事葉夢熊。禮部主事王應吉。刑部主事趙可懷。工部主事唐鍊。行人陳文燧。並改監察御史。
丙戌。南韶盜流掠始興仁化桂陽。羅平尋滅。
丁亥。修延綏定邊寧夏橫城等大邊。
戊子。光祿寺卿栗永祿爲順天府尹。
己丑。南京右都御史劉自強爲南京戶部尙書。
庚寅。翰林院編修王家屛田一儁陳于陛徐顯卿李維楨張位韓世能張一桂于愼行朱賡檢討沈一貫習孔敎范謙沈位王弘誨纂修世宗實錄。
辛卯。沐昌祚嗣黔國公。總兵。鎭守雲南。
癸巳。陝西左布政使劉斯潔爲光祿寺卿。前巡撫保定右僉都御史溫如璋降陝西按察副使。

乙未。兵部左侍郎曹亨爲南京右都御史。

六月酊朔。諭京尹禱雨。停刑禁屠旬日。是夕雨。凡再日。

庚子。太原平陽潞安澤遼沁旱災免逋租。

署吏部大學士高拱上言。邊方有司非雜流則遷謫。待之既薄。志意隳沮。宜吏治日偷。民生日蹙也。國家用人。不當爲官擇地。但當爲地擇官。自今邊方有司。擇强年軼才兼通武事者。三年爲率。加等擢用。如禦敵著績。超任之。果才略恢弘。即由此而兵備而巡撫而總督。亦無不可。若地方不効。降三級調用。推委誤事。輕則罷斥。重則軍法治罪。然功名之路既開。人思倖進。則爲定說。薊遼則昌平順義密雲懷柔薊州玉田豐潤遵化平谷遷安撫寧昌黎樂亭延慶永寧保安自在安樂。山西則河曲臨縣忻代崞縣五臺繁畤定襄寧鄉岢嵐嵐縣興縣靜樂保德大同懷仁渾源應朔蔚山陰馬邑廣靈廣昌靈丘。陝西則固原靜寧隆德安定會寧蘭葭環縣安塞安定保安清澗綏德米脂吳堡神木府谷。此六十一處。乃是邊方。其他不得概以邊稱。上從之。

前少傅大學士李本請復呂姓。

辛丑。前戶部右侍郎黃養蒙卒。

甲辰。城宜章縣香口嶺地。遠雜夷也。

乙巳。進李春芳少師。滿六年考。

丙午。潮州知府侯必登進三品服俸。高拱言。必登勸農弭盜。治行爲粤東最。特優異之。

丁未。追論前巡按浙江御史龐尚鵬。削籍。以輸幣粗紕。左布政李磐。右參政薛天華。按察使徐貢元。僉事王宇。並鐫二級。

己酉。罷浙江提學副使林大春。以試目割裂見劾。

辛亥。北城兵馬司指揮孫承芳。廷杖削籍。內臣李陽春殺人。令禁卒棄骸北安門外。承芳以聞。陽春言其人卧疾。護出之而死。承芳乃擅拷校尉何也。上遂反坐承芳。

癸丑。井陘大雨雹。

禮部左侍郎萬士和致仕。

乙卯。大學士陳以勤上六事。愼擢用。酌久任。處贓吏。廣用人。練民兵。重農穀。上嘉答之。

丙辰。總督宣大陳其學。巡按陝西監察御史潘民模坐薦有司失格。奪月俸。高拱申定薦格。凡陞任俸淺及當久任不得列。

前總督糧儲南京右副都御史楊宗氣卒。宗氣字正系。延安衞人。嘉靖辛丑進士。以庶吉士授工科給事中。歷山西右布政使右僉都御史提督三關巡撫陞總督。年五十七。

淮河至鴻溝境山工竣。

辛酉。雷震員丘廣利門吻。

京師久雨。諭都察院問民疾苦。免間架錢。

壬戌。禮部右侍郎王希烈爲左侍郎。翰林院侍讀學士諸大綬爲禮部右侍郎。仍各兼侍讀學士。

巡撫江西右副都御史劉光濟爲南京戶部右侍郎。提督糧儲。

丙寅。作光泰殿瑞祥閣于長信門南。部科交諫。止之。

故大學士張治改謚文毅。湖廣撫按言文隱乃違拂不成之義。于治大節未洽。

罷眞定河間等衞居庸之戍。時薊鎭已練三千人。故減班軍。

總督右都御史王之誥赴花馬池。檄寧夏總兵牛秉忠由小松山出塞。延綏總兵雷龍出西紅山。陝西總兵呂經出莪麥湖。俱搗虜巢。斬首一百六十有奇。延綏之功爲最。賜之誥金綺蔭監。

七月虰朔。戊辰。左春坊左諭德兼翰林院侍讀張四維爲翰林學士。

南京刑部右侍郎李一元改兵部右侍郎兼右僉都御史巡撫江西。

己巳。令章奏簡質。高拱言近趨浮冗。詞繁意晦。人臣奏對不當如是。

辛未。始註選河南山東京糧道左參議吳兌馮謙。

司經局洗馬馬自强翰林侍讀陶大器主試應天。

甲戌。王府官六年考察。如京官例。

丙子。復雲南臨沅參將。

丁丑。起任士憑爲南京刑部右侍郎。

兵科都給事中溫純等言。薊鎭可慮者四。士兵未練。敵臺未完也。虜騎長驅。震搖京邑也。營兵日耗。聲援無資也。套虜土蠻各懷報復也。其當議者七。邊臣積勞。間有小失。不宜輕易。京營練兵。全籍副將。稍重其事。選各鎭名將儲之。諸邊報功。幷敍哨諜。御史遇警。卽趨近地覈功罪。奏報不得踰月。戶部先時豫計軍興。虜故聲東擊西。諸鎭援守。毋中其詭。邊城傾圮。亟修繕堅完。部議從之。

戊寅。定百官引疾例。凡到部三年。外雖稱三年。內給據仍作違限論。其三年赴部道疾。許致仕。

己卯。雲南貢金不至。詔責戶部尚書劉體乾抗旨。勒罷。

增漢中通判。

壬午。戶部左侍郎張守直爲尚書。

甲申。巡撫陝西右副都御史張師載罷。

乙酉。江西按察僉事陳成甫蕭山知縣許承周褫官。成甫賚表道還里。怒榜驛吏。承周搜其裝甚盛。巡按江西御史劉思問以聞。

丁亥。吏科給事中賈三近言。近來守令率重甲科而輕鄉舉。由撫按激之。同一寬也。在進士曰撫字。在乙榜曰姑息。同一嚴也。在進士曰精明。在乙榜曰暴戾。低昂之間。殿最攸異。往議欲增甲科。莫若振揚乙榜。猶可效用。又郡縣正官闕。率委佐貳署印。年衰格卑。漁獵貪饕。何所不至。宜吏部毋偏重進士。毋濫署印。命行之。

提督神樞營左都御史兼兵部左侍郎劉燾以賂遺劾免。

戊子。少傅兼太子太傅禮部尚書武英殿大學士陳以勤致仕。進太子太師吏部尚書。遣行人護行。子編修于陛還侍。

支大綸曰。是時內監竊柄。既不可爲。而高拱繼至。事多忤戾。見幾而作。文端之謂乎。

總督漕運戶部左侍郎兼右僉都御史趙孔昭還部。戶部右侍郎陳紹儒爲左侍郎。總督倉場。通政使楊思忠爲右副都御史。巡撫陝西。

補廕故少師大學士梁儲孫欽中書舍人。始上以年遠格之。高拱言欽所請合例。非濫乞。從之。

辛卯。南京工部尚書林雲同致仕。

海鹽捍海塘成。

壬辰。詔有司存問前戶部尚書馬坤年八十餘。

山東沙薛汶泗之水俱溢。決河茶城復淤。工部右侍郎翁大立言。加開濬。依梁山張孤山花山築隄。以避秦溝濁河。誠因勢利導。不與黃河爭尺寸之地也。從之。

癸巳。工部右侍郎翁大立改左侍郎。南京戶部右侍郎劉光濟爲戶部右侍郎。大理寺左少卿王正國爲通政使。

巡撫遼東右副都御史魏學曾提督神樞營。右僉都御史陳炌爲右副都御史。總督漕運兼巡撫鳳陽。

刑部右侍郎游居敬請宋儒羅從彥李侗從祀孔廟。奏冗。奪俸三月。

乙未。成都龍安旱災。免田租。

後府太師成國公朱希忠辭府任。監實錄侍經筵如故。

免昌平寄牧馬三年。

江西提學副使陳萬言大考諸生。躁死六十餘人。已。論調。

八月輛朔。前國子監祭酒胡杰調南京太常寺少卿。

丁酉。南京右都御史曹亨爲南京工部尙書。大理寺卿趙錦爲工部右侍郎。

起潘季馴右副都御史。總理河道。提督軍務。

辛丑。戶部尙書張守直言天下錢穀歲入僅二百三十萬有奇。歲出京師百餘萬。而邊餉至百八十餘萬。其溢請不與焉。自嘉靖十八年始中虜。邊臣日請兵餉。蓋五十九萬增至二百八十餘萬。士馬豈盡皆實數。芻餉豈盡皆實用耶。宜令廷臣酌裁。不得過歲入常數之外。上是之。下各督撫詳其實。

城河西務。

壬寅。工部左侍郎謝登之爲南京右都御史。南京光祿寺卿董傳策爲大理寺卿。起喩時南京戶部右侍郎。提督糧儲。

右春坊右諭德兼翰林院侍讀丁士美修撰申時行主試順天。

甲辰。署吏部事大學士高拱等言。自今撫按糾劾有司。卽解官俟命。得旨卽覆。如考察例。從之。

丙午。南京工部右侍郎方廉致仕。
天津兵備副使周希哲被劾免。檄各縣道費削籍。
丁未。趙奮沈伯龍梁問孟周芸爲給事中。盧明章濟遠林喬應龍文科爲監察御史。
戊申。賜遼東總兵官王治道等金幣。初虜犯錦州。治道自廣寧援之。虜退。聞其屯蓮花山。出塞襲斬四十級。
庚戌。諸酋祠蹛林。議所入。老把都兒欲窺畿輔。打來孫朵顏各要俺荅于陰山。俺荅營白海。待東虜黃台吉嘗扼于宣府。憚內犯。請北掠黑虜。議不果。諜聞京師戒嚴。起劉燾左都御史。駐通州。提督保定等援兵。故事。虜犯薊。則宣大督撫自陽和趨懷來。捍陵京。而二鎮師不需徵發。竟馳援不留備。二鎮巡撫大同右僉都御史方逢時謂非計。上書執政曰。虜稱東犯。尚直宣大。若誘我兵悉東。以尾爲首。乘虛豕突。則雲中累卵矣。今督臣住懷來。則宜留帥于雲中。審虜虛實。虜東乃從內地趨。自可先虜而至。否者搗巢攻其必救。一奇也。執政是之。邊外舊列臺十五。設卒瞭望而卒啗虜糈。反爲虜耳目。逢時盡撤以疑虜。虜偵知帥不東。又撤臺卒。曰必襲我矣。遂不入。
辛亥。太僕寺卿顧存仁致仕。
癸丑。御日講。
山東左布政使姚一元爲太僕寺卿。四川左布政使楊賢爲南京光祿寺卿。
甲寅。河東巡鹽監察御史郜永春。以鹽池南北產鹽。今採鹽于北不于南。請南岸開門。招貧民取鹽。令商人即支。從之。
乙卯。刑部左侍郎戴才改戶部兼右僉都御史。駐通州督餉。提督神樞營右副都御史魏學曾爲兵部右侍郎。
前河南按察使僉事李攀龍卒。攀龍歷城人。嘉靖甲辰進士。善古文詞。其才雄一世。

丁巳。順天府尹栗永祿爲右副都御史防護山陵。
戊午。南京禮部郎中蔡茂春。趙州知州張可久不任並免。
己未。釋給事中李己獄。刑科都給事中舒化等請釋李己等。刑部尚書葛守禮。以李己及內犯張恩等十人原未定罪爲請。上獨宥己。餘如故。始意恩等有奧援。至是服上之斷。
辛酉。起王國光刑部左侍郎。
南京兵部尚書劉采致仕。
癸亥。順天府丞朱勳上試錄。有複紙。勳及考官丁士美申時行各奪俸二月。
甲子。致仕戶部尚書方鈍以儲恩存問疏謝。上謂恩詔久矣。何有司方及之也。岳州知府李時漸奪俸三月。

九月丙朔。丁卯。復浙江總兵官劉顯署都督僉事。
己巳。南京吏部尚書吳嶽改南京兵部尚書。
庚午。廣州知府戴科下巡按御史。初廣東副提舉黃屏臣。才而狡。科乘屏臣出。搜其貲五百餘金。御史楊標下按察司詰屏臣狀。迫自經。標遂怒科。劾其挾私誣陷也。
辛未。時撫按舉遺詔。進故刑部主事唐樞官廕。故吏科都給事中王俊民。俱先朝大獄大禮得罪者。署吏部事大學士高拱言。先帝峻烈鴻猷。昭揭宇宙。皇上志隆繼述。所謂不改父之臣與父之政。而當時不以忠孝事君。假託詔旨。如先帝大禮大獄及建言得罪諸臣。悉起用之。立致公卿。死者悉贈廕。夫大禮先帝所親定。立君臣父子之極。今于議禮得罪。悉從褒顯。先帝在天之靈。何以爲心。若大獄及建言得罪諸臣。豈無一臣當其罪者。乃不論賢否。悉加褒顯。無乃以反商政待皇上。與武王克商。反其政。不過釋囚封墓。加意賢者而已。未聞于商家所棄盡用之也。皇上先帝之親子。議事者如此。傷皇上父子之恩。非所以爲訓天下也。上大善之。諭自後借例市恩歸過先帝者重論。

壬申。削故太保陸炳職籍其家。御史張守約追論之也。子澤。從子緒。弟太常寺少卿煒。各削秩田宅給外戚李銘等。

工部左侍郎翁大立言。淮河從太山廟至七里溝淤十餘里。水傍出朱家橋。至淸河河南鎭。與黃河合。此無足重慮。第開新莊閘。通回船。又復陳平江伯故道。則其流自安。獨黃河在睢宿之間。徙遷未易。大可爲陵寢憂。今按視古睢河。勢可通之宿遷。達徐州小浮橋。此河宜濬。以洩二洪水。淸河有魚溝。分河一道。誠合規復。可引河流下草灣。免衝射之患。如此則南北運道可保。從之。

癸酉。進橫州知州鄭國臣正五品服俸。修仁知縣唐執中從五品服俸。各久任。

陝西大水。酌蠲賑。

甲戌。河決邳州。自睢寧白浪淺至宿遷小河。淤百八十里。阻漕。翁大立言。權宜之計。在棄故道而就新衝。經久之策。在開泇河以避洪水。工部以新渠卒未易就。惟塞決口則故道可通。如泇口之議。費雖不貲。一勞永逸。令大立身相度條上。從之。治河諸臣俱戴罪責後效。

乙亥。土魯國王馬黑麻先遣謝。其兄弟瑣非速檀虎來火速檀阿卜哈亦速檀各入貢。久待命。督撫議例外增夷使四人。禮部以此非令甲。第不欲失遠人意。令瑣非等各附一使。從馬黑麻。不爲例。許之。

丁丑。太僕寺卿姚一元爲順天府尹。

戊寅。國子祭酒孫鋌爲南京禮部右侍郎。大理寺卿劉慤爲南京工部右侍郎。

壬午。巡撫應天右副都御史朱大器爲南京大理寺卿。

武昌承天德安荆黃旱饑。保定大名廣平眞定河間水災。免田租。

京師解嚴。協理兵部事吏部右侍郎靳學顏督餉戶部左侍郎戴才各還部。

癸未。前南京戶部尙書孫應奎卒。應奎洛陽人。正德辛巳進士。自章丘令拜給事中。嘉靖十年言事再下獄。尋劾臺臣。謫高平丞。稍遷兵部員外郎。歷南部。引年致仕。

虜二百餘騎入大同之蒿溝。副總兵錢棟禦于長林。或言虜少。卽輕騎三百往。至白道溝。伏發。棟及指揮張汝詔把總喬文奎死之。

錄囚。殆五百。分二日畢之。

甲申。虜俺荅孫把漢那吉來降。蓋俺荅次子黑台吉所生。三歲而孤。俺荅疑諸婦。盡屠之。把漢母與焉。俺荅婦一克哈屯撫之。長而偎。因愛之。聘兎檜金的女。初俺荅以甥女聘襖兒都司。美其貌。自納之。襖兒怒。攻俺荅。俺荅慙。奪把漢所聘女與之。把漢恚。謀入漢。僕阿力哥懼禍。趣之。乘俺荅西掠土番。與其黨叩敗胡堡求入。諸將畏虜。皆以爲不可。巡撫方逢時獨許之。戊子。至大同。以報總督王崇古。崇古曰。此奇貨可居也。吾豐館餼。飾輿馬。予官爵尊顯之。以餌虜。急之則與媾。令縶板升諸逆以贖。否則脅那吉以牽沮之。卽不然。如漢匈奴質子事。使招其故部居近塞。俺荅老且死。而黃台吉立。勢不能盡有其衆。我以一屠耆谷蠡秩秩台吉。勢必爭。兩族相持。我按兵稱助。推亡固存。那吉懷德。黃台吉畏威。安邊之大略也。若循故事。置海濱。彼一窮胡雛。何足重輕。且失意颺去。非計。請下廷臣熟籌之。巡按御史饒仁侃。武尙賢等各言虜狡。宜飭備。

談遷曰。實錄那吉來降在十月癸卯。予考稗官史彙。具得月日。則癸卯爲朝廷報聞之日。非始入塞也。餘亦多所更定云。

丙戌。南京兵部尙書吳嶽卒。嶽汶上人。嘉靖壬辰進士。授戶部主事。歷守廬州保定。至今官。入考績。過其里。終焉。淸介簡質。有古大臣風。萬曆初。贈太子少保。謚介肅。

丁亥。吏部左侍郎王本固為南京吏部尚書。司經局洗馬馬自强為國子祭酒。提督操江右僉都御史陳道基巡撫應天。

祀故太子少保禮部尚書歐陽德于鄉。

戊子。虜黃台吉卜言兀等犯錦州大勝堡。總兵王治道以四千人援之。巡撫李秋適駐義州。虜卒至。聞于治道。即自山海關赴錦州請戰。秋曰千里趨利兵家所忌將軍且休矣。詰旦參將郎得功庭謁治道曰爾怯耶。以為中丞憂得功素驍將遽挺槊而馳治道從之舉軍不知所往僅十餘騎相屬虜走流水堡。伏于齊山力戰援絕。矢且盡。得功聞砲聲。知大軍不遠突圍出。俱中矢死騎還者三人。人心大震。贈治道少保左都督。諡忠愍。贈得功都督同知。

沈懋學曰徐階在講筵。面奏山西石州為虜所攻陷。上為惻然。旨下。議擇將練兵。練兵當先備京師。後綸于是始議練薊兵。召譚綸本兵。戚繼光總鎮。主練浙兵。一時士大夫頗難之。謂舍見兵再添餉。非便。繼光曰廉頗思用趙人。此我二人經效之方不可易也。議久不決。徐階去高拱代相寢其議。雖繼光鎮薊。非其初指也。始繼光議國家與虜為鄰。旦夕烽烟可通甘泉。庚戌之變闤闠列障焉。今諸邊見謂宿重兵二萬。二十年來。尺籍幾銷盡矣。每使者行邊核尺籍。借馬懸羊。具數乃止。大半耗矣。莫敢詰焉。士卒之勢强于偏裨主帥。流易不常。挂空名其上。核實計餉。往往側目蝟毛以起。邊長數千里。兵馬不能滿張。謂之擺邊。守垣士備人數耳。所得餉嘗不時。又半入私囊。輦載出。刺載入。要以上下相蒙。積習故套。則謂之邊事矣。間有武弁分餉養家兵。僅以護其身。備一旦緩急。然九塞之將。二百年來。亦無對壘堂堂一戰者。若及今鼓絃改調。必在先練新兵。新兵之威立。將可自固以行其令。乃可簡汰舊兵。核其名實。兵得實用。餉亦自如。

辛卯。署吏部事大學士高拱言。先帝臨御四十五年。享年六十。壽考令終。前閱方士王金等獄詞。謂金等進丹藥。致大行悞服。又用麝香附子熱藥及百花酒。丹田發熱。先帝爲其所害。然耶否耶。金等自有當誅之罪。奈何以先帝殞于非命不得正終者罪之上。命訊實以聞。于是會鞫午門。坐以左道惑人。王金陶世恩陶倣劉文彬編置遠外。赦妻子。申世文高守忠削籍。吏科給事中趙奮言。金等坐前律固不當。而熒惑先帝事有指。宜坐斬勿赦。若以金等爲從。孰其首之。彼陶仲文死久矣。章上。報聞。拱議雖可採。意摘徐階也。

于愼行曰。蕭育論趙飛燕事曰。褒獎將順君父之美。消滅匡救旣往之咎。古今通義也。事不當時固爭。防禍于未然。各隨旨阿從。以求容媚。晏駕之後。尊號已定。萬事已訖。乃追論不然之事。訐揚幽昧之過。此臣所深痛也。新鄭正王金之罪。其議與此暗合。蓋大體所關。不可易也。趙氏絕成帝之祀。方士損世廟之名。于法不可不誅。若直爲人君隱過而不討其賊。則世之可諱而不敢發者。有甚于此者矣。

壬辰。翰林院侍讀陶大臨爲南京翰林侍讀學士。

甲午。分楡林爲東中二路。增副使一。駐神木堡。

復京營舊制。以兵科都給事中溫純言六提督紛諉不便。遂罷之。仍擇總督協理大臣。

十月乙未朔。巡撫河南右僉都御史李邦珍改提督操江。

戊戌。廣寧地震。

己亥。改栗永祿巡撫河南。

虜二萬騎去平虜城六十里而軍。使伍奴柱索那吉。勢張甚。王崇古方逢時遣百戶鮑崇德出雲石堡。責其稱兵。俺荅曰。以太師之靈。我何敢攖。但不勝舐犢愛耳。願移珍贖之。崇德曰。中國重譯納贄。方輸錯出。其誰利若珍。吾爲若謀。可不費一繒也。俺荅曰。唯使者命。曰。趙全諸逆叛主而去。天下之惡一也。惡于中國而保于爾。不可。請受而甘心焉。俺荅意難之。崇德曰。保仇而失親。與惡而棄好。非謀也。俺荅喜。使其下火力赤請約。麾騎退一舍。約已定。屬黃台吉以萬騎趨鎭城。方逢時曰。彼不聞約耳。密取把漢矢使使授之。諭以旨。黃台吉手其矢泣曰。嗟乎。此我弟故物。太師若全我弟以安我父。大惠也。遣部夷隨使入。逢時宴勞之。故不令見那吉。引使者登閣。瞯從導那吉過其下。使者訝此那吉乃漢官儀也。歸報黃台吉。遂出張家口。宣鎭兵斷其歸路。虜前部欲戰。黃台吉曰。戰則敗約。我何詞于太師。整兵西出拒門堡。初俺荅西歸。欲犯塞。趙全謂必重困我。妻訢曰。老悖不惴死。信漢叛兒語殺吾孫乎。遂不用全計。張居正遺書王崇古曰。和戎自有體。彼即欲得孫。謂宜先縛致全等境上。盡屏往來游騎。請命幕府。我乃禮那吉而歸之耳。今擁萬騎平虜城外。欲坐索而孫。何可謂誠款乎。趙全等至狡獪。彼豈能坐而待縛。若雞犬哉。假令語泄。彼得爲謀。或紿以脅從數人。欺悞朝廷。而我乃棄重質。非細故矣。且那吉歸而老酋幸奉約束亡他。吾且封爵假王。通貢市可矣。有如虜諸所言。特空紿幕府。殊無意稱臣。又或多所請乞。明年又復寇邊。損國家威重。則雖得全等數十百輩何爲。

庚子。施光祖嗣懷柔伯。

兵部員外郎霍與瑕爲廣東按察僉事。

鎭國將軍縉熿襲封肅王。先肅懷王之從父。例不嗣。太監陳洪受賂。部科爭之。不聽。詔仍支將軍祿。其次子授本爵。

城澂江雲南。

李成梁爲署都督僉事總兵官。鎭守遼東。

辛丑。寧晉伯劉斌卒。

臨淮侯李庭竹總督京營戎政。

甲辰。吏部右侍郎靳學顏爲左侍郎。翰林學士張四維爲吏部右侍郎。仍直經筵日講。

南京戶部尚書劉自强改南京兵部尚書。總督薊遼保定兵部左侍郎兼右僉都御史譚綸爲右都御史兼兵部左侍郎。協理京營戎政。綸在鎮多所建畫。立車營治墩臺專委戚繼光。薊遂稱勁。

丙午。新蔡王健榔薨。謚昭和。

丁未。巡撫順天右僉都御史劉應節爲兵部右侍郎兼右僉都御史。總督薊遼保定。駐守通州提督保定等援兵右都御史兼兵部左侍郎劉燾疾去。

德安改隸鄖撫不便。仍歸楚。

廬淮水災。免屯租。

授把漢那吉指揮使。阿力哥正千戶。各賜緋衣一。諭王崇古悉心區畫。時兵部覆奏持兩端。高拱奮主款。張居正和之。得勝算矣。

戊申。南京禮部尚書吳山黃光昇未赴。給事中韓楫劾之。各令致仕。

己酉。河淤阻漕。總兵鎮遠侯顧寰總督漕運。侍郎趙孔昭總理河道。侍郎翁大立罰俸六月。

庚戌。右諭德兼侍讀丁士美爲侍讀學士。署院。

巡撫遼東甘肅右僉都御史李秋王輪劾罷。

起張學顏整飭薊州兵備副使。

提督漕運總兵鎮遠侯顧寰引疾去。

辛亥。詔京師營協理大臣開館敎習勳冑。

壬子。曹邦輔陳其學爲南京戶刑部尚書。潘晟爲南京禮部尚書。

山東按察副使楊兆爲右僉都御史。巡撫順天。南京刑部右侍郎任士憑辭疾不至。
癸丑。平江伯陳王謨提督漕運總兵。鎭淮安。
甲寅。王崇古再遣鮑崇德。俺荅難我。欲先得把漢。不可。令副總兵苑宗儒以其子爲質。俺荅喜曰。太師誠語。我負德不祥。
乙卯。成山伯王維熊卒。
丙辰。監察御史葉夢熊論那吉不宜納。將結仇激禍。引宋郭藥師張瑴爲喩。上責其妄。謫之。
丁巳。諭高拱考察科道。
太僕寺少卿毛綱山西按察使楊錦各爲右僉都御史。巡撫遼東甘肅。
己未。署都察院事大學士趙貞吉疏上考察。毋以葉夢熊波及諸臣。蓋知高拱之修郄也。上不聽。高拱請偕都察院許之。
庚申。趙錦鄒應龍爲工部左右侍郎。李棠爲右僉都御史。
壬戌。考察。太僕寺少卿前給事中鄭大經魏時亮周世選。前御史張櫃周希旦。按察副使前御史王漸王汝正劉思賢。南京戶部郎中前御史何其賢。俱素行不謹。太僕寺少卿前給事中陳瓚。右參議前給事中王謨劉東星。知府前南京給事中岑用賓。副使前御史周弘祖傅寵。俱浮躁。右參政前給事中顧弘潞。知府前給事中戴鳳翔黃才敏。前御史高申王君賞。僉事前御史趙岩周以敬王忻。御史顧廷對張問明。俱才力不及。各降斥如例。因戒諭科道。是日。高拱趙貞吉爭去留而閧。
癸亥。吉王翊鎭薨。謚曰莊。
都給事中周詩爲太常寺少卿。監察御史楊珍爲南京大理寺右寺丞。

給事中溫純施化爲湖廣陝西左右參政。查鐸爲左參議。楊一魁李崧爲湖廣副使僉事。御史劉翾爲湖廣右參議。蒙詔爲浙江副使。淩琯王喬桂爲福建僉事。南京御史何子明爲廣東僉事。皆京察餘案也。

十一月乙丑朔丁卯。遼東天鼓鳴。

提督操江右僉都御史李邦珍保定巡撫右僉都御史李尚智並劾免。

己巳。南京提督小教場應城伯孫文棟劾免。

辛未。巡鹽監察御史蘇士潤言濟南東昌兖州官鹽積滯四十餘萬引。前奏罷四萬。復令開中。是愈壅。青登萊本行竈鹽。請停開中買補之例。給票鬻鹽。毋越境。票責有司季繳部覆停引不便。量減三萬引。從之。

賑湖州水災。免秋租。

彰武伯楊炳協守南京。署後府鄭印爲署都督僉事總兵官。鎮守甘肅。

癸酉。上省牲南郊。

丁丑。總督王崇古以俺荅乞封貢通市。上言。國初嘗封虜忠順王。近事則西域諸國亦各有封。請得封俺荅比諸國爲外藩。定貢額。示以賞賚之等。官黄台吉等以結其心。歸我叛人。剪其翼。亦中國之利也。虜仰中國布釜。每入寇。寸鐵尺布。皆所不遺。通貢後不可復得。將不無鼠竊之憂。若許通市。則和好可久。華夷兼利。命賜把漢那吉幣四。布百匹。

己卯。至日上祀南郊。還御皇極殿。羣臣行慶成禮。

庚辰。受朝賀。大宴。

癸未。俺荅遣其黨伍那佳收捕趙全李自馨呂老祖等七人梏以獻。周元聞變服毒死。初自嘉靖辛亥。呂老祖以白蓮教搆亂。爲三晉患。有司捕急。亡胡中。趙全以㴽惡民千餘人從之。俺荅割板升地家焉。自是板升爲逃箴。全多略善謀。自馨諳文字。周元能醫。初入寇。止盜村聚。不敢偪城堡。自全叛後。數虜疏計諜。校人畜。益習兵事。諸鎮疲于奔命。全有衆萬人。騎五萬。牛羊稱是。自馨及元差減。最下者亦千餘騎。俺荅每盜邊。先置酒全家。計定乃行。全為俺荅建殿九楹。方陷石隰時。全曰。自此塞雁門。掠居庸。據雲中上谷。効石晉故事。南北之勢成矣。伍那住哈台吉。故俺荅紀綱僕。自全信任。反居下。心不平。多為我耳目。全等被執。皆分掠其有。

甲申。巡撫四川右僉都御史陳瓚為左副都御史。大理寺左少卿陳省為南京右僉都御史。操江。應天府丞宋纁為右僉都御史。巡撫保定。

乙酉。大學士署都察院事趙貞吉致仕。貞吉既忤高拱。于是吏科都給事中韓楫劾其庸橫。為變亂營制。貞吉自辨。人臣庸則不能橫。橫非庸臣之所能也。往蒙特旨掌院事。不敢辭者。以高拱內閣近臣。入參密勿。外立銓選。權任大重。皇上委臣彈壓之司。非欲節其權耶。今經十月。僅考察相左。其他壞亂選法。縱肆大惡。昭然在人耳目。尚噤口不能一言。有負任使如此。臣眞庸臣也。若拱者然後可謂橫也。臣放歸後。令拱還內閣。毋久專大權。

支大綸曰。貞吉以雄才直節。忠在國家。使與高拱同心一德。以究所以治天下之道。天下不足平也。奈拱既激昂任氣。自以無前。而貞吉復以氣亢之。遂致忿爭。固豪杰之常態。而小人伺暇投隙。妄肆攻擊。使君子不安其位。尼父所為惡利口之覆邦家者。

談遷曰。王元美首輔傳云。貞吉故有伉直聲。不能堅久。晚節中貴人陳洪善而薦之。創革兵制。使言官逐兵部尚書霍冀。又緣冀孽吏尚書楊博于陳洪。復逐之。中外皆側目。噫。內江起久廢。直講結知。自南部手勅還詹事入相。今舍細旃之聽。委徑貂勃。何若是澳溷也。當時陳洪最柄用。殷士儋高拱俱梯之。豈韓楫有所諱而不發耶。其忤霍冀。雖失之偏。至逐楊博。或厚疑內江。未敢信也。

何喬遠曰。徐階承嚴嵩之後。曲以成君。猶不免容悅之誚。高拱勇于敢爲。雖不稽衆理。顧其心在國家。幾陷大僇。驚愎之過。與貞吉意氣自好。躁亦不免。其言論風采。可想見矣。

丁亥。巡按宣大御史姚繼可劾巡撫方逢時狃寇縱掠。當罷。吏部以逢時祕畫。不宜輒易。從之。

己丑。太子太保禮部尚書殷士儋兼文淵閣大學士直閣。

太白晝見三日。

庚寅。刑部尚書葛守禮爲左都御史。光祿寺卿劉斯潔爲右副都御史。巡撫四川。

太子少保恭順侯吳繼爵掌左府。

泰安地震有聲。

辛卯。吏部右侍郎靳學顏疾去。

癸巳。南京禮部尚書潘晟劉自强爲禮刑部尚書。

故山西總副兵錢棟贈都督僉事。

南京禮部右侍郎孫鋌卒。鋌餘姚人。嘉靖癸丑進士。選庶常。尋授編修。隆慶初。進左中允。歷左諭德祭酒。進侍郎。未赴。

十二月卯朔。丁酉。總督陝西右都御史兼兵部左侍郎王之誥爲南京兵部尚書。

總督殷正茂。巡撫李遷。都督同知俞大猷。徵諸道兵十四萬人。進攻古田盜克其巢。盜奔合潮水巢。據其巔。

叛人趙全等既至。遂歸把漢那吉。遣康綸送之。把漢感泣。攜妻往。留阿力哥及虜二使爲質。俺荅迎于河上。祖孫嗚嗚相勞苦。曰。帝天也。覆露我多矣。南向拜者再。使打兒漢入謝。奏帝赦我逋裔而建立之。其德亡量。願世爲外臣。貢方物。上下其議。兵部尚書郭乾言。虜方求款。即要我不燒荒不搗巢。若要我以不繕塞。不設備。是以

甞腊毒我也。不如卻之毋引慝焉。總督王崇古言。先帝開市時。虜勢方張。邊臣媚而致之。故盟未幾而寒。今虜
鄉我。若黍苗之仰陰雨也。昔制在虜。今制在我。何疑于虜。而不使之徹聲聞于天上耶。詔下三鎮議。
談遷曰。虜至狡悍。單辭難信。旣縛獻各叛。則剖其心予我。而樞臣持故事格之。誠咫見也。匈奴不獻中行說
李陵。回紇不獻僕固懷恩。西夏不獻張元吳昊。而堂堂天朝獨得于梟雄善戰之俺荅。非威靈出千載上哉。
王崇古云。漢宣帝時。匈奴初衰。亦歲在庚午。今豈其時耶。於戲。善兵者不戰。此之謂也。
外戚李偉進都督同知。
戊戌。前戶部尙書馬坤卒。坤。揚之通州人。嘉靖癸未進士。
庚子。戶部左侍郎戴才爲右都御史兼兵部右侍郎。總督陝西三邊軍務。
壬寅。戶部員外郎宋之韓。主事蘇民牧烏昇。刑部員外郎張思忠宋應昌李貴和。主事程文陳三謨劉伯燮。禮
部主事紀大綱。兵部主事丁懋儒。並改給事中。戶部主事侯居良暴孟奇張憲祥李純朴。刑部員外郎任春元。
主事陳文煥□鰲蘇民望。禮部主事周思充。兵部主事桂天祥。工部主事杜化中汪文輝。行人李釆菲。大理右
寺正王元賓。魏縣知縣馬三樂。並爲監察御史。
命順天尹禳雪。
罷薊霸密雲採礦。
甲辰。月掩畢宿。
大同巡撫右僉都御史方逢時憂去。
乙巳。吏部右侍郎張四維爲左侍郎。兵部右侍郎魏學曾改吏部。
庚戌。大學士張居正秩滿。進兼太子太傅吏部尙書。

乙卯。上御午門受俘。趙全等伏誅。
丁巳。左都御史葛守禮言畿南水患。請修橋梁。開屯種。下部議行。
進總督宣大王崇古太子少保兵部尙書兼右副都御史。廕錦衣正千戶。大同巡撫方逢時兵部右侍郎兼右僉都御史。廕百戶。餘陞賞有差。兵部尙書郭乾進太子少保。
戊午。進閣臣李春芳中極殿大學士。支尙書俸。高拱少師兼太子太師建極殿大學士。張居正少傅兼太子太傅建極殿大學士。各廕尙寶司丞。殷士儋少保武英殿大學士。與大學士趙貞吉各廕中書舍人。
山西按察副使劉應箕大理寺右少卿。郜光先並爲右僉都御史。巡撫大同延綏。
遣刑部郎中馬顯澤王燮蕭遍張庸侯思古宿度杜輅李勳王一治吳善員外郎潘頤龍朱湘曾子器大理寺左寺正盧整右寺副梁柱臣錄四天下。